JN296517

韓国憲法裁判所10年史

韓国憲法裁判所10年史

韓国憲法裁判所

訳者代表

徐　元　宇
ソウル大学名誉教授

信 山 社

日本語版に寄せて

　韓国は、1948年、共和国への転換以来、憲法において、民主主義と法治主義の原理に基づき各種の基本権を保障する一方、それを実現するための制度的装置として憲法裁判制度を運用しております。1948年から、憲法裁判所が創設された1988年9月までの40年の間、憲法裁判は、憲法委員会または大法院によって行われておりました。当時は、権威主義的政治体制の下で憲法裁判制度は活性化されておらず、国民の基本権は十分に保障されませんでした。この間、法律に対する違憲決定が下されたのはわずか5件に過ぎませんでした。

　ところで、1987年、民主化への熱望によって促された改憲論議の過程で憲法裁判権をどの機関に与えるかについて議論はありましたが、憲法訴願制度を導入して国民の基本権の伸張に寄与するためにはアメリカ式の憲法裁判制度（分散型司法審査制度）よりはドイツ式の憲法裁判制度（集中型司法審査制度）を導入することがもっと効果的である点、政治的な事件に通常裁判所が介入することは望ましくない点などに鑑み、憲法裁判所を創設して憲法裁判権を委ねることに決定されました。

　このようにして創設された憲法裁判所は、1988年9月1日の出帆以来、11年間で5,000件以上の事件を処理し、そのうち、法律の違憲決定や憲法訴願の認容決定だけでもほぼ400件にのぼっております。憲法裁判所のこうした活動によって、今日の韓国において「憲法」という言葉は、過去とは異なり生き生きとした意味を有するようになりました。一般国民は自分の基本権を保障してもらうために自ら憲法裁判制度を活発に利用するようになった一方、国家機関も自分の行為に違憲性がないか自ら点検しなければならなくなりました。憲法裁判所が出帆した当時に

日本語版に寄せて

おいては、今日のような役割を担うとはだれしも予見できなかったと思います。

憲法裁判所は、1998年9月、創立10周年を迎えるに当り、その間の結実を集めて『憲法裁判所10年史』を発刊致しました。同書においては、去る50余年間の韓国憲法裁判の歴史と過去10年間の憲法裁判所の主要な決定を概括的に収録しております。

この度、『憲法裁判所10年史』の日本語版が出版されることに際して、特別な感懐と期待を持っております。日本は、最も近いお隣の国として、長い間、我が国と深い関係を結びながら、思想と文化の交流をしてきました。法律分野においても実務界と学界共に緊密な関係を維持しながら相互発展のために協力してきました。しかしながら、言語の障壁その他いろいろな事情によって両国の法律情報の交流は避け難い限界がありました。そのようななか、『憲法裁判所10年史』が日本語で翻訳・出版されたことは、両国の法律文化の交流・発展に少なからず寄与するものと固く信じております。

『憲法裁判所10年史』の日本語版の出版を契機に両国の法曹人が韓国における憲法裁判の経験と功過を共有しながら両国の憲法規範と現実を比較・検討することは、相互の憲法裁判制度を理解し、さらに人類の普遍的価値である自由と平等、民主主義と法治主義を実現するにおいて大いに役に立つものと思います。

最後に、『憲法裁判所10年史』の日本語版の出版を心より喜ぶとともに、翻訳と出版にご尽力なさった徐元宇先生をはじめ関係者の方々に心より感謝申し上げる次第であります。

2000年4月

大韓民国 憲法裁判所 所長
金 容 俊

序　文

　この度、韓国憲法裁判所『憲法裁判所10年史』の邦訳である本書が刊行されることとなり、畏友徐元宇教授から序文を徴されました。もとより私はその任に適しないのでありますが、かつて、日本の最高裁判所判事としてはじめて韓国大法院及び憲法裁判所を正式に表敬訪問した者として、いささか蕪辞をつらねて本書の出版をお祝い申し上げる次第であります。

　本書の内容を通覧しましたところ、私は、実務と理論の両面から日本の憲法裁判に深い関心を抱いている者の一人として、心打たれるものがありました。そこには、韓国が東洋の独立民主共和国として自力で憲法裁判所を設立した苦闘の足跡が克明に描かれており、先に金哲洙教授著『韓国憲法の50年』から受けた感激を新たにしたのであります。

　本書の中心部分が「第2章　憲法裁判所10年」と「第3章　憲法裁判所の決定」にあることは本書の題名に照らして明らかでありますが、比較法的な観点からは、「第1章　憲法裁判所制度の導入と変遷」を看過することができません。

　アメリカ合衆国最高裁判所の判例法により確立された違憲立法審査権の理念が一つの端緒となり、西欧諸国は、それぞれの国の法律文化、裁判所制度及び国民の法意識を土台として具体的な憲法裁判制度を構築して来ました。今日、憲法裁判制度は、アメリカ型の通常裁判所による憲法裁判とヨーロッパ大陸型の憲法裁判所による憲法裁判に大別することができますが、東アジアで、戦後、西欧法律文化の影響を強く受けて来た韓国、台湾及び日本に限って見ても、韓国と台湾ではヨーロッパ大陸型の、日本はアメリカ型の憲法裁判制度を基盤としています。また、憲

序　文

法裁判の存在意義には、三権分立の政治理念に基づく国家機関相互間の抑制と均衡の具体化を図るという面と、裁判所の活動も含めて、およそ国家機関の活動の違憲性を問うことを主眼とする面があり、そのどちらを強調するかによって、憲法裁判制度のあり方も異なって来るのであります。

韓国の憲法裁判は、アメリカ軍政期である1947年9月2日、当時実定憲法が存在していない時期に民主主義の一般理念に立脚して平等原則に基づいて、大法院判決により、夫に優越的支配権を与え妻の能力を制限した民法第14条第1項を違憲としたことに始まるとされています。アメリカ合衆国の違憲立法審査権樹立の端緒となったマーベリ事件と同様、まず、大法院による判決が、違憲立法審査権行使の基盤となったことに注目したいと思います。また、その後の度重なる政変や改憲を経て、今日の憲法裁判所設立に至るまでの間、憲法裁判の理念と韓国における具体化の議論を巡って、政府、議会及び学者・法律実務家相互間の実に熱心な討論が絶えることなく行われ、専門家の叡智を結集して、韓国の司法文化に適合した憲法裁判所が1988年に設立されました。しかし、憲法裁判所の具体的運用について、学界と実務界との間の議論はその後も続けられたのであります。設立以来今日に至る10年の間に、韓国の憲法裁判所は、本書に登載された数多くの決定（日本の大法廷判決に当たる）を下しており、その活動は誠に瞠目すべきものがあります。本書は、韓国の憲法裁判所が法院（日本でいう通常裁判所）とは別に置かれ、その組織と機能において、日本の最高裁判所とは大いに趣きを異にしていることを明らかにしており、憲法裁判所自ら、その具体的な運営の内容についても公開していることは、情報公開の見地からも高く評価すべきことであります。比較法の観点からは、21世紀の日本の司法とりわけ憲法裁判の発展の方途を探究するに当たって貴重な参考となることは申すまでもありません。

序　文

　本書の刊行により、韓国の憲法裁判所設立に至る経緯及び憲法裁判所の占める位置とその役割、そしてその活動に至るまで、日本の読者が克明かつ正確に知ることができ、これによって日韓の相互理解と知的交流ひいては両国の親善が一層深まるものと信じてやみません。

　終わりに、本書の刊行に協力された諸先生及び株式会社信山社に対し、衷心より敬意を表するものであります。

2000年4月

元日本国最高裁判所判事
園　部　逸　夫

発 刊 の 辞

　民主化を志向する全国民の念願と熱望の結実として1988年9月1日憲法裁判所が創設されてから、いつのまにか10年の歳月が流れ創立10周年を迎えることになりました。これを記念するための事業の一環として憲法裁判所は『憲法裁判所10年史』を発刊します。

　過去10年の間、わが憲法裁判所は約4,000件の各種裁判請求事件を受理し、3,700余件を処理し、その中で170余の事件において法令を違憲と宣言したほか、公権力によって基本権が侵害されたものとして認容した憲法訴願事件も70余件に至っています。

　このような数値のみでその間の活動を評価することはできませんが、憲法裁判所が創立される以前の40年間の憲法裁判の実像と比較してみるとき、わが憲法裁判所は憲法秩序を守護し国民の基本権を保障するという最高憲法裁判機関としての使命をつくすため最大限の努力を傾注してきたということができるでしょう。

　憲法裁判所のこのような活動の結果によって立法がより慎重になり、公権力による人権侵害事例も漸次減少する趨勢にあります。憲法は生きて動く規範であり、国民の意識に浸み込むことで、今日国民は自身の基本権を大切に思うようになりました。これはまさに国民の基本権保障のための新しい制度としての憲法裁判がわれわれの生活に次第に根をおろしていることを意味するとともに、国家権力の統制手段としての憲法が本来の機能を回復していることを意味するものと言えます。さて、われわれは迫り来る21世紀を迎え「人間の尊厳と価値」が尊重され万人が自由で平等な幸福を追求する自由民主社会を築きあげるための土台を整えるべき重要な転換点に立っています。

　ところが、いまわが国は政治・経済・社会各分野の基本体系と効率性を再点検し改善していかなければならない大変むずかしい状況に当面しています。これを克服するためには国家と国民すべてが力を合わせ努力しなければなりませんが、何よりもまず憲法的理念と価値が尊重される実質的な法治国家を実現す

発刊の辞

る途を摸索すべきであります。

　憲法は一国の根本をささえる支柱であるため、憲法がしっかり立たなければ社会正義も、経済発展も期待することはできません。今日のように状況がきびしければこそ、より一層憲法を守らなければならないという意志が切実に必要となります。国家権力は憲法規範に合うように行使されるべきであり、社会の各領域において人間の尊厳と平等、自律と創意が最大限尊重されるよう努力すべきであります。そのようになったとき、はじめてわれわれは社会の各部分の力量を最大限に発揮して希望にみちた21世紀に向けて力強い跳躍ができるのであります。

　このような時点において過ぎ去りし日を顧みながらわが憲法裁判所の変遷と憲法裁判の決定例を整理することは、現在を省察し将来わが憲法裁判所が進むべき方向を設定するにあたって有益なるものと判断して、本書を発刊することにしました。

　本書には制憲憲法が制定されて以来展開されたわが国憲法裁判の歴史をはじめ、憲法裁判所の組織とその変遷、憲法裁判所が10年間蓄積してきた主要決定例等が掲載されています。憲法裁判所の歴史が比較的短いためその内容は必ずしも満足するほどのものではありませんが、本書がわが国の法曹人をはじめ国民すべてが憲法裁判所と憲法裁判を正しく理解し憲法をわれわれの生活に根ざすために役立てばと願っています。

　最後にいろいろ困難な与件と制約の中で本書の発刊のために努力を惜しまなかった編集委員をはじめ関係職員の労苦に心から感謝致します。

1998年12月31日

大韓民国　憲法裁判所事務処長
張　応　水

〔訳者分担表〕

──────〔翻訳分担表〕──────

徐　元　宇（韓国・ソウル大学名誉教授）	発刊の辞
Suh, Won Woo	第1章第1、2、3、4節
ソウ ウォン ウ	
申　先　雨（独協大学大学院博士課程）	第1章第5、6、7節
Shin, Sun Woo	
シン ソン ウ	附録、索引
閔　炳　老（早稲田大学法学部元助手）	第2章第1、2節
Min, Byoung Ro	
ミン ビョン ロ	
崔　祐　溶（韓国・東亜大学専任講師）	第2章第3、4節
Choi, Woo Yong	
チェ ウ ヨン	
尹　龍　澤（創価大学法学部教授）	第3章第1節
Yoon, Yong Taek	
ユン ヨン テク	
金　昌　祿（韓国・釜山大学助教授）	第3章第2節
Kim, Chang Rok	
キム チャン ロク	
趙　圭　相（明治大学大学院博士課程）	第3章第3節
Cho, Kyu Sang	
ゾ ギュ サン	
兪　珍　式（韓国・慶煕大学講義専任講師）	第3章第4節
Yoo, Jin Shik	
ユ ジン シク	
金　敞　祚（韓国・慶北大学助教授）	第3章第5節
Kim, Chang Jo	
キム チャン ゾ	
趙　元　済（北九州大学法学部助教授）	第3章第6節
Cho, Won Jae	
ゾ ウォン ジェ	

目　次

日本語版に寄せて ……………………大韓民国憲法裁判所所長　金　容　俊…v
序　文 ……………………………元日本国最高裁判所判事　園　部　逸　夫…vii
発刊の辞 …………………………大韓民国憲法裁判所事務処長　張　応　水…x

第1章　憲法裁判制度の導入と変遷

第1節　序　論 …………………………………………………………… 1
1　憲法裁判の意義 ………………………………………………… 1
2　憲法裁判の起源と類型 ………………………………………… 2
3　韓国憲法裁判史の時代区分 …………………………………… 4

第2節　アメリカ軍政期の憲政状況と憲法判例 …………………… 5
1　憲政状況 ………………………………………………………… 5
2　憲法判例 ………………………………………………………… 7

第3節　第1共和国の憲法裁判 ……………………………………… 8
1　制憲憲法の制定と改正 ………………………………………… 8
2　憲法委員会制度の導入経緯 …………………………………… 11
3　憲法裁判制度の内容 …………………………………………… 12
　(1)　違憲法律審査 ……………………………………………… 12
　(2)　弾劾制度 …………………………………………………… 13
4　憲法裁判の実際 ………………………………………………… 14
　(1)　帰属財産処理法・施行令の合憲および棄却決定 ……… 15
　(2)　農地改革法の違憲決定 …………………………………… 16
　(3)　非常事態下の犯罪処罰に関する特別措置令の違憲決定 …… 17
　(4)　戒厳法第13条の合憲決定 ………………………………… 19
　(5)　南朝鮮過渡政府の行政命令第9号の合憲決定 ………… 20
　(6)　簡易請求手続による帰属解除決定の確認に関する法律第2
　　　条の合憲決定 ……………………………………………… 21
　(7)　京郷新聞廃刊・停刊処分事件 …………………………… 22

目　次

　　　(8)　評　　価 ……………………………………………………………… *23*

第4節　第2共和国の憲法裁判 …………………………………………… *25*
　1　第2共和国憲法の成立と改正 …………………………………………… *25*
　2　憲法裁判所制度の企図 …………………………………………………… *26*
　　(1)　憲法裁判所の設置論議 ……………………………………………… *26*
　　(2)　憲法裁判所法の制定経過 …………………………………………… *27*
　3　憲法裁判制度の内容 ……………………………………………………… *28*
　4　実現しなかった憲法裁判所 ……………………………………………… *30*

第5節　第3共和国の憲法裁判 …………………………………………… *32*
　1　第3共和国憲法の成立と改正 …………………………………………… *32*
　2　非集中型憲法裁判制度の導入経緯 ……………………………………… *33*
　3　憲法裁判制度の内容 ……………………………………………………… *35*
　　(1)　憲法裁判機関 ………………………………………………………… *35*
　　(2)　法院の組織と法院組織法の内容 …………………………………… *36*
　　(3)　弾劾審判法の主要内容 ……………………………………………… *36*
　4　憲法裁判の実際 …………………………………………………………… *37*
　　(1)　司法府関連の動向 …………………………………………………… *37*
　　(2)　軍法会議法および軍刑法（死刑制度）の合憲判決 ……………… *40*
　　(3)　反共法の合憲判決 …………………………………………………… *42*
　　(4)　強姦罪の合憲判決 …………………………………………………… *42*
　　(5)　軍刑法上の命令違反罪合憲判決 …………………………………… *43*
　　(6)　糧穀管理法の合憲判決 ……………………………………………… *43*
　　(7)　徴発財産補償に関する大統領令の違憲判決 ……………………… *45*
　　(8)　国家賠償法上の賠償基準の合憲判決 ……………………………… *46*
　　(9)　国家賠償決定前置主義および民事訴訟に関する臨時措置法
　　　　の関連事件 …………………………………………………………… *47*
　　(10)　国家賠償法および法院組織法の違憲判決 ………………………… *48*
　　(11)　戒厳法上の裁判権争議に対する裁定申請棄却判決 ……………… *52*
　　(12)　執行停止中の軍法会議判決の効力喪失に関する法律の合憲
　　　　判決 …………………………………………………………………… *53*
　　(13)　評　　価 ……………………………………………………………… *54*

第6節　第4共和国の憲法裁判 …………………………………………… *55*
　1　維新憲法の成立と憲政状況 ……………………………………………… *55*

2　憲法委員会制度の再導入 …………………………………………… *57*
　　　3　憲法裁判制度の内容 ………………………………………………… *58*
　　　4　憲法裁判の実際 ……………………………………………………… *60*
　第7節　第5共和国の憲法裁判 …………………………………………… *61*
　　　1　第5共和国憲法の成立と憲政状況 ………………………………… *61*
　　　2　憲法裁判制度に関する論議 ………………………………………… *63*
　　　3　憲法裁判制度の内容 ………………………………………………… *64*
　　　4　憲法裁判の実際 ……………………………………………………… *65*

第2章　憲法裁判所 10 年

　第1節　憲法裁判所制度の導入 ………………………………………… *69*
　　　1　第9次憲法改正と憲政状況 ………………………………………… *69*
　　　2　憲法裁判制度の導入経緯 …………………………………………… *70*
　　　3　憲法裁判所法の制定過程 …………………………………………… *72*
　　　4　憲法裁判所の権限 …………………………………………………… *75*
　　　　A　審　判　権　限 …………………………………………………… *75*
　　　　　(1)　違憲法律審判権 ……………………………………………… *75*
　　　　　(2)　弾劾審判権 …………………………………………………… *76*
　　　　　(3)　違憲政党解散の審判権 ……………………………………… *76*
　　　　　(4)　権限争議の審判権 …………………………………………… *76*
　　　　　(5)　憲法訴願の審判権 …………………………………………… *77*
　　　　B　憲法裁判所規則の制定権 ………………………………………… *77*
　　　5　憲法裁判の活性化 …………………………………………………… *78*
　　　6　今後の課題と展望 …………………………………………………… *81*
　第2節　憲法裁判所の組織とその変遷 ………………………………… *84*
　　　1　憲法裁判所長 ………………………………………………………… *84*
　　　2　憲法裁判所の裁判官 ………………………………………………… *87*
　　　3　裁判官会議 …………………………………………………………… *89*
　　　4　事　務　処 …………………………………………………………… *90*
　　　　(1)　概　　観 ……………………………………………………… *90*
　　　　(2)　事務処長と事務次長 ………………………………………… *91*
　　　　(3)　室・局・課 …………………………………………………… *91*
　　　5　憲法研究官等 ………………………………………………………… *93*

目　次

　　　　6　各種の委員会 ……………………………………………… *94*
　　第3節　審 判 手 続 ………………………………………………… *96*
　　　　1　概　　　観 ………………………………………………… *96*
　　　　2　審判請求手続 ……………………………………………… *97*
　　　　　(1)　審 判 請 求 ……………………………………………… *97*
　　　　　(2)　事件の受理と配当 …………………………………… *101*
　　　　　(3)　国選代理人制度 ……………………………………… *104*
　　　　3　審 理 手 続 ………………………………………………… *105*
　　　　　(1)　書面審理と口頭弁論 ………………………………… *105*
　　　　　(2)　評　　　議 …………………………………………… *108*
　　　　4　審判の終了 ………………………………………………… *113*
　　　　　(1)　決定文の作成と宣告 ………………………………… *113*
　　　　　(2)　決定の類型と効力 …………………………………… *114*
　　　　　(3)　関連法の準用問題 …………………………………… *119*
　　第4節　行 政 事 務 ………………………………………………… *120*
　　　　1　裁判補助業務 ……………………………………………… *120*
　　　　　(1)　憲法裁判所図書館 …………………………………… *120*
　　　　　(2)　判例集と資料の発刊 ………………………………… *122*
　　　　　(3)　業務電算化 …………………………………………… *125*
　　　　2　予　　　算 ………………………………………………… *127*
　　　　3　庁　　　舎 ………………………………………………… *131*
　　　　　(1)　貞 洞 庁 舎 …………………………………………… *131*
　　　　　(2)　乙支路庁舎 …………………………………………… *131*
　　　　　(3)　斉 洞 庁 舎 …………………………………………… *132*
　　　　　(4)　憲法裁判所長公館 …………………………………… *136*
　　　　4　広報業務と民願相談 ……………………………………… *137*

第3章　憲法裁判所の決定

　　第1節　概　　　観 ………………………………………………… *141*
　　　　1　はじめに …………………………………………………… *141*
　　　　2　憲法裁判所と他の国家機関との関係 …………………… *142*
　　　　　(1)　国会との関係 ………………………………………… *142*
　　　　　(2)　法院との関係 ………………………………………… *147*

(3) 行政府との関係 ……………………………………………… *150*
　3　変形決定の導入 ………………………………………………… *156*
　　(1) 憲法不合致決定 ……………………………………………… *157*
　　(2) 限定合憲・限定違憲決定 …………………………………… *159*
　4　憲法裁判所の管轄の確立 ……………………………………… *163*
　　(1) 検事の不起訴処分に対する憲法訴願 ……………………… *163*
　　(2) 命令・規則・条例に対する憲法訴願 ……………………… *163*
　　(3) 行政訴訟の対象にならない公権力行為に対する憲法訴願 … *164*
　　(4) 統治行為に対する憲法訴願 ………………………………… *165*
　　(5) 立法不作為に対する憲法訴願 ……………………………… *165*
　　(6) 憲法訴願の審判利益の拡大 ………………………………… *167*
　　(7) 権限争議審判手続における当事者の範囲の拡大 ………… *168*
　5　主 要 決 定 ……………………………………………………… *169*
　　(1) 第1期の憲法裁判所の決定 ………………………………… *169*
　　(2) 第2期の憲法裁判所の決定 ………………………………… *183*
　　(3) 憲法裁判所の違憲審査基準 ………………………………… *195*
　　(4) 憲法裁判所の決定を評価する観点 ………………………… *202*
第2節　言論等の精神的自由に関する決定 ………………………… *205*
　1　林野調査書閲覧申請事件 ……………………………………… *205*
　2　国家保安法上の讃揚・鼓舞罪事件 …………………………… *207*
　3　謝罪広告事件 …………………………………………………… *211*
　4　訂正報道請求事件 ……………………………………………… *213*
　5　軍事機密漏洩事件 ……………………………………………… *216*
　6　定期刊行物登録制事件 ………………………………………… *219*
　7　選挙運動主体制限事件 ………………………………………… *222*
　8　映画検閲事件 …………………………………………………… *226*
　9　淫乱物出版社登録取消事件 …………………………………… *230*
　10　寄付金品募集禁止事件 ………………………………………… *232*
第3節　政治・選挙関係に関する決定 ……………………………… *236*
　1　自治団体長選挙延期事件 ……………………………………… *236*
　2　12・12不起訴事件 ……………………………………………… *239*
　3　5・18不起訴事件 ……………………………………………… *242*
　4　5・18特別法事件 ……………………………………………… *246*

目　次

　　　5　国会議員立候補者寄託金事件 ……………………………………… 251
　　　6　全国区議員議席承継事件 …………………………………………… 253
　　　7　選挙区間過度人口偏差事件 ………………………………………… 255
　　　8　法律案変則処理事件 ………………………………………………… 259
　　　9　金鍾泌総理代理任命事件 …………………………………………… 263
　第4節　経済・財産権・租税関係に関する決定 …………………………… 267
　　　1　訴訟促進特例法事件 ………………………………………………… 267
　　　2　名義信託贈与見なし事件 …………………………………………… 269
　　　3　土地取引許可制事件 ………………………………………………… 272
　　　4　法務士法施行規則事件 ……………………………………………… 276
　　　5　国有雑種財産時効取得事件 ………………………………………… 279
　　　6　火災保険加入強制事件 ……………………………………………… 281
　　　7　ビリヤード場出入禁止標識事件 …………………………………… 284
　　　8　国際グループ解体事件 ……………………………………………… 286
　　　9　買戻し期間制限事件 ………………………………………………… 289
　　10　土地超過利得税事件 ………………………………………………… 292
　　11　朝鮮鉄道株式事件 …………………………………………………… 299
　　12　基準時価譲渡所得税事件 …………………………………………… 302
　　13　実取引価格譲渡所得税事件 ………………………………………… 305
　　14　印紙添付義務事件 …………………………………………………… 308
　　15　自道焼酒購入制度事件 ……………………………………………… 310
　　16　自動車運行者無過失責任事件 ……………………………………… 313
　　17　相続承認みなし事件 ………………………………………………… 315
　第5節　家族・労働等社会関係に関する決定 ……………………………… 319
　　　1　姦通罪事件 …………………………………………………………… 319
　　　2　嫡出否認の訴えの出訴期間制限事件 ……………………………… 321
　　　3　生計保護基準事件 …………………………………………………… 323
　　　4　同姓同本禁婚事件 …………………………………………………… 325
　　　5　離婚分割財産贈与税事件 …………………………………………… 329
　　　6　労働争議第三者介入禁止事件 ……………………………………… 331
　　　7　全国教職員労働組合事件 …………………………………………… 334
　　　8　現業職公務員争議禁止事件 ………………………………………… 336
　　　9　1980年解職公務員救済事件 ………………………………………… 338

10	労働委員会救済命令違反事件 …………………………… *341*
11	退職金優先弁済事件 ……………………………………… *343*
12	団体協約違反事件 ………………………………………… *346*
13	教員採用差別事件 ………………………………………… *348*
14	ソウル大学入試要綱事件 ………………………………… *351*
15	私立大学教授再任用事件 ………………………………… *352*

第6節 手続的基本権および刑事関係に関する決定 …………… *356*

1	保護監護事件 ……………………………………………… *356*
2	気合い入れ事件 …………………………………………… *359*
3	交通事故申告義務事件 …………………………………… *362*
4	射倖行為処罰包括委任事件 ……………………………… *365*
5	弁護人接見妨害事件 ……………………………………… *368*
6	重刑求刑時釈放制限事件 ………………………………… *371*
7	違憲決定の遡及効事件 …………………………………… *373*
8	未決収容者の書信検閲事件 ……………………………… *376*
9	特許争訟手続事件 ………………………………………… *379*
10	反国家行為者特別措置法事件 …………………………… *382*
11	死刑制度事件 ……………………………………………… *386*
12	公判期日前の証人尋問制度事件 ………………………… *390*
13	建築物用途変更事件 ……………………………………… *394*
14	準起訴請求対象制限事件 ………………………………… *396*
15	捜査記録閲覧事件 ………………………………………… *399*
16	裁判訴願許容事件 ………………………………………… *402*
17	原行政処分取消請求事件 ………………………………… *407*

附　録　大韓民国憲法 ………………………………………………… *415*
　　　　　憲法裁判所法 ………………………………………………… *435*
　　　　　法院組織法 …………………………………………………… *451*

決定索引 ………………………………………………………………… *477*
事項索引 ………………………………………………………………… *487*

第 1 章　憲法裁判制度の導入と変遷

第 1 節　序　　論

1　憲法裁判の意義

　憲法は国民の自由及び権利を保障し権力の合理的統制と調整のため国家の構成・組織・作用を規定した根本法である。18世紀後半から各国において成文化され始めた近代的意味の立憲主義憲法は、人類が長い間追究した自由・平等という民主主義的価値を法制度化することに成功した。

　しかし、従前の憲政史をみれば、憲法上規定されている国民の自由と人権は充分に保障されず、恣意的で不当な国家作用による侵害を防止するための制度は充分ではなかった。国民の代表を自認する政治権力は専制化・独裁化することによって憲法上規定された基本権を無視することが少なくなかったにもかかわらず、政治的・行政的統制手段による自己統制手段は国家作用の従属的役割のみを遂行するだけで国民の権利救済にも限界があったためであった。最高の法規範としての憲法の規範力を確保しそれによって国民の基本権保護の充実を期する必要が提起され、その要請にしたがって登場したのが憲法裁判制度であった。

　憲法裁判制度は、憲法的価値が侵害されたとき、これを憲法の名において正し、憲法が想定する基本的価値秩序を再び回復させる法制度であり、憲法が実質的に国家の最高法規範として規範力と実効性をもつようにすることによって国民の基本権を保護する制度を意味する。実際において憲法裁判は、基本的人権の侵害などの憲法違反問題が提起された場合、これを一般の法院もしくは独立した憲法裁判所が憲法を裁判規範として有権的に判断することによって憲法秩序を守護し憲法を実現する手続を踏むことになる。

　今日、自由民主国家において憲法裁判制度は、政治的生活関係を憲法規範の規律に羈束させることによって憲法を実現する憲法保護手段として機能し、し

たがって強力な権力統制機能を発揮する。そのため憲法裁判制度は代議制度、権力分立制度、選挙制度、地方自治制度とともに統治機構の不可欠な構成原理として認識されている。同時に、憲法裁判制度は、統治権を憲法上規定された基本権に羈束させ、統治権の行使に手続的正当性を確保せしめることによって立派な基本権保護機能を遂行し、実質的法治国家原理を具現する重要な意味が与えられている。

2　憲法裁判の起源と類型

　憲法裁判は憲法の最高性を前提とする。それは憲法が国家の組織と構成原理を定めた根本規範であり国家の最高法であるため、憲法に違反する下位の国家作用等は違憲であるので矯正されなければならないという思想に基づくものである。

　人類の歴史をかえりみるとき、すべての国家作用がより上位の根本法に従属されるべきであるという思想は長い伝統をもつものであった。近代的意味の成文憲法が採択された後、憲法はこのような最高優位性をもつ根本法であると認識されることによって、憲法に違反する下位の国家作用等を矯正することができる憲法裁判制度の理論的土台が形造られたのである。

　このような思想を裁判の実際にはじめて適用したのはアメリカ連邦最高裁判所であった。アメリカ連邦最高裁判所は1803年のマーベリ事件（Marbury v. Madison）において、憲法は最高の法規範であり憲法に違反する国家作用は効力がないと前提するとともに憲法を解釈すべき司法権の権限に基づいて議会が制定した法律を違憲であると宣言したのである。これが違憲法律を審査しこれを無効とした最初の試みであり、これ以後、アメリカの違憲法律審査制度は根をおろすことになった。

　しかし、国民主権と代表制の理念が強力であったヨーロッパ各国においては、議会制定法を対象として一般法院が違憲審査をすることは適切ではないと考えられた。19世紀のドイツでは国事裁判（Staatsgerichtsbarkeit）制度があったが、法律の内容自体を違憲審査するまではいたらなかった。アメリカ憲法の影響をうけたポルトガルは1911年の憲法で一般法院による司法審査制度を採択したことがあったが、成功をおさめることができなかった。大陸における憲

第1節　序　　論

法裁判制度は、ハンス・ケルゼンの影響によってオーストリアの1919年の連邦憲法が独立した憲法裁判所を設置したことによって始まったものといえる。憲法裁判所制度は、違憲法律審査制度を設けるとともに行政権による基本権侵害にたいしては直接憲法訴願審判制度を定めた。

　憲法裁判制度が本格的に一般化されはじめたのは第2次世界大戦以後であった。全体主義的な基本権蹂躙体制を経験したヨーロッパ各国は、人権保護のため独立した憲法裁判所制度をおきはじめた。ドイツ基本法は基本権を直接すべての国家機関を覊束する法として明示する一方、一般法院とは別途に包括的な管轄権をもつ連邦憲法裁判所を設立した。ドイツの連邦憲法裁判所は設立以来、憲法の守護者としての役割を立派に遂行して来ており、包括的な憲法訴願制度を通じて基本権の最終的救済者として知られている。

　独立した憲法裁判所制度が憲法の規範力を守護し基本権を保護する制度として位置づけられるや、この制度は世界的に波及した。すでにイタリア（1956）、スペイン（1979）、ポルトガル（1982）、ポーランド（1982）等多くのヨーロッパ国家が独立した憲法裁判所を設置しており、旧ソビエト連邦が崩壊したあと、最近の東ヨーロッパ諸国家は新しい憲法を制定するにあたり、ほとんど例外なく独立した憲法裁判所制度を採択している。ハンガリ（1988）、ルーマニア（1991）、ブルガリア（1991）、スロベニア（1991）、リトアニア（1992）、スロバキア（1992）、アルバニア（1992）、チェコ（1992）、ロシア（1993）等がそれらの国々である。アジア国家の場合も、わが国をはじめ旧ソビエト連邦国家であった中央アジアのウズベキスタン（1992）、カザフスタン（1993）、キルギスタン（1993）とそのほかモンゴル（1992）、台湾（1992、政党の違憲審査）とタイ（1997、法律案の公布前の事前審査）等が憲法裁判所を設けている。アフリカでは最近、憲法改正をした南アフリカ共和国（1996）も憲法裁判所を設立した。これら各国の憲法裁判所設置の傾向は旧体制が新しい実質的な民主主義体制へと移行する過程を象徴するものである。

　今日、憲法裁判制度は歴史的形成過程によって大きく2つの類型に区分される。第1に、アメリカ式の制度は分散型あるいは非集中型憲法裁判制度であり、司法審査権が一般法院などに分散されている。第2に、ヨーロッパ型モデルは独立した憲法裁判所を設ける集中型憲法裁判制度をとる。フランスの憲法

第1章　憲法裁判制度の導入と変遷

評議会制度は政治性の強い憲法裁判制度であり、別途に分類されることもある。

　アメリカ型司法審査制度は、その法体系的背景を同じくするカナダ、オーストラリア、インド、日本等で採択されており、わが国でも第3共和国憲法がこのような類型の憲法裁判制度を採択したことがある。アメリカの違憲法律審査制度は既存の司法機関において具体的事件と関連させ一体性を保ちながら法律の違憲審査を行うことができる長所があるが、これは法院が議会その他の政治勢力に対して独立性が確保され、国民からの信頼を受けることを前提とするものである。アメリカ式制度は法院が主に民・刑事、行政事件を処理しながら法律の違憲性を先決問題として取り扱うため、違憲決定の効力が原則的に個別事件に限定され、したがって制限的である。

　ヨーロッパ型の集中型憲法裁判制度は、独立した機関によって本格的、専門的に憲法問題のみを取り扱わせることによって憲法の規範力を効果的に貫徹することができ、他のすべての国家機関に憲法に対する認識を統一的に強化させるのに貢献することができる。集中型憲法裁判制度は、重大な人権の侵害を経験した伝統的な大陸法系国家において既存の法院とは独立した憲法裁判所を設け憲法裁判に対する機能性と専門性を強化するためのものであった。われわれはすでに制憲憲法の当時から憲法裁判制度をもっていたが十分に活性化されなかった。現行憲法上の憲法裁判所は、1987年の民主化運動の結果である第9次改正憲法によって誕生したものであり、ヨーロッパ型の集中型憲法裁判制度を採っている。

3　韓国憲法裁判史の時代区分

　憲法裁判は憲法規範の存在を前提とするので、わが国の憲法裁判の歴史を考察するためには、まずわが国の憲法の変遷過程を考察する必要がある。憲法を国民の自由および権利の保障と権力分立を主な内容とする国家の根本組織法として把握する立憲主義的意味の憲法概念は、近代以後の歴史的産物である。

　わが国においてこのような意味の立憲主義憲法が成立した時期については論議があるが、1885年1月に宣布された洪範14条が最初の近代的憲法といえる。これは甲午更張を契機に民主主義精神を反映した朝鮮の国政改革法であっ

た。その後 1899 年に公布された大韓国国制 9 ヵ条は、国号を朝鮮から大韓帝国と改称し、国家形態として君主国を闡明した欽定憲法的性格をもった成文憲法であった。1919 年の 3・1 独立運動以後、上海において大韓民国臨時政府が構成され憲法が採択された。大韓民国臨時政府の憲法は 5 回にわたって改正され名称も大韓民国臨時「憲法」→「約憲」→「憲章」と変更されたが、国民主権の原理・議会主義・権力分立の原理・基本権の尊重・法治主義・成文憲法性等を基本原理として採択した立憲主義的憲法であった。

しかし洪範 14 条、上海臨時政府憲法等には憲法裁判に関する認識が欠如していた。憲法の規範的意味を明白に宣言し憲法を実現していくための憲法裁判の歴史は、大韓民国政府が樹立された制憲憲法の時代から始まったとみるのが正しいであろう。制憲憲法以後の憲法裁判史を記述するにあたっては執権者の交替または憲政状況の変化を基準として、第 1 共和国から第 5 共和国まで共和国ごとに分けて叙述することにする。但し、第 1 共和国直前のアメリカ軍政期の憲政状況は大韓民国建国の背景となる時期であり、その時期に最初の憲法裁判が行われていたため次の節で簡略に言及することにする。

第 2 節　アメリカ軍政期の憲政状況と憲法判例

1　憲政状況

1945 年 8 月 15 日、日本が第 2 次世界大戦で連合国に無条件降伏することによって、韓半島は日帝の支配から脱することになった。解放直後の政局は、日本の降伏によって日本の帝国主義と君主主権を支えた統制体制が崩壊し、戦時軍国主義を維持してきた情報抑圧体制の解体とともに、解放がもたらした自由は思想の混沌を惹起した。国内政治事情は左右翼の政治的対立を激化させ、50 余個を数える政党などの政治団体が乱立して民意が分裂されたため混迷を重ねた。このような状況の中でアメリカ軍政は混乱を収拾し、韓国国民に政権を明渡すべき措置を講究した。

1945 年 9 月 2 日、連合軍最高司令部は韓半島を米・ソ両国軍が分割して占領することに決定し、続いて 9 月 7 日、太平洋米国陸軍総司令官マッカサーは布告第 1 号によって、北緯 38 度線以南にアメリカ軍政を実施することを宣布

第1章　憲法裁判制度の導入と変遷

した。同年9月9日、南韓に進駐したアメリカ軍は朝鮮総督を罷免し軍政長官にアーノルド少将を任命した後、朝鮮総督府を踏襲した各部署の局長にアメリカ軍将校を任命し、9月19日に軍政庁を発足した。アメリカ軍政は同年9月21日と10月9日に日帝の軍国主義的残滓を一掃するため日帝の朝鮮人差別法律を廃止し（一般命令第5号、軍政法令第11号）、10月30日には解放後の混乱と無秩序を収拾し軍政による秩序を構築するため国家非常事態宣言（Declaration of National Emergency）を下し公共秩序を回復するための一連の措置を講究しながら（軍政法令第19号）政府組織を整備していった。

軍政庁の行政機構をみると、すでに1945年12月から韓米両局長制が実施され、韓国人局長が任用されており、1946年3月29日には局が部に改称された（軍政法令第64号）。次いで1947年2月5日には韓国人各部処長を統轄する民政長官に安在鴻が任命されることによって、軍政庁における韓国人の行政体系は本来の姿を整えた。

一方、1945年10月11日、大法院長をはじめとする39名の韓国人法官が新しく任命され、11月2日、軍政法令第21号によって北緯38度以南のすべての裁判所が軍政裁判所または陸軍占領裁判所（Military Occupation Courts）に再編され、朝鮮の法令、アメリカ太平洋陸軍総司令官の布告、軍政長官の命令または法令が施行されるようになった。1946年8月24日、軍政法令第118号によって朝鮮過渡立法議院が設置されるにしたがって、12月12日、左右翼合作運動を主導した左右翼人士45名の官選議員と新しく選出された45名の民選議員によって立法議院が構成され過渡的な立法機関の機能を遂行することになった。このように立法、司法および行政機構が完備されるに至り、アメリカ軍政は、1947年6月3日、法令第141号によって上記各部門の朝鮮人機関を南朝鮮過渡政府と名づけ政権移譲の準備を進行させた。

一方、解放後政府樹立までの3年間、韓国社会は左右翼が対立・闘争する混乱の中で新しい民主政府を樹立するための努力を傾注したが、イデオロギーで両分された冷戦時代の門口にあって、われわれの民族的統合は阻害されざるを得なかった。当時、共産主義者達の全体主義的思考と暴力的行動様式は警戒の対象となり、これが政府樹立以後、民族の統一とともに反共を主要課題とするに至った契機となった。

第2節　アメリカ軍政期の憲政状況と憲法判例

2　憲法判例

　わが国で最初の憲法裁判といえるのがこの時期にあった。アメリカ軍政期である1947年9月2日、大法院は夫に優越的支配権を与え妻の能力を制限した民法第14条第1項に対して違憲判決をしている。

　これは当時施行されていた依用民法規定を実定憲法典によることなく民主主義の一般理念に立脚して平等原則に基づいて違憲宣言をしたのである。これについては当時、朝鮮過渡立法議院によって議決された朝鮮臨時約憲があったが軍政長官の認准保留のため効力が発生せず、制憲憲法も未だ存在していなかったので、違憲判決の基礎が何であるか、いわゆる民主主義理念が違憲判決の基準となりうるかについて疑問も提起された。また、大法院が違憲法律審査権をもっているかという疑問が提起されもした。1948年5月4日、南朝鮮過渡政府法令第192号として制定された当時の法院組織法第2条が「法院は民事訴訟、刑事訴訟、行政訴訟、選挙訴訟およびその他一切の法律的争議を審判し非訟事件その他法律が定めたところによる事実を管掌する」と規定していた。

　一方、当時の大法院は法令の効力存続如何も判断した。アメリカ軍政は1945年10月9日、軍政法令第11号で「従前の一般法令で司法的または行政的適用により種族・国籍・信条または政治思想を理由に差別を生ずるものはすべて廃止する」と宣言しており、同法令と1948年4月8日に公布された軍政法令第183号は日帝の思想統制法規など数種を廃止すべき法律として明示して列挙したが、光武新聞紙法（1907.7.27. 大韓帝国法律第1号）はそれに含まれていなかったため同法の効力が存続するか否かが問題となった。

　大法院は軍政法令第11号第2条により光武新聞紙法が廃止されたか否かは一つの法律全部を一括的に判断するのではなく、個個の条項ごとにその適用時に、差別的な効果を発生せしめることになるかを判断して廃止すべきか否かを決定すべきであるという前提の下に、問題となった光武新聞紙法第26条の刑事処罰条項は日本人に適用されていた新聞規則の処罰条項に比べ、むしろ軽い刑量を規定しているため差別的な規定ではなく、したがって同条項の効力は存続すると判示した（1948.5.21. 宣告1948年非常第1号）。

第1章　憲法裁判制度の導入と変遷

第3節　第1共和国の憲法裁判

1　制憲憲法の制定と改正

　日本の降伏による光復（独立の回復）を迎えて約3年がすぎた1948年5月10日に韓国憲政史上最初の国会議員総選挙が実施された。5・10総選挙と呼ばれるこの選挙は「単独選挙・単独政府反対」という名分で南北協商に参加した上海臨時政府系の金九、金奎植ら民族陣営の一部人士達によって拒否され、また共産党をはじめとする左翼系列の妨害工作があったにもかかわらず、6個の選挙区を除いて順調に進められ国民の代表者198名の国会議員が選出された。制憲国会は同年5月31日に召集して国会を組織し、議長に李承晩、副議長に申翼熙と金東元を選出した。
　5・10総選挙によって構成された制憲国会は組織を完了した後、直ちに大韓民国の法的基礎となる憲法制定作業に着手した。憲法と政府組織法の制定のための起草委員として申翼熙、曺奉岩、徐相日ら30名が選出され、専門委員として兪鎮午、権承烈、尹吉重ら10名が委嘱された。憲法起草委員会は1948年6月、兪鎮午委員の憲法草案を原案とし権承烈委員の憲法草案を参考案として討議を進めた。両草案はいずれも政府形態を議院内閣制とし、国会の構成を両院制とするものであった。違憲法律審査に関しては意見が対立した。
　しかし憲法起草委員会で討議を済ませた草案が国会本会議に上程される段階に至るや、これに対する反対意見が提示された。李承晩議長とアメリカ軍政は政府形態を大統領制に、国会を単院制に、そして違憲法律審査権を憲法委員会に賦与すべきであると強く主張した。結局、李承晩議長の主張どおり大統領制と単院制を採択する代わりに韓国民主党の主張を反映して議院内閣制の要素である国務院と国務総理を置くことにし、違憲法律審査権は憲法委員会に賦与した。
　憲法起草委員会で作成された制憲憲法案は1948年6月23日、第16回国会本会議に上程され、7月12日に第3読会を終えた後国会を通過し、7月17日、李承晩議長の署名の後公布・施行された。同年7月20日には憲法の規定に基づいて国会での間接選挙によって大統領に李承晩、副統領に李始栄が選出さ

第3節　第1共和国の憲法裁判

れ、7月24日には就任式が行われ、光復紀念日である1948年8月15日には歴史的な大韓民国政府樹立宣布式が挙行された。

　制憲憲法は、前文・10章・103条で構成された。第1章総綱では国家形態として民主共和国を規定したのを始めとして、国民主権、国家の領域、国際平和主義等を規定した。第2章国民の権利・義務では平等権と身体の自由を始めとする古典的基本権を保障する一方、法律の留保による制限を規定した。その他労動3権と私企業における勤労者の利益分配均霑権、生活無能力者の保護、家族の健康保護等の社会的基本権を規定した。第3章国会では単院制国会を規定して、国会議員の任期は4年とし弾劾裁判所に関して規定した（憲法第47条）。第4章政府では国家元首であると同時に行政権の首班である大統領とその代行者である副統領について4年の任期で国会において選出することにし、大統領は法律案拒否権とともに法律案提出権をもち、戒厳宣布権と緊急命令権をもつことにした。大統領の権限に属する重要国策を議決する国務院は大統領・国務総理・国務委員らによって構成され、国務総理は国会の承認を得て大統領が任命することにした。第5章法院では司法権は10年任期の法官で構成される法院が行い、大法院長は国会の承認を得て大統領が任命することにし、憲法守護のための機構として違憲法律審査権をもつ憲法委員会を規定した（憲法第81条）。第6章経済秩序では社会的性格が強化された経済秩序を規定した。統制経済ないし計画経済を強化して天然資源の原則的な国有化と公共性を帯びた企業の原則的な国・公営制、公共の必要による私企業の国・公有化と耕者有田の原則に立脚した農地改革を規定した。第7章財政では租税法律主義と一年予算主義を規定し、第8章地方自治では地方自治団体の業務範囲と地方自治団体の組織及び運営に関して規定し、そして第9章憲法改正では大統領または国会の在籍議員3分の1以上の賛成で憲法改正を提案することができることにし、国会において在籍議員3分の2以上の賛成で議決するようにした。

　このように制憲憲法は、立憲民主国家の基本的な基本権を多様に保障し法治主義を具現することのできる制度を設けたが、私企業において利益の分配を均霑する権利を保障する等われわれの経済的・社会的現実とかけはなれた条項もあった。これは短い期間に理念的基盤を異にする社会各界各層の多様な要求を収斂して憲法を制定しなければならなかったためであった。

第1章　憲法裁判制度の導入と変遷

　しかし制憲憲法は、1950年6月25日の韓国戦争の勃発によってその実質的な規範力を大きく喪失することになり、特に効率的な戦争遂行のために大統領に権力が集中された。その後においても特定政治勢力によって国民の意思が十分に反映されないまま2度にわたって憲法改正が行われた。

　わが国の憲法史における最初の改憲は、国会で2度にわたって改憲案が否決された後の1952年7月7日、抜粋改憲の形態で成し遂げられた。院内で多数議席を占めていた野党（韓国民主党）議員らは李承晩大統領の独走を牽制するため、1952年4月17日に123名の名義ですでに否決された第1次改憲案の内容と似た議院内閣制改憲案を提出した。これに対して李承晩政府側は国会での間接選挙による再執権が不可能になるや、同じ年の5月14日に既に否決された第2次改憲案とほとんど同じ内容の正・副統領直接選挙制の改憲案を提出した。2つの改憲案の提出を契機に政治波動という政治的非常局面が展開されるや、その事態収拾策として両改憲案の内容を折衷した、いわゆる「抜粋改憲案」が作られた。この改憲案は1952年7月7日に適法な公告と十分な討論過程を経ることがないまま強圧的な雰囲気の中で在籍議員166名中賛成163名、棄権3名で国会を通過し確定され、ここに第1次憲法改正が成し遂げられた。抜粋改憲の主要骨子は、大統領と副統領の直接選挙制、国会の両院制、国会の国務院不信任制を導入し国務委員の任命における国務総理の提案権等を新設することであった。

　その後1954年5月20日に実施された第3代民議院総選挙で与党である自由党が多数議席を占めることになるや、8月6日、所属議員136名の賛成を得て新しい改憲案を提出した。同年11月27日に同改憲案が表決されたが、その結果は在籍議員203名中賛成135名、反対60名、棄権7名であった。当時憲法改正に必要な議決定足数は136名であったため同表決は否決されたものとして宣言されたが、同年11月29日に与党側は四捨五入すれば203の3分の2は135であると主張して、その否決宣言を取り消しその通過を表決で決定した後、その改憲案を公布した。四捨五入による第2次改憲の主要内容は、初代大統領に限って重任制限規定を撤廃して無制限の立候補を許容し、国務総理制を廃止し、大統領欠位時には副統領がその地位を承継し、経済体制を自由市場経済体制に修正することなどであった。

2　憲法委員会制度の導入経緯

　法律に対する違憲審査を法院の権限とすべきかもしくは独立した機関を設置してここで違憲審査をするようにすべきかについては、憲法制定当時から多くの論議があった。

　憲法草案作成に参与した憲法起草委員会の兪鎮午委員は、違憲法律審査権を法院に与えることに対して適切でないと考えた。彼は違憲法律審査権を法院に与えるアメリカ型司法審査制度はアメリカに特殊なものであり外国ではこれを模倣する国家がほとんどない制度であり、また、当時わが国の法院が国会を牽制する権限を受任できる程の信頼と権威を確立しておらず、日帝時代から継続在職している相当数の法官と行政官らは親日派と糾弾されることもあり司法府全体が自粛していたときであったので違憲法律審査権を法院に与えよという主張は受容しがたかったと回顧している（兪鎮午、憲法起草回顧録、43頁、53頁以下参照）。兪鎮午委員が作成した憲法草案の初稿では「法律が憲法に違反するか否かが裁判の前提となる場合には、法院は、憲法委員会に提請しその決定によって判決する。憲法委員会は、副統領を議長とし、大法院長、国会両院議長及び参議院の同意を得て大統領が任命する3名の委員でもって構成される。憲法委員会の審査手続は、法律で定める」となっている。

　しかし当時の司法府人士らは憲法委員会の創設に反対し、分散型（司法型）司法審査制度を採択すべきであると主張した。憲法草案作成と関連して大法院長が提出した意見書によれば、法律に対する違憲審査は三権分立にしたがって当然に司法府に属する権限であるとした。具体的事件と争議を裁判するにあたり解釈・適用すべき法律が憲法に違反するか否かを審査する権限は立法府に対する不当な干渉または不当な優越を意味するものではなく、政争から超然とした法院が多数派の権力濫用を是正すべき義務があることは三権分立の基本思想であり、司法府の違憲決定は性質上消極的権限であるため濫用の弊がないとの主張であった。

　このような司法府の強力な主張にしたがって完成された憲法草案は、「法律が憲法に違反するか否かが裁判の前提となるときには、法院は、大法院に提請して裁判する」と規定した。しかし憲法起草委員会の審議を終えた憲法草案が国会本会議に上程される段階において、李承晩国会議長は、違憲法律審査権を

11

第1章　憲法裁判制度の導入と変遷

憲法委員会に賦与すべきであると主張し再び憲法委員会制度の導入が検討され、制憲憲法は同制度を採択することになった。

兪鎮午委員は、1948年6月23日、国会第17回本会議において大韓民国憲法の提案理由を次のような趣旨で説明した。「国会で制定された法律が憲法に違反する場合にはどうするかといったことの問題に関しては、われわれは憲法第80条第2項で憲法委員会という新しい制度を考え出しました。従来の各国制度をみればアメリカでは法律が憲法に違反するかしないかということを判断する権利は法院がもっています。これと反対に一部国家は法律が憲法に違反するかどうかはもっぱら国会が自ら判断することになっています。すなわち国会において憲法に違反しないと認定をうけて制定された法律は憲法に合致するものであると解釈されてきたのでした。したがって前者は司法権優越主義、後者は国会優越主義といえます。しかしわが国においては法律が憲法に違反するか否かの問題を提起する権限を法院に与え、それが憲法に違反するか否かは法院で行わず大法官5名と国会議員5名で構成される憲法委員会で決定することにしました。」

3　憲法裁判制度の内容

(1)　違憲法律審査

制憲憲法は、大韓民国の憲政史において憲法裁判制度の原型を提示した。

第1共和国憲法は「法律が憲法に違反するか否かが裁判の前提となるときには、法院は、憲法委員会に提請し、その決定によって裁判する」と規定し（憲法81条2項）、憲法裁判機関として一般法院とは別途の独立した憲法委員会を設置しながらも、憲法委員会は第5章法院編に置くという体制をとった。また裁判手続は抽象的規範統制ではなく具体的事件において違憲性が問題となった場合に限って法律に対して違憲審査を行う具体的規範統制制度を採択した。しかし憲法上、憲法委員会の違憲審査の対象は法律だけに限定されており、命令・規則・処分が憲法と法律に違反するか否かに対しては大法院が法律の定めるところにしたがって最終的に審査するようにした（憲法81条1項）。これは独立した憲法裁判機関を設けている国家では独特な形態であった。

1950年2月21日法律第100号で制定された憲法委員会法は、当該事件の担

第 3 節　第 1 共和国の憲法裁判

当判事または訴訟当事者の申請によって判事 3 名で構成される合議部が法律に対して違憲提請すべきであるか否かを決定するように規定した（法 9 条）。法院が法律の違憲如何に対する決定を憲法委員会に提請したときには、当該事件の裁判を停止し、憲法委員会が提請を受理したときには大法院をして各級法院において当該法律を適用すべき事件の審理を中止させなければならなかった（法 10 条）。憲法委員会は委員 3 分の 2 以上の出席がなければ議事を開始することができず（法 13 条）、違憲決定には委員 3 分の 2 以上の賛成を必要とした（憲法 81 条 4 項）。憲法委員会の違憲決定は官報に公告され将来に向かって効力を発生するが、刑罰条項は遡及してその効力を喪失した（法 20 条、22 条）。

　憲法委員会は憲法上、副統領を委員長とし大法官 5 名と国会議員 5 名の委員で構成される（憲法 81 条 3 項）と規定していたが、憲法委員会法ではその他予備委員制度についても規定した（法 2 条、3 条、4 条、6 条等）。大法官である委員と予備委員は、大法院長の推薦によって大統領が任命した。国会議員である委員と予備委員は国会で選出するが、国会議員選挙後、新しい国会が開会されたときには遅滞なく委員と予備委員を選出することにした。委員と予備委員の任期は大法官は 4 年、国会議員はその任期中としたが、任期中に国会議員または大法官を退任したときには当然に退任した。憲法委員会は委員長を咸台永副統領、委員は金炳魯大法院長をはじめとする金瓚泳、金東炫、金斗一、白漢成の各大法官と蘇宣奎、南松鶴、金鳳祚、李道栄、鄭憲柱の各国会議員であった。

　1952 年 7 月 7 日の第 1 次憲法改正で憲法委員会の構成は、副統領を委員長とし大法官 5 名、民議院議員 3 名及び参議院議員 2 名とした（憲法 81 条 3 項）。ただし附則で参議院の存在を前提とする規定は参議院が構成された日から施行すると規定していたが、参議院は構成されなかった。憲法委員会に書記局を置いたが、委員、予備委員とともに書記局職員も名誉職であった（法 7 条、8 条）。

(2)　弾劾制度

　制憲憲法は、憲法委員会とは別途に弾劾事件審判を管轄する弾劾裁判所を設置することを規定した（制憲憲法 47 条）。これに基づいて 1950 年 2 月 21 日法律第 101 号として弾劾裁判所法が公布された。

　制憲憲法第 46 条は、大統領・副統領・国務総理・国務委員・審計院長・法官その他法律が定める公務員がその職務遂行に関して憲法または法律に違反した

ときを弾劾事由として規定し、弾劾の訴追は国会が、審判は弾劾審判所が管轄することにしたのである。

弾劾事由がある公務員に対して国会は議員50名以上の連署で弾劾訴追を発議することができ、その決議は在籍議員3分の2以上の出席と出席議員3分の2以上の賛成を要した。

弾劾裁判所の審判官は大法官5人と国会議員5人で構成された。裁判長の職務は副統領が行ったが、大統領と副統領を審判するときには大法院長が裁判長の職務を行った。弾劾裁判所の審判官のうち大法官である審判官は、大法官全員で構成する大法官会議において選出し、若干名の予備審判官も同時に選出した（法4条）。国会議員である審判官は、国会においてまず単記無記名投票で倍数を選出し、その中から再び審判官を選出し、残りの者から若干人の予備審判官を選出した（法5条）。審判官の任期は、大法官の場合は4年、国会議員である場合はその任期中としたが、任期中に国会議員または大法官を退任したときには当然に退任した（法6条）。審判官は名誉職であった（法11条）。

国会が弾劾の訴追を決議したときには、訴追を遂行するため単記無記名投票で訴追委員3名を選出した。訴追委員は弾劾裁判所法廷における審理と裁判の宣告に立ち会うことになっていた(法16条)。弾劾裁判所は訴追が提起されたとき遅滞なく審理を開始し口頭弁論によって裁判をした(法15条)。弾劾裁判所は何時でも訴追を受けた者の職務を停止することができ、同一の事由に関して刑事訴訟が係属している間は裁判を中止することができた(法28条、29条)。弾劾の訴追をうけた者は罷免裁判の宣告によって罷免され、弾劾裁判所の終局裁判は官報に掲載して公示した（法26条、27条）。

1952年7月7日の第1次憲法改正で、弾劾訴追は民議院議員50名以上の発議が必要であり(憲法46条)、その決議は両院合同会議において各院の在籍議員3分の2以上の出席と出席議員3分の2以上の賛成が必要であり、弾劾裁判所は大法官5名と参議院議員5名で構成されることに変更された（憲法47条）。

4 憲法裁判の実際

日帝の長い植民地統治から脱し主権を回復した新生独立国家として法治国家原理を具現するため憲法裁判制度を導入したという事実は、大変意味あること

であった。旧制度を清算するため独立的な機関として憲法委員会を設置・運営したということは、民主主義的な憲法精神の発露であった。しかし日帝の軍国主義の統治下で通用された依用法令の遺産を清算できなかった時点であったために、既存の諸法律に対する違憲論議が多くありえたにもかかわらず憲法裁判はあまり活性化しなかった。

憲法委員会法と弾劾裁判所法が1961年4月17日法律第601号として公布された憲法裁判所法によって廃止されるときまで、憲法委員会は6件の違憲法律審査を行った。しかし強圧的で非正常的な2度の改憲過程においてみられるように憲政状況が正常的でなかった第1共和国時期の時代相に照らしてみれば、憲法委員会がその中の2件で違憲決定を行ったということは、わが国において憲法裁判が定着することができるという可能性をみせてくれるものであったといえる。

(1) 帰属財産処理法・施行令の合憲および棄却決定 〈1952.3.29. 決定 4284年＊憲委1、2〉

＊大韓民国政府樹立当時使われていた年号は檀紀であった。檀紀4284年は西紀1951年に該当する。

この事件は、憲法委員会に違憲提請がなされた最初の事件である。この事件の決定に参与した委員は、金炳魯委員長代理（大法院長）、金瓚泳、金斗一、白漢成(以上大法官)、蘇宣奎、南松鶴、金鳳祚、鄭憲柱(以上国会議員)委員であった。

① 提請理由

1949年12月19日に公布された帰属財産処理法第35条は、帰属財産の賃借人または管理人がその義務に違反した場合等において政府がその賃貸借契約または管理契約を取り消して当該帰属財産の返還を命ずることができると規定しており、大統領令である帰属財産処理法施行令第44条は、帰属財産の返還を命ぜられた者が返還を拒否した場合には管財庁長が当該財産の明け渡しまたは引き渡しを警察機関に依頼することができると規定していた。

ソウル高等法院はこれらの規定について違憲提請を行った。その理由要旨は、司法権の一部である強制執行権限を特別裁判所でもない管財庁長に与え警察にその執行を依頼することができるようにしたのは司法権を侵害し三権分立

第1章　憲法裁判制度の導入と変遷

の原則に背馳するものであるため、このような違憲の内容を規定した上記施行令第44条とそのような内容を施行令に委任した帰属財産処理法第35条に対して違憲審査を提請するということであった。

② 決　定

憲法委員会は帰属財産処理法第35条は違憲ではないと宣言し、同法施行令第44条に関する提請は棄却すると決定した。その理由要旨は、次の如くである。

「帰属財産処理法第35条は、同条第1号乃至第3号に該当する事由がある場合に管財庁がその賃貸借契約または管理契約の取り消しおよびその財産返還請求の権利があることを規定したものであり、同条で『命ずることができる』という言葉は、実質的意義においては請求することができるということと変わらないため決してその請求権の債務名義や強制執行に関する事項を大統領令に委任したのではない。何故ならば、その財産の返還を命ずることができるという文言によって賃借人や管理人がその命に応じない場合に、他の債務名義なしに強制執行できるものとは解釈できないためである。要するに帰属財産処理法第35条の規定は憲法第58条前段の委任事項を規定したものとは解釈できないため、何ら違憲とはいえない。帰属財産処理法施行令第44条は帰属財産処理法第35条の委任によるように規定しているが、同法施行令は同法第35条に依拠することができない事項を規定しただけでなく、同法第43条の規定によっても法を実施するための必要事項を規定すべきであるにもかかわらず漠然とその基本法の規定にもない強制執行に関する事項を規定したものであるため、憲法第58条および帰属財産処理法第35条・第43条に違反する。しかしこれは憲法第81条第1項により大法院が最終的に審査すべきことであり、憲法委員会において審議すべきことでないため、これに関する提請は不当である。」

(2)　農地改革法の違憲決定　〈1952.9.9. 決定4285年憲委1〉

この事件は、憲法委員会がはじめて違憲決定を行ったものである。この事件の決定に参与した委員は、金炳魯委員長代理（大法院長）、金瓚泳、金東炫、金斗一、白漢成（以上大法官）、蘇宣奎、金鳳祚、李道栄、鄭憲柱、尹吉重（以上国会議員）であった。

① 提請理由

第 3 節　第 1 共和国の憲法裁判

　1950 年 3 月 10 日に改正された農地改革法第 18 条第 1 項は、農地分配を受けた者が正当な理由なく償還金を納入しない場合には政府が当該農地の返還を要求するため法院に提訴することができるとし、この場合、最終法院は 2 審上級法院までとすると規定しており、同法第 24 条第 1 項は、農地委員会に対する異議や抗告に関して法院に提訴する場合にも最終法院はこれと同じであると規定していた。

　大法院はこれに対して違憲提請をしたのであるが、その理由要旨は次の如くである。「如何なる場合にも最高法院である大法院の審判を受ける権利を剥奪することはできず、法律で下級法院である特別法院を組織するときでも最終審は最高法院である大法院に統合帰一すべきであるにもかかわらず、農地改革法第 18 条第 1 項と第 24 条第 1 項の規定は最終審を大法院とせず 2 審上級法院である高等法院にしたもので、国民の基本権である最高・最終法院の審判を受ける権利を剥奪した結果をもたらしたものであるため憲法第 22 条（裁判請求権）の精神に違反する。」

② 　決　定

　憲法委員会は、農地改革法第 18 条第 1 項後段および第 24 条第 1 項後段は憲法に違反する法律であることを宣言すると決定した。その理由要旨は、次の如くである。

　「法律で定められた法官によって法律による審判を受ける権利は憲法第 22 条に明示された国民の基本権であり、憲法第 76 条第 2 項の最高法院と下級法院の組織を規定した法院組織法は 3 審制の大原則を確立し、およそ訴訟が最終審としての大法院の審判を受ける権利を認定しており、2 審制である行政訴訟はいうまでもなく単審制である選挙訴訟までも最高法院である大法院の審判を受けるようにしている各法律規定に照らしてみるとき最終審は最高法院である大法院に統合帰一するようにすることが憲法第 22 条および第 76 条第 2 項の大精神である。しかるに農地改革法第 18 条第 1 項及び第 24 条第 1 項が最終審を 2 審上級法院である高等法院までとしているのは、およそ国民が最高法院である大法院の審判を受けることができる基本権を剥奪したものであり、憲法第 22 条、第 76 条の精神に違反する。」

(3)　非常事態下の犯罪処罰に関する特別措置令の違憲決定 〈1952. 9. 9. 決

第1章　憲法裁判制度の導入と変遷

定4285年憲委2〉

　この事件は、戦争などの緊急事態において行われた大統領の緊急命令に対する違憲審判事件である。この事件の決定に参与した委員は、金炳魯委員長代理（大法院長）、金瓚泳、金東炫、金斗一、白漢成（以上大法官）、蘇宣奎、金鳳祚、李道栄、鄭憲柱、李在鶴（以上国会議員）委員であった。

① 提請理由

　1950年6月25日に韓国戦争が勃発したが、その日に大統領緊急命令第1号として公布された非常事態下の犯罪処罰に関する特別措置令は、1950年6月25日の北韓傀儡集団の南侵によって発生した事態を非常事態と定義したあと（第2条）、非常事態に乗じた殺人・放火・強姦等の罪を犯した者に対しては死刑に処し（第3条）、窃盗・恐喝・強盗等の罪を犯したり反逆行為等を行った者に対しては死刑、無期または10年以上の有期懲役に処することにして（第4条）、第9条において同特別措置令に規定した罪の審判を単審とし、地方法院または同支院の単独判事が行うと規定した。1951年1月30日法律第175号で新設された同特別措置令第9条第2項は、死刑、無期または10年以上の刑の言い渡しを受けた被告または検事等は被告人の利益のため地方法院及び地方法院支院の合議部に再審判を請求することができると規定した。

　被告人が灯火管制実施中に財物を窃取し非常事態下の犯罪処罰に関する特別措置令違反罪として刑を宣告され飛躍上告したが、1審法院において単審制が適用されるという理由で上告却下決定をするやソウル高等法院に飛躍上告をした事件において、ソウル高等法院は上記特別措置令第9条に対して当該事件の抗告申立てに関する決定の前提性を認定しつつ違憲提請をした。その理由は、憲法上すべての国民は原則的に3審制度の裁判手続による裁判を請求することができるが、特別な場合には審級を短縮することができるとしても最終審の裁判を受ける権益は厳存するので、この規定は上告審に対する裁判請求権を剥奪したものであるため憲法に違反するということであった。

② 決　定

　憲法委員会は、非常事態下の犯罪処罰に関する特別措置令第9条は憲法に違反すると決定した。その理由は、次の如くであった。

　「法律で定める法官によって法律による審判を受ける権利は、憲法第22条に

明示された国民の基本権であり、憲法第76条第2項の最高法院と下級法院の組織を規定した法院組織法は3審制の大原則を確立し、およそ訴訟が最終審として大法院の審判を受ける権利を認めているばかりでなく、2審制である行政訴訟もまた同じであり単審制である選挙訴訟までも最高法院である大法院の審判を受けることにしている各法律規定に照らしてみるとき、最終審は最高法院である大法院に統合帰一せしめることが憲法第22条及び第76条第2項の大精神である。ところが緊急命令として法律の効力をもつ非常事態下の犯罪処罰に関する特別措置令第9条は国民が最高法院である大法院の審判を受ける基本権を剥奪したものであり、憲法第22条、第76条の精神に違反する。」

(4) 戒厳法第13条の合憲決定 〈1953.10.8. 決定4286年憲委2〉

この事件は、非常戒厳地域内において検事が発付した拘束令状と関連した事件である。この事件の決定に参与した委員は、咸台永委員長、金炳魯（大法院長）、金瓚泳、金東炫、金斗一（以上大法官）、蘇宣奎、南松鶴、李道栄、鄭憲柱（以上国会議員）委員であった。

① 提請理由

1949年11月24日に公布された戒厳法第13条は、非常戒厳地域内において戒厳司令官は軍事上必要なときには、逮捕、拘禁、捜索、居住、移転、言論、出版、集会または団体行動に関して特別な措置を行うことができると規定した。

1953年6月16日、ソウル地方検察庁検事は法院に拘束令状を申請したが棄却されるや、6月19日、検事が発付した拘束令状によって被疑者を拘束した後、起訴するときに戒厳法第13条が拘束の根拠であると主張した事件であった。これに対してソウル地方法院はこの条項に対して違憲提請をしたが、その理由は戒厳法第13条が法官の令状なしに逮捕、拘禁、捜索することができるという例外規定がない限り同条項は憲法に違反するということであった。

② 決　定

憲法委員会は、戒厳法第13条が憲法に違反しないと決定した。その理由は、次のとおりである。

「戒厳法第13条は戒厳地域内において逮捕、拘禁、捜索等に関して特別な措置を行うことができると規定しただけであり、法官の令状に関しては規定しなかった。ここにおける「特別な措置」とは、憲法の規定に違反しない範囲に属

する事項に関するものであると解釈することが正当であるため、戒厳法第13条は令状制度を規定した憲法第9条第2項に違反するとはみられない。ただし、当該事件の判断において非常戒厳の宣布に伴うべき戒厳司令官の公布または布告のうち戒厳地区においては逮捕、拘禁、捜索に関して法官の令状を要しないという趣旨の部分と検察庁が法官の令状なしに検事が発付した令状で逮捕、拘禁、捜索を実施することは戒厳法第13条の法意を憶測曲解したことに起因したもので、憲法第9条第2項に違反することが明瞭であるが、これは憲法第81条第1項により大法院が最終的に審理すべきことであり、憲法委員会において審理すべきことではない。」

(5) 南朝鮮過渡政府の行政命令第9号の合憲決定 〈1954.2.27. 決定4286年憲委1〉

この事件は、大韓民国政府が樹立される前の行政命令に対する事件である。この事件の決定に参与した委員は、咸台永委員長、金炳魯（大法院長）、金瓚泳、金東炫、金世玩、金斗一（以上大法官）、蘇宣奎、南松鶴、李道栄、鄭憲柱（以上国会議員）委員であった。

① 提請理由

1947年12月15日に公布された南朝鮮過渡政府行政命令第9号は、電力不足が激甚である状況において適正・公平な電力供給を期する目的で在朝鮮アメリカ陸軍司令官の指令によって非常時期の間、電力の使用及び分配を管理する権限を有する非常電力委員会を設置し、第2条において同委員会の命令は法的効力があるとしつつ、第10条において非常電力委員会の命令や指令の規定に違反する者は法院が定めた刑罰に処すると規定した。

清州地方法院はこれらの規定に対して違憲提請をしたが、その理由は非常電力委員会が法律を制定することができ同委員会が企業を統制することができるばかりでなく、その命令に違反した者を処罰するということは、国会の立法権を侵害し私有財産及び企業を行政官庁の恣意で統制できるようにし行政官庁の命令で国民を処罰せしめることであり、憲法第22条、第31条、第88条に違反するということであった。

② 決定

憲法委員会は、これらの規定は違憲ではないと決定した。その理由は、次の

如くである。

「この行政命令が非常時の電力対策に関するものであり、その内容がいわゆる憲法各条の立法事項に関するものであることは間違いないが、当時（1947.12.15）はわが憲法制定前であったため、行政機関である過渡政府の行政命令で法律事項を有効に規定することができ、また憲法の立法事項を規定した当該命令は憲法第100条により同法施行後にも法律で改正される時までは法律的効力を保有するものというべきであるので、憲法によって法律と同一の効力が与えられている以上、これを憲法に違反するものとすることはできない。」

(6) 簡易請求手続による帰属解除決定の確認に関する法律第2条の合憲決定
〈1954.3.26. 決定 4287年憲委1〉
この事件は、中央管財処の帰属解除決定に対する法務部長官の確認について規定した法律に関連した事件である。この事件の決定に参与した委員は、咸台永委員長、金炳魯（大法院長）、金瓚泳、金東炫、金世玩、金斗一（以上大法官）、蘇宣奎、鄭憲柱（以上国会議員）委員である。

① 提請理由
1950年4月8日に公布された簡易訴請手続による帰属解除決定の確認に関する法律は、第2条において南朝鮮過渡政府中央管財処の帰属解除決定は法務部長官の確認を受けなければ効力を失うと規定し、第4条において法務部長官の確認が確定判決と同一の効力をもつものと規定した。

ソウル地方法院はこれに対して違憲審査を提請したのであるが、その理由は、南朝鮮過渡政府中央管財処の帰属解除決定は韓米間の「財政及び財産に関する最初の協定」によってすでに承認されたことはもちろんであり、この最初の協定が憲法第7条によって国内法と同じ効力をもっているため法務部長官の確認を受けなければ帰属解除決定の効力が失われるという規定は憲法に違反するということであった。

② 決　定
憲法委員会は、この規定は違憲ではないと決定した。その理由の要旨は、次の如くである。「法務部長官が中央管財処の帰属解除決定を正当であると認定したとしても敵産から解除されたものを再び認定したことに過ぎず、実質的に権利関係の変動が生せず、中央管財処の帰属解除決定を不当であると認定し申

請を却下したとしてもその財産が敵産から解除されていない状態に復帰するだけであり、このような事情は確認申請期間を徒過した場合にも同じである。また利害関係人は目的物に対する権利の存否確認や給付の訴訟を法院に提起することができ、その行政決定に対しても行政訴訟を提起できるため、この法律規定が憲法上保障された国民の財産権を侵害するとか国内法と同一の効力がある国際協定に違反するとか司法権を侵害するとかということはできない。」

(7) 京郷新聞廃刊・停刊処分事件

1959年2月4日、京郷新聞の余滴という欄に掲載された記事が刑事事件に飛火するなど政治的に問題になった。その記事は、わが国の多数党が多数決の暴政はあり得ないというハーマンス教授の論文を我田引水的に解釈しようとしていると指摘して、多数決の暴政があり得ないということは投票者が自己の意思を自由に行使できることを前提とするものであるため、選挙が真正の多数の決定に無力であるときには更に他の暴力による多数決定があり得るのであり、これを革命と呼ぶという内容であった。

この記事と関連して京郷新聞社に対する押収捜索が実施される一方、1959年2月27日に筆者である朱耀翰論説委員と韓昌愚発行人が不拘束起訴された。続いて同年4月30日には上記記事以外にも京郷新聞に掲載された「政府と与党の支離滅裂相」等の記事にも法律違反事由があるという理由で、政府から京郷新聞の発行許可取消処分が下された。これは当時、政府が新聞その他定期刊行物に法律違反があったときには発行許可を取り消しまたは停止することができると規定した軍政法令第88号「新聞及びその他定期刊行物許可に関する件」に基づいたものであった。

1959年6月26日、ソウル高等法院特別1部は京郷新聞社が提起した発行許可取消処分に対する効力停止申請を理由ありと決定した。これに対して政府は従前の発行許可取消処分を取り消し、上記のものと同じ理由で再び発行許可停止処分を下した。京郷新聞もソウル高等法院に再び停刊処分に対する執行停止申請を提起する一方、上記軍政法令に対する違憲審査を憲法委員会に提請してくれるよう申請した。

しかし同年8月8日、ソウル高等法院はまず違憲審査提請申請を却下した。憲法委員会に違憲審査を提請することのできる法律は大韓民国国会の議決を経

て制定・公布した法律をいうのであり、軍政法令は立法事項を規定していてもこのような法律に該当しないという理由であった。続いて同年8月29日、停刊処分に対する執行停止申請が却下され、9月8日には停刊処分の取消請求も棄却された。取消請求を棄却した判決において、軍政法令第88号が規定する新聞発行の許可制と新聞の廃刊及び停刊は出版の自由を制限するものであり憲法に違反し効力を失うべきであるという請求人の主張に対して、わが国の憲法が言論・出版の自由を絶対的自由として規定せず法律でもって制限することができる自由として規定しているため新聞発行の許可制を法律で定めることができるとするとともに、法律の違反があった場合に新聞は廃刊または停刊をすることができるという規定は新聞が社会に及ぼす影響が重大であることに照らし秩序維持や公共の福祉のための必要な限界を超えたということはできないと判示した。

これに対し京郷新聞発行人が大法院に上告し、大法院は1960年2月5日に軍政法令第88号について憲法委員会に違憲提請をしたのである。憲法委員会に違憲審査を提請することができる法律は憲法公布以後に制定された法律は勿論、憲法公布以前に施行された法令であっても、いわゆる立法事項を規定したものは法令、規則等の形式と名称如何にかかわらず含まれるとするとともに、軍政法令第88条が新聞とその他定期刊行物を許可なく発行することを一律的に不法であると規定しながらも発行許可を取り消したり停止する条件を具体的に規定しなかったことは違憲として認定されるべきであると判示した。

しかし1960年3月25日の3・15不正選挙によって憲法委員会委員長である張勉副統領が辞表を出し憲法委員会の委員長が空席になったため憲法委員会における審理は後日に持ち越され、その後大法院は李承晩大統領が下野宣言を行った同年4月26日に遅ればせながら京郷新聞の停刊処分の執行を停止するという決定を行った（4292行抗12）。

(8) 評　価

第1共和国当時の憲法委員会の憲法裁判の功過について、ある論文は次のような趣旨で評価している。

長い間の封建的国家制度と帝国主義・独裁主義・侵略主義の日本制度の下で違憲立法という概念が成立し得なかったのであるが建国後に憲法委員会が違憲

第1章 憲法裁判制度の導入と変遷

法律審査を行うことによって憲法裁判制度の存在を明らかにしたのであり、法律解釈の原理を一般に対して公表し、違憲立法は矯正されるという観念を一般に対して周知させるとともに国家機関間における牽制作用をしたという点で功があった一方、しかしその理由についての説示がときにはあまりにも独断的で矛盾があり、人的構成員の部分でも欠陥がなきしもあらずであったという点で過誤があった（閔雲植『法政』1959年5月号）。

第1共和国の憲法委員会が行った6件の決定の中で裁判請求権の性格と内容が論議された農地改革法や非常事態下の犯罪処罰に関する特別措置令に関する事件においては、国民の裁判請求権の内容として大法院の裁判を受ける権利が確認された。また憲法委員会は、戒厳法第13条合憲決定（1953.10.8. 決定4286年憲委2）において、同法が規定する特別な措置が令状制度を排除したものではないと判示することによって憲法上の身体の自由の保護を確認した点でその意義が大きい。

しかし戒厳法第13条に対する合憲決定事件は、第1共和国憲法が法律に対する違憲決定権と命令・規則に対する違憲審査権を分離して憲法委員会と大法院がそれぞれ管掌することにした制度的問題点が露呈された事件でもあった。同事件において憲法委員会は戒厳法に対しては合憲的解釈を通して合憲決定をしながら、同一の事件で問題とされた違憲的な命令については管轄でないという理由で判断をしないことによって、実際的な違憲的要素を除去することができなかった。このような不合理な結果は、憲法裁判権が一つの機関に統一的に帰属されなかった制度的欠陥に起因するものであり、このような制度的欠陥は数次にわたる憲法改正にもかかわらず現在に至るまで残存しているのである。

また第1共和国の憲法委員会はその構成権限が大統領にあったが、自由党政権の末期に至っては大統領が大法官の中から任命すべき憲法委員を一定期間、任命しなかったため、憲法委員会の機能が事実上停止されてもいたのである。大法院は1959年の京郷新聞廃刊・停刊処分事件に先立って、趙容淳大法院長をはじめ金斗一、金世玩、金甲洙、許珺ら5名の大法官を憲法委員として推薦し、その後、許珺、金世玩二人の大法官の退任によって再び裴廷鉉、高在鎬大法官を憲法委員に追加推薦したが、李承晩大統領はこれらの任命手続をとらずにいた。京郷新聞停刊処分と関連して軍政法令第88条に対する違憲提請が

あってから1ヵ月余が経過した1960年3月12日に至ってようやく憲法委員を任命したため、相当期間、憲法委員会は憲法裁判をすることができなかった。

第4節　第2共和国の憲法裁判

1　第2共和国憲法の成立と改正

　1960年3月15日、自由党政権は不法的に政権を延長させるべく第4代大統領選挙において組織的な不正選挙を画策した。その「3・15不正選挙」が導火線となり、遂に同年4月19日に全国的に民主化運動が展開された。これにより李承晩政権は崩壊し、同年5月2日に許政を内閣首班とする過渡政府が構成された。しかし当時の国会は自由党が過半数を占めていたため、過渡政府はその課業の遂行に現実的な制約が少なくなかった。「先総選挙、後改憲」論と「先改憲、後総選挙」論をめぐって民主党の新派と旧派が対立していたが、結局、民主党の旧派が自由党と共同で国会において新しい政治秩序の形成を意味する憲法改正を断行した。

　国会時局対策委員会は、再選挙の実施、内閣責任制への改憲、改憲通過後に民議院の解散および総選挙の実施を内容とする時局収拾に関する決議案を通過させるとともに、これにしたがって1960年4月28日に憲法改正起草委員会が構成された。同委員会で起草された改憲案は、同年5月10日に委員長鄭憲柱の外174名の提案で国会本会議に上程され、6月15日第37回本会議において在籍議員218名中賛成208名、反対3名、欠席7名で可決され、同日公布・施行された。

　最初の与野党合意による第3次改憲によって、第2共和国憲法が誕生したのである。第2共和国憲法は第1共和国憲法下での歪曲された憲政経験と当時の時代的合意から導出された権力制限と自由保障、そして公明選挙の保障の要請を反映して、改正箇所は本文55個条項と附則15個項に及んだ全面改正であった。これによって議院内閣制を導入し、広範囲の憲法裁判を遂行する憲法裁判所を設置したが、司法権の独立を強化するため大法院長と大法官は選挙によって選出するようにした。また基本権の本質的内容の侵害を禁止し、事前許可や検閲制を禁ずるとともに選挙の自由を保障するため中央選挙管理委員会の憲法

第1章 憲法裁判制度の導入と変遷

的地位を強化し、公務員の政治的中立を制度化して地方自治団体の民主的行政のために団体長を選挙制にした。

その後、第2共和国においては、3・15不正選挙の主謀者らと不正選挙に抗議した群衆に発砲した者らを処罰するための第4次改憲があった。第4次改憲案は、1960年10月17日に民議院において在籍議員233名中出席200名、賛成191名、反対1名、棄権2名（無効票6票）で可決され、11月28日には参議院で在籍議員58名中、出席52名、賛成44名、反対3名、棄権3名（無効票2票）で可決された。第4次改憲に基づいて不正選挙関連者処罰法、反民主行為者公民権制限法、不正蓄財特別処理法、特別裁判所および特別検察部組織法などの一連の遡及特別法が制定された。しかしこれらに対する処罰は、5・16軍事クーデタが勃発したために行われないまま軍事政府の課題として持ち越された。

2 憲法裁判所制度の企図
(1) 憲法裁判所の設置論議

李承晩政権が崩壊した後、憲法裁判所を新設すべきか否かにたいして多くの論議があった。第1共和国当時の司法府が行政権の不当な干渉によって萎縮していたため司法府の権限強化を望んだ大法院と大韓弁護士協会は、憲法裁判所を新設すれば司法権を二元制に構成することになり結果的に司法府の弱化をもたらすおそれがあるとの理由で、その新設に反対する立場をとった。

これに対して公法学者らは憲法裁判所の設置に積極的に賛成する立場であった。憲法の守護者として憲法裁判所を設立することは世界的な趨勢であるばかりでなく、憲法事項の解釈と管掌をそれについて専門知識をもつ憲法裁判所の管轄にすることが妥当であると主張した。

鄭憲柱憲法改正起草委員会委員長は、改憲案が憲法裁判を法院の管轄でなく憲法裁判所の管轄として規定した理由を次のような趣旨で説明した。第1に、わが国のような後進国家においては、執権者の憲法濫用から憲法秩序を守護するために権威ある機関の存在が必要である。法院をして憲法を守護させることも一つの方法ではあるが、法院は伝統的な権威と経験をもったアメリカの連邦大法院とは異なり一般的な場合において憲法の守護者としての任務を担当する

ことはむずかしい。第2に、法律に対する違憲審査を中心とする憲法裁判は、たとえそれが裁判という名称をもっていても法院の一般裁判とは性質が全く異なる。一般裁判においては具体的な法律問題を扱う原告と被告が対立し、法院は単に具体的な事実に対して法規を適用する形式でそれを解決することが原則である。しかし法律に対する違憲審査の如き憲法裁判は、ただ単にその法律が憲法に違反するか否かという憲法的規範の解釈をその対象とするのである。したがって、法院に憲法解釈権を与えても司法の基本構造である不告不理の原則によって、特定法律が具体的な事件に対して裁判の前提となっているときにのみ審査が可能となる。憲法の守護において憲法裁判権を上記の如く制限することになれば、「四捨五入改憲」のような多数者の違憲的行為を抑制することはできない。多数者の違憲的行為は、憲法裁判所を設置して違憲法律審査権だけでなく憲法解釈権までを与えるときにのみ初めて抑制することができる。第3に、憲法裁判は憲法の解釈の如き政治的問題を取り扱っているため、原則的に非政治的な問題をその対象とする法院は必ずしも適格者とはいえない。したがって、憲法裁判の合理性のために憲法裁判は、特殊な機能を発揮することができる憲法裁判所の管轄とするのが社会技術的にも理想的である。憲法裁判所も憲法の規範的統制のための司法の一部を意味するとはいっても、それは規範統制によって多数者の専制を防止し憲法の基本秩序維持をその使命とするという点で、下位の法秩序の維持をその使命とする一般法院とは区別されなければならない。憲法裁判所の設置は司法権の独立を侵害したり権限を弱化せしめるものでは決してないのである。

(2) 憲法裁判所法の制定経過

憲法裁判所法案は民議院で1960年第37回会期中において法制司法委員会の審査を完了したのであるが、会期不継続によって廃棄され、1961年1月13日に民主党金采庸議員外20名から再び提出を受け、1月14日に法制司法委員会に回附された。法律案は、法律が違憲であるか否かまたは憲法に関する最終的解釈が提請された場合には憲法裁判所の判決があるときまでその事件に対する裁判が自動的に停止するようにしたが、憲法裁判所への提訴が訴訟遅延手段の一つの方法として悪用されるおそれがあったので、これを除去するために裁判の中止または継続の可否は憲法裁判所の決定によるように修正したほかは殆ど

第1章　憲法裁判制度の導入と変遷

原案の通り可決された。

憲法裁判所法案は、1961年1月20日の第7次民議院本会議において、憲法裁判所審判官は将来制定される大法官選挙法によって選出された大法官でもって構成される大法官会議で選出することにするという内容に修正のうえ可決され、1月25日に参議院に移送された。

参議院法制司法委員会は、公聴会の開催と3人の審査小委員会の審査を経て、次のような審査結果を出した。審判官資格を10年以上の経歴を有する判事・検事・弁護士および公認された法科大学の法律学教授・副教授・助教授の職にあった者とし、憲法裁判所長の任期を2年とし、審判官に免責特権をはじめ身分保障規定を新設した。また、憲法裁判所の規則制定権を認め、憲法裁判所事務処の事務分掌と職制について、国務院令でなく憲法裁判所規則で定めることにし、職権審理主義を採択し細部的な審判手続においては、民・刑事訴訟法を概括的に準用することなく訴訟規則制定権を憲法裁判所に与えた。その他濫訴の弊害を防止するため、提訴要件を強化し、弾劾訴追と選挙訴訟に関する規定を補完して総2章26条となっていた原案を4章45条に修正した。1961年3月23日、第31回参議院本会議において同法制司法委員会の修正案は原案通り可決された。

この法案は民議院に回付・再議されたが、1961年4月10日、第45回本会議において民議院原案が可決された。その後、憲法裁判所法は1961年4月17日法律第601号として公布即日施行され、同法附則第2項によって従前の憲法委員会法と弾劾裁判所法は廃止された。

3　憲法裁判制度の内容

第2共和国憲法は第8章として独立した章で憲法裁判所を規定した。憲法第83条の3で憲法裁判所の管掌事項を規定したが、その範囲は法律の違憲審査と憲法に関する最終的解釈、国家機関間の権限争議、政党の解散、弾劾裁判だけでなく、大統領、大法院長および大法官の選挙に関する訴訟をも含んでいた。憲法裁判所の審判官は9名で、大統領、大法院、参議院がそれぞれ3名を選任し、審判官の任期は6年で2年毎に3人ずつ改任し、法律に対する違憲判決と弾劾判決は審判官6名以上の賛成を要することにした（憲法第83条の4）。

第4節　第2共和国の憲法裁判

　憲法裁判所法によれば、審判官は法官の資格がある者の中から選任し、審判官の報酬と待遇は大法官の例に準ずることになっている（法第2条）。審判官の選任に関連して、大法院は大法官会議において在籍大法官過半数の得票で選出し、参議院は在籍議員過半数の得票で選出するが、この場合、大統領が審判官の選任を確認することにしている（法第3条）。憲法裁判所長は審判官の中から互選し、在籍審判官過半数の得票で選出された者を大統領が確認することとなっている（法第5条）。

　憲法裁判所は、審判事件が提起されたときには遅滞なく審理を開始しなければならず、選挙に関する訴訟はすべての事件に優先して審理するようにした。

　法院に係属中の事件に関して、法院または当事者が法律の違憲審査や憲法に関する最終的解釈を憲法裁判所に提請した場合には、憲法裁判所の決定によって当該事件に対する法院の裁判は憲法裁判所の判決があるときまで停止させることができる（法第9条）。ただし刑事訴訟法（第92条第1項）上の拘束期間と民事訴訟法（第184条）上の判決宣告期間を算定するにおいては、上記裁判停止期間は算入しなかった。憲法裁判所が当該事件の裁判に関して停止決定をしたときには直ちに大法院に通告しなければならず、大法院は各級法院における当該法律または憲法条項を適用すべき事件の審理を中止させなければならない。

　法院に事件が係属されることなしに法律の違憲または憲法に関する最終的解釈を提請するときには、提請書に提請人の表示、違憲であると解釈される法律条項または解釈を要求する憲法条項、違憲であると解釈される理由または当該憲法条項についての提請人の解釈、その他必要な事項を記載しなければならない（法第10条第2項）。外国の立法例においては抽象的規範統制の場合、立法手続に関与した一定の国家機関にのみその申請権限を付与するのが一般的であるが、法院に事件が係属することなく法律の違憲または憲法についての最終的解釈を提請するときには提請人の資格に関する制限規定がないために、この制度は民衆訴訟制度と類似した性格を帯びていた。この場合においても同じく憲法裁判所は、関連裁判に対して停止決定をすることができるためである。

　審判手続においては審判官5名以上の出席で審理を行い、審判官5名以上の賛成で審判するが、法律の違憲判決と弾劾判決は審判官6名以上の賛成がなけ

第1章　憲法裁判制度の導入と変遷

ればならなかった（法第8条第1項）。合議に関する意見が3説以上に分かれ、それぞれ過半数に至らないときには、当時の法院組織法第59条第2項の規定による合議形式、即ち数額においては過半数に至るまで最多額の意見の数に順次少額の意見の数を加えその中で最少額の意見によることとし、刑事においては過半数に至るまで被告人に不利な意見の数に順次有利な意見を加えその中で最有利な意見によることにしている合議方式を準用することにし、裁判書には合議に関与した各審判官の意見を添付することにした（法第8条第2項、第14条）。憲法裁判所は憲法の解釈を官報に掲載して公示し、その謄本を即時に提請人または訴えを提起した者に送達することにした（法第21条）。

法律の違憲と憲法解釈についての憲法裁判所の判決は法院とその他国家機関及び地方自治団体の機関を覊束した（法第22条第1項）。憲法裁判所によって違憲の判決を受けた法律または法律の条項は、判決があった日から法律としての効力を喪失するが、刑法に関する条項は遡及してその効力を喪失した（法第22条第2項）。国家機関間の権限争議に関する憲法裁判所の判決はすべての国家または地方自治団体の機関を覊束し、弾劾の訴追を受けた者は憲法裁判所の罷免の裁判宣告によって罷免され、政党の解散を命ずる憲法裁判所の判決を受けたときには直ちに解散されることになった（法第22条第3項、第4項、第5項）。

4　実現しなかった憲法裁判所

1961年4月17日に制定された憲法裁判所法は、1個月の内に5・16軍事クーデタが発生したため、憲法裁判所を構成することなしに効力を喪失した。憲法裁判所に関する憲法規定は、1961年6月6日に公布された国家再建非常措置法附則第5条によって効力が停止され、1964年12月30日法律第1667号として公布された憲法裁判所法廃止に関する法律によって憲法裁判所法が廃止されたために、憲法裁判所は実際に発足することができなかった。

第2共和国の憲法裁判所は構成される前に廃止されたが、制度上においては次のような意義があった。第1に、憲法裁判所は一般法院から独立した地位をもち、抽象的規範統制と類似した権限さえもっていたために、違憲法律審査の機能を積極的に遂行することができた。第2に、法律は政治機構である国会によって形成され法律に対する違憲審査自体が政治的影響を受けやすいのに対し

第4節　第2共和国の憲法裁判

て、法律に対する違憲審査権を独立した憲法裁判所として担当させることによって一般法院が政治的に自由であり得たし、司法権の独立と一般裁判の権威を維持することのできる制度的装置を用意した。第3に、憲法裁判権を集中させ独立した特定の憲法裁判機関に与えて統一した手続法によって審判の効率性と迅速性を確保したために、個人の基本的人権はいうまでもなく憲法守護機能を効果的に遂行することができた。

　第2共和国の憲法裁判所制度は、現行憲法裁判所制度の形成に重要な参考となったのである。

第5節　第3共和国の憲法裁判

1　第3共和国憲法の成立と改正

　1961年5月16日、軍事クーデターを起こして権力を握った朴正熙を中心とした軍事革命委員会は、全国に非常戒厳を宣布し、参議院・民議院および地方議会を解散し、政治活動を禁止した。翌日、軍事革命委員会は、国家再建最高会議に名称を変え、同年6月6日、4章24個条で構成された国家再建非常措置法を公布した。

　国家再建非常措置法は、革命課業の遂行に支障のない限度内でのみ、国民の基本権を保障し（3条）、最高統治機関として3権を統合した国家再建最高会議を設置し（1条、2条）、第2共和国憲法は、これに抵触しない範囲内でのみ効力をもつと規定し（4条）、憲法裁判所に関する規定もその効力を停止した（附則5条）。

　国家再建最高会議の朴正熙議長は、1961年8月12日の声名で、政権を民間政府に移譲し、新しい憲法を1963年3月以前に制定・公布し、政府形態は大統領制とし、国会は単院制にすると闡明した。朴正熙議長は、1962年3月22日、尹潽善大統領が政治活動浄化法の制定に反対して辞任したことに伴い、大統領の権限を代行した。

　軍事政府は1962年7月11日、国家再建最高会議の特別委員会として憲法審議委員会を発足させて、憲法の改正作業に着手した。軍事政府は当時、国会が解散された状態での憲法改正手続を具現するために、同年10月8日、国家再建非常措置法を改正して、憲法の改正は国家再建最高会議の議決を経た後に国民投票にかけるようにしたうえ（9条）、10月12日には、国民投票法を制定・公布し、憲法改正手続を整えた。憲法審議委員会が起草した新憲法要綱は1962年11月5日、国家再建最高会議に上程・発議され、同日公告された。公告期間が経過した後、同年12月6日に国家再建最高会議は、在籍委員25名中23名が出席し、出席委員全員の賛成でこれを通過させ、12月17日に国民投票に回付された。国民投票の結果、総有権者の85.28％が投票に参加し、78.78％の賛成で憲法改正案は確定され、1962年12月26日に公布することで

第 5 節　第 3 共和国の憲法裁判

第 3 共和国の憲法が成立した。

改正憲法に従い、1963 年 10 月 15 日に実施された第 5 代大統領選挙で民主共和党の朴正熙候補が民正党の尹潽善候補を 15 万余票の差で押えて、大統領に当選し、11 月 20 日に実施された第 6 代国会議員選挙では民主共和党が絶対多数の議席を占めた。1963 年 12 月 17 日、国会が開院されることで第 3 共和国憲法はその効力を発生した。

第 5 次改憲によって、人間の尊厳性が憲法に明文で規定されたが、一方で国家安全保障を理由に基本権を制限することができることになった。改正憲法は政党政治を指向しながらも、国会は単院制にし、政府形態は大統領制にした。憲法裁判所を廃止して違憲法律審査権を法院に与え、法官は法官推薦会議の推薦にしたがって大統領が任命することになった。憲法の改正は国会の議決を経た後、国民投票によって確定されることにした。

第 3 共和国時代は、飢餓からの解放という名分を揚げた経済成長至上主義と反共を国是の第一に闡明した安保イデオロギー下にあったために、国民の基本権よりは国政運営の効率性が重視される中で、大統領に権力が集中した。国会は与党が圧倒的多数であったため、行政府に対する牽制が十分になされなく、新しく構成された大法院も司法的統制機能をなしとげられず、国民の基本権は萎縮されていた。このような状況の中で、1969 年 8 月 7 日、大統領の 3 選を可能にすることを骨子とする改憲案が与党である民主共和党所属議員 122 名によって提出され、9 月 14 日、与党議員だけが出席した国会で通過され、10 月 17 日に国民投票に付して確定された後、10 月 21 日に公布された。これが第 6 次改憲であり、いわゆる「3 選改憲」である。

2　非集中型憲法裁判制度の導入経緯

第 3 共和国憲法は、憲法裁判制度に対して独立した憲法裁判機関を置かず法院が違憲法律の司法審査をするようにするかたわら、高位公職者の弾劾審判のための弾劾審判委員会を設置した。5・16 クーデターの主体勢力は、大統領制と単院制を選好したが、違憲審査制度に関しては特別な関心をもっていなかったようであり、司法型憲法裁判制度を採択した具体的な経緯は明らかでない。

1963 年 8 月 3 日の憲法審議委員会では、憲法裁判制度に関して、おおむね

第1章 憲法裁判制度の導入と変遷

3つの意見に集約され、その中で憲法裁判所を設置すべきであるとする公法学者たちの主張が優勢であったが、国家再建最高会議が当時の政治状況を考慮して、最終的に決定した。当時、集約された3つの意見は次のとおりである。

第1に、法曹界は憲法裁判所を置く必要がないという意見を提示した。その理由の要旨は、法律の違憲審査権は法院の裁判権と分離できないのみならず、法の守護面で憲法裁判所より大法院が有利であり、三権分立において司法権が弱い傾向にあるが、憲法裁判機能を法院に与えれば司法権の独立に寄与することになり、憲法裁判所を別に設置すれば、莫大な予算が所要されるのみならず、その権限が拡大されると憲法裁判所が権力を濫用するおそれがあり、国民が選挙していない裁判官が憲法を左右するのは国民主権の原理と矛盾するということであった。

第2に、公法学界は憲法裁判所を設置すべきであるという意見を提示した。その理由の要旨は、憲法訴訟は憲法解釈についての客観的訴訟であって、特定人に対するものではなく憲法解釈を通じて憲法全体の統一を維持し発展させるのが目的であるため、訴訟の性質が異なる憲法裁判権が司法府に属するのは理論に合わず、憲法裁判所は法律問題のみならず政治問題を解決する機関であるため、憲法守護の能力は　法院より憲法裁判所が優位にあり、従来の司法府の伝統に照らしてみるとき大法院が憲法解釈をすべて担当することはできないし、弾劾裁判または選挙訴訟に法院が関与することは司法府が政治に直接介入することとなり、司法府の独立にむしろ害となるのみならず、憲法裁判所という独立機関を置くことがより先進的な立法であるので、これを廃止することは後退する憲法をつくるということであり適切ではないということなどである。

第3に、上の両案に対する折衷案として、大法院に部を設置して、憲法裁判だけを専担するようにしようという意見が提示された。

一方、当時、大法院判事の資格で憲法審議会に派遣されていた李英燮判事の次のような見解表明は、司法型憲法裁判制度の導入と関連して示唆するところが大きい。「わが国がアメリカやイギリスのように自由司法国家形態をとることが、わが国の実態に合うか問題です。……過去においては国会というものも政府の専断を防止する役割をしましたが、政党制度が発達して、多分に政府と近くになっており、その誤りを牽制する機関はいずれにしても司法というもの

第 5 節　第 3 共和国の憲法裁判

がその後ろから保障してあげなければならないでしょう。……しかし、一つ難しい問題は、わが国のような状況下で司法府というものが本来の使命をよく守り果たしてくれるかということが非常に難しい問題です。これは過去の歴史が証明しているし、今日の世界情勢がそうでありますが、それに対して法官がどのぐらいその役割をなしとげられるかが疑問です」。

3　憲法裁判制度の内容
(1)　憲法裁判機関

　第 3 共和国憲法は、法律が憲法に違反するかどうかの可否が裁判の前提となったときには大法院がこれを最終的に審査する権限をもつ（憲法 102 条 1 項）と規定し、司法型憲法裁判制度を採択して違憲法律審査権を大法院に帰属させた。同時に命令・規則・処分が憲法や法律に違反するかどうかが裁判の前提となったときは、大法院はこれを最終的に審査する権限を持つ（憲法 102 条 2 項）として、従前の規定をそのまま維持した。

　しかし、憲法では違憲決定の定足数が明示されておらず、法院組織法によることにしたため、後日、法院組織法改正と国家賠償法違憲事件などで、問題を惹起する原因ともなった。また、憲法の規定上、大法院が最終的な違憲法律審査権を持つことは明白であったが（憲法 102 条 1 項）、各級法院が違憲審査権をもつのかについては論難があった。違憲審査権は大法院が独占しているので、各級法院は付随的審査として合憲判決はできるが違憲審査はできないとして、違憲審査提請権だけをもつという見解もあったが、多数の見解は違憲審査権を大法院に集中させるのが妥当であるが、各級法院も違憲審査をすることができるという立場であった。軍法会議が違憲審査をすることができるかについても賛否両論があった。

　一方、憲法は大法院に違憲政党解散権を賦与し、政党解散を命ずる判決は大法院法官定数の 5 分の 3 以上の賛成を必要とした（憲法 103 条）。

　弾劾訴追は国会議員 30 名以上の発議で、在籍議員過半数の賛成によって議決されるようにしたが、これに対しては弾劾審判委員会において審判されるものとした。弾劾審判委員会は、大法院長を委員長とし、大法院判事 3 名と国会議員 5 名の委員で構成するが、大法院長を審判する場合には、国会議長が委員

35

第1章　憲法裁判制度の導入と変遷

長となる。弾劾審判に関する事項は法律で定めることにし、弾劾決定には弾劾審判委員会の構成員6名以上の賛成を必要とした（憲法61条、62条）。

(2) 法院の組織と法院組織法の内容

憲法上、大法院長である法官は、法官推薦会議の推薦によって大統領が国会の同意を得て任命するが、大統領は大法院長について法官推薦会議の推薦があるときは、国会に同意を要請してその同意を得たら、これを任命しなければならない。大法院判事である法官は、大法院長が法官推薦会議の同意を得て推薦し大統領が任命するが、この場合、推薦があれば、大統領はこれを任命しなければならない。大法院長でも大法院判事でもない法官は、大法院判事会議の議決を経て、大法院長が任命する。法官推薦会議は法官4名、弁護士2名、大統領が指名する法律学教授1名、法務部長官および検察総長で構成される（憲法99条）。

憲法上、大法院の法官数は16名以下とされているが（憲法97条2項）、法院組織法ではその数を大法院長を含んで9名とした（1961.8.12.　法律679号）。後に大法院長ほか12名に変更し（1963.12.13.　法律1496号）、再び大法院長ほか15名に変更した（1969.1.20.　法律2084号）。

1963年12月13日法律第1496号で改正された法院組織法は、法律、命令、規則が憲法に違反していることを認めるときなど、大法院判事全員の3分の2また6名以上の合議体で審判することになっている一定の場合（附則）を除いて、大法院判事3名以上で構成される部で、先に事件を審理し、意見が一致した場合には部で審判できるようにした（法7条1項但書）。

1970年8月7日法律第2222号で改正された法院組織法は、合議審判は過半数で決定することになっていた条項を、法律・命令または規則が憲法に違反することを認める合議審判をするときには大法院判事全員の3分の2以上の出席と、出席人員3分の2以上の賛成で決定するようにした（法59条1項但書）。しかし、改正されたこの但書条項は、1971年6月22日、大法院全員合議体において、11対5で違憲判決が宣告された。

(3) 弾劾審判法の主要内容

1964年12月31日法律第1683号として弾劾審判法が制定・公布され、その日から施行された。同法第2条は、弾劾事由を、大統領、国務総理、国務委員

など憲法および法律の定める公務員が憲法または法律の規定に違背し、これを放置することが国法の尊厳を損傷すると認められたり国民の権益を侵害したとき、または著しく職権を濫用したり職務怠慢であったり、禁錮以上の刑に該当する行為をしたときに制限した。しかし、同条項は、1965年3月17日法律第1686号で改正され、上記の公務員が職務を執行するにあたり、憲法と法律に違背した場合には、すべて弾劾罷免すると規定した。

　弾劾審判委員会の委員は名誉職として日当と実費弁償だけを受けることができ、同委員会の経費は独立して国費予算に計上された（法3条、4条）。審判委員のうち大法院判事である審判委員は大法院判事会議で、国会議員である審判委員は国会で各々選出し、弾劾審判委員会に憲法の定める8名の審判委員のほかに8名の予備審判委員を置くこととしたが、そのうち3名は大法院判事会議で、5名は国会で各々選出し、審判委員と予備審判委員の任期は大法院判事である者は4年、国会議員である者はその任期中とした（法10条）。弾劾訴追に関しては国会法制司法委員会の委員長と幹事が訴追委員となり、訴追委員は審判委員または予備審判委員にはなれないとした（法5条、11条）。

　弾劾審判委員会が終局裁判をするときには、裁判書の謄本を訴追委員、被訴追者およびその所属機関の長に送達し、その終局裁判は官報に掲載して公示した（法28条、29条）。被訴追者は、罷免裁判の宣告によってその官職から解任され、資格回復の裁判を受けた後でなければ憲法が定めた公務員になれなかったが（法30条）、罷免裁判を受けた者の請求によって罷免裁判の宣告を受けた日から3年を経過したときと、罷免事由がなかったという明確な証拠が発見されたときには資格回復の裁判を提起することができるとした（法31条）。その後、1965年3月17日の改正法律で、罷免決定を受けた日から3年が経過したら資格回復の裁判なしに法律の定めた公務員になれると規定した。

4　憲法裁判の実際

(1)　司法府関連の動向

　1961年6月15日、国家再建最高会議は、司法および法務行政の基本方針を明らかにする6項目の「司法および法務政策」を発表して、その実践のために8月12日には、権威的な司法府の旧態を一掃するという名目で大法官の名称

第1章　憲法裁判制度の導入と変遷

を大法院判事に変えるとともに、大法院判事を9名に定め、大法院長の任期を5年に、法官の停年を65歳にするなど、法院組織法を大幅に改正した。

　1961年7月1日、第3代大法院長に趙鎮萬が任命され、9月1日、大法院判事に史光郁、洪淳曄、梁会卿、閔復基、方順元、崔潤模、羅恒均、李英燮ら、8名が任命され、大法院は完全に改編された。これに先立ち、同年8月26日、判事229名を再任命したが、52名の判事を再任命から排除する破格的な人事が断行された。

　1963年12月17日に第3共和国憲法が発効されることで、同憲法による大法院が新しく構成された。1964年1月13日、大法院長を推薦するための法官推薦会議が召集され、趙鎮萬大法院長を新しい大法院長に推薦し、1964年1月29日に国会がその任命に同意して、1月31日に第4代大法院長として就任した。

　1964年2月27日には、1963年12月13日に改正された法院組織法に従って、大法院判事12名を推薦するための法官推薦会議が召集された。法官推薦会議は趙鎮萬大法院長が推薦した史光郁、洪淳曄、梁会卿、方順元、崔潤模、羅恒均、李英燮の現職大法院判事7名と、方俊卿弁護士、孫東郁弁護士、韓聖寿・ソウル高等法院長、金致傑・大邱高等法院長、朱雲化・大検察庁次長検事を大法院判事に推薦することに同意し、彼らが大法院判事に任命された。1969年1月20日、法院組織法が改正され、大法院判事の数が大法院長のほか15名に増員されたため、9月1日には金英世・大邱高等法院長と閔文基・ソウル高等法院長、韓奉世と梁炳皓の両弁護士が追加して大法院判事に任命された。彼らの中で、1971年6月22日に宣告した国家賠償法第2条第1項但書（軍人または軍属が戦闘、訓練その他職務執行中に発生した事故などで、他の法令によって補償金等を受けた場合には国家賠償法または民法によって損害賠償を請求することができないという内容）が違憲であるとした孫東郁、金致傑、史光郁、方順元、羅恒均、洪南杓、韓奉世、梁会卿、劉載邦大法院判事の9名は、第7次憲法改正のための国家非常事態宣布後の再任命過程ですべて脱落した。

　第3共和国初期には、法院がその構成において政治圏の影響をずいぶん受けたし、司法権の独立を侵害する事件などがかなり発生した。1964年5月、韓日会談に反対する大学生らの示威が絶頂のとき、陸軍空輸団所属軍人13名が法

院に乱入して、宿直担当の梁憲判事の舎宅に入りこみ、示威学生に対する令状発付を強要したり、同年6月3日の示威を契機に非常戒厳が宣布され、これに伴い軍法会議が一般人に対して司法権を行使したりした。

　このような状況の中で、李丙燐・大韓弁護士協会長の布告令違反拘束事件に対する拘束適否審裁判においてソウル高等法院刑事部（金重瑞裁判長）は戒厳宣布のような国家緊急権行使に対しては司法審査をすることはできないとし、大法院も憲法上の非常戒厳宣布要件を広く解釈することでもって多数の意見とは見解を異にした。また1969年9月14日未明の3選改憲案とともに国会第3別館において民主共和党単独で通過させた国民投票法の制定過程の不法性を争う国民投票法違反事件の上告審判決で、1972年1月、大法院は立法過程の有効・無効の判断は国会の自律権に属する問題として司法審査の対象にならないと判示し、政治的色彩を帯びた事件に対して法院は消極的であるという批判が提起されもした。

　しかし、司法府において、政治圏からの独立を守り、違憲法律審査を活性化するための努力がなかったわけではなかった。1967年6月29日、ソウル刑事地方法院は5.25総選挙に対するボイコットを要求して新民党舎で篭城したソウル大学の学生10名に対して無罪を宣告し、7月にはソウル高等法院が東亜放送内乱煽動事件（鸚鵡鳥番組事件）の無罪を確定、同年9月にはソウル刑事地方法院が韓日協定反対デモ関連者らに無罪を宣告した。1966年11月、大法院が下級法院にも法律に関する違憲審査権があるとしたことによって法律に対する下級法院の規範統制を活性化させたことは、違憲審査制度の発展と関連して特記すべきことであった。これ以後、下級法院では9件の違憲決定が出ることになった。

　また、大法院は1971年6月22日、国家賠償法第2条第1項の但書と法院組織法第59条第1項但書および附則第3項に対して違憲宣言をし、続いて同年7月6日、咸錫憲氏が発行している「シアルの声」に対する文化公報部の登録取消決定を無効と判決した。これによって、下級法院にも時局事件関連者らに対して無罪判決を宣告する雰囲気が拡散され、同年7月16日、ソウル刑事地方法院では1970年11月号の「ダリ誌」に載せられた「社会参与のための学生運動」という文章と関連して反共法違反で拘束された被告人に対して、憲法上保障さ

第1章　憲法裁判制度の導入と変遷

れた言論の自由の限界を超えたとは言えないということで無罪を宣告した。

このような司法府の動きは1971年5月25日に実施された総選挙以後、さらに著しく表れたために、政府はこれに対し強力に反発した。その結果、1971年7月28日から8月3日まで、いわゆる「司法波動」が惹起された。ソウル刑事地方法院控訴3部の裁判長であった李範烈部長判事、崔公雄判事、参与書記ら3人に対して検察が拘束令状を申請したことによって始まったこの事件は、法院の令状棄却決定、検察の拘束令状再申請、法院の再棄却決定などによって、法院と検察の間に緊張関係が高まった。そのような渦中に、全国の法官（415名）の36％に該当する151名の法官が検察の措置に抗議して集団で辞表を提出し、ソウル民・刑事地方法院の判事合同会議は検察の一連の処置に対して是正を要求する建議文を発表した。一方、検察は同年7月31日、ソウル民事地方法院の傘下団体である司法書士会に対して捜査を展開、法院と検察の両機関の葛藤が深刻化した。これに対し、閔復基大法院長が同年8月3日、全国の各級法院長宛てに公翰を送って、大法院長が責任をもってすべてのことを処理するという意志を明らかにするとともに、朴正熙大統領の指示によって検察がすべてのことを白紙化したために、司法波動は8日ぶりに収拾されるに至った。

このような状況においても大法院は1972年4月25日、文化公報部長官の1970年9月26日付けの『思想界』誌の登録に対する取消処分を取り消せという原審判決を確定するなど、司法府の独立性を確保するための努力は継続された。

司法型憲法裁判制度を導入した第3共和国では、各級法院においても違憲提請申請と違憲主張に対する判断が少なくなかった。その主要な憲法裁判は、次のとおりである。

(2) 軍法会議法および軍刑法(死刑制度)の合憲判決　〈大法院1963.2.28. 宣告62卜241判決〉

① 違憲審判の経緯

1962年1月20日に公布された軍法会議法第432条は、高等軍法会議の判決中、憲法解釈の錯誤その他憲法違反があるか、または、大法院の判決と相反した判断をして判決に影響を及ぼした明白な法令違反がある場合などに限って、

大法院に上告することができると規定し、また同日公布された軍刑法第53条第1項は、上官を殺害した者は死刑に処すると規定していた。

1962年10月19日、陸軍高等軍法会議で宣告された上官殺害、業務上過失致傷事件の被告人は、軍法会議法第432条、軍刑法第53条に対する違憲性を争って、大法院に上告した。上告理由は、刑事訴訟法第383条第4号によれば死刑、無期または10年以上の懲役または禁錮が宣告された事件に対しては、重大な事実の誤認または刑の量定が甚だしく不当であると認められた顕著な事由も上告理由になるにもかかわらず、このような規定がない軍法会議法第432条の規定は憲法第22条（裁判請求権）に違背し、死刑を規定した軍刑法第53条の規定は憲法第8条（人間の尊厳と価値）に違反するということであった。

② 判決内容

大法院は、この条項は違憲ではないと判決した。その理由の要旨は次のとおりである。軍法会議法第432条に対しては、憲法（1962.12.26. 第5次改憲前の憲法）第22条によると「すべて国民は、法律に定められた法官によって法律による裁判を受ける権利がある」と規定し、同憲法第83条の2によると「軍事裁判を管轄するために軍法会議を置くことができる。ただし、法律が定める裁判事項の上告審は、大法院にて管轄する」と規定していて、上告審である大法院に上告することができる事項に関する規定を法律に委任したことが明白であり、上の憲法規定に基づいて軍法会議法第432条が規定されたという立法的経緯を考慮すれば、軍法会議法第432条が憲法に違反するという論旨は独自的見解であり採用できない。

また、軍刑法第53条については、生命は一度失うと永遠に回復できず、この世の中で何物にも代えることのできない絶対的存在であり、一人の生命は全地球より重く、貴重であり、厳粛なものであって、尊厳な人間存在の根源であるため、尊貴な生命を奪う死刑は刑罰の中でも最も冷酷な刑罰であることは間違いなく、また、死刑制度は常に国家の刑事的政策面と人道上の問題として深刻に考慮され、批判されるべき問題であるが、これは国家の発展と道徳的感情の変遷にしたがって、その制度の立法的存在が問題となるものであって、……現行憲法第9条には処罰に関する規定を法律に委任しただけで、その処罰の種類を制限したところがないだけでなく、憲法第28条第2項は秩序維持と公共

の福祉のためには法律によって国民の自由と権利を制限することができると規定しているが、現在の韓国の実情と国民の道徳的感情などを考慮して国家の刑事上の政策として、秩序維持と公共の福祉のために刑法・軍刑法などに死刑という処罰の種類を規定したとしても、これを憲法に違反する条文であるとは言えない。

大法院は上記の事件以外にも1967年9月19日、強盗殺人罪と関連して死刑制度が違憲ではないと宣告した（67ト988）。

(3) **反共法の合憲判決** 〈大法院1965.9.21.宣告65ト505判決〉

大法院は、この事件で反共法第4条第1項に対し次のような趣旨で、違憲ではないと判示した。

反共法第4条第1項の「反国家的団体……の活動を讃揚、鼓舞またはこれに同調したり、その他の方法で……有利になる行為をした者」という犯罪構成要件に関する規定は、憲法上の大原則である罪刑法定主義、刑罰不遡及の原則に違背して無効とみることができるほどに明確性を欠如しているといえないし、上記の構成要件に関する規定形式を「公安を妨害した者」、「風俗を害した者」という規定形式とは同一視することができない。

(4) **強姦罪の合憲判決** 〈大法院1967.2.28.宣告67ト1判決〉

大法院はこの事件で、強姦罪の客体を婦女だけに規定した刑法第297条が違憲ではないと判決し、その理由を次のような趣旨で説示した。

憲法第9条第1項は、すべての国民は人間としての尊厳性と人格的価値において平等であり、性別、宗教、または社会的身分などの差異によって、特権をもったり、不利益な扱いを受けないという大原則を標榜したものであり、具体的人間としての個々の国民は経済的、社会的その他様々な条件に伴う差異があるために、その具体的な差異による一般社会観念上の合理的な根拠のある差別まで禁ずるものではないといえよう。刑法第297条の強姦罪においてその客体を婦女だけにしたのは、男女の生理的、肉体的差異によって、強姦が男性によって敢行されるのが普通であるという実情に照らして社会的、道徳的見地から被害者である婦女を保護しようとするものであり、これによって一般社会観念上合理的な根拠のない特権を婦女にだけに賦与し、男性には不利益を与えたとは言えないであろうし、これは兵役法において男子にだけ兵役に服務すべき

義務を認め、女子には認めていないことが憲法第9条に違反しないのと同じく、刑法第297条も憲法第9条に違反した規定であるとは言えないのである。

(5) **軍刑法上の命令違反罪合憲判決** 〈大法院1969.2.28. 宣告68ト1846判決〉

① 違憲審判の経緯

1962年1月20日に公布された軍刑法第47条は、正当な命令または規則を遵守する義務のある者がこれに違反または遵守しないときには、2年以下の懲役または禁錮に処すると規定した。

1968年10月8日、陸軍高等軍法会議は、上記の条項が憲法上の罪刑法定主義に違反して違憲であるとして、軍刑法第47条に基づく陸軍参謀総長の軍務離脱者らに対する復帰命令に違反した被告人に対して無罪を宣告したが、軍検察官がこれに対して上告した。

② 判決内容

大法院はつぎのような理由で、軍刑法第47条が違憲ではないと判決した。

憲法上の形式としては刑罰法規の淵源は、国会の議決を経た法律でなければならないといわざるをえない。しかし、立法権を担当する国会が形式上その立法権を保持する以上、それらに関する事項における専門的かつ技術的な規範や刑罰の実体的内容を制定する権限に関する限り、その議決による法律でもってその制定を要する事項を特定して具体性のある条件の下で他の機関に委任することもできると解釈せざるをえないところ、同条は国軍に対する統帥作用として下命された正当な命令があったにもかかわらず、それを遵守しなければならない義務のある者がこれに違反した場合に、その違反者を処刑するための規定であり、国会が定めた法律が統帥権を担当する機関に刑罰の実体的内容に関する規範に関して統帥作用上必要な重要かつ具体性のある特定の事項に限って、命令でもってその内容を定めることを委任するのにすぎないので違憲ということはできない。

(6) **糧穀管理法の合憲判決** 〈大法院1971.1.26. 宣告69ト1094判決〉

① 違憲審判の経緯

1963年8月7日に公布された糧穀管理法第17条は、政府は糧穀管理上特に必要があると認めるときには閣令（現行大統領令）が定めるところによって糧穀

第1章　憲法裁判制度の導入と変遷

売買業者、運輸業者または加工業者に対して必要な事項を命ずることができると規定し、第23条は、第17条の規定による命令に違反した者は3年以下の懲役または6万ウォン以下の罰金に処すると規定した。

1969年6月3日、ソウル刑事地方法院は、上記の法律に従って農林部が義務事項として告示した登録をしなかった糧穀小売商の糧穀管理法違反などの事件において、糧穀管理法第17条が次の如く違憲であるとして無罪を宣告したが、検事が飛躍上告した。

糧穀管理法第17条は、一応、委任命令制定の目的と対人的適用の限界についてはそれなりに規定しているが、その他の事項に関しては「特に必要であると認められるとき」、「必要な事項」などと、漠然と規定するだけで何らの規定も置いていないと同様の結果を招来し、これは結局、憲法第10条第1項に定めた罪刑法定主義の原則に違背する委任立法または白紙刑法規定であり、また、憲法第74条の規定と併せて考察しても罰則に対する委任限界を超える無効な規定であり、これによる糧穀管理法施行令第15条およびこの法令による農林部告示第1898号もまたはじめから効力のない規定である。

② 判決内容

大法院は、原審判決を破棄して次のような趣旨で、糧穀管理法第17条が違憲ではないと判決した。

糧穀管理法第1条は、国民食糧の確保と国民経済の安定を図るという目的を規定して、糧穀管理の内容として糧穀の需給調節と適正価格の維持を明白にしているのであるから、同法第17条による大統領令は糧穀の需給調節と適正価格を維持することを内容として糧穀売買業者、運輸業者または加工業者に対して糧穀管理上特に必要であると認められるときに限って発することができる命令と解釈されるべきであるので、同法第17条はそれが大統領令に委任する事項と範囲に関して何らの定めも置いていないものであるとは言えないだけでなく、その内容を検討してみても上記の法条項が憲法第74条に定めた委任立法の限界を超える法規定であるとして憲法第10条第1項に定められた罪刑法定主義の原則に違背する規定であると断定することはできない。

③ 法令改正

ソウル刑事地方法院の判決があった後、1970年8月4日法律第2213号によ

り改正された糧穀管理法は、第17条の内容を次のように具体的に規定した。

「農林部長官が糧穀の需給調整と流通秩序の確立のために特に必要であると認めるときには、糧穀売買業者に対して期間と地域を定めて、大統領令が定めるところにより、糧穀生産者である農民に対して不利益を与えない範囲内で、消費者以外の売買対象者の制限、容量取引の制限、販売価格の掲示、在庫量の申告、流通糧穀の再精米の禁止、糧穀売買業者の登録などの事項を命ずることができる」。

(7) 徴発財産補償に関する大統領令の違憲判決 〈大法院1967.11.2. 宣告 67夕1334判決〉

① 違憲審判の経緯

1963年5月1日に公布された徴発法は徴発物に対する補償料率の査定と調整のために国防部に徴発補償審議会を置くことにし、附則第3項は旧法令によって徴発された財産に対する徴発解除の日時と補償方法は閣令(現行の大統領令)で定めると規定した。従前には韓国戦争中であった1950年7月26日、大統領緊急命令第6号として「徴発に関する特別措置令」が公布されていたが、徴発法の公布とともに廃止された。徴発法附則第3項による補償方法を定める閣令はすぐには制定されずにいたが、徴発法の公布日から1年余が経過した1964年8月20日、大統領令第1914号として「徴発法附則第3項による徴発財産の補償に関する件」が公布された、同大統領令第2条はその補償期間とその方法に関して、旧法令によって徴発された財産に対する補償金は、1965年から1974年まで、毎年予算の範囲内で支給すると規定した。

② 判決内容

大法院は徴発木材返還事件において、次のような趣旨で上記大統領令が違憲であると判決した。

憲法第20条第3項には、公共の必要による財産権の収用、使用または制限は法律でもって定めるが、正当な補償をしなければならないとした。憲法でいう正当な補償という趣旨は、その損失補償額の決定において客観的な価値を完全に補償しなければならないということのみならず、一歩進んでその補償の時期・方法などにおいて何ら制限を受けてはいけないという意味であると解釈しなければならない。したがって、「徴発法附則第3項による徴発財産の補償に

第 1 章　憲法裁判制度の導入と変遷

関する件」第 2 条で定めた「旧法令によって徴発された財産に対する補償金は、1965 年から 1974 年まで、毎年予算の範囲内で支給する」という内容は、少なくとも憲法第 20 条第 3 項に抵触する規定であると見なさざるをえない。

(8)　国家賠償法上の賠償基準の合憲判決　〈大法院 1970.1.29. 宣告 69 タ 1203 判決〉

1967 年 3 月 3 日、法律第 1899 号として公布された国家賠償法第 3 条は、損害賠償の基準を規定したが、これは損害賠償の法理上一般的に認定される賠償額よりも少ない額数であった。これに対して法院の見解が一致しなかった。

1968 年 1 月 23 日、ソウル民事地方法院の白種畝 (裁判長)、金文鎬、趙胤判事はこの規定が憲法に違反すると判決した。国家賠償法第 3 条は賠償額の上限を規定し被害者に直接的効力を及ぼす規定であり、このような賠償額の制限は全体社会の利益にあまりにも重きを置いて個人の犠牲だけを強要し、被害者の権利または救済を著しく軽視したものであるから違憲であるとして、法院は国家賠償法第 3 条が規定した上限にかかわりなく被害者の実際の損害額を算定して賠償を命ずることができると判示した。

一方、1968 年 3 月 7 日に同法院の金永駿(裁判長)、金仁燮、崔公雄判事は国家賠償法第 3 条は違憲ではないが、法院を拘束するものではないと判決した。国家賠償法第 3 条は、国家が損害賠償金を支給するときの支給額算定の基準として一応設定して置いたものにすぎず、法院の損害賠償審判権を強行的に制限したものではないので違憲とはいえず、したがって法院は、国家賠償法第 3 条の規定に関係なく一般不法行為の原理に戻って不法行為と相当因果関係のある損害を算定できると判示した。

これに対して、大法院は 1970 年 1 月 29 日 (大邱高等法院の 68 ナ 450) の損害賠償事件の上告審において国家賠償法第 3 条に定められた基準は損害賠償額の上限線を定めたものではなく、法院は国家賠償法による賠償額を算定するにあたって国家賠償法第 3 条の基準に羈束されないとして、同条項は合憲であると判示した。これに対して少数意見は、国家賠償法第 3 条は被害者の具体的損害を度外視して一般的な基準によって損害賠償責任の範囲を限定しており、さらに収入損失額の 100 分の 50 のみを賠償すると制限したので違憲であるとして、法院は同条項が定めた基準に拘束されないとした。

(9) 国家賠償決定前置主義および民事訴訟に関する臨時措置法の関連事件

1967年3月3日に公布された国家賠償法第9条は賠償審議会の決定を経た後でなければ、国家に対して損害賠償請求訴訟を提起することができないと規定した。これに対して法院の見解は一致しなかった。

1967年12月26日、ソウル民事地方法院の羅碩昊判事は、国家賠償法第9条が憲法に違反すると判決した。国家賠償法第9条は、国家が自己の不法行為によって国民に損害を与えたにもかかわらず、国民の提訴権を抑制して司法的手続を制限したものであり、合理的な理由なく国民の基本的権利を制限したため、憲法に違反するということであった。さらにこの判決では、国家に対する仮執行宣告が第2審判決に限ってできると規定した民事訴訟に関する臨時措置法第3条に対しても、憲法に違反すると判示した。すべての国民は財産権上の請求が認容された場合には直ちに満足な保護を受けなければならないにもかかわらず、ただ独り国家を相手にした賠償請求でのみ制限を受けるのは公平の原則に違反するということであった。

1968年1月19日に同法院の金昌奎（裁判長）、尹昇栄、金然浩判事は、上記の条項は違憲ではないと判決した。国家賠償法第9条が規定した賠償決定前置主義の趣旨は、裁判手続の時間的遅滞と煩雑な手続から被害者を迅速・簡便に救済しようとすることにあるのであって、初めから賠償決定に満足し得ない場合でも賠償決定申請と同時に訴訟を提起して弁論終結時まで賠償決定を受けるか、または申請日から2ヵ月を経過することによって容易に訴訟要件を補完することができるので、賠償決定前置主義による時間的浪費はほとんどないという点に照らしてみれば賠償決定前置主義が国民の基本権を制限しているとは言えないとしたのである。

国家賠償法第9条に対して大法院の最終的判決は出なかったが、大法院は1970年1月29日、上記の臨時措置法第3条に対して憲法に違反しないと判決した(68タ1280)。この規定は、国家を相手にする財産権の請求に関して第2審判決に限って仮執行宣告をすることができると規定したものにすぎないため、平等の原則に違反するとは言えないということであった。

このような大法院判決があったあと、1970年8月7日には、上記の臨時措置法第3条が改正され、国家を相手にする財産権の請求においては仮執行の宣

告を全く付することができないようになった。国家や全国民の権益のために使用すべきである国庫金を特定債権者が仮執行することによって行政執行上莫大な混乱が惹起され、一人のために不特定多数の国民が被害を受ける結果となり公共の福祉の原則に違背するという理由で、上記の条項が改正されたのであった。

(10)　国家賠償法および法院組織法の違憲判決　〈大法院 1971.6.22. 宣告 70 タ 1010 判決〉

　1967年3月3日に公布された国家賠償法第2条第1項の但書は、軍人または軍属が戦闘・訓練その他職務執行中に発生したり、軍隊の目的上使用する陣地・領内・艦艇・船舶・航空機その他運搬機具内で発生した戦死・殉職・公傷について、他の法令の規定によって災害補償金・遺族一時金・遺族年金などの支給を受けることができるときには、国家賠償法や民法の規定による損害賠償を請求することができないと規定した。1971年6月22日、大法院は国家賠償法第2条第1項但書に対して違憲判決をした。この判決は当時、政府に対して累積されて来た400余件の国家賠償事件の賠償金として数十億ウォンを支出する結果をもたらしたが、基本権保障と関連して大きい意味を持つものと評価された。上記の判決では、法院組織法第59条第1項但書に対しても違憲を宣告した。

　①　下級法院の違憲判決

　1968年5月30日、ソウル民事地方法院の元鐘百（裁判長）、尹昇栄、賈在桓判事は、新設された国家賠償法第2条第1項の但書が憲法に違反すると判決した。その理由の要旨は次の如くである。

　軍人の職務上の過失によって、他の軍人が公務執行中に損害を受けた場合には、それが軍人の職務上の過失による不法行為であった点で、国家賠償法に定められた賠償責任事由となる一方、それが軍人の公務執行中の被害という点で、軍人年金法または軍事援護補償給与金法などによる保護と補償の責任事由となるので、このような場合、前者の損害賠償責任と後者の補償責任は少なくとも相互に競合するものと解釈される。後者の補償が受けられるということで、前者の損害賠償請求権を完全に剥奪することは、国民の基本権である国家に対する損害賠償請求権を本質的に侵害したものであり違憲である。

1968年6月11日、同じ法院の白楽民（裁判長）、朱鎮鶴、趙胤判事も、国家賠償法第2条第1項の但書が違憲であると判決した。その理由の要旨は、この規定は国民の中で特に軍人と軍属に限ってのみ遺族一時金または遺族年金だけで満足させ、それ以上の損害に対する賠償請求を禁止することによって、軍人と軍属という身分によって差別待遇をしたものであり、この規定の立法趣旨が国家または公共団体の財政的な負担を多少軽減しようとしたものであることは分かるが、特に秩序維持や公共の福祉のために必要でありやむをえず制定した法律条項であるとは認められないということであった。

② 大法院の違憲判決

1971年6月22日、大法院は、法院組織法第59条第1項但書が憲法に違反するとするとともに、さらに国家賠償法第2条第1項但書が憲法第26条、第8条、第9条、第32条第2項に違反すると判示した。違憲意見の大法院判事は、孫東郁、金致傑、史光郁、梁会卿、方順元、羅恒潤、洪南杓、劉載邦、韓鳳世の9名であって、合憲意見の大法院判事は、閔復基（裁判長）、洪淳曄、李英燮、朱宰璜、金英世、閔文基、梁炳皓の7名であった。

大法院の違憲判決の理由要旨は、次の如くである。

第1に、軍人または軍属に支給される災害補償金などは軍人または軍属の服務中の奉仕および犠牲に対してこれを補償し、退職後の生活または遺族の生活を扶助することにその社会保障的目的があり、損害賠償制度は不法行為による損害を填補するのにその目的があるため、両者は制度の目的が異なる。第2に、軍人年金法第41条などにより不法行為による損害賠償のような性質の給与が損害賠償と二重に支給されないようにしており、災害補償金などは警察官や一般公務員に対しても支給され、一般公務員に対しては公務員年金法によって、同じ補償制度が設けられており、甚だしくは私企業の被傭者にも勤労基準法などによる同じ制度が設けられている。第3に、軍人または軍属が被害者となった不法行為事故が多くて国庫損失が多いため、これを最小限に減少ないし防止させるという立法理由は、軍人や軍属に対してのみ損害賠償請求権を否認して彼らの犠牲の上に国庫損失を防止しなければならないという理由とはならない。第4に、軍人や軍属が国家に対して無限定の危険勤務任務を負担する特別権力関係にあるとしても、他の公務員の故意または過失のある職務上の違法

第1章　憲法裁判制度の導入と変遷

行為によって軍人や軍属が公務中に受けた損害は、軍人または軍属が服従する特別権力関係の内容、勤務任務に当然に含まれる犠牲ではない。

　反対意見の理由要旨は、第1に、憲法第20条は財産権の保障を宣言しているが、その内容と限界は法律に留保されているし、法律に留保されている以上、各々の財産権に一種の制約を定めることができるのは勿論であり、第2に、国家賠償法第2条第1項但書の規定が完全補償を制約したものであっても、軍人や軍属は特別権力関係にある者として訓練・戦闘などによって戦死・殉職・公傷があった場合に、その特殊性に照らして違法性を主張して賠償問題を法廷化させるよりは国民全体に対する奉仕者として軍事援護補償給与金法や軍人年金法などが定めたところによる補償で満足させるといった、合目的性が認められるということであった。

　③　法院組織法の改正と違憲宣言

　国家賠償法第2条第1項但書に関する大法院の判決を待っている間の、1970年8月7日に法院組織法第59条第1項が改正された。旧法は、合議審判は憲法および法律に別途の規定がなければ、過半数をもって決定するとされていたが、改正法律は、法律・命令または規則が憲法に違反することを認定する合議審判をするときには大法院判事全員の3分の2以上の出席と、出席人員3分の2以上の賛成で決定すると規定した。

　その改正理由は、国会で制定された法律、行政府で発された命令が憲法に違反するか否かを決定する憲法裁判を一般の民事事件や刑事事件のように過半数で決定するということは、違憲事項をあまりにも軽率に取り扱うという批判を避け難いということであった。しかし、実際の背景は、早晩、大法院が判決することになる国家賠償法第2条第1項但書に対する違憲審査に備えて政府と与党が電撃的に改正したものであった。これに対して、大韓弁護士協会は改正案のように定足数を制限すれば、違憲宣言の可能性を排除し法院の違憲審査権を実質的に剥奪することと同じような重大な結果となる憂慮があるなどの理由で反対声明を出した。

　大法院は、国家賠償法第2条第1項但書に対する判決で、法院組織法第59条第1項但書が違憲であると判示した。違憲意見の大法院判事は、孫東郁、金致傑、史光郁、洪淳曄、方順元、羅恒潤、洪南杓、金英世、韓鳳世、閔文基、

第 5 節　第 3 共和国の憲法裁判

梁炳晧の11名であって、合憲意見の大法院判事は、閔復基(裁判長)、梁会卿、李英燮、朱宰璜、劉載邦の5名であった。

多数意見は、法院組織法第59条第1項但書が大法院の違憲法律審査権を規定した憲法第102条に違反するとした。その要旨は、次の如くである。

第1に、法院の法律・命令・規則またはその法律などの条項に対する違憲決定は、その法律などを無効化することではなく、ただ、具体的事件においてその法律などの適用を拒否するに止まるのであり、したがって違憲審査と事件の裁判が不可分の関係にあるから、法官の過半数で裁判するのは裁判の根本原則である。第2に、憲法第102条は、違憲決定に関して憲法第62条第3項に規定された弾劾決定の合議定足数などのように特別な制限をしていないのであるから、一般原則、すなわち過半数で違憲決定ができることを間接的に規定したものである。第3に、合議定足数は、三権分立制度を採択した憲法の根本精神と合議定足数を制限する場合には必ず憲法自体において規定して来た経緯に照らしてみるとき、一般法律によっては制限できないものである。第4に、法院の違憲法律審査権は、司法府が憲法に違反した法律の適用を拒否することによって違憲立法を抑制して憲法を守護し、司法権と立法権が均衡を保つようにするものであるから、憲法の根拠なく法院の違憲法律審査権を制限することはできない。

反対意見の要旨は、次の如くである。第1に、憲法第102条で違憲審査に関して規定しているが、その審査における評決方法を規定していないのみならず、憲法は第103条において政党解散を命ずる判決をする場合の評決定足数を規定した以外には法院の審判における評決方法や合議および議決定足数を規定していないのであるから、その評決方法や定足数に関しては法律で定めることができる。第2に、憲法第97条第1項によれば、大法院の審判を部においてもできるように規定しており、法院組織法第7条によれば、部が裁判をすることができる場合にはその部の大法院判事の意見が一致しなければならないと規定しているが、同法57条第2項の判決方法に関する規定によってもこれらが過半数決定の原則を明らかにした規定であるとみなすことは困難であるにもかかわらず、このような規定を憲法違反であるとは言わない。第3に、法律が憲法に違反するということを法院が認定する場合には、直接国民が選出した国会

51

第1章 憲法裁判制度の導入と変遷

で制定され、合憲が推定される法律を排除することであるから、法院組織法の規定はその評決方法を慎重にしようとする趣旨であり、司法権の行使を有名無実にする程度の制限になるとは断定できない。

④ 事後の経過

国家賠償法第2条第1項但書に対する違憲宣言以後の、1972年12月27日に制定された維新憲法は、その第26条第2項に軍人・軍属・警察公務員その他法律に定める者が戦闘・訓練など、職務執行に関連して受けた損害に対しては法律が定めた補償以外に国家または公共団体に公務員の職務上の不法行為による賠償は請求できないと直接規定して、これ以上の違憲論議を封鎖した。この憲法規定は1980年10月27日の第8次改正憲法の第28条第2項と、1987年10月29日の第9次改正憲法(現行憲法)の第29条第2項に同一の趣旨で踏襲された。

一方、現行の憲法裁判制度下で、現行憲法第29条第2項及び国家賠償法第2条第1項但書中にある「郷土予備軍部分」に対して違憲訴願が提起されたが、憲法裁判所は前者に対して憲法の個別規定自体は憲法訴願による違憲審査の対象ではないとして却下し、後者に対しては過剰禁止の原則や平等の原理に違背したり財産権の本質的な内容を侵害する違憲の規定ではないとして合憲決定をした(憲裁1996.6.13. 94憲バ20、判例集8－1、475)。

(11) 戒厳法上の裁判権争議に対する裁定申請棄却判決 〈大法院1964.7.21. 64チョ3裁定〉

この事件は戒厳法第16条の非常戒厳下の軍法会議の裁判権に関する規定及び戒厳宣布前の一般人の犯罪に対する軍法会議の管轄権と関連して、法院と軍法会議間の裁判権争議に対する裁定申請事件であった。これに対して大法院は、軍法会議の管轄権を認定した。

理由の要旨は、次の如くである。1964年6月3日、大統領の非常戒厳宣布当時は戦争または戦争に準ずる事変もなかったし、戒厳宣布地域であるソウル特別市が敵の包囲下にあったのでないことは顕著に明白な事実である。したがってこの戒厳宣布の行政処分は戒厳法第4条の要件を具備しておらず、その処分の瑕疵が重大かつ明白であるから、当然無効であり、無効である戒厳宣布によって設置されたこの軍法会議は本件に関して裁判権がありえない。また戒

厳法第16条は非常戒厳地域内の軍法会議の管轄権を規定しているところ、この規定を合理的に解釈すれば、非常戒厳宣布以後の犯罪に対してのみ戒厳軍法会議に裁判権があるというべきで、内乱罪を犯した事実のない被告人に対して軍法会議に裁判権はない。

これに対して大法院は、次のように判決した。非常戒厳の宣布が当然に無効であるとみなすことはできず、当然に無効であると判断できない戒厳に対してはその戒厳の宣布が正しいか間違っているかは国会で判断すべきであって、法院では判断できないと解釈することが、憲法第75条第4項と第5項の規定の趣旨に符合するのであり、戒厳法第15条の場合を除いては犯罪日時が戒厳宣布の前後を問わず一般人に対しても適用されるべきであり、被告人に対する起訴事実が非常戒厳宣布以前のものであって被告人が民間人の学生であるからといって軍法会議に裁判権がないという裁定申請の理由は理由にならないのであり、事件記録によれば被告人は騒擾罪で起訴され、戒厳法第16条による別途の措置がないのであるから、同法第16条第6号の規定により首都警備司令部戒厳普通軍法会議が被告人に対して裁判権を有している。

また、大法院は1964年7月21日に宣告した64チョ4事件などの裁判権争議に対する裁定申請事件においても上記の非常戒厳宣布が有効であり、非常戒厳宣布後の犯罪行為のみならず、その前後を通じて非常戒厳宣布があった地域内の犯罪であるならば、軍法会議が裁判権を有していると判示した。

⑿　執行停止中の軍法会議判決の効力喪失に関する法律の合憲判決　〈大法院 1965.3.25. 宣告63ス3判決〉

①　違憲審判の経緯

1962年9月24日に公布された執行停止中の軍法会議判決の効力喪失に関する法律は、同年5月31日以前に軍法会議判決が確定された人の中で刑の執行停止処分を受け、または刑に服している最中に以後の刑の執行停止処分を受けた人に対して、当該判決の効力が喪失されると規定した。

1963年10月15日に実施された第5代大統領選挙において、民主共和党の朴正煕候補が民政党の尹潽善候補を15万余票の差で破って大統領に当選した。これに対して尹潽善候補を推薦した民政党は朴正煕当選者の外1人を相手に当選無効訴訟を提起して、朴正煕当選者は1949年2月23日、軍法会議において

第1章　憲法裁判制度の導入と変遷

国防警備法第18条、第33条の違反で無期懲役が宣告され、執行停止されたが、執行を受けないことに確定されてはいないのであるから、大統領選挙法第12条第1号、第11条第2号により被選挙権がないと主張し、また、上記の法律のように立法をもって判決の効力を喪失させてしまえば司法権の独立が有名無実になるため、赦免や再審ではない立法によっては確定判決の効力を喪失させることができないとみるべきであるとして、上記の法律は違憲無効であると主張した。

②　判決内容

大法院は、次のような理由で上記の法律が合憲であると判決した。確定判決の効力を喪失させるのは赦免のみであり、法律によっては制定できないという論理は成立できない。確定判決の効力を喪失させる内容の立法をしたといっても、個々の具体的な法律的争訟に対する裁判権を内容とする司法権を侵害したものとはみなされないから、上記法律は違憲無効とは言えない。したがって、被告朴正熙が無期懲役の判決を受け、その刑の執行停止中にあったとしても、上記法律によってその判決の効力は喪失されたと言えるので、被告朴正熙に被選挙権がある。

⑬　評　価

第3共和国は、司法型の憲法裁判制度が試錬と挫折を経験した時期であった。第3共和国は、軍が主導した行政府優位の政権下で、経済開発に総力を傾注した時代であり、国家の統治権は能率と統合を最高の価値とした。経済成長第一主義と反共を国是とした安保イデオロギーが支配した時代状況で、権力が集中し、その過程で国民の基本権はおろそかに扱われた。したがって、国家権力の統制を通じての基本権保護と憲法守護のために憲法裁判が切実に要求された時代であったが、憲法裁判を担当していた大法院がこれに応えるには力不足であった。

このような状況下の第3共和国憲法裁判は、次のように評価されるであろう。

第1に、経済成長第一主義と反共を国是とした安保イデオロギーが支配した時代状況下で、人権が国家機能の便宜性よりも下位に位置づけられた。この時期の法思想史的流れをみても、実質的法治主義の要請よりも形式的法治主義の

思考が支配した。

　第2に、能率と開発を重視する行政権優位の時代状況下で司法権は萎縮され、憲法裁判においても積極的ではありえなかった。大統領の法官任命権によって司法府の構成から再任命を除外するなどの諸般の状況下では、司法権が政治圏を牽制するためにその役割や機能を果たすには限界があったし、これはすなわち、司法型憲法裁判制度の限界を露出することでもあった。

　第3に、違憲が宣告された事件は徴発法・国家賠償法など、主として財産権に関するものであった。当時の憲政状況に照らしてみると、大法院が政治的色彩の濃厚な事件に対して独自的に憲法判断をするには客観的に難しかった時期であったが、財産権に関連した事件では積極的な憲法判断をした。

　第4に、大法院は色々な憲法判例を残したが、判例の論理が簡略であり、結論だけを説示しているために、国民らを十分に説得し得なかったこともあった。民・刑事事件などを扱うにおいては相当な程度法院の法論理が展開されていたにもかかわらず、憲法訴訟と関連しては専門的な研究がなされず、その制度運用の成果が大きくなかった。

第6節　第4共和国の憲法裁判

1　維新憲法の成立と憲政状況

　1969年10月21日に公布された3選改憲で、第3期の執権を達成したにもかかわらず、朴正熙大統領を中心とした民主共和党政権は、さらに永久執権を図った。朴正熙大統領は、1971年12月6日、国内政権の安定と南北間の緊張緩和を図るという名分の下で、国家非常事態を宣布し、12月27日には国家保衛に関する特別措置法を制定した。つづいて1972年7月4日、南北共同声明を契機に、祖国の平和的統一のための体制整備の必要性を掲げ、改憲作業に着手した。1972年10月17日、朴正熙大統領は全国に非常戒厳を宣布して政治活動を禁止し、憲法的な根拠もなしに国会を解散した後、非常国務会議を設置して国会の権限を代行させるという、いわゆる「10月維新」を宣布した。しかし、このような措置は超憲法的行為であるといわざるをえない。同年10月27日、非常国務会議が発案して公告した改憲案は、11月21日に国民投票に回付

され、総有権者の84％の賛成を得て確定された。確定された憲法は1972年12月27日に公布されたが、これが第7次改憲であり、いわゆる「維新憲法」である。

維新憲法ではいわゆる「韓国的民主主義」を標榜し、大統領を中心とした集中された権力構造形態を規定し、基本権保障においては著しく後退した。維新憲法は基本権保障の部分で、国家安全保障を理由に基本権を制限できるようにするとともに、自由と権利の本質的内容は侵害できないという内容を削除した上、拘束適否審査制の廃止、緊急拘束要件の緩和など、自由権保障を悪化させ、憲法で軍人・軍属などの2重賠償請求を禁止し、労働3権の主体と範囲を相当部分制限した。

維新憲法は、権力構造面でも統一主体国民会議を設置して、その会議で大統領と国会議員定数の3分の1を選出させることでもって、代議制民主主義を後退させ、大統領に国会の同意や承認を必要としない事前的・事後的緊急措置権をはじめ、国会解散権、国会議員定数3分の1の推薦権を与え、さらに、連任制限に関する規定を置かないことで1人の長期執権を可能にするとともに、国会の国政監査権を廃止するなど、国会の権限と機能を縮小した。また、法官推薦会議制を廃止して、大法院長と大法院判事だけでなく、すべての法官の任命権を大統領がもつようにするとともに法官に対する懲戒罷免制度を導入し、司法府の独立を弱化させ、また、憲法委員会を設置して違憲法律審査権、違憲政党解散権、弾劾審判権などの憲法裁判権を与えた。一方、地方自治についての規定はおいたものの、附則に地方議会は祖国統一が達成されるまで構成しないとして、装飾的な意味にとどまらせ、大統領が提案した憲法改正案は国民投票で確定できるようにしながらも、国会議員が提案した憲法改正案は国会の議決を経て統一主体国民会議の議決で確定されるといった2元的手続を規定した。

維新憲法による統治方式は権威的であり、政府に批判的な言論を弾圧したが、やがて国民的抵抗をもたらした。1973年から全国で維新反対のデモが連日継続され、市民団体を中心とした改憲請願運動が始まると、政府は維新憲法による緊急措置を発動した。1974年1月8日、大統領は憲法第53条による緊急措置第1号を公布して改憲論議を禁止し、これに違反した場合15年以下の懲役および資格停止に処するようにし、緊急措置第2号を公布して非常軍法会

第 6 節　第 4 共和国の憲法裁判

議を設置し、緊急措置第 1 号違反者を処罰するようにした。同年 8 月 23 日、維新憲法に反対した多数の民主人士が処罰された後、緊急措置第 1 号が解除されたが、政局は維新反対デモと言論自由守護運動、在野勢力の改憲運動によって手におえない形勢に陥った。ここにおいて、朴正煕大統領は 1975 年 1 月、言論を通じての賛否の意思表示を禁止した状態で、維新憲法の賛否とともに大統領の信任を問う国民投票を実施するための国民投票案が可決された。

　これに乗じて、大統領は 1975 年 5 月 13 日、「国家の安全と公共秩序の守護のための大統領緊急措置第 9 号」を公布した。緊急措置第 9 号は維新憲法を否定、反対、歪曲または誹謗したり、その改正または廃止を主張、請願、宣伝または煽動する行為と、これらの行為を如何なる方法であれ伝播する行為を重刑で罰し、法官の令状なしの逮捕、拘禁、押収、捜索が許容された。緊急措置第 9 号は、先の緊急措置第 1 号と同じように憲法上の国民主権の原理を制限する非民主的な措置であり、いわゆる 10・26 事態により 1979 年 12 月 8 日に民主共和党政権が解体されるまで、4 年 7 ヵ月間その効力を持続した。

2　憲法委員会制度の再導入

　1972 年のいわゆる 10 月維新以後の人権状況は、恣意的な逮捕や拘禁などによって人身の自由が抑圧され、言論・出版・集会に対する事前許可や検閲によって表現の自由は大きく萎縮された。国民の自由な政府選択権を歪曲した間接選挙制によって大統領が選出され、彼が事実上国家を領導する位置において、緊急措置権や国会解散権を行使して国会や政党を制圧し、さらには法官任命権まで掌握することによって、司法府の独立まで脅かした。このような非正常的な憲政状況下において、政治権力の統制と国民の基本権の保護を目的とする憲法裁判は、その本来の機能を果たすことができなかった。

　維新憲法は、司法府が持っていた憲法裁判権を、憲法委員会に賦与する体制を採った。これは、第 3 共和国時代に司法府が行政府の意図に反する違憲判決をした経験に対する反作用であった。維新憲法が憲法委員会という独立した憲法裁判機関を置いたのは、憲法を守護して国民の基本権を保護することが目的ではなく、憲法裁判機関を名目化することによって憲法裁判を無力化しようとしたのであった。

57

第1章　憲法裁判制度の導入と変遷

　第4共和国の憲法委員会は、第1代委員長に金顯哲、第2代委員長に李澔が任命され、第1期委員として金永千、朴一慶、金亨根、金甲洙、文鴻柱、李英燮、金英世、金炳華が任命され、第2期の委員としては金聖在、朴一慶、金亨根、文鴻柱、兪泰興、徐一教、金甲洙、羅吉祚が任命された。

　一方、維新憲法は、司法府を無力化させるために法官推薦会議制を廃止して、大法院長と大法院判事だけでなく、すべての法官の任命権を大統領が持つようにし、また、法官に対する懲戒罷免制度を導入した。その後、朴正煕大統領は、1973年3月23日と27日の2回にわたって439名の大幅な法官人事移動を断行したが、大法院判事9名と一般法官48名が再任命過程で除外された。

3　憲法裁判制度の内容

　維新憲法は、第7章「法院」とは別に第8章として「憲法委員会」を規定した。憲法委員会は、法院の提請による法律の違憲、弾劾、政党の解散に関する事項に対して審判権を持っていた(憲法109条1項)。憲法委員会は9名の委員で構成され、大統領が任命するが、委員中3名は国会で選出した者を、3名は大法院長が指名した者を任命した。憲法委員会の委員長は、委員の中から大統領が任命した(憲法109条2項乃至4項)。憲法委員会委員の任期は6年であり、資格は法律で定めることにした(憲法110条1項、4項)。法律の違憲決定、弾劾決定、政党解散の決定をするときには、委員6名以上の賛成がなければならず、憲法委員会の組織と運営その他必要な事項は法律で定めた（憲法111条)。

　維新憲法は、法律が憲法に違反するか否かが裁判の前提になるときには、法院は憲法委員会に提請し、その決定によって裁判するとして、独立した機関が具体的規範統制を行う憲法裁判制度を採択した(憲法105条1項)。しかし、同憲法の附則は、相当な範囲で憲法裁判の可能性を排除した。すなわち、非常国務会議で制定した法令と、これに従って行われた裁判や予算、その他処分などはその効力を持続し、この憲法その他の理由で提訴したり異議を申し立てることはできなかった（憲法附則7条）。また、1972年10月17日から維新憲法の施行日までに大統領が行った特別宣言と、これによる非常措置に対しても提訴したり、異議を申し立てることができなかったし（憲法附則9条）、特殊犯罪処罰に関する特別法、不正選挙関連者処罰法、政治活動浄化法および不正蓄財処理法

第6節　第4共和国の憲法裁判

と、これに関連する法律はその効力を持続するとし、これに対しても異議を申し立てることはできなかった（憲法附則 11 条 1 項）。

憲法委員会の組織及び審判手続を規律した憲法委員会法は、1973 年 2 月 16 日に法律第 2530 号として制定・公布され、公布した日から施行された。この法律によって従来の弾劾審判法は廃止された。

憲法委員会の委員は、大統領・国会議長・大法院長・国務総理・国務委員・法制処長の職にあった者、20 年以上判事・検事または弁護士の職にあった者、判事・検事または弁護士資格のある者で 20 年以上法院・検察庁・法務部・国防部・法制処・国会事務処・法院行政処で法律事務を専担した者、20 年以上公認された法科大学で法律学助教授以上の職にあった者の中から任命された（法 3 条）。憲法委員会には常任委員 1 名だけを置き、委員の中から大統領が任命したが、委員長が事故によって職務を遂行することができないときには常任委員がその職務を代理した（法 7 条）。常任委員でない委員は、名誉職とされた（法 10 条）。

憲法委員会は、違憲提請書・弾劾訴追議決書または政党解散に関する提訴状を受理した日から 15 日以内に審理を開始し、90 日以内に決定の宣告をすることにし、憲法委員会の終局決定は、官報に掲載することでこれを公示した（法 39 条、45 条）。憲法委員会において違憲審判をするときには、決定に先立ち法務部長官の意見を聞かなければならないことになっていた（法 48 条）。

法律が憲法に違反するか否かが裁判の前提になるときには、当該事件の担当判事または訴訟当事者の申請によって、当該事件が係属中である各級法院の決定を経て法院が違憲審査を提請したが、これは軍法会議で違憲審査を提請するときにも同じであった（法 12 条 1 項）。提請審査決定に対して担当判事または訴訟当事者の異議があるときには、抗告することができた（法 12 条 2 項）。法院で法律に対する違憲審査の決定を憲法委員会に提請したときは、当該事件の裁判は停止され、憲法委員会が法院の提請を受理したときには、大法院は、各級法院に対して当該法律を適用すべき事件の裁判を停止させることにした（法 13 条 1 項、2 項）。軍法会議を含めて下級法院から提請書を送付するときには大法院を経由することにし、大法院は下級法院から提請書を受けて憲法委員会に送付するときには大法院の意見書を添付した（法 15 条 1 項、2 項）。大法院は、下

59

第1章 憲法裁判制度の導入と変遷

級法院の違憲審査の提請に対して、大法院長を裁判長として構成する合議部で不必要であると認めるときには、決定でもってその提請書を憲法委員会に送付しないことができたし、大法院が不送付決定をしたときには直ちにこれを提請した法院に通告することにした（法15条3項、4項）。

憲法委員会の決定書は提請した法院に送達されるが、提請した法院が下級法院であるときには大法院を経由するようにした（法17条）。違憲であると決定された法律または法律の条項は、その決定があった日から効力を喪失するが、刑法に関する条項は、遡及してその効力を喪失した。法律の違憲決定は、法院その他の国家機関または地方自治団体を覊束した（法18条）。

4 憲法裁判の実際

第4共和国の憲法裁判は、制度的にも現実的にも有名無実の状態であった。制度的にみれば、第4共和国憲法下では、法律または法律の条項が違憲判決を受けるためには3回の手続を経なければならなかった。まず、当該法院の合議部が違憲であると判断しなければならず、次に大法院の合議部が違憲であると判断して提請しなければならなかった。そして最後に、憲法委員会が9名の委員の中、6名以上の賛成でもって違憲であると判断することが必要とされた。また、緊急措置などの一定の事項については、司法審査を源泉的に封鎖した憲法の附則条項のために、大法院は違憲提請もできなかった。

このような制度的な制限があっただけでなく、当時の非正常的な憲政状況のために、違憲提請の権限を持っていた大法院は、法律に対して一件も違憲提請をしなかった。

維新憲法においては、憲法第53条による大統領の緊急措置に対する違憲の是非が多かった。法院に係属された緊急措置違反事件で、被告人らは緊急措置が憲法に違反して無効であると主張したが、法院は、それに対して司法審査を否認した維新憲法の附則条項を理由に、そのような主張を判断しなかった。大法院が公式的にそのような主張に対して判断したのは、緊急措置第1号が違憲であると主張された事件であった（大法院1975.1.28. 宣告74ト3492判決）。この判決で、大法院は、緊急措置第1号が憲法の規定に反して無効であると見なすだけの根拠はないと判示し、さらに緊急措置第1号と第4号の解除の効果

は、これらの緊急措置に違反したとして裁判が係属中の者やすでに処罰を受けた者には及ばないとする緊急措置第5号の規定もやはり憲法に違反して無効であるとまでは言えないとした。

続いて、大法院全員合議体は、緊急措置第4号が争われた事件において、緊急措置が憲法違反であるという上告理由は受け入れられないとした。以後、大法院は緊急措置を規定した憲法第53条が憲法の根本規範に違背して無効であるとか、あるいは宣布された緊急措置が憲法第53条の要件を揃えておらず、内容においても法官の令状による拘束または遡及処罰禁止に関する憲法規定に違背して無効であるといった主張に対しても、憲法解釈上、受け入れられないと判示し、実定法秩序に対する超実定法的な自然法秩序内の権利である抵抗権をもって対抗することも、それ自体、受け入れられないとした(大法院1975.4.8. 宣告74ト3323判決)。

緊急措置第9号に対しても違憲提請の申請があったが、大法院全員合議体は、提請の申請を受け入れなかった原審法院の決定に違法はないと決定した(大法院1977.5.13. 宣告77モ19決定)。緊急措置第9号は憲法第53条所定の緊急措置であり、この緊急措置は司法審査の対象にはならないので、提請申請を受け入れなかったのは違法でないということであった。

弾劾訴追と政党の解散提訴も提起されたことがなかったので、憲法委員会はただの1件も審判することができなかった。したがって、維新憲法下での憲法委員会はいかなる決定例も残すことができず、文字どおり名目的にのみ存在する機関にすぎなかった。

第7節　第5共和国の憲法裁判

1　第5共和国憲法の成立と憲政状況

1979年10月26日の朴正煕大統領殺害事件を契機として危機政府統治形態に依存した1人の長期執権体制は終了し、民主憲法のための改正論議が公開的に進行した。同年11月26日、国会では与・野党同数である28名の憲法改正審議特別委員会が構成され、12月6日に統一主体国民会議において第10代大統領に選出された崔圭夏大統領が12月8日に緊急措置第9号を解除することで、

第1章　憲法裁判制度の導入と変遷

それまで禁止されていた改憲論議が可能になった。1980年3月14日には行政府に各界人士69名で憲法改正審議委員会が構成され政府主導で改憲作業が進められたが、一方では5月15日には国会の憲法改正審議特別委員会が公聴会を経て憲法改正案を準備するなど、民主憲法への改正のための国民的努力が拡散された。

しかし、1979年12月12日、保安司令官兼合同捜査本部長である全斗煥少将を中心とした新軍部勢力は軍事反乱を起こして軍権を掌握した後、政治にも関与した。1980年5月17日に新軍部勢力は非常戒厳を全国的に拡大・宣布して5・18民主化運動を武力で鎮圧した後、5月31日に国家保衛非常対策委員会を設置して、6月5日、全斗煥少将がその常任委員長に就任した。同年8月16日、崔圭夏大統領が辞任し、朴忠勲国務総理代理が大統領権限代行になったが、すぐさま8月27日に統一主体国民会議において全斗煥・国家保衛非常対策委員会常任委員長が大統領に選出された。

このような政治勢力の変化の中で、1980年9月9日に憲法改正案は新軍部の意図どおりに作られ、9月29日に公告、10月22日に国民投票に付され、総有権者の95.5％の投票と投票者の91.6％の賛成を得て確定された後、10月27日に公布され、ここに第8次改憲がなし遂げられたのである。

第5共和国憲法は、国民の権利および義務の章で幸福追求権を新設し、基本的人権の不可侵性を強調するとともに、拘束適否審査制、刑事被告人の無罪推定、私生活の秘密と自由の不可侵性、環境権、連坐制廃止、民主的な婚姻制度と家族制度の保障規定を明示した。権力構造面では、統一主体国民会議を廃止する代わりに大統領選挙方式を選挙人団による間接選挙制に変更し、大統領の非常措置権・国会解散権の発動要件を強化し、大統領の任期を7年の単任制にするとともに、任期延長や再任を可能とするための憲法改正はその憲法改正提案当時の大統領に対しては適用できないようにすることによって、平和的政権交替と長期執権の防止を制度化した。国会の国政調査権を新設し、一般法官の任命権を大法院長に賦与するとともに、懲戒処分による法官の罷免を排除し、法律の違憲可否に関する第1次的審査権を法院に賦与した。政府形態は大統領制を基本としたが、米国型大統領制とは異なり国会に対する大統領の優越的地位を規定した。憲法改正案は大統領または国会在籍議員過半数の発議で提案で

き、それを国会が議決し、国民投票によって確定することとなった。
　新憲法の発効とともに既存の国会と統一主体国民会議は解散され、1980年10月29日に国会の権限を代行する国家保衛立法会議が、大統領の任命した81名の議員をもって構成された。国家保衛立法会議は、その後6ヵ月の間に、大統領選挙法、政党法、国会議員選挙法、国会法をはじめとする、第5共和国憲法の各種付属法律189件を通過させた。多くの政治人らは国家保衛立法会議が制定した政治風土刷新法に縛られ政治活動を事実上放棄しなければならなかった。1981年1月25日に非常戒厳が解除され、2月11日には5,278名の大統領選挙人団が選出された。同年2月25日の大統領選挙では民正党の全斗煥候補が大統領選挙人団の90.23％に該当する4,755名の支持を得て大統領に当選した。
　しかし、制度的な側面において、第5共和国の統治体制は、大統領が選挙人団による間接選挙によって選出され、憲法施行に必要な多数の法律が国会でない国家保衛立法会議で制定されたために、統治基盤の正当性に対する論難が継続した。

2　憲法裁判制度に関する論議

　1979年10月26日から非常戒厳が全国に拡大措置される1980年5月17日以前まで、国会、政党、大韓弁護士協会および学者らの集まりなどで第5共和国の改憲案が活溌に論議されたが、各界で作成・公表された改憲案のうち、違憲法律審査制に関して提示された意見は大体につぎのようなものであった。
　まず、国会の憲法改正審議特別委員会案と新民党案は、ともに司法型憲法裁判制を採択して、法律が憲法に違反するか否かが裁判の前提となったときには大法院がこれを最終的に審査するようにしたし、共和党案と大韓弁護士協会案も法律に対する違憲審査権を大法院に帰属させた。統一党案は、法官の資格のある9人の委員で構成される憲法委員会が違憲法律審査権を持つようにし、いわゆる6人学者案は、西ドイツの聯邦憲法裁判所をモデルにした憲法裁判所を設立して、憲法裁判所が法律と条約に対する抽象的・具体的規範統制を行うことができるようにするなど広範囲な権限を賦与した。
　しかし、このような各界の改憲案は、1980年5月17日の非常戒厳の拡大措

第1章　憲法裁判制度の導入と変遷

置によって、これ以上論議することができなくなり、第5共和国の憲法裁判制度は新軍部勢力の意図どおりに第4共和国の憲法委員会による憲法裁判制度の基本骨格をそのまま維持したのである。

第5共和国の憲法委員会は第3代と第4代の委員長に朱宰璜が任命され、第3代の委員としては李英煥、金泰清、朴一慶、金亨根、尹世昌、鄭泰均、金徳柱、金容喆、第4代の委員は白光鉉、金泰清、李英煥、尹世昌、李正雨、鄭起勝、李炳厚、金永駿が任命された。

3　憲法裁判制度の内容

第8次改憲による第5共和国憲法は、維新憲法のように、第5章「法院」とは別に第6章で「憲法委員会」を規定した。その内容は、第4共和国のように法律が憲法に違反するかどうかが裁判の前提になった場合は、法院は法律が憲法に違反すると認めるときには憲法委員会に提請して、その決定によって裁判するとした（憲法108条1項）。しかし、国家保衛立法会議が制定した法律と、これに基づいて行われた裁判および予算その他の処分などはその効力を持続し、この憲法その他の理由で提訴したり、異議を提起することができないようにした（憲法附則6条3項）。

改正された憲法委員会法（1982.4.2. 法律3551号）は、維新憲法下での憲法委員会法（1973.2.16. 法律2530号）の基本的構造をそのまま維持しながら、次のように一部内容を変更した。

憲法委員会委員の資格を多少緩和して、20年以上判事・検事または弁護士の職にあった者または20年以上公認された法科大学において法律学助教授以上の職にあった者とされていたのを、それぞれ15年以上該当職にあった者とすることで、その経歴期間を短くするとともに、判事・検事または弁護士の資格のある者で15年以上国家機関、国・公営企業体、政府投資機関その他の法人において法律に関する事務に従事した者にまでその資格範囲を広げた（法第3条）。憲法委員会委員は連任できるようにし、常任委員を特別職から政務職国家公務員に補した（法5条、10条）。

大法院の違憲提請権に関して、大法院は下級法院の違憲の可否の提請に対して大法院判事全員の3分の2以上で構成される合議体において当該法律の憲法

違反の可否を決定し、憲法に違反したものと認められるときには、その提請書を憲法委員会に送付しなければならないとし、大法院で違憲可否を提請する場合もまた同じである（法15条3項）と規定して、維新憲法下での違憲法律審査の実質を変更することなく文面上の表現のみを一部変えた。これによって大法院は事前的な法律の違憲判断権を行使して、大法院が違憲であると判断した場合にのみ憲法委員会に提請するようにしたので、憲法委員会の機能と役割は制度的に甚だしく制限されるようになった。

4 憲法裁判の実際

第4共和国におけると同じく、第5共和国の憲政状況は、憲法裁判が正常に定着できない政治的地盤の上で展開されたので、憲法上独立した憲法裁判機関として規定された憲法委員会は名目上でのみ存在する機関に止まった。

第5共和国の憲法裁判制度は、初めから制限された形態を有していた。憲法附則第6条第3項によって国家保衛立法会議が制定した法律と、これによって行われた裁判および予算その他の処分などは、この憲法その他の理由でこれを提訴したり異議を提起できないことになっていただけでなく、憲法委員会に対する各級法院の違憲提請は実質的に大法院の事前統制を受けていたからであった。憲法委員会には違憲法律審判、弾劾審判、政党解散審判に関する事件が一件も受理されることがなく、したがって、如何なる決定例も残すことができなかった。

第5共和国憲法下で大法院は、朴世径弁護士の戒厳布告違反事件と、姜信玉弁護士の大統領緊急措置違反、法廷侮辱事件に関する判決において憲法的争点を取り扱ったことがあった。

朴世径弁護士が1980年に在野人士の金大中の自宅で集会をしたことによって、戒厳布告違反で拘束起訴され、有罪判決を受けて大法院に上告した事件において、大法院は、大統領が必要であると認めるときには軍法会議の裁判権を1箇月以内に限って延期することができると規定した戒厳法（1949.11.24. 法律69号）第23条第2項が次のような理由で憲法に違背しないと判決した。戒厳法第23条第2項は、国家非常事態が平常状態に回復したにもかかわらず、軍法会議の裁判を受けない国民の権利を一時的に制限したのは明らかであるが、

第1章　憲法裁判制度の導入と変遷

これは軍法会議の裁判を受けない権利自体を剥奪するものでも、権利の本質的内容を侵害するものでもなく、非常戒厳地域内の社会秩序は正常に戻ったが、一般法院が未だその機能を回復できず軍法会議に係属中の裁判事件を引き受けて処理できる態勢を整えることができないような状況に対処するためのものであって、合目的性が認定されるから憲法に違反しないということであった。

これに対しては反対意見があった。李正雨、李会昌、呉成煥大法院判事は、非常戒厳はいわゆる国家緊急権に属するものであり、本質的に立憲主義を停止する独裁的権力行使であるので、国家的危機克服のための必要な最小限度内でのみ憲法はこれを容認しており、非常戒厳解除後においても軍法会議の裁判権を延期することができるというのは、非常戒厳の宣布期間中でないときにも民間人をして軍法会議の裁判を受けさせるようにするものであって、軍法会議の裁判を受けない権利を明白に侵害するものであり、軍法会議の裁判権を延期することができる期間が一か月以内の短い期間であるとしても異ならないと述べた。李一珪大法院判事も、憲法自らが設定している場合を除いては法律でもってしても軍法会議の裁判を拡大することはできないという趣旨に解釈されるべきであり、非常戒厳が宣布された場合に軍法会議の裁判を受けるようになったとしても、その非常戒厳が解除された以上、原則に戻って軍法会議の裁判を受けないことになることは明白であるので、戒厳法第23条第2項は憲法に違反するというものであった（大法院1985.5.28. 宣告81ト1045判決）。

姜信玉弁護士が1974年7月9日、軍法会議の法廷において弁論したところ、緊急措置第1号と第4号違反および法廷侮辱罪で起訴された事件で、大法院は、維新憲法第53条の大統領緊急措置権は第5共和国憲法第51条の大統領非常措置権とは著しい差異があり、第5共和国の国家理念及びその憲法精神に違背することが明白であって、憲法第51条の規定は大統領緊急措置第1号、第2号および第4号の法的根拠となることはできないので、この大統領緊急措置は1980年10月17日の第5共和国憲法の制定・公布とともに失効したと判示した。この判決では金徳柱、李会昌大法院判事の補充意見があった。緊急措置は旧憲法の廃止に伴い当然に失効されたものであり、その効力の終了事由は旧憲法が廃止されたことにあるのであって、現行憲法に違背することにあるのではないので、憲法の廃止にともなう効力の終了如何を審査判断することは、現行

憲法を基準として違憲の可否を審査してその効力の存否を判断する違憲判断とは異なるものであるとして、法院は上記のような効力の終了を判断する権限があるというものであった（大法院 1985.1.29. 宣告 74 ト 3501 判決）。

第 2 章　憲法裁判所 10 年

第 1 節　憲法裁判所制度の導入

1　第 9 次憲法改正と憲政状況

　1985 年 2 月 12 日に行われた第 12 代国会議員選挙で大統領直選制への改憲を主な選挙公約とした野党の新民党、民韓党、そして国民党が得票率 58.10％ を占め、与党である民正党の獲得した 32.25％ を大きく上回った。それにもかかわらず、全斗煥大統領は、国民的熱望に反して、改憲論議を 1988 年のオリンピック以後に延期し、第 13 代大統領を第 5 共和国憲法に基づいて年内に間接選挙によって選出するという特別談話を、1987 年 4 月 13 日に発表した。これに対して、野党をはじめ大韓弁護士協会が、その当日、この措置に反駁する声明を発表し、在野団体および大学教授も 4・13 護憲措置の撤回を要求する声明を相次いで発表した。その頃、ソウル大学の学生である朴鍾徹氏に対する拷問致死事件の隠蔽・操作の事実の暴露によって国民的憤怒が広がる中で、野党と在野勢力とが連合して「民主憲法獲得国民運動本部」を設置した。そして 1987 年 6 月 9 日に、延世大学の学生である李韓烈君がデモ中に催涙弾に撃たれて死亡するという事件が起こり、それを契機として、「6 月民主化運動」が加速化した。こうした雰囲気の中で、民正党が 6 月 10 日に全党大会を開き、軍人出身である盧泰愚将軍を大統領候補として指名した。それに対する反発によって、学生だけで行われてきた民主化運動は、その日以降、市民も参加するようになり、いっそう急激に勢力を拡大した。

　そこで、1987 年 6 月 29 日に、盧泰愚候補は、国民の大統領直接選挙制への改憲要求の受容、政治犯の釈放、人権侵害の中断、言論活性化のための制度改善、地方自治制・教育自治制および社会団体の自律性保障、政党活動の保障等を約束する、いわゆる「6・29 宣言」を行った。それにより、全斗煥大統領は、7 月 1 日の「時局収拾に関する大統領特別談話」で盧泰愚候補の 6・29 宣

言の内容を受容することを約束した。

その後、民正・民主両党が改憲案要綱と改憲試案とをそれぞれ発表し、与・野党は同年7月24日に4者会談を開き、「8人政治会談」という改憲協議専門機構を構成して主な争点について協議を重ね、憲政史上初めての与・野党合意による大統領直接選挙制を中核とする改憲案が準備された。この改憲案は、公告手続の後、同年10月12日の国会の議決を経て、10月27日に国民投票に付され、総有権者の78.2%の投票と投票者の93.1%の賛成によって成立し、10月29日に公布・施行された。

こうした第9次憲法改正は、民主化に対する全国民的熱望、大統領直接選挙制を通じた国民の自由な政府選択権の要求、基本権保障の拡大・強化等の国民的改憲要求が受け入れられて、憲政史上初めて与・野党の実質的政治協議と成熟した民主世論の監視・批判の中で成立した民主的な憲法改正である。ところが第9次改正憲法は、第5共和国憲法条文の約37%が改正されるという全面的な改正であったにもかかわらず、時間に追われたため十分な論議を経ることができなかったことと、各政党の政策的考慮が働いたことなどによって、少なからざる問題点をはらんでいる。

1987年12月16日に行われた大統領選挙では、民正党の盧泰愚候補が、総有効投票の37%を獲得し、統一民主党の金泳三候補と平和民主党の金大中候補とをおさえて第13代大統領に当選した。そして1988年4月26日に行われた第13代国会議員総選挙では、憲政史上初めて、野党の議員数が与党の議員数より多い'与小野大'の国会が誕生した。

2　憲法裁判制度の導入経緯

各政党は改憲論議の過程において憲法裁判権をどの機関に付与するかについて意見を異にした。

1987年7月に設置された「国会改憲特別委員会」における初期の論議では、与・野党ともに違憲法律審査権を大法院に与える点については意見が一致したが、その他の政党解散審判権、弾劾審判権、権限争議審判権等については意見が対立した。すなわち、与党側は、政治的問題に対する大法院の介入は好ましくないので、独立した憲法委員会を設置してこれらの権限を与えるよう主張

第 1 節　憲法裁判所制度の導入

し、野党側は、これらの権限をすべて大法院に付与するよう主張した。政党側のこうした論議に対し、大法院は、憲法委員会が憲法裁判権を持つことに対して公式に反対意見を表明した（大韓弁護士協会「憲法裁判の課題」『大韓弁護士協会誌』1989 年 1 月）。

　ところが、与・野党は当初の見解とは異なって、憲法訴願制度を導入する過程で、憲法裁判所を設置して、これに違憲法律審査権をはじめとした憲法裁判権を付与することに合意した。そこで、現行憲法裁判制度の導入のための立法が行われた。

　当初各党の改憲案にはなかった憲法訴願制度が採択された由来とドイツ型の違憲審査制度が導入された経緯とに関して任斗彬元国会議員と金尚哲弁護士は、次のように言及している。

　任斗彬元国会議員は、1988 年 8 月 26 日にソウル大学の法学研究所が主催した国際学術セミナーで次のように述べた。憲法改正の際に憲法裁判所があまり注目されなかったので、法律については司法型の違憲審査制度を導入することには、与・野党の意見が一致した。しかし、与党側は、政治的事件は司法府の審判を受けてその世話になる必要がないのでできるだけ国会で処理されるべきであり、したがって、違憲法律審査権は大法院に付与するが、政治的性格の強い政党解散権、弾劾審判権、権限争議権の管轄は独立した憲法委員会に付与することを提案した。これに対し野党側は、憲法委員会を設置する必要がないと主張しながらも、ヨーロッパにある憲法訴願制度が導入されれば与党案を受容すると表明したため、憲法訴願制度の導入とともに憲法裁判所が設立されることになった。

　一方、金尚哲弁護士は次のような趣旨のことを述べている。憲法条項の妥協・折衷過程の最終段階では憲法訴願制度が問題となったが、当時の政治家は重要な問題とは考えなかった。それゆえに、国民運動本部は、野党と憲法改正のための協議をする中で、違憲法律審査権は大法院に、弾劾等の憲法裁判権は独立した憲法委員会に付与するという与党案は受容するものの、憲法訴願制度が導入されることができるようにドイツ型の憲法裁判制度を導入する方が基本権の保障に役立つと主張した。これに野党が別に大きな意味を付与しないままこれを採択し、与党も憲法裁判のために独立した憲法裁判所が設置されたとし

てもその運営は過去の憲法委員会と類似なものとすればよかろうと考え容易に同意したため、現行の憲法裁判制度が導入されることになったと述べる。

3　憲法裁判所法の制定過程

憲法第113条3項には、憲法裁判所の組織と運営、その他必要な事項は法律によって定めると規定されている。それに基づく憲法裁判所法は、第9次憲法改正によって憲法裁判所制度が採択されてから約1年が経過した1988年8月5日に、法律第4017号として制定され、9月1日から施行された。

憲法裁判所法の制定においては、常任憲法裁判官の数・資格等の問題から憲法訴願の対象範囲に至るまで、様々な意見が交わされた。1987年11月5日に、法務部は、法院、法制処、憲法委員会等の関係機関の実務家である5人で構成される実務委員会を設置して憲法裁判所法の制定に取り組み始めた。実務委員会は、憲法訴願の対象に法院の裁判を入れるべきか否かをはじめとする諸問題点について研究し検討した後、1987年12月18日に憲法訴願の対象から法院の裁判を除外することに合意し、1988年1月初旬頃には大半の条文化作業を終えた。

1988年1月15日に、法務部は、世論を把握するために「憲法裁判所法の制定のためのセミナー」を開催した。その際の争点は、憲法訴願の対象に法院の裁判を入れるべきか否かであった。崔光律、李尚圭、金璿弁護士と、李康爀、桂禧悦、金南辰教授等の学者は、その必要性を認めたが、法院はそれに反対した。

実務委員会の委員である李康国部長判事は、次のような2つの理由で法院の裁判が憲法訴願の対象にならないと述べた。第1に、西ドイツの憲法裁判制度、特に憲法訴願制度は世界的にかなり独特で稀な制度であるため、政治的・社会的背景が異なるわが国にこの制度を導入することには大きな危険性がある。第2に、西ドイツ連邦憲法裁判所は連邦最高裁判所等とともに司法権の一部を成しており、その構成員も連邦裁判官だけという純粋な司法機関であるが、わが国の司法権は大法院を最高法院とする法院にゆだねられている。そして、憲法裁判所は法院とは全く別の憲法機関であり、その構成員も法曹資格を有していれば十分であり、職業的裁判官である必要はない。したがって、一般

法院の判決が憲法訴願の対象になると、憲法裁判所による司法権の行使を意味することになり、憲法上の最高法院である大法院の上に第4審の裁判機関を新設する結果になる。

李鴻薫判事も同様の趣旨の意見を述べた。第1に、確定判決に対する解釈権を憲法裁判所に与えることは、大法院で法律解釈を行うことより必ずしもよいわけではない。また、大法院の構成と憲法裁判所の構成を比較してみると、大法院の構成の方が中立的で専門的である。第2に、憲法が改正されるたびに憲法委員会または憲法裁判所が創設されたり消滅されたりしてきたのに対して、司法府は、憲法改正と関係なく、長い歴史を通じて存続してきた国家機関の1つである。こうした国家機関で行われた判決が憲法裁判所で再び審査されるのは好ましいことではない。

これに対して、李尚圭弁護士の主張によれば、憲法訴願は、国家機関による違憲的な公権力の行使による基本権の侵害を防いで権利救済を行うと同時に、基本権を保障している憲法を保障することを根本趣旨とする。したがって、憲法の多様な構造を通じたクロス・チェックによって権力行使の濫用を防ぐために、立法府・行政府・司法府のすべての行為を憲法訴願の対象にすべきである。また権力分立の観点からみれば、もし法院の判決すべてを憲法訴願の対象外にすると、権力相互間の抑制から法院の判決だけが完全に聖域化されてしまうという問題がある。したがって、限定された範囲内であっても、法院の判決を憲法訴願の対象にすべきであるという。

また、桂禧烈教授も、今回の憲法改正の趣旨、特に憲法裁判所と関連させてその趣旨に注目すべきであり、憲法裁判所の権限を拡大し活性化させようとする意志が憲法に明示されていることを強調して、司法府があまりにも消極的態度をとっていると批判した。

さらに、許營教授は次のように主張した。憲法訴願の範囲と対象を定める際には、あくまで憲法訴願制度の目的に即して、基本権保護の実効性確保という観点から行わなければならない。そうであれば、すべての憲法機関は、究極的には基本権的価値の実現に奉仕する目的で設置されているので、原則として、いかなる憲法機関も基本権的価値に反する違憲的な公権力の行使を正当化する権能を持ちえない。したがって、法院の判決であっても、憲法および憲法精神

に反する憲法認識に基づいて国民の基本権を侵害した場合には、当然に憲法訴願の対象となり、その判決や決定は、憲法的な再評価を受けるべきである(1988年1月25日『法律新聞』)。

法務部はこれらの意見を総合して、1988年5月初旬に法務部案を確定し立法予告を行った。その主要内容は、憲法訴願の対象から法院の裁判を除外しながらも、違憲法律提請の申立てが法院によって棄却された場合には、憲法訴願を提起できるようにしていた。立法予告された法務部案について、公法学会と大韓弁護士協会は、憲法訴願の対象に法院の裁判も含めるべきであると主張した。

こうした中で、政府・与党は1988年6月初め、国民の基本権保護のために新たに制定される憲法裁判所法は民正党が議員立法の形式で提出するのが好ましいと判断し、法務部案を受け取り、党と政府との間で協議を重ねながら手を加えた後、7月4日に国会に上程した。同年7月18日、野党3党も、大韓弁護士協会が準備した案の相当部分を参酌した上で、法律案を作成し国会に提出した。民正党案では、9人の憲法裁判官のうち憲法裁判所長を含む4人の憲法裁判官が常任とされ、法院の裁判は憲法訴願の対象から除外され、違憲法律提請の申立てに対する棄却決定について憲法訴願が認められた。野党3党案では、憲法裁判官全員が常任とされ、法院の裁判も憲法訴願の対象に含まれており、救済手続をすべて経ると回復しがたい損害が生じうるおそれがある場合には例外的に直接憲法訴願審判を請求できるようにしていた。

1988年7月21日の第143回の臨時国会法制司法委員会第3次会議では、こうした2つの案について審議が行われた。そこでは、劉守鎬議員と姜信玉議員によってそれぞれの案の趣旨説明が行われ、法案を効率的に審理するために、5人の議員で構成される審査小委員会が設けられた。小委員会は、与党側の劉守鎬(委員長)、姜在渉議員と、野党側の、朴相千、姜信玉、朴忠淳議員で構成された。小委員会は、翌日の7月22日まで両法案を審議した後、その案すべてを本会議に回付せずに法制司法委員会の代案を提出することで合意したが、代案を作成する過程では、与党側の発議案が主に採択された。その結果、憲法裁判官は、常任3人と非常任6人となり、憲法訴願の対象から法院の裁判が除外された。法制司法委員会の代案は、同年7月23日の法制司法委員会第5次

第1節　憲法裁判所制度の導入

会議に提出され、特別な質疑なしに通過された。そして、その日の第143回の第2次本会議に上程された。本会議では、金在淳議長が憲法裁判所法案を上程し、劉守鎬議員から提案の趣旨説明が行われた後、異議提起がなかったので別途の採決手続なしに直ちに可決された。この法案は、1988年7月27日に政府に移送され、8月5日に法律第4017号として公布され、9月1日から施行された。

4　憲法裁判所の権限

憲法第111条によると、憲法裁判所の権限には、法院の提請による法律の違憲可否審判、弾劾の審判、政党の解散審判、国家機関相互間、国家機関と地方自治団体間および地方自治団体相互間の権限争議に関する審判、憲法訴願に関する審判がある。そして、憲法第113条第2項による憲法裁判所規則の制定権がある。

A　審判権限
(1)　違憲法律審判権

憲法第111条第1項および憲法裁判所法第41条以下によると、憲法裁判所は、法院の提請によって法律に対する違憲の可否を審判することができる。これは、法律や法律条項の違憲の可否が提請法院に継続中である当該事件の裁判の前提となる場合に、当該事件を審理する法院の提請に基づき憲法裁判所が法律や法律条項の違憲の可否を審判することができる具体的規範統制制度である。

ところが、憲法裁判所のこうした規範統制権は、法院の提請を前提とした審判という点で、法院が提請しなければ規範統制権が有名無実になりうるという弱点がある。実際に、わが国の憲政史には、法院の消極的な提請権の行使によって憲法裁判機関の規範統制権が実質的に行使され得なかった経験がある。このような過去の慣行に対する批判を意識して、憲法裁判所法に、憲法裁判所の具体的規範統制権を活性化するための制度的装置が備えられた。すなわち、法院が裁判の前提となった法律や法律条項を憲法裁判所に提請しない場合には、訴訟当事者が直接に憲法裁判所に憲法訴願の形式で具体的規範統制権を求

75

めることができるよう憲法裁判所法第68条第2項が設けられた。

(2) 弾劾審判権

弾劾審判制度は、大統領をはじめ高位公職者を対象として、憲法が定める特別の訴追手続に従って、彼らの法的責任を問うことによって憲法を保護する制度である。現行憲法では、第65条第1項により国会に弾劾訴追権が付与され、第111条第1項第2号により憲法裁判所に弾劾審判権が付与されている。

弾劾審判制度は、一般司法手続によっては責任を問うことが困難であるか懲戒手続によっては懲戒が困難である高位公職者、あるいは憲法上身分が保障された公職者が憲法や法律に違反した際に、法的責任の追及を可能にするものである。こうした弾劾審判制度は、第1共和国憲法によって特別に弾劾審判所が設置されて以来、多くの変遷があった。第9次改正憲法では、弾劾審判の訴追機関と審判機関が分離され、国会には訴追権が、憲法裁判所には審判権が付与された。

(3) 違憲政党解散の審判権

違憲政党解散制度は、自由民主的基本秩序を守るために、防御的ないし闘争的民主主義を実現する手段として機能する。違憲政党解散制度は、第2共和国憲法によって最初に導入（13条2項、83条の3）されて以後、現在まで維持されてきたが、その審判機関はしばしば変遷してきた。

第9次改正憲法においては、第8条第4項で、「政党の目的や活動が民主的基本秩序に反する場合には、政府は憲法裁判所にその解散を提訴することができ、政党は憲法裁判所の審判によって解散される」と規定された。このように政党解散の提訴権は政府に、政党解散の決定権は憲法裁判所に付与された。政党は、民主国家において重要な政治的機能を果たすので、その解散に際しては、一般結社の解散に比べて手続的・実体的な特権を認められなければならないとされ、憲法裁判所の審判によってのみ解散されることになった。

(4) 権限争議の審判権

権限争議の審判は、国家機関や公権力主体相互間の権限の存否と範囲および限界を明確にすることによって国家機能の遂行を円滑にし、権力相互間の牽制と均衡を維持させることによって、憲法の規範的効力を保護するための制度的装置である。

第9次改正憲法では、国家機関相互間、国家機関と地方自治団体および地方自治団体相互間の権限争議に関する審判を憲法裁判所の管轄とし、憲法保障的機能の一部として国家機関・地方自治団体相互間の権限の存否または範囲に関する争いを解決するようにした。ただし、被請求人の処分または不作為によって、憲法または法律によって付与された請求人の権限が侵害されたか、侵害される顕著な危険がもたらされた場合に限って請求できると憲法裁判所法に定められている。

(5) 憲法訴願の審判権

憲法訴願は、公権力によって憲法上保障された国民の基本権が侵害された場合に、憲法裁判機関に当該公権力の違憲審査を請求し、基本権の救済を求める制度である。憲法訴願制度は、ドイツなど憲法裁判所制度を設けている国では多様な形態で設けられている。憲法裁判所の他の審判事件では、国会・政府・法院または地方自治団体等がその審判に関与するのに対して、憲法訴願審判では、基本権侵害に対する直接的救済を目的として国民が審判請求の主体となる。よって、憲法訴願審判は、個人の基本権侵害を救済する主観的保障機能と、違憲的公権力を統制することによって憲法秩序を守る客観的保障機能という二重の機能を果たしている。

憲法裁判所法は、通常の権利救済型憲法訴願以外に規範統制型（違憲審査型）憲法訴願（68条2項による憲法訴願）を設けている。後者の憲法訴願は、韓国の憲法裁判制度に特有のものである。

B 憲法裁判所規則の制定権

憲法裁判所は、審判に関する手続、内部規律および事務処理に関する規則を制定することができる。憲法によって憲法裁判所に規則制定権が付与された理由は、権力分立の見地から、憲法裁判の独立性と自主性を確保するということと、技術的・合目的的考慮から、憲法裁判に関する専門的かつ独自的な自律立法を可能にすることである。

憲法裁判所規則が規律する範囲は、審判に関する手続、内部規律および事務処理に関する事項である。内部規律に関する事項とは、憲法裁判所の組織を内容とする事項である。事務処理に関する事項とは、憲法裁判所の審判事項に関

するものではなく、裁判と関連する行政事務の処理方法に関するものなどを意味する。

憲法裁判所規則には、憲法裁判所の内部事項だけでなく国民の権利・義務と密接に関連する事項が含まれる場合もある。そこで、国会の立法、すなわち法律との競合問題が生じる可能性がある。憲法裁判所の内部規律または事務処理に関する事項は、純粋に内部事項に属するものであり、これについては憲法裁判所が固有の権限をもって規律することができることには疑問の余地はないが、審判に関する手続事項は、単純な内部事項ではないので、訴訟当事者である国民一般、弁護士、または代理人を拘束することになる。

憲法裁判所法は、憲法裁判所規則で定め得る事項を例示している。憲法裁判所長に事故があったときに代行すべき憲法裁判官の順序 (12条4項)、憲法裁判官会議の運営に関する必要事項 (16条5項)、事務処の組織・職務範囲および事務処に置く公務員 (17条8項)、憲法裁判所長の秘書室の組織と運営 (37条)、証拠調査の費用 (37条)、供託金の納付と国庫帰属 (37条)、国選代理人の報酬 (70条)、指定裁判部の構成と運営 (72条6項) などである。

これによって、憲法裁判所は、1988年9月24日に憲法裁判所裁判官会議の規則を制定して以来、多くの憲法裁判所規則を制定してきた。

憲法裁判所規則の制定と改正等に関する事項は、憲法裁判官会議の議決を経て(法16条4項)、憲法裁判官7人以上の出席と出席者過半数の賛成により議決する (法16条2項)。憲法裁判官会議で議決された規則は、議決後15日以内に事務処長が公布手続を行う。憲法裁判所規則は、訴訟当事者などの一般人にも効力を与える内容が含まれることもあるので、官報に掲載して公布する (法10条)。同規則は、これを掲載した官報が発行された日から公布されたと見なし、特別な規定がない限り公布された日から20日が経過した後に発効する。

5 憲法裁判の活性化

制憲憲法以降の憲法裁判史は、第1共和国の憲法委員会制度、第2共和国の未完の憲法裁判制度、第3共和国の司法型憲法裁判制度、第4共和国および第5共和国の憲法委員会制度といった各種形態の憲法裁判制度が設けられたが、活性化されずに、時には休眠機関化されることもあった。

第 1 節　憲法裁判所制度の導入

　その後、1987 年の 6・10 民主化運動を経て、過去の憲政史に対する徹底した反省から、憲法擁護と基本権保護のために憲法裁判所が設置された。しかし、憲法裁判所の発足当時には、憲法裁判所に対する国民的期待にもかかわらず、従来の憲法委員会と同様に有名無実化されてしまうという憂慮が少なくなかった。事実、当時の政権は、歴代政権者と同様に憲法裁判制度の活性化に積極的だったとは言えない。こうした憲政状況の下において、一部学者と法曹人も、憲法裁判所の機能と役割について懐疑的であった。特に、憲法裁判に対する多様で十分な経験と研究が蓄積されてない状態で、早急に成案された憲法裁判所法は、憲法裁判所の組織と審判権限および手続的規定における欠陥と立法の不備が内在されており、憲法裁判所の円滑な業務遂行が阻害される余地があった。たとえば、法院の裁判を憲法訴願の対象から除外して、憲法訴願の請求には補充性の要件を必要としたので、公権力の行使の中で憲法訴願の対象になり得る事案は少数に限られ、従来のように、法院は違憲法律提請に消極的になるだろうという展望が支配的であった。

　しかし、こうした法的・制度的不完全性が必ずしもその運営を萎縮させるわけではない。運用担当者の意志次第で、憲法裁判制度が活性化されることもあれば有名無実になることもある。憲法裁判所は、過去の憲政史の経験から出発して、国民の基本的人権を保護し国家権力の濫用を抑制するために創設された。それゆえに、憲法裁判所は、創設初期からそのような国民の願望が正しく反映されるよう積極的な活動を行った。このように、憲法裁判所の活動が活発に展開されるようになったことには、そのような活動の基盤となる国民の憲法意識と政治的雰囲気が成熟したことも大きく作用していた。新たな憲法の施行とともに、多数の国民と学者が、憲法の価値と意味について多様な意見を提示しており、憲法や憲法裁判を専攻または研究する人も増え、それに関する学位論文や研究文献も蓄積されてきた。さらに、憲法裁判所が受理した特定の事件については、その具体的内容と裁判の進行状況が、マスコミで詳細に報道されるものもあった。憲法裁判所によって国民の憲法論議を反映する場が提供されたため、国民の憲法意識は一層高まり権利意識も伸張しつつあるということは注目に値する。

　第 1 期の憲法裁判所は、何より憲法訴願審判制度の運営における積極的な解

第2章 憲法裁判所10年

釈を通じてその対象を拡張し要件を緩和するなど、その運営の活性化を図った。その例として、憲法裁判所の第2指定裁判部は、1988年12月7日に、刑事訴訟法上の準起訴請求の対象ではない検事の不起訴処分について、憲法訴願を提起できると決定した。その後、検事の不起訴処分に対する憲法訴願が憲法裁判所の処理事件の相当部分を占めることになり、このようなことは、実質的に、検事の恣意的不起訴処分による検察権の濫用を抑制する機能を果たした。

その他にも、第1期の憲法裁判所は、憲法裁判の活性化のために多くの努力を傾けてきた。過去、拙速に制定された法律や特定の利害集団の利益のために制定された法律について厳正な審査が行われ、多くの法律が違憲と宣言され失効した。法院が合憲として当事者の違憲提請申請を棄却した法律についても、基本権に対する新たな認識に基づいて違憲決定が行われた。また、憲法訴願の審査要件は緩和され、法令についても積極的な審査が行われ、憲法訴願の補充性についても判例によって例外事由が拡大された。

憲法裁判所法第45条は、規範統制の結果を合憲決定と違憲決定の二つだけしか規定していないが、このような二者択一的な審判方法では、規範統制に現われるすべての類型の問題を解決することはできなかった。そこで、憲法裁判所は、第1期の時期からいわゆる「変形決定」の形式を導入し、「限定合憲」、「限定違憲」または「憲法不合致」という多様な決定類型を採択した。このような裁判形式は、ドイツをはじめ憲法裁判が行われている先進諸国の憲法裁判制度において一般的に認められている。さらに、それらは、憲法解釈の基本原理である憲法合致的解釈の原則に忠実であり、立法者の形成権を尊重し、また法的空白による混乱を防止するために、不可避なものであった。しかし、1996年4月9日に、憲法裁判所の変形決定について、大法院は、所得税法の一部条項に対する憲法裁判所の限定違憲決定に対して、そのような裁判形式は法定されたものではなく、大法院の権限が侵害されることにもなるので、その決定には憲法裁判所法上の羈束力が認められないとの趣旨の判決を下すことでもって、憲法裁判所の決定の趣旨に反する裁判をした。

これによって顕在化した両機関の見解の対立は、言論界や国民から、機関利己主義の対決という非難を受けるようになった。そこで、憲法裁判所は、変形決定制度の必要性と正当性を国民に納得させるために、さらなる努力を傾け

た。その後、1997年12月24日に、憲法裁判所は、いかなる場合であれ憲法裁判所の覊束力のある違憲決定に反する法院の裁判は国民の基本権を侵害するので、憲法の最高規範性を貫徹するために、再び憲法裁判所がそれを最終的に審査することで憲法裁判権を回復することが憲法の要請であると解釈し、憲法裁判所の決定の覊束力に反する大法院の判決を取り消した。

6 今後の課題と展望

憲法裁判所は、10年という比較的に短い期間に憲法裁判制度を確固に定着させ、憲法機関としての位相を強固にした。現行の憲法裁判制度以前の歴代憲法裁判制度の下では、憲法の規範力が具体的に発揮されることに対して様々な制限があったが、憲法裁判所の発足以後には、憲法裁判が活性化されるに伴い、憲法は、名実ともに国家の最高規範として国民の生活の中に定着するようになった。国家権力は、憲法秩序の統制下で合理的に行使されなければならなくなり、国民の自由と権利は、恣意的公権力の作用に対して充実した保護を受けるようになった。

こうして憲法裁判所は、過去10年間の活動について、法曹界と学界そして国民から、幅広い支持と肯定的評価を受けている。しかし、批判と叱責の声も少なくない。事件処理が過度に長期化される場合があること、審判要件が煩雑で権利救済を受けるのが容易でないこと、政策的考慮を優先させて憲法解釈を歪曲することもあること、そして決定の実効性が微弱であることなどが批判されている。このような問題点には、憲法と憲法裁判所法によって備えられた憲法裁判制度自体の制度的不備に起因するものもあり、憲法裁判の経験がほとんどない政治的・社会的・法的状況に起因するものもある。しかし、憲法裁判所が、今後、国民の信頼の中でより確固たるものとなるためには、このような問題点を深く検討して誤った点を改善・補完していくべきであろう。

憲法では、憲法裁判所の管轄事項として、違憲法律審判、弾劾審判、政党解散審判、権限争議審判、憲法訴願審判が規定されており、それに基づいて、憲法裁判所法では、各審判別に、具体的審判事項、審判の要件と範囲、審判手続などが定められている。しかし、これらの規定は、憲法裁判の意義と機能、憲法裁判と他の国家作用との関係等に対する理解が不充分な状態で立法されたも

のであるため、憲法裁判所がその機能を効率的に遂行する際に、むしろ障害になる場合もある。憲法訴願の対象から法院の裁判を例外なく除外したことや、権限争議審判の当事者たる国家機関を過度に制限的に規定したことが、その代表例である。憲法裁判所は、こうした法律上の問題点を憲法合致的法律解釈のような積極的な方法で対応してきた。しかし、実定法上の限界が完全に克服されることはあり得ないので、憲法裁判所の正常な活動を阻害してこれを歪曲する諸要素を除去し、さらに憲法裁判所が憲法裁判機能をより理想的に遂行できるように、審判管轄、審判要件および手続等に関する立法的、制度的改善は、推進されなければならない。

憲法裁判所は、すでに国民の意識の中に基本権の最後の砦として、確実に位置付けられつつあるが、未だに、国民の立場で憲法裁判を通じて権利救済を受けようとする場合には様々な難関があるという指摘がある。弁護士強制主義による費用負担、複雑な審判請求要件等の様々な問題が提起されている。憲法裁判は、国家が国民に提供する司法サービスの1つとして、一層良質のサービスを提供しなければならない。したがって、憲法裁判と関連した各種審判の要件や手続等は、国民にとってより便利な方向に改善されるべきであり、法的・制度的補完は、国民の意思と効率性が尊重される方向で、行われるべきである。

憲法裁判所の最も重要な今後の課題の1つは、憲法裁判所の決定の実効性を確保することである。憲法裁判は国家権力の合憲性を担保するための制度であるが、憲法裁判所の決定の実効性を保持するためには、他の国家機関によってその決定が尊重されなければならない。憲法裁判所の決定があるにもかかわらず、他の国家機関がこれと相反する見解を打ち立ててその決定に従わないとすれば、言うまでもなく、憲法を頂点とする国家法秩序の統一性は決定的な損傷を被る。その事案次第では、直接的に国民に混乱を惹き起こし被害を与えることもある。したがって、憲法秩序の擁護のためには、憲法に関する最高司法機関である憲法裁判所の決定に拘束力と執行力を確保させることは、当然であり不可避である。しかしながら、法規範の解釈と適用をめぐって、特に憲法裁判所と法院との間に紛争が生じていることが、大きな問題となっている。このような問題は、憲法第107条で、裁判の前提となる法律に対する違憲決定権限と裁判の前提となる命令・規則・処分に対する適法性可否の決定権限がそれぞれ

憲法裁判所と法院に分掌されていることと、憲法裁判所法第68条で、法院の裁判が憲法訴願の対象から除外されていることから生じている。こうした問題を解決するためには、憲法裁判所の決定全般の実効性ないし執行力が確保されるよう立法的解決がなされなければならない。しかしながら、暫定的には、両機関が相互に権限と位相を尊重し協調することによって、うまく運用していくべきである。

憲法裁判所の決定の実効性は、究極的には決定の理由で述べられた論証の説得力によって担保される。現行の憲法裁判所以前の歴代の憲法裁判機関では、憲法判断を行う際に概ね簡略な理由が付されていたのに対し、現行憲法裁判所は、一般的に結論を裏付ける詳細で体系的な論拠を示してきた。その結果、相当な憲法判例が蓄積されてきた。今後もより緻密な論証を展開することによって、他の国家機関に対しては決定の説得力を、国民に対しては決定の信頼を築くよう努力がなされるべきである。さらに、既存の蓄積された判例を発展的に継承して、より次元の高い憲法審査を行うよう努力がなされるべきである。

憲法裁判所は9人の憲法裁判官で構成され、その審判は憲法裁判官全員で構成される裁判部で行われるため、憲法秩序を擁護し国民の基本権を保護する憲法裁判所の責務は、憲法裁判官に託されていると言えよう。憲法裁判所の憲法裁判官は、このような重大な権限と責務をもつため、その選任過程で民主的正当性を付与されるべきであり、憲法裁判官の身分上・職務上の独立が徹底的に保障されるべきである。ところが、現行の憲法と憲法裁判所法による憲法裁判官の任命方式では、民主的正当性と独立性の要請を満たすには物足りない面があり、その効率性にも問題があると指摘されている。それゆえ、憲法裁判官の資格とその数、任期、選任権者等との関連で裁判官選任の民主的正当性と独立性を再考し、憲法裁判の効率性を伸張しうる方案が慎重に検討される必要がある。また、事件の審理および審判に関する調査・研究に従事する憲法研究官等の補助機構にもより優秀な人材を十分に確保し、憲法裁判官の業務が十分に補佐されるような方策が模索されるべきである。

今日、世界各国では、憲法的正義を実現させるために、憲法裁判制度を設ける傾向にある。アメリカのように通常裁判所が管轄する場合やドイツのように独立した憲法裁判所が管轄する場合もあるが、いずれにしても、世界的には、

憲法裁判制度から目を背けている国は、さほど多くない。

わが国の憲法裁判所は、創立10年にして比較的に成功的な憲法裁判制度を定着させ、国際的にも多くの国から注目を浴びている。これからもアメリカ、ドイツなどの先進諸国との交流を通じて、憲法裁判の世界的発展の潮流に乗ることは勿論、タイ、モンゴルなどの憲法裁判所を設けているアジア地域の国家との交流を通じて、アジア的憲法裁判のモデルを開発することにおいても先導的な役割を担うべきであろう。

また、国内的には、憲法裁判所は、憲法的価値が国民生活の中に定着するよう一層の努力をする必要がある。未だに社会の一角には、非民主的、非法治主義的、非人権的要素が残存している。これは、何よりも人間の尊厳と価値、自由、民主主義、法治主義のような憲法的価値が、生活の中に根をおろしていないことにその根本原因がある。したがって、憲法裁判所は、こうした諸環境の矯正と改善にも力を注ぐべきである。憲法裁判を通じて、人間の尊厳と価値を頂点とする憲法的価値を社会の全般に広め、それによって、憲法が我々の生活の基本条件を規定する生活規範になるようにしなければならない。そうすれば、憲法裁判所は、国民の信頼と愛情に基づき、人間の尊厳と価値、自由と平等といった美しい憲法的果実を豊富にもたらすことができるだろう。

第2節　憲法裁判所の組織とその変遷

憲法裁判所法には、憲法裁判所に憲法裁判所長、憲法裁判官、憲法裁判官会議、事務処、憲法研究官、憲法裁判所長秘書室などを設けることを規定している。

1　憲法裁判所長

憲法裁判所法の制定当時、憲法裁判所の首長である所長職の常任化の当否をめぐり論議があった。与党である民正党が提出した法案によると、憲法裁判所長を名誉職にするよう規定されていたが、これに対して野党3党・学界・弁護士会などの多数は、過去の第4・第5共和国における憲法委員会の委員長のように名誉職にされることによる憲法裁判所の形骸化を防止して、憲法裁判所の

第2節　憲法裁判所の組織とその変遷

政治的中立性と独立性を確固たるものにし、憲法裁判を活性化させるためには常任制が望ましいという意見をまとめた。与・野党は、度重なる協議の末、憲法裁判所長を常任職にすることに合意し、憲法裁判所法にこれを反映させた。それによって、憲法裁判所長は、憲法裁判所を代表し、憲法裁判所の事務を統轄し、所属公務員を指揮、監督するものとされた。

　憲法裁判所法の制定当時、憲法裁判所長の定年については、民正党が提出した法案には規定がなかったが、野党3党が70歳とする案を提出した。公法学会は、1988年7月2日に、法務部案に対する意見書の中で大法院長と大法官等の定年を憲法第105条第4項および法院組織法第45条によって各々70歳と65歳に定められていることに照らし、憲法裁判所長と憲法裁判官の定年を大法院長と大法官の定年の中間である68歳程度に定めるよう法務部および各党に提案した。しかし、憲法裁判所法は、憲法裁判所長の定年を大法院長と同様に70歳とした。

　憲法裁判所長の欠位または事故によってその職務の遂行ができない場合に、誰がその権限を代行するかについては憲法裁判所法の制定当時から多くの論議があった。法務部は常任裁判官の中で年齢の高い順に、法務部案を受け入れた民正党は常任裁判官の中で憲法裁判所規則が定める順に、大韓弁護士協会は単純に就任順に、それぞれ憲法裁判官が代行するという法案を提案した。弁護士会案を大幅に参酌した野党3党は、憲法裁判所の規則に従って、就任順に憲法裁判官が代行するよう提案した。結局、憲法裁判所法は、常任裁判官の中で、憲法裁判所規則の定める順序でその権限を代行するようにし、その内容の制定を憲法裁判所の規則に委任した。

　1990年5月7日に憲法裁判所規則第24号として制定・公布された憲法裁判所長の権限代行に関する規則は、一時的な事故の場合には、常任憲法裁判官の中で任命日付順にし、日付が同じ場合には年長者の順に代行し（2条）、欠位または1ヶ月以上の事故による場合には、常任憲法裁判官の中から憲法裁判官会議で選出された者が代行し、選出されるまでは一時的な事故の場合と同様に、常任憲法裁判官がその権限を代行するように規定した（3条1項）。第1期の憲法裁判所においては、憲法裁判所長の出張、年次有給休暇等による権限代行の事例はあったが、欠位または1ヶ月以上の事故によってその職務を遂行し得な

第 2 章　憲法裁判所 10 年

かった事例はなかった。

　1988 年 9 月 12 日に、盧泰愚大統領は、曺圭光弁護士を憲法裁判所長に内定し、国会にその同意を求めた。9 月 15 日の国会では、政党内で推薦できる憲法裁判官の数について、共和党側が意見を異にしたために参加しなかった中で、国会推薦の憲法裁判官 3 人の選出とともに、曺圭光憲法裁判所長の任命同意案が可決された。9 月 19 日に、初代憲法裁判所長として任命された曺圭光所長は、1988 年 12 月 27 日の乙支路にある憲法裁判所の新庁舎の開庁式で、「憲政史に対する反省を踏まえて、わが国民の間では、基本権の実質的保障と効率的に公権力を統制する方策に多くの関心が集中しており、こうした国民の熱望に対応するために、新たな憲法では、憲法の最高擁護機関として憲法裁判所が創設されることになった」と、憲法裁判所の存在意義を明らかにした。曺圭光所長は、6 年の任期を終え、1994 年 9 月 14 日、卞禎洙憲法裁判官、韓柄寀憲法裁判官、崔光律憲法裁判官、金亮均憲法裁判官とともに退任する席で、「わが憲法裁判所の創設初期には、荒れ地を開拓するという非常に困難で手に負えない課題があった。こうした出発当時の難関をひたすら使命感によって克服しながら、信頼の塔を建てるために、一枚一枚の煉瓦を絶えず積み上げてきた結果、国民から多くの激励と評価を得られるようになったのみならず、自由民主主義に向けての我らの力強い前進の過程にも、少なからざる貢献を果たした」と回顧した。

　第 1 期の憲法裁判所の憲法裁判官の退任とともに新たに構成された第 2 期の憲法裁判所は、金泳三政府の出帆後に構成された。1994 年 9 月 8 日、金泳三大統領は、35 年近く法官として在職し大法官職から退任した金容俊元大法官を憲法裁判所長として指名し、9 月 13 日に国会の同意を得て 9 月 15 日に第 2 期の憲法裁判所長として任命した。金容俊憲法裁判所長は、9 月 15 日の就任の辞で、「憲法裁判所は、6 年前に創設された当時には、その機能と役割について憂慮する意見が一部にあったが、今では国民の基本権を保障し憲法秩序を維持する憲法裁判機関として確固たる地位を占めている」とした上で、「これから、我々は、第 1 期の憲法裁判所が達成してきた成果を足掛かりとして、憲法上保障された国民の基本権が侵害されないように最善の努力を尽くすことによって、法治主義と社会正義が実現されるようリードしていかなければならな

い。それとともに、憲法が憲法裁判を通じて生き生きと機能する生活規範として国民の中に根をおろし、我々を含むわが子孫が永久に守り生かしていくべき国家共同体の基本秩序を確立することが、この時代の憲法裁判所に求められる責務である」と強調した。

2 憲法裁判所の裁判官

1973年2月の憲法委員会法の制定から1988年に至るまで、憲法委員会には、ただ1人の常任委員しかおらず、委員長を含むその他8人の委員は非常任であった。一方、制憲憲法の際には、全員が名誉職であり、他の任務に従事する者がそれを兼職した。こうした前例に照らして、憲法裁判所法の制定過程では、憲法裁判所を何人の憲法裁判官で構成するか、これら憲法裁判官全員を常任にするか、または常任と非常任に区分して2元化するか、という問題が争点となった。法務部および民正党が提案した法案は、憲法裁判官の数を9人とし、憲法裁判所長は非常任とし、その他の憲法裁判官のうち3人を常任としていた。これに対して、弁護士会・野党3党および公法学会（第1案）が提案した法案は、憲法裁判官9人全員を常任にしていた。結局、制定された憲法裁判所法は、憲法裁判所を9人の憲法裁判官で構成し、憲法裁判所長を含む6人の常任憲法裁判官を置くことにした。そして、憲法裁判官の任命は、大統領が行い、常任憲法裁判官のうち2人は国会で選出された者から、2人は大法院長によって指名された者から任命するよう折衷された。

憲法裁判官は、15年以上、①判事・検事・弁護士であったか、②弁護士資格がある者で、国家機関、国・公営企業体、政府投資機関、その他の法人で法律に関する事務に従事していたか、③弁護士資格を有する者で、公認された大学における法律学の助教授以上の職にあった、40歳以上の者の中から任命される。しかし、憲法と憲法裁判所法が憲法裁判官の資格を法曹の資格を有する者に限定している点について、その資格要件が緩和されるべきだという議論が提起されることもあった。憲法裁判官の資格を法曹の資格を有する者に限定したのでは、憲法裁判を一定の価値観によって縛ることになり、憲法裁判の専門性を低下させる要因となってしまうので、憲法裁判官には、各分野で能力と経験を具えた多様な人々が任命されるように定めなければならないという見解も

あったが、立法には反映されなかった。

　憲法裁判官の任期が満了した場合または任期中の憲法裁判官が欠員になった場合には、任期満了または欠員の日から30日以内に、後任者を任命しなければならない。国会で選出された憲法裁判官が国会の閉会または休会中にその任期の満了または欠員が生じた場合には、国会は、次の会期の開始後30日以内に後任者を選出する。憲法裁判所が憲法解釈に関する最終審判機関として憲法が付与した所定の権限を円滑に遂行するために、憲法裁判官は、他の国家機関や国民から独立した地位を確保する必要がある。そのために、弾劾または禁錮以上の刑の宣告による以外には罷免されないようにされた。憲法裁判官の任期は6年で、連任可能であり、定年は65歳である。

　1988年9月12日に、盧泰愚大統領は、大統領が指名できる3人の憲法裁判官のうち、常任憲法裁判官に曺圭光弁護士と金亮均・ソウル高等検察庁検事長を、非常任憲法裁判官に崔光律弁護士を内定した。同じ日に、李一圭大法院長も、常任憲法裁判官に李時潤・水原地方法院長と金汶熙弁護士を、非常任憲法裁判官に李成烈弁護士を指名した。やはり同じ日に、国会では、常任憲法裁判官に民正党が推薦した韓柄寀元国会議員と平和民主党が推薦した卞禎洙弁護士を、非常任憲法裁判官に民主党が推薦した金鎮佑弁護士が内定された。しかし、推薦権の行使をめぐり4党間には意見の不一致があったが、9月15日に共和党が参加しない中で、票決に付され、上記の国会での内定者3人が憲法裁判官に選出された。それとともに曺圭光憲法裁判所長の任命同意案も可決された。盧泰愚大統領が9月19日に上記の9人の憲法裁判官を任命することよって第1期の憲法裁判所が出帆した。

　このように、第1期の憲法裁判所は、曺圭光憲法裁判所長以外に常任憲法裁判官として国会で選出された卞禎洙、韓柄寀弁護士、大法院長が指名した李時潤・水原地方法院長と金汶熙弁護士、大統領が指名した金亮均・ソウル高等検察庁検事長と、非常任憲法裁判官として大法院長が指名した李成烈弁護士、国会で選出された金鎮佑弁護士、大統領が指名した崔光律弁護士で構成された。1991年8月3日に、李成烈非常任憲法裁判官が定年退任したため、1991年8月26日には、黄道淵非常任憲法裁判官が大法院長の指名によって任命された。非常任憲法裁判官は、憲法裁判所で常に業務を処理するのではなく、通常、評

議や宣告期日にのみ関与する。給与においても正式の給与はなく、憲法裁判所の規則が定める日当と旅費その他の手当だけをもらう一種の名誉職として待遇された。

　憲法裁判所が出帆して3年が経過したとき、憲法裁判所法が改正され、憲法裁判官全員が常任化された。よって、従来の非常任憲法裁判官である金鎮佑、崔光律、黄道淵の各憲法裁判官が常任憲法裁判官としてその職務を遂行するようになった。そして、李時潤憲法裁判官が、1993年12月16日に任期途中で退職し監査院長に任命されるに伴い、その後任者として李在華憲法裁判官が1993年12月30日に任命された。

　1994年9月15日、大統領が指名した金容俊憲法裁判所長の任命と同時に、趙昇衡（民主党推薦、国会選出）、鄭京植（大統領指名）、高重錫（大法院長指名）および申昌彦（民主自由党推薦、国会選出）が新たに憲法裁判官に任命され、金鎮佑（大統領指名）と金汶熙（平和民主党推薦、国会選出）憲法裁判官が連任され、第2期の憲法裁判所が出帆した。その後、金鎮佑憲法裁判官が1997年1月22日に定年で退任し、その日に李永模憲法裁判官（大統領指名）が任命され、黄道淵憲法裁判官が1997年8月26日に任期満了により退任した日に韓大鉉憲法裁判官（大法院長指名）が任命された。

3　裁判官会議

　憲法裁判所には、行政に関する最高議決機関として憲法裁判官全員で構成され憲法裁判所長が議長となる裁判官会議がある。政府・与党、野党3党および大韓弁護士協会は、憲法裁判所法の制定当時には、裁判官会議の定足数とその権限に関して意見を異にしていた。政府・与党が7人以上の出席を会議定足数とし、3級以上の公務員の任免に関する事項を議決できるよう提案したのに対し、野党3党と大韓弁護士協会は3分の2以上（6人）の出席を会議定足数とし、5級以上の公務員の任免に関する事項を議決できるよう提案した。制定された憲法裁判所法は、政府・与党の提案が採択されたものであった。こうして裁判官会議は、憲法裁判官7人以上の出席と出席人員の過半数の賛成で議決されるが、議長にも票決権が与えられた。

　裁判官会議の必要的議決事項としては、①憲法裁判所規則の制定と改正等に

関する事項、②予算要求・予備金の支出と決算に関する事項、③事務処長任免の申立てと憲法研究官および3級以上の公務員の任免に関する事項、④特に重要と認められる事項として憲法裁判所長が付議する事項などである。

憲法裁判所法および憲法裁判所裁判官会議規則に基づき、裁判官会議は、定例会議と臨時会議に区分された。定例会議は、毎月第1週目の月曜日に招集され、臨時会議は必要に応じて憲法裁判所長または憲法裁判官3人以上の要求によって憲法裁判所長が招集する。会議が招集された場合には、議案は報告案件と議決案件に区分して事務処長が一定の書式によって裁判官会議の前日までに、議事日程表とともに各憲法裁判官に配付する。

第1期の憲法裁判所の裁判官会議は、憲法裁判所補助機構に関する規則、憲法裁判所公務員規則、憲法裁判所審判廷の設置に関する規則など、憲法裁判所の組織・運営、人事、財務、審判事務などに関する各種の規則を制定したし、斉洞庁舎の敷地の選定、憲法裁判所の旗・記章、官印および憲法裁判官の法服など多くの内容を処理した。第2期の憲法裁判所の裁判官会議は、特に憲法裁判所事務処行政審判委員会規則、憲法裁判所電算化推進委員会内規、憲法裁判資料電子文書管理に関する内規、憲法裁判所決定書方式に関する内規、憲法裁判所情報公開規則などの重要な規則を制定した。

4 事 務 処
(1) 概 観

新たに制定された憲法裁判所法では、過去の憲法裁判所法や憲法委員会法に比べて憲法裁判所の補助機構が拡大・補完されており、これに関する規定が比較的に詳細に定められている。憲法裁判所の行政事務を処理するために、憲法裁判所に事務処を設け、そこに事務処長と事務次長が置かれた。事務処の組織・職務範囲、事務処の公務員の定員およびその他の必要な事項は、憲法裁判所規則によって定めることにした（法17条8項）。これに基づき、1988年11月1日に、憲法裁判所は、憲法裁判所規則第7号として憲法裁判所補助機構に関する規則を制定した。この規則は、事務処のみならず憲法研究官、憲法裁判所長秘書室、常任憲法裁判官秘書官に関しても、憲法裁判所の補助機構として一緒に規定した。

(2) 事務処長と事務次長

　憲法裁判所法に従い、事務処長は、憲法裁判所長の指揮を受け、事務処の事務を管掌し、所属公務員を指揮・監督し、国会に出席して発言する権限をもつ。事務次長は、事務処長を補佐し、事務処長が事故によってその職務を遂行できない場合にはその職務を代行する。待遇については、当初は事務処長は政務職として次官と同一のものとされ、事務次長は1級に補されたが、1994年12月22日に憲法裁判所法が改正され、事務処長および事務次長は政務職となり、報酬は国務委員および次官とそれぞれ同一となった。

　1988年9月30日には辺精一初代事務処長が任命され、10月7日には金容昊事務次長が任命された。1992年1月8日には辺精一事務処長が退任し、7月13日に金容鈞事務処長が任命された。1994年10月15には元ソウル高等法院長である李永模事務処長が任命されており、1995年9月1日には仁川地方検察庁検事長を歴任した張應水事務次長が任命された。1997年1月22日には李永模事務処長が憲法裁判官に任命され、それによって、張應水事務次長がその日に事務処長に昇進し、朴容相・元ソウル高等法院部長判事が1997年2月21日に事務次長に任命された。

(3) 室・局・課

　事務処には室・局・課が設けられ、室には室長、局には局長、課には課長が置かれた。事務処長、事務次長、室長または局長の下には、政策の企画や計画の立案および研究・調査業務、審査・評価および広報業務を補佐する審議官または担当官を置くことができる（法17条8条）が、審議官制度は実際に活用されなかった。

　憲法裁判所補助機構に関する規則に従い、事務処には、下部組織として、公報官、非常計画担当官、総務課、企画調整室、審判事務局および審判資料局がある。各所管事項は、以下のとおりである。

名　　称	所　管　事　項
公　報　官	公報に関する事務、広報資料の発刊
非常計画担当官	非常計画業務、予備軍・民間防衛業務
総　務　課	保安、官印管理、公務員の任用・服務・教育訓練・年金その他人事管理、文書の受付および送付・統制・編纂および保存その他の

	文書処理、予算の執行および決算、供託金・審判費用の出納および領置物に関する事項、物品購買および調達および国有財産現況の管理、儀典および行事、その他事務処内の他の室・局・課および担当官の職務に属しない事項
企画予算担当官	主要事業計画樹立、予算の編成、資金の配分および調整、国会関連業務、その他室内における他の担当官の職務に属しない事項
行政管理担当官	組織・定員の管理および報酬、行政管理および制度の改善、業務推進の審査分析、規則・内規・その他法令に関する調査研究の総括および制定・改廃、裁判官会議の支援、公職者の財産登録管理、憲法裁判所の公務員の請願および苦情処理、会計および職務に対する監査
施設管理担当官	庁舎と公館の管理および維持・補修、環境の美化および管理、職員の厚生福祉
審判行政課	審判事件の受理、供託および審判費用に関する業務、行政相談室の運用、審判記録の保存、審判廷の管理、その他局内の他課の職務に属しない事項
審判1課	違憲法律審判、憲法訴願審判
審判2課	弾劾・政党解散および権限争議審判事件に関する書類の作成・保管または送達、審判事務に関連する規則・内規の制定および改廃、審判事務の電算化、憲法裁判実務撮要などの編纂、憲法裁判所および憲法裁判所の公務員に対する訴訟
資料課	審判に関連した各種の資料の収集および分析、国内外の判例に対する分析・整理、上記の各号に関連した翻訳業務、電算業務、図書室の運営・管理、その他局内の他課の職務に属しない事項
判例編纂課	判例の編纂・発刊、憲法研究資料の編纂・発刊、憲法裁判所公報の編纂・発刊

　憲法裁判所補助機構に関する規則に従い構成された最初の補助機構の定員は145人であり、組織運営に必要な人員は、各部処所属の公務員が転入される形で充足された。憲法裁判所補助機構に関する規則は、たびたび改正された。それによる組織および定員の変動状況をみると、1989年6月24日に、国家公務員法上特殊経歴職に属する雇用職公務員45人が実績と資格によって任命されており、1990年11月8日に憲法裁判所の独立庁舎の新築が決定されたことに伴い建設要員の確保と図書管理要員が増員され、補助機構定員が150人となった。審判事件の増加によって1991年11月30日に非常任憲法裁判官3人が常任化されたことにより、補助機構定員は再び171人に増加された。1993年3月12

日に補助機構定員が 179 人に調整された。1994 年 8 月 13 日には政府の複数職級制の施行に従い職級調整が行われており、その後、数回にわたり若干の調整が行われ、1997 年 12 月 31 日現在の補助機構の定員は 188 人となった。

5 憲法研究官等

憲法裁判所は、憲法裁判所長の命を受けて事件の審理および審判に関する調査・研究に従事する 1 級ないし 3 級相当の特別職の国家公務員である憲法研究官を設けている。憲法研究官は、①判事、検事、弁護士の資格を有する者、②公認された大学の法律学の助教授以上の職にあった者、③国会・政府・法院等の国家機関において 4 級以上の国家公務員として 5 年以上法律に関する事務に従事した者の中から、憲法裁判所長が裁判官会議の議決を経て任用する。

1989 年 4 月 20 日、憲法裁判所は、憲法裁判所規則第 19 号によって憲法研究官の任用等に関する規則を制定し、憲法研究官の任用等に関する事項を規定する一方、同じ日に、憲法裁判所の内規第 5 号として憲法研究官の職級別の任命資格基準に関する内規を制定した。

憲法研究官の資格要件を備えている者を見付け出して憲法研究官として任用することは容易ではなく、憲法裁判所長は、他の国家機関に対して、その所属公務員を憲法裁判所に派遣して勤務させるよう要請することが可能であったため（18 条 3 項）、憲法裁判所の研究員は、法院、検察そして大学から派遣されて研究官として勤務する形態が主流であった。このようなことは、専門研究員の確保が容易ではなかった憲法裁判所の設立初期の事情からすれば、不可避的であった。その後、憲法研究官に準ずる研究員を憲法裁判所に置くために、1991 年 12 月 24 日に改正された憲法裁判所法では、憲法研究官補の制度が新設された。憲法研究官補は、①判事・検事・弁護士の資格を有する者、②公認された 4 年制大学における法律学の専任講師以上の職にあった者、③法律学に関する博士学位所持者で公法学の専門的な知識を有する者、④国会・政府または法院等の国家機関において 5 級以上の公務員として 4 年以上法律に関する事務に従事した者の中から、憲法裁判所長が裁判官会議を経て任用するようにした。憲法研究官補は、4 級の一般職国家公務員または 4 級相当の特別職国家公務員と同様に待遇され、5 年以上（司法研修院修了時は 3 年以上）勤務した者は憲法研

究官として任命されることができた。

また、憲法裁判所専門職公務員規則(1989年4月4日、規則18号)に従い、契約職の公務員として法律学博士学位を有する者を憲法研究員に任用して憲法裁判の研究・調査業務に従事させるようにした。憲法研究員は、憲法裁判所の事務処長が憲法裁判所長の承認を得て、予算の範囲内において書面契約により採用され、憲法裁判所の裁判官会議の議決を経て任用された。その採用期間は3年以内であり、再契約によりその期間を延長することができるようにした。

慣例的に、研究グループには研究部長を置いたが、彼は研究業務に関して憲法裁判所長を直接補佐し、憲法裁判所長の指示を受けて研究グループ全体の意見を収斂し業務を調整する役割をした。歴代研究部長には、黄祐呂(1989.3.1 – 1990.3.1)、梁三承(1990.3.1 – 1992.2.20)、李東洽(1992.2.21 – 1993.8.31)、徐相弘(1993.9.1 – 1995.8.31)、尹容燮(1995.9.1 – 1997.8.31)、権五坤(1997.9.1 –現在) 部長判事が在職してきた。

憲法研究官は、外国の学説・判例などの各種資料を収集・研究し、主審裁判官の検討を経た後に、評議に提出される研究報告書を作成する。しかしながら、その職務の重要性や専門性にもかかわらず、その人員の充当は円滑には行われていない。憲法研究官補と憲法研究員は、指定裁判部に配属されており、1989年4月20日に規則第19号として公布された憲法研究官の任用等に関する規則では、憲法裁判所長が、常任憲法裁判官ごとに1人の憲法研究官を配置し、専属的に補助するように命じることができる。憲法研究官は個別裁判官に専属される場合と何人かの裁判官に共同配属される場合がある。研究や研究報告書の作成は個別になされるのが一般的であるが、重要事件の場合には、何人かの憲法研究官等が協力して研究報告書を作成する慣例がある。憲法研究官等は研究業務以外に判例集の原稿および憲法裁判所が発刊する書物の原稿作成、審判資料・審判事務および広報業務、翻訳業務等を行うこともある。

6　各種の委員会

憲法裁判所には、憲法裁判所規則に基づく各種の委員会がある。それらの委員会は、業務の性質上特に慎重な手続を経て処理する必要がある場合や、業務の内容が専門的知識や経験を有する専門家の意見を聴取する必要がある場合に

第2節　憲法裁判所の組織とその変遷

設置される。
　こうした委員会のうち、在野の人材が参加する委員会としては、憲法裁判所諮問委員会、憲法裁判所公職者倫理委員会、憲法裁判所図書及び判例審議委員会、憲法裁判所法規審議委員会などがある。これらの委員会の構成と主な機能および設置根拠は、以下のとおりである。

〈各種の委員会の構成および主な機能〉

名　称	構　成	主な機能	設置根拠
憲法裁判所諮問委員会	20人以内 委員長および副委員長：委員会で互選	憲法裁判所の制度改善と発展に関する諮問	憲法裁判所諮問委員会規則（1989.7.29.憲法裁判所規則第21号）
憲法裁判所公職者倫理委員会	9人 5人（委員長含む）：外部人士 4人（副委員長含む）：内部人士	憲法裁判所公務員の財産登録事項の審査	公職者倫理法 公職者倫理法の施行に関する憲法裁判所規則（1993.7.13.憲法裁判所規則第56号）
憲法裁判所図書及び判例審議委員会	20人以内 委員長：憲法裁判官 副委員長：委員の中で委嘱	憲法裁判所図書室の資料選定、運用管理および憲法裁判所公報・判例集に掲載する判例の選定を審議	憲法裁判所図書及び判例審議委員会規則（1989.7.21.憲法裁判所規則第22号）
憲法裁判所法規審議委員会	10人以内 委員長：憲法裁判官 副委員長：委員の中で委嘱	憲法裁判所の関係法律及び重要な憲法裁判所の規則の制定・改廃および廃止案の審議と裁判官会議で回付した法令事項の検討	憲法裁判所法規審議委員会規則（1989.7.21.憲法裁判所規則）
憲法裁判実務撮要編纂委員会	20人以内 委員長：事務処長 副委員長：研究部長	憲法裁判実務諸要の原稿執筆および修正・補完	憲法裁判実務撮要の発刊計画（1996.9.6.＊＊3342-200）
憲法裁判所10年史編纂委員会	30人以内 委員長：事務次長 副委員長：研究部長	「憲法裁判所10年史」原稿執筆および修正・補完	憲法裁判所10年史編纂委員会構成（1996.1.10.編纂4111-26）
憲法裁判所電算化推進委員会	10人以内 委員長：事務次長 副委員長：研究部長	電算化業務の体系的推進と効率の電算網の運用・管理等の電算化事業の実効性を企図	憲法裁判所電算化推進委員会内規（1997.5.9.憲法裁判所内規第33号）

第3節　審判手続

1　概　観

　憲法裁判所は、過去の憲政史の経験を鑑として実質的に国民の基本的人権を保護し、国家権力の濫用を抑制するために、その初期から積極的な活動を展開した。ところで審判手続に関する必要な諸制度は、今日に至るまで前例がなかったため、憲法裁判所が自ら作り、定着させていくという多難な過程を経てきた。制憲憲法以来、韓国憲法史は各種の形態の多様な憲法裁判制度を有していたが、満足に活性化された例はなかったし、更には休眠機関化されていたので、憲法裁判制度は審判手続の面で、確立された制度や慣行を有することができなかった。

　現行の憲法裁判所法には審判手続に関する規定が羅列されているが、その大多数は憲法委員会当時の規定を踏襲したものである。これらは具体的かつ詳細に、そして統一的に審判手続を規定したというよりは、外国の諸制度を散発的に採択したものであり、特に憲法訴願の制度はまったく新しいものであった。これらの諸規定は、結局、具体的な運営過程での検証なしに制定されたものであるといえる。これは、憲法裁判所法の制定当時における時間的な制約などの困難のために、審判手続に関する十分な議論がなされないままに制定された面がなくはない。したがって、不十分な訴訟手続法を具体的な憲法裁判実務に適用しながら、真に重要である憲法の内容の実体法的究明に専念することは決して容易なことではなかった。

　憲法裁判所法は、第3章で一般審判手続を、第4章で特別審判手続を規定している。ところで、憲法裁判の実務が形成されていくにつれて、これらの手続的規定は相互間の矛盾や不明確あるいは不十分であることが明らかになった。たとえば、常任と非常任裁判官を分離したこと(旧法13条)、仮処分制度に対する明示的規定を置いてないこと、弁護士強制主義を採択したこと(25条3項)、審判期間を180日に限定したこと(38条)、合憲的法律解釈を行うときに必然的に表れることになる限定合憲、限定違憲、憲法不合致のような変形決定の根拠を明示していないこと(47条1項)、決定の効力を将来効としながら、当該事件

第3節　審判手続

についてはいかなる規定も設けていないこと(47条2項)、権限争議審判の範囲を制約して限定的にしたこと(62条)、憲法訴願の対象から裁判のみを除外したこと(68条1項)、憲法訴願の機能上必要な補充性の例外を明示しなかったこと(68条1項関連)、法第68条第2項の違憲審判型審判請求の法的性格と範囲を明確にしていないこと、などである。

　特に、憲法訴願審判請求の対象から法院の裁判を除外したことは、憲法訴願の補充性の原則と結合して、事実上行政処分に対する憲法訴願まで制約する要因となることで、憲法訴願制度が極めて限定されるだけでなく、手続法的に種々の複雑な問題を起こすことになった。これは憲法訴願の適法要件の判断を複雑に絡まらせながら、結局、多くの憲法訴願審判請求に対して却下決定を必然的にもたらすことにより、基本権が侵害されたと考える国民の不満を招く素地を内包するようになった。また、合憲的法律解釈の結果、正当な憲法裁判のために必須的に表われる憲法裁判の変形決定の効力につき、法院を従わせる制度的装置が欠如しており、その実効性を半減させている。これは、具体的な規範統制手続のなかで違憲的な法律に対する違憲審判提請を法院に義務的に行わせる制度が設けられていないために（法68条2項の訴願制度があるが、これはいろいろな点で制約的である）、具体的規範統制手続の統一的な貫徹にも制約を与えている。

　ともあれ、去る10年間、憲法裁判所は種々の審判手続上の問題点を解消しながらこれを合理的に運用しようと努めてきており、その結果、憲法裁判に必要な相当の量の憲法訴訟手続法を新たに定立した。

　審判手続とは広く解するならば、事件が受理されてから、配当され、そして審理された後、決定されるまでの全過程を意味するものである。この節では、その間の憲法裁判審判手続が如何に形成され、如何に変遷されてきたかを、各々の部分で争点になった事案を中心に、事件の流れに従い、審判請求、受理、事件の配当、評議、事件の終結の順で、検討することとする。

2　審判請求手続

(1)　審判請求

　憲法裁判の審判請求手続、特に憲法訴願制度は、一般人はもちろん弁護士に

とっても極めて疎遠のものであった。

最初の憲法訴願事件は1988年9月23日に受理された司法書士法施行規則に対するもので(88憲マ1)、請求人は司法書士を希望していた法院一般職出身の者であった。請求人自らが作成したその憲法訴願審判請求書は、憲法裁判所法の規定に従い、侵害された権利、侵害の原因になる公権力の行使または不行使などを摘示して、作成されていた(しかし、弁護士を選任しなかったため、最初の国選弁護士として金道昶弁護士が選任された)。

その後、請求された当時の多くの憲法訴願審判請求書は多様な形式で作成されている。たとえば、原告と被告とに分けて告訴状形式で作成されたもの(88憲マ2、検事の公訴権行使に対する憲法訴願)、何らの題目もなしに嘆願書形式で提出されたもの(88憲マ9、司法書士と行政書士の争議訴願)、題目は憲法訴願であるが侵害された基本権・公権力の行使などが特定されず、単に請求趣旨と請求原因とに区分して民事訴状の形式で請求されたもの(88憲マ10、司法書士法施行規則に関する憲法訴願)などがある。初期のものは、本人が直接作成したものであり、弁護士を選任していないものが大半であった。したがって、弁護士強制主義の原則上、国選弁護人選任の要件を備えることができなかった事件はその多くが弁護士未選任を理由に却下された。

しかし、時間が経つにつれて、次第に憲法裁判所法(71条)で要求している事項を記載することなどが定着して行った。請求人はその記載事項以外にあるいはこれに代わって被請求人、請求趣旨などの項目を記載する傾向があったが、これは現在も続いている。これらの項目は、憲法裁判所法上(71条)必須的に要求される審判請求書の記載事項に該当するものではなかったので、被請求人や請求趣旨を必ずしも記入する必要はなく、また誤った記載をした場合にも憲法裁判所が職権で対象となる公権力の主体を確定しなければならなかったため、憲法裁判所はそのような審判請求書も不適法なものではないという態度をとってきた(憲裁1993.5.13. 91憲マ190)。

一方、憲法裁判所法が定めている記載事項を記載しながらも侵害の原因である公権力がきちんと特定されていなかったり、または侵害された基本権の記載が全く蓋然性を欠いているケースも多かった。これらは厳格に解すれば憲法裁判所法上の記載要件を充足したものと見ることは困難であるが、現在に至るま

第 3 節　審 判 手 続

で、このような理由のみで審判請求が却下された例はない。

　違憲法律審判事件として最初に受理されたのは、1988 年 11 月 8 日に大法院が提請した社会保護法第 5 条違憲審判事件（88 憲カ 1）であったが、これは当事者の違憲法律提請の申請を法院が受け入れて憲法裁判所に提請した事件であった。大法院は提請決定文において、社会保護法第 5 条の保護監護規定が憲法上の適法手続規定に違背する違憲の規定であると解釈され得る余地があるので、違憲可否の審判を提請する必要があると判示した。

　ところで、この事件自体では問題にならなかったが、後に違憲法律審判において法官が違憲提請をするためには、その法律あるいは法条項に対してどの程度の違憲の意見を持った場合にその法律が裁判の前提になったといえるかが問題になった。憲法裁判所の発足前にもこの問題に対して、学界では、違憲の疑いさえあれば必ず提請すべきであるとする意見と、疑いのみでは足りず違憲の確信を持つべきであるとする意見があり、見解の対立があった。しかし、憲法裁判実務上ではそのような区分が厳格に論議されにくい側面があった。法院の提請決定書の文言上では、法官が単なる疑いを持ったのかそれとも違憲への確信を持ったのかを区別することは難しく、また厳格に区別できる性質のものでもなかった。したがって、憲法裁判実務上この問題が訴訟要件の観点から具体的に争点になったことはなかったが、そのおおよその基準に対して憲法裁判所は単なる疑いを超えた合理的な違憲への疑いがあれば法院は違憲可否審判を提請すべきであるとした（憲裁 1993.12.23. 92 憲カ 2）。

　一方、憲法裁判所は違憲法律審判に必要な裁判の前提性要件がいかなる範囲のものであるかについて確定しなければならなかった。これを厳格に解釈すると法院の違憲提請を減らす結果になり、これをあまりに広く解すると具体的規範統制制度の体系を離れてしまうおそれがあった。憲法裁判所は原則的に法院の判断を尊重しながらも判例を通じて裁判の前提性概念を徐々に広げる方向に解釈して、裁判の主文だけでなくその理由を異にする場合までも包めるよう、その範囲を広げていった（詳細は、第 3 章判例編を参照）。

　上記の最初の違憲法律提請事件において特記すべき点は、当時、当事者の国選弁護人を勤めて、法院に違憲申請をした者が曺圭光弁護士であったという点である。初代憲法裁判所長であった彼が弁護士時代にした違憲提請申請事件が

第2章 憲法裁判所10年

憲法裁判所最初の違憲法律審判事件になったのである（曺圭光所長はこの事件を回避した）。この事件およびその後の違憲法律提請事件で受理された88憲カ2ないし5は、すべて社会保護法第5条に対する違憲提請事件であった（憲法裁判所は88憲カ5事件に対する1989年7月14日の決定で、社会保護法第5条第1項は憲法違反であると宣言したが、その直後に88憲カ1事件は提請が取り消された）。

憲法裁判所法第68条第2項の審判請求は憲法訴願として分類されているが、それは、裁判が憲法訴願から除外されたために、もし法院の違憲審判提請が過去の憲法委員会時代のように自制されるならば、そのような状態で行われた法院の裁判に対する統制手続（すなわち、裁判訴願）がない場合は、結局、憲法裁判所の違憲法律審判制度自体が有名無実になり違憲的な法律がそのまま通用される結果を招くという憂慮を払拭するために導入されたものである。したがって、最初から手続法的な問題を抱えていたため、法第68条第2項の憲法訴願の法的性質とともに、その審判対象をいかなるものとして把握すべきかについては議論があった。法院が当事者の違憲提請申請を棄却した決定それ自体が審判対象になるべきであるという見解と、審判対象は違憲であると当事者が主張した当該法律であるという見解があったが、憲法裁判所は審判対象を当事者が違憲であると主張する当該法律とみて、構造上としては違憲審判提請事件と同じに取り扱っており、その法律の裁判の前提性要件を審査している。

憲法裁判の審判費用は国家負担である（憲法裁判所法第37条第1項）。ただし、濫訴を防ぐために憲法裁判所法は審判請求時に供託金の納付を命じ、却下されたり棄却されたりする権利濫用の場合には国庫に帰属させるようにしているが（同法37条2項、3項）、現在までこの制度が活用された例はない。これは、憲法裁判所は、憲法訴願制度が国民にとって不慣れなものであり、この制度が活性化され定着されるようにするために政策的に上記の供託金制度を利用していないからである。

その間、憲法裁判請求書は少ない場合は2、3頁から多くは数百頁を超えるなど、事案により分量の差が多かった。請求書によっては関連する憲法的争点を統計数値などを挙げ詳細に論証する場合もあったが、憲法的諸問題を深く取り扱えないでいる請求書が少なくなかった。これは、弁護士達の憲法裁判に対する専門性と意欲がもっと要求される部分でもある。

第3節　審判手続

　憲法裁判所は1993年4月憲法訴願審判概要という冊子など、請求人に役立つような多種類の憲法裁判案内書を発刊しており、特に1998年8月には総合的な実務指針書として憲法裁判実務撮要を発刊して、憲法裁判の実務に役立てている。

(2)　事件の受理と配当

　憲法裁判所の事件の受理は24時間可能である。日課の時間以後は、当直室で受理をし、受理証を発付する。事件の受理を拒否する制度がないため、受理の段階で事件を拒否することはできないが、受理を担当する公務員が事件書類の形式的記載事項に対してその瑕疵が著しい場合に、受理の段階で瑕疵の補完を要求した例は幾つかあった。事件の受理は郵便でなされる場合も多く、普通、書留郵便で到着すると事件簿に登載するが別に受理証の発付はしない。憲法訴願の場合、郵便で受理する件数が多く約40％に達している。

　事件が受理されると事件番号が付与されるが（違憲法律審判事件は、「憲カ」、憲法訴願事件は「憲マ」、法第68条第2項の憲法訴願事件は「憲バ」、権限争議事件は「憲ラ」、申請事件は「憲サ」など）、事件番号は、事件符号の前段部分に受理年度の2桁を、後段部にその年の事件符号別一連番号が付けられることになる。ところで、初期に事件符号に関する内規が制定されるまでは憲法裁判所法第68条第2項の憲法訴願事件は憲マ事件として分類されたが（88憲マ4など16件）1990年度からは憲バ事件に分類されている。

　憲法裁判所が1988年9月19日に業務を開始した後、当該年度に違憲法律審判事件が13件、憲法訴願事件が27件受理されており、1989年には違憲法律事件が142件（社会保護法と私立学校法関連の事件が多かった）、憲法訴願が283件、1990年には憲カ71件、憲バ59件、憲マ230余件が受理されるなど、1998年8月末までに、合計で憲カ351件、憲マ3,247件、憲バ586件、憲ラ9件が請求された（詳細は付録の統計を参照）。審判請求書が受理されると遅滞なくその謄本を被請求機関または被請求人に送達し、被請求人等が答弁できるようにしている。違憲法律審判提請の場合は、法務部長官および当該訴訟事件の当事者にその提請書の謄本を送達する。請求書あるいは提請書を送達された者は、審判請求の趣旨と理由に対応する答弁を記載した答弁書を憲法裁判所に提出することができる。憲法訴願審判の場合は、被請求機関または被請求人が特定され

る必要性はないため、憲法訴願の審判に利害関係がある国家機関、公共団体及び法務部長官は憲法裁判所にその審判に関する意見書を提出することができる。ところで、国家機関によって意見書の提出状況と提出内容の差異が甚だしかった。国会は立法の主体であるにもかかわらず、法律の違憲可否が審判の対象になった際に、国会が意見書を出した例はほとんどなく、大部分の場合、当該法律の合憲性に関して法務部から意見書が送られており、関連行政部署から直接に意見書ないし答弁書が提出される場合も多かった。

憲法裁判所は従来からの韓国の司法制度の慣行に従い主審裁判官制を実施している。受理された事件については主審を決定するための配当手続がなされることになる。事件によっては直ちに行われる場合もあったが、通常は週2回実施される。憲法訴願事件の場合は、事件の配当により主審裁判官が決められると、その事件はその主審裁判官の所属している指定裁判部に割り当てられたことになる。

憲法裁判所法は、憲法訴願審判手続において裁判官3人で構成される指定裁判部を設けて、憲法訴願審判の事前審査を担当させることができるようにしている（72条）。これにより、1988年10月15日に指定裁判部の構成と運営に関する規則を作り、3つの指定裁判部を設置・運営している。その構成と変遷は、次の表の通りである。

期　　間	第1指定裁判部	第2指定裁判部	第3指定裁判部	備　　考
88.10.15 −91.8.5	曺圭光 李成烈（非常任） 李時潤	卞禎洙 金鎭佑（非常任） 金亮均	韓柄寀 崔光律（非常任） 金汶熙	＊李成烈： 91.8.5定年退官
91.8.6 −93.12.16	曺圭光 李時潤 黃道淵（非常任）	同上	同上	＊非常任廃止： 91.11.30
93.12.17 −93.12.29	曺圭光 黃道淵	同上	同上	＊李時潤： 93.12.17退官
93.12.30 −94.9.14	曺圭光 黃道淵 李在華	同上	同上	
94.9.15 −97.1.21	金容俊 黃道淵	金鎭佑 李在華	金汶熙 鄭京植	＊第2期憲法裁 判所出帆：

	申昌彦	趙昇衡	高重錫	94.9.15 金鎭佑：97.1.21 定年退官
97.1.22 −97.8.25	金容俊 黄道淵 申昌彦	李在華 趙昇衡 李永模	同上	＊黄道淵： 97.8.25定年退官
97.8.26 −現在	金容俊 高重錫 申昌彦	李在華 趙昇衡 李永模	金汶熙 鄭京植 韓大鉉	

　事件の適法要件は指定裁判部が主に審査するが、事件が指定裁判部を通過して全員裁判部へ移された後も、適法要件の瑕疵で却下される場合も少なくない。初期には判例形成の次元から多くの事件を全員裁判部へ移して審理したし、憲法訴願の要件が複雑であるために争いのある事件の場合にも、全員裁判部で論議する必要があった。このような複雑で争いのある事件が憲法訴願の相当数を占めるため、今でも全員裁判部へ回付された事件の却下率は低くない。

　指定裁判部は憲法裁判所の設立から1998年8月末までに憲法裁判所に受理されて処理された3,426件（取り下げられた151件を含む）の憲法訴願審判事件の中で、憲法裁判所法第68条第1項の憲法訴願1,763件と憲法裁判所法第68条第2項の憲法訴願74件に対して却下決定をした。却下理由を基準に指定裁判部で却下された場合を調べてみると、1998年8月末までに憲法裁判所法第68条第1項事件の総却下1,303件中、他の救済手続をすべて経ずに憲法訴願審判が請求されたという理由が134件、請求期間が経過した後に憲法訴願審判が請求されたという理由が289件、代理人の選任なしに憲法訴願審判が請求されたという理由が527件、その他の理由が270件であった。一方、憲法裁判所法第68条第2項の場合は、指定裁判部の総却下31件中請求期間の経過が10件、代理人の選任がない場合が9件、その他が12件であった。

　事件の配当は裁判所長を除いて各裁判官に一連の番号順に与えられる。すなわち、裁判官8人に事件の受理順に事件が割り当てられ主審裁判官が決められる。しかし、事件が主審に配当されることに対する予見可能性が問題になる素地があったため、事件の受理及び配当に関する内規（1992.6.10憲法裁判所内規17号）を設けて、1992年7月1日からはくじ引きで主審を決めている。均等性

を保つために8個の玉をくじ引き機にいれて回して1個ずつ引いていく。3個が残れば再び8個を追加して引くことにしている。事件配当数の均等性が著しく損なわれた場合には裁判官会議の議決でこれを変えることができる。すでに配当された事件と事案が同一であったり類似している事件は既存の主審裁判官に直ちに割り当てることができる。申請事件は別に配当せず、本案事件の主審裁判官に配当する。

主審裁判官は審理の結果を総合して評議に上程して、評議で事件の概要を報告し自身の意見を陳述する。また、主審裁判官が多数意見に属する場合には、通常、憲法裁判所の公式意見（決定文）を記述する。

ところで、配当と関連して問題が発生した例があった。1992年6月18日および7月21日に各々受理された92憲マ122、92憲マ152の地方自治団体の長の選挙延期等違憲確認審判請求事件はそれぞれ異なる主審裁判官に配当されたが、先に配当された事件の主審であった卞禎洙裁判官は「この事件は同種の事件であるにもかかわらず、異例なことに分散して配当されており、また不必要な弁論の開催を予定するなど迅速な処理の展望を難しくしている状況で主審裁判官として何らの役割も果たすことができない」と述べて、憲法裁判所長に主審裁判官の辞退書を提出した。その3日後、上記の憲法訴願審判を請求した韓基賛、李基文の両弁護士は、憲法裁判所が故意に審理を遅延させている状況ではこれ以上基本権の救済を期待することができないという理由で事件を取り下げた。

(3) 国選代理人制度

憲法裁判所法は、韓国では初めて全面的な弁護士強制主義を採択しているが、その結果として、新しくできた憲法訴願審判請求制度の弁護士強制主義は国民の憲法訴願審判請求権を制限しかねないものであるとする議論が巻き起こった。憲法裁判所は1990年9月3日の関連事件の決定で、弁護士強制主義は、本人が自ら審判請求をして審判遂行を行う本人訴訟主義に比して、憲法裁判の場合に様々な公益的な長所を持つ制度であるので違憲とはいえないと判断した。

憲法裁判所はこのような問題点を解消するため、漸次、国選代理人制度を拡大実施するようになっており、国選代理人選任制度を具体化させるために規則

を制定した。それによれば、国選代理人の選任申請をするためには憲法訴願理由を明示して、代理人選任の資力がないことを疎明する書面を提出しなければならない。このような条件を備えずに国選代理人の選任申請をする場合には、裁判長は相当な期間を定めてその期間内に補正することを命じる一方、国選代理人選任申請が適法である場合には、憲法裁判所は一般的に申請人の資力の有無を考慮して国選代理人選任の可否を決定する。現実的には多数の不起訴処分取消事件においてすべての申請人に対し国選代理人を選任することはできなかった。

　第2期の憲法裁判所の時期に入ってからは、国民の憲法裁判の請求を実質的に保障するために国選代理人制度がさらに活性化されてきており、毎年、大韓弁護士協会に国選代理人予定者50余名を予め選定することを依頼しており、その費用支給も上限を最高1回150万ウォンに引上げている。1997年11月には関連規則を改正して、国選代理人を選任する資力がない請求人の範囲を具体的に定めた。国選代理人の報酬は毎年の予算の範囲内で裁判官会議で決定される。このとき定められた報酬は、事案の難易、国選代理人が遂行した職務の内容、請求人の数、弁論の回数、記録のコピーと請求人の面接等に支出した費用その他の事項を参考にして予算の範囲内で裁判長が増額することができる。国選代理人選定の推移をみると、1995年には161件の申請中61件を選定しており (38%)、1996年には197件中81件 (41%)、1997年の場合は198件の申請に対して98件を選定した (49%)。

　国選代理人として選任された弁護士のなかには、稀にではあるが、請求人の要求と衝突し、請求人から国選代理人の交代が求められるケースもあった。憲法裁判所は国選代理人がその職務を誠実に遂行しない場合やその他相当な理由がある場合には選任を取り消すことができるとしており (上記規則6条2項)、請求人の交代要求はこのような選定取消理由の判断を促すものとみられている。

3　審理手続
(1)　書面審理と口頭弁論
　憲法裁判の審理には審判手続の種類により口頭弁論と書面審理がある。弾劾

の審判、政党解散審判及び権限争議審判の場合は、必ず口頭弁論の方式による（法30条1項）。違憲法律審判と憲法訴願審判の場合は書面審理が原則である。裁判部が必要であると認める場合、当事者、利害関係人その他参考人の陳述を聴くことことができる（法30条2項）。憲法裁判所は憲法裁判が国民と国家機関または国家機関相互間の平和的な憲法的紛争解決手段であり、憲法裁判制度を活性化して早期に定着させることは国民に対する憲法教育的な側面もあることを考慮して、違憲法律審判や憲法訴願審判においても、国家的・社会的な関心を呼び起こしうる事件に関しては口頭弁論を開いて審理している。

憲法裁判所は1997年12月末までに88憲マ4社会保護法第5条の違憲性に関する憲法訴願（保護監護処分問題）、88憲カ6国会議員選挙法第33条の違憲審判（立候補者の寄託問題）、88憲カ13国土利用管理法第31条の2第1号などの違憲審判（土地取引許可制問題）、90憲ラ1国会議員と国会議長との権限争議審判（いわゆる、抜き打ち国会通過問題）、95憲バ10労働争議調整法第12条第2項違憲訴願（防衛産業体勤労者の団体行動権制限問題）、90憲バ16都市計画法第21条に対する憲法訴願事件（開発制限区域指定問題）、95憲カ6など民法第809号第1項違憲提請（同姓同本禁婚問題）、96憲マ172など憲法裁判所法第68条第1項違憲確認（裁判訴願禁止問題）など、総60件に対して弁論手続を踏んでおり、そのなかの相当数の事件において参考人陳述を聴いた。

裁判部が弁論を開くときは日時を定めて当事者と関係人を召喚する。口頭弁論は当事者双方が審判廷において口頭により決定の基礎になる審判資料、すなわち事実と証拠を提出して、憲法と法律解釈に関する自身の意見を陳述する方式で行われる。憲法裁判所はその間のすべての弁論を公開した。憲法裁判所での弁論は、特に権限争議事件のような場合を除けば法院の民・刑事裁判とは異なり、事実の認定よりは法的主張に集中した。これは憲法裁判が単なる個人の権利救済に止まらず、客観的な憲法規範の解釈とこれによる客観的な憲法秩序の保障をもその目的としており、憲法裁判の主要な審判対象である公権力の行使が大部分文書により行われることで、事実認定の問題が大きな争点としては浮び上がらないという特徴を反映するものである。このような現象は、憲法裁判の審理において憲法裁判所の職権による審理が大きく要求される理由になるところでもある。憲法裁判所は、当事者が主張していない事実も職権で収集し

て決定の基礎とすることができる。事実上、これまでの弁論過程は関連分野の専門家や教授を参考人として憲法的争点を聞いて質疑する方法が主に用いられた。弁護士達の憲法的争点に対しての十分な研究がまだなされておらず、憲法裁判の重要な先例を新しく定立するために多様な意見を十分に収集する必要もあったからである。これまでの参考人陳述は、一部が憲法裁判資料集に収められている。

当事者の弁論ないし主張は、憲法裁判所の審判活動を厳格に覊束するものではない。憲法裁判所は1993年5月13日に宣告した91憲マ190事件のなかで「憲法裁判所法によれば憲法訴願審判制度は弁護士強制主義、書面審理主義、職権審理主義、国家費用負担主義などの訴訟構造になっており、民事裁判のように対立的当事者間の弁論主義構造によって当事者の請求趣旨及び主張と答弁だけを判断すれば良いものではなく、請求形式にこだわらず請求人の侵害された権利と侵害の原因になる公権力の行使または不行使に対して職権により調査・判断することを原則としている」とした。

一方、審理を集中的かつ効率的に行わせるために、数名の裁判官の主宰の下で行われる準備手続も活用している（法40条、民事訴訟法253条）。違憲法律審判や憲法訴願審判の場合は書面審理が原則であるから、準備手続段階で提出された審判資料（主張と証拠）は、直ちに審判の基礎になり得る。また、準備手続の結果を後で弁論において当事者が陳述する必要性もないから、事件が複雑で争点と証拠を予め整理する必要がある憲法訴願審判事件では準備手続の活用価値が高い。憲法裁判所は、89憲マ26告訴事件の陳情処理事件など9件の事件で準備手続を開始した例がある。

事件の審理に必要であると認められる場合、裁判部はいつでも証拠調査ができる。憲法裁判所設立以後1997年12月末までに、憲法裁判所は89憲マ5不起訴処分取消事件など多数の事件で証人尋問を行っており、89憲マ61国家賠償法第2条に関する憲法訴願事件などでは請求人本人の尋問を行った。また88憲マ4社会保護法の違憲性に関する憲法訴願など幾つかの事件では現場検証を行ったし、89憲マ31公権力の行使による財産権の侵害事件では書証調査を行った。

憲法訴願手続では、事実認定問題は大きく浮かび上がらないため、証拠調査

が国民の関心を呼び起こす例はめったに存在しなかった。しかし、1993年8月24日に国会で行われた現場検証は相当な関心を招いた。いわゆる3党合党6ヶ月後である1990年7月14日午前、第150回臨時国会が開かれていた国会本会議場中央廊下で金在光・当時国会副議長が無線マイクを通じて僅か1分ばかりで、光州補償法、放送法、国軍組織法など26個の法案を処理したことと関連して、当時野党であった平民党と民主党はこれを不法的な抜き打ち処理だとして2件の憲法訴願を提起した。すなわち、1990年8月10日に、姜クムシキ外78人が提起した立法権侵害および抜き打ち法案の無効の確認を求めた憲法訴願事件（90憲マ125）と、交渉団体である民主党外29人が提起した国会議員の立法権が侵害された事実の確認を求めた国会議員と国会議長間の権限争議事件（90憲ラ1）がそれである。憲法裁判所は、全員裁判部の評議過程で請求人達の代理人の申請を受け入れて、国会の現場検証が不可避であるという合意に至ったのである。これにより、曺圭光憲法裁判所長を始めとした憲法裁判官9人全員が1993年8月24日午前10時から1時間余り国会を訪問したが、本会議場に入ることができず、当時の李萬燮国会議長の接見室で立法過程についてのビデオテープと録音テープを検証して、国会議事局長から参考人陳述を聴いた。

(2) 評　議

評議の辞典的意味は集まって意見を交換して議論するということであるが、憲法裁判所の評議制度は非常に特別なものである。憲法裁判所が一般法院との差別化を計るために「法院」の代わりに「裁判所」、「判決」の代わりに「決定」という異なった用語を用いたのと同様、「評議」も大法院の「合議」と比較される用語であるが(法34条参照)、憲法裁判所の評議制度は互いに相異なる背景を持つ9人の裁判官が集まって新たな憲法論議をしていくという点で、韓国憲法裁判所の歴史上非常に独異な性格を持っている。

まず、第1期の憲法裁判所は全員が法官の資格がある法曹人で構成されたが、出身は現職法官1人（李時潤）、現職検事1人（金亮均）、弁護士6人（曺圭光、李成烈、卞禎洙、金鎭佑、金汶熙、崔光律）、国会議員1人（韓柄寀）で多様であった。一方、当時の与野党の関係をみると、野党側から推薦された裁判官達（平民党の卞禎洙、民主党の金鎭佑）は相対的に多くの違憲意見（少数意見を含む）

第3節 審判手続

を出した。憲法裁判所は、従来の権威主義的な体制から民主化された政治過程に移行する時代的変遷過程で生まれたのであり、その間制限されていた憲法論議の突破口が開かれることで、社会的に敏感な争点を含む諸事件が憲法裁判所に提起された。社会保護法、国家保安法、私立学校法（いわゆる「全教組事件」）に関する諸事件、国際グループ解体事件、いわゆる国会抜き打ち通過事件、大統領の地方自治団体長選挙延期事件など、政治的、社会的、経済的に尖鋭に対立してきた諸事件が憲法裁判所に提起された。しかし、その間の韓国の憲法ないし憲法学は長い権威主義体制の下で十分に発展しておらず、実際、正しい憲法裁判のための具体的な審査基準もあまり確立されていなかっただけでなく、さらに憲法訴訟法ないし憲法訴訟手続が正しく整えられていなかったことも大きな問題であった。このような事情の下で9人の異なった背景を持つ裁判官達が集まり、一般の民事・刑事裁判とは次元の異なる憲法裁判の評議をすることは容易なことではなかった。

　評議は初期には常任と非常任の裁判官を並置した制度の下で1ヵ月に1回程度開かれたが、徐々に定例化し通常1週間に1回、毎週木曜日に行われることになり、概ね午前10時から一日中続いた。重要な争点がある場合には夜遅く終わるときも多かった。評議に上程される事件は、裁判所長が直接決める場合もあったが、始めて上程される事件の場合には、通常、月曜日の午後に主審裁判官室から研究報告書が綴られている評議要請書が各裁判官室へ送付されて確定される。評議の主宰は裁判所長が行い、主審裁判官が事案の争点を説明した後に互いに討議する過程へと進行する。第1期の憲法裁判所は前述したように、参照すべき国内の判例や資料が殆どない状況の下でいかなる憲法訴訟手続によりいかに本案判断が行われるべきなのかについて、非常に困難な作業を行ってきた。

　事件によっては、評議時期に関連して裁判官達の間に異論があったときもあった。地方自治団体長選挙延期事件と国会抜き打ち権限争議事件で卞禎洙裁判官は、評議が遅延しているとして異議を申し立てた。

　評議は事件によって、その進行状況において偏差が大きくならざるをえず、事件の受理から2日後に評議が行われ、その2日後に宣告が出された事件や（憲裁1995.6.12. 95憲マ172公職選挙法事件）、選挙日直前に係留され、3回の集

109

第2章 憲法裁判所10年

中的な短期間の評議を経て受理後2週以内に宣告された事件（憲裁1992.3.13. 92憲マ37など国会議員選挙法事件）があった反面、長い間の評議にもかかわらず、容易に終結しなかった事件もあった（都市計画法上のグリーン・ベルト関連事件）。長時間の処理を要する事件に対して憲法裁判所法上の処理期間が180日になっている点を挙げ、これを非難する意見もあったが、憲法裁判所はこの規定を訓示規定と解釈している。第2期の憲法裁判所は、事件処理の速度を速めることにも重点を置き、特殊な争点のない事件の場合には通常180日以内に決定が出されるようにしている。

　評議は公開されないが、運営過程で評議の内容が伝えられるようになったケースもなくはない。1990年10月15日に宣告された法務士法施行規則事件では、大法院規則を憲法裁判所が違憲であると宣告する前から相当な議論があった。同月12日、大法院の宣告延期要請があるなかで裁判官達の間で宣告時期をめぐって意見が分かれた。宣告が延期される兆候が見られるや、主審であった卞禎洙裁判官は10月12日、宣告前に評議で決定された内容を意図的に言論に公開した。翌日、法務士法施行規則の違憲宣告を前に法院が裁判官達に宣告を延期させるために影響力を行使しているという記事が報道されたが、決定は同月15日に予定通りに宣告された。言論報道によると、その後、卞禎洙裁判官に対する弾劾発議が論議されもしたが、卞禎洙裁判官は、後に、この事件に対する決定宣告自体が大法院の影響力により霧散されることを防ぐための苦肉の策であったと回顧した（卞禎洙『法曹旅情』（冠岳社、1997）183頁以下）。この決定は、その後、大法院との間で激しい摩擦と法理の攻防を繰り広げたが、大法院は憲法裁判所の決定後に法務士試験を実施せざるを得なかった（1992年から隔年制で実施され、1998年以後には毎年30人を選抜することにした）。これで一般国民の法務士（司法書士）職域に参加する道が開かれるようになった。

　このような例からもみられるように、初期の憲法裁判所は憲法機関としての徹底した独立性を貫くことが客観的に容易でない構造を見せたが、1995年12月には5・18不起訴処分事件、すなわち成功した内乱は処罰できないとの理由で全斗煥、盧泰愚ら内乱罪嫌疑被疑者達に対して検察が不起訴にしたことに対する憲法訴願事件で、評議内容の一部といわれたものが宣告の直前に言論に報道され、大きな波紋を呼び起こした。この事件の請求者達は言論で報道された

公訴時効関連の内容が自己に不利であると考え、宣告予定日の一日前にこの事件を取り下げた。憲法裁判所も結局その取下げの効力を認めることにより、元来の評議どおりに宣告することができずに終了宣言を行った。しかし、その決定において取下げの効力に関して多数意見と異なる判断をした少数意見の判示によると、本来憲法裁判所が宣告しようとした内容は成功したクーデターも罰せられるという歴史的に非常に意味ある法判断が盛られていたのであったが、残念ながら憲法裁判所の公式的な終局的判断としては位置付けられなくなった。一方、この事件は、憲法訴願の取下げの効力がいかなるものであるべきかに対する問題を提起するきっかけになった。

　評議は憲法訴願の場合、指定裁判部でも行われる。しかし、指定裁判部の評議では、制度的に大法院の部とは異なり、本案判断をする権限はなく、指定裁判部が却下できる事件も憲法上の争点を有する場合にはその慎重な審理と先例的な考察のために全員裁判部に回付されることが多かった。したがって、憲法裁判所の重要な決定は全員裁判部の評議で行われており、通常、評議というときは全員裁判部の評議を意味する。

　大部分の国家における憲法裁判は、審理に関与した裁判官過半数の賛成で決定する多数決原則により行われる。ところが、韓国憲法は特定事項に限り決定定足数を加重して6人以上と厳格に規定している。憲法規定により憲法裁判所が法律の違憲決定、弾劾の決定、政党解散の決定または憲法訴願に関する認容決定をする場合や従前の憲法裁判所が判示した憲法あるいは法律の解釈・適用に関する意見を変更する場合には裁判官6人以上の賛成がなければならない（憲法113条1項、憲法裁判所法23条）。決定定足数がこのように厳格であるにもかかわらず、憲法裁判所全員裁判部はこれまでに多くの違憲審判決定と憲法訴願認容決定を下した。憲法裁判所設立以来、1998年8月末までに違憲法律審判の場合は違憲決定47件、憲法不合致決定20件、限定違憲決定7件、一部違憲決定4件などを、憲法裁判所法第68条第1項の憲法訴願の場合は違憲決定14件、憲法不合致決定2件、限定違憲決定1件、一部違憲決定4件を宣告しており、第68条第2項による憲法訴願の場合は違憲決定48件、憲法不合致決定17件、限定違憲決定15件、限定合憲決定9件、一部違憲決定2件などを宣告した。

第2章　憲法裁判所10年

　短い期間にこのように多くの違憲決定が宣告されたことは、外国でもその例を探せない。これは過去の誤った憲法秩序を正して憲法が支配する社会へと進もうとする憲法裁判官達の意志の表現であり、憲法裁判活性化の結果であるとみるべきである。またこのような成果の原因は、その如何なるときよりも憲法論議自体が活性化され、ここにその正しい方向に内容を充実化した第1期の憲法裁判官達の意志が付加されたものといえるのである。一方、これは憲法裁判所設立以前に制定された法律のうちの多くの法律条項が憲法の規範力を考慮することなく、利害関係に従って恣意的に制定された例が多かったことを間接的に示唆するものでもある。

　現在まで憲法裁判所が明示的に従前の判例を変更するために6人以上の決定定足数を満たした例は珍しいが、国会議員と国会議長との権限争議事件（憲裁1997.7.16. 96憲ラ2）において、国会議員の当事者能力を否認した従来の判例を覆して6人の賛成でこれを認めた例がある。

　ところで、評議での表決方式と関連して、審判請求の適法要件問題で少数意見を出した裁判官達が本案問題に参加すべきなのかという問題に対して法にはいかなる規定も設けられていない。そこで憲法裁判所はいわゆる主文合議制方式の表決方式をとって、これまで要件を備えてないということで却下意見をもった少数裁判官達は本案審理に対しては参加しなかった。これに対しては、特に、違憲決定の定足数が6人以上である場合、要件について却下意見をもった裁判官達が本案に関与しないことで、事実上違憲決定が困難となる問題がある。このような問題点を解決するためには争点別に評議をする方法を導入する必要があり、これは今後の研究課題であるといえる。

　評議の準備は、主審裁判官が所属研究官達に研究指示を行い、彼らにより作られた研究報告書が提出されるとこれを土台にして評議要請をする方式で進行された。新たな争点と不充分な争点処理に対しては追加的な研究検討がなされた。憲法裁判所は、その間の大部分の研究報告書を内部資料としてデーター・ベース化してきた。一方、先例的価値がある事件の場合は別途に事件毎に審判資料集を作ってきたが、現在約90余巻に至っている。

4　審判の終了

(1)　決定文の作成と宣告

評議が終了すると大体その直後から決定文が作成され、普通は次の宣告期日に宣告される。宣告は通常月1回ずつ行われる。決定文の多数意見は、事件の主審裁判官が多数意見に加担する場合は普通、主審裁判官が作成するが、少数意見は、少数意見に属する裁判官が複数の場合その裁判官同士で合議して一人が作成する。併合事件の場合、通常、最初に受理された事件の決定文を作成した裁判官が一括して決定文を作成する。多数意見と少数意見は最終案が確定されるまで互いの論旨を説示するにおいて相互に影響を与えもする。

憲法裁判所の決定文の作成は、事実関係と開放的な憲法規範を説得力があるように繋げなければならない非常に難しい法実務領域である。第1期の憲法裁判所は与えられた事案に対して種々の多様な憲法理論と比較法的な考察結果を適応して国民に説得力ある憲法判例を提示するために努力した。大部分の主要決定は、論証の量と質において、それ以前に大法院判例で言及された憲法判断とは比較にならないぐらいに詳細で、ある決定文は憲法裁判所判例集で74頁にもわたるものもある（憲裁1989.9.8. 88憲カ6）。長いものが必ずしも望ましい憲法判例であるとは言えないが、長文の決定例等は裁判官達の憲法理論などに対する研究と現実に対する洞察を反映するものであった。

決定を宣告するにおいて、初期には決定文の草案のみで宣告した後に正式な決定文が作成される例もあったが、最近にはそのようなケースは例外的であり、裁判官達が決定文に署名捺印をしたあとで決定を宣告している。

憲法裁判所法第36条第3項は少数意見制度を認めている。少数意見は多数意見と対立する反対意見のみならず、多数意見に属しながらも補充的な意見をもつ場合を含む。少数意見制度は、開放的でかつ抽象的である憲法規範による裁判制度が持つ特性を生かす一方、多様な背景の裁判官達が集まった評議手続において、少数意見の裁判官をして自身の見解を示すことができるようにすることでもって法論理の多様性を見せてくれる長所を持っている。また、評議を通じた合意導出過程で多数意見のみが判決文に記載されるときに表れ得る極端な意見一致過程上の葛藤を純化させてくれる役割も担っている。

最初の少数意見は金融機関延滞貸出金法事件(憲裁1989.5.24. 89憲カ37など)

における韓炳寀裁判官の合憲意見であった。第1期の裁判官のなかで最も多くの少数意見を出した裁判官として、卞禎洙裁判官を挙げることができる。その少数意見は単行本として刊行されもした（卞禎洙『少数意見集──違憲なら違憲、合憲なら合憲』冠岳社、1998）。一方、第2期の裁判官のなかで趙昇衡裁判官は在任約4年の間に憲法裁判所法第68条第2項事件の合憲主文表示に対する反対意見を含めて非常に多くの少数意見を出しており、特に1995年9月28日宣告92憲カ11等の決定では憲法不合致決定に対する反対の意見を出している。

　憲法裁判所法によると憲法裁判所の終局決定は官報に記載することでもってこれを公示する。しかし、憲法裁判所がしたすべての終局決定を官報に掲載することは時間的・経済的損失をもたらすおそれがあるとして、慣例上は終局決定のうち重要な決定に限り官報に掲載している。憲法裁判所の設立初期には総務処が発行する官報に掲載されるに止まったが、1993年5月1日に憲法裁判所公報が発行され、それ以後は憲法裁判所の終局決定は総務処が発行する官報と憲法裁判所が発行する憲法裁判所公報に二重に掲載されたりもした。その後、総務処が発行する官報には違憲決定など非常に重要な終局決定に限定し、憲法裁判所公報にはより多くの終局決定が掲載されている。一方、1998年8月末に開設された憲法裁判所のインターネット・ホームページ（HYPERLINK http://www.ccourt.go.kr）を通じて、決定宣告の当日に宣告目録と主要決定全文が検索できるようにしている。

(2)　決定の類型と効力

　事件の処理は、憲法訴願の指定裁判部却下事件の場合はその事件が告知されることでもって、その他の事件の場合は法廷で宣告されることでもって終了されるが、請求人の取下げで終了した例も相当数に達しており、請求人死亡で審判手続の終了が宣言された例もあった。

　最初の全員裁判部決定は1989年1月25日に宣告された88憲カ7訴訟促進等に関する特例法事件であり、それは国家に対しては民事訴訟による仮執行を禁止した条項を違憲宣言したものである。これは第1期の憲法裁判所が当時の時代的要請に従って積極的な憲法裁判に対する意志を表明したものとみるべきである。このような意志は、その後続いて違憲宣言された社会保護法決定におい

第3節　審判手続

ても現れた。違憲決定にはすべての国家機関を拘束する一般的な効力があり、決定宣告の日より違憲宣言された法規定は効力を喪失し、刑罰に関する法律の違憲宣言は遡及効をもつようになる。そこで、初期には刑事事件と関連して慎重な処理を要望する政府側の要請もあった。法務部長官は、憲法裁判所の社会保護法違憲決定（1989.7.14. 宣告）において、社会保護法第5条第1項に対する違憲決定が出されて同規定が遡及的に効力を失うようになれば甚大な混乱を招来するおそれがあるので、遡及無効の効力を制限する形態の決定をするのが望ましいとの趣旨の主張をしている。しかし、法第5条第1項が当初から違憲であったとしたら、これにより保護監護処分を受けた者には再犯の危険性の有無に対する審査の機会を保障することが正義に合致するのであり、このような機会さえも剥奪することは著しく不当であるといわざるをえないとして、憲法的な価値保護に強い意志をみせていたのである。

　一方、憲法裁判所は1989年4月17日に検事の不起訴処分を憲法訴願の対象になる公権力の行使であると決定した。ところでこのような憲法訴願を認容する場合、すなわち不起訴処分を取り消す場合、その取消決定の効力はいかなるものであるのかが問題になった。憲法訴願の対象に不起訴処分を含めたことは、憲法訴願制度をできる限り活性化させようとする政策的な考慮も作用したのである。法院の裁判が憲法訴願から除外され、また憲法訴願者の補充性の原則により憲法訴願の対象になる公権力の行使または不行使は、非常に制限されたものとして理解された。一部の公法学者は憲法訴願制度が形骸化するであろうと予見したが、憲法裁判所は不起訴処分の取消しを求める憲法訴願審判請求が提起されるやその基本権の関連性を積極的に肯定した。その結果、多数の不起訴処分事件が憲法訴願として請求されるようになった。ところで、憲法裁判所が不起訴処分を取り消す場合、これは起訴を強制する意味のものではなかった。憲法裁判所としては証拠と事実関係に対する調査を十分に行える地位にはなく、大部分、捜査記録上に表れた事実関係及び法令の適用を恣意禁止の側面から審査するに止まる。1998年8月末までに不起訴処分事件（検事の公訴権行使等と関連した事件を含む）は1,960件が受理され、1,820件が処理されており、このなかの842件が却下または取下げされ、58件（告訴人の請求49件、起訴猶予処分を受けた者の請求9件）が認容された。検察で58件を再調査した結果、

告訴人が請求した49件中18件は起訴され、29件は再び不起訴処分（起訴猶予3件、起訴中止2件を含む）になっており、2件は捜査中である。起訴猶予処分を受けた者が提起した9件の場合は8件が無嫌疑処分されており、1件は捜査中である。不起訴処分に対する憲法訴願は一線の検事をして起訴すべきか否かをより慎重に決定するように促す予防的効果を挙げている。

憲法裁判所は1989年7月21日に宣告された89憲マ38事件で、限定合憲決定を下し、いわゆる変形決定を行い始めた。すなわち、「相続税法第32条の2第1項は租税回避の目的がなく、実質所有者と名義者を間違えて登記をした場合には適用されないものと解釈する限り、憲法に違反するものではない」とした。変形決定は、憲法裁判所が法律の違憲の可否を審査する上で審判対象である法律の違憲性が認められるにもかかわらず、立法者の形成権に対する尊重と法的空白による混乱の防止などを理由に、法律に対する違憲決定を行わないで、法律が憲法に合致していないことを宣言する多様な決定類型をいう。その間、限定合憲、限定違憲、憲法不合致決定が行われてきた。このような変形決定の必要性に関しては、「法律に対する種々の解釈が可能であるときは原則的に合憲解釈をしなければならない」という命題が前提となっている。曺圭光憲法裁判所長は初期の決定の補足意見で、このような決定は限定合憲形式であれ、限定違憲形式であれすべて限定的（質的）違憲の宣言であることを強調した。一方、反対意見（卞禎洙、金鎭佑の裁判官。しかし金鎭佑裁判官はその後、変形決定の必要性を認める側に見解を変えた）は、このような決定が韓国の法制において違憲決定としての覊束力を持ち得るかについては疑わしいとした。

その後、最初の憲法不合致決定も出た。1989年9月8日に宣告された決定で、「1. 国会議員選挙法第33条及び第34条は、憲法に合致しない。2. 上記の法律条項は、1991年5月末を時限として立法者が改正するときまで効力を有する。」としたのである。憲法不合致決定は単純違憲と宣言したとしても直ちに合憲的な状態には回復しない、すなわち、立法者による新たな合憲的な立法形成が要求される場合には、法改正時まで当該法律条項の適用を中止しながらその間の法的状態は改正法によって適用されるようにする憲法裁判決定類型であるといえる。しかし、決定宣告時に例外的に当該法律条項の暫定的な継続適用を命ずることもできるが、上記の国会議員選挙法事件がまさにそのケースで

第3節　審判手続

あった。

　変形決定と関連して注目される決定が1990年4月2日に宣告された国家保安法事件の限定合憲決定であった。ここで多数意見は、国家保安法第7条第1項の適用範囲を「国家の存立、安全を危殆にさせるか、自由民主的基本秩序に危害を与える場合」に縮少すれば、その間の国家保安法の違憲的な解釈慣行は更正されるとみた。しかし、この決定以後の大法院判例は単に表現だけは憲法裁判所決定主文に表れた通りに引用しながら、実は憲法裁判所以前の従来の大法院判例をそのまま踏襲する法律解釈を行ったので、憲法裁判所の上記国家保安法に対する限定合憲決定の効力は半減された。

　最初の限定違憲決定例は1991年4月1日に宣告された謝罪公告事件であり、法解釈の範囲を限定して違憲宣言したという点で限定違憲の類型とみることができる。より明示的な限定違憲類型は、1992年6月26日に宣告された定期刊行物発行施設基準に関する事件で表れた。

　1998年8月末現在、限定合憲16件、限定違憲19件、憲法不合致39件、その他一部違憲（これは質的な一部であるという点で限定違憲と類似している）10件を宣告した。このような変形決定例があまりに濫用されているという指摘も少なくないが、変形決定の現実的必要性自体を否認する見解は少なくとも公法学者のなかでは見つけ難い。

　全般的に憲法裁判所の違憲決定は他の国家機関により尊重されたが、法律に対する憲法裁判所の違憲決定以後実質的な法律改正作業等を通じて違憲決定が十分な実効性を発揮したのかについては疑わしい場合がないわけではなかった。言論は憲法裁判所の決定で違憲宣言された法律条項が長い間改正されずにいることを数次にわたって指摘したことがある（『韓国日報』1995.4.12.　など）。当時、刑事訴訟法上の死刑、無期または10年以上を求刑された被告人の確定判決以前の釈放禁止条項、保釈許可決定に対する検事の即時抗告許容条項、国家保安法の拘束期間延長条項などが相当な時間が経過しても改正されずそのまま残っていたことが指摘された。違憲決定が下された法条文は国会の法改正にかかわらず直ちに効力を失うことになるが、変形決定の場合はそうではなく、拘束力ある法規定の整備が十分に整えられず憲法を頂点とした法体系に混乱をもたらし得ることもあるため、その時その時に改正されるのが望ましい。

第 2 章　憲法裁判所 10 年

　一方、法院が憲法裁判所の限定違憲決定自体を法律解釈に関する単なる見解にすぎないとみて、その決定の覊束力を否認することが問題になっている。結局、憲法裁判所は 1997 年 12 月 24 日、そのような趣旨の大法院判決を取り消して憲法裁判所法第 68 条第 1 項を限定違憲と宣言する一方、限定違憲決定が違憲決定の一種であることを明らかにした。しかし、大法院が依然として従来の立場を反復したために、この部分は結局立法で解決しなければならなくなった。ところで、憲法解釈の対象になった法律の合憲性を明らかにするためには、解釈されるその法律の意味も把握しなければならないので、憲法解釈と法律解釈は重畳的な関係に置かれることになる。憲法裁判所としては法律の合憲的解釈の原則に立脚するとき、事案によっては法律の解釈を限定する意味の違憲決定をするほかないのである。

　決定類型と関連してその間、違憲決定の定足数問題とあいまって特異な形態の終局決定があったりもした。憲法裁判所は 4 (合憲) 対 5 (違憲) で評議終結された事件に対して「……憲法に違反すると宣言することはできない」という主文を出したことがある (憲裁 1989. 12. 22. 88 憲カ 13；1994. 6. 30. 92 憲バ 23)。しかし、1996 年 2 月 16 日に宣告された 5・18 民主化運動等に関する特別法事件以来、このような場合は合憲決定を下している。

　違憲決定の遡及効問題に関して、違憲法律審判の前提となったいわゆる当該事件について特別な規定がないため遡及効が及ぶか否かが問題になった。憲法裁判所法第 47 条第 2 項は刑罰法規以外には将来効のみを認めている。憲法裁判所は、1993 年 5 月 13 日、具体的規範統制の実効性のために当該法律が裁判の前提になって法院に係累中の事件等に対しては遡及効を認めており、さらに憲法裁判所が具体的な違憲決定をするにあたっては正義と衡平の観点から遡及効を宣言することができるが、そのような宣言がない場合には法院が合理的に遡及効問題について決定できるとした。ところで、法院は、直接的な当該事件以外にも違憲決定当時に法院に係累中である同種事件あるいは将来係累される同種事件等にも遡及効が及ぶとみた。ただし、行政訴訟法上の無効確認訴訟の場合、そのような遡及効が貫徹され、さらに違憲法令に基づく処分は無効理由に該当するという見解をとれば、事実上多くのその後の無効確認訴訟で処分の無効を宣言することになり、法的安定性を害することになるおそれがある。そ

第3節 審判手続

こで法院はこの場合、当該事件に遡及効が認められるとしても違憲法律に基づく処分は取消理由に過ぎないと判示してきた。しかし、憲法裁判所はその場合にも処分が無効となることがありうるとしている(憲裁1994.6.30. 92憲カ18)。

(3) 関連法の準用問題

憲法裁判所法は審判手続に関して民事訴訟法、行政訴訟法、刑事訴訟法を準用することができるとしている(第40条)。憲法裁判所法自体に規定された審判手続規定以外に、これらの訴訟法をどの程度準用すべきかという点は多くの分野で問題になっていた。

まず、憲法裁判所の終局決定に対しても再審が認められるかについて論議が提起された。憲法裁判所は1992年12月8日、第3指定裁判部で決定した92憲ア3事件で、憲法裁判所法第68条第2項による憲法訴願事件に関する憲法裁判所の決定に対しては、再審を許容しないことにより得られる法的安定性の利益が再審を許容することにより得られる具体的妥当性の利益より高いため、事案の性質上再審を許容することはできないと判示して、規範統制に関する審判においては再審を認めないという立場を示す一方、それ以外の事件では審判手続の種類によって個別的に判断するしかないとする立場を暗示した。

事件の終結と関連した訴訟手続上の問題点に関しては、請求の取下げの問題が起こった。その間、当事者が審判請求を取り下げると憲法審判手続は自ずから終了されるとみなされていた。審判請求の取下手続に関して憲法裁判所法あるいは行政訴訟法に特別な規定がないため、訴の取下げに関する民事訴訟法第239条が憲法訴願審判手続に準用されるとされ、請求人の審判請求取下げに対して、とくに被請求人の同意や憲法裁判所の確認手続は必要ではないと認められている。したがって、当事者が審判請求を取り下げると審判手続は直ちに終了したものと処理されるため、その後は憲法裁判所は取り下げられた憲法審判請求に対してそれ以上審判できないことになってしまう。

1998年8月末現在、受理された全体事件4,193件の中で取り下げられた数は248件であった。審判手続別にみると違憲法律審判手続では351件の受理事件のうち96件が、憲法裁判所法第68条第1項の憲法訴願審判手続では3,247件の受理事件のうち135件が、憲法裁判所法第68条第2項の憲法訴願審判手続では586件の受理事件のうち16件が取下げにより終結された。

第2章 憲法裁判所10年

ところで、憲法訴願においては憲法訴願の客観的法秩序維持という機能の観点から、請求人が訴を取下げさえすれば評議が終結され、宣告を前にしている事件であっても審判手続が終了されるとみるべきかという疑問が提起された。これに対しては1995年12月の5.18不起訴処分事件で評議結果の内容が宣告の前に外部に知られ、請求人が訴えを取り下げたときに特に問題になったことがある。憲法訴願の場合、客観的法秩序維持機能という観点に従い請求取下げの効力を場合によっては制限すべきであるという意見もあったが、憲法裁判所は今も従来の慣例により審判手続を終了したものと処理している。

本案裁判の実効性を確保するために、争いがある権利関係に関して暫定的に臨時の地位を定めることを内容とする仮処分手続が憲法裁判手続にも認められる必要性がある。憲法裁判所法も政党解散審判と権限争議審判手続のなかで仮処分手続に関する規定を設けている。しかし、憲法裁判所法は、違憲法律審判と憲法訴願審判の場合は、仮処分手続に関する規定を設けていない。民事訴訟法と行政訴訟法を準用して憲法訴願審判のなかに仮処分手続を認めることは何ら問題がないとする見解がある。憲法裁判所は1993年12月20日に宣告した93憲サ81仮処分申請事件などで、憲法訴願審判手続において仮処分手続が許容されるか否かについての具体的な理由を説示せずに棄却したことがある。憲法訴願においても請求人のかけがえのない損害の防止と憲法秩序の時宜適切な回復のためには仮処分制度が必要であることから、憲法裁判所法に明示的な規定が設けられるまでは、他の法律の仮処分関連規定が憲法訴願手続に準用され得るとみるべきであろう。

第4節　行政事務

1　裁判補助業務

憲法裁判所の組織に関しては第2章で記述されている。そこで、ここでは憲法裁判に直接関係ある重要業務についての変遷経過を考察することにする。

(1)　憲法裁判所図書館

憲法裁判所が承継した旧憲法委員会の蔵書は約1,800冊であったが、十分に

第4節 行政事務

〈年度別図書購入現況及び予算内訳〉

(単位:冊、千ウォン)

区分 年度	内訳		計	累計	金額
	国内図書	外国図書			
88	—	—	—	—	—
89	501	1,339	1,840	1,840	30,000
90	668	2,698	3,366	5,206	54,900
91	675	1,838	2,513	7,719	82,000
92	623	3,090	3,713	11,432	117,000
93	756	2,445	3,201	14,633	150,000
94	512	2,789	3,301	17,934	150,000
95	1,046	3,092	4,138	22,072	165,000
96	662	2,326	2,988	25,060	165,000
97	674	4,019	4,693	29,753	192,000

整理されておらず、憲法委員会の各課に散在していた。1988年12月28日に貞洞庁舎から乙支路庁舎に移転した後、別館2階(約30坪)に図書室を設けた。

しかし保有図書と資料が少なくて、裁判業務遂行にたいして役に立たなかった。憲法裁判所は1989年7月21日に憲法裁判所図書及び判例審議委員会規則を制定し、図書及び判例審議委員会を設立して、委員長(李時潤常任裁判官)、副委員長(邊精一事務処長)、委員(憲法研究官6人、審判事務局長、審判資料局長、審判3課長)及び、幹事(資料課長、判例編纂課長)を選任した。1989年9月22日に第1次図書及び判例審議委員会が開催されてから当年末まで、5回の会議が開かれたが、重要審議内容は図書拡充計画、図書電算化、図書管理規則(規定案)制定、その他判例集の発刊と、外国雑誌に収録された判例の裁判官及び研究官などへの配布に関するものだった。当時の李時潤裁判官の構想は、国内最大規模の公法専門図書館を作ることであって、そのために果敢な予算配分を目標とした。

1989年12月末現在保有している図書数量は国内図書501冊、外国図書1,339冊等、1,840冊であったが、図書購入5ヶ年計画として、1994年末までに、総予算21億9,700万ウォンを投入して、国内図書2万3千冊、外国図書7万7千冊を確保して、総10万余冊にする計画を立てた。これは裁判官の審判活動に必要な各種資料を迅速かつ正確に支援できるようにするとともに、国内初の公

121

第2章　憲法裁判所 10 年

法図書室としての基礎を作ろうとするものであった。1990 年 1 月 7 日には、図書室所蔵図書及びその他の資料の収集・活用と管理運営の効率性を高めるために、憲法裁判所図書管理内規を制定して施行した。1993 年 1 月 4 日に李時潤裁判官と資料課長が国会図書購入先である、オランダのアムステルダム所在の A. Gerits & Sons 社を訪問して、ドイツ、オーストリア及びスイスの公法関連図書購入に関する注文・決済条件などに関して相談した後、これからは A. Gerits & Sons 社から必要な図書を購入することに口頭で合意した。

1993 年 6 月 11 日、現在の斉洞庁舎へ移転することによって、5 階に閲覧室 325.73 坪（1077㎡）、司書室 20 坪（66㎡）、整理室 30 坪（99㎡）を設けて、名実相伴った公法専門図書室としての外形を備えるようになった。

(2)　判例集と資料の発刊

1)　憲法裁判所判例集

憲法裁判所は宣告した決定の中から主要判例を集めて、これを憲法裁判所判例集として発刊している。これは、立法府・司法府・行政府・法曹界・学界の主要部署に配布されて、立法活動、憲法解釈、憲法理論の成立などに役立ち、裁判官の審判業務の参考資料として利用されている。憲法裁判所は 1989 年 7 月 21 日に憲法裁判所及び判例審議委員会規則を制定して、同年 9 月 23 日に憲法裁判所判例集を編纂するための第 1 次図書および判例審議委員会を開催して、重要判例を抜粋・整理した。そして、1990 年初めから判例集を発刊することにして、必要な資料の収集方法および判例集、解説集の発刊などを専門的に審査する小委員会を構成することにした。第 1 次小委員会では、判示事項、参照条文、判決要旨収録の当否などが検討された。判例集第一巻を発刊するまで、1989 年に 5 次（小委員会 5 次）、1990 年に 10 次（小委員会 1 次）にわたった図書及び判例審議委員会が開かれ、1989 年 11 月 8 日の第 2 次図書及び判例審議委員会では、本の題名を「憲法裁判所判例集」に決めて、分担研究官を指定して判示事項、決定要旨、関連条文を作成する執筆様式についての決定をした。1990 年 4 月 24 日の図書及び判例審議委員会は、判例集の表紙の色を法服色と同じく紫色にし、判示事項と決定要旨は筆記体に、本文は明朝体にすることにした。表紙の「憲法裁判所判例集」の題字は金亮均裁判官が書いた。

1990 年 11 月 15 日に判例集第 1 巻を 1,500 部発刊したが、1989 年末現在まで

第4節 行政事務

〈判例集発刊内訳〉

図 書 名	発刊年度	部　数	総面積	収　録　内　容
第1巻	90.11	1,500	452	38件（89）
第2巻	91.8	1,500	547	36件（90）
第3巻	92.7	1,500	672	43件（91）
第4巻	93.9	1,200	1,064	91件（92）
第5巻第1集	94.3	1,200	480	42件（93、上半期）
第5巻第2集	94.6	1,200	773	59件（93、上半期）
第6巻第1集	94.11	1,200	772	52件（94、上半期）
第6巻第2集	95.3	1,200	583	34件（94、上半期）
第7巻第1集	95.9	1,200	967	49件（95、上半期）
第7巻第2集	96.3	1,200	961	41件（95、上半期）
第8巻第1集	96.9	1,200	606	34件（96、上半期）
第8巻第2集	97.3	1,200	927	48件（96、上半期）
第9巻第1集	97.9	1,200	748	44件（97、上半期）

に宣告された223件のうち38件（違憲法律審判事件9件、憲法訴願審判事件29件）を掲載した。1993年11月29日の第10次図書および判例審議委員会では、第5巻第1集からは1年間に宣告した分量を上・下半期に区分して年2回発刊することにし、1997年9月の第9巻第1集まで総13冊発刊した。判例集は非売品として大部分の公共図書館や国会、裁判所、検察庁等の主要な人々、前現職の憲法裁判所関係者達に交付されている。ただし、公法学者達や一般国民の需要があるときは、普及版を作って実費で配布する場合がある。

　1992年8月には、判例集の決定要旨、審判対象条文、参考判例の作成方法が一部改正された。

2）　憲法裁判所公報

　年に1、2回発刊する判例集だけでは判例を迅速に把握できないため、学界と法曹界では憲法裁判所判例の迅速な伝達のための広報媒体の必要性を提起した。これにより1991年12月20日に憲法裁判所内規第13号として憲法裁判所公報発刊内規が制定された。1993年1月26日の裁判官懇談会で公報を年4回発行するが、1993年度は5月1日に創刊号を発行して年3回発刊することにし、暫定機構として公報編集委員会を構成して顧問（崔光律裁判官）、委員長（事務処長）、副委員長（研究部長）、委員（研究官2人、室・局長3人、総務課長）、幹

第2章　憲法裁判所10年

〈公報発刊内訳〉

図書名	発刊年度	部　数	総面積	収録内容
第1号	93. 5	1,200	88	判例23件
第2号	93. 8	1,100	124	判例18件
第3号	93.11	1,000	141	判例35件
第4号	94. 2	900	156	判例28件
第5号	94. 5	800	86	判例23件
第6号	94. 8	800	183	判例29件
第7号	94.11	850	165	判例12件
第8号	95. 2	850	100	判例22件
第9号	95. 5	850	260	判例50件
第10号	95. 8	850	194	判例34件
第11号	95.10	850	136	判例18件
第12号	95.12	850	130	判例18件
第13号	96. 2	850	165	判例17件
第14号	96. 4	850	73	判例11件
第15号	96. 6	850	113	判例19件
第16号	96. 8	850	58	判例9件
第17号	96.10	850	112	判例16件
第18号	96.12	850	134	判例24件
第19号	97. 2	850	184	判例25件
第20号	97. 4	850	86	判例12件
第21号	97. 6	850	131	判例27件
第22号	97. 8	850	92	判例19件
第23号	97.10	850	138	判例19件
第24号	97.12	850	108	判例20件

事(判例編纂課長)などを置くことにした。創刊号を発行するために公報編集委員会が3月23日と4月30日の2回にわたって開かれたが、その会議の内容は創刊号の公報に掲載する対象判例の確定と細部の編集計画であった。

　1993年5月1日付けで創刊号が発行されたが、その大きさは四六判で、発行部数は1,200部であった。以後、1994年には年4回、1995年には年5回、1996年からは偶数の月の初めごとに年6回ずつ発刊して、憲法裁判所判例の迅速な紹介と広報機能を遂行するようになった。

3) 憲法論叢

　憲法裁判に関する研究意欲を鼓吹して裁判業務の参考資料として活用する一

第 4 節　行 政 事 務

方、法曹界などの憲法裁判研究に資するために、憲法裁判官及び憲法裁判所職員達が憲法裁判に関連する論文を収集して、毎年「憲法論叢」を発刊している。論文審査委員は常任裁判官全員で構成するが、細部の審査は図書および判例審議委員会小委員会に委任することにした。初代委員長は李時潤常任裁判官であって、委員は邊精一事務処長と梁三承研究部長であった。1997年12月現在第8集まで発行されている。

4）　裁判資料集

憲法裁判に関する研究と憲法裁判の参考資料として活用し、かつ、法曹界や学界における憲法裁判に関する理解の向上に役立つ資料を提供するために、「裁判資料集」を発刊している。「裁判資料集」には判例評釈、学術討論などが収録され、1997年12月現在で第8集まで総8冊が発刊された。

5）　依託研究報告集

憲法訴願及び違憲法律審判などの審判請求事件の訴訟法的争点などの深い研究のために、国内の憲法学者達に研究を依託して憲法裁判制度全般に関する発展を図り、学者達の研究意欲を引き立てるため、依託研究報告集を発刊してきた。1997年12月現在で第9集まで総9冊が発刊されたが、これらの本は単一主題を深く扱ったところにその特徴がある。

以上のもののほかに、憲法裁判所広報集（韓国語版及び英文版）、ビデオ（15分）が刊行されており、「憲法訴願審判概要」（1993.5）、「庁舎建立誌」（1994.6）、「憲法訴願案内」（1997.12）、「憲法裁判実務撮要」（1998.8）などの刊行物がある。これらのうちで、「憲法裁判実務撮要」はその間の憲法裁判の経験と憲法裁判に関連した理論的争点などを集大成したものであり、その発刊の意義は非常に大きいものであった。

(3)　業務電算化

憲法裁判に必要な国内外の関連資料を体系的にデータベース化して、これを、近距離通信網を通じて共同活用させ、憲法裁判支援行政業務を効率的に遂行するための業務電算化を持続的に推進している。当面の課題は電算化事業推進方向の設定、電算装備と人力の確保及び職員の教育などであり、1993年3月25日に憲法裁判所電算化推進実務委員会が構成され、電算化事業の推進に関する重要な事項を審議するようになったが、電算化事業の本格的な推進は諸

般の与件のために乙支路庁舎から斉洞庁舎に移転した以降に見送らざるを得なかった。

　電算化推進実務委員会の数次にわたる検討の結果、第1次的な電算化推進計画として1993年12月9日に憲法裁判所業務電算化研究準備計画が立てられた。これは図書電算化の基礎段階として図書目録及び文献情報の入力を、図書の分類について専門知識を備えた外部の専門業者に依頼して推進する一方、憲法裁判所業務電算化総合計画樹立のための用意は予算確保などの与件が整った後にするという内容であった。12月23日には電算室、司書室及び閲覧室の間に近距離通信網が築かれ、図書目録入力事業が完了した。1994年10月にはこれを試験運営する一方、12月27日に韓国電算化共同組合と約23,000冊に達する図書目録入力契約が新しく締結された。また、1994年6月23日には1992年から推進された判例電算化が実って、憲法裁判所判例集および公報に収録された判例を判例検索プログラム（LX）に入力して憲法裁判所及び大法院判例要旨を同時に検索できるようにすることで、憲法裁判業務の効率化を期した。

　また電算装備を持続的に拡充した。1993年12月に憲法裁判所補助機構に関する規則を改定して電算要員定員1名を確保し、1997年度には電算要員を2人に増員した。一方、定期的に政府電子計算所などに委託して職員達の電算能力向上のための教育を実施している。

　一方、1990年以来、各種オンライン情報サービスへの加入を推進して憲法裁判に役立つ法律、判例などの情報サービスの提供を受け、1990年には法制処と政府電子計算所が共同開発した法令情報サービスに加入し、また1992年には株式会社韓国法律情報システムで提供するGINSにも加入して判例・法令・立法予告・法律ニュースなどの情報を活用できるようにした。さらには、同年、韓国通信が提供するハイテル情報サービスに加入した。1993年には既存の法令情報データベースの利用のほかに図書情報データベースなど11個のデータベースを追加して活用するために行政総合情報サービスに加入し、1994年にはデイコムが提供する千里眼情報サービスおよびLEXISに加入したが、LEXISを利用してアメリカ連邦裁判所及び50州の法律・判例、議会の立法資料、行政府の資料および法律雑誌収録論文と、英国・英連邦諸国、フランスなど各国の法律・判例情報などの全文（full text）を広く活用できるようになっ

第4節　行政事務

た。

　1995年12月に憲法裁判所のあらゆるＰＣに近距離通信網が繋がれたが、これは、建物-228Port、装備-108Port、サーバー-同時40人が利用できる規模である。1996年12月には韓国電算院が提供する国家超高速情報通信網を利用するようになったが、これによって憲法裁判所内の近距離通信網と超高速通信網を連動してインターネットと一般空中網（すでに1993年から加入した千里眼、ハイテル、ユニテルなど）を速く利用できるようになった。

　1997年12月現在、その間の大部分の決定文と研究報告書などがデータベース化され、各部屋のＰＣに繋がれていて、事件を総合的に検索するプログラムも設けられ、ＬＡＮを通じての検索ができるようになった。1998年4月現在、ＰＣは158台で、ペンティアム級が92台、プリンターはレーザー・プリンター44台を含めて106台が普及している。憲法裁判所は電算関連予算の拡大などを通じて、法律情報網を拡充して電子図書館の内実化を期する計画である。

　これまでの電算網構築成果を土台として1998年8月末現在、憲法裁判所ホームページをインターネット上に築き（www.ccourt.go.kr）、このドメインネームを利用して各職員に電子郵便アドレスが与えられた。ホームページを通じて新しい情報と判例だけでなく、図書資料、各種の憲法裁判所発刊文献の全文などが迅速かつ効率的に一般国民に伝えられており、一般国民の質疑と相談に効率的に応じられるようにもなった。また、外国の憲法裁判関係者との交流も増加している。将来インターネットに弁論資料をオーディオで提供して国民が一層生き生きとした憲法裁判に接することができるような方案が論議されている。

　このようなホームページの作業のために、1997年5月に内規で電算化推進委員会を作った。委員会は、委員長の朴容相事務次長、副委員長の黄道洙研究官及びその他委員で組織され、定期的に委員会が召集されている。

2　予　　算

　憲法裁判所の予算は政府で編成して国会に提出しており、憲法裁判所は別途の予算編成権を持っていない。しかし、憲法裁判所の要求予算額について政府（財政経済院）が削減しようとするときは憲法裁判所長の意見を求めるようにし

第2章 憲法裁判所10年

ているが、これまで憲法裁判所長が削られた予算について特に意見を出したことはない。

1993年から1998年の間、予算の平均増加率は約11.5%で政府予算の平均増加率より低い水準であり、政府の総予算中に占める比率は約0.015%だった。

憲法委員会当時の予算は4億4,700余万ウォンだったが、1988年9月1日に憲法裁判所が発足して人員と機構が大幅に拡大することにより、政府予備費8億7,300余万ウォンを合わせて総予算額は13億2,100余万ウォンになった。特に憲法裁判所法第11条の「憲法裁判所の経費は独立して国家の予算に計上しなければならない」(1項)、「第1項の経費の中には予備金を置く」(2項)という規定によって、予備金として3,268余万ウォンを計上して不測の経費の充当、庁舎移転と裁判上の必要経費および裁判活動の独立性と憲法裁判業務の特殊性などに備えられるようにした。

1989年度予算は時期的に当初政府予算要求(案)に含めることができなかったが、国会の予算決算特別委員会で1989年度憲法裁判所歳出予算(案)を含めて本会議の議決で確定された。1989年度からは庁舎新築関連予算が反映されて予算が大幅に増加したが、年度別予算規模は下記の表のとおりである。

〈年度別予算規模〉

(単位:千ウォン)

会計年度	予算額	増加率(%)	比較
88	1,321,023	—	予備費 873,242 を含む
89	4,955,912	275.2	
90	8,668,693	74.9	
91	11,672,617	34.7	
92	20,702,127	77.4	
93	15,930,481	−23.0	
94	8,575,823	−46.2	
95	7,116,519	−17.0	
96	8,525,465	19.8	
97	9,110,189	6.9	
98	8,513,684	−6.5	

1988年9月1日に憲法裁判が実施されることによって、憲法裁判所の定員と機構が大幅に拡大改編された。1988年度予算は政府予備費を使用したし、

第4節 行政事務

また憲法裁判所法第11条第2項に基づいて予備金(3,269万ウォン)が置かれた。

1989年度予算の主要内訳をみると、主要事業費として庁舎新築関連予算の計上と憲法裁判制度の定着と発展のための研究費の計上などがあったが、このうち庁舎新築予算は21億8千万ウォン(施設付帯費1億8千余万ウォン、土地購入費20億ウォン)であった。

1990年度予算は主要事業費として庁舎新築関連予算が前年対比146%増加した53億5,300余万ウォンが計上され、特に国庫債務負担行為として20億ウォンを追加で確保することができ、実際に工事費として使える金額は73億5,300余万ウォンになった。その後、1991年から1994年までの憲法裁判所予算は、庁舎新築予算が重要部分を占め、その他の事業費のうち図書拡充計画に基づく図書購入費も毎年相当額が計上された。1990年度までは予算科目の構造が単一細項(機関運営)にあらゆる室・局の予算が編入され、各室・局間の予算執行が曖昧な場合があったが、1991年予算から経済企画院予算室と協議して単一細項から各室・局の実情に合わせて機関運営・審判活動支援・審判資料調査などに分類編成した。

〈年度別予算内訳〉

(単位:千ウォン)

区分 年度	計	細 項			予 備 金
		機関運営	審判活動支援	審判資料調査	
88	1,321,023	1,288,338	—	—	32,685
89	4,955,912	4,648,512	—	—	307,400
90	8,668,693	8,375,093	—	—	293,600
91	11,672,617	10,855,259	254,420	225,338	337,600
92	20,702,127	19,782,081	256,631	267,015	396,400
93	15,930,481	14,883,613	252,455	340,213	454,200
94	8,575,823	7,576,350	231,857	313,416	454,200
95	7,116,519	5,986,962	243,909	386,028	499,620
96	8,525,465	7,294,648	186,470	444,765	599,582
97	9,110,189	7,970,549	55,492	484,566	599,582
98	8,513,684	7,574,735	37,652	391,652	509,645

1991年11月30日に非常任裁判官3人を常任裁判官にし、また憲法研究官補

第2章　憲法裁判所10年

制度が新設されたにもかかわらず、これに対する修正予算が編成できなかったので、非常任裁判官に支給することに策定された非常任裁判官手当3,400万ウォンのうち2,700万ウォンを1992年5月16日に予備金から執行した。

主要事業である庁舎新築事業費の年度別予算内訳をみると、下の表のとおりであるが、総工事費436億6,400余万ウォンをかけて1993年6月に新庁舎が竣工されたことで、発足から竣工時まで貞洞ビル（ソウル中区貞洞所在）、旧ソウル師範大学付属高等学校（ソウル中区乙支路5街所在）など、臨時庁舎を転々としていた憲法裁判所は、その位相と権威にふさわしい新庁舎をもつことになった。

〈庁舎新築による総所要予算内訳〉

(単位：千ウォン)

区　分	総予算	89	90	91	92	93	94
施設費	20,943,363	—	1,043,144	2,924,000	9,053,522	5,661,697	2,261,000
施設付帯費	584,728	8,000	199,182	158,279	123,442	70,825	25,000
土地購入費	22,136,089	2,000,000	4,297,613	4,602,849	6,326,834	4,908,793	—
計	43,664,180	2,008,000	5,539,939	7,685,128	15,503,798	10,641,315	2,286,000

1994年度予算編成からは、予算項目の構造を改編した。すなわち、以前までの予算科目構造が分類されすぎていて予算執行の裁量権がほとんどなく不便であったので、予算項目間の転用の範囲を広げることで、予算執行における弾力性を図った。1995年度には秘書室予算を所長室・裁判官室・研究官（補）室に分けて計上することに伴い、全体予算額が大幅に増額された。1996年度からは南北韓統一後の憲法裁判についての研究をするための研究事業費を計上して、関連資料の発刊事業などを進めている。

1998年度予算には憲法裁判所創立10周年記念事業費として6000万ウォンを編成し、記念式典、憲法裁判の発展方向に関する討論会、外国憲法裁判所との交流などを企てた。

1988年度予算と1989年度予算は、憲法裁判所が経済企画院に予算（案）を要求する時間上の余裕がなかったため、1989年度予算は相当部分（873,242千ウォン）が政府の予備費から執行されたし、1989年度予算は政府予算案が国会に出された後に国会で修正予算として編成された。1990年からは憲法裁判所予算（案）を作成して要求するようになったが、予算編成権は政府が持ってお

り、政府の予算案編成過程で要求額が毎年削られるため十分な予算を確保するのに苦しんでいる。したがって、憲法裁判所が独立した憲法機関としての位相を守り、機能を十分成し遂げるためには独立した予算編成権を持つのが望ましい。一方、予算執行現況を見ると、例えば1996年度には総予算額85億2,540余万ウォンの95.2%である81億1,700余万ウォンを支出して、4.8%である4億770余万ウォンを不用額として返納した。その発生事由は、定員未達による運営（人件費など）3億4,600余万ウォン、予算節減額（一般需要費など）3,200余万ウォン、その他の執行残額（官舎運営費など）2,860余万ウォンであった。

3 庁 舎
(1) 貞洞庁舎（ジョンドン）

　1988年9月15日に憲法裁判所は出帆したが、当時は新設機関としての組織構成ができたのみであって、業務を遂行することのできる独立庁舎をすぐには設けられないという事情であったので、ソウル中区貞洞15の5に所在する貞洞ビル内の事務室（貞洞会館16階の211坪と追加して賃借した18階の66坪、総約240坪）を庁舎として使った。貞洞会館とも呼ばれる貞洞庁舎は、旧憲法委員会が1978年1月26日にソウル特別市教育委員会庁舎からここに移転して以来ひき続いて賃借使用してきたのである。

　当時、貞洞庁舎16階は裁判所長室（旧憲法委員会常任委員室）、事務処長室（旧憲法委員会事務局長室）、裁判官室、総務課として使われた。18階は企画調整室、審判局として使われた。特に、裁判官室の場合、非常任裁判官達に別途の事務室を割り当てることができない状況であり、常任裁判官5人が一つの事務室で勤務するほど場所が狭かった。

(2) 乙支路庁舎（ウルチロ）

　旧憲法委員会とは異なり、憲法裁判所は実質的な憲法裁判業務を遂行したため、狭小な貞洞庁舎では憲法裁判本来の業務を正常に成し遂げることはできなかった。憲法裁判の組織・機構が整備されていくにつれ増員される人員に対応できなかったし、審判廷さえも十分に揃っていなかった。このような状況からともあれ広い場所に庁舎を転じなければならないという切迫した必要性のもと、ソウル中区乙支路5街40の3に所在する旧ソウル大学校師範大学の付属

建物をソウル市から借り受け、これを庁舎として使うことにし、1988年度の政府予備金1億8千万ウォンを投資して改築作業を行い、同学校建物を憲法裁判所の用途に合わせて、本館、別館、審判廷などに大修繕した。

1988年12月21日に貞洞庁舎から乙支路庁舎に移転した6日後の12月27日、行政府、立法府、司法府の3府の要人、3党代表及び各界の人士が参席した中で、憲法裁判所開庁式が挙行された。曺圭光憲法裁判所長は式辞で「第6共和国憲法の起草者達が憲法守護担当者である憲法裁判所を創設したのは、我々の暗かった憲政史を深く省みて外国の憲法統制制度を綿密に検討した結果として大変賢明な選択であった」と指摘しながら、「憲法裁判所が国民の基本権保障による憲法守護という使命を全うすることによって韓国の憲政の発展に大いに寄与することを国民の前で誓うとともに、満ちあふれる抱負と高鳴る心でもって憲法裁判所の開庁を宣言する」と述べた。

乙支路庁舎は4棟の建物で構成されており、本館は赤レンガの2階建てで、裁判所長室、裁判官室、処・次長室、総務課として、別館は企調室、研究官室、資料局として、新館は審判局として各々使用された。

審判廷としては外の講堂を利用したが、大変狭かったため裁判官と傍聴人の間があまり近く配置され、憲法裁判所の権威は国民の信望に基づくという命題が実感されるほどであった。

乙支路庁舎の建物自体は狭小であったが、赤レンガの建物で庁内は静かで広い土の庭があったし、本館の前と後には大きな樹木があって、秋になると牧歌的風景であった。毎日昼の12時30分ごろになると必ず庁内を散策する曺圭光所長の姿は牧歌的なるものと規律的なるものとの調和をみせてくれるようであった。

1993年6月初旬、4年5ヵ月間の乙支路庁舎の時代は幕が降りた。この時期は、憲法裁判の不毛の地であった韓国で畑を耕して種をまいた時期であった。憲法裁判所が斉洞の新庁舎に引っ越した後、その建物はつぶされ、地下に市立駐車場が、地上には市民公園が造成された。

(3) 斉洞庁舎
　　　ジェドン

乙支路庁舎は1910年代に建立した学校の建物であり、老朽化していたうえ、本館と別館、それから新館とに分けられており、審判廷も離れているなど業務

第4節　行政事務

を効率的に成し遂げるには適していなかった。また、所有主のソウル市が独自に再開発計画を樹立していて長期間賃借して使うこともできない実情であったので、できるだけ早いうちに憲法裁判所の位相にふさわしい本来の機能が遂行できる独立庁舎を建てる必要があった。このような要請に応じて、ソウル鐘路区斉洞83番地にある5,084坪の敷地に新庁舎敷地を定めて、1991年3月13日に建物床面積1,070坪、延建ぺい5,829坪に達する地下1階、地上5階の庁舎新築のための起工式を行った。翌日から工事を始めて遂に1993年6月1日に竣工式を迎えた。6月9日から11日までに引っ越しを完了することで、ここに初めて憲法裁判所の位相と役割にふさわしい独立した庁舎を持つようになったのである。

　斉洞庁舎の敷地は旧韓末の開化派の功臣で右議政を歴任した桓斉朴珪寿（1807－1876）先生の邸宅と、宣教医師アレン（Allen）が立てた韓国最初の総合病院である廣恵院（1885－1887）があったところで、その後は京畿女子高等学校（1910－1945、旧官立漢城高等女学校、官立京城女子高等普通学校）と昌徳女子高等学校（1949－1989、旧ソウル第3女子中学校、昌徳女子中学校）が位置して、多くの人材を育て上げた教育の揺籃があった由緒ある所だった。また、敷地内には韓国では極めて珍しく貴重な樹齢600年にもなる天然記念物第8号の斉洞白松のある所でもある。

　庁舎新築の経緯は次のとおりである。1988年11月25日の裁判官会議で、庁舎新築のために1989年会計年度予算額21億8,500余万ウォンの修正予算要求案が議決され、ひき続いて12月の第144回定期国会で敷地購入費一部及び設計費予算案（21億8千万ウォン）が確定されることによって庁舎新築を具体的に推進できる土台が設けられた。庁舎新築を具体的に推進するために、憲法裁判所の事務処長（邊精一）を委員長に、事務次長を副委員長にして、著名な建築学の教授を中心に構成された庁舎建築審議委員会が1989年3月11日に設置された。1990年12月に調達庁に依頼して、三陽建設産業株式会社と工事契約を締結し、12月29日には調達庁が全面的に責任監理を受けもつ施工管理約定をした。

　1991年3月13日、庁舎新築現場に盧泰愚大統領をはじめ3府の要人と関係人士300余名が参席した中で憲法裁判所新築庁舎起工式が行われた。

第 2 章 憲法裁判所 10 年

　憲法裁判所の庁舎が恒久的に位置する敷地を確保するのに当り優先的に顧慮すべきことは位置の問題であった。最高憲法機関の 1 つとしての位相とその独立的機能を考慮するとき、立法機関である国会が位置している汝矣島(ヨイド)、または司法機関が集中的に位置している瑞草洞(ソチョドン)の法曹団地などの特定地域に位置すべき必要性はなかった。また、独自的な機能を円滑に遂行できる所であっても類似機関とも離れすぎでなく、ここを尋ねる国民の便宜を図る所であるのが望ましかった。

　敷地の候補地を購入するためソウル市と協議した結果、当時賃借使用中の乙支路庁舎敷地と江南区良才洞(ヤンジェドン)にあるソウル市所有の敷地、そして最終的に庁舎敷地として選定された旧昌徳女子高の敷地が上がった。その中で、旧昌徳女子高の敷地がもっとも有力な候補地として浮上し、ここが最終的に庁舎敷地として決められた。これには当時の憲法裁判官の多数が江南地域より江北地域を好んだ点が決定的に作用した。

　新築庁舎の設計は国内有数の設計事務所 5 社を対象に指名競争懸賞公募を実施して出品された作品のなか、庁舎建築審議委員会の審査を経て裁判官会議でヒョンシン総合建築事務所の作品が採択された。庁舎は建築デザイン的側面では伝統と新技術が結合された新古典主義の石造りの建築であって、重厚な外観と同時に、なるべく自然の素材を導入することで雄壮感と親密感を引き立たせ、諸般の業務活動の便宜性と科学性が調和をなすように設計された。設計公募当時の建物形態及び規模は建物中心部に中庭を設置した南向きの 3 階建ての建物 2 棟であったが、1990 年 1 月 5 日に庁舎敷地一帯の高度制限が 10 m から 20 m に緩和されたことに伴い、建物中心部にドームを設置した長方形の 5 階建ての規模の単一の建物に変更された。また、最初の設計では建物の正面が南向きで、20 m の主要道路がある東の方からみると建物が横向きになっているという世論の指摘があり、1990 年 3 月 26 日の裁判官会議で審議した結果、建物の正面は世論に従い 20 m の主要道路がある東向に直すことで合意して、東向の建物に設計変更した後、建立を推進することになった。

　建物は憲法裁判所の象徴性と都市的調和性を考慮して現代的感覚と古典的様式の石造建築で、重厚な外観を持たせるように基壇部、中央部、上段部に区分して水平的デザイン要素と垂直的パターンを折衷した。前面のデザインにおい

第4節 行政事務

て建物の屋上に設けられたドームは憲法の最高規範性を表しており、建物上部の水平な3本の帯は憲法の平等の原則を意味し、中央玄関部分の上段を三つに分けて三権分立を表すようにし、垂直の柱および垂直窓を配列して憲法の守護と国民の基本権を保障する憲法機関としての位相と象徴性が表出できるようにした。断面計画は、隣接の伝統的家並の保存地域と調和できるよう地上5階の低層構造を選んで各機能間の有機性と効率性を最大化させるため構造別、機能別にグルーピングすることで層階を最適にして、一般事務棟と特殊用棟(審判廷と講堂)を区分して配置した。また、建物内部の棟線および空間の中心性と象徴性を考え、1階ロビー上部を開放空間にし最上部にドームを設置してロテュンダ(rotunda)ホールにした。

庁舎内には中央ロビーに彫刻物として憲法守護者の像(崔義淳作)を設置し、絵として希望の国(関庚甲作)、法の権威と真理の守護(韓雲晟作)を展示し、中央ホール入口中央壁には憲法第10条の内容が刻まれている(高・カン作)。

憲法裁判所庁舎新築竣工式は、1993年6月1日に金泳三大統領をはじめ李万燮国会議長、金徳柱大法院長ら3府の要人と憲法裁判所長、憲法裁判官、施工事業の関係者及び来賓が出席して行われた。

庁舎の主要施設としては、大審判廷、小審判廷及び大講堂がある。大審判廷は韓屋の柱と垂木、部屋のドアデザインを接木して伝統美を生かし、希望と明るい未来を象徴する光の10階段(河・ドンチョル作)という作品が後面に設置されており、傍聴のための112個の傍聴席が配置されている。

小審判廷は40席規模であり、大講堂は多目的に活用される所で、国際会議または公法関係会議をはじめ所内の各種行事に使われており、140席のメモ板の付いた固定式の椅子が備えられている。また、国際会議に備えて8ヵ国語で42名まで使える同時通訳施設を取り揃えており、35mm映像機2台を備えた映画上映施設も備えられている。

事務室は裁判官室と事務処長・次長室をはじめ研究官室、そして一般事務室があって、約10万冊に達する図書を収蔵できる図書室を備えている。地下には構内食堂があり、職員の体力と健康のための体力トレーニングルームを運営しており、特に地下1階機械室のなかには中央監視室を置いているが、各種先端機械施設・装備を自動コントロールできる自動制御設備を取り揃えている。自

135

第2章 憲法裁判所10年

動制御設備は建物自動化体制を維持するための必須装置として中央管制装置の制御用コンピューターによって建物内の空調（熱源設備含む）、衛生および電気施設など、安全性と経済性および便宜性を最大に確保するように運用されていて、人員節減とエネルギー消費節約の効果を高めるだけでなく、快適な勤務環境を助成して業務の能率向上に大いに寄与している。

裁判所の外部には前方の庭園地域、白松地域、南西側地域に分けて造景工事が多彩に出来上がった。前方の庭園地域には人工の池と噴水を設置したが、池は3段階の高さになっていて池中央の水の落下地点には花崗石の浮き堀り美術装飾品が置かれている。白松地域には天然記念物の白松と塀を通じて隣接している故尹潽善大統領邸宅の既存樹木などと調和できるよう造形の松と落葉樹などを植えて、周りに人工の池を作ってポンプと自然石を設置した。また、周りには散策用の道を作り藤の椅子を配置し、造園地域の端や突出した部分には潅木類のヒメツゲやツツジを植えた。庁舎に設置されている各種施設、工作物装備などの機能維持及び長期にわたる使用のために関連業者と毎年請負契約を締結して、管理している。その中、施設管理請負職員10名と清掃管理請負職員16名は常駐体制に、そして通信設備維持と昇降機維持は非常駐体制になっており、造園樹木管理請負は必要に応じて随時行われる。

(4) 憲法裁判所長公館

憲法裁判所長公館はソウル鐘路区三清洞(サンチョンドン)133-5と山5-1の4に位置している。そこは青瓦台と接した所であり朝鮮王朝末に慶福宮の別宮であった泰和宮があった所である。公館は1978年12月30日に完工したセメン煉瓦造の地下1階、地上2階の建物1棟であり、敷地面積1990.1m^2、林野面積9.342m^2で、建物の地下（236.36m^2）はボイラー室と倉庫などで、1階（454.08m^2）と2階（268.63m^2）は事務室と住居用に使われている。

この建物は明成皇后の甥として知られている閔ビョンユの所有であったが、1981年5月8日に金ヨンカブの名義に所有権が移され、同年9月9日に贈与の形式で国家（総務処）に所有権が移転された。1993年6月17日に国有財産法第22条に依拠して管理庁が憲法裁判所に変更され、憲法裁判所長の公館として使われている。憲法裁判所長の公館は庁舎から1km以内の距離に位置し、憲法裁判所独自の人員によって管理している。

第4節 行政事務

4　広報業務と民願相談

　憲法裁判所の機能及び憲法訴願制度を国民に十分に理解してもらい、より活用できるようにするため憲法裁判所を訪ねる民願人、記者、その他の訪問者らに広報冊子を配布している。1988年12月には「憲法裁判所は何をする機関なのか」というパンフレットを発刊・配布しており、1989年3月31日には「憲法裁判所の機能と役割」という冊子を、1992年には「憲法訴願審判手続案内」を発刊して、出入記者団及び憲法裁判所職員の教育用資料として用いた。また、1996年12月には、憲法の意義と特性を説明して憲法裁判制度に関して分かりやすく記述した「憲法裁判とは何か」を22,000部発刊して洞事務所以上の民願室に発送しており、1997年には「憲法訴願請求手続案内」10,000部を各級行政機関に、1998年8月には「憲法裁判実務撮要」を各機関に発送した。

　一方、憲法裁判所の組織、機能および現況を紹介する広報集「憲法裁判所」を創立1周年である1989年9月に発刊し、英文版広報集「The Constitutional Court」を1990年5月に発刊して、その後数次にわたり補訂版も出した。また、憲法裁判所主要判例の要旨が英文冊子として刊行されており（これはインターネット・ホームページにも収録されている）、さらに追加して34件の判例の要旨を英文化する作業が行われている。

〈広報集「憲法裁判所」、「The Constitutional Court」発刊内訳〉

区分 冊子名	発行日付	部　数	総頁数
国　文　版	89. 9	2,000	39
英　文　版	90. 5	900	66
英文補訂版	92.12	550	66
国文補訂版	95. 4	3,000	32
英文補訂版	95. 5	500	32
英文改訂版	96. 8	1,500	33
英文版付録（判例版）	96.12	1,500	38
国　文　版	97.12	3,000	38
英　文　版	97.12	2,000	33

　1996年9月には憲法裁判所の権限、組織、裁判実績などを分かりやすく説明した広報ビデオ「憲法裁判所」1,500個を製作して各教育庁に配布した。

　記者達には該当事件についての言論用の資料などが提供されており、庁舎2

階の広報官室付属記者室には各新聞、放送社ごとに記者席と通信設備が備えられている。

1988年9月1日には憲法裁判所開庁以来多数の見学および訪問客があった。1988年11月7日にはアメリカのアジア財団代表の訪問があった。

〈憲法裁判所長の外部人士との接見数〉

(1988年9月1日～1997年12月31日)

区分＼年度	88	89	90	91	92	93	94	95	96	97
個　　人	3	4	3	2	2	6	13	9	5	9
各種団体	—	1	0	1	1	4	2	—	—	—
小　　計	3	5	3	3	3	10	15	9	5	9

現庁舎を訪問した主要外国法曹人としては、1995年7月14日ロシア最高法院長 Vjacheslav M. Lebedev、9月18日ガボン憲法裁判所長 Marie Madeleine Mboratsuo、11月2日イスラエル大法院副院長 Shlomo Levin、1996年1月10日ハンガリー憲法裁判所長 Laszlo Solyom、5月22日中国最高人民法院長・任建新、1997年5月2日本最高裁判所裁判官・園部逸夫などである。1998年9月1日憲法裁判所10周年記念式には金大中大統領を含む国内貴賓だけでなく、ドイツ連邦憲法裁判所長 Jutta Limbach とポルトガル憲法裁判所長 Jose Cardoso da Costa が特別に参加して、9月2日の憲法裁判セミナーで彼らは各々自国の憲法裁判制度の体系と憲法裁判の経験について講演もした。

特に、1998年には創立10週年を迎えて全国の法科大学および各級教育庁に憲法裁判所見学を歓迎する公文を発送した。その後、見学者が急増して、1998年5月の場合、見学者は総22校1,777名に達した。これは実務教育の現場として憲法裁判所に対する関心が高まりつつあることを反映したものである。見学プログラムは講堂で憲法裁判所についてのビデオの視聴後、広報担当憲法研究官の憲法裁判紹介および質疑応答、大法廷などの見学、天然記念物第8号白松観覧などの順で行われる。

憲法裁判所は創立以来、別途の民願室を設置し運営している。1988年9月1日に憲法裁判所が創立され、本格的に憲法裁判に着手することにより、国民の期待と関心が高まり、憲法裁判所はマスコミなどを通じて憲法裁判制度に関する対国民広報を積極的に実施したが、未だに憲法裁判所の権限範囲や具体的

第4節　行政事務

な審判請求方式などについてよく知らない国民が多く、憲法裁判所の所掌事項でないものや審判請求の要件を備えていない告訴・告発・陳情・嘆願などの民願事件が多数受付けられた。また、憲法裁判所を直接訪問したり、電話で相談する民願人が少なくないが、対面相談および電話相談を除いた民願事件の受理及び処理件数の推移は次の通りである。

〈民願受理及び処理状況〉

(単位：件)

年度別	88 (9.15～ 12.31)	89	90	91	92	93	94	95	96	97
受理	18	176	169	209	206	250	259	195	263	241
処理	18	176	169	209	206	250	259	195	263	241

　年を重ねるにつれ民願受理件数も継続して増加する趨勢であり、上記受理件数の中の事件に対しては、相談と案内を経て、望む場合には憲法訴願として受理できるようにしてきた。一方、インターネットとハイテル、千里眼などコンピューター通信を通じて少なからざる数の問答が行われている。

第3章　憲法裁判所の決定

第1節　概　　観

1　はじめに

　本章では、過去10年間の憲法裁判所の決定を、各分野別に分けて、その間の代表的な判例を紹介し、その内容と決定の意義を考察することにする。そこで、本節では、憲法裁判所の決定に対する全般的な理解に資するべく、その流れを鳥瞰することができるように憲法裁判所と他の国家機関との関係、変形決定の必要性とその根拠、憲法裁判所の管轄の拡大問題などについて概観する。

　憲法裁判所の出帆とともに、法律の違憲の可否を審査して違憲の法律の効力を喪失させる規範統制制度（違憲法律審判手続および憲法訴願審判手続）が、わが憲法裁判史において初めて活性化した。これに伴い、法律を制定する立法者と憲法裁判所との関係が重要な法的問題として浮び上がるようになった。立法者との関係において如何なる思考が決定の土台を成しているのか、すなわち、憲法裁判所が立法者の立法形成権をどの程度尊重しようと努力したのかを考察することは、憲法裁判所の決定を理解するのに少なからざる助けになるであろう。一方、わが憲法は、違憲審査を憲法裁判所にのみ独占させるのではなく、法院にも分け与えて、両方の機関をして、各々の裁判管轄の範囲内で憲法を守護し、基本権を保護せしめる責務を付与しているために、憲法裁判所と法院の裁判管轄の境界に関する争いが起こり得るのであり、それゆえ、法院との関係が如何なる形態で形成されているのか、その過程において現れた問題は何であったのか、について考察してみる必要もある。

　立法者の形成権に対する尊重は、具体的には憲法裁判所の決定において変形決定の形態として現れる。変形決定が過去10年間、どのような過程をたどって発展し、理論的にどのように落ち着き、そして、その過程で派生した諸問題は何であるのか、という視点を通じて、憲法裁判所のこれまでの活動を振り

141

第3章 憲法裁判所の決定

返ってみることも意味があると思われる。

憲法裁判所は、可能であるならば、権利救済と基本権の保護に疎漏のないようにするために、同じ任務を担当した法院の権利救済手続が不十分な場合に、憲法訴願の門を広く開放することによって、これを補完しようと努力した。例を挙げれば、検事の不起訴処分、国民の基本権を直接に侵害する命令・規則・条例、行政訴訟の対象にならない公権力行為に対して憲法訴願の対象の範囲を拡大し、また、統治行為と立法不作為に対しても憲法訴願の対象になると判示したことなどがその例であるが、憲法裁判所がいかなる論拠と正当性を持って、このように自身の管轄を拡大してきたのかを、考察してみる必要もある。

また、本節の主な内容として、過去10年間の重要であると思われる決定を第1期と第2期の憲法裁判所の決定に分け、生活領域や各基本権の領域などを1つの基準にして、その流れを簡略に叙述する一方で、決定の流れを紹介した後には、その間の憲法裁判所の主要な違憲審査基準を再び整理したが、このような諸基準は憲法裁判所ができてから初めて具体的に体系化されたものであるということができるので、1ヶ所に集めてみたのである。そして最後に、その間、憲法裁判所の活動を評価しようというそれなりの試みがあったが、憲法裁判所の決定を評価する諸観点はどのようなものであるのかについて考察することにする。

2 憲法裁判所と他の国家機関との関係

(1) 国会との関係

憲法裁判所の設立とともに従来の権力分立制度に種々の変化がもたらされるようになった。事件数において大きな比重を占めない弾劾審判制度、政党解散審判制度、権限争議審判制度を除けば、憲法によって付与され憲法裁判所法によって具体化された憲法裁判所の主な管轄は、違憲法律審判制度と憲法訴願制度である。憲法裁判所法第68条第1項が、憲法訴願の中から裁判訴願を排除しているので、憲法裁判所法第68条第1項による憲法訴願は、結局、その対象の重要性において国会で制定した法律に対する訴願を意味するのであり、国民の違憲提請申請が棄却された場合に国民が直接、法律に対する憲法訴願を提起することのできる可能性を提供する憲法裁判所法第68条第2項も法律を審

第1節 概　　観

判の対象としており、また、憲法裁判所法第41条は法官の違憲提請によって法律の違憲性を審査する具体的規範統制を規定している。したがって、現行の憲法裁判所法上、憲法裁判所の主な課題が立法者に対する規範統制にあるために、憲法裁判所と立法者との関係が重要な問題として浮び上がるのである。

　憲法裁判所と立法者である国会との関係は、一言で表現しようとするならば、憲法を具体化して実現することが各自にどのように付与されているのか、という課題の問題であるということができる。

　憲法裁判所と立法者は、憲法で付与された機能において互いに相違する。立法者は、憲法の限界内において政治的決定を通じて共同体を形成する中心的役割をする。これに対して、憲法裁判所は、憲法から立法形成権の限界を導き出すことによって、立法者の政治的形成の憲法的限界を提示するのである。

　憲法の実現は憲法裁判所だけの課題ではなくて、立法・司法・行政のすべての国家機関は憲法によって付与された固有の機能を行使することでもって同時に憲法を具体化しているのである。立法者は立法活動を通じて憲法を実現して具体化し、憲法裁判所は憲法裁判を通じて憲法の規範力を確保して憲法を実現しようとする。ここに、立法者と憲法裁判所は、各々、立法作用と憲法裁判を通じた憲法の実現において、立法者は優先的形成権を、憲法裁判所はその形成権の限界についての最終的審査権を持つようになる。憲法裁判所は決定を通じて最終的に憲法の内容を確定するために、憲法裁判所が包括的かつ疎漏なく憲法を具体化しようと試みるならば、それは必然的に立法者の形成権を過度に制限することになり、権力分立原則上の牽制と均衡の調和を果たし得ないであろう。あらゆる国家機関が各自に帰属する憲法上の機能を遂行しながら同時に憲法を実現するためには、憲法裁判所が他の国家機関による憲法の具体化を一定の範囲内で尊重してこそ、各機能の独自性が維持され得るのである。それゆえ、権力分立原則は、憲法裁判所による憲法実現の限界を意味する。憲法裁判所が立法者に対して、あたかも自身が立法政策の形成者のように包括的かつ広範囲に審査するならば、憲法裁判所は自ら立法者の地位を占め、社会の共同体形成において国会の固有の機能を侵害するなど、権力分立的機能秩序を侵害するおそれがある。

　憲法裁判所が立法者に対する規範統制をしながら選んだ基本的立場と出発点

第 3 章　憲法裁判所の決定

は、立法者の形成権に対する尊重であった。憲法裁判所は、多くの決定で立法者の形成権を強調し、審判対象である法律条項について合憲決定を下した。憲法裁判所の唯一の審査基準は憲法規範であって憲法裁判所の政治的判断ではないので、法律の違憲性の審査のための憲法的基準が存在する限度内において憲法裁判所による規範統制が可能であるというのが、憲法裁判所の一貫した基本的立場であった。したがって、憲法裁判所は、憲法が自ら規定せずに政治的議論に委ねた開放的な問題を、過度に拡張的な憲法解釈を通じて自ら決定してはならないという姿勢を一貫して堅持してきた。

憲法裁判所が立法者の立法権を尊重するという立場のまた別の具体的表現は、変形決定の導入であった。法律が法文の範疇内で様々に解釈することができ、その解釈によってときには違憲的な結果を、またあるときには合憲的な結果をもたらす場合、憲法裁判所は違憲決定を下さないで、ただ法律をある方式で解釈する限りは、憲法に違反する、または違反しない、ということを確認する決定を下すようになる。このような決定類型である限定合憲及び限定違憲決定は、合憲的な法律解釈の必然的な結果である。司法機能を担当する機関は可能な限り立法者の立法権を尊重して立法者の制定した規範が引き続き存続し効力が維持され得るように解釈しなければならないということがまさに合憲的法律解釈であるが、これは民主主義と権力分立原則の観点からの、立法者の立法形成権に対する尊重の表現である。

法律の違憲性にもかかわらず、権力分立の原則と民主主義の観点から、立法者に違憲的な状態を除去する種々の可能性を認めることができる場合に、憲法裁判所は、立法者の形成権を尊重して法律に対する違憲決定を避け、立法者をして法令改正を通じて自ら違憲的な状態を除去せしめるように不合致決定をした。合憲的状態が種々の多様な方法で実現することができ、かつ、憲法裁判所の単純な違憲決定を通じて違憲的法律を除去するだけでは合憲的状態が窮極的には回復することができないとき、誰が憲法違反を除去すべきであるのかは、憲法上の権力分立秩序における憲法裁判所と立法者の権限配分の問題である。

立法者の形成権に対する尊重のまた別の具体的表現は、立法者のように積極的に形成的活動をする国家機関には憲法は行為の指針であると同時に限界を意味するが、憲法裁判所には他の国家機関の行為の違憲性を審査する基準を意味

第1節 概　観

するという憲法裁判所の基本的立場である。ここで、憲法が立法者と憲法裁判所をいかなる受範者とするのか、すなわち、どのように拘束させるのかに従い、憲法への覊束の性質は互いに異なるようになる。

　このような相違をよく示してくれる代表的なものがまさに平等原則であるが、憲法裁判所の審査基準としての平等原則は、恣意禁止の原則として立法・行政・司法機関に恣意的な公権力の行使を禁止するために、原則的に、憲法裁判所は立法者の決定において差別を正当化できる何らの合理的な理由も見いだすことができない場合にのみ、平等原則の違反を確認するようになる。しかし、平等原則は、立法者に対しては客観的に同じことは同じように、異なることは異なるように、規範の対象を実質的に平等に規律することを要求することでもって、恣意の禁止以上のはるかに多くのことを意味する。ここに平等原則は、立法者に対しては実質的平等の実現義務を、憲法裁判所に対しては原則的に恣意禁止の原則を意味するようになる。万一、立法者の憲法への覊束と憲法裁判所の審査基準が一致するならば、あらゆる国家機関の憲法への拘束は結果的に憲法裁判所の判断及び観点への拘束に変形されるので、憲法裁判所がその審査範囲を専ら立法者の政治的形成権が憲法的限界内に止まっているかどうかということに極限してこそ、立法者の形成の自由、さらには権力分立的機能秩序が十分に保障され得るのである。

　わが憲法裁判所は、社会的基本権に関する決定において、このような区分を行為規範と統制規範で表現し、誰が社会的基本権の実現の主体になるのかに伴う社会的基本権の相異した機能を法理論的に構成した（憲裁1997.6.26. 94憲マ33）。その決定理由によれば、行為規範としての社会的基本権は、立法者に国民所得や全般的な国家の給付能力、国家の他の課題との関係から見て実質的に保障できるものを保障すべき義務を賦課しているが、しかし、憲法裁判所の審査基準になる統制規範としての社会的基本権は、国家が社会的基本権の客観的な内容を実現するために必要な最小限の措置をとる義務のみを意味するようになる。

　憲法裁判所は、国家の保護義務に関して初めて自身の見解を表明した決定において、国家は個人の私的領域を尊重すべき義務だけでなく積極的に国民の基本権を他人の侵害から保護すべき義務があるとしながら、国家の基本権保護義

第3章 憲法裁判所の決定

務の違反の可否を判断するにおいて、立法者が保護義務を最大限に実現しようと努力することが理想的ではあるが、それは憲法が立法者に対して課している要求として周期的に回ってくる選挙を通じた国民審判の対象になるべき問題であって、憲法裁判所による審査基準を意味するものではなく、憲法裁判所は権力分立の観点から、いわゆる過小保護禁止原則、すなわち国家が国民の法益保護のために少なくとも適切かつ効率的な最小限の保護措置をとったか否かを基準として審査するのであると判示することでもって、行為規範と統制規範としての憲法規範の性格を区分すべきことを強調したのである（憲裁 1997.1.16. 90 憲マ 110 等）。

憲法裁判所は、立法不作為に対する憲法裁判所の裁判管轄権を極めて限定的に認めるほかないであろうが、憲法で基本権保障のために法令に明示的な立法委任をしたにもかかわらず立法者がこれを履行しないとき、そして、憲法解釈上、特定人に具体的な基本権が生じて、これを保障するための国家の行為義務ないしは保護義務が発生したことが明白であるにもかかわらず立法者が何らの立法措置をとらない場合が立法不作為に該当するであろうとして、立法不作為が憲法訴願の対象になり得ると判示しながらも（憲裁 1989.3.17. 88 憲マ 1）、一方では、憲法解釈を通じて導き出される憲法的立法義務を極めて例外的に認めることでもって立法者の形成権を尊重した（憲裁 1996.11.28. 93 憲マ 258）。

立法不作為が成立するためには、まず当然に、憲法的な、すなわち憲法が要求する立法者の立法義務が存在しなければならない。それゆえ、立法不作為は、憲法が立法者に立法義務を課すにもかかわらず立法者がこれを履行していない法的状態を意味する。憲法的立法義務をどの程度で認めるかという問題は、まさに立法者と憲法裁判所との間の憲法を実現し具体化する共同義務および課題の配分に直結した問題である。立法者の憲法的義務を、憲法に明示的に表現された明白な委任を超えて憲法解釈で幅広く認めれば認めるほど、立法者の形成の自由は縮小され、憲法解釈の最終的決定権者であると同時に立法者に対する統制者でもある憲法裁判所の決定に拘束されるのである。したがって、憲法裁判所は、立法者の民主的形成の自由を尊重するために、憲法的立法義務は単に例外的に認定され、可能であれば憲法上の明示的な委任に限定されるということを明らかにした。

第1節 概　　観

(2)　法院との関係

　憲法裁判所法第68条第1項では、法院の裁判を憲法訴願の対象から除外した。ところが、新設された憲法裁判所と既存の法院の間の管轄に関する幾度かの紛争は、2つの機関の間の関係が定立される過程において、あるいは十分に予見されたことであった。憲法は憲法裁判所を新設しながら、憲法裁判所と法院の管轄を新たに調整して両方の国家機関の管轄の境界を明確に設定することもなく、単に憲法裁判所の管轄を別途新たに規定することでもって、これらの国家機関の間で紛争が発生する素地を提供したのである。

　憲法は、憲法裁判所と法院の間で憲法裁判権を配分して、裁判の前提になった法律（憲法107条1項）及び直接に国民の基本権を侵害する法令（憲法111条1項5号）に対する憲法裁判権を憲法裁判所に、その他の命令・規則・処分が憲法や法律に違反するか否かが裁判の前提になる場合には、その裁判権を法院に、それぞれ帰属させて（憲法107条2項）、憲法裁判所と法院が各自の裁判権の範囲内で憲法の最高規範性を実現すべきことを規定した。すなわち、わが憲法は、憲法の守護と基本権の保護を憲法裁判所だけの課題でなく、憲法裁判所と法院の共同課題として委ねているのである。しかし、憲法のこのような管轄配分にもかかわらず、法律の内容を施行令が具体化するように委任した場合、施行令に具体化された法律の内容に違憲的な要素があるとして合憲的解釈を通じて法律の適用範囲からこれを排除する憲法裁判所の決定は、施行令をも併せて違憲と判断する結果をももたらし、法律の違憲性に対する審査が、結局、間接的に施行令に対する違憲性の審査まで意味するようになる。したがって、法律と命令に対する違憲審査権を分離して憲法裁判所と法院に帰属させている現行憲法の規定は相当な問題点を抱えており、2つの機関の間で管轄に関する紛争が発生する素地があるのである。

　命令・規則に対する法院の違憲判断は、具体的な法的紛争の裁判過程で間接的に規範を審査する、いわゆる具体的規範統制の形態としてのみ可能であるが、そこでは行政立法の違憲審査は裁判の主たる目的ではなく、単に具体的裁判のための先決問題として付随的になされる。すなわち、法院の行政立法に対する違憲審査の結果は、行政立法自体に対する違憲決定ではなく、当該事件における適用排除であるに過ぎず、これは法院による憲法裁判の付随的性格から

第3章 憲法裁判所の決定

出てくる当然の帰結である。しかし、憲法裁判所が命令・規則に対して違憲宣言をすれば、これは一般的効力を持つものとして、あらゆる国家機関を拘束する効果を備えた点で、同じ憲法裁判でありながらも、その効力には差異があるのである。

命令・規則によって直接に基本権が侵害された場合に、そのような命令・規則が憲法訴願の対象になり得るか否かの問題について、憲法裁判所と法院は見解を異にしている。大法院が憲法上、命令・規則に対する独占的排他的裁判管轄は法院にあるとするのに反して、憲法裁判所は、1990年10月15日、国民の基本権を直接に侵害する行政立法について、その行政立法自体の効力を直接争うことを訴訟物として一般法院に訴訟を提起することはできず救済を受ける道がないのであるから憲法訴願を通じた基本権の保護が不可避であるとの立場を明らかにし（憲裁1990.10.15. 89憲マ178）、これ以後は、裁判の前提にならない命令・規則については憲法訴願が許容されるという確固とした判例が形成されたのである（憲裁1996.10.4. 94憲マ68等）。

憲法裁判所の変形決定に対しても、法院は憲法裁判所と異なる見解をとっていた。まず不合致決定に関して、初期には決定の根拠と効力に対する正しき認識が形成されていなかったために、法院が憲法裁判所の決定意図と異なる判断をする混乱を引き起こしもしたが、今では不合致決定を正当化する憲法的根拠とその不可避性を理解して、不合致決定の覊束力を認め、ほとんど例外なく憲法裁判所の決定に従っている。ただし、所得税法第60条等についての憲法訴願事件において、憲法裁判所が既に改正された新法の適用を命じたにもかかわらず（憲裁1995.11.30. 91憲バ1等）、法院が旧法を適用して判断したことがあるが、これは法院が憲法裁判所の決定に従わなかったのではなく、施行令の不在により新法の適用が不可能であると判断してやむを得ず旧法を適用したと理解することもできる事案であった。

しかし、これとは異なり、法院は限定合憲・限定違憲決定については一貫した立場を見せていない。従来、憲法裁判所の数度の限定合憲・限定違憲決定に対して大法院はこれを受け入れる姿勢をとっているが、最近では特定の問題が争点になった事件において、その覊束力を否認している。最初の限定合憲決定である相続税法規定についての事件（憲裁1989.7.21. 89憲マ38）で大法院が憲

148

第 1 節 概　観

法裁判所の決定を受け入れて以来、道路交通法規定に対する限定合憲決定（憲裁 1990.8.27. 89憲カ118）、民法第764条に対する限定違憲決定(憲裁1991.4.1. 89憲マ160)、国有財産法規定に対する限定違憲決定（憲裁 1991.5.13. 89憲カ97)、軍事機密保護法規定に対する限定合憲決定(憲裁 1992.2.25. 89憲カ 104)、定期刊行物の登録等に関する法律規定に対する限定違憲決定（憲裁1992.6.26. 90憲カ23)、地方財政法規定に対する限定違憲決定（憲裁 1992.10.1. 92憲カ6等）など、ほとんど大部分の場合、法院は憲法裁判所の限定合憲・限定違憲決定に従って判断した。しかし、憲法裁判所が所得税法第23条等の違憲訴願事件において合憲的法律解釈の結果として下した限定違憲決定(憲裁1995.11.30. 94憲バ40等）に対して、法院は、法律の解釈・適用は法院に専属する権限であるから、憲法裁判所の法律解釈は法院に対して覊束力を有し得ない、単なる見解表明に過ぎないと判決した（大法院 1996.4.9. 宣告 95 ヌ 1 1405 判決)。

　もちろん、法律の解釈・適用は、原則的に法院に帰属された権限であるが、憲法裁判所が法律の違憲可否を判断するためには、まず審判対象である法律の意味内容を明らかにする作業としての法律解釈は不可避なものであり、他方、法院の法律解釈権は適用しようとする法律の合憲性を前提とするものであるから、結局、法院の解釈権は法令に対する憲法裁判所の違憲性審査によって留保された意味での解釈権限であるといえよう。合憲的法律解釈は憲法裁判の行われるすべての国家で認められる普遍的なものであり、合憲的法律解釈の産物である限定合憲・限定違憲決定は、立法者の形成権を尊重し法律の効力を維持させようという合憲的法律解釈の範疇内において憲法的に正当化されるし、違憲決定と同様にあらゆる国家機関に対して覊束力を有する。憲法裁判所は、1997年12月24日、限定違憲決定の覊束力を否認して憲法裁判所が違憲と判断した部分を適用した大法院の上の判決を取り消した裁判訴願許容事件において、再び限定違憲決定の覊束力を強調した（憲裁 1997.12.24. 96憲マ172等)。

　結局、上の大法院の判決のように、法院が憲法裁判所が違憲と宣言または確認した法律を適用して国民の基本権を侵害した場合、憲法裁判所は法院の判決も憲法訴願の対象になることができると決定したのである(憲裁1997.12.24. 96憲マ172等)。憲法裁判所は、憲法訴願の対象に裁判訴願を含ませるべきであるという見解は基本権保護の側面からは望ましいのであるが、これは憲法裁判所

149

第3章　憲法裁判所の決定

の違憲決定を通じてなされるべき問題ではなく憲法改正権者と立法者が解決しなければならない課題であるとして、憲法裁判所法第68条第1項の原則的な合憲性を認める一方、法令の違憲性審査に関する最終的な決定権は憲法が憲法裁判所に付与しているのであるから、法院が憲法裁判所の違憲決定に従わないならば、これは法院が自ら立法作用に対する独自的規範統制権を行使することを意味することになるので、憲法は、憲法裁判所の覊束力ある違憲決定を無視して国民の基本権を侵害する法院の裁判に対しは、憲法裁判所が再び最終的に審査することでもって自身の損傷された憲法裁判権を回復して憲法の最高規範性を実現かつ貫徹すべきことを要請していると判示して、上の大法院の判決を取り消した。

　憲法裁判所は自身の決定を強制する何らの方法も持っていないのであるから、憲法裁判所の存続基盤は決定の覊束力にあり、このような意味において決定の覊束力は憲法裁判所の生命であるということができる。憲法裁判所が憲法裁判所法第68条第1項について、限定違憲決定を下して憲法裁判所の決定に従わない法院の判決を取り消したことは、憲法裁判所が、その位相において大法院の上に位置を占めたり、または自身の裁判管轄を積極的に拡張しようとするものではなく、単に自身の憲法裁判権と存立根拠を防御しようというやむを得ない措置である。憲法裁判所が決定の覊束力を否定する法院の判決に対して何らの対応もしないならば、これは自身の存立基盤を自ら揺さぶる自己否定の表現である。したがって、憲法裁判所としては、その決定に反する大法院の判決に対して提起された憲法訴願を無視することができなかったのであり、上の決定は到底ほかの解決はあり得ない状況において取られた唯一の解決策として不可避な決定であったのである。

　(3)　行政府との関係

　行政府は、わが国の立法過程において違憲法律審判の対象になる大部分の法律の立案者であるだけでなく、憲法訴願審判の対象である公権力の主体として、あるいは権限争議審判などの当事者として、憲法裁判と密接に関連している。

　特に違憲法律審判と関連して、事実上、大部分の国会立法を専門的知識を有する行政府が主導的に立案してきたために、法律に対する憲法裁判所の違憲決

第 1 節 概　　観

定があった後に合憲的な法律に改正する責任もやはり行政府に付与される場合が多い。憲法裁判所に係属された違憲法律審判事件に対する国家の答弁資料も、大部分は該当する法律を立案した主務行政部署と政府側の弁護人の役割を担当する法務部が提出している実情である。それゆえ、行政府が如何なる憲法認識及び如何なる憲法解釈を指向しているのかということは、憲法裁判の運営全般において少なからざる影響を及ぼすようになるということができる。

　細部的には、憲法裁判実務上、憲法裁判所と行政府との関係は、次のような場合、すなわち憲法上の権力分立原則、委任立法の限界、権限争議審判、そして行政処分に対する憲法訴願、特に検事の不起訴処分の観点において考察することができる。

　わが憲法は、国家の機能を立法・行政・司法に分立して、相互間の牽制と均衡を成し遂げるようにする権力分立制度を採択している（憲裁1992.4.28. 90憲バ24）。憲法裁判所は、このような権力分立制度と関連して、行政府の権限を規定した法律の違憲性の可否を判断するのである。

　まず政府組織に関連して、国家安全企画部を大統領の所属下に置いた政府組織法及び国家安全企画部法に対する違憲審判において、次のように判示した。すなわち、内閣責任制の下で行政権が首相に帰属されるのとは異なり、わが国の行政権は憲法上、大統領に帰属されており、国務総理は、単に大統領の一番の補佐機関であって行政に関して独自的な権限を持つことはできず、大統領の命を受けて行政各部を統轄する機関としての地位のみを有しているのであり、行政権行使についての最後の決定権者は大統領であると解釈するのが妥当であるといえよう。このような憲法上の大統領と国務総理の地位に照らして見れば、国務総理の統轄を受ける行政各部にすべての行政機関が包含されると見ることはできず、国家安全企画部は国家安全保障に関連した大統領の職務を補佐する大統領直属の特別補佐機関であるというべきであるので、これは憲法上、国務総理の統轄を受ける行政各部に属しないと解した（憲裁1994.4.28. 89憲マ221）。そして、大統領が直属機関を設置する場合、自由民主的統治構造の基本理念と原理に符合しなければならないのであるから、その最小限の基準として、その設置・組織・職務範囲などに関しては法律の形式によらなければならず、その内容においても、目的・機能などが憲法に適合しなければならず、ま

た、あらゆる権限が基本権的価値実現のために行使されるように制度化する一方、権限の濫用ないし悪用が最大限に抑制されるように合理的かつ効率的な統制装置がなければならないとした。

一方、大統領に憲法上与えられた範囲を超える超憲法的な緊急措置権を付与した旧国家保衛に関する特別措置法に関して、国民の基本権を過度に制限することのできる国家緊急権の発動は厳格な法的根拠と統制の下に行われなければならないという憲法的当為性にもとるものとして、反立憲主義、反法治主義の違憲法律であるとしたのである（憲裁 1994.6.30. 92 憲カ 18）。

金融実名制と関連した大統領の 1993 年 8 月 12 日付の緊急財政経済命令の発動に対する判断においては、次のように判示した。すなわち、そのような命令の発動要件に対して、緊急財政経済命令は、正常な財政運用・経済運用が不可能である重大な財政・経済上の危機が現実的に発生して（それゆえ、危機が発生するおそれがあるという理由で事前的・予防的に発することはできない）、緊急の措置が必要であるにもかかわらず、国会の閉会等で国会を現実的に集会することができず、また国会の集会を待ってはその目的を達することができない場合に、これを事後的に収拾することでもって既存秩序を維持・回復するために（それゆえ、公共の福祉の増進のような積極的目的のためには発することはできない）、危機の直接的原因の除去に必須不可欠な最小の限度内で、憲法が定めた手続に従って行使されなければならない。そして、緊急財政経済命令は、平常時の憲法秩序による権力行使方法では対処することのできない重大な危機状況に備えて憲法が認めた非常手段であって、議会主義および権力分立の原則に対する重大な侵害になるのであるから、上の要件は厳格に解釈されなければならないと判示した後、上の命令がそのような発動要件を充足し得ないものと見ることはできないと述べた（憲裁 1996.2.29. 93 憲マ 186）。

上の決定では、統治行為が憲法裁判所の審査対象になることができるか否かについても判断したが、いわゆる統治行為を含むすべての国家作用は国民の基本権的価値を実現するための手段であるという限界を必ず守らなければならないものであり、憲法裁判所は憲法の守護と国民の基本権の保障を使命とする国家機関であるから、たとえ高度の政治的決断によって行われる国家作用であっても、それが国民の基本権の侵害と直接に関連する場合には、当然に憲法裁判

第 1 節 概　　観

所の審判対象になり得るだけでなく、緊急財政経済命令は法律の効力を有するものであるから、当然に憲法に覊束されなければならないものであると決定した（憲裁1996.2.29. 93憲マ186）。

　今日、立法府は立法内容の細部の多くを行政府に委任しており、その内容の中には国民の基本権に関連した事項も少なくない。憲法裁判所は、憲法第75条で定めた委任の要件、すなわち具体的に範囲を定めた委任立法であるか否かに関して多くの決定を下している。この問題は、一次的には立法者が制定した法律に関するものではあるが、下位の行政立法の内容的限界と密接に連結している。

　定期刊行物の登録に関する法律が登録要件として大統領令の定める該当施設を要求していたところ、施行令が特定の該当施設を自己所有のものとするように規定したことは、本法で大統領令に委任した立法趣旨と委任範囲を誤って理解し、かつ法律を恣意的に解釈して本法の登録事項を過度に厳格な要件に制限解釈するものであるとして、このような施行令を立法する余地を与えている母法の条項に対して限定違憲決定が宣告された（憲裁1992.6.26. 90憲カ23）。税法においても、所得税法が基準時価課税原則を定めながら施行令に実際の取引価額による税額算出を委任するにおいて、施行令が基準時価による税額を超過する実際の取引価額による税額算出を可能とするように規定するや、そのような余地を与える母法の内容自体が審判対象となって限定違憲が宣言された例がある（憲裁1995.11.30. 94憲バ40等）。したがって、委任された内容を具体的に定める行政立法の内容に従い、憲法裁判の審査対象が影響を受けるようになるということができる。

　権限争議審判において、行政府は審判の当事者になりもする。地方自治団体が政府を相手に権限争議審判を請求したものとして、迎日郡が、漁業免許の有効期間延長の不許可処分による漁業権者に対する損失補償金債務の負担主体を争ったものがあり（憲裁1998.6.25. 94憲ラ1）、また、始興市が、始萃工業団地内の公共施設の管理権者は政府であり、政府がその公共施設を管理しないことにより始興市の権限を侵害し、または侵害する危険があるとして争ったものもあった（憲裁1998.8.27. 96憲ラ1）。一方、金鍾泌・国務総理代理の任命問題と関連して、国会議員達が大統領を相手に権限争議審判を請求して却下された例

第3章 憲法裁判所の決定

もある（憲裁1998.7.14. 98憲ラ1）。憲法裁判所には、そのほかにも行政府が当事者になった何件もの権限争議審判が係属中である。

憲法訴願の対象から裁判が除外されるとともに、一方では補充性の原則が適用される結果、多数の行政処分は憲法訴願で争うことが困難になった。憲法裁判所は、行政処分に対する行政訴訟手続をすべて経たにもかかわらず権利救済を受けることができない場合、原行政処分自体が違憲であるとして提起した憲法訴願に対して、裁判訴願の禁止制度との関連から原則的に許容することができないと決定した（憲裁1998.5.28. 91憲マ98等）。しかし、その間、憲法裁判所は、従来、行政訴訟の対象としては不適合であるとか、その他憲法訴願の請求以外に効果的な救済方法が存在し難い場合などのような補充性の例外に該当する諸事案においては、行政府の公権力行使に対する憲法訴願を認めているのである。前者に該当する場合としては、いわゆる国際グループ事件において大統領の権力的事実行為も憲法訴願の対象になることができると解して認容した決定や（憲裁1993.7.29. 89憲マ31）、ソウル大学の入試要綱に対する事件において、そのような行政計画に対する憲法訴願を本案判断したものがある（憲裁1992.10.1. 92憲マ68等）。一方、前審手続を経ることができなかったり、経るのかどうかが不明であったり、または過度の迂回を強要することになったりして補充性の例外に該当するとして本案判断をした場合としては、確定した刑事訴訟記録の複写申請に対する拒否行為（憲裁1991.5.13. 90憲マ133）、弁護人の接見交通権の侵害を認めた場合（憲裁1992.1.28. 91憲マ111）、矯導所の書信検閲が争われた場合（憲裁1995.7.21. 92憲マ144）などを挙げることができる。

憲法裁判所は、検事の不起訴処分に対して犯罪被害者が提起した憲法訴願を認めている。国家機関が公訴権を独占して、被害者による復讐を許さずに自力救済を極めて制限的にのみ認めている法制度は、国家による被害者保護が十分になされるときに初めてその存在意義があるのであり、検事の恣意的な捜査または判断によって不起訴処分がなされた場合には、憲法第11条に規定された法の下における平等権と憲法第27条第5項に規定された刑事被害者の裁判手続における陳述権を侵害するものとして憲法訴願を請求することができるとした（憲裁1989.4.17. 88憲マ3）。この場合、補充性の原則に従い、検察庁法上の抗告、再抗告を経なければならない。憲法裁判所は、犯罪被害者である以上、告

第 1 節　概　　観

訴人だけでなく、告発人であっても憲法訴願の請求人になることができ、告訴または告発をしなかった事件についての不起訴処分に対しは補充性の要件は必要なく、直ちに憲法訴願を提起することができるとしたし、起訴猶予処分を受けた被疑者も憲法訴願を請求することができると認めている。

　憲法裁判所は、憲法的観点から不起訴処分を審査して、事実認定及び証拠判断において憲法裁判所が関与しなければならない重大な誤りがあって客観的に恣意的であったと判断するときには、不起訴処分を取り消すようになる。ところで、不起訴処分を取り消す決定は、直ちに起訴強制を命じるものではないと理解される。直接、事実調査や証拠判断をするのが難しい憲法裁判所としては、検事の不起訴処分が恣意的であるのか否かに焦点を合せるようになる。不起訴処分が取り消されれば、担当検事は、捜査を再開して、公訴の可否を独自に検討するようになるが、この過程において憲法裁判所のその決定内容は、重要な準拠点となるであろう。

　憲法裁判所は、1998 年 8 月末現在、1,794 件の不起訴処分の取消しを求める憲法訴願事件を処理し、この中、取り消されたものは 58 件であった（起訴猶予 9 件、残り 49 件）。事後の経過としては、起訴猶予 8 件が無嫌疑処理となり、残りの 49 件中 18 件は起訴、3 件は起訴猶予、2 件は起訴中止、24 件は再び不起訴処分になったし、2 件は捜査中である。全体的に見るとき、認容件数は多くはないが、憲法裁判所の不起訴処分の審査は、検事をして公訴の可否をより徹底した捜査と客観的な証拠判断に基づいて慎重に行なわしめる一般予防的効果を上げている。

　しかし、不起訴処分の取消しを求める憲法訴願事件が憲法裁判所の受理事件中で多数を占めて、憲法裁判所の業務負担を加重させ、より重要な業務の遂行に支障を来していると指摘されている。

　行政府は法の執行機関であり、国民の法生活と基本的人権に最も密接に関連している。行政府が、行政裁量の与えられた領域を含めたすべての法執行あるいは行政立法の領域において、憲法的理念および基本権の最大限の保護という憲法国家の理念を忠実に実現することは、法治国家の非常に重大な課題である。憲法裁判所の真の役割は、行政府がそのような課題を十分に遂行することができるように手助けするのにあるといえよう。

第3章　憲法裁判所の決定

3　変形決定の導入

　変形決定というのは、憲法裁判所が法律の違憲可否を審査するにおいて、審判対象である法律の違憲性が認められるにもかかわらず、立法者の形成権を尊重したり、あるいは法的空白による混乱を防止するために、法律に対して単純に違憲決定をしないで、法律が憲法に合致しないことを宣言する多様な形態の決定類型をいう。このような変形決定は実定法上、明示的に規定されていないために、変形決定の法的根拠と正当性および許容の可否が論難の対象であったが、憲法裁判所は、活動を開始してから1年も経たずに変形決定の必要性を認識したし、第1期の憲法裁判所が活動を終えた1994年には憲法裁判所の確固たる決定類型としてその位置を占めるようになった。もちろん、変形決定に対しては、憲法裁判所が場合によっては敢えて変形決定をすべき必要がないにもかかわらず変形決定をするおそれがあるとか、国家的に重大な事案または政治的に敏感な事案においては変形決定が憲法裁判所の消極的な姿勢を受容する逃避所としての口実を果たしているとの意見もないではないが、変形決定の必要性を認めて支持する肯定的な意見が圧倒的である。

　第1期の憲法裁判所では、終局審理に関与した裁判官の過半数に当たる5人が違憲との意見であるものの、違憲であるとの決定を下すことのできる定足数の6人に達しない場合に、実定法的には合憲であるが、その法律の内容は多数意見によって違憲であると確認されたという状況を主文に表現しようとして、「憲法に違反すると宣言することはできない」と宣告する、いわゆる違憲不宣言決定を使用したことがある（憲裁1989.12.22. 88憲カ13；憲裁1993.5.13. 90憲バ22等）。しかし、第2期の憲法裁判所では、1996年2月16日に宣告した5・18民主化運動等に関する特別法第2条の違憲審判事件において、終局審理に関与した裁判官の過半数である5人が違憲との意見であったにもかかわらず、単純な合憲決定をすることでもって違憲不宣言という形態の主文を使用しなかったし（憲裁1996.2.16. 96憲2カ等）、労働争議調整法第4条、第30条等に対する憲法訴願事件においても、本来、違憲との意見が5人で多数であったが、合憲決定をすることでもって憲法裁判所が違憲不宣言決定という主文を使用しないことを確認した（憲裁1996.12.26. 90憲バ19等）。もちろん違憲不宣言決定は変形決定ではなく合憲決定であり、単に評決における多数と少数の関係を別

途に表現しようと試みた決定類型に過ぎなかった。

(1) **憲法不合致決定**

1989年9月、憲法裁判所は、国会議員選挙に立候補しようとする者の供託金納付義務を規定した国会議員選挙法の規定に対する違憲法律審判事件において初めて憲法不合致決定をした（憲裁 1989.9.8. 88憲カ6）。この決定において、憲法裁判所は憲法不合致決定をする一般的理由として、違憲または合憲の二者択一的判断のみでは、社会の多様な現象を規律する法律に対する憲法裁判所の柔軟でかつ伸縮性のある適切な判断を妨げ、むしろ法的空白と法的混乱など法的安定性を害し、立法者の形成の自由を制約するおそれがあると言及して、具体的には国会議員選挙法の規定は供託金が余りに過多であり、政党推薦候補者と無所属候補者を不合理に差別し、選挙経費の国家負担原則に違反するもので違憲であるが、権力分立の観点を考慮して、国会の権威および立法形成権に対する尊重、国会の同質性と選出条件の平等性の保障などを理由に、憲法不合致決定をすると述べた。さらに、憲法裁判所は、不合致決定は憲法裁判所法第47条第1項に定めた違憲決定の一種であり、他の国家機関に対する羈束力があることは当然のことであるとして、憲法不合致決定の羈束力を強調したのである。この決定は単純な憲法不合致決定ではなく、時限を定めて立法者が改正するときまで違憲法律の暫定適用を命じる憲法不合致決定であった。

引き続いて、市・道の議員の供託金を規定する地方議会議員選挙法の規定に対しても同様に違憲法律の暫定適用を命じる憲法不合致決定があった（憲裁 1991.3.11. 91憲マ21）。しかし、この決定は、上の国会議員選挙法の規定に関する決定とは理由を若干異にして、供託金制度自体は合憲であるが、金額が過度であることが違憲であるので、供託金額全部に対して違憲宣言をするよりは、立法形成権を有する国会が自ら違憲的な状態を正すことが望ましいとして、合憲的部分と違憲的部分が混在する場合に憲法不合致決定をすることができることを明らかにすると同時に、限定合憲や憲法不合致決定などの変形決定を正当化する理由は国会の立法形成権に対する尊重にあると一般的に説示したのである。

供託金に関する上の2つの決定が違憲であると確認された法律の暫定適用を命じたのとは異なり、労働争議調整法に関する憲法訴願においては、違憲法律

第3章　憲法裁判所の決定

の適用禁止を意味する"単純な"憲法不合致決定がなされたが（憲裁1993.3.11. 88憲マ5）、この決定では、違憲的状態の除去のための時限を定めて立法の改善を促しながら、その時限を経過すれば違憲と確認された法律はその効力を喪失することを示唆した。憲法裁判所は、この決定において、すべての公務員に団体行動権を根本的に否認している法律条項は違憲であるが、違憲的状態の除去のために如何なる範囲の公務員に団体行動権を付与すべきかに関しては種々の方法が考えられるのであり、このような種々の方法の中からどれが最も理想的で、どれが選択されるべきであるかということは、広範な立法形成権を有している立法者の裁量領域の問題であるので、合憲的状態の回復が種々の方法で可能な場合には立法者の形成権を尊重しなければならないことを主な理由として、憲法不合致決定をしたのである。

　憲法裁判所は、1994年7月、土地超過利得税法について、立法改善の時限を定めない単純憲法不合致決定を下した。それは、違憲決定をする場合に憂慮される法制および財政の両面における国政上の少なからざる法的混乱ないし空白の招来、過度に高率の税率および租税平等主義の違反を再び合憲的に調整する任務は立法者の形成の自由に属すること、また、違憲決定をする場合に発生する既納税者と当該事件の当事者との衡平の問題を理由としたものであった（憲裁1994.7.29. 92憲バ49等）。

　第2期の憲法裁判所の時期に入っても、憲法裁判所は違憲法律の暫定適用のために、または主として税法における立法者の形成権と税収の減少、既納税者と未納税者の衡平の問題などを考慮して、幾度も憲法不合致決定をした。

　1995年7月27日、土地超過利得税法第8条等の違憲訴願事件において、憲法不合致決定の原則的な効力は、違憲であると確認された法律の暫定的な適用にあるのではなく、違憲法律の適用禁止と法院における裁判手続の停止にあるということを初めて具体的かつ体系的に明らかにした（憲裁1995.7.27. 93憲バ1等）。

　次いで、特許法第186条第1項等の違憲審判事件において、憲法不合致決定をしながら違憲法律の暫定適用を命じる場合には、当該事件にも違憲法律が適用されることを初めて明らかにした（憲裁1995.9.28. 92憲カ11等）。

　所得税法第60条等に対する憲法訴願に関する決定の場合には、憲法裁判所

第 1 節 概　　観

が憲法不合致決定をしながら新法の適用を命じたが(憲裁 1995. 11. 30. 91 憲バ 1等)、その後、法院が施行令の不在を理由に新法の適用は不可能であると判断して、旧法を適用して裁判することでもって論難が起こったことは既に言及したところである。これは、憲法裁判所が既に施行されている改正法律の遡及適用を命じる場合、立法者が改正法律を制定した当時、改正法律が旧法下で発生した事実関係に適用され得るという可能性を考慮しないで改正法律を制定したために、その間の関係法令の改正・廃止およびそれに伴う空白によって過去の事実関係に改正法律を適用することが不可能な状況が発生することもあり得るということを見せてくれた決定であった。

(2) 限定合憲・限定違憲決定

1989 年 7 月、憲法裁判所は、社会保護法第 5 条に対する違憲法律審判事件で違憲決定をしながら、その理由において、法文の意味を変質せず、かつ立法者の意志と立法目的を空虚にしない限り、可能な範囲内で合憲的に解釈しなければならないと説示した(憲裁 1989. 7. 14. 88 憲カ 5 等)。これは合憲的法律解釈の意味と目的が権力分立原則と立法者の形成権に対する尊重にあることを初めて概括的に明らかにして、合憲的解釈の限界が法文と立法意図にあることを明示したものであった。

憲法裁判所は、ほどなく相続税法第 32 条の 2 の違憲可否に関する憲法訴願事件において、「……と解釈する限り、憲法に違反しない」という主文の形態の最初の限定合憲決定を下して、法律規定が違憲性を内包しており違憲の素地はあるが、合憲的解釈が可能であるので、その結果として限定合憲または限定違憲の決定をすることができるという合憲的法律解釈の過程を教科書的に明らかにした（憲裁 1989. 7. 21. 89 憲マ 38）。特に曺圭光裁判所長は補充意見において、法文と法律の目的が許す範囲内で、ときには違憲的に、ときには合憲的に解釈することができるならば、その法律は違憲と宣言すべきではなく、合憲的に解釈しなければならず、合憲的解釈の結果として限定違憲決定または限定合憲決定が主文の形態で考慮されるが、この 2 つの変形決定の中でどの形態を選択するかは合目的性の問題であって法的性格において本質的な差異はないし、限定合憲と限定違憲決定のいずれも部分的な違憲宣言としてその効果を異にするものでないと、合憲的法律解釈の意味と効果に関して説明した。

159

第3章 憲法裁判所の決定

　1991年4月、憲法裁判所は、民法第764条の違憲可否に関する憲法訴願事件において、1989年7月21日89憲マ38決定の中で裁判官・曺圭光の補充意見によって明らかにされた合憲的解釈に関する法理論をそのまま受け入れて、「……解釈する限り、憲法に違反する」という主文形態の最初の限定違憲決定をした（憲裁1991.4.1. 89憲マ160）。

　限定合憲や限定違憲決定は、いずれも部分的な違憲宣言の効果を有するものであって、実際的な面においてはその効果を異にするものではなく、単に実務的な合目的性を考慮して合憲的な意味または範囲を確定する方法、すなわち違憲的なものを排除する解釈の可能性を選択するのか、それとも合憲的なものに縮小した解釈の可能性を選択するのかに従い、そのいずれか1つの方法をとることができるという憲法裁判所の基本的立場は、その後の憲法裁判所の決定においても継続された（憲裁1992.2.25. 89憲カ104：1994.4.28. 92憲カ3）。

　特に、1997年12月24日、憲法裁判所は、限定違憲決定の覊束力を否認して憲法裁判所が違憲と判断した部分を適用した大法院の判決を取り消した裁判訴願の許容事件において、単純違憲決定はもちろん、限定合憲決定、限定違憲決定、憲法不合致決定もすべて違憲決定の一種として覊束力を有し、限定違憲決定と限定合憲決定は互いに表裏の関係にあって、実際的に差異のあるものではなく、本質的にはすべて同じ部分違憲決定であると、再びその立場を明確に表明した（憲裁1997.12.24. 96憲マ172等）。

　一方、1992年6月、憲法裁判所は定期刊行物の登録等に関する法律第7条第1項の違憲審判事件において限定違憲決定をしたが、この決定は、合憲的法律解釈を通じた法律に対する違憲審査が、同時に命令に対する間接的な違憲審査でもあり得るということを初めて示した決定であった（憲裁1992.6.26. 90憲カ23）。

　上の法律第7条第1項第7号は、「大統領令の定める該当施設を備えなければならない」と規定していたが、同法施行令第6条第3号は、該当施設を自己所有に限定していた。憲法裁判所は、この法律条項に対して、同条の該当施設を自己所有でなければならないものと解釈する限り憲法に違反するという限定違憲決定をした。このように、法律の内容を施行令が具体化するように委任して、このような委任を根拠として施行令が法律の内容を規定した場合、施行令

第 1 節 概　　観

に具体化された法律の内容に違憲的な要素があることを理由に合憲的解釈を通じて法律の適用範囲から排除する憲法裁判所の決定は、施行令を併せて違憲であると判断する結果をもたらし、かくて法律の違憲性に対する審査が、結局は間接的に施行令に対する違憲性の審査を意味するようになる。しかし、わが憲法が、法律に対する違憲審査権は憲法裁判所に、命令に対する違憲審査権は法院に、それぞれ分離して帰属せしめているので（憲法第107条）、法律の違憲審査をする過程において不可避的に命令の違憲性も間接的に審査せざるを得ないという上の決定の特殊な状況は、憲法裁判所と法院の間に争いの素地が潜在していることを見せるものであった。

　1995年11月に宣告した旧所得税法第23条等の違憲訴願事件において、この憂慮された状況が現実化した（憲裁 1995.11.30. 94憲バ40 等）。旧所得税法第23条第4項は、資産の譲渡価額はその資産の譲渡当時の基準時価によるとし、同法第45条第1項第1号は、資産の譲渡価格から控除する必要経費としての取得価額は当該資産の取得当時の基準時価による金額としながらも、各項の但書では大統領令が定める場合には譲渡価格と取得価格は実際の取引価額によると規定していた。これに対して憲法裁判所は、旧所得税法第23条第4項但書及び第45条第1項第1号但書は、実際の取引価額によるべき場合を、その実際の取引価額による税額がその本文の基準時価による税額を超える場合までを含めて大統領令に委任したものと解釈する限り憲法に違反すると宣言した。ところで、旧所得税法施行令の規定内容を見れば、委任条項が設定した委任の限界を逸脱して、基準時価によるよりも納税義務者に不利な場合にも実際の取引価額によって算定することができるように規定した。結局、この決定において施行令の違憲性までも確認する結果をもたらしたが、大法院は、命令に対する違憲審査権がこの決定によって侵害されたと解し、憲法裁判所の限定違憲決定を専ら単なる見解表明に過ぎないとして、憲法裁判所の決定の羈束力を否定し、憲法裁判所の決定内容に反する判決を下した（大法院 1996.4.9. 宣告、95ヌ1 1405判決）。ここに、権利救済を求める国民の立場からは、憲法裁判所によって認容決定を受けても、大法院によって権利救済を拒否される状況が発生したのである。

　法律の内容を施行令が具体化するように委任した場合、憲法裁判所が審判対

161

第3章 憲法裁判所の決定

象である法律条項を合憲的に解釈した結果、法律の適用範囲から排除した違憲的な部分を大統領令が含んでいるならば、これは結果的に法律に対する違憲審査だけでなく、命令に対する違憲審査まですることを意味する。わが憲法は第107条第2項で法院に命令についての違憲審査権を付与しているが、所得税法に対する憲法裁判所の決定においては、初めから命令についての違憲審査をしたのではなく、法律の違憲審査過程における合憲的法律解釈の結果として不可避的に命令の違憲性に対しても間接的に審査する結果になったのであるから、憲法裁判所がなぜ限定合憲又は限定違憲決定をしなければならなかったのかを考慮するならば、大法院は上のような憲法裁判所の決定を大法院の裁判権に対する越権行為と理解することはなかったであろう。

　わが憲法が憲法裁判制度を導入し、専門的な憲法裁判機関を新設することでもって、憲法裁判制度の枠組を新たに構成した以上、命令・規則に対する大法院の最終的な審査権は、新しい憲法裁判制度の枠の中で、ある程度変形されるほかないと解せられる。憲法裁判所が限定違憲決定をせずに、該当の法律条項について包括委任禁止の原則に違反したと判断して違憲であると宣言するならば、法律の委任条項に基づいて制定された施行令は母法の条項に対する憲法裁判所の無効宣言と同時に存在理由を喪失するのであって、大法院の意思と関係なく事実上、失効する結果をもたらすのである。それだけでなく、憲法訴願制度の導入とともに、立法府で制定した形式的法律だけでなく、行政府で制定した施行令や施行規則などに対しも、それらが別途の執行行為を待たないで直接に基本権を侵害する場合には、すべて憲法訴願の対象になるので、憲法裁判所もまた命令・規則に対する違憲審査権を行使することができるようになったのである。したがって、法律の内容を施行令が具体化する場合、上位規範である法律についての違憲審査が下位規範である命令について必然的に影響を及ぼすほかないという認識を憲法裁判所と法院が共有することは、法律に対する違憲審査権と命令・規則に対する違憲審査権を分けて、それぞれ憲法裁判所と法院に帰属させた現行の憲法裁判制度が、その機能を果たすための最小限の前提条件であるということができる。

第1節 概　　観

4　憲法裁判所の管轄の確立
(1)　検事の不起訴処分に対する憲法訴願
　1989年4月、憲法裁判所は、検事の不起訴処分が恣意的に行なわれた場合、刑事被害者は憲法第27条第5項の裁判手続における陳述権および第11条の平等権を侵害されたと主張することができると判示することでもって、憲法訴願の対象を検事の不起訴処分に拡大した(憲裁1989.4.17. 88憲マ3)。その後、検事の不起訴処分に対する憲法訴願事件は、憲法裁判所の主流的な事件類型になった。憲法裁判所が検事の不起訴処分を憲法訴願の対象に含めた主たる理由は、刑事訴訟法上の準起訴手続が極めて制限的に規定されているために、検察が公訴権を独占していながら起訴便宜主義をとっている我々の法制においては、検察の公訴権行使に対する効果的な牽制手段がこれまで存在しなかったことにあるといえよう。
　検察の不起訴処分を憲法訴願の対象に含ましめることでもって、憲法裁判所は、犯罪被害者の権利利益のための保護装置を新たに設けたのであるが、一方では、不起訴処分によって犯罪被害者である請求人の基本権は侵害され得るのか否かという法理上の妥当性の問題とともに、憲法裁判所が検事の不起訴処分に対して審査することは、憲法の維持と守護を憲法的課題とする憲法裁判所の位相と本来の機能に照らして果して適切であるのか否かという問題が提起された。その間、学界と法曹界においては、検事の不起訴処分に対する救済は憲法訴願の形態ではなく、法院の準起訴手続を拡大することによってなされるべきだという声が高かったのであるが、立法者が現在まで何らの立法措置もとらないために、過去の法的状態がそのまま維持されてきている。

(2)　命令・規則・条例に対する憲法訴願
　1990年10月、憲法裁判所は、法務士法〔旧司法書士法〕施行規則に対する憲法訴訟事件において、立法府で制定した形式的な法律だけでなく、行政府で制定した施行令や施行規則および司法府で制定した規則なども、それらが別途の執行行為を待たないで直接に国民の基本権を侵害する場合には、すべて憲法訴願の対象になることができることを初めて認めた (憲裁1990.10.15. 89憲マ178)。この決定は、法院の訴訟による救済が不可能な場合にも、基本権を侵害する公権力の行使に対して憲法訴願審判の形態で救済手続を提供しようとする

第3章　憲法裁判所の決定

憲法裁判所の意思を見せてくれる決定である。

憲法第107条第2項によれば、命令と規則に対する違憲審査権は法院の管轄になっているが、具体的な訴訟において命令と規則が裁判の前提になった場合にのみ、法院はその違憲性を間接的に審査することができる可能性があるので、命令と規則によって直接に基本権を侵害される場合には、その違憲性を審査し得る道がない。したがって、この場合に発生する権利救済の空白を埋めるために、憲法裁判所は、基本権を直接に侵害する命令と規則に限って憲法訴願の対象性を認めた。この決定に対して、大法院は、憲法第107条第2項に従い命令・規則の違憲可否については大法院が最終的に審査すべきであると主張することでもって、大法院と憲法裁判所の権限に関する紛争に発展したが、その後、法院によっては実質的審査の可能性の全くない行政立法に対しは憲法訴願審判が可能であるという方向で、憲法裁判所の判例が確立されたのである。

憲法裁判所は、行政府で制定した命令や規則のような行政立法および司法府で制定した規則も、それらが別途の執行行為を待たずに直接に基本権を侵害する場合には、すべて憲法訴願審判の対象になることができるという判例を確立し、さらに一歩進めて、たばこ自販機設置禁止条例第4条等に対して提起された憲法訴願事件において、別途の執行行為なく条例自体によって直接に国民の基本権が侵害されるならば条例も憲法訴願の対象になると判示して、地方自治団体の条例もその対象に含ましめた（憲裁1995.4.20. 92憲マ264等）。

(3) 行政訴訟の対象にならない公権力行為に対する憲法訴願

憲法裁判所は、大法院が行政訴訟における訴えの利益を狭く解釈して行政訴訟の可能性を認めないために権利救済の法的空白が発生する領域についても、憲法訴願審判を通じてその空白を埋めようとする意志を見せた。すなわち、大法院が行政訴訟の審判対象になり得ないと判示したものであっても、法的に救済の必要性のある行政権の行使についてはこれを憲法訴願審判の対象に含ましめて、憲法裁判所の管轄領域を拡大したのである。

1992年、憲法裁判所は、国家安全企画部長が未決収容者に対する弁護人の接見時に所属職員を面会に参加させて対話内容を聞いたり記録したことは公権力の行使に該当するとしたし（憲裁1992.1.28. 92憲マ111）、入学試験要綱で第二外国語から日本語を除いたソウル大学の1994年度の新入生選抜入試案に対

する憲法訴願事件においても、ソウル大学が大学入試要綱を定めることは公権力の行使であると認め（憲裁1992.10.1. 92憲マ68等）、また、1993年には財務部長官などの主導でなされた国際グループの解体も権力的事実行為であると認めて、いずれも憲法訴願の対象になると判示した（憲裁1993.7.29. 89憲マ31）。

(4) 統治行為に対する憲法訴願

1993年8月、憲法裁判所は、金融実名制度を導入するために大統領が下した緊急財政経済命令に対する憲法訴願審判事件において、大統領の緊急財政経済命令は高度の政治的判断を要する、いわゆる統治行為に属するが、そのような統治行為も憲法裁判所の審判対象になると明らかにすることでもって、統治行為の憲法訴願対象性を認めた（憲裁1996.2.29. 93憲マ186）。

この決定は、アメリカの憲法裁判で行われる、いわゆる政治問題の理論、すなわち憲法裁判機関は高度の政治的な問題に対しては憲法的判断を回避できるという見解に対して、憲法裁判所が否定的な立場をとることを明確にし、憲法裁判所による憲法の適用と解釈から完全に自由な国家の公権力作用は如何なる領域においても認めることはできないということを確認したものであった。これはまた、公権力行為の政治的性格は憲法裁判所の司法審査を制限するための適合的な基準とはなり得ないことを示唆するものでもある。

(5) 立法不作為に対する憲法訴願

1989年3月、憲法裁判所は、司法書士法施行規則に関する憲法訴願において、立法不作為に対する憲法裁判所の裁判管轄権は極めて限定的に認めるほかないとしながら、憲法が基本権保障のために法令に明示的な立法委任をしたにもかかわらず、立法者がこれを履行しない場合、および憲法解釈上、特定人に具体的な基本権が生じ、これを保障するための国家の行為義務ないし保護義務の発生したことが明白であるにもかかわらず、立法者が何らの立法措置もとらない場合が立法不作為に該当するであろうと述べて、立法不作為も憲法訴願の対象になり得ると判示した（憲裁1989.3.17. 88憲マ1）。

立法不作為の問題は、どのような場合に、憲法自らが立法者に具体的な立法義務を課し、その結果として国民が憲法訴願の形態で一定の立法行為を訴求することができるのかという問題を意味する。たとえば、国家が法律でもって一定の範囲の集団に恩恵を付与しながらも請求人が属する集団を受恵者の範囲に

第3章 憲法裁判所の決定

含めない場合に、請求人は、自身を受恵者の範囲から除外したことは平等原則に違反すると主張して立法不作為に対する憲法訴願を提起することができるのか、あるいは国家が要求する資格を取得して一定の職業に従事していた者が法律改正を通じた職業遂行要件の強化によって、もはやその職業に従事することができなくなったり、または国家が定めた一定の試験規定を根拠に試験準備をしていた受験生が試験規定の改正によって、ある日突然に新たな試験科目の前に立たされるならば、請求人は改正法令が請求人の信頼保護利益を適切に考慮する経過規定を置かなかったために自身の基本権が侵害されたという理由でもって、経過規定を置かなかった立法不作為に対して憲法訴願を請求することができるのかという問題が提起されるが、これに対する回答は、結局、真正な意味の不作為と単に外見上だけ不作為と見られる不真正な不作為の区分の問題に帰結される。

これに関して、1996年10月、憲法裁判所は、広い意味の立法不作為には、立法者が憲法上、立法義務を有するある事項に関して全く立法をしないために立法行為に瑕疵がある場合と、立法者がある事項について立法はしたがその立法の内容・範囲・手続などが当該事項を不完全、不十分または不公正に規律するために立法行為に瑕疵のある場合とがあるが、一般的に前者を真正な立法不作為、後者を不真正な立法不作為と呼んでいると述べて、いわゆる不真正な立法不作為を対象として憲法訴願を提起しようとするならば、それが平等原則に違反するなどの憲法違反を掲げて積極的な憲法訴願を提起すべきであり、この場合には憲法裁判所法所定の請求期間を遵守しなければならないと判示している（憲裁1996.10.31. 94憲マ108）。

1994年12月、憲法裁判所は、朝鮮鉄道株式会社の補償金請求に関する憲法訴願審判事件で、初めて立法不作為の違憲確認を求める憲法訴願審判請求を適法であるとして本案において請求を認容した（憲裁1994.12.29. 89憲マ2）。この決定においては、憲法第23条第3項の補償義務が憲法的立法義務として解釈されることでもって、補償規定を設けていなかった公用収用の場合には請求期間の制限を受けることなく、いつでも補償規定の立法不備を理由に憲法訴願を提起することができる道を開いたのである。

しかし、これ以外のすべての決定においては、請求人が主張する内容の憲法

第1節　概　　観

委任が存在しないという理由で（憲裁 1991.9.16. 89憲マ 163；1993.11.25. 90憲マ 209；1996.4.25. 94憲マ 129）、または、経過規定の欠如は不真正な立法不作為に該当するという理由で（憲裁 1989.7.28. 89憲マ 1；1993.3.11. 89憲マ 79；1993.9.27. 89憲マ 248）、あるいは、平等原則の違反は不真正な立法不作為に該当するという理由で（憲裁 1996.11.28. 93憲マ 258）、いずれも立法不作為の違憲確認を求める審判請求を不適法なものと解して却下したのである。

(6) 憲法訴願の審判利益の拡大

　憲法訴願制度は、国民の基本権侵害を救済する制度であるから、その制度の本質上、権利保護利益のある場合に初めてこれを提起することができ、権利保護利益のない憲法訴願審判請求は不適法であって却下されなければならない。ところで、権利保護利益は憲法訴願の審判請求当時だけでなく、決定宣告時にも存在しなければならない。したがって、たとえ憲法訴願の審判請求当時に権利保護利益が認められたとしても、審判の継続中に事実関係または法制の変動によって権利保護利益が消滅した場合には、審判請求は原則的に不適法になる。しかし、憲法裁判所は、憲法訴願が主観的な権利救済手続であると同時に客観的な憲法秩序の保障機能も兼ねる二重的性格を持っているという点を認めて、主観的な権利保護利益が消滅した場合にも幅広い例外を認めることでもって、憲法訴願の権利保護利益を拡大している。

　1991年7月、憲法裁判所は、捜査機関の弁護人接見不許可処分に対する取消しを求める憲法訴願事件において、当該事件に対する本案判断が憲法秩序の守護・維持のために緊要な事項であって、その解明が憲法的に重要な意味をもっている場合や、そのような侵害行為が今後も反復される危険がある場合などには、例外的に審判請求の利益を認めて、既に終了した侵害行為が違憲であることを確認する必要があると判示したし（憲裁 1991.7.8. 89憲マ 181）、その後、一連の決定を通じて確立された判例としての位置を占めた。憲法裁判所は、客観的解明の憲法的重要性の要件のうち「重要性」に対して厳格な要求をせず、一方では「侵害行為の反復の危険」を請求人に対する反復の危険ではなく、国民一般に対する同種行為の反復の危険と解釈して、結果的に「反復の危険性」が「客観的解明の必要性」と類似の意味を持つものへと変形させることで、主観的な権利保護利益がない場合にも全般的に非常に寛大に本案判断の道

第3章　憲法裁判所の決定

を開いたのである。

(7)　**権限争議審判手続における当事者の範囲の拡大**

　憲法裁判所法第62条第1項は、権限争議審判の当事者の範囲を、国会、政府、法院及び中央選挙管理委員会に制限している。万一、この規定を列挙規定と解釈するならば、これは憲法が憲法裁判所に付与した権限争議に関する実体的管轄範囲を立法者が訴訟法的に具体化する過程で当事者の範囲を過度に縮小するものであり、憲法が付与した憲法裁判所の権限を事実上、空洞化する結果が発生することもあり得る。したがって、憲法裁判所法第62条第1項は、憲法が規定した権限争議の本質と目的を考慮して、権限争議審判手続が実際に機能し得るように合憲的に解釈されなければならない。訴訟法は実体法の実現に寄与することにその窮極的な目的があるから、憲法裁判所法上の権限争議手続が憲法機関の間の権力分立的、自由保障的機能を実現しかつ確保するのに適合するか否かという観点が、上の法律条項を解釈する決定的な基準にならなければならない。

　国家機関を憲法裁判所法第62条第1項の法文に従い全体としての国家機関であると解釈するならば、国会と政府間の権限に関する紛争は、現実的に発生する余地がほとんどない。今日の政党国家的権力分立構造は、政府と議会の対立から議会内の多数党と少数党の対立に転換されたし、政府と国会の権力が多数党を中心として形成された現実的政治状況では、実際的な権力の分立は議会の与党と野党の間でなされるのである。

　もちろん、わが憲法のように大統領制を採用した憲法の下では、議院内閣制の場合のように政府と議会の多数党の利益が一致することは必然的ではないが、大統領の出身政党と国会内の多数党が一致するのが一般的な憲法現実であり、このような状況では国会は政府によって自身の権限が侵害された場合にも、自身の権限を主張しないであろうことは容易に想定することができる。全体としての国会だけが権限争議の当事者になることができるならば、権限争議は合議体である国会における多数決を通じてのみ可能であるために、侵害された国会の権限を回復しようとする少数党の試みは多数決によって挫折されるほかなくなる。したがって、国会の部分機関が憲法と法律によって与えられた自身の固有の権限の侵害を理由として憲法裁判所に司法的審査を要請することの

第 1 節 概　　観

できる道が開かれていなければならないのであって、権限争議制度は、個別の国会議員や国会の少数派の権限が侵害される場合にも法的保護と紛争解決の可能性を提供することで少数の保護のための法的制度として重要な意味を有するのである。

　憲法裁判所は、1995年2月、最初の権限争議審判に関する決定である国会議員と国会議長の間の権限争議審判において、国会の構成員や国会内の一部機関である国会議員及び交渉団体などは権限争議審判を請求する当事者適格がないとしたが（憲裁1995.2.23. 90憲ラ1）、その後、1997年7月に宣告した国会議員と国会議長の間の権限争議審判事件では、権限争議審判手続が機能するためには当事者の範囲の拡大が必要であるということを認識して、国会議員と国会議長のような国家機関にまで当事者の範囲を拡大することでもって、国会議員の審判請求を適法なものとして受け入れたのである（憲裁1997.7.16. 96憲ラ2）。

5　主要決定

(1)　第1期の憲法裁判所の決定

①　第1期の憲法裁判所に対する評価

　さる1988年9月14日に出帆した憲法裁判所の第1期（裁判長　曺圭光）は、6年という比較的短い期間にあっても、憲法裁判所が憲法裁判機関として定着するのに大きく寄与した。憲法裁判所の誕生は、過去の憲法委員会と同様に何の機能も果たさないであろう考えた与党と、独立した憲法裁判所の活動に対して漠然とした期待をかけていた野党との政治的妥協の産物であるということができる。法院が全的に憲法裁判を担当していた過去の憲法裁判制度が、これといった成果がなかったという否定的な経験に照らして、国民達は専門的な憲法守護機関として新たに誕生する憲法裁判所に相当な期待をかけた。わが憲政史において初めて憲法裁判が活性化されるであろうという期待と、一方では憲法裁判所が憲法の付与した課題を満足に遂行することができるであろうかという憂慮の中で、憲法裁判所は発足したのである。

　第1期の憲法裁判所が任期を終えた1994年には、憲法裁判所は国民の信頼を受ける基本権保障の最後の砦としての位相を整えるようになったという評価

第3章　憲法裁判所の決定

を受けた。弁護士団体をはじめとする市民団体、そして学界などは、第1期の憲法裁判所に対して、裁判官達の努力によって憲法裁判制度自体を確固不動のものとして定着させたという肯定的な評価を下したのである。1994年9月に、ある市民団体が弁護士と法学教授を対象に実施したアンケート調査の結果によれば、この6年間の憲法裁判所の活動に対して、良くやったという応答が悪かったという応答を圧倒し、応答者達は全般的に高い点数を与えている。

　憲法裁判所の判例が蓄積されるに従い、国内の憲法学の研究にも新たな章が開かれるようになった。抽象的な憲法理論の研究にのみ依存していた韓国の憲法学が、憲法裁判の活性化に従い、生きている学問としての様相を帯び始めたのであり、憲法分野の教科書と論文に憲法裁判所の決定が引用されることが当然のことになった。憲法裁判所の導入によって初めて国民達は、憲法が国家の規範秩序における最高規範であるだけでなく、憲法裁判のための司法的審査基準であるという認識を具体的に理解し始めたのであり、あらゆる国民が法律などの合憲性審査を直接に請求することのできる憲法訴願制度の導入は、国民の基本権の意識を大きく鼓吹して、国民をして国家権力の濫用に対する監視者として機能させるようにした。第1期の憲法裁判所の功過に関しては、さまざまな評価が可能であろうが、第1期の憲法裁判所が憲法裁判制度自体についての理解のなかった韓国の法現実において憲法裁判の存在理由とその価値を確かなものとしたという点は、誰も否認することはできないであろう。

　②　主要決定の要旨
　（ⅰ）　第1期の憲法裁判所の重要な決定としては、まず身体の自由を侵害する諸法律に対する一連の違憲決定を挙げることができる。

　憲法裁判所は、延べ100時間を超える評議を経た後、1989年7月、一定の要件が整えば再犯の蓋然性とは関係なく、判事をして必ず監護処分にせしめる旧社会保護法第5条第1項の必要的保護監護制度を違憲であると宣告した（憲裁1989.7.14. 88憲カ5等）。この決定は、重要な公益上の理由によって正当化されない身体の自由に対する制限は、国民の基本権を過剰に制限する違憲的法律であるということを初めて明らかにした重要な決定である。この決定は、第5共和国初期の国家保衛立法会議で強引に制定された法律に対する最初の制動であり、国家が身体の自由を制限するにおいてどのような注意を傾けなければな

らないのかを見せてくれた決定であった。

　身体の自由と関連して次に宣告された重要な決定は、国家保安法の違憲の可否に関するものである。憲法裁判所は、1990年4月、国家保安法第7条の規定は曖昧であって罪刑法定主義に違背するとして、その違憲性を認めたが、国家の存立・安全を危うくさせたり自由民主的基本秩序に危害を与える明白な危険がある場合のみに縮小適用されるものと解釈するならば憲法に違反しないという合憲的法律解釈の方法を採用して、この規定に対して限定合憲決定をしたのである（憲裁 1990.4.2. 89 憲カ 113）。

　国家保安法の違憲性は、犯罪構成要件の不明確性という実体的側面からだけでなく、手続的な観点からも提起された。刑事訴訟法上は捜査機関による被疑者拘束期間が最長30日であるのに反して、国家保安法違反者の拘束においては、その拘束期間を警察捜査段階と検察捜査段階で、それぞれ10日ずつ延長することができるように特例を規定した国家保安法第19条に対して、憲法裁判所は、互いに相反する国家刑罰権と国民の基本権を比較衡量するにおいて、必然的な公益上の理由によって正当化することなく不必要に国民の身体の自由を過度に制限するという理由で違憲と宣言した（憲裁 1992.4.14. 90 憲マ 82）。これでもって、憲法裁判所は、国家が国民の身体の自由を侵害する場合には非常に慎重でなければならないということを、再び示してくれたのである。

　1992年1月、憲法裁判所は、身体の自由と関連して、また一つの重要な決定をした。身体を拘束された者の弁護人の助力を受ける権利（憲法12条4項）の必須的内容は、弁護人との接見交通権であるが、身体を拘束された者が弁護人と接見するときに捜査機関の職員が対話を聴取したり記録することは、国家安全保障・秩序維持・公共の福祉などの如何なる名分でもっても制限することのできない弁護人との接見交通権を侵害するものであるとして、違憲宣言をした（憲裁 1992.1.28. 91 憲マ 111）。

　同年12月、憲法裁判所は、被告人に無罪、免訴などの判決が宣告されたときは拘束令状は当然に効力を喪失するが、ただし検事が死刑、無期または10年以上の求刑をする場合には拘束令状の効力は喪失しないとして被告人を釈放できないように規定した刑事訴訟法第331条に対しても、拘束の可否および拘束の維持の可否を司法府の判断に任せた令状主義の原則（憲法12条3項）に違

第3章　憲法裁判所の決定

反して身体の自由を過度に侵害するという理由で違憲と宣言した（憲裁1992. 12.24. 92憲カ8）。

1993年12月、憲法裁判所は、法院の保釈許可決定に対する検事の即時抗告権を認めた刑事訴訟法第97条第3項に対して、拘束執行を続ける必要がないという法院の判断よりも、保釈許可決定が不当であるとする検事の不服を優先させたものであり、これは拘束の可否と拘束の継続の可否についての判断を法官の決定に委ねている令状主義に違反し、また、その内容においても必然的な公益上の理由なく被告人の身体の自由を過剰に侵害するという理由で違憲と宣言した（憲裁1993.12.23. 93憲カ2）。

特に、上の国家保安法上の拘束期間延長規定に対する違憲決定と保釈許可決定に対する検事の即時抗告規定に対する違憲決定事件などは、憲法裁判所が、刑事事件において国家刑罰権の実現のために必要以上に被疑者や被告人を拘束する違憲的状態を是正した決定として、非常に意味のあるものであった。

刑罰が行為の不法と行為者の責任に相応しなければならないことは、法治国家原則の一つの要素としての比例の原則から出てくる要請である。憲法裁判所は、1992年4月、法定刑が過重であるという理由で、特定犯罪加重処罰等に関する法律第5条の3第2項第1号に対して違憲決定を下した（憲裁1992.4. 28. 90憲バ24）。その決定理由は、この法律条項において、過失で人を致傷した者が救護行為をせずに逃走したり故意に遺棄することで致死の結果に至らしめた場合に、殺人罪と比較してその法定刑をより重くしたことは刑罰体系上の正当性と均衡を喪失したものであって、憲法第10条の人間の尊厳性、憲法第11条の平等の原則および憲法第37条第2項の過剰立法禁止の原則に反するというものであった。しかし、憲法裁判所は、その後、刑罰規定の立法目的と保護法益は相異するという点に照らし、法定刑の刑の種類と加重の程度は立法者の広範な裁量に属する問題であり、比例性の原則に対する明白な違反を確認することができない限り、刑の加重の程度について違憲性を認めることはできないとして、法定刑の種類と加重の程度についての違憲性に対してはより一層慎重な姿勢をとっている。

（ⅱ）　第1期の憲法裁判所は、民主主義の定着のために何よりも必要である表現の自由と参政権の拡大に関しても意味のある決定を下した。

第1節　概　　観

　1989年9月、憲法裁判所は、表現の自由から派生する知る権利が憲法上の基本権であることを明らかにするとともに、知る権利を国民が一般的に接近することのできる情報に対する権利に制限することなく、政府が保有している情報を請求できる権利にまで広く解釈して、郡守が郡庁に保管する林野調査書・土地調査書に対する利害関係人の閲覧・複写申請に対して何らの措置もとらなかったことは知る権利を侵害したものであると確認した(憲裁1989.9.4. 88憲マ22)。憲法裁判所は、この決定を通じて、知る権利の概念を拡大することでもって、一般人の接近が容易でなかった多くの政府公文書を閲覧・謄写しようとする国民に、知る権利の侵害を理由として憲法訴願を提起することができる可能性を開いてくれたのである。その後、憲法裁判所は、この決定で確立した知る権利の理論を適用して、被告人であった者が自身の刑事被告事件が確定した後に、その訴訟記録について閲覧・複写を要求することは、特別な事情がない限り原則的に許容されなければならないと判示することでもって、刑事確定記録の複写申請に対する拒否行為が知る権利を侵害する違憲的な行為であることも確認した（憲裁1991.5.13. 90憲マ133)。

　そのほか、映画に対する公演倫理委員会の事前審議を定めている映画法第22条と、その審議基準を定めている同法第13条等が、芸術の自由と言論に対する検閲の禁止を規定した憲法条項に違背するという理由で、社団法人韓国映画人協会などが憲法訴願審判を請求したが、憲法裁判所は、団体である映画人協会が団体自身の基本権でなく、その団体に所属する会員である映画人達の基本権が侵害されていることを理由として請求した憲法訴願審判は、自己関連性の要件を備えることができずに不適法であるとして却下することでもって（憲裁1991.6.3. 90憲マ56)、表現の自由に関する憲法裁判所の実質的な決定を下すことのできる機会は、次の第2期の憲法裁判所に移ることになったのである。

　1989年9月、憲法裁判所は、国会議員選挙に立候補しようとする者は一定額を供託金として納付しなければならないという国会議員選挙法の規定に対して、供託金制度自体は候補者の濫立を防止して候補者の真摯性を担保する必要が認められるから合憲であるが、供託金が余りに過多である場合には、お金のある者だけの選挙になり得ることを憂慮して、審判の対象となった規定の供託

第3章　憲法裁判所の決定

金は余りに過多であるので国民の参政権を侵害するという理由で違憲を確認した（憲裁1989.9.8. 88憲カ6）。その後、市・道議会議員の候補者をして700万ウォンを供託させるように規定した地方議会議員選挙法の規定に対しても、供託金が過度であるとして、やはり違憲決定をすることでもって、財力のない者にも選挙に参加できる道を開いた（憲裁1991.3.11. 91憲マ21）。

（iii）　第1期の憲法裁判所は、経済活動の自由と財産権の保障の領域においても多くの決定を下すことでもって、国民の基本権の保護に貢献した。

憲法裁判所は、一方では、わが憲法上の基本原理である自由民主的経済秩序に立脚して、個人および企業の創意と自由を尊重する立場をとって職業の自由や財産権の保障を過度に侵害する公権力の行為に対して違憲決定の形態で国家の経済介入に対する限界を明確にした。

1989年1月25日、憲法裁判所は発足から約4ヶ月が経った後に下した初めての違憲決定において、財産権の請求に関して民事訴訟の原告勝訴判決を宣告する場合、法院は相当な理由がない限り必ず仮執行の宣告を付けることが原則であるが、「ただし、国家を相手とする財産権の請求に関しては、仮執行の宣告をすることができない」と規定した訴訟促進等に関する特例法第6条第1項に対して、唯一国家が被告である場合には法院が仮執行の宣告を付けることができないとしたことは、平等な水平的関係で進行される民事訴訟において私経済の主体に過ぎない国家に優越的地位を付与することになるから、結局、平等原則に違反するという理由で、この規定を違憲と宣言した（憲裁1989.1.25. 88憲カ7）。この決定は、合理的な公益上の理由なく私人に比して国家に優越的な経済的地位を付与していた法律に対して、自由主義的経済秩序の基本原理である、すべての経済主体の原則的な平等を確認して貫徹した最初の決定として、大きな意味がある。

この決定の基本精神は、やがて4ヶ月後の金融機関の延滞貸出金に関する特別措置法に対する違憲決定に引き継がれたが、憲法裁判所は、この決定で、競売手続において競売申請人が金融機関の場合、競落許可決定に対する抗告をしようとする者に担保として供託を提供させるなど金融機関に特恵を規定していた審判対象規定について、合理的な根拠なく金融機関に差別的に優越した地位を付与したという理由で違憲であると宣言した（憲裁1989.5.24. 89憲カ37等）。

第1節　概　　観

　この決定は、あらゆる経済主体の原則的な経済上の自由と平等は国家と私人との関係においてだけでなく、当然に私人と私人との関係においても維持されなければならないということを示してくれたものであった。

　私経済の主体として差別を正当化するだけの理由がなければ、国家と私人は同等に取り扱われなければならないという論旨は、国有財産法第5条第2項の違憲審判事件においても繰り返し確認された。1991年5月、憲法裁判所は、国家も雑種財産〔行政財産と保存財産を除いた国有財産〕においては一般権利の主体である法人として私人と対等な権利関係が形成されるとして、国有雑種財産については時効取得を排除していた国有財産法の規定に対して違憲決定をした（憲裁1991.5.13. 89憲カ97）。その後、地方財政法第74条第2項に対する違憲法律審判においても、同じ趣旨の違憲決定があった（憲裁1992.10.1. 92憲カ6等）。

　1990年9月、憲法裁判所は、国税の納付期限から1年内に設定された各種の担保物権よりも国税に優先権を付与する国税基本法第35条第1項第3号に対して、財産権の本質的内容を侵害し、合理的な理由なく国税を優待するもので違憲であるという決定をしたが（憲裁1990.9.3. 89憲カ95）、これは、私経済的分野における国家の優越的地位を否定するとともに、いかに国家の財政確保という正当な公益的目的を持った税金であっても、国民の財産権の本質的な内容を侵害してまでその徴収を確保することはできないということを確認したものである。このような論旨は、1年内に設定された各種の担保物権よりも地方税に優先権を付与した地方税法の規定に対しても、そのまま維持された（憲裁1991.11.25. 91憲カ6）。

　1993年7月29日、憲法裁判所は、国際グループの創業者である梁正模が、国際グループの主取引銀行である第一銀行の国際グループ解体措置に関連して、その措置に従って行った株式の譲渡行為は財務部長官などの事実的権力行為によるもので憲法に違反すると主張して請求した憲法訴願審判事件において、一連の行為を総体的に評価して、国際グループの解体措置は財務部長官が主導した公権力行使の過程において当時の官治金融下で自律性の形骸化した第一銀行がそれに順応したものであるとの理由で、権力的事実行為に対する憲法訴願の可能性を認め、本案判断において、公権力は、いかに名分が良くても国

第3章　憲法裁判所の決定

民の権利を制限する場合には法律に根拠を置かなければならないのであるから、法律上の根拠のない国際グループの解体措置は法治国家的手続に違反したものであるという理由で、同措置の違憲性を確認した(憲裁 1993.7.29. 89憲マ 31)。この決定は、国民の基本権に対するあらゆる制限は法律に基づかなければならないという当然の事実を経済的活動の領域においても再び確認した決定であった。

憲法裁判所は、職業の自由に関しても、幾つかの重要な決定を下した。1989年11月、弁護士の開業地を制限した弁護士法第10条第2項に対して、職業の自由を過度に侵害し、合理的な理由なく弁護士として開業しようとする者を差別して取り扱う規定であるという理由で、違憲決定をした(憲裁 1989.11.20. 89憲カ102)。その後、弁護士が刑事訴追を受けた場合に法務部長官が当該弁護士の業務停止を命じることができるようにした弁護士法第15条に対しても、職業の自由を過度に侵害する規定であるという理由でもって、違憲決定をした(憲裁 1990.11.19. 90憲カ48)。

（ⅳ）　第1期の憲法裁判所は、上で見たように自由主義的な経済秩序に基づいて国家は国民の経済的自由を原則的に尊重すべきであり、過度な制限を禁じるべきであるということを確認したが、一方では、経済活動や財産権の行使に伴う公的機能や社会的機能を強調して、基本権行使の社会的拘束性を明確にした。特に他人の実質的な自由の行使と密接な関連性のある経済領域や財産権においては、他人が実質的に自由を行使するための前提条件として、すべての国民が一定の限度の国家の制約を受忍しなければならないと述べた。財産権の社会的拘束性ないしその限界に関して初めて憲法裁判所の判断を受けたものは、国土利用管理法上の土地取引許可制であった。狭い国土と多くの人口、伝統的に引き継がれてきた土地を好む思想などが原因となって、全国の地価上昇と土地投機の過熱現象が現れるや、政府は、土地公概念を具現する種々の法令を制定した。

1989年12月、憲法裁判所は、一定の地域における土地取引許可制を規定した国土利用管理法第21条の3第1項に対して、次のように判断した。私有財産制度の保障は他人と共に生きていく共同体生活と調和する範囲内で保障されるものであり、このような財産権の社会的義務性は財産権の客体の種類、性質

176

第1節 概　観

などに従い変わるものであるが、土地財産権においては他の財産権よりもより一層強く社会共同体全体の利益を貫徹することが要求され、したがって、立法者は他の財産権よりもより一層厳格に規制する必要があるとして、土地取引許可制度の合憲性を認めた（憲裁 1989.12.22. 88憲カ13）。

　納本制度に関する決定も、財産権の行使が一定の限界までは社会的に拘束されるということを示してくれた決定である。1992年6月、憲法裁判所は、定期刊行物の発行者にその定期刊行物2部を直ちに公報処長官に納本させ、同時に納本者の要求があるときには正当な補償をするように規定した定期刊行物の登録等に関する法律第10条第1項に関連して、このような納本制度は財産権の内在的制約によって正当化される合憲的規定であることを明らかにした（憲裁 1992.6.26. 90憲バ26）。

　継続する地価の上昇、土地投機の悪循環、それに伴う富の歪曲した分配、国民経済を害する資金の流れなどを是正しようと、1989年、土地公概念についての本格的な論議が進行して、土地超過利得税法と宅地所有上限に関する法律および開発利益還収に関する法律が制定された。そのうち、土地超過利得税法がまず最初にその違憲の可否について憲法裁判所の審判を受けるようになった。

　1994年7月29日、憲法裁判所は、未実現利得に対する課税としての土地超過利得税制度自体は、地価の上昇によってその所有者が得る土地超過利得を租税として還収することでもって租税負担の衡平と地価の安定および土地の効率的な利用に寄与するという立法目的に照らして憲法的に瑕疵はないが、未実現利得に対する課税制度である土地超過利得税法においては何よりもその課税対象利得の公平かつ正確な計測の如何が一番の課題になるべきであるにもかかわらず、土地超過利得税法上の課税要件としての地価の評価ないし未実現利得の計測や単一比例税としての税率に違憲的な要素があるとして、法全体に対して憲法不合致決定をした（憲裁 1994.7.29. 92憲バ49等）。この決定は、制度自体は平等権から派生する租税平等主義や土地財産権の社会的拘束の観点において憲法的に許容される制度ではあるが、制度の運営においては国民の財産権の保障と憲法上の租税の原則を遵守しなければならないということを教えてくれた重要な決定であるといえよう。

　（ⅴ）　労働関係法律に対しても多くの部分について違憲の是非があったが、

第3章 憲法裁判所の決定

第1期の憲法裁判所は、労働争議調整法上の第三者介入の禁止規定について初めてその立場を明らかにした。

1990年1月、憲法裁判所は、労働争議調整法第13条の2と関連して、第三者介入の禁止規定は、憲法の認める労働3権の範囲を超えた紛争解決の自主性を侵害する行為を規制し、かつ、表現の自由または行動の自由などの基本権の内在的限界を超えた行為を規制するためだけの立法であって、労働者が単純な相談や助力を受けることを禁止しようとするものではないから、労働者の基本権を制限するものであると見ることはできないとして、合憲決定をした（憲裁 1990.1.15. 89憲カ103）。

1989年度に発生した全国教職員労働組合の結成と、それに対する政府の否認定の方針および一連の教員懲戒の事態は、教員をして労働組合を結成させ得ないようにする法規定が教員の労働者としての現実的な状況および教員という職位の特殊性に照らして憲法的にどのように判断されるべきであるのかという根本的な問題を提起した。これに対して、憲法裁判所は、1991年7月、私立学校の教員は勤労者としての性格を有してはいるが、教育の公共性ないし社会的・倫理的重要性に照らして特殊性が認められるから、国家公務員法第66条を準用して私立学校教員の労働3権を制限する私立学校法第55条等は合憲であると判断した（憲裁 1991.7.22. 89憲カ106）。その後、事実上の労務従事者を除外した他の公務員の労働運動を禁止する国家公務員法第66条に対しても合憲と宣告したのである（憲裁 1992.4.28. 90憲バ27等）。

1993年3月、憲法裁判所は、一定の範囲内の公務員は団体行動権を始めとした労働3権を持つことができることを前提とした憲法第33条第2項の規定とは異なり、すべての公務員の団体行動権を否認した労働争議調整法第12条第2項に対して、憲法第33条第2項は公務員の団体行動権を全面的に否認するものではなく、一定の範囲内の公務員である労働者の場合には労働三権を持つことを前提として立法者にただその具体的な範囲を確定すべきことを委任したものであるが、労働争議調整法第12条第2項は公務員である労働者については団体行動権を根本的に否認しているので違憲であるとした。しかし、違憲的な状態を除去するための種々の方法があり得るので、このうちの如何なるものを選ぶかは立法者の形成の自由に属するとして、違憲決定の代わりに憲法不

第1節　概　　観

合致決定をした（憲裁1993.3.11. 88憲マ5）。

（vi）　第1期の憲法裁判所は、また、国民の裁判を受ける権利に関しても一連の決定を通じて確固たる判例を形成した。法治国家は、基本権の保障、権力の分立、司法を通じた権利救済手続などを通じて具体化され実現されるのであり、裁判請求権も法治国家の実現のための重要な要素である。裁判請求権は、国民のあらゆる権利、すなわち法律上の権利と憲法上の基本権の効力が裁判手続において実際に貫徹されることを保障するために、国民が権利の侵害を主張して、その保護を要請することができる司法的手続を要求する。

国民の裁判請求権の侵害を主張して初めて提起された憲法裁判は、憲法裁判所法上の弁護士強制主義に関する問題であった。1990年9月、憲法裁判所は、憲法訴願の請求および審判の遂行において、いわゆる弁護士強制主義をとっている憲法裁判所法第25条第3項に対して、この規定は一般国民が自分で憲法訴願審判の請求をでき得なくしており、必ず弁護士を通じてのみ憲法訴願を提起させるようにすることでもって国民の裁判請求権を不当に制限するとして提起された憲法訴願審判事件で、司法の円滑な運営や裁判審理の負担軽減などの弁護士強制主義が実現しようとする公益上の法益と国民の裁判請求権を比較衡量して、公益に優位を付与することでもって合憲決定をした（憲裁1990.9.3. 89憲マ120等）。

少額事件審判法第3条は、少額事件においては通常の訴訟事件と異なる上告及び再抗告に関する特例を規定していたが、それによれば訴訟物価額が500万ウォンを超えない金銭その他の代替物や有価証券の一定の数量の支給を目的とする民事事件では、通常の民事事件と異なり、大法院の上告や再抗告が厳格に制限されていた。少額事件と一般の民事事件が訴訟物価額を基準として区分されたので、持てる者と持たざる者を基準として裁判請求権を制限するものではないのかという疑懼心が立法の初期から一部で強く提起されていた。1992年6月、憲法裁判所は、少額事件審判法第3条と関連して、裁判とは事実の確定と法律の解釈適用を本質とすることに照らし、法官による事実的な側面と法律的側面の審理検討の機会が少なくとも一回は保障されるべきことを意味するだけであり、あらゆる事件に対して全く同じように3度の法律的側面からの審査の機会が提供されることこそが憲法上の裁判を受ける権利の保障であるという

第3章 憲法裁判所の決定

ことはできないとして、憲法上別段の規定がない限り上告の問題は立法者の形成に委ねられた立法政策の問題であるから、あらゆる事件について上告審手続による裁判を受ける権利までも裁判を受ける権利に含まれると見ることはできないとして、合憲決定をした(憲裁1992.6.26. 90憲バ25)。この決定では、裁判請求権の概念は「事実的側面と法律的側面で少なくとも1回の審理検討の機会を保障する権利」であると定義されたのである。その後、強制執行停止申請に対する裁判に関連して、不服を申請できないと規定した民事訴訟法の規定に対しても、どの程度まで上級審の判断を受ける機会を付与すべきかという問題は、それぞれの事件類型の性質と軽重に従い立法者が法律でもって形成すべき問題であり、上級審を制限する合理性が認められるとして憲法第27条に違反しないと判示した（憲裁1993.11.25. 91憲バ8）。

憲法裁判所は、少額事件審判法の決定で憲法上の裁判請求権の概念を確定した以後、一連の決定を通じて裁判請求権の保護範囲を拡大した。裁判請求権の実現が法院の組織と手続に関する法律に依存しているために、立法者は、原則的に訴訟法に規定された形式的要件を充足させて初めて法院に提訴することができるように、すなわち請求期間や提訴期間のような一定の期間の遵守、弁護士強制制度、法院手数料の規定などを通じて訴訟の主体、方式、手続、時期、費用などに関して規律することができる。しかし、裁判請求権は、権利救済手続及び権利救済可能性の具体化を完全に立法者の形成権に一任するのではない。立法者が単に法院に提訴することのできる形式的な権利や理論的な可能性のみを提供するだけで権利救済の実効性を保障しないならば、権利救済手続があっても事実上、無意味となり得るので、裁判請求権は組織的な側面と手続的な側面において実効性のある権利保護を提供するためにそれに必要な最小限の要件を前提とする。したがって、効率的な権利保護の要請は、立法者が権利救済手続と権利保護の可能性を立法するにおいて重要な基準であると同時に、立法形成権の限界を意味するのである。手続的諸規定によって法院への接近が合理的な理由もなく困難になるならば、裁判請求権の憲法的要請と符合することはできないのであり、まさにここに立法形成権の限界があるのである。

1989年5月、憲法裁判所は、金融機関の延滞貸出金に関する競売手続上の競落許可に対して抗告をしようとする者は担保として競落代金の10分の5に

第 1 節 概　　観

該当する金額を供託しなければならないと規定した金融機関の延滞貸出金に関する特別措置法第 5 条の 2 の規定に対して、担保供託金の比率が過重であって資力のない抗告権者に過多な経済的負担を負わせることでもって不当に裁判請求権を制限する内容であるから、憲法第 27 条第 1 項及び第 37 条第 2 項に違反すると判示した（憲裁 1989. 5. 24. 89 憲カ 37 等）。

　1992 年 7 月、憲法裁判所は、違法な課税処分に対して行政訴訟を提起することができる不変期間を規定した国税基本法第 56 条第 2 項に対する憲法訴願審判事件で、不変期間に関する規定は国民がその期間計算において責めることのできない法についての誤解によって裁判を受ける権利を喪失することがないように、分かりやすく明確に規定されなければならないにもかかわらず、上の法律条項は不明確かつ曖昧に規定され、起算点の計算に混乱を生じさせているので、憲法第 27 条の裁判を受ける権利から派生する不変期間明確化の原則に反するとして、違憲決定をした（憲裁 1992. 7. 23. 90 憲バ 2 等）。これは、裁判請求権が、立法者に国民が少なくとも一回は裁判を受けることができるような手続を法で用意すべき義務を課しているだけでなく、公益的事由によって正当化されることなく提訴期間を余りに短く規定するとか、または提訴期間に関する規定を不明確に規定することで、国民が法律に規定された救済手続を実際に行使することを過度に困難にさせることを禁じているということを明確にした決定であった。

　一方、1994 年 2 月、憲法裁判所は、控訴状には 1 審の訴状の印紙額の倍額の印紙を、上告状には 1 審の訴状の印紙額の 3 倍額の印紙を付さなければならないと規定している民事訴訟等印紙法第 3 条が、財力の不足する当事者の裁判請求権を侵害すると主張して提起された事件において、印紙代は単に国家の役務に比例した費用としての性質を持つだけではなく、濫訴の防止などを通じた法院機能の維持という目的をも併せ持っているので、このような観点から見て、第 1 審訴状、控訴状、上告状に付さなければならない印紙額に差を設けて段階的に引上げたことは、国民の裁判請求権を侵害するものではなく、合憲であると宣言した（憲裁 1994. 2. 24. 93 憲バ 10）。

　(ⅶ)　そのほかの第 1 期の憲法裁判所の重要な決定としては、姦通罪を規定した刑法規定と国・公立師範大学出身者の教員優先採用制度に対する決定を挙

第3章　憲法裁判所の決定

げることができる。

1990年9月10日、憲法裁判所は、配偶者のいる者が姦通したときには2年以下の懲役に処すると規定する刑法第241条の姦通罪の違憲の可否を問う憲法訴願事件において、姦通罪規定は憲法第10条から派生する性的自己決定権に対する制限を意味するが、この制限は善良な性道徳及び婚姻制度の維持などの公益によって正当化されるものであって、個人の性的自由に対する過度な制限ではないとして、合憲と宣言した（憲裁1990.9.10. 89憲マ82）。

一方、国・公立学校教員の新規採用における国・公立師範大学の卒業生の優先採用制度は、教員の供給が不足していた時期に優秀な教員人材を確保しようとする趣旨で始まったものであるが、1980年代以後は教員の渋滞現象が激しくなり、この制度は事実上、私立師範大学の卒業生の教職への進出を困難にする悪法として作用するようになった。これに対して憲法裁判所は、国・公立師範大学の出身者に対する教員採用優先制を規定した教育公務員法第11条第1項は教育公務員になろうとする者をその出身学校の設立主体や学科によって合理的根拠もなく差別する条項であるとして、違憲決定をした（憲裁1990.10.8. 89憲マ89）。

（ⅷ）　第1期の憲法裁判所は、憲法裁判の手続に関連しても、幾つかの重要な決定を下したが、その中の1つは、憲法裁判所法第68条第2項の憲法訴願制度の性格に関する決定であった。

憲法裁判所法第68条第2項は、国民の違憲提請申請が棄却された場合に、国民が直接、法律に対する憲法訴願を提起することのできる可能性を提供している。この規定による憲法裁判手続は、世界で類例を探すことのできない、韓国だけの憲法裁判手続であるが、この規定による憲法訴願制度をどのように理解して運営すべきであるかという問題、特にその性質と内容に関して、憲法裁判所法の制定当時から多様な議論が絶えることなく提起された。裁判の基礎になった規範が違憲である場合に、請求人が法院を経由する過程で法官が自ら違憲提請をしないならば、請求人は原則的にすべての審級を経由した後に違憲的な法律を適用した裁判に対して憲法訴願を提起するほかない。しかし、わが憲法裁判制度においては、裁判訴願を排除しており、かくて訴願請求人が法院を経由した後に裁判訴願の形態で規範の違憲性を問うことのできる道は塞がれて

第 1 節 概　　観

いるために、わが憲法裁判所法は別途の憲法訴願を提起することができる道を開いておいたのである。したがって、憲法裁判所法第68条第2項の憲法訴願制度は、機能上、裁判訴願を排除する韓国の憲法訴願制度を補完しているといえよう。

　初期の決定においては、憲法裁判所法第68条第2項による憲法訴願制度が憲法訴願審判の節に含まれているという点と、国民が直接、審判を請求することができるという点が重視され、その性質は憲法訴願制度の1つの類型と理解された。これに従い、1989年9月、憲法裁判所は、憲法裁判所法第68条第2項による審判請求に対して、同条第1項による憲法訴願審判請求と同様に「憲マ」という事件符号を与えていたし、幾つかの決定において、その審判請求の適法性の判断基準として請求人の権利侵害の現在性など審判請求の利益ないし訴えの利益の存否を提示することもあった（憲裁1989.9.29. 89憲マ53；1989.12.18. 89憲マ32 等）。

　しかし、1990年からは憲法裁判所法第68条第2項による憲法訴願審判請求は、同条第1項による憲法訴願審判請求とは別途に、「憲バ」という事件符号が付与されたし、その審判請求の適法性は、請求人の訴えの利益の有無によって判断されるのではなく、審判の対象になった法律が当該訴訟において裁判の前提性を有するのか否かによって判断された（憲裁1990.6.25. 89憲マ107）。ここに憲法裁判所は憲法裁判所法第68条第2項による憲法訴願制度を違憲法律審判制度の1つの類型として認識しなければならないことを明確にすることでもって、その間の論難を終息させたのである。

　結局、憲法裁判所法第68条第2項の憲法訴願審判は、法院が提請する違憲法律審判とともに具体的規範統制の一つの類型として、法律の違憲可否を審判する制度へと確立されたのであり、憲法裁判所法第68条第2項の憲法訴願審判制度の法理と違憲法律審判の法理が共通になったことは当然の帰結だといえよう。

(2)　第2期の憲法裁判所の決定
①　第2期の憲法裁判所の活動
　第1期の憲法裁判所の業績を受け継いだ第2期の憲法裁判所（憲法裁判所長金容俊）は、1994年9月15日に活動を開始した。第1期の憲法裁判所の6年

第3章　憲法裁判所の決定

間の活動で、憲法裁判所は国民と国家機関の注目を受ける重要な憲法機関に浮上したし、韓国はアジア圏で成功的に憲法裁判制度を定着させた国家として認められるようになった。わが国における成功的な憲法裁判制度の運営は、アジアの多くの国をして自国の憲法裁判制度を今一度顧みさせる契機を提供した。アメリカ式の違憲審査制度を導入した日本では、韓国の憲法裁判所のこのような活発な活動を例に挙げて、日本の消極的な憲法裁判制度に対する批判が学界を中心に提起されもした。

　第1期の憲法裁判所においては、過去の政権によってそれまでの間に累積された違憲的な法律に対する清算作業がその活動の大きな比重を占めていただけに、審判対象となる法律や公権力行為の違憲性の比較的明白な事件が多かったが、第2期の憲法裁判所に入ってからは、違憲性の判断がより複雑で、それに伴いより繊細な論証を要する事件が多くなった。第2期の憲法裁判所が出帆するやいなや前職大統領の全斗煥、盧泰愚など、1979年の12・12事件（当時の保安司令官であった全斗煥とその追従者たちが武力行使をもって戒厳司令官を逮捕し戒厳権を簒奪した、粛軍クーデター）の関連者に対する検事の不起訴処分に対して憲法訴願が提起されたために、国民と言論の耳目が集中するなかで過去の政権の副産物である政治的諸事件に対して判断することになった。過去の清算の問題は、まもなく1980年の5・18事件の関連者の不起訴処分に対する憲法訴願事件へとつながって、憲法裁判所が1996年2月16日に5・18民主化運動等に関する特別法上の公訴時効停止規定に対して合憲決定を下すことでもって、ようやく終結したのである。12・12事件および5・18事件と関連した歴史的な諸決定のほかにも、憲法裁判所は第2期に入って選挙区確定に対する違憲決定、映画検閲に対する違憲決定、死刑制度の合憲性確認、酒税法に対する違憲決定、権限争議に関する最初の本案判断、社会的基本権に対する最初の見解表明、祖先発祥の地が同じで同姓の者の結婚を禁止した制度である同姓同本結婚禁止制度に対する違憲決定など、民主・法治・社会国家的観点から本質的かつ重要な多くの問題に関して判断をするようになったし、憲法訴願の対象から法院の裁判を除外した憲法裁判所法の規定が違憲であるか否かに関して判断することでもって法院との関係に対する重要な決定もしたのである。憲法裁判所は、10年という比較的短い期間に説得力のある一連の決定を通じて試験期間

第1節　概　　観

を成功的に耐え抜き、信頼に値する憲法裁判機関としての位置を確かなものとした。今日、すべての国民と国家機関が重要な憲法的問題が生じれば、憲法裁判所をしてこれを解明させ、その決定に従おうとする傾向のあることは、わが国の民主主義と法治主義の発展のために望ましい現象である。

② 主要決定の要旨

（ⅰ）　1995年2月、第2期の憲法裁判所は、初めて権限争議審判に関する決定をした。国会議員と国会議長の間の権限争議審判において、憲法裁判所は、国会の構成員や国会内の一部機関である国会議員および交渉団体等は、権限争議審判を請求する当事者適格がないとして審判の請求を却下した（憲裁1995.2.23. 90憲ラ1）。しかし、この決定に対しは、憲法裁判所に付与された権限争議審判の権限を縮小させる結果をもたらしたとの批判があった。

その後、1997年7月、憲法裁判所は従来の判例を変更して、権限争議審判を請求できる当事者の範囲を拡大した重要な決定をした（憲裁1997.7.16. 96憲ラ2）。与党所属の議員だけが出席した中で労働関係法改正法律などを可決させた国会議長の可決宣布行為に対して野党議員がその違憲確認を求める権限争議審判を請求した事件において、権限争議審判の当事者になることができる国家機関の範囲は、権限争議審判の権限を付与した憲法規範（憲法111条1項4号）の解釈を通じて確定しなければならないとして、当事者の範囲を国会議員と国会議長にまで拡大して国会議員の審判請求を適法なものと認めたし、さらに本案判断では、国会議長による国会議員の憲法上の権限（法律案の審議・表決権）の侵害を確認したのである。

（ⅱ）　第2期の憲法裁判所は、第1期の憲法裁判所の判例を受け継いで、裁判請求権の本質的な内容は、国民が事実的および法律的側面において少なくとも一回は法官による裁判を受ける権利を意味するのであり、裁判請求権は、権利救済手続の形式的開設や理論的な活用可能性だけでなく、開設された法的手続が権利保護の側面において実効性のあることを要請するということを、一連の決定を通じて確立した。

1995年9月、憲法裁判所は、特許庁の抗告審判の審決または却下決定に対しては直ちに大法院に上告するように規定している特許法第186条第1項について、国民が特許事件の不服過程において法院による事実審裁判を剥奪されて

第3章　憲法裁判所の決定

いるのであるから裁判請求権の本質的内容を侵害するとして、この法律条項が違憲であることを確認した（憲裁 1995.9.28. 92憲カ11 等）。

1997年10月、憲法裁判所は、上告審手続に関する特例法の規定に対する違憲訴願において、上告審の裁判を受ける権利について、審級制度は司法による権利保護に関する限定された法発見資源の合理的な分配の問題であると同時に、裁判の適正と迅速という互いに相反する2つの要請を如何に調和させるかという問題であって、原則的に立法者の形成の自由に属する事項であるので、裁判請求権がすべての事件に対して上告審の裁判を受ける権利を意味するものであるということはできないと判示した（憲裁 1997.10.30. 97憲バ37）。これと同じ論理でもって、上告理由を制限する旧訴訟促進等に関する特例法第11条と上告許可制を規定する同法第12条に対しても、合憲と決定したことがあった（憲裁 1995.1.20. 90憲バ1）。

1996年4月、憲法裁判所は、競売手続において抗告権を濫用することでもって強制執行手続を故意に遅延させる弊害を是正するために、競落代金の10分の1に該当する金額を抗告保証金として供託するように規定した民事訴訟法第642条第4項に対する違憲訴願事件において、この法律条項がその程度の金額を保証金として供託させたとしても、それによって競落許可決定に対する抗告がほとんど不可能であるとか著しく困難な程度に達したと見ることはできないから、抗告人の裁判請求権を侵害したと解することはできないと決定した（憲裁 1996.4.25. 92憲バ30）。そして、訴状にあらかじめ一定額の印紙を付すように規定する民事訴訟等印紙法第1条の合憲性を審査するにおいては、訴訟救助制度が用意されている現行の民事訴訟制度の下では、これを資力の不足した当事者に対して訴訟の機会をろくに利用することができない程度に困難にしたり遮断する規定であると見ることはできないから、彼らの裁判請求権が侵害されたり不合理な差別を受けているということはできないと判示した（憲裁 1996.8.29. 93憲バ57）。

（ⅲ）　1995年10月、憲法裁判所は、軍用物窃盗罪の法定刑を殺人罪よりも重く規定した旧軍刑法第75条第1項第1号に対して合憲決定（憲裁 1995.10.26. 92憲バ45）をすることでもって、第1期の憲法裁判所で特定犯罪加重処罰等に関する法律の刑の加重の程度に関して違憲決定をした事件（憲裁 1992.4.

28. 90憲バ24）とは異なり、刑の加重の程度の問題は比例原則の明白な違反が現れない限り立法者の形成権に属するものであることを明らかにした。

　（ⅳ）　第2期の憲法裁判所は、12・12事件と5・18事件に関連して重要な決定をした。1995年1月20日、憲法裁判所は、二人の前職大統領など、12・12事件の関連者に対する検事の不起訴処分についての憲法訴願事件で、12・12事件の処理においては、十分な過去の清算と将来に対する警告、正義の回復と国民の法感情の充足などの起訴事由が有する意味も重大ではあるが、この事件を巡る社会的対立と葛藤の長期化、国力の浪費、国民の自尊心の損傷などの不起訴事由が有する意味もまた軽いものと断定することはできないであろうし、両者の間の価値の優劣が客観的に明白であると見ることも困難であるという理由で、検事の起訴猶予処分を合憲であると認めた（憲裁1995.1.20. 94憲マ246）。

　1995年12月15日、憲法裁判所は、検事の不起訴処分に対する憲法訴願事件において、請求人が請求を取り下げたために多数意見でもって審判手続の終了を宣言しながらも、少数意見を通じて、成功した内乱も処罰することができると決定した（憲裁1995.12.15. 95憲マ221等）。この事件は、成功した内乱に対して初めて司法的判断が下されるうえに、前職大統領が2人も関連した重大事件であるという点で、万一、正式に宣告されたならば、国際的にも注目される憲法裁判の事例として残ったであろうほどのものであった。すなわち、内乱が成功すれば刑罰権を担当する国家機関が事実上、処罰し得ない状態が持続するだけのことであって、処罰をし得ないという規範的根拠はどこにもないし、後日、正当な国家がその機能を回復すれば法治国家の枠内でいくらでも処罰することができるということが、その核心的内容であった。しかし、宣告直前に評議内容が政治圏と言論界に流出したために、自身に不利な宣告を憂慮した請求人が請求を取り下げることでもって宣告が霧散したことは、実にもどかしいことであった。一方、憲法裁判所の審判手続終了宣言に対しは、「憲法裁判所が憲法秩序の守護という客観的機能を併せ持っている憲法訴願制度の本質と特殊性を考慮せずに、ただ民事訴訟法を準用して事件の終了を宣言したことは再考の余地のあるものであり、たとえ請求人が訴えを取り下げたとしても、決定宣告を強行して憲法秩序を守護しようという意志を見せるべきであった」という少数意見のような趣旨の批判が学界の一部から提起されもした。この事件は、憲

第3章　憲法裁判所の決定

法裁判所における評議の秘密が守られなかったうえに、憲法裁判所が審判手続終了宣言を通じて自らの権限を自制してしまったという意味で、このような政治的波長の大きな事件において憲法裁判所の位相を守ることがどれほど困難であるかを見せてくれた象徴的事例であった。

　1996年2月16日、憲法裁判所は、12・12事件および5・18事件の関連者達に対して国家の訴追権行使の障害事由が存在した期間は公訴時効の進行を停止させる5・18光州民主化運動等に関する特別法に対する違憲提請審判事件において合憲であると決定することでもって（憲裁1996.2.16. 96憲カ2等）、5・18光州民主化運動等に関する特別法に憲法的正当性を付与し、検察の捜査に道を開いたのである。ここに過去の政権の不法清算の問題は一段落し、憲法裁判所の手を離れるようになった。

　（v）　第1期の憲法裁判所が、一定の要件が整えば再犯の蓋然性とは関係なく判事をして必ず監護処分にせしめる社会保護法上の必要的保護監護制度に対して違憲宣告をして以来（憲裁1989.7.14. 88憲カ5等）、第2期の憲法裁判所も、行政庁や法院に判断裁量を付与する任意的規定でもっても法の目的を実現することができる場合に、立法者が、法適用機関をして具体的事案の個別性と特殊性を考慮できる可能性を一切排除せしめる必要的規定を置くならば、これは比例の原則の1つの要素である最小の侵害性の原則に違背するということを多くの決定を通じて確認した。

　1994年7月、憲法裁判所は、刑事事件で起訴された私立学校の教員に対して、当該教員の任免権者をして必要的に職位解除処分をせしめるように規定している私立学校法第58条の2第1項但書に対する違憲可否審判提請事件において、起訴された事案の深刻さの程度、証拠の確実性の可否および予想される判決の内容などを考慮することなく、刑事事件として公訴が提起された場合には一律に判決の確定時まで職位解除処分しなければならないとすることは、憲法第37条第2項の比例の原則に反し、憲法第15条の職業選択の自由を侵害するものであり、また、無罪推定の原則を規定した憲法第27条第4項にも違反すると宣言した（憲裁1994.7.29. 93憲カ3等）。

　続いて、建築士が業務範囲に違反して業務を行った場合に、これを必要的登録取消事由と規定している建築士法の規定に対して、建築士が業務の範囲に違

第 1 節　概　　観

反した場合に業務の停止または登録の取消しを行政庁が裁量で選択することができるように任意的取消事由として規定しても法が意図する立法目的を十分に達成することができるから、この規定は、職業選択の自由を過度に制限する立法であるとして違憲決定をした(憲裁 1995.2.23. 93 憲カ 1)。また、無登録音盤販売業者の音盤などに対して必要的没収を規定した音盤及びビデオ物に関する法律の規定に対して、この法律条項が任意的没収を規定したとしても、不適法な音盤を販売する場合には法院が合理的な裁量で没収の可否を決定することによって立法目的を達成することができるから、適法な音盤などに対してまで画一的に必要的没収を規定する本件条項は、国民の財産権等の基本権を過度に侵害する違憲的法律であるとして、違憲と宣言した (憲裁 1995.11.30. 94 憲カ 3)。

　(vi)　今日、社会のほとんどあらゆる領域で、国家の積極的かつ広範囲な規律行為によって、国民は随時に変化し、かつ次第に稠密になる法の網の適用対象者となった。これに伴い、法律の頻繁な改正から国民の信頼を保護するために、国家の法律改正行為は、ある程度、憲法的に羈束される必要がある。このような意味で、信頼保護原則は、基本権とともに個人のほとんどすべての生活領域を規律する国家権力に対する一種の防御手段であるということができる。立法者は、一定の限度内で自身の事前の行為や決定に拘束されるべきであり、このような拘束を法治国家的に貫徹しようとするものが、まさに信頼保護の目的である。

　1995 年 10 月、第 2 期の憲法裁判所は、信頼保護原則と関連して、法律の改正によって旧法の状態の存続を信頼した国民の信頼利益の保護の必要性を認めて、信頼利益が侵害されたと決定した。課税期間中、請求人に不利に改正された租税減免規制法の規定に対して、請求人が法律の改正を予見する事情もなかったし、旧法は企業の増資を誘導するために制定されたものであり、旧法を信頼した国民の信頼利益を圧倒するだけの公益の必要性も切実なものではないとして、信頼保護の必要性と改正法律で達成しようとする公益を互いに比較衡量する過程で国民の信頼利益に優位を付与し、新法に一定の期間、旧法を継続して適用するとの経過規定を置かなければならないにもかかわらず、そのような経過規定が欠如しているので、違憲であると判断したのである (憲裁 1995.

第3章　憲法裁判所の決定

10.26. 94憲バ12)。この決定は、信頼利益の侵害を認めることのできる要件を提示して、信頼利益の侵害が認められた場合には経過規定を置かなければならないと判示したことに、その意味がある。

　(ⅶ)　1995年12月、第2期の憲法裁判所は、平等選挙の原則に対して重要な決定をした。すべての有権者は同数の投票権を持ち、その投票権はまた代表者選出の寄与度においても同じ比重を持たなければならないという平等選挙の原則は、何よりも選挙区の確定において問題になるのであり、過度な人口偏差を見せる国会議員選挙区区画表上の選挙区の区画設定が請求人の平等権を侵害したとして提起された憲法訴願審判事件において、平等選挙の原則は投票の数的平等と同時に投票価値の平等をも意味し、投票価値の平等は選挙区の区画設定において最も重要な基準であるところ、選挙区の区画設定による投票価値の不平等が、わが国の特殊事情など諸般の事情を考慮してもなお正当化することができない程度に一般的な合理性が欠如した場合には憲法に違反するとして、選挙区区画表の違憲性を確認した(憲裁1995.12.27. 95憲マ224等)。この決定は、最小選挙区と最大選挙区の人口偏差が5.87：1に達し、全体選挙区の約5分の1に至る選挙区が最小選挙区と3：1以上の人口偏差を見せていた不平等な選挙区画の設定に対して初めて憲法的判断をした事件として、その意味が大きい。

　憲法裁判所は、人口偏差の許容限界に関して、4：1の偏差を平等選挙の原則に符合するものと判断しているが、これに対しては議会における議席配分が各政党の総得票数によって決定される比例代表制とは異なり、韓国の選挙制度は多数代表制であって、選挙区人口の均衡が平等選挙の原則を遵守するための決定的な条件を意味するのであるから、より厳格な基準を適用しなければならなかったという指摘があった。

　(ⅷ)　1996年10月、第2期の憲法裁判所は、公演倫理委員会による映画の事前審議を規定した映画法の規定を違憲と宣言することでもって、表現の自由全般に大きな影響を及ぼす重要な決定をした(憲裁1996.10.4. 93憲カ13等)。憲法第21条第2項が言論・出版に対する検閲は認めないと明示的に規定しているにもかかわらず、表現媒体に対する国家の検閲はずっと継続され、芸術人の創作活動及び芸術振興を妨げる障害要素として作用した。これに対して憲法裁

第 1 節　概　観

判所は、表現の自由に対する検閲形態による制限は法律でもっても許されないという憲法上の検閲禁止の原則を確認して、映画法上の事前審議制度はまさにこのような検閲に該当すると判断した。しかし、憲法上の検閲禁止は、表現媒体に対するあらゆる審査自体を禁じるものではなく、わいせつ、名誉毀損など実定法違反を理由として作品の発表以後になされる事後的な司法的規制や映画の上映による実定法違反の可能性を事前に防止して流通過程における青少年保護を主目的とする等級審査のような事前審査は検閲に該当しないので、このような審査手続の許容の可否は表現の自由とこれを制限する他の法益との間の調和の問題であるということを明らかにした。

　(ix)　憲法裁判所が憲法第37条第2項の本質的内容の侵害禁止の原則をどのように理解しているのかということは、明らかではない。基本権の本質的な核心または基本権の実体が何であるのかを個別の基本権ごとに明らかにすることは、非常に難しい問題であるだけでなく、憲法裁判の実務において本質的内容に関する判断を敢えてする実益もなかったために、本質的内容の侵害可否に関して明確な立場を明らかにしないでいる。公権力行為の違憲性の審査において過剰禁止の原則が遵守されれば本質的内容の侵害は原則的にあり得ないし、一方では、過剰禁止の原則に違反すれば既に過剰禁止の原則の違反によって基本権制限行為の違憲性が確認されたのであるから、結果的にこれ以上、本質的内容の侵害可否を明らかにする必要がなかったためである。

　しかし、1996年11月、憲法裁判所は、死刑制度が生命権の本質的内容を侵害するものであって憲法第37条第2項に違反するとして提起された憲法訴願に対する判断において、生命権も最小限同等な価値のある他の法益を保護するために不可避な場合には、法律の留保の対象になることができるとして、立法者による制限の可能性を明らかにし、憲法上の生命権の保障は国家権力が如何なる場合にも絶対に国民の生命権を剥奪してはならないというものではないことを示唆した（憲裁 1996.11.28. 95憲バ1）。また、憲法裁判所は、死刑制度がこのような保障内容を過度に侵害するものであるか否かを審査して、死刑制度が持つ社会的機能と国民の法感情に照らし即座に廃止することは時期尚早であるとの判断の下に、死刑制度の合憲性を認めた。しかし、これと同時に死刑制度が時代状況の変化に伴い違憲と判断される得るという可能性も暗示したので

191

第3章 憲法裁判所の決定

ある。

(x) 1996年12月、第2期の憲法裁判所は、憲法上の経済条項に関して相当詳細に言及する決定を下した。

憲法裁判所は、酒類販売業者に焼酎の総購入額の半分以上を自己の道（県）の焼酎を購入させるように規定することで地方焼酎業者を競争から保護する酒税法の規定（いわゆる、自道焼酎購入命令制度）に対する違憲提請事件において、酒税法の規定は焼酎販売業者の職業の自由、焼酎製造業者の競争及び企業の自由、消費者の自己決定権を過度に侵害する規定であると判断して、違憲宣言をした（憲裁1996.12.26. 96憲カ18）。この決定においては、憲法第119条以下の経済条項は、経済領域における国家目標を明示的に言及することで国家が経済政策を通じて達成しなければならない公益を具体化すると同時に、国民の経済的自由に対する制限を正当化する憲法第37条第2項の公共の福祉を具体化しているとしながらも、酒税法の規定は、独寡占規制、地域経済の育成、中小企業の保護の如何なる公益によっても正当化し得ないと確認された。独寡占防止と中小企業の保護という公益的目的の達成も、窮極的には自由競争秩序の範疇内で競争秩序の確立に基づかなければならないということを強調したのである。

(xi) 1997年5月、第2期の憲法裁判所は、社会的基本権の法的性格とそれを具体化する法規定の審査基準に関して基本的立場を明らかにする重要な決定をした。

憲法裁判所は、保健福祉部長官が告示した1994年の生計保護基準によって生計保護給付を受けている老夫婦が、生活保護対象者らに支給される国家の生計保護給付が最低生計費水準にもはるかに及び得ないと主張して提起した憲法訴願事件において、わが憲法が社会的基本権を幅広く規定することでもって社会国家の原則を憲法的に受け入れているということを確認しながらも、社会的基本権の本質はその基本権に盛られた客観的内容を実現すべき国家の義務にあると明らかにした（憲裁1997.5.29. 94憲マ33）。この決定においては、国家が社会的基本権を実現すべき義務をきちんと履行していない場合には憲法訴願の形態でその違憲性を問うことができるとしたが、一方では、国家機関間の権力分立の観点から、社会形成の主体である立法者と執行部との関係に照らして社会

第1節 概　観

的基本権を具体的に実現する法規定の違憲性は、立法者が社会的基本権を実現するための立法を全く行わなかったり、あるいは憲法上、容認することのできる裁量の範囲を明らかに逸脱した場合に初めて確認され得るとして、国家の義務履行に対する違憲審査基準は社会的基本権の客観的内容を最小限保障しているか否かにあるということが明白になった。

（xii）　第1期の憲法裁判所は、いわゆる"気合入れ事件"において、軍の上官による先着順での駈け足命令を拒否したことに対して抗命罪の嫌疑を認めた軍検察官の起訴猶予処分は請求人の幸福追求権を侵害したものであると決定することでもって幸福追及権の具体的権利性を認めて以来（憲裁1989.10.27. 89憲マ56）、その後の決定において幸福追及権の内容を一般的な行動の自由権と自由な人格の発現権を含むものとして具体化した（憲裁1991.6.3. 89憲マ204；1992.4.14. 90憲バ23）。

1997年7月16日、第2期の憲法裁判所は、同姓同本である血族の間の婚姻をその親等に関係なく禁止する民法上の同姓同本禁婚条項に対して、婚姻において自由に相手方を選択することができる自己決定権の憲法的根拠である人間の尊厳と幸福追及権を侵害する違憲的な条項であるとして、憲法不合致決定をした（憲裁1997.7.16. 95憲カ6等）。この決定は、事実婚の関係にあった約20万組の夫婦および彼らの子女を直接的に幸福にした決定であるということができ、立法者による立法の改善が政治的な理由で事実上、不可能な場合に、憲法裁判所がこれを是正することができるということを見せることでもって、憲法裁判所の存在意味を一般国民に深く植え付けた決定であった。たとえ我々の伝統文化であっても、それが憲法の人間像および婚姻と家庭に関する憲法の根本趣旨に違背する限り、これ以上、法的に存続することができないということと、一方では、常に有権者を意識しなければならない立法者が既に社会的妥当性と合理性を喪失した法制度を自ら改革することが難しい状況においては、憲法裁判所が憲法規範に合致する方向で社会共同体の伝統と個人の尊厳や幸福との間の調和を導き出すことができるということを見せてくれる代表的決定であった。

（xiii）　第1期の憲法裁判所は、表現の自由に憲法的根拠を置く知る権利の保護範囲を拡大して、刑事被告人の刑事訴訟記録など、行政・司法文書に対する閲覧・謄写申請も知る権利によって保護されるものと把握した（憲裁1989.9.4.

第3章　憲法裁判所の決定

88憲マ22；1991.5.13. 90憲マ133参照）。

　ところで、第2期の憲法裁判所は、1997年11月、捜査記録閲覧事件において、従来の判例とは異なり、侵害された基本権として被告人の知る権利に言及しないことでもって、訴訟記録や捜査記録に対する被告人の閲覧・謄写申請においては知る権利よりも裁判請求権がより事案に密接な基本権であることを示唆した（憲裁1997.11.27. 94憲マ60）。しかし、この事件で、そのような方向への判例の転換を暗示したのか否かに関しては、今後の憲法裁判所のより明らかな立場を待たなければならないであろう。この事件は、請求人が拘束起訴されるや、その弁護人が弁論を準備するために検察の捜査記録一切を閲覧・謄写しようとして申請したが、特別な事由もなく拒否されたので提起した憲法訴願事件である。憲法裁判所は、検察が被告人の弁護人の要求した捜査記録の閲覧・謄写申請に対して正当な事由を明らかにしないまま全部を拒否したことは、請求人の迅速で公正な裁判を受ける権利と弁護人の助力を受ける権利を侵害したものとして、違憲であることを確認すると判示した。

　(xiv)　第2期の憲法裁判所は、憲法裁判所の裁判管轄と関係する二つの重要な決定をした。その一つは、法院の裁判を憲法訴願の対象から除外する憲法裁判所法第68条第1項の違憲可否についての決定であり、他の一つは、準起訴の請求対象を幾つかの人権侵害の素地が多い犯罪に制限している刑事訴訟法の規定の違憲可否に関するものであった。

　憲法裁判所法が制定されて以来、憲法訴願制度から裁判訴願を除外する憲法裁判所法第68条第1項の違憲性の可否は、絶え間のない論難の対象になってきた。1997年12月24日、憲法裁判所は、法院の判決を憲法訴願の対象から除外するこの規定の違憲性に関する論議を終息させ、憲法裁判所と法院との関係を明確にする重要な決定をした（憲裁1997.12.24. 96憲マ172等）。憲法裁判所法第68条第1項の違憲性に対して、この法規定は国民の平等権と裁判請求権に符合する合憲的な規定ではあるが、憲法裁判所によって違憲と判断された法令を適用することでもって国民の基本権を侵害する法院の判決さえも憲法訴願の対象から除外されると解釈する限り、憲法裁判所と法院の間の憲法上の権限分配の観点から見て憲法に違反すると判示して限定違憲決定をし、憲法裁判所が違憲と判断した法令を適用した大法院の判決は例外的に憲法訴願の対象になると

して法院の判決を取り消した。この決定においては、上の規定の限定的違憲性はその規定自体から出てくるものではなく、憲法裁判所の決定に従わない法院の判決という国家機関の違憲的行為、すなわち、規範外的な要因によって初めて発生するものであるとして、法院の裁判を訴願の対象から除外した現行の憲法訴願制度それ自体の合憲性は認められた。そしてさらに、憲法の守護と基本権の保護が憲法裁判所だけの課題ではなく、法院との共同課題であることを明示的に言及することでもって、憲法裁判所による立法作用の統制と法院による執行作用の統制とに大きく二分化される現行の憲法裁判制度においては、憲法裁判所と法院が基本権の保護において互いに同伴者であることを示唆したのである。

また、憲法裁判所は、既に初期の決定において、刑事訴訟法上の準起訴の請求手続が極めて制限的に規定されているために検察の起訴権行使に対する有効な牽制手段が存在しないという理由で、検事の不起訴処分を憲法訴願の対象に含ませた。したがって、準起訴の請求対象を制限する上の刑事訴訟法の規定に対する憲法裁判所の違憲決定は、立法者をして準起訴の請求対象犯罪を拡大する立法改善をなさしめるであろうし、これはすなわち、不起訴処分に対する憲法訴願は、もはやこれ以上、憲法裁判所の管轄ではないか、あるいは少なくとも制限的にのみ管轄として止まるということを意味するようになるので、上の法規定に対する違憲性の判断は、事実上、憲法裁判所の現行の裁判管轄に関する間接的な判断になるのである。1997年8月、憲法裁判所は、検事の恣意的な不起訴処分に対する統制がどのような方法で、どの範囲でなされねばならないかということは、立法者の裁量に属する立法政策の問題であって、立法者が準起訴の請求対象を制限する場合に平等原則に背反しないならば憲法と合致すると判示して、上の刑事訴訟法の規定の合憲性を認めた（憲裁1997.8.21. 94憲バ2）。

(3) **憲法裁判所の違憲審査基準**

① 過剰禁止の原則または比例の原則

憲法第37条第2項は、「国民のすべての自由および権利は、国家安全保障、秩序維持または公共の福祉のために必要な場合に限り法律でもって制限することができ、制限する場合にも、自由および権利の本質的内容を侵害することは

できない」と規定することでもって、過剰禁止の原則または比例の原則を明文で規定している。このように、憲法自らが基本権は絶対的に保護されるものではなく、公益上の事由で国家によって制限され得るということを明らかにしているのであるから、公権力による基本権の制限が直ちに基本権の違憲的な侵害を意味するのではなく、基本権の制限が憲法的に正当化されない場合に初めて公権力行為の違憲性が認められるのである。憲法裁判所は、基本権、特に自由権を制限する公権力行為の違憲性を判断するにおいて、過剰禁止の原則を基準とみなしている。比例の原則は、審査の密度に等差を設ける実体的観点を提示するものではなく、具体的には、立法目的と立法手段との相関関係を適合性、必要性、比例性の三段階に分けて、すべての自由権の制限に対して適用される統一的な基準であって、自由権とそれを制限しようする公益の間の調整と境界設定の問題である。

公権力の行為が比例の原則に符合しようとすれば、自由権に対する制限は、その制限の目的が正当でなければならず（目的の正当性）、立法者の選択した方法が意図する立法目的を達成し促進させるのに適合しなければならず（方法の適正性）、立法目的を達成するのに全く同様に効率的な方法の中から最も基本権を少なく侵害する方法を使用しなければならず（方法の必要性または最小侵害性）、侵害の程度と公益の比重を全般的に比較衡量したときに両者の間に適正な比例関係が成立しなければならないのである（比例性または均衡性）。比例の原則は、目的と手段との相関関係に関するものであるので、目的それ自体の正当性を問う目的の正当性は厳密な意味での比例の原則に属しないが、憲法裁判所は一般的に比例の原則を、目的の正当性、方法の適切性、被害の最小性、法益の均衡性に分けて段階的に判断している。

② 恣意禁止の原則

平等権は、本質的に同じものは同じように、本質的に異なるものは異なるように取り扱うことを要求する。したがって、平等原則は、立法者に本質的に同じものを恣意的に異なって取り扱ったり、反対に本質的に異なるものを恣意的に同じように取り扱うことを禁じている。平等権の侵害の可否の審査は、第1に、本質的に同一のものを異なって取り扱っているかどうかという差別取扱の可否の確認と、第2に、このような差別取扱が恣意的であるかどうかの2段階

第1節　概　　観

でなされる。

　本質的な同質性が認められる比較集団が互いに異なって取り扱われる場合に初めて差別取扱は発生して平等権が審査の基準になる反面、比較集団間に本質的な同質性がないならば、本質的に異なるものを異なるように取り扱っても差別取扱は存在しないので、この場合は、差別取扱が憲法的に正当化されるか否かという審査は不必要である。したがって、まず本質的に同じものを異なるように差別取扱しているか否かを確認しなければならない。しかし、互いに比較することのできる2つの集団または事実関係は、すべての観点において完全に同一のものではなく、ただ一定の要素において同一であるに過ぎないので、如何にして、何を基準にして、比較される2つの集団を本質的に同一のものと判断すべきかが問題になる。2つの比較集団が本質的に同一であるか否かという判断は、一般的に当該法規定の意味と目的によってなされる（憲裁1996.12.26. 96憲カ18）。

　本質的に同一なものの差別待遇または本質的に異なったものの同等待遇を恣意的なものではなくしようとすれば、憲法的に正当化されなければならない。それゆえ、本質的に同じものを異なって取り扱ったとしても、それが直ちに平等権に違反するのではなく、差別待遇が憲法的な正当性を持ち得ない場合、すなわち恣意的な場合に、平等権に違反するのである。ここでの恣意性は、合理的な理由が欠如したことを意味するから、差別待遇を正当化する客観的かつ合理的な観点が存在するならば、差別待遇は恣意的ではないものと判断されるのである。

　③　法律の明確性の原則

　法治国家的法的安定性の観点において、法律は、行政と司法による法適用の基準として明確でなければならない。すなわち、法律の明確性の原則は、行政府が法律に基づいて国民の自由と財産を侵害する場合には、法律が授権の範囲を明確に確定しなければならず、法院が公権力の行使を審査するときには、法律がその審査の基準として十分に明確でなければならないことを意味する。

　法律の明確性の原則は、特に行政府に対する法律の授権が、授権法律によって、内容、目的、範囲において十分に規定されかつ制限されて、国民が行政庁の行為をある程度予見できなければならないことを要請する。もちろん、法律

の明確性の原則は、立法者が法律を制定するにおいて一般条項や不確定概念を使用することを禁じるものではない。行政府が多様な課題、各個別的場合ごとの特殊な状況、法が規律する現実の変化などに適切に対処するために、立法者は、抽象的で不確定な概念を使用せざるをえない。したがって、授権法律の明確性に対する要求は、規律対象の特殊性と、授権法律が当事者に及ぼす基本権制限の効果に従って異なるのである。すなわち、多様な形態の事実関係を規律したり、規律対象が状況に従い頻繁に変化するだろうと予想されるならば、規律対象である事実関係の特性を考慮して明確性に厳格な要求をすることはできないし、一方では、当事者に対する基本権制限の効果が甚大であればあるほど授権法律の明確性に対してより一層厳格な要求をしなければならない。一般的に、法律解釈を通じても行政庁と法院の恣意的な法適用を排除する客観的な基準を得ることが不可能であるならば、その授権法律は明確性の原則に違反すると見なければならない。

国民の自由及び権利に対する制限は法律に基づかなければならないという法律の留保の原則は、行政が法律に基づいて行われるべきである以上、その法律は十分に明確に授権の範囲を規定する法律でなければならないという、法律の内容の明確性を当然の前提とする。すなわち、明確性の原則は、民主国家および法治国家から派生する法律の留保の原則に対する必須的な補完であると同時に具体化を意味するのである。

④　包括的委任立法の禁止の原則

憲法第75条は、「大統領は、法律で具体的に範囲を定めて委任された事項および法律を執行するために必要な事項に関して、大統領令を発することができる」と規定することでもって、委任立法の根拠を用意すると同時に、委任は具体的に範囲を定めて行うようにして、その限界を提示している。かくて憲法第75条は、行政府に立法を委任する授権法律の明確性の原則に関するものとして、法律の明確性の原則が行政立法に関して具体化された特別規定であるということができる。したがって、上述した法律の明確性の原則の根本的内容は、行政庁に立法を委任する授権法律の明確性においてもそのまま適用されるのである。

委任立法の根拠と限界に関して、憲法裁判所は、次のように判示している。

第1節 概　観

　法律にあらかじめ大統領令で規定されるべき内容および範囲の基本事項を具体的に規定しておくことでもって、行政権による恣意的な法律の解釈および執行を防止して議会立法の原則と法治主義を達成しようとする憲法第75条の立法趣旨に照らして見るとき、具体的に範囲を定めるということは、法律の中に大統領令等の下位法規に規定されるべき内容および範囲の基本事項が可能な限り具体的かつ明確に規定されていて、誰もが当該法律それ自体から大統領令等に規定される内容の大綱を予測することができなければならないことを意味し（憲裁1991.7.8. 91憲カ4）、このような予測可能性の有無は当該特定条項一つのみでもって判断すべきものではなく、関連法条項全体を有機的・体系的に総合判断しなければならないし、各対象法律の性質に従い具体的・個別的に検討しなければならない。したがって、法律条項と法律の立法趣旨を総合的に考察するとき合理的にその大綱を予測することができない場合であれば、委任立法の限界を逸脱したと見なければならないであろう（憲裁1994.7.29. 93憲カ12）。

　また、このような委任の具体性と明確性の要求の程度は、その規律対象の種類と性格によって変わるであろうが、特に処罰法規や租税法規のように国民の基本権を直接的に制限したり侵害する素地のある法規においては、具体性と明確性の要求が強化され、その委任の要件と範囲が一般的な給付行政の場合よりも一層厳格に制限的に規定されなければならない反面、規律対象が極めて多様であったり随時変化する性質のものであるときには、委任の具体性と明確性の要件が緩和されるといえよう（憲裁1991.2.11. 90憲カ27等）。

⑤　租税法律主義及び租税平等主義

　租税法律主義と租税平等主義は、租税立法に関する憲法上の2大原則であるということができる。憲法は、第38条で「すべて国民は、法律の定めるところにより、納税の義務を負う」と規定し、第59条で「租税の種目と税率は、法律で定める」と規定した。このような憲法規定に基づいた租税法律主義は、租税平等主義とともに租税法律の基本原則として、法律に基づかなければ国家は租税を賦課・徴収することができず、国民は租税の納付を要求されないという原則をいう。租税法律主義は、課税要件法定主義と課税要件明確主義をその核心的内容とするが、課税要件法定主義とは、租税は国民の財産権を侵害することになるために、納税義務を発生させる納税義務者・課税物件・課税標準・課

税期間・税率等の課税要件と租税の賦課・徴収手続をすべて国民の代表機関である国会が制定した法律でもって規定しなければならないという原則であり（憲裁1989.7.21. 89憲マ38）、課税要件明確主義とは、課税要件を法律で規定したとしても、その規定内容が過度に抽象的で不明確であるならば、課税官庁の恣意的な解釈と執行を招来するおそれがあるので、規定内容が明確で一義的でなければならないという原則をいう（憲裁1989.7.21. 89憲マ38等）。課税要件法定主義と課税要件明確主義は、法律の留保の原則と法律の明確性の原則が租税法の領域で具体化された形態である。

租税平等主義とは、憲法第11条第1項の平等原則の租税法的表現であり、正義の理念に従い、平等なものは平等に、不平等なものは不平等に取り扱うことでもって、租税法の立法過程や執行過程において租税正義を実現しようとする原則をいう（憲裁1989.7.21. 89憲マ38；1991.11.25. 91憲カ6）。租税の賦課が納税者の経済的能力に応じてなされるべきだという担税能力による課税の原則は、租税法における正義実現のための基本原則と見なされる。

⑥ 信頼保護の原則

法治国家の重要な構成部分である法的安定性は、法秩序の信頼性、恒久性、法的透明性および法的平和を意味する。これと内的な相互関連の関係にあるのが法的安定性の主観的側面をなす信頼保護の原則であるが、これは一度制定された法規範は原則的に存続力を持って、自身の行為基準として継続的に作用するであろうとの個人の信頼を保護しなければならないという原則である。法的安定性と信頼保護の原則において特に重要なことは、時間的な要素である。一定の法律の効力下で発生した法律関係は、またこの法律によって把握され、かつ判断されなければならないのであって、個人は、過去の事実関係が事後的に新たな基準によって評価されないということを信頼することができなければならない。したがって、法治国家的要請としての信頼保護の原則と法的安定性は、何よりもまさに遡及効を持つ法律によって敏感に抵触されるのである。

憲法裁判所は、法律が既に終了した事実関係に作用するか、それとも現在進行中の事実関係に作用するかに従い、遡及効を真性な遡及効と不真性な遡及効に区分し、真性な遡及効は憲法的に許容されないのが原則ではあるが、国民が遡及立法を予想することができたか、あるいは法的状態が不確実または混乱し

ていたりして保護するだけの信頼の利益が少ない場合、遡及立法による当事者の損失がないか、あるいは非常に軽微な場合、そして、信頼保護の要請に優先する著しく重大な公益上の事由が遡及立法を正当化する場合などの特段の事情がある場合には、例外的に許容され得るとする反面、不真性な遡及効は原則的に許容され、ただ遡及効を要求する公益上の事由と信頼保護の要請の間の比較衡量の過程で信頼保護の観点が立法者の形成権に制限を加えるだけであると述べた（憲裁1996.2.16. 96憲カ2等）。

　真性な遡及効は、過去に対する新たな法的評価としての遡及効に関するものであり、不真性な遡及効は、改正法律を現在と未来に対して適用する問題である。したがって、不真性な遡及効の問題は、遡及効の問題であるよりは、新法を既存の法律関係に適用する問題であり、国家が国民に信頼の根拠を提供した場合に、どの程度、国家が自身の事前的行為に拘束されるのかという問題であって、結局、経過規定の問題である。憲法裁判所の信頼保護の原則に関する判例の大部分も、不真性な遡及効を有する法律において国家の法律改正の利益と個人の信頼の利益を比較衡量する問題であるのである。

⑦　適法手続の原則

　憲法裁判所は、適法手続を身体の自由に関連するだけでなく、憲法全般を支配する憲法の基本原理の1つであると判示した。

　憲法は、第12条第1項の処罰、保安処分、強制労役等及び第12条第3項の令状主義に関連して適法手続の原則を規定しているが、これはその対象を限定的に列挙しているものではなく、その適用対象を例示したものに過ぎない。適法手続の原則は、独自的な憲法原理の1つであり、形式的な手続だけでなく実体的な法律の内容が合理性と正当性を備えたものでなければならないという実質的意味を含むものとして、その適用対象を刑事訴訟手続に局限することなく、すべての国家作用、特に立法作用全般について問題となった法律の実体的内容が合理性と正当性を備えているか否かを判断する基準としても適用される（憲裁1989.9.8. 88憲カ6；1990.11.19. 90憲カ48等）。

　したがって、憲法上の適法手続の原則は、手続的な原則であるだけでなく、実質的内容をも有するものであり（この場合を特に"実質的適法手続"と表現することができる）、これは、正義を指向する観点から導き出された実質的法治主義

第3章　憲法裁判所の決定

の1つの表現だと見ることができるのである（憲裁1997.7.16. 96憲バ36参照）。

一方、適法手続をこのように見る場合、過剰禁止の原則とはどのような関係に立つのかについて、憲法裁判所は次のように説示した。

憲法が明文化している適法手続の原則は、単に立法権の留保の制限という限定的な意味に止まるものではなく、すべての国家作用を支配する独自的な憲法の基本原理として解釈されなければならない原則であるという点で、立法権の留保的限界を宣言する過剰立法禁止の原則とは区別される。したがって、適法手続の原則は、国家作用として基本権の制限と関連しようが関連しまいが、すべての立法作用および行政作用にも広範囲に適用されるものと解釈しなければならず、刑事訴訟手続において身体の自由を制限する法律と関連させて適用するにあたっては、法律による刑罰権の行使であっても身体の自由の本質的な内容を侵害してはならないだけでなく、比例の原則や過剰立法禁止の原則に反しない限度内でのみその適正性と合憲性が認められ得ることを特に強調しているものと解釈しなければならない（憲裁1992.12.24. 92憲カ8等）。

その間の諸事件を見るとき、憲法裁判所は、刑事法分野の場合には概して適法手続の原則を優先的な審査基準として、その他の分野の場合には総じて過剰禁止の原則を主な審査基準として、違憲の可否を審判してきたということができる。

(4) **憲法裁判所の決定を評価する観点**

憲法裁判所のように司法機能を担当する国家機関は、その歴史をその間の裁判を通じて語ることができる。したがって、さる10年間に憲法裁判所が下した諸決定は、憲法裁判所10年の歴史の最も重要な部分にほかならない。法官は判決を通じてのみ語り、それに対する批判は第三者に任せなければならないという一般的な思考は、憲法裁判所の決定にも適用されると言えよう。しかし、憲法裁判所の決定を見る視角においては、次のような原則的な諸観点を考えてみることが必要である。

①　憲法裁判所が、審判対象となった公権力行為に対して違憲決定を数多く下すこと自体でもって、憲法裁判所の活動が理想的であり、法治国家により一層接近するものだと見る視角は矯正されなければならない。憲法裁判所が活動を開始した初期の何年間は、それまでの相当期間にわたる権威主義政権の下

第1節 概　　観

で、憲法の規範力と国民の基本権を無視したまま制定された多くの法律が短期間に違憲審査の対象になったし、これに伴い相対的に頻繁に違憲決定が下されたと見ることができるが、これは過去の政権が制定した違憲的法律に対する法的清算の意味も有しているのである。しかし、憲法裁判が定着して活性化するに従い、国家の公権力が行使するすべての領域において、憲法裁判を通じて憲法の規範力が貫徹・実現できるようになったし、それによって、憲法裁判が国家機関、特に立法者に及ぼす教育的効果は、国会をして法律の制定過程においてより慎重を期するようにさせるとともに、既に制定された法律についてもその合憲性を再考するようにさせる契機を提供するようになった。その結果として、漸次、憲法裁判所の違憲決定率が低くなっているとすれば、これは憲法裁判所がわが国の法治国家の具現において有する重要な機能の一側面を表しているものとして喜ばしい現象でもある。

　一方、憲法裁判所と立法者の関係で見るならば、憲法裁判所が違憲決定を多く下すということは、一面では司法消極主義を克服した憲法裁判所の積極的な活動の1つの様相とも見ることができるが、他の一面では、司法機能を担当する機関である憲法裁判所が過度に拡張的な憲法解釈を通じて立法者に対する憲法上の権力分立の限界を超えることを意味するものでもある。民主主義も憲法の意思に従って法治国家的に制限されるという、それ自体として妥当な思考は、憲法裁判が活性化して法治国家的・基本権的要素が強く強調されるほど憲法裁判所の憲法解釈を通じて次第に民主国家的要素、すなわち立法者の形成権を制限する傾向が明らかになるものでもある。消極的かつ制限的な基本権の解釈は、基本権を立法者の処分に任せることでもって基本権の効力を有名無実にするおそれがある反面、積極的かつ拡張的な基本権の解釈は、社会形成の主体が憲法裁判所になることでもって立法者の形成権に対する過度な制限をもたらす側面があることに留意する必要がある。

　②　また、憲法裁判所の違憲決定率がその活動を評価する基準になり得ないのと同様に、各裁判官がどれだけ頻繁に違憲の意見を表明するのかということも個別の裁判官の活動を評価する妥当な基準とはなり得ない。違憲の意見を陳述した比率を個別裁判官の性向を判断する基準とみなして、違憲の意見を多く下せば進歩的性向があり、合憲の意見を多く下せば保守的性向があると判断す

第3章　憲法裁判所の決定

ることは、確固とした明白な基準が提示されない限り適切でもなく合理性もない。今日、憲法裁判所が審査する法律の中の多くのものは、一部の国民の基本権を制限することでもって多数の国民が基本権を実際に行使することのできる実質的条件を形成しようとする社会国家的動機に基づいた社会・経済立法であるが、このような法律に対する違憲の意見は、むしろ保守的思考の表現であるという正反対の結果を導き出すこともできる。したがって、違憲の意見は直ちに進歩に、合憲の意見は直ちに保守につながるという思考は、単線的な評価基準であって妥当性がない。

③　また同様に、個々の裁判官や各期の憲法裁判所がどれほど国民の法感情と情緒を理解してそれに符合する決定を下したかということも、個々の裁判官や各期の憲法裁判所の活動及び性向を評価する合理的基準にはなり得ないであろう。確かに、憲法裁判所もその存在と権力行使の正統性は国民から導かれるのであるが、これは憲法裁判所が具体的な事件の判断において国民世論や国民の法感情の拘束を受けるべきであるということを意味するのではない。もちろん事案によっては、国民の世論と情緒を考慮することは可能であるが、憲法裁判所の違憲審査における唯一の基準は現行の憲法規範であるから、国民の法感情は違憲性を判断する決定的な基準となることはできない。憲法裁判所は、政党や政治権力だけでなく、大衆の人気からも自由でなければならないのである。

国民の世論は状況の変化に伴い随時変わるものであるが、万一、憲法裁判所が瞬間瞬間の国民的世論に従って判断するならば、これは、多数に対しても少数を保護しなければならないという憲法的任務を放棄することになる。国民世論が憲法の人間像および根本決断と背馳する場合には、憲法裁判所は、国民の多数からも憲法を守護しなければならないし、基本権を保護することができなくてはならない。さらに、法律が違憲審判の対象となる場合、民主国家における法律は多数の意思を代弁する法的表現であるから、法律に対する違憲審査は、まさに多数の決定に圧倒された少数、法律内容に同意しない少数に対する保護を意味する。したがって、憲法裁判所の基本権の保護は、民主主義の多数決、すなわち国民多数の意思によっても侵害することのできない個人の固有な私的領域が存在するという認識に基づいているのである。

第2節　言論等の精神的自由に関する決定

1　林野調査書閲覧申請事件
〈憲裁1989.9.4. 88憲マ22　公権力による財産権侵害に対する憲法訴願、判例集1、176〉

(1)　事件の背景
　この事件は、まだ国内に情報公開法が制定されていない状態で、初めて、行政庁が保有している情報に対する国民の情報公開請求権を憲法上の知る権利の内容と認めることによって、国家または地方自治団体に対し、国民の正当な情報公開要求に必ず応じるべき義務があることを確認した事件である。

　請求人は、韓国戦争直後に父親から相続した土地が自身も知らないうちに国有化されていたという事実を知り、その所有権を回復しようとして、それに必要な京畿道利川郡庁保有の旧林野台帳、民有林野利用区分調査書（林野調査書を意味する）、土地調査簿、地税名寄帳等の閲覧・複写を何度も申請したが、被請求者である利川郡守が土地調査簿と林野調査書について何らの措置も取らないまま応じなかったので、その不作為が請求者の財産権を侵害したとして、憲法訴願審判を請求した。

(2)　決定の主要内容
　憲法裁判所は、8人の裁判官の多数意見として、以下のように国民の知る権利を明示的に認め、請求人の閲覧・複写申請に対する被請求人の不作為が請求人の知る権利を侵害したものとして、違憲であると決定した。

　憲法第21条の言論・出版の自由は、思想または意見の自由な表明（発表の自由）と、それを広く伝える自由（伝達の自由）をその内容としており、思想または意見の自由な表明は自由な意思の形成を前提とするが、自由な意思の形成は十分な情報への接近が保障されることによって初めて可能なものであるので、このような意味で、情報への接近・収集・処理の自由、すなわち「知る権利」は表現の自由に当然含まれているものとみるべきであり、知る権利の核心は政府が保有している情報に対する国民の知る権利、すなわち国民の政府に対する一般的な情報公開を求める権利（請求権的基本権）である。

第3章　憲法裁判所の決定

　知る権利は、法律の制定がなくても、憲法によって直接実現可能な基本権であるので、政府が正当な利害関係のある請求人の情報開示要求に対して何らの検討もせずに応じなかったならば、これは請求人が持つ憲法第21条に規定されている言論・出版の自由または表現の自由の一内容である「知る権利」を侵害したものである。

　しかし、絶対的な権利ではないので合理的な制限が可能であるところ、制限から発生する利益と知る権利の侵害という害悪を比較・衡量してその制限の限界を設定しなければならず、知る権利に対する制限の程度は、請求人に利害関係があって公益の障害にならないならば広く認めるべきであるし、少なくとも直接の利害関係のある者に対しては義務的に公開しなくてはいけない。

　本事件の場合、林野調査書等が秘密または対外秘に分類されていたり、その公開が他人の私生活の秘密（プライバシー）を侵害するというような事情は発見することができず、またこれを禁止すべき法令上の根拠ももちろん見つけることができないので本件文書自体には公開を制限する要因がないところ、請求人の閲覧・複写申請に対する被請求人の不作為は、請求人の知る権利を侵害したものとして違憲である。

　これに対して崔光律裁判官は、請求人には政府公文書規程第36条第2項によって林野調査書及び土地調査簿の閲覧・複写請求権があり、これに対する行政庁の不作為は行政訴訟の対象となるので、これを経由しなかった請求人の憲法訴願は、不適法であるという反対意見を提示した。

(3)　事後経過

　この決定が宣告された後、日刊新聞では、当時草案段階であると知られていた情報公開法が制定される以前であっても、国民の権益保護と権利実現のために憲法裁判所が積極的に乗り出していくという意志を明らかにしたものとみることができるとか、また、これから先、情報公開法が制定される場合に含まれるべき公開の範囲と限界の基準などを明確に提示し、その法のなかに違憲要素が含まれることを事前に封鎖したという意味も持つ（『東亜日報』1989.9.5.）とか、過去の言論基本法など、わが国の言論・出版関係法に知る権利を請求権的基本権として積極的に解釈する規定が全くなかったという点に照らして、大きな進展であると評価される（『ハンギョレ新聞』1989.9.6.）など、概ね肯定的な

第2節　言論等の精神的自由に関する決定

評価をした。

　学界の見解は、憲法裁判所裁判官の基本権保護の意思だけがあるのみで、明確な憲法理論的根拠がない決定であった（姜京根「国民の情報公開請求権」『法律新聞』第1881号、1989.10.16.）とか、自由権的基本権である言論・出版の自由から、より広範囲な内容の請求権的意味の知る権利を導き出すことは理論構成の忠実性に問題がある（洪準亨「情報公開請求権と情報の自由」『現代法の理論と実際』）という批判的見解と、逆に、憲法裁判所の決定は、結論が画期的であっただけでなく、論証においても大変すばらしい決定であったとみる（李丞祐「国民の知る権利に関する憲法裁判所決定の評釈」『司法行政』1990年4月号）肯定的評価に分かれた。

　憲法裁判所は、この決定以後にも、1991年5月13日に宣告した90憲マ133（記録謄写申請に対する憲法訴願）事件において、確定された自身の刑事裁判記録を閲覧したり謄写したりすることを知る権利と認め、これを拒否したソウル地方検察庁議政府支庁長の行為は、請求人の知る権利を侵害したものであるのでこれを取り消すという決定を下すことでもって、知る権利に対する立場を再確認した。

　国民の知る権利に関する一連の憲法裁判所の決定が出るや、国会は1996年12月31日法律第5242号として公共機関の情報公開に関する法律を制定して、すべての国民に情報公開請求権を認めるなど、国民の知る権利実現のための具体的な立法措置をとり、同法は1998年1月1日より施行された。

2　国家保安法上の讃揚・鼓舞罪事件

〈憲裁1990.4.2. 89憲カ113　国家保安法第7条に対する違憲審判、判例集2、49〉

(1)　事件の背景

　この事件は、国家保安法第7条第1項および第5項の反国家団体の讃揚・鼓舞、利敵表現物制作等に対する処罰規定が、国家の存立・安全を危なくするか、自由民主的基本秩序に危害を与える場合に適用される限り、憲法に違反しないとして限定合憲決定を下した事件である。

　国家保安法は、南北韓の対峙状況の中で、国家の安全を危なくする反国家活

第3章　憲法裁判所の決定

動を規制することによって、国家の安全と国民の自由を確保する目的で制定されたが、その規定内容が不明確かつ広範囲であり、濫用の余地がなくはないと指摘された法律である。特に、同法第7条第1項は、「反国家団体やその構成員またはその指令を受ける者の活動を讃揚・鼓舞またはこれに同調したりその他の方法で反国家団体を利した者は、7年以下の懲役に処する」とし、同条第5項は、「第1項ないし第4項の行為をする目的で、文書・図画その他の表現物を、制作・輸入・複写・所持・運搬・頒布・販売または取得した者は、その各項に定めた刑に処する」と規定し、多少不明確な概念を用いて表現活動を広範囲にわたって規律していた。

　提請申請人たちは、反国家団体を利する目的で、図書及び表現物を所持し、これを頒布したという理由で、馬山地方法院忠武支院に、国家保安法第7条第1項及び第5項の罪で起訴され裁判を受ける中で、この法律条項に対して、違憲法律審判提請を申請し、同裁判所がこれを受け入れ、憲法裁判所に違憲法律審判を提請した。

(2)　決定の主要内容

　憲法裁判所は、以下のように、国家保安法第7条第1項および第5項の一部の概念が不明確であるという事実を認めながら、この条項は、その所定の行為が国家の存立・安全を危なくしたり、自由民主的基本秩序に危害を与える場合に適用されるであろうものであるので、このような解釈のもとであれば憲法に違反しないと決定した。

　国家保安法第7条第1項および第5項の概念、すなわち「構成員」、「活動」、「同調」、「その他の方法」、「利した」等の概念は、物事の弁別能力を備えている一般人の理解と判断からは、行為類型を定型化するための解釈の合理的基準を探し難い概念であり、構成要件の内包と外延が及ぼす限界を分かち難い広範性をもつものであることは間違いない。このような不明確な概念を、文理通りに解釈・運用するならば、国家の存立・安全という法益守護の目的をも達成することなく、国民の表現の自由だけを脅かし萎縮させるようになり、さらに、法運営当局による恣意的執行を許すようになるので、言論・出版の自由と学問・芸術の自由を侵害し、法治主義と罪刑法定主義にも抵触する。また、その処罰範囲があまりにも広範囲であるため、自由民主的基本秩序に立脚した統一政策

第2節　言論等の精神的自由に関する決定

の追及や、単なる同胞愛の発揮にすぎない場合であっても、その文言上では、北朝鮮の活動に同調したり、北朝鮮を利することになるという解釈でもって、処罰されるおそれがあるところ、これは憲法前文の「平和的統一の使命に立脚して、正義・人道と同胞愛でもって民族の団結を鞏固にし」という部分および憲法第4条の平和的統一指向の規定とも両立し難い。

　しかし、これらの条項は、多義的であるために違憲問題が生じ得るとしても、全面違憲として完全廃棄しなくてはいけない規定であると解することはできない。すなわち、ある法律の概念が多義的で、その語義の範囲の中で、幾つかの解釈が可能であるとき、憲法をその最高法規とする統一的な法秩序の形成のために、憲法に合致する解釈、すなわち、合憲的な解釈を選ぶべきであり、これによって違憲的な結果となる解釈を排斥しながら、合憲的で肯定的な面は活かさなければならないというのが、憲法の一般法理であるところ、国家保安法第7条第1項および第5項は、それぞれその所定行為が国家の存立・安全を危なくしたり、自由民主的基本秩序に危害を与える明白な違憲性がある場合にだけ縮小適用されるものと解釈すれば、憲法に違反するものではない。

　この場合、国家の存立・安全を危なくするというのは、大韓民国の独立を威嚇・侵害し領土を侵略して、憲法と法律の機能および憲法機関を破壊・麻痺させるものであって、外形的な赤化工作などがそれであり、自由民主的基本秩序に危害を与えるというのは、すべての暴力的支配と恣意的支配、すなわち、反国家団体の一人独裁ないし一党独裁を排除して、かつ多数の意思による国民の自治と自由・平等の基本原則による法治主義的統治秩序を維持することを難しくすることであり、これをより具体的に言えば、基本的人権の尊重、権力分立、議会制度、複数政党制度、選挙制度、私有財産と市場経済を骨格とする経済秩序および司法権の独立など、われわれの内部体制を、破壊・変革させようとするものと解釈することができる。

　これに対して、卞禎洙裁判官は、上の諸法律条項のように、その違憲性が明白な法律を、いくら主文のように限定的に制限して合憲決定を下すとしても、その違憲性が治癒されるものではないので、単純違憲決定を下すべきだという反対意見を提示した。

第3章　憲法裁判所の決定

(3)　事後経過

　この決定は社会的に大きな反響を呼び起こした。言論は、「その間、国家保安法第7条の讃揚・鼓舞罪は、概念が曖昧で処罰範囲が広すぎ、悪用の余地が多い代表的毒素条項であるという批判が多かった。憲法裁判所の決定は、まさにこのような批判をかなりの部分受け入れたものであるといえる」（『朝鮮日報』1990.4.3）、「この決定には、純粋に法律的側面からみれば違憲であるが、いまだに続いている南北対峙状況など国家的現実を考慮して、全面違憲と決定したときの、途方もない国家的不利益を防がなくてはいけないという考慮が込められている」（『韓国日報』1990.4.3）、「旧時代の悪法の典型と見られている鼓舞・讃揚などの利敵行為をいまだに放置している立法府は、今回の決定を通して痛く反省すべきである」（『東亜日報』1990.4.3）などと大きな関心を示し、法の改正を促した。

　学界では、違憲決定をすることが最も論理的な帰結であると判断されるが、政治的な考慮のためにそれが難しかったのであれば、少なくとも立法権者が合憲的な方向で改正するときまで、憲法裁判所が提示する制限的な解釈の範囲内で、限時的にのみ有効であるという決定をすることが次善策であったという見解が発表されもした（許営「国家保安法第7条の違憲当否」『法律新聞』1990.4.30.）。

　ところで、このような憲法裁判所の限定合憲決定の趣旨は、法院と訴追機関に十分に伝達されなかったという側面があった。大法院は、この決定以後にも、多くの国家保安法違反事件に関する判決において、単純に憲法裁判所の上の決定の主文上の文句だけを挿入したまま、憲法裁判所決定以前の、従来の大法院判例を変更することなく、援用した例が多かったのである（大法院1990.6.8. 宣告、90ト646；1990.7.24. 宣告、90ト1161判決など）。

　この決定以後、国会は、1991年5月31日法律第4373号で、問題の国家保安法第7条を改正した。すなわち、同条第1項の前の部分に、憲法裁判所が提示したとおりに、「国家の存立・安全や自由民主的基本秩序を危なくするという事情を知っていながら」という文句を新たに挿入し、また第1項後段の「その他の方法で反国家団体を利した者」という部分を削除する代わりに、「国家騒乱を宣伝・煽動した者」という部分を挿入した。

第 2 節　言論等の精神的自由に関する決定

　一方、このように国家保安法が改正された以後にも、依然として不明確性が存在するという理由で、同条項に対して、違憲法律審判と憲法訴願が提起されたが、憲法裁判所は、新法にも旧法の規定の欠陥であった法文の多義性と適用範囲の広範性が少しは残っているが、「国家の存立・安全や自由民主的基本秩序を危なくするという事情を知っていながら」という主観的構成要件が追加されることでもって、この法の立法目的を逸脱する拡大解釈の危険はほとんど除去され、「構成員」、「活動」、「同調」などの多義的で適用範囲が広範である一部の概念も、上のように新設された主観的構成要件と結びついて 1 つの構成要件をなしており、この主観的構成要件を、憲法裁判所が上の決定などで判示した見解のように制限解釈するならば、これらの概念の多義性と適用範囲の広範性は除去されるので、表現の自由の本質的内容を侵害したり、罪刑法定主義に違背するとはいえないとして、単純合憲決定を下した（憲裁 1996.10.4. 95 憲カ 2；1997.1.16. 92 憲バ 6 等）。

3　謝罪広告事件
〈憲裁 1991.4.1. 89 憲マ 160　民法第 764 条の違憲可否に関する憲法訴願、判例集 3、149〉
(1)　事件の背景
　この事件は、民法第 764 条の「名誉回復に適当な処分」に謝罪広告を含めさせることは、憲法に違反すると決定した事件である。
　その間、法院は、他人の名誉を毀損し提訴された言論媒体に対して、「他人の名誉を毀損した者に対しては、法院は、被害者の請求によって損害賠償にかわるものとして、又は損害賠償とともに、名誉回復に適当な処分を命じることができる」という民法第 764 条に基づいて、損害賠償の認定以外に、謝罪広告を掲載するよう命令してきた。学説・判例も、民法第 764 条所定の「名誉回復に適当な処分」の代表的な例が謝罪広告の掲載であると理解し、さらに、謝罪広告の掲載を命じる判決は、代替執行などの方法で強制執行をすることができると解釈してきた。しかし、この決定で憲法裁判所は、良心の自由と人格権をもとに、このような学説・判例を覆したのである。
　この事件は、元ミス・コリア出身の女性に関する『女性東亜』1988 年 6 月号

第3章 憲法裁判所の決定

に掲載された記事が発端となったものであり、問題の女性は、この記事が自身の名誉を毀損したという理由で、請求人たちである株式会社東亜日報社とその代表理事、『女性東亜』の主幹などを相手に、ソウル民事地方法院に損害賠償及び謝罪広告を請求する民事訴訟を提起した。これに対して請求人たちは、上の訴訟事件において、民法第764条が名誉毀損の場合に謝罪広告を命じることができるようにしたものであるならば、これは憲法に違反するという理由で、上の法院に違憲法律審判提請を申請したが棄却されるや、憲法裁判所に憲法訴願審判を請求した。

(2) 決定の主要内容

憲法裁判所は、以下のように、良心の自由と謝罪広告制度の性格を糾明した後、民法第764条の「名誉回復に適当な処分」に謝罪広告を含めさせることは、憲法に違反すると決定した。

憲法第19条の「良心」には、世界観・人生観・主義・信条などはもちろん、これにおよばずとも、より広く個人の人格形成に関連する、内心における価値的・倫理的判断も含まれている。それゆえ、良心の自由には、ひろく物事の是々非々や、善悪のような倫理的判断に国家が介入してはいけないという内心的自由はもちろん、このような倫理的判断を、国家権力によって外部に表明するように強制を受けない自由、すなわち、倫理的判断事項に関する沈黙の自由まで含まれるとすべきである。

謝罪広告制度とは、他人の名誉を毀損したが、非行を行ったとは信じてない者に、本心に反して深く謝罪するとして、罪悪を自認する意味の謝罪の意思表示を強要するものであるので、これは良心でもないものを、良心であるかのように表現することの強制で、人間の良心の歪曲・屈折であり、表と裏が異なる二重人格形成の強要として、沈黙の自由の派生である良心に反する行為の強制禁止に抵触するものであり、したがって、わが憲法が保護しようとする精神的基本権の一つである良心の自由の制約(法人の場合であれば、その代表者に良心表明の強制を要求する結果となる)であるとみなさざるを得ない。さらに、謝罪広告の過程で、自然人であれ法人であれ、人格の自由な発現のために保護を受けるべき人格権が無視され、国家による人格の外形的変形がもたらされ、人格形成に分裂が必然的に伴うようになる。

第2節　言論等の精神的自由に関する決定

国家による謝罪の強要は、名誉毀損罪による刑事的処断で満足されるべき報復感情を、民事責任にまで拡げ満たそうとするものとして、民法第764条の制度的意義と目的に適合しない処分であり、謝罪広告制度による基本権制限は、憲法第37条第2項の過剰禁止の原則に違反する。すなわち、謝罪広告を命じる判決でなくても、加害者の費用でもって、加害者が敗訴した民事損害賠償判決文や、刑事名誉毀損罪の有罪判決文などを新聞・雑誌などに掲載したり、名誉毀損記事の取消し広告などの方法によって、いくらでも名誉回復のための民法第764条の目的を十分に達成できるのであるから、加害者に良心表明の強制ないし屈辱の甘受を強要する謝罪広告制度は過度なものであり、不必要な国民の基本権制限となる。

(3) 事後経過

この決定について各言論媒体は、謝罪広告の否定的な側面を強調しつつ、この決定を歓迎する論評をした。反面、言論媒体の社会的責任を強調する立場からは、謝罪広告制度が、言論媒体の言論の自由の濫用を防ぐ肯定的な側面があることを認めつつ、憲法裁判所の判断は、謝罪広告制度の立法趣旨と制度の本質的な側面で誤解した部分があるものと解して、憲法裁判所の判断とは異なり、謝罪広告制度はむしろ民法第764条の立法趣旨に適合した制度であった（李丞祐「謝罪広告制度についての憲裁決定の評釈」『人権と正義』第181号、1991年9月号）とする反対論評もあった。

この決定の結果、それ以後、法院は、名誉回復のための適当な処分として、謝罪広告を命令できなくなった。そして、この決定に部分的な批判を提起する立場も認めるように、この決定は、すべての精神的自由権の基礎となる良心の自由と人格権が実質的な規範力を発揮できるようにした意味ある決定であった（許営「謝罪広告と良心の自由」『法律新聞』第2045号、1991.7.15；李丞祐、前掲論文）。

4　訂正報道請求事件

〈憲裁 1991.9.16. 89憲マ165　定期刊行物の登録等に関する法律第16条第3項、第19条第3項の違憲可否に関する憲法訴願、判例集3、518〉

(1) 事件の背景

213

第3章 憲法裁判所の決定

　この事件は、言論機関によって侵害された人格権を保護するために訂正報道請求権を規定した定期刊行物の登録等に関する法律の規定が、言論機関の報道の自由を侵害するものではないと決定した事件である。

　定期刊行物の登録等に関する法律第16条第3項は、定期刊行物の報道によって人格権などの侵害を受けた被害者に、訂正報道の掲載を要求できる訂正報道要求権を認め、同法第19条第3項は、訂正報道請求に関する訴訟においては、民事訴訟法の仮処分手続によって裁判するように規定していた。

　元来、この事件は、パステル乳業株式会社が、請求人発行の『中央日報』1988年7月23日付け取材手帳欄の記事が自身と関連すると主張して、上記の法律に基づき、ソウル民事地方法院に、その記事内容についての訂正報道掲載請求訴訟を提起して勝訴したものである。これに対して、請求人は、ソウル高等法院に控訴を提起し、訂正報道請求権を規定した同法第16条第3項と、その手続を規定した同法第19条第3項が、憲法上の言論の自由と言論機関の裁判請求権を侵害するという理由で、違憲法律審判提請を申請したが、棄却されるや、憲法裁判所に憲法訴願審判を要求した。

(2)　決定の主要内容

　憲法裁判所は、以下のように、訂正報道請求権の性格などについて言及した後、定期刊行物の登録等に関する法律第16条第3項および第19条第3項は、憲法に違反しないと決定した。

　この法律規定は、その表題および法文の中に「訂正」という表現を使ってはいるが、その内容をみれば、名称とは異なって、言論機関の事実的報道による被害者が、その報道内容について反論する内容の記事を掲載してもらうことを請求できる権利である、いわゆる「反論権」を立法化したものである。したがって、ここで言う訂正報道請求は、その報道内容の真実の如何を明らかにしたり、虚偽報道の訂正を請求するためのものではない。反論権としての訂正報道請求権は、被害者に、報道された事実的内容に対して反駁の機会を与えることでもって、被害者の人格権を保護すると同時に、公正な世論の形成に参与できるようにして、言論報道の客観性を向上し、制度としての言論保障をさらに充実するためのものとして、憲法上保障される一般的人格権や私生活の秘密と自由権に基づくものである。

訂正報道請求権は、定期刊行物の編集ないし編成の自由を制限し、間接的に報道機関の報道活動を萎縮させる効果をもたらすので、報道の自由と調和し、衝突しあう基本権すべてが最大限にその機能と効力を現すことができるように、過剰禁止の原則に反してはならない。ところで、訂正報道請求制度は、上のような目的の正当性が認められ、定期刊行物の登録等に関する法律は、反論の対象を事実的な主張に局限しており（16条1項）、一定の場合には訂正報道文の掲載を拒否できるようにして、反論権の行使範囲を縮小しており（16条3項但書）、反論権の行使に対して、短期の除斥期間をおき、言論機関が長期間不安定な状態に陥る危険を防止している。さらに、言論機関の名でする訂正報道ではなく、被害者の名で解明するという点で、言論機関の名誉および信頼性を直接下落させないように装置を設けることでもって、二つの法益間の均衡を図っている。

一方、同法第19条第3項は、訂正報道請求訴訟の審判手続を、民事訴訟法の仮処分手続に関する規定によって裁判するようにしているが、これは被害者の迅速な権利救済の必要のためのものであるので、請求人の裁判請求権を侵害するものとはいえない。

結局、この法律条項は、言論の自由の本質的な内容を侵害したり、言論機関の裁判請求権を不当に侵害した規定とはいえないのである。

これに対して、韓柄寀、李時潤の両裁判官は、訂正報道請求権は反論権として運営することの困難なものであると指摘し、訂正報道請求に関する裁判を正式手続によらずに略式手続である仮処分手続によって行わせることは、定期刊行物の発行主体に対する法的差別として、法院の前での平等に違反し、手続的基本権を侵害するものであるとする反対意見を提示した。

(3) 事後経過

この決定は、現代社会において巨大言論媒体とその背後の強大な言論企業によって個々の国民の私生活と名誉が不当に侵害される危険があることを直視して、国民の言論機関による権益侵害を迅速かつ適正に回復できる制度的装置の必要性を憲法的に確認した点で、肯定的な評価を受けた。憲法理論的にも、基本権の抵触関係を、憲法の統一性に立脚して規範調和的に解決すべきであるという明示的な立場を明らかにした点、言論の自由が持つ客観的規範秩序として

第3章　憲法裁判所の決定

の意味と機能を強調した点などに照らして、大きな発展であるという評価を受けもした（許営「訂正報道請求権と報道の自由の抵触」『法律新聞』1991.11.4.）。

一方、この決定以降、国会は、定期刊行物の登録等に関する法律を1995年12月30日法律第5145号で改正し、この決定で問題となった「訂正報道請求権」を「反論報道請求権」に名称変更するなど、この決定の趣旨に符合するように、関連規定を整備した。

5　軍事機密漏洩事件

〈憲裁1992.2.25. 89憲カ104　軍事機密保護法第6条等に対する違憲審判、判例集4、64〉

(1)　事件の背景

この事件は、軍事機密保護法第6条、第7条および第10条の軍事機密の探知、収集及び漏洩行為の処罰規定に関して、機密の漏洩が国家の安全保障に明白な危険を招くと見るに値するだけの実質価値をもつ場合に限って適用されるとする限定合憲決定をした事件である。

軍事機密保護法（1972.12.26. 法律第2387号）第6条、第7条、第10条は、それぞれ「軍事上の機密を不当な方法で探知したり収集する行為」、「軍事上の機密を探知したり収集した者が、それを他人へ漏洩する行為」、「偶然に軍事上の機密を知ったり占有した者が、それを他人へ漏洩する行為」を刑事処罰するよう規定しているが、これらの法律条項上の「軍事上の機密」と「不当な方法」の概念が不明確であるとして、明確性の原則に反し、知る権利の本質的な内容を侵害するおそれがあるという主張が提起された。

1989年4月、国会議員秘書官であった被告甲が、当時、平和研究所所長から「国防委員会の審議資料を入手してくれ」という依頼を受け、国防委員会所属の国会議員の秘書官であった被告人乙を通じて、国防部が国会に提出した「軍主要司令部中部圏移転計画」（軍事2級秘密）など8件の資料を手に入れ、上記所長に渡した嫌疑で、甲と乙が、ソウル刑事地方法院に軍事機密保護法違反罪でそれぞれ公訴が提起された。訴訟の係属中、被告人甲と乙は、この公訴事実に対して、適用法条である軍事機密保護法第6条、第7条および第10条が憲法違反であると主張して、違憲法律審判提請を申請し、上記法院がこれを受

216

第2節　言論等の精神的自由に関する決定

け入れ、憲法裁判所に違憲法律審判を提請した。

(2)　決定の主要内容

　憲法裁判所は、以下のように、軍事上の機密と罪刑法定主義の関係などに言及した後、軍事機密保護法第6条、第7条、第10条について限定合憲を決定した。元来、この事件の評議の結果は、単純合憲意見3人、限定合憲意見5人、全部違憲意見1人と意見が分かれたが、限定合憲意見は質的には一部違憲意見であるので、全部違憲意見も一部違憲意見の範囲内では、限定合憲意見と見解を共にしたものとされ、これを合計すれば、憲法裁判所法第23条第2項第1号所定の違憲決定定足数である6人に達したということができるために、限定合憲意見が決定の主文を構成した。

　この法律に規定された「軍事上の機密」という概念は、その範囲の広範性や内容の曖昧さが問題となる余地があるとしても、これはこの法律とその下位法令を総合してみるとき、Ⅰ、Ⅱ、Ⅲ級秘密に区分され、それぞれそれに相応する標識を備えるようになっているために（軍事機密法第3条及び同法施行令第2条第1項及び第3条）、一般国民の立場から、どのような事項が軍事機密であるのかを外見上識別し難くて犯法行為に至るようになるとのおそれは、理論上の可能性にもかかわらず実際においてはほとんど問題として提起された事例がないのであるから、罪刑法定主義が要求する明確性の原則に反するということはできない。

　さらに、「不当な方法で探知・収集した者」という構成要件は、関係法令が定めている適法な手続によらずに軍事機密を探知・収集した者を意味することが明らかであり、このような内容は通常の判断能力を持つ人ならば、十分にその意味を理解できるので明確性の原則に反しない。

　しかし、軍事上の機密保護を通じた国家の安全保障という目的も大変重要なものではあるが、その範囲があまりにも広範囲におよんでおり、それによって国民の知る権利が無意味なものとなってはならないので、軍事上の機密の範囲の設定においては、国民の表現の自由ないし知る権利の対象領域を最大限に広くすることができるように、必要最小限度に限定されなければならない。したがって、軍事機密保護法第6条、第7条、第10条の構成要件である「軍事上の機密」は、非公知の事実として、関係機関によって適法手続にしたがい軍事機

217

第 3 章　憲法裁判所の決定

密に分類表示または告知された軍事関連事項でなければならないだけでなく、あわせて、その内容が漏洩した場合、国家の安全保障に明白な危険がもたらされるといえるぐらいに、その内容自体が実質的な秘密価値をもつ非公知の事実に限られるものであると、限定的に解釈するべきであって、その内容が、明らかに国家の安全保障に関連した事項（真性秘密）ではなく、単に政府の政治的利益ないし行政的便宜に関連した事項（擬似秘密ないし仮性秘密）に過ぎないときには、軍事機密保護法の保護対象ではない。

結局、旧軍事機密保護法第 6 条、第 7 条、第 10 条は、同法第 2 条第 1 項所定の軍事上の機密が、非公知の事実であって適法手続にしたがい軍事機密としての標識を備えており、かつその漏洩が国家の安全保障に明白な危険をもたらすとみるに値する実質価値をもつ場合に限って、適用されるというべきものであるので、そのような解釈のもとでは憲法に違反しない。

これに対して、卞禎洙裁判官が全部違憲意見を、韓柄寀、崔光律、黄道淵裁判官が単純合憲意見を、曺圭光裁判官が補充意見を提示した。

卞禎洙裁判官は、この法律条項が、軍事事項について国民の表現の自由と知る権利を侵害しているので、広範囲で不明確な事項を刑罰法規の構成要件にしており、罪刑法定主義に反するとし、韓柄寀、崔光律、黄道淵裁判官は、この法律条項の概念は、明瞭で具体的であり、明確性の原則に反せず、国民の知る権利を侵害していないという意見を提示した。

一方、曺圭光裁判官は、限定的合憲解釈は法律の解釈可能性を基準とするのに対し限定的違憲宣言方法は法律の適用範囲を基準とするという点で、理論的には違いがあるが、本質的には一種の部分的違憲宣言であり、実際的な面では、その効果を異にするものではないとしながら、その決定が羈束力をもつためには、このような内容が決定の主文に現れなければならず、これは部分的違憲宣言としての法的効果をもつという補充意見を提示した。

(3)　事 後 経 過

この決定については、現行憲法精神に合うように、わが国の実定法体系を民主化させていくべきことを要求している憲法裁判所の意志を窺い知ることができる代表的な決定の 1 つ（李丞祐「軍事機密保護法第 6 条等に対する憲裁決定の評釈」『司法行政』1992 年 12 月号）であるとする肯定的な評価があった。

第2節　言論等の精神的自由に関する決定

　この決定以降、国防部は、この決定の趣旨を十分に活かした軍事機密保護法改正案を国会に提出し、国会は、同法を1993年12月27日法律4616号として単なる改正の形式ではなく、全面改正の形式で通過させた。

　関連部分の内容をみると、まず第2条で、軍事機密の概念を「一般人に知らされていないものであって、その内容が漏洩された場合、国家安全保障に明白な危険をもたらすおそれのある軍関連文書・図画・電子記録等の特殊媒体記録または物件で、軍事機密という旨が表示または告知されたり、保護に必要な措置が行われたものとその内容」と定義し、機密の範囲をかなり縮小した。あわせて第9条では、国民の知る権利を伸張するために、国民の「軍事機密公開要請権」を初めて新設し、このような要請に対して国防部長官は、「国民に知らせる必要があったり」「公開することで国家安全保障に著しく利益があると判断されたとき」に、軍事機密を公開できるようにした（第7条）。そして、この事件の直接的な審判対象であった軍事機密の探知・収集行為に対する処罰条項においては、以前の「不当な方法で」探知・収集という構成要件を、「適法な手続によらない方法で」探知・収集と変更した（第11条）。

6　定期刊行物登録制事件

〈憲裁1992.6.26. 90憲カ23　定期刊行物の登録等に関する法律第7条第1項の違憲審判、判例集4、300〉

(1) 事件の背景

　この事件は、定期刊行物の発行において、登録を要するようにしている定期刊行物の登録等に関する法律第7条第1項が、出版に対する許可制を禁止している憲法第21条第2項に違反するのかどうかについて、限定違憲決定をした事件である。

　定期刊行物の登録等に関する法律（1991.12.14. 法律第4441号で改正されたもの）第7条第1項は、定期刊行物を発行しようとするならば、同法第6条第3項第1号、第2号による輪転機1台以上等と、大統領令が定める付随印刷施設を、公報処長官に登録するようにしており、同法施行令第5条によれば、付随印刷施設は組版施設と製版施設のことをいい、その施行令第6条第3項は、輪転機1台以上及び組版施設と製版施設が、自己の所有であることを証明する書

219

第3章 憲法裁判所の決定

類を添付して、公報処長官に提出することによってのみ、その登録をすることができると規定していた。同法第22条第3号は、そのような登録をせずに、一般週刊新聞など定期刊行物を発行した者を、1年以下の懲役または500万ウォン以下の罰金に処すると規定していた。

提請申請人たちは、当時主務部処である文化公報部に登録せずに、「全民連新聞」という題号の下で、1989年3月10日から同年6月25日まで、月2回ずつ8回にわたって、一般週刊新聞を発行したという理由で、上記法律条項によりソウル刑事地方法院に起訴された。これに対して提請申請人たちは、上記法律条項が一般週刊新聞発行の施設基準をあまりにも厳しく制限するものであり、結果的に、憲法が禁じている許可制と類似した制限を加えるおそれがあるとして、違憲法律審判提請を申請し、同法院がこれを受け入れて、1990年1月19日、憲法裁判所に違憲法律審判を提請した。

一方、ソウル刑事地方法院の違憲提請決定があってから数ヶ月後の1990年4月10日、大法院は、他の上告審判決（90ト332）で、上記法律第7条第1項は憲法に違反しないと明示的に判示したことがあった。

(2) 決定の主要内容

憲法裁判所は、次のように、言論の自由の保護領域を提示し、定期刊行物の登録等に関する法律第7条第1項は、その第9号所定の該当施設を自己所有であるべきと解釈する限り、憲法に違反すると決定した。

憲法上の言論の自由は、あくまでも言論・出版の自由の内在的本質的表現の方法と内容を保障することをいうのであって、それを客観化する手段として必要な客体的施設や、言論企業の主体である企業人としての活動まで含むとはみることはできない。よって、定期刊行物発行人に、法律でもって言論の健全な発展とその機能の保障のために一定の施設を備え登録するようにすることは、言論の自由の本質的内容の干渉とは、厳然と区分されるべきである。この事件で問題となった登録事項は、意思形成発表・情報収集伝達・世論形成などを内容とする実質的な言論・出版の自由ではなく、報道の手段として随伴する企業やそれによる定期刊行物の発行に必要な外形的な一定施設基準に関するものであり、これを登録させることは、決して言論・出版の自由に関する本質的な内容の侵害とみることはできない。

第2節　言論等の精神的自由に関する決定

　また、憲法第21条第3項は、言論・出版媒体の育成とその機能を保障・維持・発展させるために、必要な範囲内で、一定の物的施設を備えなくてはいけないという法律的規制をすることができるように立法権限を国民の代議機関である国会に留保しているのであるから、それによって制定された定期刊行物の登録等に関する法律第7条第1項の登録制度を、立法府が著しく立法裁量を濫用して過剰立法禁止の原則に違背する法律制定をしたとか、またはその他の恣意的な立法権の行使をした違憲的な法律制度であると断定することはできない。

　しかし、上記法律とその施行令でもって、その登録要件として、その施設の所有を証明する書類を整えて添付するよう要求することは、新聞発行の施設基準をあまりにも厳格に設定したものであり、憲法上容認されない。すなわち、新聞発行に必要な上記法律所定の印刷施設を備えるには、必ずしも所有権でなく、賃借またはリースなどによってもいくらでも可能なのであるから、同法第7条第1項の登録事項中、第9号所定の当該施設を自己所有でなければならないものと解釈するならば、これは刑事処罰の構成要件に該当する事項を任意に解釈することであって、憲法第12条の罪刑法定主義に反するだけでなく、憲法第21条第3項で規定した新聞の機能を保障するために必要な事項を過剰解釈した違憲的な法令であり、また憲法第37条第2項の過剰禁止の原則にも反する。

　これに対して卞禎洙裁判官は、定期刊行物に対する登録制は、実質的に許可制と同じように運営される可能性があるために言論・出版の自由を侵害し、また一定の施設を備えてはじめて登録することができるようにしている上記法律条項は、財力ある者とない者とを差別するものとして平等の原則に反するという反対意見を提示した。

(3)　事 後 経 過

　この決定は、従来高価な印刷施設を所有することができないために定期刊行物を発行できなかった人たちにも、定期刊行物を発行できる道を開き、表現の自由を拡大する契機をつくり出したという肯定的な評価を受けた（鄭在晃「定期刊行物の登録等に関する法律第7条第1項の違憲審判決定」『法律新聞』1992.6.26.）。また、一部言論は、その間、政府がこの法律を運営する過程で、憲法精

第3章　憲法裁判所の決定

神と法律の立法趣旨とは異なり、この制度を実質的な定期刊行物許可制として運用してきたという誤りを指摘したものであって、憲法裁判所はまた、今回の決定を通じて、憲法に規定されている基本権である言論・出版の自由の保障とともに、言論媒体の責任と義務を同時に強調することによって、最大限の均衡をもくろんだものとみられる(『中央日報』1992.6.26.)と決定の意味を分析もした。

一方、この決定以降、1992年12月21日に改正された定期刊行物の登録等に関する法律施行令第6条第3号は、それまで自己所有であることを証明する書類を添付するようにしていたものを、自己所有だけではなく、賃貸借などの法律原因によって「当該施設を備えていることを証明する書類」を添付するように変えた。そして、1995年12月30日法律第5145号として改正された定期刊行物の登録に関する法律は、第7条第1項の登録事項中、「一般週刊新聞」については、第9号の当該施設をもはや要求しないように改正された。

7　選挙運動主体制限事件

〈憲裁1994.7.29. 93憲カ4等　旧大統領選挙法第36条第1項等違憲提請、判例集6－2、15〉

(1)　事件の背景

この事件は、一般国民の選挙運動を包括的、全面的に禁止していた旧大統領選挙法の規定に対して、違憲決定をした事件である。

旧大統領選挙法(1994.3.16. 法律第4739号で廃止されたもの)第34条は、当該候補者の登録が終った時より選挙日前日までに限って選挙運動をできるように規定し、第36条第1項本文は、政党・候補者・選挙事務長・選挙連絡所長・選挙運動員または演説員でない者は、選挙運動をすることができないと規定して、選挙運動の主体を包括的に制限していた。

提請申請人である甲は、第14代大統領選挙直前である1992年12月、釜山草原のフグ料理店での、釜山地域の機関長との会食の席において、金泳三・当時民自党候補を支持する発言をした嫌疑でソウル刑事地方法院に、また、提請申請人である乙はソウル地方法院西部支院に、旧大統領選挙法違反罪で、それぞれ起訴されたが、ソウル刑事地方法院は、甲の申請により旧大統領選挙法第

第2節　言論等の精神的自由に関する決定

36条第1項本文とその罰則条項である第162条第1項第1号について、またソウル地方法院西部支院は、乙の申請により上の諸法律条項と同法第34条について、違憲法律審判を提請した。

一方、この事件の審判が係属中である1994年3月16日、選挙運動をより自由にできるように許容する内容の公職選挙及び選挙不正防止法（法律4739号）が制定・施行されることによって、上の大統領選挙法は廃止され、新法第58条第2項、第60条第1項は、原則的に、誰でも自由に選挙運動ができるようにしたうえで、選挙運動が禁止される人々を限定的に列挙している。

(2)　決定の主要内容

憲法裁判所は、以下のような理由で、一般国民の選挙運動を包括的に禁止した旧大統領選挙法第36条第1項本文とその罰則条項については違憲であると宣言し、選挙運動の期間を制限した同法第34条とその罰則条項については合憲であると決定した。

国民が選挙過程に参与する行為は、国民の主権行使ないし参政権行使の意味をもつので、原則的に自由に行われるように最大限保障されなくてはいけない。しかし、選挙の公正性確保のために、ある程度選挙運動に対する規制が不可避であるので、憲法第37条第2項によって選挙運動の自由を制限することができるが、この過程で、立法者は、自由と公正の二つの理念を要領よく調和させなくてはいけない。

旧大統領選挙法第36条第1項本文と第34条でともに用いられている「選挙運動」の概念と関連してみれば、同法第33条は、選挙運動を、「当選したり、当選するようにしたり、当選できないようにするための行為」と定義しているが、これは曖昧で不明確な要素がなくはないが、上諸法律条項の立法目的、選挙運動規制条項の全体的構造などを考慮すれば、単なる意見開陳とは区別される可罰的行為としての選挙運動は、当選ないし得票への目的性、その目的性の客観的認識の可能性、能動性および計画性が要求されるものと解され、一般人の誰でも選挙運動と単なる意見開陳を区分することができるのであるから、罪刑法定主義の明確性の原則に違背するとはいえない。

同法第34条は、「当該候補者の登録が終った時から選挙日前日までに限り」選挙運動を許容しているが、選挙運動の始期を当該候補者の登録が終った時か

らと定めたことや、選挙運動の終期を選挙日前日と定めておいたことは、すべて合理的理由があり、それによって選挙運動が可能な期間が、28日ないし23日になるところ、大衆情報媒体が広範囲に普及しており、全国が1日交通圏に入っている現在の交通手段などに照らして、この程度の期間制限をもって、憲法違反の過度な制限であるとみることはできない。

しかし、同法第36条第1項本文は、「政党・候補者・選挙事務長・選挙連絡所長・選挙運動員または演説員でない者は、選挙運動をすることができない」と規定し、一般国民が選挙権者という身分だけでは、全く選挙運動をすることができないようにしているが、これは立法形成権の限界を超え、国民の選挙運動の自由を制限しすぎているので、憲法第21条（表現の自由）、第24条（選挙権）および国民主権主義の原則と自由選挙の原則に違反する。すなわち、選挙の公正性のための規制の要諦は、選挙資金の規制、金権および官権の介入の遮断、言論媒体を通した謀略的捏造的な宣伝・虚偽事実の流布の遮断にあるのであって、一般国民の選挙運動を包括的・全面的に禁止することであってはならない。旧大統領選挙法は、法定選挙運動方法以外の一切の選挙運動を禁止しつつ、個別選挙運動方法についても、詳細な規制条項を置いているなど、選挙運動の公正性を害する行為に対する多くの禁止および処罰規定を置いており、このような規制条項だけでも、公正な選挙をなすのに不足することがないのに、これに付け加えて、一般国民の選挙運動を包括的に禁止することは、必要最小限度の制限を越えているものであって、選挙の公正性という公益が、選挙運動の形態で現れる参政権、政治的表現の自由のような基本権を全面的に犠牲にしてもいいほどに優越すると見ることはできない。新しく制定された公職選挙及び選挙不正防止法第58条第2項、第60条第1項で、選挙運動の主体に関して、原則的に誰でも自由に選挙運動をできるようにしたうえで、公務員など選挙運動が禁止される人々を具体的・制限的に列挙しているが、新法の立法者の意思を尊重する意味からも、新法第260条第1項に列挙された者以外の人々まで選挙運動を禁止し、これに違反するものを処罰することは違憲である。

この決定については、同法第36条第1項本文を違憲と見ることができないとする金鎮佑、韓柄寀裁判官の反対意見と、この決定によって旧大統領選挙法下で執り行われた大統領選挙は民主的正当性が喪失されたものとみなければな

第 2 節　言論等の精神的自由に関する決定

らないとする卞禎洙裁判官の補充意見があった。

(3) 事後経過

　この事件の決定は、選挙運動の憲法的意義、その規制原理及び規制の限界、選挙運動の概念に関する基本的かつ重要な判示を含んでおり、選挙運動の自由に対する制限が問題となった後続事件でも、判断基準と方向を提供する先導的判例の役割をしている。公職選挙及び選挙不正防止法第 87 条（団体の選挙運動禁止）に対する 1995 年 5 月 25 日 95 憲マ 105 決定、同法第 59 条（選挙運動期間）及び第 112 条第 2 項第 2 号（寄付行為の定義および制限期間等）に対する 1995 年 11 月 30 日 94 憲マ 97 決定、同法第 89 条第 1 項、第 2 項（類似機関の設置禁止など）、第 93 条第 3 項（選挙運動用身分証明書などの発給禁止）、第 111 条（議会政治活動等の報告の制限）および第 150 条第 3 項ないし第 5 項（候補者記号決定方法）に対する 1996 年 3 月 28 日 96 憲マ 9 等の決定、同法第 111 条、第 141 条第 1 項（党員団結大会の制限）、第 142 条第 1 項（党職者会議の制限）及び第 143 条第 1 項（党員教育の制限）に対する 1996 年 3 月 28 日 96 憲マ 18 などの決定、同法第 230 条第 1 項第 3 号、第 4 号、第 2 項、第 3 項（買収および利害誘導罪）に対する 1997 年 3 月 27 日 95 憲カ 17 決定、同法第 113 条（候補者などの寄付制限）および第 230 条第 1 項第 1 号（買収及び利害誘導罪）に対する 1997 年 11 月 27 日 96 憲バ 60 決定などの後続決定は、この決定と同じ脈絡で、選挙運動の自由と選挙の公正性を調和させているか否かに重点を置いて違憲審査をし、すべて合憲であると判断した。

　この一連の決定のうち、同法第 111 条に対する決定は、社会的注目を集めるものであった。この条項は、国会議員に選挙期間前にも議会政治活動報告ができるように許容しており、国会議員でない予備候補者との関係において、機会均等の原則に反していないかが争点となった。憲法裁判所は、国会議員の議会政治活動報告は、国会議員の政治的責務であり、固有の職務活動として、選挙運動期間開始後に限って議会政治活動報告を禁止するとしても、これによって、選挙活動期間開始前の選挙運動を許容するものではないのであるから、国会議員でない予備候補者を国会議員である予備候補者に比べて不合理に差別待遇するものではないとして、国会議員が議会政治活動報告という名目で実質的な選挙運動をすることによって、事実上、選挙運動の機会の不均衡が発生して

も、これは法執行の不徹底による事実上の不平等であるだけで、法律上の不平等ではないとした。これに対して、金汶熙、黄道淵、鄭京植、申昌彦裁判官は選挙が差し迫った時期に行われる議会政治活動報告は、選挙運動としての性格を帯びており、その結果、国会議員である予備候補者は、他の予備候補者に比べて事実上より長い期間、より多くの選挙運動の機会を持つことになるのであるから、同法第111条は、選挙運動における機会均等を剥奪したものであるという違憲意見を明らかにした。

8　映画検閲事件

〈憲裁1996.10.4. 93憲カ13等　映画法第12条等に対する違憲提請等、判例集8－2、212〉

(1) 事件の背景

この事件は、公演倫理委員会による映画事前審議制度を規定していた旧映画法第12条などが、憲法上の検閲禁止の原則に違反するとして違憲と決定された事件である。

旧映画法（1995.12.30. 法律第5129号（映画振興法）で廃止されたもの）第12条第1項と第2項、第13条第1項および第32条第5号は、映画上映前に、公演倫理委員会の事前審議を受けるようにし、これに違反する場合、2年以下の懲役または5百万ウォン以下の罰金に処するよう規定していた。

憲法第21条第1項は、「すべて国民は、言論・出版の自由および集会・結社の自由をもつ」と宣言し、表現の自由を一般的に保障しており、同条第2項では、「言論・出版に対する許可や、検閲と集会・結社に対する許可は認められない」として、検閲禁止の原則を明示している。検閲禁止の原則が、このように憲法に明示されたことは、第2共和国憲法第28条第2項但書が初めてであり、第3共和国憲法では、検閲禁止の原則を宣言しつつも、映画や演芸に対する検閲は、例外的に許容された。そして、第4、5共和国憲法では、検閲禁止の原則を特に明示せず、現行憲法で上条項のように、例外なしに検閲禁止の原則を宣言している。しかし、検閲禁止の原則は、憲法規定の明示の有無を問わず、民主憲法での、言論の自由の本質的内容をなしているといえるだろう。それにもかかわらず、わが社会は、言論の自由の憲法的価値を十分に認識できないま

第2節　言論等の精神的自由に関する決定

ま、多くの法律で各種の表現媒体に対する検閲を許容してきており、このような事情は現行憲法が施行された1988年以降にも変りはなかった。

この決定は、93憲カ13事件と91憲バ10事件とを併合したものである。93憲カ13事件は、提請申請人が、1992年に解職教師の問題を扱った映画「閉ざされた校門を開けて」を、公演倫理委員会の事前審議なしに上映し、ソウル刑事地方法院に旧映画法第12条違反で起訴されるや、同法律条項が憲法第21条第2項に違反するとして、違憲法律審判提請を申請し、同法院がこれを受け入れて、違憲法律審判を提請した事件であり、91憲バ10事件は、請求人が、1989年の5・18光州抗争を扱った「おう、夢の国」という短編映画を事前審議を受けずに上映し、同じ法院によって旧映画法違反で100万ウォンの罰金を宣告され、控訴するとともに同法院に上法律条項に対して違憲法律審判提請を申請したが棄却されるや、憲法裁判所に憲法訴願審判を請求した事件である。

(2)　決定の主要内容

憲法裁判所は、以下のように、映画の憲法的な保障と検閲禁止の原則に言及した後、公演倫理委員会による映画の事前審議を規定した旧映画法第12条第1項、第2項および第13条第1項に対して、憲法に違反すると決定した。

映画は意思表現の1つの手段であるので、映画の制作及び上映は、他の意思表現手段と同様に、言論・出版の自由を規定している憲法第21条第1項によって保障を受けることはもちろん、学問的研究結果を表現する手段にもなり、芸術表現の手段にもなるので、その制作及び上映は、学問・芸術の自由を規定している憲法第22条第1項によっても保障を受ける。

憲法第21条第2項が禁止する検閲は、行政権が主体となって思想や意見などが発表される前に、予防的措置としてその内容を審査・選別して発表を事前に抑制する、すなわち、許可を受けてないものの発表を禁止する制度を意味する。このような検閲制が認められる場合には、国民の芸術活動の独創性と創意性を侵害して、精神活動に及ぼす危険が大きいだけでなく、行政機関が、執権者に不利な内容の表現を事前に抑制することでもって、いわゆる官製意見や支配者に無害な世論だけが認められるという結果をもたらす懸念があるために、憲法が、直接その禁止を規定しているのである。

憲法第21条第2項が言論・出版に対する検閲禁止を規定したのは、かりに

第 3 章　憲法裁判所の決定

　憲法第37条第2項が国民の自由と権利を国家安全保障・秩序維持または公共福祉のために必要な場合に限って法律によって制限できるように規定しているとしても、言論・出版の自由に対しては、検閲を手段とする制限だけは法律によっても絶対に認められないということを明らかにしたものである。憲法上禁止されている検閲は、意思表現の発表の可否が、もっぱら行政権の許可にかかっている事前審査だけを意味し、一般的にその要件として、許可を受けるための表現物の提出義務、行政権が主体となる事前審査手続、許可を受けない意思表現の禁止および審査手続を貫徹することができる強制手段などが存在しなくてはいけない。

　旧映画法上、映画上映前に公演倫理委員会の事前審議を受けるべき義務を課している点（12条1項）、公演倫理委員会委員は文化体育部長官によって委嘱され（25条の3第3項）、委員長は審議結果を長官に報告しなくてはいけなく、国家予算で公演倫理委員会の運営を補助できるようにしており（25条の3第6項）、公演倫理委員会は実質的な行政機関に該当する点、事前審議を経ていないすべての映画の上映を禁止している点（12条2項）、そして、これに違反した場合、懲役または罰金に処するようにした点（32条5号）などは、すべて憲法上禁止されている検閲要件を満たしているので、上法律条項は違憲である。

(3)　事 後 経 過

　この決定が宣告されてから、約1ヶ月後の1996年10月31日に、憲法裁判所は、事実上同一の憲法的争点を有していた音盤事前審議に対する違憲提請事件（94憲カ6）でも、違憲決定を宣告した。この事件は、歌手である違憲提請申請人が、公演倫理委員会の事前審議を受けずに音盤を制作・配布した嫌疑で、ソウル地方法院に起訴され、裁判係属中に音盤に対する事前審議を規定した音盤及びビデオ物に関する法律（1995.12.6. 法律第5016号で全文改正される前のもの）は憲法違反であると主張して、違憲法律審判提請を申請し、同法院がこれを受け入れ、違憲提請した事件であったが、憲法裁判所は、前の映画事前審議に対する違憲決定と同一の理由で、全員一致の違憲決定を下した。

　この2つの決定が下されるや、社会世論は賛否両論に2分した。映画人らをはじめとする文化界従事者達は、概ねこの決定に対して、芸術の自由と言論の自由を大幅に伸張させた画期的な決定であると大歓迎した反面、一部では、こ

第 2 節　言論等の精神的自由に関する決定

の決定で淫乱物と暴力物を制裁する手段がなくなり、淫乱の自由を認めるものであるという批判も提起された。特に、映画や音盤の淫乱表現に対する憲法裁判所の決定の趣旨が何であるのかという点に論難が集中した。すなわち、これから先、公演倫理委員会が行政機関としての性格を脱しないかぎり、淫乱映画物に対する等級判定はしても、部分削除などはできなくなるだろうし、したがって、淫乱映画物の上映から青少年を保護するために専用館を設置するしかないだろう等々、違憲決定の趣旨について、社会的論議が活発に行われた。

　このような論議は、決定が宣告された 1996 年末の国会文化体育公報委員会での映画振興法改正時における与野党間の意見対立へと続き、完全等級制を実施し、「制限上映可」の等級判定を受けた映画のための成人専用館を設置しようという野党側の主張と、等級外判定を受けた映画の上映を保留しようという与党側の主張がぶつかり、意見の違いを縮めることができなかったが、結果的には、与党の意見が大幅に反映された改正映画振興法が、1997 年 4 月 10 日に国会本会議を通過して、同年 10 月 10 日より施行された。

　改正映画振興法の要旨は、以下の通りである。まず、事前審議制度を上映等級付与制度に変え、4 種類の等級、すなわち、すべての観覧客が観覧できる等級、12 歳未満の者は観覧できない等級、15 歳未満の者は観覧できない等級、そして 18 歳未満の者は観覧できない等級だけを認め、一定の場合には、6 ヶ月以内の期間、上映等級の付与を保留できるようにし (12 条 5 項)、以前の「公演倫理委員会」は、「韓国公演芸術振興協議会」と名称変更して、この機構によって上映等級を付与するようにした(12 条)。さらに、上映等級付与制度の実効性確保のための方案として、上映等級を付与されてない映画、虚偽で上映等級を付与された映画、上映等級を変造または違反して上映する映画に対して、文化体育部長官が上映を禁止したり停止させることができるようにしており (18 条)、これに違反した者に対しては、営業の停止 (18 条の 2)、または一億ウォン以下の過料の処分をすることができるようにする一方 (35 条 1 項 8 号)、上映等級の判定や上映等級の付与の保留決定について、決定日から 60 日以内に、韓国公演芸術振興協議会に異議を申し立てる手続をおいた (13 条の 2)。

229

9 淫乱物出版社登録取消事件

〈憲裁 1998.4.30. 95憲カ16　出版社及び印刷所の登録に関する法律第5条の2第5号等違憲提請、判例集 10 － 1 、327〉

(1) 事件の背景

　この事件は、淫乱または低俗な刊行物を発刊した出版社に対して、登録庁が出版社登録を取り消すことができるようにした法律規定が憲法的に許容されるのかに関して、わが社会で性的表現物の憲法的限界がどこまでであるのかをはじめて明確にするとともに、淫乱刊行物出版に対する登録取消制は合憲であり、低俗な刊行物に対する登録取消制は違憲であると決定した事件である。

　出版社及び印刷所の登録に関する法律（1972.12.26. 法律第2393号で改正されたもの）第5条の2第5号は、淫乱または低俗な刊行物や、児童に有害なマンガなどを出版して、公衆道徳や社会倫理を侵害したと認められる場合、登録庁が当該出版社の登録を取り消すことができるように規定していた。

　ソウル特別市瑞草区庁は、提請申請人が「図書出版正仁・エンタープライズ」という名称で出版社登録をした後に、「セミ・ガール（nine actress semi-girls nice photographs）」という題目の画報集を発行して流通させたという理由で、上記出版社の登録を取り消す処分をした。ここに提請申請人は、ソウル高等法院に上処分の取消しを求める行政訴訟を提起する一方、上法律条項が、憲法第21条第1項（言論・出版の自由）と憲法第11条（平等権）に違反すると主張して、違憲法律審判提請を申請し、同法院がこれを受け入れ、憲法裁判所に違憲法律審判を提請した。

(2) 決定の主要内容

　憲法裁判所は、以下のように、言論・出版の自由の保護領域問題を思想の自由市場論に基づいて検討した後、出版社及び印刷所の登録に関する法律第5条の2第5号中の「淫乱な刊行物」に関する部分は憲法に違反せず、「低俗な刊行物」に関する部分は、憲法に違反すると決定した。

　言論・出版による害悪を是正し防止するための言論・出版に対する規制は必要かつ正当なものではあるが、その害悪を解消するためには、国家の介入の前に、まず、市民社会内部に存在する1次的メカニズムである思想の競争メカニズムによらなくてはいけない。すなわち、市民社会内部でお互いに対立する多

第 2 節　言論等の精神的自由に関する決定

様な思想と意見の競争を通して、有害な言論・出版の害悪が自律的に解消できるならば、国家の介入は最小限度にとどめるべきである。

　しかし、市民社会の自己矯正機能によっても、その表現の害悪がはじめから解消できない性質のものであったり、または、他の思想や表現を待って解消されるには、あまりにも甚大な害悪をもつ表現は、国家による介入が 1 次的なものとして容認され、言論・出版の自由によって保護されない。

　「淫乱」とは、人間の尊厳ないし人間性を歪曲する露骨で赤裸々な性表現として、もっぱら性的興味にのみ訴え、全体的にみて何等の文学的・芸術的・科学的または政治的価値をもたないものとして、社会の健全な性道徳を大きく害するだけでなく、思想の競争メカニズムによってもその害悪が解消され難いので、厳格な意味の淫乱表現は、言論・出版の自由による保障を受けることができない。

　出版社及び印刷所登録に関する法律第 5 条の 2 第 5 項に規定された淫乱の概念は、少なくとも受範者と法執行者に適正な指針を提示しており、法適用者の個人的趣向によって、その意味が異なる可能性も薄いといえるので、明確性の原則に反しない。さらに、上法律条項の登録取消規定は、仮に登録取消しによって合憲的な刊行物の出版と流通にまで萎縮的な効果がもたらされる憂慮がないわけではないとしても、淫乱出版の流通過程とその実態、登録取消制度の実際的運営現況などや、合憲的な出版活動に対する制約を最小化できる装置が備えられている事情などを総合的に考慮すると、登録取消しによる基本権的利益の実質的侵害はそれほど大きくない反面、淫乱出版の禁止および流通抑制の必要性と公益は大変大きいとみるしかないので、過剰禁止の原則に違反するものではない。

　しかし、「低俗」は、淫乱の程度にいたらない性表現や、暴力的で残忍な表現及び悪口など下品で卑しい内容の表現などを意味するものとして、憲法的な保護領域の中にある。上法律条項上の出版社の登録を取り消すことができる低俗概念には、性的表現の下限や、暴力性や残忍性および下品の程度に関する下限が設けられていないので、その適用範囲が大変広範囲であるだけでなく、裁判官の補充的な解釈によっても、その意味内容を確定し難い程度に大変抽象的であるので、出版をしようとする者は、どの程度自身の表現内容を調節すべきな

のか、到底知り得ないようになっており、明確性の原則および過度な広範性の原則に反する。さらに、青少年の健全な心性を保護するために、退廃的な性表現や過度に暴力的で残忍な表現などを規制する必要性は明らかに存在するが、これら低俗表現を規制するとしても、その保護対象は青少年に限定されるべきで、規制手段または青少年に対する流通を禁止する方向で狭く設定されなくてはいけないであろう。低俗な刊行物の出版を全面禁止し、出版社の登録を取り消すことができるようにすることは、青少年保護のためにあまりに過度の手段を選択して、成人の知る権利の水準を青少年の水準にあわせることを国家が強要するものであるので、成人の知る権利まで侵害するようになるものとして過剰禁止の原則にも違反する。

(3) 事後経過

この決定でもって、今後は低俗な刊行物の発刊を理由に出版社の登録を取り消すことは憲法的に許容されないが、淫乱な刊行物を発刊した場合には、登録取消しが依然可能となった。これまで行政庁はこの事件の法律条項による登録取消処分をするときに、漠然と、淫乱・低俗な刊行物という処分理由を提示していたが、これから先は、淫乱と低俗を区分して判断しなければならず、また、淫乱性の如何を判断するにおいても、憲法裁判所が明らかにした淫乱概念を厳格に適用しなければならないであろう。もちろん、淫乱性の如何の終局的な判断は、法院によってなされるようになるであろう。

決定以後、当該事件（ソウル高等法院95ク6078）における問題の刊行物である画報集「セミ・ガール」は低俗表現物と判断され、行政庁の登録取消処分は取り消された。

10 寄付金品募集禁止事件

〈憲裁1998.5.28. 96憲カ5　寄付金品募集禁止法第3条等違憲提請、判例集10－1、541〉

(1) 事件の背景

この事件は、寄付金品募集行為の許可の可否を行政庁の裁量に委ね、募集目的の制限を通して募集行為を原則的に禁止していた旧寄付金品募集禁止法第3条などが、幸福追求権を侵害し、違憲であると決定した事件である。

第2節　言論等の精神的自由に関する決定

　旧寄付金品募集禁止法（1995.12.30. 法律第5126号（寄付金品募集規制法）で改正される前のもの）第3条は、原則的に、誰であれ寄付金品を募集できないようにしながら、同条各号の1に該当する場合に限って、寄付審査委員会の審査を経て、これを許可できるように規定し、同法第11条は、許可を受けずに寄付金品を募集した者を、3年以下の懲役または2百万ウォン以下の罰金に処するように規定していた。

　提請申請人は、労働争議調整法違反などの事件でソウル地方法院に公訴提起されたが、その公訴事実の中の一つが、提請申請人がソウル特別市長の許可を受けずに寄付金品を募集して、同法第3条及び第11条に違反したというものであった。ここに提請申請人は、同法第3条及び第11条のうち第3条の部分に対して、違憲法律審判提請を申請し、ソウル地方法院はこれを受け入れ、憲法裁判所に違憲法律審判を提請した。

⑵　決定の主要内容

　憲法裁判所は、以下のように、旧寄付金品募集禁止法第3条によって制限される基本権が幸福追求権であるとするとともに、同法第3条および第11条のうち第3条に関する部分が、国民の幸福追求権を過度に制限するものとして、違憲であると決定した。

　憲法第10条によって保障される幸福追求権は、その具体的な表現として、一般的な行動の自由権と個性の自由なる発現権を含むために、寄付金品の募集行為は、幸福追求権によって保護され、したがって旧寄付金品募集禁止法第3条によって制限される基本権は幸福追求権である。

　許可は特別に権利を設定するものではなく、公益目的により制限された基本権的自由を回復させる行政行為であって、上法律の許可が、基本権の本質と符合するためには、その許可手続は、基本権によって保障された自由を行使する権利それ自体を除去してはいならないし、許可手続に規定された法律要件を満たす場合には、基本権の主体に、基本権行使の形式的制限を解除することを要求できる法的権利を付与しなければならない。ところで、上法律は、第3条に規定された場合が存在するときにだけ行政庁が許可をするように規定している一方、どのような場合に行政庁が許可をする義務があるのかという具体的な許可要件を規定しないで、許可の諾否をもっぱら行政庁の自由な裁量行使に委ね

ており、上法律第3条に規定された要件を満たす場合にも、国民に許可を請求する法的権利を付与しないことでもって、国民の基本権（幸福追求権）を侵害している。

さらに、基本権を制限する規定は、基本権行使の「方法」に関する規定と、基本権行使の「可否」に関する規定に区分できるが、侵害の最小性の観点から、立法者は、自分が意図する公益を達成するために、まず、基本権をより少なく制限する段階である基本権行使の方法に関する規制でもって、公益を実現することができるのかの如何を検討し、このような方法では公益達成が難しいと判断された場合に、初めて、その次の段階である基本権行使の可否に関する規制を選択するべきである。ところで、上法律第3条で、許可の条件として寄付金品の募集目的を制限することは、基本権行使の方法ではなく、その可否に関する規制に該当する。しかし、上法律が意図している目的である国民の財産権保障と生活安定は、募集目的の制限よりも基本権を少なく侵害する募集行為の手続およびその方法と使用目的による統制を通しても十分に達成されるといえるので、募集目的の制限を通して募集行為を原則的に禁止する上法律第3条およびその違反に対する刑罰条項である法律第11条のうち、第3条に関する部分は、立法目的を達成するのに必要な手段の範囲をはるかに超えて、国民の基本権を過度に侵害する違憲的な規定である。

(3) 事後経過

この決定は、この法が制定された1951年当時と比較するとき、国民の生活水準が著しく向上し、国民の意識もまた大きく成熟して、わが国民が自ら選択した人生観・社会観をもとに、社会共同体の中で各自の生活を自身の責任の下で自ら決定・形成する成熟した民主市民に発展した今日の実状に照らして、募集目的の制限を通した募集行為の原則的な禁止を排除することでもって、国民が寄付行為を通して社会形成に積極的に参与する自我実現の機会を増進させたという点で、大きな意味があると評価される。

特に、団体の結成や、団体の維持および活動において、募金行為を通した財政確保が重要な意味を持ち得るために、この決定は、間接的に、結社の自由の実質的保障に寄与しているという点も指摘することができる。

ところで、この決定が宣告される前、国会は、1995年12月30日法律第5126

第2節　言論等の精神的自由に関する決定

号でこの法を全面改正し、その名称を「寄付金品募集規制法」と変え、第1条（目的）で、旧法とは法の目的を異にすることを明らかにし、第6条以下で募集手続の統制などに関する規定を置いているが、それとともに、改正法律第4条第2項は、再び、募集目的を4つに制限しているために違憲論難の余地が内在している。

第3章　憲法裁判所の決定

第3節　政治・選挙関係に関する決定

1　自治団体長選挙延期事件

〈憲裁1994.8.31.　92憲マ126　地方自治団体の長の選挙日の不告示の違憲確認、判例集6－2、176〉

(1)　事件の背景

　この事件は、韓国の歴史上初めてとなる地方自治団体長の選挙の実施可否に関連した大統領の措置が憲法に違反するか否かが問題となった事件であるが、事件の審理中に、法律改正によってその選挙が延期されることでもって、権利保護の利益がないとして、却下された事件である。

　地方自治団体長の選挙に関連して、国会は、憲法第118条第2項に基づき地方自治法を改正して（1989.12.30.　法律4162号）、その選挙の実施日を1991年12月30日と立法したが、これを再び改正して（1990.12.30.　法律4310号）、1992年12月30日以内に実施するように延期する立法を行った。

　ところが、一部の経済団体やマスコミなど社会の一部から、国民経済と社会全般の不安定及び混乱を招来するなどの理由で地方団体長の選挙を延期することが望ましいという主張が提起される中（『中央日報』1991.10.28.、10.31.各社説；『京郷新聞』1991.11.1.社説）、被請求人である盧泰愚元大統領は、1992年1月10日の年頭記者会見において、社会経済的理由などをあげて地方団体長の選挙を1995年以降に延期し、その妥当性の可否について第14代国会において論議を行うようにすると発表した。

　その後、1992年3月24日、第14代国会が開院さえもできない状態の下で、政府は、同年6月に予定されていた地方団体長の選挙を1995年6月30日まで延期するという内容の地方自治法の改正法律案を国会に送付し、地方団体長の選挙日の告示の締切日であった1992年6月12日にこの案を通過させた。

　ここに施行される予定であった地方自治団体長の選挙を目指して、基礎・広域自治団体長として立候補しようと準備中であったり、その選挙権を行使しようとしていた本件の請求人59名は、被請求人が旧地方自治法（1994.3.16.　法律4741号によって改正される前のもの）附則第2条第2項、旧地方自治団体長選挙

第3節　政治・選挙関係に関する決定

法（1994.3.16. 法律4739号によって廃止されたもの）第95条第3項および附則第6条の規定に従い1992年6月12日までに地方団体長の選挙日を告示しなかったことは、請求人の選挙権及び公務担任権（被選挙権）を侵害したものであるとして、憲法訴願審判を請求した。

当時、この事件以外にも統一国民党などの政治団体や数名の個人も請求人として、被請求人の上述したような選挙日の不告示ないし選挙延期および選挙不実施に対して憲法訴願審判を請求した(92憲マ122、92憲マ152、92憲マ174、92憲マ178、92憲マ184)。

(2) 決定の主要内容

憲法裁判所は、大統領の地方自治団体長の選挙延期に関連する憲法訴願の審判継続中に法令制度の変動があり、権利保護の利益が消滅したという理由で却下決定を下した。

国会は、この事件の審判継続中、政治関係審議特別委員会を構成し、この事件の不作為に関連する問題を政治的に解決するために努力を継続する中で、1994年3月4日の本会議において、公職選挙及び選挙不正防止法、地方自治法中の改正法律および政治資金に関する法律中の改正法律を、与野党の合議により通過させ、被請求人は、同月16日、上の諸法律を公布しかつ同日から施行した。上の地方自治法に基づいて団体長の選挙実施期限を1995年6月30日まで延期し（附則2条）、なお、公職選挙及び選挙不正防止法によって選挙日の告示制度はなくなり、選挙日が法定化された(34条ないし36条、附則2条、7条1項)。この結果、被請求人が旧法律によって団体長の選挙日を告示しなかったために生じた違法状態はすべて解消された。

ところが、審判継続中に生じた事情変更、すなわち、事実関係または法令制度の変動による権利保護の利益が消滅または除去されたとしても、基本権の侵害行為がくり返される危険があるか、あるいは、そのような紛争の解決が憲法秩序の守護・維持のために緊要な事項であって、憲法上この解明が重大な意味を持つ場合には、例外的に審判請求の利益があるということができる。権利保護利益の例外事由である同種行為のくり返しの可能性は抽象的かつ理論的な可能性ではなく、具体的かつ実際的な可能性でなければならず(憲裁1991.7.8. 89憲マ181 ; 1993.3.11. 92憲マ98 ; 1994.7.29. 91憲マ137)、憲法的解明の重大性

237

第3章　憲法裁判所の決定

はこの解明が継続して憲法上重大な意味を持つ場合にのみ該当するとされるところ、この事件の場合、公職選挙及び選挙不正防止法によって選挙日の告示制度がなくなり、選挙日が法定化されたため、選挙日の不告示行為そのものがくり返される可能性と憲法的解明の重大性はなくなり、したがって、当該の憲法訴願請求は権利保護利益がなく不適法である。

　これについて、曺圭光、金鎮佑、崔光律、李在華裁判官からは、次のような要旨の補足意見があった。憲法第118条第2項では、団体長の選任方法については法律でこれを規定しているにとどまり、団体長に対する住民直接選挙制が憲法的意思とはいえず、団体長の選挙権および被選挙権は法律によって具体的に保障される法律上の権利に過ぎないとともに（曺圭光、金鎮佑裁判官）、被請求人の団体長選挙日の告示義務も同時に旧地方自治法および旧地方自治団体長選挙法でのみ規定されているので、憲法上の義務ではなく、法律が許す選挙日以前には請求人のような立候補予定者または単なる有権者は選挙日の告示に対する請求権は持たず、したがって、請求人は不作為違憲確認訴願の要件を有し得ない（崔光律、李在華裁判官）。

　一方、上の決定に対して、卞禎洙、金亮均裁判官の次のような要旨の反対意見があった。地方自治団体の代表である団体長が住民の自発的支持に基づく選挙において選出されなければならないのは、憲法第24条、第25条および第118条第2項の規定や地方自治制度の本質から当然に導出される憲法上の基本権であり、この事件における被請求人の法律執行義務は憲法第66条第4項と第69条、第118条第2項による憲法上の義務であり、団体長の選挙権および被選挙権は国民の主観的公権である。したがって、憲法と法律が定めるところにより団体長の選挙を実施するように要求できる請求権が請求人に存在する。また、権利保護利益の例外的事由である同種行為のくり返しの可能性は、大統領の法秩序の蹂躙行為ないし法律遵守義務違反の可能性を意味するものであるとともに、憲法的解明の重大性は基本権の重要性ないし基本権侵害の可能性が提起されればそれが認められるのであるから、この事件の憲法訴願審判請求は適法要件を備えたものである。

(3) 事後経過

　この事件の決定に対して、一部のマスコミは、この決定が受理から2年2ヵ

月も経った後に宣告しながら本案判断に進むことなく却下決定が下されたとして、審理遅延と決定内容に対する批判的な見解を表明した(『東亜日報』1994.9.1.社説；『韓国日報』同日付社説)。

　しかしながら、この事件の受理後、憲法裁判所としてはさまざまな憲法上の争点についての審理をすみやかに進めながらも、一方では、政治形成的な国会の機能と権限を尊重しつつ、国会での正しく適切な解決を期待したのであって、国会もこれに応じて上述の経過のように政治関係法審議特別委員会を構成してその実施期間に関して数次にわたって調整しかつ交渉したうえで法律を改正し、地方自治団体長の選挙を1995年6月27日に実施することにしたのであるから、この決定は相当な意義があるものであった。

　このような過程を通して、わが国の歴史上、最初の地方自治団体の長の選挙は、1995年6月27日に実施され、15の広域団体長と全国230の基礎団体長が当該の地方自治団体の住民の直接選挙によって選出されたのである。

2　12・12不起訴事件

〈憲裁1995.1.20. 94憲マ246　不起訴処分取消、判例集7-1、15〉

(1)　事件の背景

　この事件は、1979年10月26日、当時の中央情報部長であった金載圭による朴正熙元大統領の殺害によって惹起された統治権の空白状態の中、全斗煥、盧泰愚などを中心とした新軍部勢力が当時の戒厳司令官である鄭昇和などの軍首脳部を逮捕し、軍の主導権を奪い取ることによって、実質的権力掌握の契機となった12・12事件に対する告訴事件に関して、検察が不起訴処分を下したことについて提起された憲法訴願に対する却下または棄却を決定した事件である。

　12・12事件後、全斗煥は、1980年9月1日から1988年2月24日まで7年5ヵ月25日の間、第5共和国の大統領に就き、盧泰愚は、その翌日から1993年2月24日までの5年間、第6共和国の大統領として在職した。1993年2月に執権した金泳三政府は、12・12事件を新軍部が正常な軍の指揮系統を無視し、軍事力を動員して軍権を掌握した「クーデター事件」と規定しながらも、過去の出来事は歴史の評価に任せなければならないとした。しかしながら、上述の事件の被害者である鄭昇和等の32人は、上述の事件の主役が権力の座の

第3章　憲法裁判所の決定

核心から退いた途端、その恨みをはらすために全斗煥、盧泰愚などの12・12事件の関連者32人を内乱および反乱罪などで1993年7月29日に告訴を提起した。

ソウル地方検察庁の検事は、1994年10月29日、上の告訴事件を含む8件の告訴・告発事件に関してすべて不起訴処分を下した。内乱罪に対しては、12・12事件によって新軍部は軍の主導権を掌握したのみで、大統領および国務総理などの憲法機関はそのまま維持されたし、国憲紊乱の目的がなかったという理由で嫌疑なしの処分を、反乱罪に対しては、嫌疑事実については認めたが、さまざまな情状を酌量して起訴猶予処分を下したのである。

請求人らは、検察の処分を不服とし、抗告および再抗告を行ったが、すべて棄却されたので、1994年11月24日、不起訴処分に対する憲法訴願審判を請求した。

(2)　決定の主要内容

憲法裁判所は、大統領の在職期間中、犯罪に関する公訴時効が停止するか否かを判断した後に、内乱罪に関する公訴時効が完成したという理由により却下し、その他の犯罪に関する部分は、適法性は認められるが、検察の不起訴処分が恣意的ではないという理由により棄却した。

憲法第84条は、「大統領は、内乱または外患の罪を犯した場合を除いては、在職中、刑事上の訴追を受けない」と規定しており、内乱罪の場合には、在職中の訴追が可能であるので、在職期間中も公訴時効は停止しないが、内乱罪または外患罪ではない軍事反乱罪においては、それを理由とした訴追が憲法上許されないので、その公訴時効は在職中停止する。これは、憲法規定が大統領の憲法上の特殊な職責の円滑な遂行を図るために在職中は刑事上の訴追を受けないこととしたにすぎず、大統領の犯罪行為に対していかなる身分上の特権も付与するものではないからである。もし、大統領の犯罪行為に対して公訴時効の進行が大統領の在職中にも停止されないと解するならば、大統領は在職前または在職中に犯した大部分の罪に関して公訴時効が完成するという特別な利益を受けるようになる結果、一般国民が享受することのできない特権を付与されることになり、正義と公平に反する結果となる。

結局、内乱罪の被疑事実はそれに対する公訴時効が1994年12月11日に満了

第 3 節　政治・選挙関係に関する決定

したのであるから、その部分の不起訴処分に対する憲法訴願は権利保護利益がなく不適法である。一方、軍刑法上の反乱罪等に関する公訴時効は、上述したように、被疑者全斗煥が大統領として在職した期間である 7 年 5 ヵ月 25 日間、公訴時効の進行が停止され、公訴時効が満了しなかったのであるから、その部分の不起訴処分に対する憲法訴願は適法である。

　軍事反乱嫌疑に対する検察の起訴猶予処分に関してみれば、被疑者らの行為が軍権の掌握を目的とした不法な兵力動員と武力行使を通じて人命を殺傷して起こした下克上の軍事反乱であり、国民に挫折感と屈辱感を感じさせ、わが憲政史上に歪曲と退行の汚点を残した犯罪行為であるとともに、被疑者らが犯罪の直接的な被害者である請求人に対してはもちろん、究極的な被害者である国民に対して誤りを認めて容赦を求めたことがなかった事実等は、起訴を裏付ける理由となる。しかしながら、この事件の被疑者のうち、この 2 人は大統領として、その他の被疑者はその補助者としてあるいは国会議員などとして十数年間を国政運営の中枢的な役割を担当しながらこの国を導いてきた。そして、この間に形成された秩序はすでにわが国の歴史の一部として根をおろし、多かれ少なかれ、また、好むと好まざるとにかかわらず、今日の政治・経済・社会の全般にわたって、既成の秩序の根幹を成していることは否認できないとともに、犯行の核心的な主役の 1 人であった全斗煥は大統領として任期を終えて退任し、盧泰愚は国民の手によって直接に大統領として選出されたのみならず、犯行の処理に関連して国会でのいわゆる「5 共非理聴聞会」を通じて一応の濾過過程をたどった事実などは、起訴猶予を正当化するものである。

　以上のような 2 つの対立する事実を衡量するとき、両者間の価値の優劣が客観的に明白であると見ることは困難であるために、検事の不起訴処分が恣意的であると解することはできない。

　しかし、これに対して、黄道淵、金汶熙裁判官は、憲法第 84 条は公訴時効の停止に関する明文規定と見ることはできず、したがって大統領の在職中、その犯行についての公訴時効は停止されないと見るべきであるといった趣旨の反対意見を提示し、趙昇衡、高重錫裁判官は、検察の起訴猶予処分は検事の合理的な裁量の限界を逸脱した不当な処分であるから取り消さなければならないという趣旨の反対意見を提示した。

第 3 章　憲法裁判所の決定

(3) 事後経過

　この事件は、いわゆる 12・12 事件以後、新軍部勢力が政権を掌握してこの国を統治した後、権力の座から退き、事件が発生してから 14 年余りの歳月が経過した時点で憲法裁判所の判断を求めた事件であった。この事件を契機として、被害者達の告訴とそれに対する検察の不起訴処分に対する憲法訴願によって上述の歴史的事件についての法的評価が下された点からすると、不起訴処分に対する憲法訴願制度が権力過程についての憲法的判断においても重要な意味を持ち得るという点を認識させた事件であった。

　憲法裁判所の上の決定は、各界各層の利害関係者によって相反する評価を受けた。しかし、この決定において、大統領が犯した罪の中で内乱罪と外患罪を除いたその他の犯罪に対する公訴時効が停止されるという判示内容は、法治国家の観点から非常に重大な意味を持つものである。

　この決定は、全斗煥、盧泰愚の 2 人の前職大統領の反乱罪等の公訴時効が 2002 年頃になってやっと完成するという趣旨を内包するため、12・12 事件に対する法的攻防の火種をそのまま残す役割を果たしただけでなく、5・18 光州事件に関連した検察の不起訴処分に対する憲法裁判所の決定と、いわゆる 5・18 特別法を制定する契機を与えたし、さらには、同法の違憲可否に関する憲法裁判所の判断に影響を及ぼすなど、多方面にわたって政治的・法的影響を及ぼした。

3　5・18 不起訴事件

〈憲裁 1995.12.15. 95 憲マ 221 等　不起訴処分取消、判例集 7 − 2、697〉

(1) 事件の背景

　この事件は、1980 年 5 月の光州民主化運動を武力鎮圧した 5・18 事件の告訴に対する検察の不起訴処分に対して提起された憲法訴願であり、その決定直前に、請求人が審判請求を取り下げたことによって審判手続の終了が宣言されたため本案判断は行われなかったが、憲法裁判所がその決定理由において、成功したクーデターも刑事処罰の対象となり得るという立場を明らかにした契機となった意味のある事件である。

　この決定は、5・18 事件の主導者らに対する 3 件の別個の告訴と関連したも

第3節　政治・選挙関係に関する決定

ので、光州民主化運動の当時、新軍部によって被害を被った被害者達が1994年5月13日に新軍部の核心人物である全斗煥らの24名を内乱、内乱目的殺人、反乱などの嫌疑で告訴した事件（95憲マ221）、いわゆる金大中等内乱陰謀造作事件の被害者達が1994年10月19日に全斗煥らの10人を内乱、内乱目的殺人未遂、反乱などの嫌疑で告訴した事件（95憲マ233）、および、それ以外の人々が全斗煥らの35人を内乱、反乱などの嫌疑で告訴した事件（95憲マ297）に関連した憲法訴願審判に対する決定である。

　ソウル地方検察庁の検事は、上述の諸告訴事件を捜査した後、1995年7月18日、被疑者全斗煥が政権をとることに成功し、新しい憲法秩序を形成した以上、これは成功したクーデターであるので、上述の5・18事件については司法審査が排除されるのが相当であるとし、上記の告訴事件を含めた70件の告訴事件の被告訴人らに対して公訴権がないとして、すべて不起訴処分にした。ここに請求人達は、検察の不起訴処分が恣意的な検察権行使であり、請求人達の基本権を侵害したとの理由で、不起訴処分の取消しを求めてこの事件の憲法訴願審判を請求した。

(2)　事件の進行過程

　憲法裁判所は、1993年の金泳三政府の発足以後、韓国現代史の悲劇の一つである5・18事件の関連者を処罰しなければならないという政治的・社会的要求を背景にこの事件を取り扱うようになった。

　検察の不起訴処分は、5・18事件の関連者の内乱罪に対する公訴時効がすでに完成したかまたは間近くなった時点で下されたために、憲法裁判所は、短い期間内に、不起訴処分の恣意性の存否はもちろん、成功したクーデターに関連して刑法学的・憲法学的・法哲学的な難問について判断を下さなければならない難しい立場に置かれたのであった。

　しかしながら、12・12事件の関連者の不起訴処分に対する憲法訴願審判においてあらわれた憲法裁判所の態度に照らしてみると、5・18事件の関連者に対する内乱罪の公訴時効がすべて完成したという見解が提起されるとともに、5・18事件の関連者の処罰を可能にするためには特別法が制定されなければならないといった主張が提起された。また、政治圏においては特別法の制定問題のために騒乱の静まる日がなかった。

243

第3章　憲法裁判所の決定

一方、この事件の審理中、盧泰愚前職大統領が巨額の秘密資金を銀行口座に保管していたことが暴露されるや、5・18事件の関連者を刑事処罰しなければならないという世論が紛扮としている中、秘密資金事件を捜査した検察は、1995年11月16日、盧前大統領を秘密資金の造成嫌疑で拘束し、これを契機として5・18特別法の制定要求はさらに激しくなった。憲法裁判所の決定宣告日の数日前、当時の金泳三大統領も遂に「歴史を正しく立て直す」と宣言し、同月24日、特別法の制定方針を明らかにした。この過程で、同月30日に予定された決定宣告日を目の前にして、この事件に関する憲法裁判所の草案がマスコミに漏洩され、時効については、憲法裁判所がこの事件の内乱罪の公訴時効の起算点を崔圭夏元大統領の下野日である1980年8月15日にして、二人の前職大統領の内乱罪の公訴時効は1995年8月16日にすでに完成したとし、クーデターについては、成功したクーデターも刑事処罰することができるという方向で評議がなされたと報道された。そこで、請求人らは、憲法裁判所のそうした決定がある場合、特別法が遡及立法として違憲の素地があるという是非に巻き込まれることを憂慮したすえ、予定宣告日の1日前に憲法訴願審判の請求を取り下げたのである。

(3)　決定の主要内容

裁判官5人の多数意見は、請求人がこの訴願を取り下げたため、憲法裁判所法第40条の規定に基づいて民事訴訟法第239条を準用し、この事件の審判手続を終了しなければならないという立場をとり、憲法裁判所はこの事件の審判手続に対する終了宣言を行った。

これに対して、申昌彦、金鎮佑、李在華、趙昇衡裁判官は、憲法訴願が取り下げられても、審判手続を続行して最終決定を宣告することができるという立場をとった。

申昌彦裁判官は、憲法訴願の客観的機能を強調し、憲法裁判所としては裁判部において評議したとおりに最終決定を宣告するのが正しいという意見を提示した。

金鎮佑、李在華、趙昇衡裁判官は、憲法訴願審判請求のうち、請求人が審判請求を取り下げれば、主観的権利救済に関する点に対しては審判手続の終了宣言をすべきであるが、憲法秩序の守護・維持のための緊要な事項であって、そ

第 3 節　政治・選挙関係に関する決定

の解明が憲法上特に重大な意味を有する部分がある場合には、憲法訴願の客観的機能に照らしてこの部分については憲法上解明を行う意味において決定を宣告すべきであると主張しながら、この事件の場合、執権に成功した内乱を処罰することができるか否かに関しては、国家の運命と全国民の基本権に直接に関連し、憲法上解明が要請されるので、請求人の訴願の取下げにもかかわらず、これに関して決定宣告を下すべきであるという意見を提示した。

　一方、憲法訴願審判請求が取り下げられる前に行われた評議では、執権に成功した内乱も処罰することができるという意見が、憲法裁判所法で定めている認容決定に必要な定足数を超えていたのであった。多数意見を表明した5人の裁判官は、上記の3人の少数意見の中で公訴時効の完成如何に関する部分を除いた本案判断の部分だけを公表することを諒解することによって、いわゆる成功したクーデターも処罰することができるという憲法裁判所の評議内容が世に知られることになった。決定理由に3人の少数意見として提示された内容は次のとおりである。

　刑法上、内乱罪の保護法益である憲法秩序は、国民主権主義と自由民主的基本秩序に基づく憲法秩序を意味するものであり、単に執権中である政治権力やその権力によって維持される憲法秩序を意味するものではない。また、憲法第84条が「大統領は、内乱または外患の罪を犯した場合を除いては、在職中、刑事上の訴追を受けない」と規定しているのは、内乱罪に対しては内乱の成功如何を問わずいつでも処罰することができるという憲法的決断を下していることが明らかである。したがって、いわゆる成功した内乱行為も、その内乱勢力が政権をとっている間にはそれに対して事実上刑罰権が発動できない事情のために不処罰の状態が発生するが、後に正当な国家機関がその機能を回復し、内乱行為者に対して事実上刑罰権を行使することができるときには処罰することができるのである。ただし、封建的専制国家や独裁国家において、抑圧・排除された国民の主権を回復し民主的市民国家を建設するための手段として内乱行為に至る場合には、事前または事後に、国民全体の意思により正当化されることによって処罰を受けない場合もあり得るとともに、万一、国民が完全に自由に主権的な意思を決定できる状態の下で内乱行為に対して承認をした場合であれば、例外的に成功した内乱行為は処罰されない。

第3章　憲法裁判所の決定

この事件の場合、被疑者の中の2人の前職大統領の内乱行為は、その正当性を認めるだけの事実がなく、これを主権者である国民が自由な意思に基づいて承認したことがないというべきであるにもかかわらず（内乱政府の正当性が否認されるといってもその政府の行為の法的効力がすべて否認されるものではない）、検察が成功した内乱行為は処罰することができないという理由で告訴事実に対して公訴権を有しないとの不起訴処分を行ったのは、憲法の理念や内乱罪に関する法理を誤解した違法なものである。

(4) 事後経過

この決定は、成功した内乱も処罰することができるという論理の展開過程で、内乱によって政権をとった大統領の執権中は、事実上、刑事訴追が難しいという趣旨を明らかにすることによって、前職大統領である全斗煥、盧泰愚の執権期間の間には時効が停止されるという特別法の制定意図を正当化している。

憲法裁判所が多数意見によってこの事件の憲法訴願は請求人の訴願取下げによって終結したと宣言しながらも、反対意見の口を通じて成功した内乱をも処罰することができるという、本来の評議内容を公表したことについて、マスコミは、公訴時効の論争を迂回しながら成功した内乱も原則的に処罰できると闡明することでもって検察の不起訴処分の理由を正面から反駁し、類似の論争の再発を防ぐ契機となったと評価した（『ハンギョレ新聞』1995.12.16）。

4　5・18特別法事件

〈憲裁1996.2.16. 96憲カ2等　5・18民主化運動等に関する特別法第2条の違憲提請等、判例集8－1、51〉

(1) 事件の背景

この事件は、12・12事件および5・18事件を主導した憲政秩序破壊犯罪行為者らを処罰するために、公訴時効の進行が停止すると規定した5・18民主化運動等に関する特別法第2条が憲法に違反しないと決定された事件である。

5・18民主化運動等に関する特別法（1995.12.12. 法律5029号）第2条第1項は「1979年12月12日と、1980年5月18日の前後に発生した憲政秩序破壊犯罪の公訴時効に関する特例法第2条の憲政秩序破壊犯罪行為に対して国家の訴

第 3 節　政治・選挙関係に関する決定

追権行使に障碍事由が存在した期間は、公訴時効の進行が停止されたものとみなす」と規定し、第 2 項は「第 1 項において国家の訴追権行使に障碍事由が存在した期間とは、当該の犯罪行為の終了日から 1993 年 2 月 24 日までの期間をいう」と規定している。

1992 年 2 月に発足した文民政府は、12・12 軍事反乱事件と 5・18 内乱事件の主役である全斗煥、盧泰愚 2 人の前職大統領とその周辺人物らを権力の座の中心から追い出し、12・12 事件をクーデター事件として新たに規定した。本来、この事件に対する歴史的再評価だけで満足するつもりであった金泳三（当時）大統領は、盧前大統領の秘密資金事件を転機として学界、在野、市民団体、学生運動圏等からの執拗な特別法制定の圧力に屈服し、結局、特別法の制定方針を闡明することに至った。

5・18 民主化運動等に関する特別法が 1995 年 12 月 21 日付けで制定・公布されるや、ソウル地方検察庁の検事は、すでに不起訴処分を行った 12・12 事件および 5・18 事件に関連した被疑者全員に対する刑事事件を再起訴し、彼らに対して 12・12 事件に関連した反乱重要任務従事、および、5・18 事件に関連した内乱重要任務従事などの嫌疑でソウル地方法院に拘束令状を請求した。

被疑者らは、令状請求日、自分らに適用された上記の法律第 2 条が公訴時効の進行の停止事由を定めるもので、刑罰不遡及の原則を闡明している憲法第 13 条第 1 項に違反する規定だと主張して、ソウル地方法院にこの法律条項に対する違憲法律審判提請を申請した。これに対して同法院は、12・12 事件に関連した提請申請人らの提請申請を受け入れ、この法律に対して憲法裁判所に違憲法律審判を提請したが（96 憲カ 2）、5・18 事件に関連した申請に対しては内乱重要任務従事などの被疑事実が未だ公訴時効を完成していないので、この嫌疑事実だけで拘束令状を発付する以上、この法律条項の違憲可否は裁判の前提にならないとの理由でこれを棄却した。これに対して請求人らは、憲法裁判所法第 68 条第 2 項に基づいて憲法裁判所に憲法訴願審判を請求した（96 憲バ 7、96 憲バ 13）。

(2)　決定の主要内容

憲法裁判所は、5・18 民主化運動等に関する特別法第 2 条と関連して、上記の法律の施行当時、未だ公訴時効が完成していなかったとみる場合には、裁判

第 3 章　憲法裁判所の決定

官全員が憲法に違反しないという意見である反面、公訴時効がすでに完成したものとみる場合には金鎮佑、李在華、趙昇衡、鄭京植の4人の裁判官が憲法に違反しないという意見であり、金容俊、黄道淵、金汶熙、申昌彦、高重錫の5人の裁判官は、限定違憲の意見であったが、この場合にも憲法裁判所法第23条第2項第1号に定める違憲決定の定足数に達していないため合憲と決定した。

　個別事件法律の禁止の原則と関連して、上記の法律条項が12・12事件と5・18事件にのみ適用されることを明らかにし、同法の制定当時すでに適用の人的範囲が確定されたり、あるいは確定され得る内容のものであるので、個別事件法律であるということができるが、個別事件法律の禁止の原則とは法律制定において立法者が平等原則を遵守すべきことを要求するものであるため、特定規範が個別事件法律に該当したとて直ちに違憲となるものではなく、個別事件法律であっても差別的規律が合理的理由で正当化されれば合憲である。したがって、上述の特別法による差別は、執権過程における不法的要素や正しき憲政史の定立のために過去を精算しようとする要請に照らしてみるとき、個別事件法律に内在する不平等要素を正当化することができる合理的理由があるので、憲法に違反しないと判断した。

　刑事法律の遡及効力に関連しては、まず上記の法律条項が実定法の解釈によって当然に導出される事由を確認して、公訴時効停止の事由の一つとして規定したものに過ぎない確認的法律であるのか、それとも、事後に新たな公訴時効停止事由を規定した、いわゆる遡及立法に該当する形成的法律であるのかということが問題となった。

　金容俊、鄭京植、高重錫、申昌彦裁判官は、公訴時効制度は憲法的制度ではなく法律上の制度であるため、法院の専属的事項である法律解釈上の問題であるので、上記の法律条項が確認的法律であるかどうかについては法院の判断に任すべきであり、法院が上記の法律を形成的法律として解釈する場合には、この法律条項は遡及立法に該当し、違憲問題が提起されうるとした。金鎮佑、李在華、趙昇衡裁判官は、公訴時効は訴追機関が有効に公訴権を行使するに当たり法的・制度的障碍がない場合にのみ進行することのできるものとしながら、上記の法律条項は、法および法執行の歪曲にともなう訴追の障碍事由が存在し

第3節　政治・選挙関係に関する決定

ていて一定範囲の憲政秩序破壊行為者に対する検察の訴追権行使が不可能であったために、当然に公訴時効の進行が停止されたものとみるべきであるという法理を確認する法律であって、遡及立法ではないとした。金汶熙、黄道淵裁判官は、上の法律条項において公訴時効が停止されるものと規定した全期間、すべての被疑者に対して同条項によってはじめて公訴時効の進行が停止されるものであるので、この法律条項は遡及的効力を持つ形成的法律であって、当然に違憲問題が提起されるとした。

　この法律条項の違憲可否に関しては、遡及効力に対する法院の判断を仮定して判断した。

　裁判官は、まず全員一致の意見として法院が、上記の特別法が処罰しようとする犯罪の公訴時効は未だ完成していなかったと判断し、同法が単なる進行中の公訴時効を延長する法律として不真正遡及効力のみを有することになる場合には、この特別法によって実現しようとする、つまり執権過程における憲政秩序の破壊犯罪を犯した者らを膺懲して正義を回復しようとする重大な公益が、公訴時効によって保護され得る相対的に微弱な信頼保護利益より大きいといえるので、上の法律条項は憲法に違反しないとした。

　反面、法院が上記の特別法所定の憲政秩序破壊犯罪の公訴時効がすでに完成したと判断して、同法がすでに過去において完成した事実または法律関係を規律対象として、事後に新たな法的効果を生ぜしめる真正遡及効力を持つことになる場合に対しては裁判官の意見が分かれた。

　金鎮佑、李在華、趙昇衡、鄭京植裁判官は、真正遡及立法は法治国家原理によって憲法上許容されない原則であるが、特段の事情がある場合、すなわち、既存の法を変更しなければならない公益的必要が極めて重大である反面、その法的地位に対する個人の信頼を保護すべき必要が相対的に正当化されない場合には、例外的に許容され得ると前提して、この法律条項は公訴時効の完成という法律的利益による憲政秩序破壊犯の信頼保護より著しく優先する重大な公益を追求しているので、それがたとえ真正遡及立法的性格を持つことになっても憲法上正当化されるとし、結果的に上記の法律条項は合憲であるという意見を提示した。

　これに対して、金容俊、金汶熙、黄道淵、高重錫、申昌彦裁判官は、刑事実

体法の領域では、刑罰は直ちに身体の自由に直結されるために、少なくても犯罪構成要件と刑罰に関する限り、いかなる公益上の理由や国家的な利益も個人の信頼保護の要請と法的安定性に優先することはできないと前提した後、公訴時効がすでに完成して訴追することができない状態に至った後に遅れて訴追を可能とする新しい法律を制定することは、結果的に刑罰を事後的に可能とする新しい犯罪構成要件を制定することと実質的には同様のものであるので、公訴時効がすでに完成した場合に、その後、再び訴追することができるように法律で規定することは、憲法第12条第1項後段の適法手続の原則および憲法第13条第1項の刑罰不遡及の原則の精神に照らして憲法的に受け入れられない違憲的なものであるとして、結果的にこの法律条項が特別法施行日以前に特別法所定の犯罪行為に対する公訴時効がすでに完成した場合にも適用する限り、憲法に違反するとの限定違憲意見を明らかにした。

(3) 事後経過

この決定において憲法裁判所が上の法律条項を合憲として宣言することによって、これをめぐる違憲論争は法的次元では一旦終了し、12・12事件と5・18事件の関連者の中で拘束令状の執行が保留された一部の者に対する拘束令状の発付が可能となり、全斗煥、盧泰愚2人の前職大統領をはじめとして上述の二つの事件の関連者の処罰に対する障碍がとり除かれた。そして、特別法が真正遡及立法としての性格を持つ場合にも、合憲として宣言することでもって、法院は公訴時効の起算点について苦心することなく、専ら被告人の有罪無罪に関する審理に集中することができるようにして法院の負担を減らした。

憲法裁判所の上述の決定は、世論からは肯定的な評価を受けた(『ハンギョレ新聞』、『東亜日報』、『ソウル新聞』の1996.2.17.各社説など)。反面、憲法裁判所は、実質的には特別法の違憲可能性を指摘しながらも、形式的には特別法制定の骨幹を揺るがさない評決の妙手に託すことでもって、事実上、政治的要求を絶妙に受容したものと見ることができるが、憲法に対する最高決定機関として法の本質的問題を逸らしたという指摘だけは避け難い(『韓国日報』1996.2.17.)とか、憲法裁判所の決定文が非常に難解なので一般人が理解するのは難しいという指摘もあった(『東亜日報』1996.2.18.社説)。

一方、検察は、1996年2月28日、12・12事件と5・18事件に関する捜査を

第3節 政治・選挙関係に関する決定

終結し、全斗煥、盧泰愚2人の前職大統領をはじめてとして16名を起訴した。ソウル地方法院は、同年8月26日、全斗煥に対しては死刑を、盧泰愚に対しては懲役22年6月を宣告した。12月16日の控訴審ではそれぞれ無期懲役と懲役17年に減刑された後、1997年4月17日、大法院の上告棄却で刑が確定して服役し、同年12月22日、大統領の特別赦免によって釈放された。

5 国会議員立候補者寄託金事件

〈憲裁 1989.9.8. 88憲カ6 国会議員選挙法第33条、第34条の違憲審判、判例集8－1、51〉

(1) 事件の背景

この事件は、候補者の乱立を防止しかつ清らかな選挙を成し遂げるなどの趣旨の下で、選挙に立候補しようとする者に相当額の寄託金を要求した国会議員選挙法第33条、第34条に対して初めて憲法不合致決定を下した事件である。

国会議員選挙法（1988.3.17. 法律第4003号、全文改正）第33条第1項は、地域区候補者登録を申請した者には登録時2千万ウォン、政党推薦候補者には1千万ウォンを管轄地域区の選挙管理委員会に寄託するよう規定し、同法第34条は候補者が辞退したり、登録が無効になったとき、または候補者の得票数が当該の地域区の有効投票総数の3分の1を超えない場合には、その候補者の寄託金は一定費用を控除して国庫に帰属するように規定していた。

国会議員の立候補者であった提請申請人は、国家を相手に寄託金の返還を求める不当利得返還請求訴訟中に、同裁判の前提となった国会議員選挙法上の寄託金に関する同法第33条、第34条が憲法上の平等権、参政権および公務担任権を侵害したと主張して、ソウル刑事地方法院に違憲法律審判提請を行い、同法院がこれを受け入れて憲法裁判所に上記の法律条項に対する違憲法律審判を提請した。

(2) 決定の主要内容

憲法裁判所は、7人の裁判官の多数意見で次のように国会議員選挙法第33条、第34条が憲法第11条、第24条、第25条、第41条、第116条に違反したものであるとして、憲法不合致決定を下した。

わが国の経済活動人口の平均貯蓄額が、1989年5月末現在、693万ウォンで

第3章 憲法裁判所の決定

あるのと比べてみると、国会議員選挙法の1千万ウォンないし2千万ウォンの寄託金額は、庶民階層や20、30代の若い世代の立候補を制限し、財力のある者だけが立候補することができるようにするなど、その金額があまりに過多であって、国民主権主義及び自由民主主義の基本原則と関連して憲法第11条の平等原理、第24条の参政権、第25条の公務担任権を侵害する。

今日、政党がなければ民主政治が正しく機能できないほど、政党が重要な役割を果たしており、また、憲法が政党を特別に保護しているとしても、無所属立候補者に政党推薦立候補者の2倍もの金額を寄託させ、選挙における競争条件を無所属立候補者に著しく不利にして、その立候補を抑制することは、憲法第41条の平等選挙原則に反するとともに憲法第11条の平等保障規定に違背するものである。

国会議員選挙法が有効投票総数の3分の1を獲得できない落選者の寄託金を国庫に帰属させることは、比較法的にもその類例がないほど、その基準が極めて厳格であって、国家存立の基礎となる選挙制度の原理に反し、かつ選挙経費を候補者に負担させることができないとする憲法第116条にも違背する。

ただし、国会の権威と同質性を維持するための選挙法の改正は、国会が自ら行い、その間に再選挙や補欠選挙があるときまでその効力を持続させることが妥当であるため、主文において憲法に合致しないと宣告するとともに一定期限までその効力を有することにする。

これに対して卞禎洙裁判官は、憲法裁判所は違憲の可否だけを明らかに決定すべきであり、違憲決定は宣告日から直ちにその効力が発生するものであって、任意にその効力発生時期を定めることはできないとして、憲法不合致の変更決定に対して反対意見を提示し、金鎮佑裁判官は、法律条項を失効させるとき、国家の存立に危害を及ぼす法の空白などのように違憲決定の効力を一時排除しなければならない極めて異例的な場合にのみ例外が可能であるとして、この事件の場合、違憲決定日からその効力を喪失させるのが妥当であるとの意見を提示した。

(3) 事後経過

国会は、憲法裁判所の上の決定が下された後、公職選挙及び選挙不正防止法を新たに制定し、国会議員選挙に立候補する者に政党推薦立候補者と無所属立

候補者とを差別せずに一律的に1千万ウォンの寄託金を要求する一方、寄託金の国庫帰属要件をも緩和した(1994.3.147.法律第4739号、公職選挙及び選挙不正防止法第56条第1項第1号)。

一方、憲法裁判所の上述の決定に対しては、政治の妥協立法に歯止めをかけたという総合的な評価とともに、不合致宣言となった法律の諸条項が改正される場合、第14代の国会議員選挙からは、経済的能力が不足である庶民階層や20、30代の若い世代に政党所属または無所属で選挙に出馬できる道を広めた(『東亜日報』1989.9.8.)とか、上述の決定が差別選挙という弊習を除去するとともに上の決定によって無謀な立候補を防ぐ補完対策も必要となった(『中央日報』1989.9.8.)といった報道があった。

6　全国区議員議席承継事件

〈憲裁1994.4.28. 92憲マ153　全国区国会議員の議席承継の未決定の違憲確認、判例集6－1、415〉

(1) 事件の概要

この事件は、特定の政党の推薦を受けて全国区国会議員として当選した後、その党籍を変更する場合に、議員職を喪失し、それに従い中央選挙管理委員会の委員長が議席承継の決定をしなければならない義務を有するのか否かについて却下決定を下した事件である。

特定の政党の推薦を受けて国会議員として当選しながら、当選後、政治的利害関係により党籍を変更する、いわゆる渡り鳥政治家の問題は、政治家の政治倫理的な面のみならず、国民主権主義、代議制度などの側面からも問題があるという批判が提起されてきた。

統一国民党は、1992年3月24日に実施された第14代国会議員総選挙の結果、全国区議員7人を保有するようになったが、同年6月11日、同政党の所属議員であった趙尹衡全国区議員が同党から離党した。これによって、同政党は、中央選挙管理委員会に全国区議員の議席承継決定を申し立てたにもかかわらず、中央選挙管理委員会は旧国会議員選挙法および国会法上、全国区議員として当選した国会議員が所属政党を離党した場合に、その国会議員の身分を喪失するという規定はないという理由で、議席承継決定を行わなかった。これに

第3章 憲法裁判所の決定

対して、同政党は、中央選挙管理委員会が全国区議席の承継決定を行わずに放置した不作為の違憲確認などを求める憲法訴願審判を請求した。

(2) 決定の主要内容

憲法裁判所は、8人の裁判官の多数意見で次のように特定の政党の全国区議員がその政党を離党した場合にもその議員職を喪失しないとして、中央選挙管理委員会の委員長は議席承継決定を行わなければならない作為義務を負わないとしてこの事件の審判請求を却下した。

全国区国会議員が政党を離党することによって全国区議員に欠員が生じるのかという問題は、国民の代表者である国会議員、特に全国区議員と、彼らを選出する国民との法的関係の性格をいかなるものとしてみるのかにかかっており、憲法第17条第1項の「公務員は、国民全体に対する奉仕者であって、国民に対して責任を負う」という規定、憲法第45条の「国会議員は、国会において職務上行った発言と表決に関して、国会外でその責任を負わない」という規定、および憲法第46条第2項の「国会議員は、国家利益を優先させ、良心に従って職務を行う」という規定などを総合してみるとき、憲法は国会議員を自由委任の原則の下に置いたというべきであるから、全国区議員が彼を推薦した所属政党を離党したとしても議員職を喪失しないというべきである。

したがって、請求人政党所属の全国区国会議員が離党したとしても議員職は喪失しないために、全国区議員に欠員が発生しないのみならず、かりに離党により全国区議員に欠員が生じても、中央選挙管理委員会の委員長が国会議長から全国区国会議員の欠員通知を受けていなかったために、被請求人である中央選挙管理委員会の委員長には請求人の政党に対して議席承継決定を行わなければならない作為義務は存在しないのであるから、この事件の審判請求は不適法である。

これに対して、金亮均裁判官は、地域区議員である場合は、憲法の自由委任の原則上、法律規定によっても議員職を喪失させることはできないが、憲法の実質的な国民主権主義と選挙権、公務担任権、政党条項、地域区議席比例の全国区議員の選出制度などを総合するとき、全国区議員が任意で所属政党を離党した場合には、その全国区議員の議員職は喪失させるべきであり、そうした制度的装置を整えていないのであれば、国会は憲法解釈上、こうした内容の立法

第3節　政治・選挙関係に関する決定

を行わなければならない作為義務（憲法上の立法義務）に違背するので、国家は全国区国会議員職の承継に関する保護義務について適切な法律規定を整えることでもってこれを履行する責任を負うという趣旨の反対意見を提示した。

(3) 事後経過

この事件に対する憲法裁判所の決定は、わが憲法が国民とその代表者の間の法的関係に関して自由委任の原則を採択しているとともに、この自由委任の原則は地域区議員はもちろん全国区議員にも適用される点を明白にした点でその意義がある。しかしながら、国民の視角では、党籍を簡単に移し渡る政治家に対する否定的な視角が多かったために、法原理としての自由委任の強調が現実政治においていかなる役割を果たすのかという側面から批判があった。

一方、この事件が憲法裁判所において係争中、公職選挙及び選挙不正防止法第192条第4項に、全国区国会議員の場合には所属政党の合党・解散または除名以外の事由で党籍を離脱・変更したり、2つ以上の党籍をもっているときには、退職するものとみなすという規定を挿入することによって、一旦、立法的な解決を見い出すことになった。しかし、上記の法律条項は、憲法上の自由委任の原則に照らしてみるとき、違憲性があるという批判が学界から提起されもした。

7　選挙区間過度人口偏差事件

〈憲裁 1995.12.27. 95憲マ224　公職選挙法及び選挙不正防止法の別表1の「国会議員地域選挙区区域表」違憲確認、判例集7－2、760〉

(1) 事件の背景

この事件は、国会議員の選挙区区域間の人口偏差が過度である国会議員選挙区区域表が平等権を侵害するとして違憲決定が下された事件である。

過去、わが国の有権者の投票性向は、端的にいえば、与村野都（与党は農漁村区で、野党は都市区で当選率が高い）の現象として指摘することができた。このため、与党はできる限り大都市の国会議員地域区の数を減らし、農漁村の選挙区の数を増やそうとした。しかしながら、80年代からは、いくつかの政党は特定の地域を支持地域として絶対数の票が獲得できる、いわゆる投票の地域主義の現象が明らかにあらわれ、各政党はすべて自己の政治的基盤となる地域の

255

第3章　憲法裁判所の決定

選挙区数が減ることをいやがるようになった。そればかりではなく、個別の国会議員の地域選挙区内でも小地域主義が選挙の当落を左右することが少なくなかった。したがって、各政党や現職の国会議員らは、それぞれ自分に有利な方向へ選挙区を画定しようと企てるようになり、その結果、選挙区間の人口偏差が極めて大きくなった。

1995年3月1日現在の内務部の人口統計資料によると、公職選挙及び選挙不正防止法の国会議員地域選挙区区域表（1995.8.4.　法律第4957号で改正されたもの）上の最小選挙区である「全南長興郡選挙区」の人口（61,529名）に比べて「ソウル江南区乙選挙区」の人口はその4.64倍、「釜山海雲台区・機張郡選挙区」はその5.87倍の偏差であるなど、全体260個の選挙区の約5分の1に近い選挙区が上記の最小選挙区と3：1以上の人口偏差を露呈していた。一方、「忠北報恩郡・永同郡選挙区」は、本来、玉川郡とともに三つの郡が一つの選挙区をなしていたが、この事件の選挙区区域表によって報恩郡と永同郡との間に挟まって位置している玉川郡が単独選挙区になり、地理的に分離している報恩郡と永同郡が一つの選挙区になった。

かくして、上の選挙区区域表による選挙区画定で「ソウル江南区乙選挙区」などの人口過剰地域に住所をおく請求人らは、自己の投票権の価値が「全南長興郡選挙区」の選挙権者に比べて不合理的に過少評価されることでもって、彼らの平等権及び選挙権が侵害されたと主張し、他の請求人は、自己の居住地である忠北報恩郡と地理的に分離している永同郡が一つの選挙区になることでもって、投票価値の実質的平等と正当な選挙権が侵害されたと主張して、憲法訴願審判を請求した。

(2)　決定の主要内容

憲法裁判所は、平等選挙の原則と人口偏差の許容限界に関して意見を提示した後、国会議員地域選挙区区域表の中で「釜山海雲台区・機張郡選挙区」は選挙区間の人口偏差に関する許容限界を超えるものであり、「忠北報恩郡・永同郡選挙区」は恣意的な選挙区画定であると判断して、上の選挙区区域表の不可分性のため選挙区区域表の全体に対して違憲決定を下した。

平等選挙の原則とは、平等の原則が選挙制度に適用されたもので、数的平等、つまり複数投票制などを否認し、すべての選挙人に1人1票を認めること

第3節　政治・選挙関係に関する決定

を意味するだけではなく、投票の成果の価値の平等、つまり1票の投票価値が代表者選定という選挙の結果に対して寄与した程度においても平等でなければならないことを意味する。憲法が要求する投票価値の平等は、選挙制度の決定において唯一かつ絶対の基準はといえず、国会は具体的な選挙制度を定めることにおいて合理的な他の政策的目標をも考慮することはできるものの、少なくとも選挙区の画定においては人口比例の原則を最も重要でかつ基本的な基準にしなければならず、その他の諸条件はその次に考慮されるべきである。

　投票価値の不平等が発生した場合には、それが憲法的要請による限界内の裁量権行使としてその合理性を是認できるか否かを検討して、国会が通常考慮できる諸般事情、つまりさまざまな非人口的要素のすべてを考慮したとしても、一般的に合理性があるとはとても認められないほどに投票価値の不平等が生じる場合には憲法に違反する。

　しかしながら、人口偏差の許容限界に関しては裁判官の意見が分かれた。

　金容俊、金鎮佑、金汶熙、黄道淵、申昌彦の5人の裁判官は、全国選挙区の平均人口数を基準とするとき、選挙区間の人口偏差が4：1を超過する場合、つまり全国選挙区の平均人口数（175,460名）の上下60％の偏差（上限 280,736名、下限 70,184名）を超過する場合には、平等選挙原則に違反するという意見を提示し、「釜山海雲台区・基長郡選挙区」と「ソウル江南区乙選挙区」は、その偏差を超過したので、上記の選挙区の画定は、国会の裁量の限界を逸脱したもので違憲とした。これに反して、金鎮佑、李在華、趙昇衡、鄭京植、高重錫の4人の裁判官は、全国の選挙区の平均人口数から上下60％の偏差を超過すると同時に同じ類型の選挙区の平均人口数から上下50％の偏差を超過する選挙区がある場合に、そうした選挙区の画定は、国会の裁量の範囲を逸脱して平等選挙の原則に違反するものとし、「釜山海雲台区・機張郡選挙区」は上で定めた各偏差をこえるものとして、その選挙区の画定は国会の裁量の範囲を逸脱したとした。

　いわゆるゲリマンダリングの問題に関しては、裁判官の全員一致の意見で、選挙区の画定は特段の不可避な事情がない限り、隣接地域が1つの選挙区を構成するようにすることが相当であるが、上記の選挙区区域表は特段の不可避な事情があるとみるだけの事由がないにもかかわらず、こうした原則を無視し、

257

第 3 章　憲法裁判所の決定

忠北玉川郡を間において、境界が接することもなく完全に分離している忠北報恩郡と永同郡を「報恩郡・永同郡選挙区」という 1 つの選挙区として画定しているのであるから、これは国会の裁量の範囲を逸脱した恣意的な選挙区画定で違憲であるとした。

(3)　事後経過

　憲法裁判所の上の決定は、それまでの選挙区画定をめぐる政界のギブ・アンド・テーク式の談合に歯止めをかけ、その裁量に限界を設定したという歴史的な意味を持つ。上の決定によって国会議員地域選挙区を再調整するほかなくなり、当時の政界は差し迫っていた国会議員選挙における推薦などの選挙戦略の修正が不可避となったし、選挙区人口の下限をいかに設定するかによって各政党の票田である縁故地域の選挙区数に増減が生じるのに伴い、選挙区画定において自己に有利にするための政党間の攻防を誘発した。

　上述の決定に対しては、選挙区間の人口偏差の許容限界をあまりに広く設けたことでもって、民主主義の核心理念である政治的平等の実現に消極的な態度をとっているのではないかといった指摘もあったが、憲法裁判所が定める基準はあくまでも最小限の限界値を定めたものであるので、立法者の憲法認識に従いその最適の基準は、実質的に平等原則を具現するより、より厳格に設定できるものであるという点が看過されてはならないであろう。

　この事件の選挙区区域表は、1996 年 2 月 6 日、法律第 5419 号によって改正され、公職選挙及び選挙不正防止法によって人口が多い 2 つの選挙区は分区され、人口が少ない 9 つの選挙区は統合されるとともに、6 つの選挙区は隣接選挙区と統合した後に再度調整して分割する方向へと改正された。これによって、地域区選挙区は、従来の 260 から 253 に減り、全国区議席は 39 席から 46 席に増やされた。ゲリマンダリングであるとして違憲判定を受けた忠清北道報恩郡・永同郡選挙区は、隣接の玉川郡選挙区と合併され、報恩郡・玉川郡・永同郡選挙区と改編された。当時、選挙区再画定の基準となった人口は、最高 30 万人、最低 7 万 5 千人で最大選挙区と最小選挙区の人口偏差は 4：1 であった。

第3節　政治・選挙関係に関する決定

8　法律案変則処理事件
〈憲裁 1997.7.16. 96憲ラ2　国会議員と国会議長間の権限争議、判例集 9
－2、154〉

(1)　事件の背景

　この事件は、憲法裁判所が国会議長の変則的な法律案の可決宣布行為に対して野党議員の法律案の審議・評決権限を侵害したものであるとの決定を下した事件である。

　憲法裁判所法第62条第1項第1号は、権限争議審判の種類を規定して、国家機関相互間の権限争議審判を国会、政府、法院および中央選挙管理委員会の相互間の権限争議の審判と定めている。

　過去、国会におけるいわゆる法律案の「抜き打ち」通過が最初に憲法裁判所の審判台に置かれた「変則的な議案処理の事件」(憲裁 1995.2.23. 90憲ラ1　国会議員と国会議長間の権限争議) では、憲法裁判所は憲法裁判所法第62条第1項第1号を限定的に解釈して、同条項において列挙する機関以外の国会内の一部構成機関である院内交渉団体や国会議員は、これらの固有権限が侵害されたとしても権限争議審判を請求することができないとして、権限争議審判請求を棄却したのであった。

　国家安全企画部法の改正法律案、労働組合及び労働関係調整法案、勤労基準法の改正法律案、労働委員会法の改正法律案、労使協議会法の改正法律案などを処理するために、1996年12月23日に第182回の臨時国会が招集されたが、野党議員らが法律案の拙速な処理に反対して、国会議長室を占拠するなどの妨害行為を行って国会が正常に運営されなかった。これに対して国会議長の代理をつとめた国会副議長は、与党所属の国会議員にのみ国会招集を通報して、同月26日朝6時頃、与党である新韓国党所属の国会議員155人が出席する中で第182回の臨時会第1次本会議を開き、上の諸法律案を上程・票決して可決されたことを宣布した。野党である「新しき政治国民会議」および「自由民主連合」所属の国会議員である請求人らは、30日、被請求人である国会議長が請求人らには変更された開院時間を通知しないまま、非公開で本会議を開くなど、憲法及び国会法が定める手続に違反してこれらの法律案を処理することでもって、独立した憲法機関である国会議員の法律案の審議・票決権を侵害したと主

259

第3章 憲法裁判所の決定

張して、その権限侵害の確認と、可決宣布行為の違憲確認を求める権限争議審判を請求した。

(2) 決定の主要内容

憲法裁判所は、国会議員と国会議長も権限争議審判の当事者となり得るとし、1996年12月26日朝6時頃、国会副議長が国会議長を代理して野党のスキをついた強引なやり方で改正法律案を可決宣布したのに関連して、これは請求人らの法律案の審議・票決権を侵害したものとしながらも、それによる可決宣布行為は、憲法の規定に明白に違反したものとはいえず、無効ではないと決定した。

国会議員と国会議長が権限争議審判の当事者となるのか否かという問題については、裁判官の意見が分かれた。

金容俊、金汶熙、李在華、趙昇衡、高重錫、李永模裁判官は、従来の決定を変更して憲法裁判所法第62条第1項第1号の規定を限定的・列挙的な条項ではなく例示的な条項であるとみて、憲法第111条第1項第4号の国家機関に該当する国会議員と国会議長も権限争議審判において当事者になれるのであるから、請求人の権限争議審判請求は適法であるとした。これに対して、黄道淵、鄭京植、申昌彦裁判官は、国会議員と国会議長間の権限争議事件における以前の憲法裁判所の決定(憲裁1995.2.23. 90憲ラ1)と同様の理由で、憲法裁判所法第62条第1項第1号が明示的に国家機関相互間の権限争議審判の種類を限定して規定しているのであるから、これに該当しない請求人らは権限争議審判を請求することができないという意見を提示した。

請求人の権限争議審判請求が適法であるという意見を提示した6人の裁判官は、次のように国会議員の法律案の審議・票決権が侵害されたとした。

国会議員の法律案の審議・票決権は、たとえ憲法にはこれに関する明文の規定がなくても、議会民主主義の原理、立法権を国会に帰属させる憲法第40条、国民によって選出される国会議員で国会を構成すると規定する憲法第41条第1項から当然に導き出される憲法上の権限として、すべての国会議員に保障されるものである。被請求人である国会議長の要請に応じて新韓国党の院内主席副総務が1996年12月26日午前5時30分頃、新しい政治国民会議の院内主席副総務および自由民主連合の院内総務に電話で本会議の開始時刻が午前6時に

第3節　政治・選挙関係に関する決定

変更されたことを通知したとしても、こうした通知は野党所属の国会議員の本会議への出席を期待することができないものであって、国会法第76条第3項による適法な通知とはいえないのであるから、この事件の本会議の開始手続には、国会法の規定に明白に違反した欠陥があるといえる。

結局、被請求人である国会議長が国会法第76条第3項に違反して、請求人に本会議の開始日時を通知しなかったことでもって、請求人らが国会本会議に出席する機会を逸した結果、法律案の審議・票決の過程にも参加できなかったのであるから、その他の国会法規定の違反可否を検討する必要もなく、請求人のそうした行為によって、請求人らは、憲法によって付与された権限である法律案の審議・票決権が侵害されたのである。

しかしながら、法律案の可決宣布行為の違憲可否については、上の6人の裁判官の意見が分かれた。

金容俊、金汶熙、李永模裁判官は、問題となった5つの法律案が在籍議員の過半数である国会議員155人が出席する中で開かれた本会議において、出席議員の全員の賛成によって（結局、在籍議員の過半数の賛成によって）議決処理されたし、本会議に関して一般国民の傍聴やマスコミの取材を禁止する措置がとられてもいなかったことが明らかであるので、その議決手続に多数決の原則を規定した憲法第49条および会議公開の原則を規定した憲法第50条に明白に違反した欠陥があると見ることはできず、したがって、被請求人のこの事件の法律案の可決宣布行為には国会法違反の瑕疵はあるものの、立法手続に関する憲法の規定に明白に違反した欠陥があるとみることはできないという意見を提示した。

これに反して、李在華、趙昇衡、高重錫裁判官は、議会民主主義および多数決原理の憲法上の意味を考慮するとき、憲法第49条は、単に在籍議員の過半数の出席と出席議員の過半数の賛成による議決を形式的に要求するものに止まらず、国会の議決は、通知が可能な国会議員全員に出席する機会が付与された上で、在籍議員の過半数の出席と出席議員の過半数の賛成により行われなければならないことを意味するものと解釈すべきであるので、憲法第49条の多数決の原理を具体化する国会法第72条と第76条に違反して、野党議員に本会議の開始日時を知らせないことでもって、本会議への出席可能性を排除した中で、

第3章　憲法裁判所の決定

本会議を開始して与党議員だけが出席して、彼らだけの票決で法律案を可決宣布した行為は、野党議員の権限を侵害するものであるとともに、多数決の原理を規定した憲法第49条に明白に違反したものであるという意見を提示した。

結局、憲法裁判所は、被請求人が上の5つの法律案を上程して可決宣布した行為は、請求人らの法律案の審議・票決権限を侵害したものではあるが、その行為の違憲に関する請求は認容意見が裁判官の過半数に達していなかったために、これを棄却した。

(3) 事後経過

この決定に対しては憲法裁判所が従来の立場を変えて国会議長と国会議員間の争いも権限争議審判の対象になり得ると判断することでもって、国家機関間の権限争議の判断範囲を広げたことは一歩進んだ決定である（『東亜日報』1997.7.17）とか、この決定はいわゆる「抜き打ち立法」という反代議的な立法慣行に歯止めをかける大変重要な憲政史的意味を持つとともに、国会の自律権という名の下で国会における立法手続を神聖視した過去の間違った慣行から果敢に脱皮して、立法過程の手続的正当性を保障しようとする強い意思が含まれている（許營「国会議員と国会議長間の権限争議」『判例月報』1997年11号）といった肯定的な評価があった。

反対に、国家活動の基本原理として要求される憲法上の適法手続原理は、刑事手続上の領域に限らず、立法手続及び行政手続などにも適用されるという憲法裁判所の既存決定（憲裁1992.12.24. 92憲カ8；1993.7.29. 90憲バ35；1994.4.28. 93憲マ26）にもかかわらず、これに対する判断が欠けており、この事件でこれを判断する場合、問題となる野党議員らに対する国会開会日時の不通報は、憲法上の適法手続原理にも違背し（李石淵『法律新聞』1998.1.19.及び1.22）、国会議長が野党議員らの法律案の審議・票決権を侵害したと認めながらも、その侵害行為の結果物である法律案に対しては、その違憲性が認められないとしたのは矛盾である（『東亜日報』1997.7.17；許營、前掲論文）といった指摘もあった。

しかしながら、憲法裁判所としては、国会の立法手続上、国会議員の審議・票決権が侵害されたとしても、さらに法律案の可決宣布そのものが違憲となるかどうかについては、法秩序の安定性を考慮して慎重でなければならないとい

第3節　政治・選挙関係に関する決定

う立場であったことに留意する必要がある。この決定が下された後、国会は、1997年3月13日、労働関連の諸法律についてはこれらを再改正したのである。

9　金鍾泌総理代理任命事件
〈憲裁 1998.7.14. 98憲ラ1、大統領と国会議員との間の権限争議、公報 29、538〉
(1) 事件の背景
　この事件は、国会が国務総理の任命同意案を票決したが、投票過程での与野党の対立により可否が決定できない状態の中で、大統領が共同与党代表であった金鍾泌を国務総理代理として任命するや、野党の国会議員全員が大統領を相手として権限争議を請求し、この請求が不適法であるという理由で却下された事件である。
　被請求人である金大中大統領は、1998年2月25日、大統領職に就任するとともに、請求外の金鍾泌を国務総理に指名し、その任命同意案を国会に送付した。国会議長は、同日、第189回臨時国会を招集したが、「ハンナラ党」の議員の欠席によってその臨時国会が開会できず、国会はその後も与野党の対立により空転した。
　そうしたところ、1998年3月2日15時21分頃、与野党の議員が出席する中で、第189回臨時国会第1次本会議が開かれ、国会議長は同日15時50分頃、「国務総理任命同意の件」を上程し、続いて国会法第112条第5項に基づき無記名投票方式によって国会議員の投票が始まった。しかし、15時50分頃から「新しき政治国民会議」と「自由民主連合」の所属議員らは、ハンナラ党所属議員らが白紙投票を行っていると主張しながら、投票用紙の交付台と投票函を取り囲むなど、投票行為を妨害したので、議員らの間で口論とつばぜり合いが交わされ、投票の進行が困難になるほど会議場が騒然となった。国会議長は、16時05分頃、休会を宣言し、16時08分頃、会議の続行を宣言したが、16時21分と16時24分頃、再び投票が中断されるなど、正常に投票が進められなかった。国会議長は、国会議員に23時までに投票するよう促したが、投票の続行は不可能であって、翌午前零時が過ぎることによって会議は自動的に散会とな

り、同日付で第189回の臨時国会の会期も終了となった。

　この事件の任命同意案の処理が上のように霧散されるや、大統領は、1998年3月2日当時まで国務総理として在職中であった請求外・高建（当時）国務総理から行政各部の長に対する任命推薦を受けた後、その高建の国務総理職の辞表を受理して、同月3日に上記の任命推薦に基づいて行政各部の長を任命するとともに、同時に金鍾泌を国務総理代理に任命した。

　これに対して、「ハンナラ党」所属国会議員156人全員で構成された請求人らは、同月10日、大統領が上記のように国会の同意を受けずに金鍾泌を国務総理代理に任命した行為は、主意的には国務総理の任命に関する国会または請求人らの同意権限を、予備的には国務総理の任命同意案に関する請求人らの審議・票決権限を侵害したと主張して、その権限侵害の確認とあわせて国務総理任命処分の無効確認を求める権限争議審判を請求した。

(2)　決定の主要内容

　憲法裁判所は、次のように金容俊、趙昇衡、高重錫、鄭京植、申昌彦の5人の裁判官が却下意見を、金汶熙、李在華、韓大鉉裁判官の3人の裁判官が違憲意見を、そして李永模裁判官が合憲意見を提示し、却下意見が過半数である5人に達したことによって、この事件の権限争議審判請求を却下した。

　金容俊裁判官は、主請求について、国務総理の任命同意権限は国会の権限であるので、この権限が侵害された場合には、国会が当事者となって権限争議審判を請求しなければならず、そうした審判請求を多数議員が賛成しない場合、少数議員の保護のために国会の部分機関にも当事者適格を認め得るが（いわゆる第三者訴訟担当）、この場合、在籍議員の過半数をなす多数議員や彼らによって構成された交渉団体は、自ら国会の議決を経て侵害された国会の権限を回復するための方法を講じることができるので、彼らにまであえて法律に規定されていない第三者訴訟担当を許容する必要性はないのであり、予備的請求について、国会議員が国会において審議・票決権を行使することは、国会議員相互間または国会議員と国会議長との間にのみ直接的な法的連関性を持つものであって、国会議員と大統領の間ではそうではないのであるから、大統領の国務総理代理の任命行為が国会議員である請求人らの審議・票決権限を侵害する可能性があるとみることができないという見解を披瀝した。

第3節　政治・選挙関係に関する決定

　趙昇衡、高重錫裁判官は、任命同意案を提出しなかったり、同意案が否決されたにもかかわらず国務総理代理を任命したものとは異なり、大統領が政府組織法第23条に基づいて国務総理代行者を指名する場合に準じて限時的にその代行者を任命したことは、その手続に瑕疵があるとしても国会や国会議員の権限を侵害したり侵害するおそれがある場合とはいえないのであり、国会はすでに提出されている同意案に対する票決を行って可否を決定することができる状態にあり、請求人らは多数党の国会議員として国務総理の任命同意案に対する可否を決定して紛争を自から解決することができる方法があるのであるから、この事件においては権利保護の利益がないという意見を提示した。

　鄭京植、申昌彦裁判官は、憲法裁判所法第62条第1項が列挙した国家機関の権限争議審判の種類に国会構成員や、国会内の一部機関である国会議員や交渉団体は含まれないものとみるべきであるので、請求人らはこの事件において適法な請求人にはなれないという従来の意見を維持した。

　一方、金汶熙、李在華、韓大鉉裁判官の違憲意見の要旨は次のとおりである。国会は、合議体の機関として、その意思は、結局、票決などで表われる国会議員の意思が結集されたものであるので、請求人らは国会の同意権限及びその任命同意案に対する票決権限が同時に侵害されたとして、権限争議審判を請求することができるとし、請求人らが将来に任命同意案を否決することができるとしても、別途にこの事件の任命処分による権限侵害を争う利益はある。国会の同意は、国務総理の任命において不可欠な本質的要件であるので、大統領が国会の同意を得ずに国務総理を任命した行為は、明白に憲法に違背するものであり、国務総理代理を任命する憲法的慣行があったとしても、それは憲法規定に明白に違反した政治的先例に過ぎず、それが繰り返されたという点のみで憲法の明文規定に優先して尊重できるものではないだけでなく、国務総理の職務代行体制が法的に完備されているのであるから、国務総理代理を任命したことは国政空白の防止という名分で正当化することはできない。

　李永模裁判官は、憲法上の国会の国務総理任命同意は、事前同意が原則であるが、国会の任命同意案の処理過程上の問題、国政空白の予想および経済危機の状況の下での政策樹立の迅速な必要性という条件を備えた特殊な場合には、欠員となった国務総理の職務に関する憲法規定の欠陥を合理的解釈範囲内にお

第3章　憲法裁判所の決定

いて補充することができるとみるべきであって、大統領は国務総理の任命同意案を国会が票決するまで例外的にその代理を任命して総理職を遂行させることができるといえるのであるから、被請求人の行為は、国会の国務総理の任命同意権限を侵害したものではないという見解を提示した。

(3) 事後経過

　この決定に対して、請求人側は、司法的判断を放棄した政治的判断であって、憲法裁判所が自らの存在理由を放棄したものであると非難した。また、憲法裁判所が、政治的意味が大きい重要な事件について法技術的な方法や訴訟手続的な理由を挙げて実体的判断を回避したり、既存体制を擁護してはならないという指摘もあった。反面、政治的問題を司法的判断よりは政治圏が自から解決しろという意味だと評価する見解があった。

　ところで、この決定直後、却下意見の1つとして、従来憲法裁判所の判例上では少数意見であった見解、つまり、国会議員は権限争議の当事者能力を有しないという見解が、あたかも憲法裁判所の却下決定の理由であるかのように報道されることでもって、あたかも権限争議の資格もなしに請求したように映され、請求人側の誤解をかうことになった点があった。しかし、国会議員が権限争議の当事者能力を有しないという見解は、2人の裁判官だけの意見であって、この決定では、他の却下理由を開陳した3人の裁判官の意見と結合されて却下意見が過半数である5人の名前で出されることでもって、結局、適法要件の門を通過できなくなったのである。

　この事件の争点は、まず国会の同意権限と国会議員の審議・票決権を訴訟法的に分離してみるべきか否かと、多数党議員の全員が請求人であったので、果してこれを法的に保護しなければならないだけの権利保護の必要性があるのか否かというものであったために、適法要件の審査を超えて本案判断にまで行くには、はじめから論難の余地が多かった。万一国会議員の過半数による議決で国会自身を請求人として、この権限争議の審判請求が出されていたならば、憲法裁判所としては、これを却下すべき何らの理由もなかったであろう。

　この決定の約1ヶ月後である1998年8月17日、国会は、金鍾泌総理の任命同意案を、国会議員255名が参加して賛成177票、反対65票、棄権7票、無効12票で通過させた。

第 4 節　経済・財産権・租税関係に関する決定

1　訴訟促進特例法事件
〈憲裁1989.1.25.　88憲カ7　訴訟促進等に関する特例法第6条の違憲審判、判例集1、1〉

(1)　事件の概要

この事件は憲法裁判所が設置されてから初めての全員合意体決定で、国家に対しては仮執行宣告ができないという優越的地位を与えた訴訟促進等に関する特例法第6条第1項は違憲であると決定した事件である。

訴訟促進等に関する特例法（1981.1.29. 法律第3361号）第6条第1項は財産権の請求に関する判決には相当の理由のない限り、当事者の申請の有無を問わず仮執行できる旨を宣告しなければならないと定める一方、但書で、「ただし、国家を相手にする財産権の請求に関しては仮執行の宣告ができない」と定めていて、国家を相手にする民事訴訟では国民が勝訴しても仮執行の宣告が得られないようになっていた。

この制度については、その間、賛否両論があったが、国家を相手にして供託金返還訴訟中であった提請申請人がソウル地方法院に上の条項に対して違憲法律審判提請を申請し、同法院がそれを受け入れ、1988年12月16日、憲法裁判所へ違憲法律審判を提請した。

(2)　決定の主要内容

憲法裁判所は次のように平等原則と国庫作用について述べたのち、訴訟促進等に関する特例法第6条第1項但書が憲法に違反すると決定した。

憲法前文の「政治・経済・社会・文化のすべての領域において各人の機会を均等にし」という規定と、第11条第1項の機会均等または平等原則の規定に照らしてみると、平等原則は国民の基本権保障に関するわが憲法の最高原理として、国家が立法をしたり、法を解釈および執行をするにおいて従うべき基準であると同時に、国家に対して合理的理由なしに不平等な待遇をしないで、平等な待遇を求めることのできる、すべての国民の権利として、国民の基本権のなかの基本権であると言えるであろう。

第3章　憲法裁判所の決定

　平等原則は憲法第23条によって保障された「すべての国民の財産権」と第27条第3項によって保障されている「すべての国民の迅速な裁判を受ける権利」の実現にも当然適用されるべきであるので、財産権などの私権の救済手続である民事訴訟においても当事者がだれであるかによって差別待遇があってはならないし、国家が民事訴訟の当事者になったとしても合理的理由なしに優遇されてはならないのである。これは、たとえ国家であっても権力的作用でない、民事訴訟の対象である国庫作用による法律関係においては私人と同等に扱われなければならないからである。

　仮執行の宣告は不必要な上訴権の濫用を抑制し、迅速な権利実行ができるようにして、国民の財産権と迅速な裁判を受ける権利を保障するための制度であるが、訴訟促進等に関する特例法第6条第1項の規定によれば、裁判所は、国家が原告となって得た勝訴判決では相当の理由のない限り必ず仮執行の宣告をしなければならないが、その反面、国民が国家を相手にした訴訟で下された勝訴判決にはどのように確信のある判決が下されたとしても仮執行の宣告をすることができなくなっており、結局、財産権と迅速な裁判を受ける権利の保障において訴訟当事者を差別して国家を優遇していることが明らかであり、このように民事訴訟の当事者を差別して国家を優遇するだけの合理的理由も見いだせない。

　仮執行の宣告は不必要な上訴権の濫用を抑制して、迅速な権利を実現するための制度であって、執行不能を事前に防止しようとする制度ではないのであるから、国家に対して執行不能になるおそれがないとしても仮執行を宣告する必要性はなくならないし、仮執行による国家会計秩序の紊乱のおそれは国家自らいくらでも予防できるので何ら問題にならない。仮執行後、上訴審で判決が覆されると原状回復が難しくなることもあり得るが、それも国家が被告であるから起こる問題ではなく仮執行制度のもつ一般的な問題であるというべきであって、このような問題は裁判所が判決をする際に仮執行を宣告するかどうかを慎重に考慮し、民事訴訟法第199条第1項による担保提供命令や同条第2項による仮執行免除制度を適切に活用し、国家としても民事訴訟法第473条、第474条に依拠して法院に申請して仮執行停止命令を得るなどの方法で事前に予防できるので、上のような問題があるとしても、それだけで国家に対しては例外的

第4節　経済・財産権・租税関係に関する決定

に仮執行宣告を禁止すべき理由にはならない。

(3)　事後経過

　この事件は憲法裁判所の設置後下された最初の事件であるだけでなく、最初の違憲決定であるという点で大きな意味がある。憲法裁判所が初の事件で違憲を宣告したことは第1期の憲法裁判所の憲法裁判に対する意気込みが感じられる。これまでの韓国の憲法史を振り返ってみると違憲性の高い多くの法や制度によって多くの人が苦しんできたが、国民の力で改憲によって憲法裁判所が設置されたために、憲法裁判所としては自分の役割を積極的に果たしていくという意気込みの表れであると言える。

　主な新聞はこの決定が1971年に大法院が国家賠償法第2条第1項について違憲宣言した以後18年ぶりに下された違憲決定であると報じ(『朝鮮日報』1989.1.26.など)、また社説でも取り上げて、この決定が立法と法律の施行過程で国家中心と国家優位に偏っていたそれまでの考え方を根本的に変える転機を作ったと評した(『ハンギョレ新聞』1989.1.27)。

　この事件の主審を務めた卞禎洙裁判官はある日刊紙とのインタヴューで、権威主義的状況下で違憲決定を下すことのできなかった壁を破ったことに意味があったと述べた(『中央日報』1989.1.26.)。

　この決定によって憲法裁判所に対する国民の関心が高まったといえるが、この決定以後、農・漁民など憲法訴願を提起する階層がさらに多様化して、憲法審判、憲法訴願などについての問い合わせが多くなったということが報じられた(『韓国日報』1989.2.15.)。

2　名義信託贈与見なし事件

〈憲裁1989.7.21. 89憲マ38　訴訟促進等に関する特例法第6条の違憲審判、判例集1、131〉

(1)　事件の背景

　この事件は登記を要する財産について実質所有者と名義者が異なった場合、これを贈与と見なすという、相続税法第32条の2の違憲性に関する憲法訴願に対して、租税回避の意図なしに行われた名義信託については適用されないものと解釈される限り、憲法に違反しないという限定合憲決定を下した事件である。

第3章　憲法裁判所の決定

相続税法 (1981.12.31. 法律第3474号で改正されたもの) 第32条の2第1項は権利の移転やその行使に登記・登録・名義の書き換えなどを要する財産において実質所有者と名義者が異なった場合には国税基本法第14条の規定にかかわらずその名義者の名で登記などをした日に実質所有者がその名義者に贈与したものと見なすと規定していた。

その間、国会の立法機能の弱化により、政府が各種の租税法規を臨機応変に改正し、重要な租税要件を下位法令に委任することが多くて、憲法上の租税法律主義が色あせた感がなくもなかった。このような状況下で従来、租税回避防止という建前で慣行のようになっていた各種の見なし規定ないしは行政便宜的課税要件規定が初めて憲法裁判所の審判対象になった。

請求人は、自ら代表理事を勤めているソウル石油株式会社が土地を買収するに際して、売渡人の登記に対する消極的な態度などで農地売買証明を手に入れるのが難しいためにやむを得ず請求人名義で登記をした後、再び上の会社へ登記移転したと主張したが、龍山税務署長は請求人が上の土地について登記簿上の所有名義を取得したのは相続税法第32条の2第1項により贈与であると見なして贈与税を賦課した。これに対して請求人は贈与擬制を前提にした贈与税などの賦課処分は違法であると主張して、税務署長を相手にして贈与税など賦課処分取消請求訴訟をソウル高等法院へ提起した。請求人は上の法院で敗訴するや、大法院へ上告すると同時に上記相続法の規定に対して違憲法律審判の提請を申請したが棄却されると、憲法裁判所に憲法訴願審判を請求した。

(2) 決定の主要内容

憲法裁判所は、次のように裁判官7人の多数意見で、相続税法第32条の2第1項は租税回避の意図なしに実質所有者と名義者を異にして登記などをした場合には適用されないと解釈する限り憲法に違反しないという限定合憲決定を下した。

相続税法第32条の2第1項は、納税義務者・課税対象・課税方法など主な課税要件をすべて法律で定めていて形式上租税法律主義の原則に違反しないだけでなく、権利の移転や行使に登記などを要する財産を第三者名義で登記をした場合には外部的に名義上の所有者が完全な権利を取得しているので実質的にも租税法律主義の原則には違反しない。ただ、その内容規定において多少曖昧で

第4節　経済・財産権・租税関係に関する決定

結果だけを重んじているような表現をしている点は、立法目的に照らし縮小解釈または限定解釈をするならば、憲法の保障する租税法律主義の理念である国民の財産権保障や法的安定性ないし予測可能性を大きく害するものではない。

しかし、租税平等主義およびその派生原則である実質課税の原則に照らして判断してみると、上の法律条項は登記などを要する財産に対して実質所有者と名義者を異にした場合にはその原因や内部関係を問わず一律的に贈与と擬制して贈与税を賦課しようとするものであって、実質課税の原則に対する例外ないし特例を認めたという点で、その前提になる租税平等主義ないし租税正義の憲法精神に反する余地がある。ただし、実質所有者と名義者の不一致という結果だけを重んじてすべての場合に例外なく贈与擬制するのは財産権保障の原理と平等原則に反する余地があるが、名義信託が贈与の隠蔽手段として悪用される現実を無視することもできないので、実質課税の原則に対する例外規定を設けることが一律に禁止されるものでもない。

したがって、上の法律条項は、名義信託を利用した租税回避行為を効果的に防止するために実質課税の原則まで排除しながら画一的な贈与擬制制度を作ったものであるが、名義信託制度は判例によってその有効性が認められているだけではなく、私法秩序の一部として定着しているので、全く租税回避の意図なしに実定法上の制約や第三者の協力拒否その他の事情によってやむを得ず名義信託の形式を借りた場合にも無差別に贈与税を課税するならば、財産権保障を前提にした租税法律主義または平等原則を前提にした租税平等主義の憲法精神に反する結果をもたらすおそれがある。

結論的にいうと、上の法律条項は原則的に権利の移転や行使の登記などを要する財産において実質所有者と名義者が異なっている場合には、その登記などをした日に実質所有者が名義者にその財産を贈与したものと解釈されるが、例外的に租税回避の意図なしに実定法上の制約や第三者の協力拒否その他の事情によって実質所有者と名義者を異にしたことが明らかな場合には、これを贈与と見なさないと解釈すべきであって、このような解釈下でのみ限定的に合憲であるといえる。

これに対して卞禎洙、金鎮佑裁判官は、右の法律条項は租税法律主義を定めた憲法第38条、第59条に違反する違憲規定であるという反対意見を示した。

第3章　憲法裁判所の決定

(3) 事後経過

この決定は、同法律条項が税収の増大と租税行政の便宜のために国民の財産権を侵害するおそれがあるという主張を受け入れて、租税回避の意図なしにやむを得ず名義を移す場合にまで無差別に贈与税を賦課することに対してブレーキをかけたものであると報じられた(『中央日報』1989.7.21.)。

この決定以後、旧相続税法第32条の2第1項は1990年12月31日法律第4283号によって改正され、「ただし、人の名義を借りて所有権移転登記をしたものの中、不動産登記特別法第7条第2項の規定による名義信託に該当する場合及び租税回避の意図なしに人の名義を借りて登記などをした場合で大統領令の定める場合にはその限りではない」という但書条項が新しく設けられた。

したがって、租税訴訟の実務では租税回避の意図の有無をどう判断するかが問題となったが、1995年7月1日に不動産実権利者名義登記に関する法律の施行によって、いわゆる'隠れた名義信託'は無効となり、したがってこれを利用した租税回避というものは原則的にあり得ないことになり、従来の贈与擬制規定は意味がなくなった。そこで、その後の相続税及び贈与税法(1996.12.30. 法律5193号全文改正)では借名株式に限って贈与として推定されることに改正された。

3　土地取引許可制事件

〈憲裁1989.12.22. 88憲カ13　国土利用管理法第21条の3第1項、第31条の2の違憲審判、判例集1、357〉

(1) 事件の背景

この事件は、狭い国土と多い人口、それに昔から存在し続けている土地選好思想なども手伝った全国的な地価の上昇と土地投機現象を防止しようと政府が取り入れた土地取引許可制を定めていた国土利用管理法第21条の3第1項に対して合憲決定を下した事件である。

国土利用管理法(1982.12.31. 法律3642号で改正されたもの)第21条の3第1項は規制区域内にある土地等の取引契約を結ぼうとする当事者は共同で管轄道知事の許可を受けるように規定していたし、国土利用管理法(1989.4.1. 法律4120号で改正されたもの)第31条の2第1号は許可なしに取引契約を結ぶ者は

第4節　経済・財産権・租税関係に関する決定

2年以下の懲役または500万ウォン以下の罰金に処すると規定していた。

請求人は道知事の許可なしに規制区域として告示された忠南道唐津郡に所在する林野を未登記転売してその差額を取得した疑いなどで拘束、起訴され、ソウル地方法院南部支院で懲役1年を求刑された状態で上の法律条項について違憲法律審判提請を申請し、同法院はこれを受け入れて、憲法裁判所に違憲法律審判を提請した。

(2)　決定の主要内容

憲法裁判所は次のように裁判官5人の多数意見で一定地域内での土地取引許可制を規定した国土利用管理法第21条の3第1項は憲法に違反しないと決定し、また同法第31条の2は違憲意見を示した裁判官が5人で過半数に至ったが、憲法裁判所法第23条第2項第1号の定めている違憲決定の定足数に満たないため憲法に違反すると宣言することはできないと決定した。

国土利用管理法の規制しようとする対象はすべての私有地ではなく投機のおそれのある地域または地価暴騰地域の土地に限定されているし、その規制期間も5年以内となっている点、たとえ規制されても取引の目的・面積・価格などにおいて基準に反しないかぎり当然に当局の取引許可が受けられるので処分権の行使が完全に制限されるものではないという点および当局の取引不許可処分については不服制度が設けられている点などを総合してみるとき、土地取引許可制は私有財産制度の否定とは言えなく、ただその制限の一形態であると考えるべきで、再生産が難しい土地について処分の自由を認めずこれを制限するほかないことは実にやむを得ないものである。したがって、土地取引許可制は憲法が明文で認めている財産権の制限の一形態であって財産権の本質的侵害とは言えない。

土地取引許可制が過剰禁止の原則に反するか否かは土地所有権の相対性、土地所有権の行使に伴う社会的義務性、韓国の土地問題と密接に結びついた産業・経済上の支障、住宅問題の深刻性、土地取引の実態、投機的取引の程度などを総合して判断すべきであって、現在それが全く目的に適合しないとか、他に最小侵害の要求を満たしうる最善の方法が提示されているとか、少なくともそれを容易に見いだせるような事情のない状況では、土地取引許可制を比例原則ないし過剰禁止原則にそぐわないということはできない。

第3章　憲法裁判所の決定

　罰則規定の明確性の原則違反の如何について判断すると、規制区域内の土地といっても当事者が取引をしようとするならば、行政庁の許可を得る前にどのような形態にせよ、許可を前提にした当事者間の意思の合致が必要であるが、上の罰則条文を拡大解釈すれば、将来、行政庁の許可を得る心づもりで当事者間で何らかの形態の意思の合致を見た段階でも取引当事者が刑事処罰を受けるおそれがあるなど、当該条文の表現にも若干の疑問点があるが、このことは健全な法官の良識と条理による補充的な解釈を通して法文の意味が具体化され、解決されると思われるので、これをもって、明確性の原則に反するとは言えない。

　これに対して李時潤裁判官は、国土利用管理法第21条の2ないし4の規定による土地取引許可制は土地に関する所有権などの任意処分権ないし任意取得権であるが、公共の福祉に該当し、財産権の本質的な内容の侵害禁止原則に触れないので違憲ではないとした。ただ、同裁判官は、同法第21条の15に定められた不許可処分を受けた土地所有者が行使できうる買受請求権の内容は憲法第23条第3項の正当補償の原理に根本的に抵触するが、この提請事件では裁判の前提性がないため主文に明記する必要まではなく、補完立法を促すという反対意見を示した。そして、同裁判官は、許可制違反に対する罰則規定である同法第31条の2は、憲法第37条第2項の過剰禁止原則に触れ違憲であり、このことは当該事件の裁判の前提になるので当然に主文で違憲宣言をすべきであるとした。

　韓柄宷、崔光律、金汶熙裁判官は国土利用管理法第21条の3第1項と同法第21条の2、第21条の3第3項、第7項、第21条の4、5、15は不可分の関係にあるので審判の対象になるべきであり、同法第21条の15が憲法第23条の第1項、第3項に反するので、上のすべての条文は違憲であるが、即時失効に伴う混乱を避けるために、同法第21条の15を相当期間内に改正することを促すという反対意見を示しながら、違憲である土地取引許可制を前提にした同法第31条の2は当然に憲法に違反する刑事法規であるから、直ちに違憲宣言すべきであると主張した。

　金鎮佑裁判官は、国土利用管理法第31条の2だけでなく同法第21条の3を違憲であると宣言しても国家存立にかかわる程度の法の空白や社会的混乱を招

第4節　経済・財産権・租税関係に関する決定

くものではないので立法を促す必要はないという違憲意見を示した。

(3)　事 後 経 過

　マスコミでは、この決定は土地投機の横行による社会不安を解消し、一獲千金を狙う人たちの投機心理を抑制し、均等な所得配分の正義を実現するための政策を憲法解釈を通して裏付けたものであり、土地公概念を初めて認めたものと報じられたり（『中央日報』1989.12.22.）、行政府や立法府に比べ保守的になりがちな司法府が深刻な土地問題の現実を考慮に入れて、より進歩的な方向で憲法解釈を行っているというところに意味を見いだすものもあった（『ハンギョレ新聞』1989.12.23.）。一方、土地取引許可制及び罰則規定には法理上疑問があるが、土地投機防止のための効果的な政策手段であるという現実的な考慮のために合憲決定を下したものと見ることができるのであり、今後この制度の施行過程では憲法裁判所が指摘した問題点を補うべきであるという意見もあった（『韓国日報』1989.12.23.）。

　そもそも、この制度が違憲であるかについては、憲法裁判所の決定前から多くの議論があった。憲法裁判所の弁論過程で参考人として招かれた学者たちの意見が鋭く対立したのも同じ脈略であった（憲法裁判所『憲法裁判資料』第2集、1989.9.）。

　大法院は1991年12年12月24日宣告90夕12243全員合議体判決で土地取引許可制に関して流動的無効理論を適用することでもって不動産取引規制の効力について新しい法理構成を行った。大法院はその判決理由で、土地取引契約はそれについて許可または不許可処分があるまでは物権的効力は勿論、債権的効力も生じないから無効であるが、後に許可を得るとその契約は遡及して有効な契約となり、不許可となった場合には無効が確定されるので、許可を得るまでは流動的無効の状態にあると見るのが妥当である。それゆえに許可を得ることを前提にした取引契約は、許可を得る前の状態では取引契約の債権的効力も全く生じないから権利の移転または設定に関する如何なる内容の履行請求もできないが、後に許可を得るとその契約は遡及して有効になるから、許可後に新しく契約を結ぶ必要はないと判示した。

第3章　憲法裁判所の決定

4　法務士法施行規則事件

〈憲裁1990.10.15. 89憲マ178　法務士法施行規則に対する憲法訴願、判例集2、365〉

(1)　事件の背景

この事件は、法務士（司法書士）試験を法院行政処長の裁量で実施するよう定めた法務士法施行規則第3条第1項について職業選択の自由及び平等原則に反するとして違憲と決定されたものである。法務士法第4条は法院・憲法裁判所・検察庁で、7年以上、法院主事補か検察主事補以上の職に就いたことのある者または5年以上、法院・憲法裁判所・検察庁で法院事務官か検察事務官（検察の捜査事務官を含む）以上の職についたことのある者で法務士業務の遂行に必要な法律知識と能力を備えていると大法院長が認めた者および法務士試験に合格した者に法務士資格を与えると定め（1項）、法務士の資格認定および法務士試験の実施について必要な事項は大法院規則で定める（2項）となっていた。

しかし、上の規定を根拠とした法務士法施行規則（1990.2.26. 大法院規則1108号）第3条第1号は法務士試験について「法院行政処長は、法務士を補充する必要があると認められる場合には、大法院長の承認を得て法務士試験を実施することができる」と定めていて、大法院は法院や検察の退職公務員だけで法務士需要に充分応じられるという理由で建国以後法務士試験はただ3回しか行われていなかった。

請求人は法務士事務所の事務員として働きながら法務士試験に備えてきたが、法務士法施行規則第3条第1項は法務士試験を定期的に実施するよう定めた法務士法第4条第1項第2号の趣旨に反して、法務士試験の実施如何を法院行政処長の自由裁量にまかせることでもって、法院行政処長が法定期間以上を勤務して退職した法院公務員や検察公務員だけでも法務士の充員に支障がないという理由で法務士試験を実施していないと主張し、そこで法務士法施行規則第3条第1項は法務士試験を受ける機会を剥奪することでもって平等権を侵害したとして憲法訴願審判を請求した。

(2)　決定の主要内容

憲法裁判所は次のように大法院規則も憲法訴願審判の対象になりうるとし、

第4節　経済・財産権・租税関係に関する決定

法務士法施行規則第3条第1項が平等権と職業選択の自由を侵害して憲法に違反すると決定した。

　憲法第107条第2項の定めている大法院の命令・規則に対する最終的な違憲審査権は具体的な訴訟事件において命令・規則の違憲如何が裁判の前提になった場合、法律の場合とは異なり、憲法裁判所に提請することなく、大法院が最終的に審査しうるという意味であるだけで、命令・規則自体によって直接基本権が侵害されたことを理由にして憲法訴願を請求するのは、上の憲法規定とは何ら関係なく、可能である。そして、憲法裁判所法第68条第1項の定めている憲法訴願審判の対象としての「公権力」とは立法・司法・行政などすべての公権力をいうものであるので、立法府の定めた法律、行政府の定めた施行令や施行規則及び司法府で定めた規則などは、それらの執行を待つまでもなく、直接基本権を侵害する場合にはすべて憲法訴願の対象になりうる。

　法務士法第4条第1項が法院・憲法裁判所・検察庁の退職公務員だけではなく法務士試験に合格した者にも法務士資格を認めた趣旨は、憲法上の平等の原則の下に、すべての国民に法務士資格の門戸を公平に開き、国民だれもが法の定めた試験に合格した者は法律上の欠格事由のない限り、法務士業を選択して、それを営むことができるようにすることでもって、特定人や特定集団による特定職業または職種の独占を排除し、自由競争を通じて個性を伸張させる手段として、すべての国民に憲法第15条の職業選択の自由を保障するところにある。

　法務士法第4条第1項第2号で法務士試験に合格した者に資格を認めるのは法務士試験が合理的な方法で必ず実施されることを前提にするものであり、したがって法務士法第4条第2項が大法院規則で定めるように委任した、いわゆる「法務士試験の実施について必要な事項」というのは、試験実施に関する具体的な方法と手続を意味するものであって、試験実施の可否までも大法院規則で定められるということではない。

　それにもかかわらず、法務士法施行規則第3条第1項は法院行政処長が法務士を補充する必要がないと判断すれば法務士試験を実施しなくてもいいというものであって、上位法である法務士法第4条第1項によって、請求人をはじめすべての国民に与えられた法務士資格取得の機会を下位法である施行規則で剥

奪して法院・検察庁などの退職公務員に独占させることになり、これは結局、大法院が規則制定権を行使することに際して、委任立法の限界を逸脱して請求人やその他の法務士資格を取得しようとするすべての国民の憲法第11条第1項の平等権と憲法第15条の職業選択の自由を侵害するものである。

(3) 事後経過

命令・規則の違憲如何が裁判の前提になる場合に最終的な違憲審査権を大法院に委ねている憲法第107条第2項の解釈をめぐって、従来、憲法裁判所も命令・規則に対する違憲審判権を持つのかということについて議論があったが、この事件で命令・規則が直接国民の基本権を侵害する場合にはこれに対する違憲如何の審判権が憲法裁判所にあることを明らかにし、そのような前提から初めて大法院規則に対して違憲宣言をしたものであって、重大な意味のある決定であった。

大法院はこの決定が下されるやいなや命令・規則の違憲審査権に関する法院行政処憲法研究班報告書を公表して、公式的に憲法裁判所の決定に異議を提起した(『法律新聞』199.11.26.)。その報告書の要旨によれば、憲法第101条は大法院が司法権を司る最高法院であることを定め、憲法第107条第2項は法律でない下位法令、即ち命令・規則に対する違憲可否審査権は大法院をはじめとした一般法院に専属し、それまでの大法院判例と学説によれば、命令・規則が国民の権利を直接侵害する場合には、それ自体が行政訴訟の対象になり得るので、したがって補充性の原則のため行政訴訟を経なければならないし、もし憲法裁判所が命令・規則に対する違憲審査権まで行使しようとすれば前もってこれを担うに相応した組織と構造を備えるべきであるという内容であった。

法曹界と学界の見解は分かれた。一部の見解は大法院の立場を支持したが(權寧星『人権と正義』1991年2月号；李尚圭『考試研究』1991年1月号；尹容燮『法律新聞』1990.11.1.；朴一煥『人権と正義』1991年2月号；金台鉉『法律新聞』1991.1.14)、多くは憲法裁判所の決定を支持した(金南辰『法律新聞』1991.4.4；金日秀『中央日報』1990.11.10.；金学成『判例月報』1991年7月号；李石淵『人権と正義』1991年4月号；李承祐『人権と正義』1991年2月号；黄致淵『考試研究』1991年2月号など)。

憲法裁判所の決定を支持する見解は、憲法第107条第2項の規定の反対解釈

により、裁判の前提になっていない場合には命令・規則に対する憲法訴願審判権を有するという解釈が可能であり、また第107条第2項の「最終的に」という法文の意味は審級構造上大法院が最終審を担うという意味であって、決して憲法裁判所に対する関係でも最終的に違憲審査ができるということではないという理論（李石淵『人権と正義』1991年4月号）、憲法第107条第2項は法律以下の規範審査について定めながらも規範でない処分がその中に含まれている反面、自治立法（条例・規則）については言及していないなど矛盾が多いのでこの条項を絶対視してはならず、憲法改正を通して修正するか削除すべきであるとか、基本権を侵害する命令・規則は処分性を有するので行政訴訟を経るべきであるという大法院の立場については、基本権を侵害する命令・規則をすべて処分として扱うことはできないばかりでなく、規範としての命令・規則が直接基本権を侵害する事例も多い（金南辰『法律新聞』1991.4.4.）という点などをあげて大法院の論理の矛盾を指摘している。

　法院行政処はこの決定があってからほぼ2年後である1992年7月19日に第1回法務士試験を実施し、1998年までに4回実施された。

　この決定は公権力行使の形態である命令・規則、特に大法院規則についても憲法裁判所に憲法訴願審判を請求できることを明らかにし、その後、命令・規則に対する直接的な憲法訴願が可能であるという判例を定着させる契機になり、より効率的な基本権救済が可能になった。

5　国有雑種財産時効取得事件

〈憲裁1991.5.13. 89憲カ97　国有財産法第5条第2項の違憲審判、判例集3、202〉

(1) 事件の背景

　この事件は、国有財産のうち雑種財産を民法上の時効取得の対象から除外している国有財産法第5条第2項が憲法に違反すると決定した事件である。

　国有財産法（1976.12.31. 法律2950号）第5条第2項は、「国有財産は民法第245条の規定にもかかわらず時効取得の対象にならない」と定めていて雑種財産も民法上の時効取得の対象にならないものと解されていた。

　提請申請人は京畿道所在の林野を1961年ごろから占有・管理してきたが、

第3章　憲法裁判所の決定

国家が1987年にこの林野を国家財産として所有権保存登記するや、水原地方法院麗州支院に国家を相手どって時効取得を原因とする所有権保存登記の抹消登記手続の履行を求める訴えを提起し、国有財産のうち雑種財産を民法上の時効取得の対象から除外している国有財産法第5条第2項が憲法第11条第1項の平等原則及び第23条第1項の財産権の保障規定に反すると主張し、違憲法律審判提請を申請した。同法院はこれを受け入れ、憲法裁判所の上の法律条項について違憲法律審判を提請した。

(2) 決定の主要内容

憲法裁判所は次のように裁判官6人の多数意見で雑種財産の売却などの性格を論じたあと、国有財産法第5条第2項を同法の国有財産のうち雑種財産に対して適用するのは憲法に違反するという決定を下した。

雑種財産は行政財産や保存財産とは異なり、それが有する経済的価値に従い、売買・賃貸など私経済秩序の一般原則が支配される私的取引の対象になるため、国家も一般権利の主体である法人として私人と対等な権利関係が形成され、法律行為によって権利変動の効果が生ずるのであるから原則的に私法の適用を受ける。

国家が国有財産のうちの雑種財産について売却または貸付する行為自体は国家が私経済の主体として行う私法行為であり、その権利関係もまた私法上の権利関係として一般に民事法の適用を受けるものであるならば、国家も個人と対等に他人の財産を時効取得を原因として権利を取得することができるように、個人も国有雑種財産を時効取得を原因としてその権利を取得すべきである。

結局、国有財産法第5条第2項が同法の国有財産のうち雑種財産に対してまで時効取得の対象にならないと規定したのは、私権を規律する法律関係においては相手が誰であるかによって差別扱いをしてはならず、たとえ国家であっても国庫作用による民事関係においては私経済の主体として私人と対等に扱われるべきであるという憲法の基本原理に反するし、国土の効率的でかつ均衡のとれた利用及び開発と保全のための手段でもないことが明らかであるので、立法裁量上の比例原則にも反し、憲法第37条第2項によって国民の基本権が制限され得る例外措置の理由にも当たらないにもかかわらず、国家だけを優遇して一般国民を合理的根拠なしに差別扱いすることで過剰制限禁止の原則にも反す

第4節　経済・財産権・租税関係に関する決定

る不平等な過剰立法であるから、憲法第11条第1項、第23条第1項及び第37条第2項に違反する。

これに対して、曺圭光、卞禎洙、金亮均裁判官は、国有の不動産は全体国民の福祉のために特に保護しなければならない国家の基本財産であるので、国有財産の私有化による浸食を防止し、国有財産管理の効率性を図るために時効取得制度を排除すべきであるという反対意見を示した。

(3)　事後経過

憲法裁判所のこの決定について、国家と個人との間の経済的な私法関係においてこれまでの個人より国家を優先視する国家優越主義に歯止めをかけたという評価があった(『韓国経済新聞』1991.5.14.)。

この違憲決定により、20年以上、国有財産のうちの雑種財産を占有してきた人は国家を相手にして法院に所有権移転登記請求訴訟を提起して民法上の時効取得要件に該当すれば所有権を認められるようになった。一方、法院では憲法裁判所の違憲決定の遡及効の及ぶ、いわゆる当該事件の範囲をどこまで広げるかが問題になった。法院は違憲提請された当該事件についてのみ違憲決定の遡及効を認めていたが、主に公平性の観点から次第にこの違憲決定の効力の及ぶ訴訟事件の範囲を広げていき、違憲決定以後に訴訟が提起された事件についても違憲決定の遡及効が及ぶと判示した(大法院1993.1.15.宣告92ダ12377判決等)。これによれば、違憲決定以後に提起された請求も認容されることになった。

この違憲決定が下された後、国会は1994年1月5日法律4698号で国有財産法第5条第2項に但書を新しく設けて、「国有財産は、民法第245条の規定にもかかわらず時効取得の対象にならない。ただし、雑種財産の場合には、その限りでない」と改正して違憲的要素を排除した。

6　火災保険加入強制事件

〈憲裁1991.6.3.　89憲マ204　火災による災害補償及び保険加入に関する法律第5条第1項に対する違憲訴願、判例集3、268〉

(1)　事件の背景

この事件は、一定の建物の所有者に特定保険の加入を強制している火災よ

る災害補償及び保険加入に関する法律第5条第1項が一定の範囲内で契約自由の原則に反すると決定した事件である。

火災による災害補償及び保険加入に関する法律（1973.2.6. 法律第2482号）第5条第1項本文は、同法第2条第3号カ目に定めた4階以上の建物など特殊建物の所有者に損害賠償責任の履行のために、その建物を損害保険会社が経営する身体損害賠償特約付火災保険に加入しなければならないと規定していた。

請求人はソウル所在の4階建物を所有する者で、この建物について損害保険共同引受協定を結んだ火災保険会社らを代理した韓国火災保険協会と身体損害賠償特約付火災保険契約を結び、保険料を支払った。請求人はソウル地方法院南部支院に韓国火災保険協会を被告として上の保険料の払い戻しを求める訴えを提起すると同時に、上の法律条項について違憲法律審判提請を申請したが、棄却されるや憲法裁判所に憲法訴願審判を請求した。

(2) 決定の主要内容

憲法裁判所は次のように裁判官7人の多数意見で契約自由の原則の憲法上の根拠を示しながら、火災による災害補償及び保険加入に関する法律第5条の「特殊建物」に同法第2条第3号カ目の定める「4階以上の建物」を含めるのは憲法に違反するという部分違憲決定を下した。

契約自由の原則というのは、契約を結ぶか否か、結ぶならばどのような内容の、どのような相手との関係で、どのような方式で契約を締結するかは当事者自らが自己意思で決定するという自由だけではなく、結びたくない契約を結ばない自由、すなわち結びたくない契約の締結は法や国家によって強制されない自由をいい、これは憲法第10条前段の幸福追求権のなかに含まれた一般的な行動の自由権から派生すると言えよう。

火災による災害補償及び保険加入に関する法律第5条第1項が同法第2条第3号カ目の定める「4階以上の建物」を無条件に身体損害賠償特約付火災保険契約の強制加入が必要な特殊建物に含ませたことは、営利追求を目的とする保険会社との私的な保険契約締結の強制となり、契約自由の原則に対する制約であると同時に憲法上の一般的な行動の自由権の制限となるので、憲法第34条第6項によって正当化される制度としても認めがたいため基本権制限に関する原則に反すると言えよう。

第4節　経済・財産権・租税関係に関する決定

　また上の法律第5条第1項の保険加入の強制は、体系不調和の問題点があり、基本権侵害の要素がなくはない制度であるので、個人の経済上の自由と創意の尊重を基本とする経済秩序下ではあくまでも例外的に厳格な要件下でのみ認められるべきで、このような法は目的達成のために最小限の範囲内に限られるべきであると同時に他の合憲的な代替手段があればそれを採用すべきであって、いたずらに拡大立法することは過剰禁止原則に合致しない。

　結局、上の法律第5条第1項で4階以上の建物について画一的に保険加入を強いたことは、その限度で憲法第37条第2項によって正当化されえないものであり、必要やむを得ない制限ではなく、したがって憲法第10条、第11条、第15条、第23条、第34条第1項及び第119条第1項に違反する。

　これに対して、卞禎洙、金亮均裁判官は、財産的・経済的権利に関する合憲性の判断の基準は身体及び精神作用と関連した人身保護のための基本権などに対する制限の場合とは異なり、国家の裁量の範囲を比較的広く認めることが現代国家の流れであり、これが二重基準の原則であるとして、反対意見を示した。

(3)　**事後経過**

　この決定は契約自由の原則が憲法上の幸福追求権のうちの行動の自由の範囲に属することを宣言し、法で契約を強制するのは立法目的を達成する適正な手段になり得ないという点を明らかにすると同時に、基本権を制約する立法は過剰禁止原則を厳格に守るべきであるという点を明らかにしたところにその意義がある。

　ちなみに当時この決定によって火災保険加入義務が免除されることになった建物は2万5千余件で、それに該当する保険額は160億ウォンに達したものと推定された（『中央経済新聞』1991.6.4.）。

　この決定以後、政府は火災による災害補償及び保険加入に関する法律を直ちに改正する代わりに、その施行令(1991.9.3. 大統領令13459号)を改正して、第2条第1項第13号で4階以上の建物を「6階以上の建物で延べ面積1千平方メートル以上の建物」に変更した。

　1997年1月13日になってようやく国会は法律第5258号として火災による災害補償及び保険加入に関する法律を改正して、第2条（定義）第3号で「特殊

283

建物」を「国有建物・教育施設・デパート・市場・医療施設・興行場・宿泊施設・工場・共同住宅その他多数人が出入りまたは勤務したり、居住する建物で大統領令で定める建物」と定めて「4階以上の建物」を除外した。そして政府は同法施行令を再び大統領令15392号（1997.6.13.）で改正して、火災保険加入が義務化された特殊建物の範囲を3千平方メートル以上である各種建物、16階以上のアパート及び附属建物、階数が11階以上である建物などの大型建物に限る方向で縮小した。

7 ビリヤード場出入禁止標識事件

〈憲裁1993.5.13. 92憲マ80 体育施設の設置・利用に関する法律施行規則第5条に対する憲法訴願、判例集5-1、365〉

(1) 事件の背景

この事件は、一定の年齢に達していない者に対するビリヤード場の出入禁止標識の義務を定めた体育施設の設置・利用に関する法律施行規則第5条が職業選択の自由を侵害し、違憲であると決定した事件である。

体育施設の設置・利用に関する法律施行規則（1992.2.27. 文化体育部令第20号で改正されたもの）第5条の体育施設業の施設、設備、安全管理及び衛生基準欄に載っているビリヤード場欄には「出入口に18歳未満の者の出入りを禁止する内容の標識を付けなければならない」と定めていた。

請求人は体育施設の設置・利用に関する法律に基づきソウル特別市長に体育施設の届出を出してビリヤード場を営んでいる者で、上の施行規則の内容が請求人の職業選択の自由を侵害すると主張し、憲法訴願審判を請求した。

(2) 決定の主要内容

憲法裁判所は、次のように、体育施設の設置・利用に関する法律施行規則第5条の中でビリヤード場経営者に出入口に18歳未満の者の出入りを禁止する内容の標識を付けるようにしたのは違憲であるという決定を下した。

体育施設の設置・利用に関する法律施行規則第5条は、法令が直接、請求人にそのような標識を付けるべき法的義務を課した事例に当たる場合であって、その標識によって18歳未満の者に対するビリヤード場出入りを阻止する事実上の規制力を持つようになるものであるから、これは結局その掲示義務規定に

第4節　経済・財産権・租税関係に関する決定

よってビリヤード場を利用する一定範囲の顧客を営業対象から除外してしまう結果になる。したがって、上の法令条項は請求人を含めたすべてのビリヤード場経営者の職業従事（職業遂行）の自由を制限して憲法上保障されている職業選択の自由を侵害している。

体育施設の設置・利用に関する法律および同施行令でビリヤード場営業にのみ特別に18歳未満の者の出入禁止標識規定を置いて営業の対象範囲に一定の制限を加えることは、上の法律に明示されている国会の立法意思に照らしてみるとき合理的であると言うことが困難であるし、他の体育施設と比較してみても合理的な差別であるとも言い難いために、体育施設の設置・利用に関する法律施行規則第5条は合理的な理由なく体育施設業のなかのビリヤード場経営者に対してのみ営業対象者の範囲において差別を強いるものであって、憲法第11条第1項の定める平等権を侵害したものである。

またビリヤード場に対する出入の規制ないし封鎖は、法律または法律が具体的に明確な範囲を定めて委任した法規命令によってのみはじめて可能であるから、上の法令条項は母法の委任のない事項を定めたもので、結局委任の範囲を逸脱したものである。

(3)　事後経過

ビリヤード場はもともと遊技場に分類され、青少年の出入りが禁止されていたが、体育施設の設置・利用に関する法律により一種の体育施設として新しく定義されたのである。しかし、これまで国民の目にはビリヤード場利用を青少年に開放するのはあまり望ましいことではないものと映った。

この事件の決定については、ビリヤード場で青少年の非行行為が行われる可能性が存するにもかかわらず青少年の出入りを許したことは青少年教育に否定的な影響を及ぼすという反対意見（『国民日報』1993.5.14；『東亜日報』1993.5.14.）と、ビリヤードと関連した脱法行為が問題であって、ビリーヤドそれ自体は青少年にも許容するのは当然であるという意見（『韓国経済新聞』1993.5.15）があった。

ところが憲法裁判所はこの事件でビリヤード場が青少年にも開放されること自体に対する憲法的判断を下したというよりは、母法の規定を逸脱した下位法である同規則を憲法の定める法体系上の原則に基づいて違憲であると宣言した

285

第3章　憲法裁判所の決定

ものである。

この事件の審判対象である体育施設の設置・利用に関する法律施行規則第5条は1994年6月17日に全文改正され（文化体育部令第12号）、「出入口に18歳未満の者の出入りを禁止する内容の標識を付けなければならない」という内容は削除された。

他方、憲法裁判所は1996年2月29日94憲マ13決定（判例集8－1、126、138）で風俗営業の規制に関する法律施行令第5条第6号（1994.7.23. 大統領令14336号で改正される前のもの）がカラオケ場に18歳未満の者の出入りを禁止するのは、カラオケ場業者に対する職業行使の自由を制限するものではあるが、目的の正当性と方法の適正性が認められるだけでなく、被害の最小性及び法益の均衡性の原則にも反しないので、この法令が過剰禁止の原則に反して請求人の職業行使の自由を侵害したものとは言えないと判示した。また憲法裁判所は、この法令がカラオケ場に対して18歳未満の者の出入りを禁止しているのはカラオケ場の環境的特性や青少年の精神的・身体的成熟の程度などを考慮したものであって、このような制限をもってカラオケ場業者を合理的理由なく恣意的に差別しているといえないので平等原則にも反しないと決定した。

8　国際グループ解体事件

〈憲裁1993.7.29. 89憲マ31　公権力行使による財産権侵害に対する憲法訴願、判例集5－2、87〉

(1)　事件の背景

この事件は、国際グループ解体のために行われた一連の公権力の行使が権力的事実行為でもって企業活動の自由と平等権を侵害したものであるとして、違憲であるという決定を下した事件である。

請求人は、株式会社国際商事を主力企業として20余りの会社を系列企業とした、いわゆる国際グループの創業者として国際グループ系列社の株式を所有していた。ところが1985年第5共和国政権下で国際グループの主な取引銀行である株式会社第一銀行が国際グループの解体方針を発表し、その後一連の後続措置がとられて、国際グループは解体されたのであるが、国際グループの解体は憲法上の自由民主的経済秩序に対する官治行政のモデルであるかのように

第4節　経済・財産権・租税関係に関する決定

人口に膾炙され、その純粋性および正当性について疑いが持たれてきたところであった。

請求人は、第5共和国当時、財務部長官が大統領に報告し、その指示を受けて国際グループの解体と引受会社を決定したあと、第一銀行長などをして国際グループ系列社に対する銀行資金管理に着手させて、系列社の処分権を委任させるなど、解体準備を指示すると同時に、国際グループ解体に関する言論への公表を指示する一連の公権力の行使によって請求人の憲法上の基本権を侵害したと主張し、公権力行使の取消しを求める憲法訴願審判を請求した。

(2)　決定の主要内容

憲法裁判所は次のように裁判官8人の多数意見で憲法訴願審判請求の適法性を認め、政府が国際グループ解体のために行った一連の公権力の行使は権力的事実行為でもって請求人の企業活動の自由と平等権を侵害したものであるので違憲であるという決定を下した。

国家の公権力が私企業である銀行の自律に任せないでその経営に家父長的かつ積極的に介入することは企業自らの問題解決能力、すなわち自生力を麻痺させるだけではなく、市場経済原理への適応力を萎縮させるもので、これは企業の経済上の自由と創意の尊重を基本とする憲法第119条第1項の規定に合致しない。政府が法律上の根拠なしに私企業の経営に介入して強制的に経営権を第三者に移転する公権力の行使は、憲法第126条の定める個人企業の自由と経営権不干渉の原則に直接的に違反するものである。

どのような理由があるにせよ、国民の権利を制限し、義務を課することは予測可能な法律に根拠を置くべきであり、これは企業の経営に介入し制限しようとする場合にも同じであると言えるので、法律上の根拠のない公権力の行使は法治国家的手続に違反し、また法律上無権限の恣意的な公権力の行使であったという点で憲法第11条の定める平等原則の派生原理である恣意禁止の原則にも反している。

したがって、財務部長官が大統領に建議、報告して、その指示を受けて、請求人の経営する国際グループを解体することに基本方針を決め、その引受会社を決定したあと、これを実行するために第一銀行長などに指示して国際グループ系列社に対する銀行資金管理に取り組ませ、また同銀行に処分権を委任させ

287

第3章　憲法裁判所の決定

るなどの解体準備をすると同時に財務部長官の作った「国際グループ正常化対策」といった表題の報道資料に基づき、第一銀行の名でマスコミに公表させるなど、国際グループ解体のために行った一連の公権力の行使は憲法上の法治国家の原理、憲法第119条第1項、第126条、第11条の規定に違反し、請求人の企業活動の自由と平等権を侵害したものである。

これに対して崔光律裁判官は、この事件の審判請求権は請求期間を徒過したという理由で却下意見を示した。

(3) 事後経過

この決定は、法治主義の意味を明らかに宣言し、法の前の平等、市場経済秩序の意味を確立した決定であるという点で韓国の法治主義発展過程において重要な意味を持つものである。決定直後、マスコミではこの決定の意味と影響について深い関心を見せた。

新聞の社説は、この決定は大統領を頂点とする政府と国民経済の核心主体である企業にとって重要な意味があるが、その1つは、たとえ大統領の権限行使であっても憲法の枠内で合法的手続を経て行われるべきであって、法治行政の遵守が要求されるということであり、もう1つは個人企業の自由と政府の経営不干渉の原則がことさら強調されることで、まさに両者の関係は市場経済の原理に相応しい関係になるよう、自らの努力と責任意識がさらに必要となったということである（『中央日報』1993.7.30.）。

この決定において、第一銀行長を通して行われた国際グループの解体がなぜ公権力的事実行為による基本権侵害に当たるかについての憲法理論的論証として、いわゆる'延長理論'が提示された。すなわち、財務部長官が第一銀行長に行った強圧的な指示という権力的事実行為がまず第一銀行の基本権を侵害し、このような第一銀行の基本権侵害の直接的な延長効果として請求人の基本権が侵害されたものと理論構成できるという見解である（許榮『判例月報280号』1994年1月号）。

この決定に従い、国際グループ創業者である請求人には解体された企業を取り返せる可能性が開かれた。しかし、その後の一連の進行過程は必ずしも請求人に有利ではなかった。1994年5月4日、ソウル高等法院は、請求人が韓一合繊を相手に起こした株式引渡し控訴審で、その株式に対する売買契約は無効

第4節　経済・財産権・租税関係に関する決定

ではなく、取り消すこともできないという理由で原告敗訴判決を下した。法院は、政府が法的根拠なしに企業活動の自由を侵害したのは間違いではあるが、このような事実のみで個人間の契約まで社会秩序に反した不公正な法律行為であると見ることはできないと判示した。しかし、この判決は、公権力の濫用が国際グループの解体を招いたので違憲であるという憲法裁判所の違憲決定の内容が株式引渡契約という私法行為の核心的前提として内在されていることを軽く評価することでもって、結局、民法上の無効事由に対する一般条項の解釈に憲法上の基本権的価値を充分に反映し得なかったものと言うことができる。

一方、請求人は全斗煥前大統領と国際グループを引き受けた企業代表らを業務上背任、恐喝、強盗などでソウル地方検察庁に告訴したが、1994年9月13日に嫌疑なしという決定を受けた。新韓投資金融株式返還訴訟では請求人側が勝訴した。すなわち、1994年12月13日、大法院は国際グループ解体当時、新韓投資金融株式が第一銀行に譲渡されたのは強迫によるものであったので、第一銀行の前所有者金ゾンホに株式130万株を返還するよう判決した。

9　買戻し期間制限事件

〈憲裁 1994.2.24. 92憲カ15等　公共用地の取得及び損失補償に関する特例法第9条第1項違憲提請、判例集6－1、38〉

(1) 事件の背景

この事件は、土地の買戻し期間を制限した公共用地の取得及び損失補償に関する特例法第9条第1項が憲法に違反しないと決定した事件である。

公共用地の取得及び損失補償に関する特例法（1991.12.31. 法律4484号で改正されたもの）第9条第1項は「土地等の取得日から10年以内に当該公共事業の廃止・変更その他の事由によって取得した土地等の全部または一部が必要でなくなった場合には、取得当時の土地等の所有者またはその包括承継人（以下「転売権者」という。）は、必要でなくなったときから一年または取得日から10年以内に土地等について支給された補償金の相当金額を事業施行者に支給してその土地等を買戻すことができる」と定めていた。

提請申請人たちは昌原市にそれぞれ土地を所有していたが昌原工業基地第2団地工場敷地造成事業の施行者である産業基地開発公社は上の公共事業の鉄道

第3章　憲法裁判所の決定

敷地として必要であるとして上の法律に基づいて1978年頃提請申請人たちから上の土地を協議取得して1979年8月16日頃までにその名義で所有権移転登記を完了したが、それから約3年後、上の土地の一部分のみが上の公共事業の鉄道敷地として利用されただけで、1990年11月23日にその造成事業は完了された。

ここに提請申請人たちは、昌原地方法院に上の産業基地開発公社の財産と権利義務を包括承継した韓国水資源公社を被告として上の工場敷地造成事業に利用されなかった土地は1990年11月23日をもって上の公共事業に必要でなくなったので、その日から1年以内に訴状送達でもって買戻しの意思表示をした提請申請人たちに該当補償金相当額を受領すると同時に同法第9条第1項の買戻しを原因とするその土地等に関する土地所有権移転登記手続を履行しろという内容の民事訴訟を提起するとともに、上法律条項の買戻し要件のうち取得した土地等の全部または一部が当該公共事業に必要でなくなったときの期限を「土地等の取得日から10年以内」に制限している部分は国民の財産権を侵害するものであって違憲であると主張し、違憲法律審判の提請を申請し、上の法院がこれを受け入れ、憲法裁判所に違憲法律審判を提請した。

(2)　決定の主要内容

憲法裁判所は次のように公共用地の取得及び損失補償に関する特例法上の協議取得の法的性格を述べたあと、同法第9条第1項の「土地等の取得日から10年以内」という部分は憲法に違反しないと判示した。

公用収用は憲法第23条第3項に定められているとおり、国民の財産をその意思に反して強制的にでも取得しなければならない公益があること、法律によること、正当な補償を支給すること、の要件を備えなければならないから、いったん公用収用の要件が整い、収用手続が終了したとしても、その後に収用の目的である公共事業が施行されなかったり、または収用された財産権が当該公共事業に必要でなくなるとか、利用されなかったならば、収用の憲法上の正当性と公共事業施行者による財産権取得の根拠が将来に向かって消滅すると見なければならない。

したがって、収用された土地が当該公益事業に必要でなくなったとか、利用されなかった場合に、被収用者がその土地所有権を回復し得る権利、即ち土地

第4節　経済・財産権・租税関係に関する決定

収用法第71条の定める買戻し権は憲法上の財産権補償規定から導かれるもので、憲法の保障する財産権の内容に含まれる権利であると言えるし、またこの権利は被収用者が収用当時既に正当な補償を受けたという事実により否定されない。その理由は、被収用者が正当な補償を受けることはただ収用要件の中の1つにすぎないものであって、被収用者が損失補償を受けて所有権の剥奪を受忍する義務は、その財産権の目的物が公共事業に利用されることを前提にしているからである。

公共用地の取得および損失補償に関する特例法による協議取得は、たとえ法形式においては私法上の売買契約の形式をとっていても、協議取得の過程では同法第5条、第6条など様々な公法的規制があり、同法の背後には土地収用法による強制取得方法が事実上、後続措置として控えていて、土地などの所有者としては協議に応じないと直ちに収用されるという心理的強迫感によって実際にはその意思に反して協議に応ずることが多いのであるから、上の協議取得は憲法第23条第3項の定める「財産権の収用」と同一に扱うのが相当である。このように解釈するのがより現実を直視して、公権力が私法上の法律行為形式を借りて憲法の財産権（基本権）保障機能を弱化ないし形骸化するなどの様々な反憲法的事態が生ずるのを防ぎ得る健全な憲法解釈であると言うべきであるので、上の特例法第9条の買戻し権も土地収用法第71条の定める買戻し権と同様に、憲法の保障する財産権の内容に含まれる権利と言えるのである。

しかし、上の特例法第9条第1項の定める「土地等の取得日から10年以内」という買戻し期間の設定は必要であり、またその期間があまりにも短くて適切ではないとも言えないので、国民の財産権の保障に関する憲法上の基本理念に触れないと言うべきである。

これに対して曺圭光、韓炳寀、金亮均裁判官は上の特例法による協議取得は単に私法上の売買にすぎないので、同法上の買戻し権もやはり憲法上の要請に従い従前の所有者に保障される権利ではなく、ただ従前の所有者の感情と公平の理念を考慮して、公共事業に必要な土地の円滑な調達のために立法政策上認められた権利にすぎないと考えるべきで、その買戻し権の内容と要件をどのように定めるかの問題は原則的に立法者の裁量に属することで憲法上の財産権保障規定の侵害の問題ではないのであるから、上の特例法第9条第1項は憲法に

第3章 憲法裁判所の決定

違反しないという趣旨の別個の意見を提示した。

(3) 事 後 経 過

この事件決定後、憲法裁判所は1995年2月23日92憲マ256等、徴発財産整理に関する特別措置法第20条の2第1項違憲確認事件で徴発財産整理に関する特別措置法第20条の2第1項による買戻し権も憲法第23条第1項の保障する財産権の内容に含まれる権利であると判示した。その決定理由を見ると、徴発財産整理に関する特別措置法による土地などの買受けは、既に徴発法施行当時、徴発された財産のうちで軍事上緊要であり軍が継続して使う必要のある私有財産を国家が買い受けするものとして、その売買手続において徴発売買は被徴発者が国防部長官の買受け通知に応じなくても国防部長官の買受け決定によって一方的に成立することになっているので、徴発売買は売買という法形式とは関係なく実際には憲法第23条第3項による公用収用に該当するからであるということであった。徴発財産整理に関する特別措置法第20条の2第1項による買戻し権も憲法第23条第1項の保障する財産権の内容に含まれる権利であることを確認した決定は、上の決定をはじめ1996年4月25日95憲バ9の徴発財産整理に関する特別措置法第20条第1項違憲訴願事件の決定に至るまで6件に達する。

憲法裁判所の上の決定は土地収用法の定める買戻し権が憲法上の財産権保障規定から直ちに導かれる権利であることを認めるものであるに止まらず、公共用地の取得及び損失補償に関する特例法及び徴発財産整理に関する特別措置法の定める買戻し権までも憲法の保障する財産権の内容に含まれる権利であると判示しているところ、これは公権力が私法上の法律行為形式を借りることでもって憲法の財産権保障機能を弱化ないし形骸化させる事態を防止したという点で、現実を直視して、国民の財産権を実質的に保障するのに寄与した決定であるという評価を受けている。

10 土地超過利得税事件

〈憲裁1994.7.29. 92憲バ49等 土地超過利得税法第8条、第10条等、違憲訴願、判例集6−2、64〉

(1) 事件の背景

第4節　経済・財産権・租税関係に関する決定

　この事件は1989年、継続する地価の高騰と投機の悪循環、それに伴う貧富の格差の深化と国民の間の異質感の形成を是正するために制定された土地超過利得税法の規定等が土地所有者の財産権を侵害して、租税法律主義に反するとして、土地超過利得税法の全部が憲法に合致しないという決定を下した事件である。

　土地超過利得税法（1993.6.11. 法律4563号で最終的に改正されたもの）第8条第1項は個人が所有する土地のうち土地超過利得税の課税の対象として、無許可建築物の附属土地（第4号夕目）、賃貸に用いている土地（第13号）などを規定し、同法第10条は利得税の税額計算方法を定め、同法第11条は実現していない仮想利得に対して課税する土地超過利得税の課税標準及び地価算定方法を定め、同法第12条は50％の単一比例土地超過税率を定め、同法第22条は税務所長が納税義務者の申請により物納を受けることを許容する規定を置いていた。

　請求人たちは、自分たちの所有する敷地に対して管轄税務所長が土地超過利得税法第8条第1項第4号夕目及び同条第1項第13号で定めている遊休土地などに該当するとして請求人に土地超過利得税を賦課・告知するや、ソウル高等法院に上の土地税賦課処分の取消しを求める行政訴訟を提起した。そして請求人たちは上の法律第8条、第11条、第12条等は租税法律主義を定めている憲法第38条及び第59条と憲法上の経済秩序条項である第119条に違反し、また財産権の保障に関する憲法第23条にも違反するという理由で、上の法院に違憲法律審判提請を申請したが棄却されるや、憲法裁判所に憲法訴願審判を請求した。

(2)　決定の主要内容

　憲法裁判所は次のように土地超過利得税法が憲法に違反するとしながらも、単純違憲決定をする場合に起こりうる問題を考慮して、同法に対して憲法に合致しないという憲法不合致決定を下した。

　課税対象である資本利得の範囲を実現された所得に限るべきか、あるいは未実現利得も含ませるべきかは、課税の目的、課税所得の特性、課税技術の問題などを考慮して判断するべき立法政策の問題であって、憲法上の租税概念に抵触するとかそれと両立しえない相矛盾するものと見ることはできない。

293

第 3 章　憲法裁判所の決定

　課税標準条項である上の法律第 11 条についてみると、同法上の基準地価は国民の納税義務の有無および範囲と直接的な関係を持っている重要な事項であるのでこれを下位法規に白紙委任せずにその大綱だけであってもその法律自体に直接規定すべきであるにもかかわらず、同法第 11 条第 2 項がその基準地価を全く大統領令に委任したのは憲法第 38 条及び第 59 条が闡明している租税法律主義または委任立法の範囲を具体的に定めることを要求している憲法第 75 条の趣旨に違反するのであるが、性急に上の条文を無効であるとした場合、税務行政全般に大きな混乱が起りかねないので、上の条項については違憲宣言をする代わりにこれを早急に改正するよう促すのが相当である。

　地価算定方法について見ると、全国の標準指数が低く、標準地選択の幅があまりにも狭いだけではなく、個別地価の調査・算定業務をこれといった専門知識もない下位の行政機関の公務員に担わせている現行の行政実態の下では、土地超過利得の計測手段の構造的な欠陥によって、土地超過利得税が利得に対する課税ではなく元本に対する課税になってしまう危険性が高まり、結局、憲法の保障している国民の財産権を不当に侵害する蓋然性が大きくならざるを得ないので、関係当局に対して地価算定に関連した法規の整備とともにそれに付随した改善策を早めに設けるよう促すことが相当である。

　課税期間については、長期間土地を保有する場合、全体の保有期間の間の地価の変動状況に対処する何らの補充規定も置いていない結果、長期間にわたって地価の高騰と下落が反復する場合、最初の課税期間開始日の地価と比べると何らの土地超過利得も無いにもかかわらず、その課税期間に対する土地超過利得税を払わなければならないという不合理な結果になりかねないが、これは土地超過利得税により元本自体が浸食されることでもって収得税である土地超過利得税の本質にも反するものであって、憲法第 23 条が定めている私有財産権保障の趣旨にも違反する。

　50％の単一比例税で規定された上の法律第 12 条についてみると、土地超過利得税はその計測の客観性の保障が非常に難しい未実現利得を課税対象にしている関係で、土地超過利得税の税率を現行法のように高率にしておく場合には、ややもすると架空利得に対する課税になり元本浸食のおそれがあり、憲法上保障された財産権を侵害し、また土地超過利得税のような利得に対する租税

第 4 節　経済・財産権・租税関係に関する決定

においては租税の垂直的公平を保って所得水準が異なる国民の間の実質的な平等を図らなければならないだけではなく、土地超過利得税はある意味で譲渡所得税の予納的性格を帯びているにもかかわらず、あえて土地超過利得税の税率体系を単一比例税にしたことは、所得の多い納税者と所得の少ない納税者の間の実質的な平等を阻害するものである。

　遊休土地等の範囲を決める土地超過利得税法第 8 条についてみると、宅地所有上限に関する法律は国民をして一定面積内の土地を世帯別に平等に所有させることをその目的にしている一方、国民各自の経済的能力によっては将来、住宅を所有するためにまず敷地だけを確保しておく必要がある場合もあるであろうし、土地の効率的利用という側面だけを強調しすぎると、当面の利用に波及した無計画的で無秩序な建築行為が多くなりかねないが、土地超過利得税法は上の法律に基づいた所有制限範囲内の宅地であるか否かに関係なく土地超過利得税の対象如何を決定するようになっているところ、これは上の法律と立法体系的にも調和しないだけでなく、憲法が保障している人間らしい生活をする権利と憲法上の国家の社会保障・社会福祉増進義務および国家の快適な住居生活保障義務にも反する。

　土地超過利得税の課税対象である遊休土地等に賃貸用土地を含めている上の法律第 8 条第 1 項第 13 号についてみると、上の法律条項は賃貸土地を原則的に遊休土地等に該当するものと規定しながらも何らの基準や範囲に関する制限もなしに「大統領令の定める土地」を遊休土地等の範囲から除外することができるよう規定しているところ、これは国民に対する納税義務の賦課自体が立法権による何らの統制もなしに行政権によって左右されることになり、憲法上の委任原則及び憲法第 59 条の定めている租税法律主義に抵触するし、また土地所有者自らが使用していないという理由だけで他の土地所有者に比べて不利な処分を受けることになり、憲法上の根拠なしに土地賃貸人を差別することになり、土地所有者と賃借人の間の資本の自由な結合を妨げることによって個人と企業の経済上の自由と創意の尊重を基本とする憲法上の経済秩序（119 条 1 項）にも合致しない。

　土地超過利得税額の一部だけを譲渡所得税から控除するよう定めている上の法律第 26 条第 1 項と第 4 項についてみると、土地超過利得税は譲渡所得税と

同じく収得税の一種としてその課税対象もまた譲渡所得税の課税対象の一部と完全に重複し、両税の目的もまた類似していて、ある意味では土地超過利得税が譲渡所得税の予納的性格を有すると見るのが相当であるにもかかわらず、上の法律条項が土地超過利得税の全額を譲渡所得税額から控除しないと定めたことは、憲法上の租税法律主義上の実質課税の原則に違反する。

以上のように土地超過利得税法のなかの一部は憲法に違反し、一部は憲法に合致しないので改正を促すべき対象であるが、右の各違憲的規定のなかで地価に関する第11条第2項と税率に関する第12条はすべて土地超過利得税制度の基本要素として、その中の1つの条項でも違憲決定によってその効力を失うことになれば土地超過利得税法の全部を施行できなくなるであろうから、この事件では憲法裁判所法第45条但書の規定に従い土地超過利得税のすべてについて違憲宣言をするほかない。

しかし、上の法律は開発利益還収に関する法律およびその他の税法との間に構造的・内容的に連携されていて、直ちにこれを無効にしてしまうと法制及び財政の両面にわたって少なからざる混乱と法的空白を招くおそれがあり、先に見た違憲的規定を合憲的に調整する任務は立法者の形成の裁量に属する事項であり、また直ちに土地超過利得税法に対する単純違憲決定を宣告するならばこの決定の効力の及ぶ、いわゆる'当該事件'関係者と現行法に従い土地超過利得税を納付しながらも何らの異議も提起していない多数の納税者との関係において衡平の問題を深化させてしまう結果になるので、立法者が土地超過利得税法をこの決定で明らかにした違憲理由に合わせ新しく改正または廃止するまでは法院その他の国家機関は現行の土地超過利得税法をこれ以上適用・施行することができないようにするが、その形式的存在だけを暫定的に維持させるために土地超過利得税法について単純違憲とせずに憲法に合致しないと決定する。

(3) 事後経過

右の決定は、土地公概念法制において制度の立法目的だけに執着して租税法律主義や国民の財産権保障を疎かにしてはならないという点を強調し、土地超過利得税の課税過程で絶え間なく提起されてきた納税者の不満を受容したとか（『中央日報』1994.7.29.）、憲法裁判所は政策的考慮よりも租税の平等などの憲法的尺度で問題を究明したという見解（金性洙「憲裁の憲法不合致決定、果して

第 4 節　経済・財産権・租税関係に関する決定

誤った決定であるか」『法律新聞』1994.11.10）のような肯定的な評価と、憲法裁判所が既得権層の財産権保障にのみ重点を置き、国民全体の実質的平等ないし均衡のとれた発展には気を配っておらず、土地超過利得税法が遂行してきた土地投機の防止などの順機能には目を逸らしたまま、これを違憲と宣告して、土地公概念の実現を妨げたとか（徐元宇「土地公概念の再照明」1994.9.24. 公法学会発表論文）、基本法律関係を調整することのできる明快な基準を示さないまま憲法不合致決定を下したのは問題であるという指摘があった（石琮顯「土地超過利得税法 10 条等憲法不合致決定、韓国土地公法学会学術発表会、1994.8.20.」『法律新聞』1994.8.25.）。

上の決定があってから国会は 1994 年 12 月 22 日法律第 4807 号で憲法裁判所が指摘した事項を反映して、国民の財産権保護を強化し、かつ適正な税負担に期すことができるように超過累進率体系を導入し、地価下落の際の補完規定を設け、一定期間内の譲渡には土地超過利得税を譲渡所得税から全額控除するように定める一方、徴税費用を節減し、租税摩擦を解消するために定期課税の場合、地価が安定した時期には全国単位の課税を中止し、地価急騰地域のみに課税することを内容とする土地超過利得税法の改正を行ったが、その主な内容は次の通りである。

土地超過利得税法第 8 条を賃貸用土地のうちで地上に建築物がある場合で建築物附属土地基準内の土地は課税対象から除外し、無住宅者一世帯が所有する裸垈地の課税除外限度を宅地所有上限に関する法律に一致させるために、現行の一世帯当たり一筆地 60 坪ないし 80 坪から 200 坪までに拡大する内容に改正した。

また同法第 11 条を改正して、基準地価算定根拠を地価公示及び土地等の評価に関する法律に基づいた公示地価として、同公示地価を基礎にして算定した個別土地価格であることを法律に明示するようにし、土地超過利得税が課税された土地の地価が次の課税期間に下落した場合、その次の課税期間の課税標準計算の際に、直前期の地価下落分を繰り越して控除することによって、土地超過利得税の課税で財産元本が浸食されないようにした。

また適正税負担を期するために、超過累進税率体系を導入することを内容とする同法第 12 条を改正して当該課税期間の課税標準が一千万ウォン以下であ

第3章　憲法裁判所の決定

る場合には課税標準の100分の30の税率を、そして課税標準が一千万ウォンを越える場合には1千万ウォンを越える金額の100分の50の税率を適用して計算した金額をそれぞれその土地超過利得税額とするよう定めた。

　この立法については、憲法裁判所の憲法不合致決定の趣旨を無意味にした拙速立法であるという批判があった（南福鉉「土地超過利得税法の改正立法上の不備について」『法律新聞』1995.1.9）。

　特に改正法律附則第2条が「本法は、本法の施行後に発生する土地超過利得について適用する」と規定することでもって、当該事件等において新法適用の根拠を設けなかったことが問題になった。

　憲法裁判所は、1995年7月27日宣告した93憲バ1等の事件で、旧土地超過利得税法（1989.12.30. 法律4177号で制定され、1993.6.11. 法律4561号で改正される前のもの）第8条第1項第4号ナ目及びタ目、同条第3項の中の「……取得後」の部分、同条第5項、第22条はそれぞれ憲法に違反しないという決定を下した（「第2次決定」という）。第1次決定で旧土地超過利得税法全部について憲法不合致決定をしたにもかかわらず、第2次決定では旧土地超過利得税法の上の各条項は憲法に違反しないと判断したのである。そして、憲法裁判所は憲法不合致決定の効力が遡及的に及ぶことになる当該事件または並行事件に関しては上の決定以後は立法者によって改正された法律条項が適用されなければならないと判示した。

　大法院は憲法裁判所の第1次決定があったとしても旧法が憲法に違反するという事情は違憲決定がある前には客観的でないので、これによる瑕疵は行政処分の取消事由に当たるだけであるので、旧法に基づいた土地超過利得税賦課処分は当然に無効となるものではないと判示したし(96ヌ1689)、第2次決定前までは納税者が勝訴する事件に対しては旧法に基づいて事件を処理した。

　そして、大法院は憲法裁判所が第2次決定で改正法律が遡及適用されるとした判示内容を尊重して、まず改正法律の改正条項が適用される事件については改正法律が適用されるべきであると判決した。他方、憲法裁判所の第1次決定で明示的に違憲であると指摘されなかった改正法律条項が当該事件に適用されるか否かについても、改正法律が納税義務者に不利に適用されない限り改正法律が適用されると判示して改正法律適用の原則を宣言した（93ヌ17911）。

第4節　経済・財産権・租税関係に関する決定

11　朝鮮鉄道株式事件

〈憲裁 1994.12.29. 89憲マ2　朝鮮鉄道(株)株式の補償金請求に関する憲法訴願、判例集6－2、395〉

(1)　事件の背景

この事件は、特定事案における国会の立法不作為について違憲であると決定した最初の事件である。

1946年5月7日に公布された「在朝鮮米国陸軍司令部軍政庁法令第75号朝鮮鉄道の統一」は、第2条で朝鮮鉄道株式会社など私設鉄道会社のすべての財産を収用してその所有権が朝鮮政府に帰属するとするとともに、規定に従って適当な補償を支払うと定めていた。

朝鮮鉄道株式会社の株式67,166株を所有していた大韓金融組合連合会は上の軍政法令の定めた損失補償を請求したが、補償がなされないまま、朝鮮戦争で関係書類が焼失してしまった。1961年2月11日に大韓民国交通部長官が私設鉄道会社株主の登録をするよう公告し、これに従い上の大韓金融組合連合会の業務と財産一体を引き受けた農業協同組合中央会はこれにともなう登録をすませた。

一方、農業協同組合中央会は1961年10月20日に請求外甲に株式19,176株とそれにともなう補償請求権を譲渡したが、甲は1961年12月30日に朝鮮鉄道の統一廃止法律（以下「廃止法律」という）によって軍政法令が廃止された以後、補償手続が中断されるや、大韓民国を相手にして補償請求権確認請求訴訟を提起して、ソウル高等法院及び大法院で勝訴した。しかし、大韓民国政府は右の損失補償金の確定・支給を可能にする根拠法令がないという理由で損失補償金の支給を拒んできた。

請求人は甲から上記の株式およびその補償請求権を譲り受けた後、国家に対して補償請求をしたが拒まれると、1989年1月11日、私設鉄道会社財産の収用に伴う損失補償手続を規定する法律を制定しないでいる立法不作為の違憲確認、補償金の査定・確定手続を執らなかった行政不作為の違憲確認または廃止法律自体の違憲確認を求める憲法訴願審判を請求した。

(2)　決定の主要内容

憲法裁判所は次のようにこの事件の審判請求の適法性を認め、「在朝鮮米国

第3章　憲法裁判所の決定

陸軍司令部軍政庁法令第75号朝鮮鉄道の統一」を廃止した朝鮮鉄道の統一廃止法律（1961.12.30．法律922号）が施行される前に上の軍政庁法令第2条に基づいて収用された朝鮮鉄道株式会社、慶南鉄道株式会社および京春鉄道株式会社の財産の財産関係権利者として同法令第3条に基づき、同軍政庁運輸部長に補償請求書面を提出して上の収用による補償請求権を放棄しないことと確定された者、またはその補償請求権を承継取得した者に対して上の収用による損失補償金を支給する手続に関する法律を制定しないでいる立法不作為は違憲であることを確認すると宣言し、その残りの請求については判断しなかった。

憲法で基本権保障のために法令に明示的に立法委任をしたにもかかわらず、立法者がこれを履行していない場合、または憲法解釈上特定人の基本権を保護するための国家の立法義務が明らかに生じたにもかかわらず、立法者が何らの立法措置をとっていない場合にはその立法不作為は憲法訴願の対象になり得るし、立法不作為訴訟では請求期間の制限がなく、収用による補償請求権者は廃止法律の施行でこれまで上の請求権を行使できなかったのであるから消滅時効は進行しない。したがって、この事件に対する憲法訴願の請求は適法である。

補償立法の憲法上の立法義務の有無についてみると、公用のために私設鉄道会社の財産を収用しながらその収用に対する補償規定を置いた軍政法令が制憲憲法の財産権補償条項などに抵触するものであるとはいえないので軍政法令は制憲憲法制定の後でも廃止されるまでは大韓民国の法令として効力を有したことは明らかである。ところが軍政法令第4条、第5条に基づく補償が行われない状況で廃止法律によって軍政法令が廃止されることによって大韓民国の法令による収用はあったがそれに対する補償を行う法律を制定しないまま現在まで至っているのであって、大韓民国の法律に基づいた収用に対してその補償に関する法律を制定すべき憲法上の義務が立法者に発生したにもかかわらず、大韓民国はその義務を履行していない。

ところが立法者は憲法で具体的に委任された立法を拒むとか恣意的に立法を遅らせてはならないのであるから、仮に立法者が立法をしないと決議するとか相当の期間内に立法をしない場合には立法裁量の限界を超えることになる。したがって、この事件の場合、30余年がすぎても補償のための何らの立法措置もとっていないことは立法者の形成の自由を考慮してもその限界を越えたと言

えよう。

　憲法上保障された財産権が法令でも認められ、その存続が保障されているにもかかわらずその補償額の確定など補償手続に関する法律を制定しないことでもって、上の法令によって具体化された憲法上の財産権を実質的に実現不可能な状態にしておくことは、制憲憲法以来一貫して財産権を保障してきた憲法規定に明らかに違反するのである。

(3) 　事　後　経　過

　この決定は国会が行使した立法の内容自体に対してだけでなく、特定の立法をしない行為自体も憲法の規範的判断の下に置かれていることを宣言して、憲法の優位性と憲法上の法治主義を明らかにしたものである。

　新聞は最初の立法不作為に対する違憲決定としてこの事件の意義を報じたし、日本の植民地時代の私設鉄道の株主に48年ぶりに補償金請求が認められたことに注目した（『京郷新聞』1994.12.31など）。

　この決定に対する評釈には次のようなものがあった。第1の見解は、この事件の決定はすでに具体化された損失補償請求権についてその補償手続に関する立法がなされていないのは違憲であると判示されたので、損失補償請求権の法的性質に関して対立する学説の中の違憲無効説をとったような印象を与えるが、収用それ自体が違憲であると判断しているのではないのであるから、違憲無効説の論拠を全的に受け入れたとは言えない。また行政府が請求人の損失補償請求を拒んだことに対する違憲的義務不履行に対する判断がなされなかったことによって（それが選択的請求事由であったことは認める）迅速に立法がなされない場合、請求人の権利は果してどのような方法で救済されるか曖昧であると批判された（洪準亨「損失補償の法的根拠」『判例月報』1995年6－7月号）。第2の見解は、この決定は憲法裁判の発展可能性を一段階広めた決定であり、権利帰属に関する疎明だけで自己関連性を幅広く認めたものであるが、理由においては憲法解釈上現れる国家の保護義務を優先的に判示するのがもっと説得力があったのではないかというものであった（李石淵「立法不作為憲法訴願における憲法判断の範囲」『ソウル地方弁護士会・判例研究』第9集、1996）。

　ところが、国会はこの決定が下されてから今に至るまで上の補償金に関する法律を制定していない。

第 3 章　憲法裁判所の決定

一方、この事件以後、憲法裁判所は行政立法不作為についても違憲宣言をしたことがある。1998 年 7 月 16 日に宣告した 96 憲マ 246 専門医資格試験不実施違憲確認事件に対する決定で、憲法裁判所は、保健福祉部長官が医療法と専門医の修練及び資格認定等に関する規程の委任に従い、歯科専門医資格試験制度を実施する手続を作るべき行政立法義務が存在するにもかかわらず、正当な理由なしに長期間これを遅らせていることは違憲であると宣言した。

12　基準時価譲渡所得税事件

〈憲裁 1995.11.30. 91 憲バ 1 等　所得税法第 60 条、旧所得税法第 23 条第 4 項等に対する憲法訴願、判例集 7 － 2、562〉

(1)　事件の背景

この事件は譲渡所得税の算出の基礎になる基準時価の決定を大統領令に委任した所得税法第 60 条が課税標準算定の包括的委任で、憲法第 59 条の租税法律主義に反し、憲法に合致しないと決定した事件である。

旧所得税法（1990.12.31. 法律第 4281 号で改正される前のもの）第 23 条第 4 項は資産の譲渡価額は譲渡当時の基準時価によるとし、同法第 45 条第 1 項第 1 号は資産の譲渡価額から控除する必要経費としての取得価額は当該資産の取得当時の基準時価による金額にするが、大統領令に別の定めがある場合にはその資産の取得に費やされた実取引価額によると定め、旧所得税法（1993.12.31. 法律 4661 号で改正される前のもの）第 23 条第 4 項第 1 号は資産の譲渡価額はその資産の譲渡当時の基準時価によるとし、同法第 45 条第 1 項第 1 号カ目はこの譲渡価額から控除する必要経費としての取得価額は当該資産の取得当時の基準時価による金額にするが、大統領令に別の定めがある場合にはその資産の取得に費やされた実取引価額によると定めていた。そして旧所得税法（1978.12.5. 法律 3098 号で改正された後、1994.12.22. 法律 4803 号で改正される前のもの）第 60 条は同法第 23 条第 4 項と第 45 条第 1 項第 1 号で定める基準時価の決定は大統領令の定めるところによると規定していた。

請求人たちは管轄税務所長が行った譲渡所得賦課処分について取消訴訟を提起し、その訴訟が進行されるなかで、上の旧所得税法の規定について違憲法律審判提請を申請したが棄却されると、憲法裁判所法第 68 条第 2 項に基づいて

第4節　経済・財産権・租税関係に関する決定

憲法訴願審判を請求した。

(2)　決定の主な内容

憲法裁判所は次のように旧所得税法第23条第4項、第45条第1項第1号と旧所得税法第23条第4項第1号、第45条第1項第1号カ目は憲法に違反しないが、同法第60条は憲法に合致しないという決定を下した。

旧所得税法第23条第4項、第45条第1項第1号と旧所得税法第23条第4項第1号、第45条第1項第1号カ目が譲渡所得税の課税標準算定において基準時価課税原則を採択したことには合理的理由があるだけではなく納税義務者が実取引価額で納税する道を開いているので、それがたとえ他の種目の租税などとその内容を異にして国税基本法上の実質課税原則と根拠課税原則や所得税法上の一般的な体系に照らして例外的であるとしても、その理由だけでは上の法律条項が租税平等主義または実質的租税法律主義に反するとか憲法の基本権制限に関する過剰制限禁止の原則に反するとは言えない。

旧所得税法第60条は基準時価の内容自体に関する基準や限界はもちろんのこと、内容の決定のための手続さえも規定するところがなく、基準時価の内容およびその決定手続をすべて大統領令の定めるところに委ねているが、これはどのような事情を考慮して、どのような内容で、どのような手続を経て譲渡所得税の納税義務の重要な事項ないし本質的内容である基準時価を決定するかについて課税権者にあまりにも広範な裁量を与えることでもって、国民をして所得税法だけでは譲渡所得税の納税義務の存否および範囲についての概略的なことさえも予測不可能にさせ、さらに大統領を含む行政権の恣意的な行政立法権及び課税処分権の行使によって国民の財産権が侵害される余地を残すことでもって、国民の経済生活における法的安定性を著しく害する立法として租税法律主義および委任立法の限界を定めた憲法の趣旨に反すると言えよう。

ただ旧所得税法第60条に対して単純違憲決定を宣告して直ちにその効力を失わせる場合には、基準時価による譲渡所得税を賦課することができなくなるのはもちろんのこと、同条の委任に基づいた所得税法施行令第115条を引用している旧法人税法施行令第124条の2第8項等も施行できなくなるなど法的空白状態を招くことになり、これによって租税収入を減少させ、国家財政に相当の影響を及ぼすと同時に、既にこの条項に基づいて譲渡所得税を納めた納税義

第3章　憲法裁判所の決定

務者たちとの間に不公平を招く上、上の法律条項の違憲性は国会において法律で制定しなかった立法形式の誤りに起因するものであって、これを限時的に継続して適用したとしても必ずしも具体的妥当性を著しく害して正義と公平等の憲法的理念に甚しく背馳するとは考えられず、しかもこの事件の場合には、1994年12月22日法律第4803号で憲法に合致する内容の改正立法がすでに行われ、違憲条項が合憲的に改正されて施行されているのであるから、単純違憲決定を下さず、憲法に合致しないと決定する。

(3) 事 後 経 過

上の決定では旧所得税法第60条の代わりに改正法律を適用するよう宣告しているが、同条文は所得税法改正法律（1994.12.22. 第4803号）で基準時価の算定内容を具体的に定めている第99条に代替され、同条第1項第1号カ目は土地の基準時価は地価公示及び土地等の評価に関する法律の規定による公示地価および市長・郡守・区庁長が同法第10条の規定によって公示地価を基準にして算定した個別筆地に対する地価によると定めている。ただ公示地価の付けられていない土地の価額は納税地管轄税務所長が隣の類似土地の個別公示地価を参考にして大統領令の定める方法によって評価した金額とし、地価が急騰する地域であって大統領令の定める地域においては倍率方法によって評価した価額にすると定めている。

ところが上の法条項は旧所得税法当時の施行令第115条を移して定めただけのもので、1990年9月1日以前に土地の取得または譲渡が行われた場合には個別公示地価制度自体がなくてその適用が不可能であるという問題点を抱えていた。

この決定が下された以後、大法院は1997年3月28日96ヌ11068判決で、憲法裁判所が旧所得税法第60条に対して憲法不合致決定をしたのは改正法令施行日前に従前の法令を適用して行った賦課処分はそのまま維持させ、またその施行日前に課税すべき所得税についても従前の法令を適用することが正しいという判断から出たものであるのが明らかであり、さらに上の決定理由で改正法律の遡及適用を説示しているが、これを遡及適用する法理上の根拠もないということを挙げて、上の憲法不合致決定はその違憲性が除去された改正法律が施行される前までは旧所得税法第60条をそのまま暫定的に適用することを容認

第4節　経済・財産権・租税関係に関する決定

する旨の決定と見るべきであると判決した。しかし、これに対しては、大法院が立法者の補完措置を待って裁判をするとか、改正法律の適用で法的空白が発生したときは後続の改正法律を適用し、それでも法的空白が発生する場合に例外的に従前の法律を適用するとか、類推適用のような法解釈的補完で問題を解決すべきではなかったのかという疑問が生じる。

13　実取引価格譲渡所得税事件

〈憲裁1995.11.30. 94憲バ40等　所得税法第23条第2項、第23条第4項第1号但書等、違憲訴願、判例集7－2、616〉

(1) 事件の背景

この事件は、譲渡所得税の譲渡差額算定の基礎になる譲渡価額と取得価額を計算するにおいて例外的に大統領令が定める場合、実取引価額を用いるように定めた所得税法の規定が、特殊な場合には包括的委任であって租税法律主義と包括委任禁止原則に反するとして限定違憲決定した事件である。

旧所得税法（1988.12.26. 法律4019号で改正される前のもの）第23条第2号本文は、譲渡所得金額は当該資産の譲渡で発生した総収入金額、すなわち譲渡価額から第45条の規定による必要経費を控除した譲渡差益から、また一定の譲渡所得控除額を控除したものとするという内容などを定め、旧所得税法（1990.12.31. 法律4281号で改正される前のもの）第23条第4号は譲渡価額はその資産の譲渡当時の基準時価によるとしながら、但書で大統領令が定める場合にはその資産の実取引価額によると定め、同法第45条第1項第1号は譲渡価額から控除する必要経費のなかで、取得価額は当該資産の取得当時の基準時価による金額にするが、大統領令が定める場合にはその資産の取得に使われた実取引価額によると定めていた。

請求人は管轄税務所長が上の不動産の譲渡価額は法人と取り引した実取引価額によるが、その取得価額は実取引価額が確認できないという理由で別途の換算価額を用いて譲渡差益を算定したあと譲渡所得税を賦課・告知した事案について、譲渡所得税等の賦課処分の取消しを求める行政訴訟を提起したが敗訴し、これを不服として大法院に上告する一方、上の賦課処分の根拠法である上の法律規定に対して違憲法律審判提請を申請したが、大法院が棄却すると、憲

第3章　憲法裁判所の決定

法訴願審判を請求した。

(2) 決定の主要内容

　憲法裁判所は次のように裁判官全員の意見で旧所得税法第23条第2項は憲法に違反しないと決定する一方、裁判官8人の多数意見で旧所得税法第23条第4項但書、第45条第1項第1号但書は、実取引価額による場合、その実取引価額による税額がその本文の基準時価による税額を超える場合までを含めて大統領令に委任したものと解釈するかぎり、憲法に違反するという限定違憲決定を下した。

　課税要件明確主義についてみると、旧所得税法は勿論、現行所得税法は第4条第1項、第20条第1項第8号、同法第23条第1条第1号等で土地または建物の譲渡によって発生する所得を譲渡所得として定める一方、上の所得がその発生源により各々性質を異にしている点を考慮に入れて、各所得の特性に適した合理的かつ公正な課税がなされるよう所得種類ごとに、異なる課税標準と税額の算定方法を定めている。所得税法の全般的体系と関連規定の趣旨に照らしてみると、不動産の譲渡による所得は社会通念に基づいて判断し、その譲渡が収益をあげることを目的にしていて、また譲渡の規模・回数・態様などに照らして事業活動と見られるほどの継続性と反復性が認められれば、総合所得税の課税対象である事業所得に該当し、そうでないと認められれば譲渡所得税の課税対象である譲渡所得に該当することが明らかであるので、旧所得税法第23条第2項は譲渡所得税の課税標準である譲渡所得金額の算定に関する規定として、その規定内容において明確性が欠けているとは言えない。

　租税法律主義及び包括委任禁止原則について見ると、旧所得税法は1982年12月21日法律第3576号で改正されて以来、同法第23条第4項本文および第45条第1項第1号本文で土地等の不動産の譲渡に対する譲渡所得税において課税標準算定の基礎となる譲渡価額ないし取得価額の算定を原則的に実取引価額ではなく基準時価によるよう定めているが、同法第23条第4項但書、第45条第1項第1号但書は、上の基準時価課税原則に対する例外として実取引価額によって譲渡差益を算定する場合について大統領令で定めるように委任している規定であるにもかかわらず、上の条項自体にはその委任の具体的範囲を明白に規定していない関係で、上の条項だけでは、果してどのような場合に実取引

第4節　経済・財産権・租税関係に関する決定

額によって譲渡差益を算定することができるかが明らかではないと言えよう。

しかし、同法第23条第4項但書、第45条第1項第1号但書が直接かつ明示的に委任の範囲を具体的に定めてはいないが、所得税法の全体系や譲渡所得税の本質と基準時価課税原則に内在する憲法上の限界およびこの条項の意味を合理的に解釈するとき、この法律条項は納税義務者が基準時価による譲渡差益の算定によって実取引価額による場合より不利益を受けないように補完するための規定であると解釈される。したがって、上の法律条項は実取引価額による税額が基準時価による税額を超えない範囲内で実取引価額によって譲渡差益を算定する場合を大統領令で定めるよう委任した趣旨と見るべきであり、その限度内でこの法条項はその委任の範囲を具体的に定めているのであるから、憲法上の租税法律主義や包括委任禁止の原則に反する規定とは言えない。

一方、上の法律条項但書がその委任の範囲を超えて実取引価額によって譲渡所得税の課税標準を算定する場合をその実取引価額による税額がその本文の基準時価による税額を超える場合までを含めて大統領令に委任したものと解釈するならば、その限度内では憲法第38条、第59条の定めている租税法律主義と憲法第75条の定めている包括委任禁止原則に違反する。

これに対して、金鎮佑裁判官は、限定違憲宣言で衡平に反する状態がもたらされることを防止するために憲法不合致宣言をするのが妥当であるという意見を提示した。

(3) 事後経過

憲法裁判所の決定が下されてから国会は1995年12月29日法律第5031号で旧所得税法のなかの関連規定を次のように改正した。

まず、旧所得税法第23条第4項但書条項に代わって新所得税法第96条第1号但書条項は「ただし、当該資産の種類・保有期間・取引規模および取引方法などを考慮して大統領令が定める場合には、実取引価額による」と改正された。

次に旧法第45条第1項第1号但書条項に代わって新所得税法第97条第1項第1号但書条項は「ただし、当該資産の種類・保有期間・取引規模および取引方法等を考慮して大統領令が定める場合には、その資産の取得に使われた実取引価額による」と改正された。

第3章　憲法裁判所の決定

　憲法裁判所の上の決定にもかかわらず、大法院は1996.4.9.宣告95ヌ11405判決で、上の旧所得税法の条項が基準時価による課税よりも実取引価額による課税が納税者に有利である場合だけに限定して大統領令に委任したものと解釈することはできないし、短い期間に高い譲渡差益を得た請求人に限定違憲決定のような解釈によって譲渡所得税を賦課することができないということははなはだ不当であるとしながら、憲法裁判所の決定に従わず、関連事件の課税処分（実取引価額による税額が基準時価による税額を超えているにもかかわらず、実取引価額によって算定した譲渡所得税を賦課したもの）の取消しを求める請求人の上告を棄却した。

　これに対して憲法裁判所は1997年12月24日96憲マ172、173（併合）決定（憲法裁判所法第68条第1項違憲確認等）で憲法裁判所が上の事件で下した旧所得税法諸条項に対する限定違憲決定を無視した大法院の上の判決は請求人の財産権を侵害したのでこれを取り消すという決定を下した。

14　印紙添付義務事件

〈憲裁1996.8.29.　93憲バ57　民事訴訟等印紙法第1条等、違憲訴願、判例集8－2、46〉

(1) 事件の背景

　この事件は、印紙添付及び供託提供に関する特例法上、国家は印紙添付義務が免除されている反面、私人は訴状に一定額の印紙を添付するよう定めていることは憲法に違反しないと決定した事件である。

　民事訴訟等印紙法（1990.12.31.法律第4299号で改正されたもの）第1条は民事訴訟手続等の訴状等には他の法律に特別の定めがある場合を除いて、この法律の定める印紙を付さなければならないと定めていた。

　憲法裁判所はすでに1994年2月24日、91憲カ3印紙添付及び供託提供に関する特例法第2条に対する違憲審判事件で、国家に対して印紙添付義務を免除している上の特例法の規定が基本権保障において国家を合理的根拠なしに優遇するものとはいえないので憲法第11条の平等の原則に反しないと判示したことがある。また憲法裁判所は1994年2月24日に宣告した93憲バ10民事訴訟等印紙法第3条違憲訴願事件で、上訴時には一審訴状印紙額の二倍または三倍

第4節　経済・財産権・租税関係に関する決定

の印紙を付けるようになっている上の定めが上訴人を一審原告に比べ不合理に差別するとか、無資力者の裁判請求権を不合理に制限または差別する規定であるとは言えないとした。

請求人は国家機関の不法行為を理由に釜山地方法院に国家を相手に慰謝料請求訴訟を提起したが、裁判部から訴状に印紙を付けなかったという理由で補正命令を受けて、同法院に無資力を理由として訴訟救済申請をしたが、本案訴訟で敗訴することが明白でないことに対する疎明がないという理由で棄却されると、国家を相手にする民事訴訟でも印紙を付けるように定めている上の法律条項等に対して裁判請求権等を過剰に侵害しているという理由で同法院に違憲法律審判提請を申請したが、棄却されるや、憲法裁判所に憲法訴願審判を請求した。

(2) 決定の主要内容

憲法裁判所は、次のように裁判官全員の意見で、民事訴訟等印紙法第1条は憲法に違反しないという決定を下した。

1994年2月24日、91憲カ3印紙添付及び供託提供に関する特例法第2条に対する合憲決定の論旨は、国家を合理的な根拠なしに優待するものではないだけでなく、一般国民に対しても合理的な根拠なしに不当に差別するものではないという意味も含んでいるとして、この事件でも上の判例の趣旨をそのまま維持した。

民事訴訟等印紙法第1条が訴状に予め一定額の印紙を付けるように規定したとしても、訴訟救済制度が設けられている現行民事訴訟制度下では、これを資力の足りない当事者に対して訴訟の機会を十分に利用することができない程度に困難にしたり、遮断する規定と見ることはできないから、彼らの裁判請求権が侵害されたとか不合理な差別を受けているとは言えない。

また訴訟手数料、特に印紙代をどのような形態でどれくらいに定めるかは、その国の裁判制度の構造と整備の程度、印紙制度の沿革、裁判制度を利用する国民の法意識、国家の経済状況、外国の立法例など、様々な要素を総合して考慮すべきであり、その規定方式が極めて不合理であるか、印紙額が訴訟物価額などに照らしてあまりに高額で国民の裁判請求権を侵害する程度に至っていない限り、立法者の広範な裁量領域に属するところ、現行民事訴訟等印紙法は印

紙額算定比率を1千分の5に一元化し（2条1項）、従前に適用されていた比率のなかで最も低い率を採択して国民の負担を軽くしているのであるから、現行の印紙代が客観的に極めて高額で裁判請求権を侵害するとか憲法上の平等原則に違背すると見ることはできない。

(3) 事後経過

憲法裁判所はその後、1996年10月4日に宣告した、95憲カ1、4（併合）民事訴訟等印紙法第2条第1項等違憲訴願事件で、訴状に訴額の一千分の五に相当する印紙を付けるよう定めている同法第2条第1項が、高額訴訟物の提訴者をそうでない提訴者に比べて不合理に差別しているか否かについて、比例性の採択によって訴額が高額になるにつれて印紙代もそれに比例して高額になっても提訴者が裁判を通して潜在的に確保する利益もまた大きいのであるから、これによる差別は適正性を欠く差別とは言えず、合理的な理由があるものとして上の規定は憲法上の平等原則に違背しないと判示した。

これに対して、金汶熙、黄道淵裁判官は、印紙代の目的がたとえ濫訴防止の側面にあるとしても主に手数料の性格を持っているので上の規定が訴額が多額である場合にも常にそれに比例して、手数料の性格を失わせるほどに多額の印紙を付けるように定めることは実質的にそのような人の裁判による権利救済の道をふさぐものであり、その範囲内で裁判請求権を著しく制限して違憲であると主張した。

憲法裁判所は上のいくつかの決定を通じて民事訴訟等印紙法において違憲可否の論難のあり得るほぼすべての条項について憲法判断をしながら、すべて憲法に違反しないという結論に至っているが、これは基本的に訴訟手数料、特に印紙代をどのような形態でどれくらいに定めるかは立法者の広範な裁量領域に属することを認めることによるものであった。

15 自道焼酒購入制度事件

〈憲裁 1996.12.26. 96憲カ18 酒税法第38条の7等、違憲提請、判例集8－2、680〉

(1) 事件の背景

この事件は焼酒販売業者に対して強制的に自己の所在する広域的自治団体で

第 4 節　経済・財産権・租税関係に関する決定

ある道の焼酒を購入するように定めている酒税法の規定が焼酒販売業者の職業の自由はもちろんのこと、焼酒製造業者の競争および企業の自由などを著しく侵害して憲法に違反すると決定した事件である。

政府が 1970 年代初めから全国 400 余の焼酒業者が乱立している焼酒市場を一道一社の原則を目標にして統廃合政策を推進した結果、焼酒業者の数は 1981 年現在、10 社に統合・縮小された。それとともに、特定業者の独寡占防止と地方産業の均衡発展のために 1976 年からは地（自道）焼酒購入制度（1976.6.24. 国税庁訓令 534 号）を施行した。一定の経過期間を経て、地焼酒購入制度は 1991 年末に廃止されたが 1995 年 10 月 1 日から酒税法第 38 条の 7 によって再びよみがえった。

酒税法（1995.12.29. 法律 5036 号で改正されたもの）第 38 条の 7 第 1 項は、酒類販売業者に対して、毎月、希釈式焼酒の総購入額の 100 分の 50 以上を当該酒類販売業者の販売場の所在する市・道地域と同じ地域に所在する焼酒製造場から購入するように命令する内容等を定め、同法第 18 条第 1 項第 9 号は、酒類販売業者が同法第 38 条の 7 の規定による購入命令に違反したときには管轄税務所長がその販売業を停止処分するか、免許を取り消すように定めていた。

提請申請人は管轄税務所長が提請申請人の酒税法第 38 条の 7 違反を理由に、酒税法第 18 条第 1 項第 9 号に基づいて行った酒類販売停止処分に対してその取消しを求める行政訴訟を提起しながら、上の法律条項に対して違憲法律審判提請を申請し、法院がそれを受け入れて違憲法律審判を提請した。

(2)　決定の主要内容

憲法裁判所は次のように裁判官 6 人の多数意見で、酒税法第 18 条第 1 項第 9 号は憲法に違反するという決定を下した。

独寡占規制について考えてみると、憲法第 119 条第 2 項の独寡占規制の目的が競争の回復にあるならば、この目的を実現する手段もまた自由かつ公正な競争を可能にする方法であるべきであるが、購入命令制度は全国的に自由競争を排除したまま地取りゲーム式の地域割拠主義によって地方焼酒業者に各道ごと少なくとも 50％ の地域市場占有率を占めさせることで地域独寡占現象の固着化を招くのであるから独寡占規制という公益を達成するための適正な措置と見ることは困難である。

第3章　憲法裁判所の決定

　地域経済の育成について考えてみると、憲法第123条の定める地域経済育成の目的は一次的に地域間の経済的不均衡の縮小にあるが、全国各道に均等に一社ずつの焼酒製造業者を存続させようとする酒税法においては、調整されるべき具体的な地域間の差が確認できず、1道1焼酒製造業者の存続維持と地域経済の育成との間に相関関係が見い出し得ないのであるから、地域経済の育成は基本権の侵害を正当化するほどの公益とは言えない。

　中小企業の保護について見ると、憲法第123条第3項で中小企業の保護を国家経済政策的目標として明文化しているが、中小企業の保護は原則的に競争秩序の範囲内で競争秩序の確立を通してなされるべきであり、自由競争秩序の中で生じうる副作用を国家の支援で補って、競争を維持・促進させるところにその目的があるのであるから、購入命令制度はこのような公益を実現するのに適合した手段とは言えない。

　結局、購入命令制度を定めた酒税法第38条の7および第18条第1項第9号は焼酒販売業者の職業選択の自由はもちろんのこと、焼酒製造業者の競争および企業の自由、すなわち職業の自由と消費者の幸福追求権から派生した自己決定権を著しく侵害する違憲的な規定と言えよう。

　平等権を侵害しているか否かについてみると、購入命令制度が独寡占規制と中小企業の保護という立法目的を実現するための手段であるとすれば、焼酒販売業者にだけ購入義務を賦課することでもって、焼酒販売業者と他の商品の販売業者を互いに異なって取り扱うことを正当化することができる合理的な理由が存在しないし、生産者と消費者の間の商品移動によって物流費の増加と交通の渋滞を引き起こすのは焼酒だけではなく、他の商品の場合にも同じであるので、立法目的を物流費の増加と交通の渋滞の防止にあると考えても、焼酒と他の商品、言い換えれば焼酒販売業者と他の商品販売業者、焼酒製造業者と他の商品製造業者を分けて規律すべき合理的な理由も見いだせないのであるから上の法律条項は平等原則にも違反する。

　これに対して、趙昇衡、鄭京植、高重錫裁判官は、地焼酒購入命令制度は大企業製造業者の独寡占を防ぎ、地域焼酒製造業者を保護することによって独寡占規制と地域経済育成という憲法上の経済目標を具体化しようとする制度であるため、この制度によってある程度の差別が生じるとしても、その差別には合

第4節　経済・財産権・租税関係に関する決定

理的な理由があり、購入命令制度は様々な事情を立法政策的に考慮して立法形成権の範囲内で立法したものとして、憲法第37条第2項の定めている限界内で行われた必要かつ合理的な基本権制限であると言えるから、憲法に違反しないという反対意見を提示した。

(3)　事後経過

地焼酒義務購入制度は「真露」という巨大会社の勢力に押されていた地方の土着焼酒会社の経営難を打開するために導入し、施行したものであって、実際に地方焼酒会社の販売高が伸びる効果もあったが、競争を基本論理とする資本主義の経済体制下で政府の介入によって保護育成すべき妥当性や根拠もなしに政府が特定産業の地方業者だけを保護するために競争を制限しており、制度導入の過程においても違憲であるという議論もあっただけに、憲法裁判所の上の決定は適切であったという評価がなされた（『ソウル経済新聞』1996.12.27）。

16　自動車運行者無過失責任事件

〈憲裁1998.5.28. 96憲カ4等　自動車損害賠償保障法第3条但書第2号違憲提請、判例集10－1、522〉

(1)　事件の背景

この事件は、乗客が死亡するか負傷した場合、自動車運行者をして、その過失の有無を問わずに無償・好意同乗者を含むすべての乗客の損害を賠償するように定めている自動車損害賠償保障法の規定が憲法に違反しないと決定した事件である。

自動車損害賠償保障法（1984.12.31. 法律第3774号で全文改正されたもの）第3条但書第2号は自己のために自動車を運行する者は、その運行によって乗客を死亡させたとか負傷させた場合には、それが乗客の故意または自殺行為による場合を除き、その損害を賠償する責任を負うと定めていた。

今日、必然的に事故の危険性を抱えている自動車が日常生活の必須の運送手段になり、また自動車事故は瞬間的に発生して、その責任及び被害者の補償問題をどのようにすべきかをめぐって多くの議論が交わされ、保険会社と商法学者の間では乗客に対する運行者の無過失責任規定が憲法に反するという主張が久しくなされてきた。

第3章 憲法裁判所の決定

この決定は96憲カ4、97憲カ6・7違憲提請事件と95憲バ58違憲訴願事件の併合事件である。提請申請人らと請求人は乗客が死亡するか負傷した自動車事故において自動車の運行者であるか運行者の保険者らで、自分らを相手に損害賠償請求訴訟が提起されるや、その訴訟継続中に法院に違憲法律審判提請を申請して、法院がこれを受け入れ、違憲法律審判を提請したが、これが棄却され、請求人が憲法訴願審判を請求した。

(2) 決定の主要内容

憲法裁判所は裁判官全員の意見で、次のように自動車損害賠償保障法第3条但書第2号が憲法に違反しないという決定を下した。

自由市場経済秩序について見ると、自由市場経済秩序を基本にしながら社会国家原理を採用している憲法の理念に照らし、一般不法行為責任については過失責任の原理を基本原則としながらも特殊な不法行為責任について危険責任の原理を採用するのは立法者の裁量に属すると言えるので、自動車損害賠償保障法第3条但書第2号が自動車事故の特殊性に照らして乗客が死亡するか負傷した場合に危険責任の原理に基づいて運行者に無過失責任を負わせたということだけで自由市場経済秩序に違反するとは言えない。

財産権を侵害しているか否かについてみると、上の法律条項が、自動車の運行を支配し、その運行の利益を享受しながら、乗客の乗車に少なくとも抽象的・間接的に同意して乗客を自動車の直接的な危険圏の中に受け入れた運行者に対して、その過失の有無を問わず無償・好意同乗者を含むすべての乗客の損害を賠償するように定めているのは、運行者の財産権の本質的内容を侵害したと言うことはできず、社会国家原理を採用した憲法理念に従い、公共の福祉のために必要かつ最小限度の合理的制限であると言えるので、この事件の法律条項は運行者の財産権を侵害する規定とは言えない。

平等原則についてみると、乗客は自動車に同乗することによって自動車の危険と一体化され、乗客でない者に比べ、その危険性が高いという点で本質的な違いがあり、過失のある運行者も過失のない運行者も同じく危険源である自動車を支配するという点で本質において異ならないのであるから、上の法律条項が乗客を乗客でないものと区別して、過失のある運行者と過失のない運行者に一様に乗客に対する無過失責任を負わせたことには合理的な理由があり、平等

第4節　経済・財産権・租税関係に関する決定

原則に反すると言えない。

(3) 事後経過

この決定は、従来の過失責任主義を修正して、危険源を支配する者に対して、その危険が現実になった場合の損害を補償させるという危険責任の原理を導入した法律条項について、憲法裁判所が初めて判断するとともに、それを憲法に違反しないとする決定を下したという点で大きな意味がある。現代産業社会では高速交通手段、鉱業および原子力産業など危険源が広がって、産業災害及び環境汚染による被害が増えるに従い、多くの国で社会国家原理の実現のために危険責任の原理を導入しているし、韓国でも実際に原子力損害賠償法をはじめ、多くの法律で危険責任の原理を採用しているので、この決定はこれから予想される危険責任の原理をめぐる違憲論議において試金石の役割を果し得るものと評価される。

17　相続承認みなし事件

〈憲裁1998.8.27. 96憲カ22等　民法第1026条第2号違憲提請等、公報29、693〉

(1) 事件の背景

この事件は、相続人が相続開始のあったことを知った日から3月内に限定承認または放棄しなかった場合には相続人が単純承認をしたとみなす民法第1026条第2号に対して憲法不合致決定を下した事件である。

民法第1026条第2号は、相続人が相続開始のあったことを知った日から3月内に限定承認または放棄しなかった場合には相続人が単純承認をしたとみなすと定めていた。

提請申請人と請求人は被相続人が死亡した後、被相続人の債務がどれくらいになるかを本人の帰責事由なしに全く知らなかった状態で3ケ月の考慮期間が経過してしまった者らで、上の法律条項は憲法の保障している財産権と幸福追求権、平等権を侵害すると主張して、訴訟係属中の法院に上の法律条項に対して違憲法律審判提請を申請し、その法院がこれを受け入れ憲法裁判所に違憲法律審判を提請したがこれを棄却され、請求人が憲法訴願審判を請求した。

第3章 憲法裁判所の決定

(2) 決定の主要内容

憲法裁判所は、相続人が相続開始のあったことを知った日から3月内に限定承認または放棄しなかった場合には相続人が単純承認をしたとみなす民法第1026条第2号が財産権と私的自治権を侵害しているか否かを判断して、この条項は憲法に不合致であり、立法者が1999年12月31日までに改正しないならば2000年1月1日からその効力を失い、法院その他の国家機関および地方自治団体は立法者が改正するまで上の法律条項の適用を中止しなければならないと決定した。

民法第1026条第2号の定めている考慮期間の起算点である「相続人が相続開始のあったことを知った日」の意味は、相続人が相続開始の原因になった被相続人の死亡事実を知り、自分が相続人になったことを知った日をいい、相続財産の有無を知った日ではないという大法院の解釈に鑑みると、相続人が何らの帰責事由なしに相続財産のなかで消極財産が積極財産を超えている事実を知らず、考慮期間内に限定承認または放棄しなかった場合にも上の法律条項により相続人が単純承認をしたとみなして、相続人の意思と関係なく無条件に被相続人の債務すべてを負担するという点で、上の法律条項は憲法の基本原理である私的自治の原則と過失責任の原則に対する例外的規定として、憲法上保障された相続人の財産権と私的自治権などを侵害していて違憲であると言えよう。

特に今日、家族共同生活が大家族から小家族（核家族）へ変わりつつあり、相続人が被相続人と離れて生活している場合が多く、取引関係も複雑になり、被相続人が死亡した場合、考慮期間内に相続人が相続財産の内訳を詳しく調べて把握することははなはだ難しく、さらに被相続人が継続的取引関係から将来発生する不確定債務を保証するいわゆる根保証をした場合には、主債務自体が考慮期間後に発生する場合も多いので、相続人が被相続人の死亡当時の相続債務が積極財産を超えている事実を知り得ずに何らの帰責事由なく考慮期間内に限定承認または放棄し得なかった場合もいくらでもありうる。それにもかかわらず、上の法律条項が相続人が何らの帰責事由なく考慮期間内に限定承認または放棄しなかった場合、救済されうる何らの手段も設けずに考慮期間内に限定承認または放棄しないとその理由の如何を問わず、一律的に単純承認したものとみなし、相続人の意思と関係なしにすべての相続債務を負担させるように定め

第4節　経済・財産権・租税関係に関する決定

ているのは適正な基本権制限の方法と見ることはできないであろう。

　上の法律条項は上記のような理由で違憲宣言をすべきであるが、単純違憲決定をして直ちにその効力を失わせた場合には、考慮期間内に承認または放棄をしなかった場合、相続による法律関係を確定し得る法的根拠がなくなるなど、法的空白状態が発生するようになり、これによって特に相続債務が積極財産を超えない場合や相続人が自らの帰責事由によって考慮期間が過ぎてしまった場合にも相続による法律関係が確定できなくなるなどの混乱を招くおそれがある点と、違憲的規定を合憲的に調整する任務は原則的に立法者の形成の裁量に属する事項であるので、上の法律条項に対して単純違憲決定をしないで憲法不合致決定を宣告する。ただし、上の法律条項は、立法者が1999年12月31日までに改正しないならば、2000年1月1日からその効力を失い、法院その他の国家機関および地方自治団体は立法者が改正するまで上の法律条項の適用を中止しなければならない。

(3)　事後経過

　この事件は相続人が考慮期間内に相続を限定承認するか放棄しなかった場合、単純承認したものとみなすことでもって、相続人に対して自らの帰責事由のない債務まで無制限に責任を負わせている民法規定を憲法に不合致であると宣言し、その改正を立法者に期間を確定して促すことによって相続人に対する基本権侵害を確認しながらも法的空白状態を防ぐために一定の期間、法律の効力を維持させている決定といえる。

　これと関連して、決定理由の趣旨を考慮するとき、債務超過状態でない財産を相続する場合には考慮期間の懈怠を単純承認として擬制するのは違憲ではなく、憲法裁判所がこの場合にまで上の法律規定の適用を中止することを命令するものではないので、積極財産が消極財産を越える大部分の財産相続の場合には、上の法律規定を継続して適用することができるという指摘がある（丁泰浩「民法第1026条第2号に対する憲法不合致決定に対する評釈及び右の法律規定の改正方向」大韓弁護士協会『人権と正義』1998年11月号）。

　上の決定が下された後、法務部は民法第1019条に第3項を新しく設け、「第1号の規定にもかかわらず、相続人が相続する債務がその財産を超える事実を重大な過失なしに第1項の期間内に知らないで単純承認（第1026条第1号および

第2号の定めによって単純承認したものとみなす場合を含む。) した場合には、その事実を知った日から3月内に限定承認をすることができる」という改正案を作成して政府の審議を経て国会に上程した。

しかし、請求人らをはじめ当該事件の当事者らを救済するためには、「その事実を知った日から3月内に」という期間と関係なく改正された合憲的規定の適用を可能にする経過規定が必要であると見られる。何故なら、これらの場合、単純承認の認否について裁判で争いはじめた時から、すでに消極財産が積極財産の範囲を超えていることを知っていたし、その時から3月内に限定承認をしない場合には単純承認したこととみなすとしたら、憲法裁判所がこの事件に関する規定に対して憲法不合致決定をした趣旨をこれらに対しては適用することのできる可能性がなくなるためである。どの範囲内でこれらを救済する経過規定を置くかは立法者の裁量に属する領域ではあるが、立法者は憲法裁判所の憲法不合致決定の趣旨を生かして、少なくとも当該事件及び類似事件の当事者らを救済し得る経過規定を設けるのが望ましいであろう。

大法院もまた憲法裁判所の決定趣旨に応えるためには経過規定が必要であるとして、①法院の提請・憲法訴願請求などを通して、憲法裁判所に第1026条第2号の違憲決定の契機を与えた当該事件、②違憲決定の下される前に上の事件と同じく、同条が違憲であるか否かについて憲法裁判所に違憲提請をしたかあるいは法院に違憲提請申請をした当該事件、③この法施行当時、第1026条第2号の規定が前提となって法院に係属中である事件および④1998年5月27日から1998年12月31日までの間に相続される債務がその財産を超える事実を知りながら限定承認申告をしなかったか、放棄申告をした事件の相続人が相続される債務がその財産を超える事実を重大な過失なく第1019条第1項の期間内に知り得ずに単純承認(第1026条第1号および第2号の規定によって単純承認したものとみなす場合を含む) した場合には、この法施行日から3月内に限定承認をすることができるという経過規定案を提示したことがある。

第5節　家族・労働等社会関係に関する決定

1　姦通罪事件

〈憲裁 1990.9.10. 89憲マ82　刑法第241条の違憲可否に関する憲法訴願、判例集2、306〉

(1)　事件の背景

この事件は、個人の性生活の自由を過度に干渉するばかりでなく、平等原則にも反するものとして、長い間是非の対象になってきた刑法上の姦通罪の規定に対して合憲と決定した事件である。

請求人は姦通罪で起訴され、第1審で懲役1年を、控訴審で懲役八月をそれぞれ宣告されて、大法院に上告して裁判を受ける中で、刑法第241条が憲法に違反するとして違憲法律審判の提請を申請したが、大法院がこれを棄却したので憲法裁判所に憲法訴願を請求した。

(2)　決定の主要内容

憲法裁判所は、性的な自己決定権と姦通罪の関係に言及しながら、6人の裁判官の多数意見で姦通罪を規定した刑法第241条が合憲であると決定した。

性的な自己決定権と関連して見ると、憲法第10条の個人の人格権・幸福追求権には個人の自己運命の決定権が前提とされていて、この自己運命の決定権には性行為をするかどうかおよびその相手方を決定する性的な自己決定権が含まれている。姦通罪を規定する刑法第241条は個人の性的な自己決定権を制限するものではあるが、個人の性的な決定権は、国家的・社会的共同生活の枠内で、他人の権利・公衆道徳・社会倫理・公共の福祉などの尊重による内在的限界があるものであり、絶対的に保障されるものではない。

刑法第241条の姦通罪の規定は、善良な性道徳と一夫一婦主義の婚姻制度の維持及び家族生活の保障のために、または夫婦の性的な誠実義務の守護のために、そして姦通によって引き起こされる社会的害悪の事前予防のために、配偶者のある者の姦通行為を規制するものであり、そのような行為を犯した者を2年以下の懲役に科することができると規定する上の法律条項は、性的な自己決定権に対する必要かつ最小限の制限であって、過剰禁止の原則または基本権の

第3章　憲法裁判所の決定

本質的な内容の侵害禁止に抵触するものではない。

　一方、姦通罪は被害者の忍耐心または復讐心の多寡及び行為者の経済的能力によって法律の適用の結果が異なるものであり、経済的強者である男子より経済的弱者である女子に不利に作用する側面がある点を無視することはできないが、これは個人の名誉と私生活の保護のために親告罪として規定することから発生するやむを得ない現象であって刑法上のほかの親告罪にも現れる問題であり、特別に姦通罪だけに該当するものでないから、上の法律の条項が平等権を侵害するものということはできない。

　姦通罪の規定は「婚姻と家族の生活は、個人の尊厳と両性の平等に基づいて成立し、維持されなければならず、国家はこれを保障する」と規定する憲法第36条第1項の規定に反する法律でないし、かえってこの憲法の条項によって国に課せられている個人の尊厳と両性の平等に基づいた婚姻と家族生活の維持・保障の義務履行に付合するといえよう。

　これに対して韓柄寀、李時潤裁判官は、姦通行為に対する刑事制裁は合憲であるが、その制裁の内容として懲役刑だけを選択しているために、姦通罪の規定は違憲であるとの趣旨の反対意見を提示した。金亮均裁判官も、姦通罪の規定は私生活をみだりに公開されない権利という国民の基本権を侵害し、また過剰禁止の原則に違背して、原則的に違憲であるとした。そしてたとえ同罪の存置の合憲性を認めるとしても、それに対する刑罰として懲役2年以下の自由刑だけを規定する罰則の規定は過剰禁止の原則に違背するとの反対意見を提示した。

(3)　**事後経過**

　憲法裁判所はこの決定で、憲法第10条の幸福追求権に性的な自己決定権が含まれていると解しながらも、性的な自己決定権は婚姻と家族生活の維持・保障等のために制約を受けるものであると判断した。この決定は法と道徳の境界、私生活に対する国家の介入の限界に関する論議を引き起こした。その後、刑法の改正の過程で姦通罪に対して懲役刑のほか、罰金刑を追加する論議があったが、立法には反映されなかった。

　憲法裁判所は姦通罪に関して、その後、違憲法律提請事件で再び審判したが、1993年3月11日、上の決定をそのまま維持すると決定した（90憲カ70）。

第5節　家族・労働等社会関係に関する決定

2　嫡出否認の訴えの出訴期間制限事件

〈憲裁 1997.3.27. 95憲カ14 等　民法第847条第1項違憲確認等、判例集 9－1、193〉

(1)　事件の背景

この事件は、父が真実の血縁関係に基づいていない親子関係を訴訟でもって争うことができる期間を、家族法的な身分関係の安定のために、子の出生から1年と制限した民法第847条第1項に対して憲法不合致の決定をした事件である。

民法第847条第1項は民法第844条の嫡出推定を受ける者に対する嫡出否認の訴えの出訴期間を「その出生を知った日から1年内」であると規定している。上の規定に対して、わが国民は真実の血縁関係に対する愛着が非常に強いし、また女性の社会生活が著しく増大して、女性の貞操観念に多くの変化のある現実においてはもはや付合しないとの主張が提起された。

提請申請人は自分の妻から出生した者が自分の嫡出子でないとの理由で、民法第847条第1項の嫡出否認の訴えの出訴期間が過ぎた後に、法院に嫡出否認の訴えを提起した。その訴訟の係属中に、民法第847条第1項が嫡出否認の訴えの出訴期間を制限していることは違憲であるという理由で、法院に違憲法律審判提請を申請し、法院がこれを認め憲法裁判所に違憲法律の審判を提請した。

(2)　決定の主要内容

憲法裁判所は、次のように嫡出否認の訴えの出訴期間を制限する民法第847条第1項の立法目的を確認しながら、同条項に対して憲法不合致の決定をした。

上の法律の規定は、嫡出の推定を受ける者に対して、一定の期限内に嫡出否認の訴えを提起することができるように規定することでもって、その嫡出性を否認することができる道を提供しながらも、嫡出否認の訴えに一定の除斥期間を規定して、その期間の間に限って訴えを提起することができるようにして身分秩序の安定をはかっている。

嫡出否認の訴えの出訴期間の長短は、原則的に立法裁量に属するものであるが、その出訴期間自体があまりにも短かすぎるか不合理であるので、父が子の

第3章　憲法裁判所の決定

嫡出性の真偽に対する確信を持つようになる前に、その除斥期間が経過してしまう場合が発生して、嫡出性を否認しようとする父をして、提訴を著しく困難にしたり事実上不可能にして、真実の血縁関係に反する親子関係を否認することができる機会を極端に制限するものであるとすれば、これは立法裁量の限界を超えたものとして違憲であると言わざるをえない。

上の法律条項は嫡出否認の訴えの除斥期間を定めるにおいて、父が子との間に、嫡出子の関係が存在しないことを知っていたかどうかを全く考慮せずに、もっぱら出生を知った日からと規定していることは、父にとって非常に不利な規定である。また、1年という除斥期間それ自体も、婚姻期間中には貞節が守られるという伝統の観念を背景とする規定であるが、しかし現代社会は女性の社会的活動の増加と価値観念の混沌および倫理意識の弛緩で、伝統の観念に多くの変化が生じているし、また出産過程においても病院等の専門機関から多くの子供が反復して出産されているので、お互いに替えられる可能性も排除することができない点など、社会の現実与件も異なっていて、真実の親子関係が存在しない可能性が高くなっているなど、父に嫡出否認権を付与する必要生はかえって増加している反面、わが国は他の国に比べて血統を重視しているし、血縁に格別な愛着を持つ伝統慣習を維持している点などを総合して考慮するならば、出訴できる期間を子の出生を知った日から1年と規定したことは短すぎるといえよう。

したがって上の法律条項は立法裁量の範囲を逸脱したものであり、人間の尊厳と価値、幸福追求権を保障した憲法第36条第1項にも反するものである。

ただ、上の法律条項に対して単純違憲宣言をする場合に予想される法的空白の状態による混乱を予防して、立法者の形成裁量を尊重する必要があるので、憲法不合致の宣言をする。参考として、このような憲法の不合致の状態を除去するために、一応の準拠となることができる事例として、父と子の間に嫡出の関係が存在しないことを知った時から1年内に嫡出否認の訴えを提起できるが、そのような場合にも、子が出生してから5年が経過すると、特別な事情がない限りこれを提起することができないと規定しているスイス民法がある。

これに対して金鎮佑裁判官は、憲法不合致の状態を除去する方案として提示されたスイスの立法例は、夫の一般的人格権と裁判請求権を深刻に制限してい

るので、過剰禁止の原則に反するものであり、調和された立法と見ることができないとの別個の意見を提示した。

(3) 事後経過

憲法裁判所はこの決定を通じて、これまで非常に短い出訴期間のために、嫡出否認の訴えの提起の可能性を多くの場合に事実上塞いでいた不合理を除去した。憲法裁判所が同条項の効力を中止したために、立法者は早い時日内に嫡出否認の訴えの除斥期間を延ばす法改正が必要になった。

3 生計保護基準事件

〈憲裁 1997.5.29. 94 憲マ 33 1994 年生計保護基準違憲確認、判例集 9 - 1、543〉

(1) 事件の背景

この事件は、最低の生活費に及ばない生活保護の給付を支給することを内容とする生計保護の基準が人間らしい生活をする権利等を侵害しているか否かに対して決定した事件である。

請求人らの夫婦は生活保護法第 6 条第 1 項および同法施行令第 6 条第 1 項所定の在宅保護の対象者として、1994 年 1 月頃に保健福祉部長官が告示した 1994 年の生活保護事業指針上の「94 年生計保護基準」によって生活保護の給付を受けていた。しかし請求人らは保護給付の水準が最低の生活費にも遙かに及ばないものであり、憲法上保障された幸福追求権と人間らしい生活をする権利を侵害しているとの理由で「94 生計保護基準」に対する憲法訴願審判を請求した。

わが国は急速な経済成長にもかかわらず、社会福祉の水準は他の国に比べて非常に低いほうである。その反面、憲法は国民に人間らしい生活をする権利をはじめ、多数の社会的基本権を保障しているので、国民をして社会福祉の水準と関連して国に対して少なからざる期待感をもたしている。このような状況において、労働の能力がない老夫婦が生活保護の対象者らを対象とする国の生計保護が最低の生活費の水準にも遙かに及ばないものであることを理由として請求したこの事件は、社会的基本権が実際に国民の個人的権利であるかどうか、また国民は国に対してどのくらいの給付を要求できるかの問題に対する憲法裁

第3章　憲法裁判所の決定

判所の立場を見当づけることができる契機となったし、社会福祉団体の耳目を集めもした。

(2) 決定の主要内容

憲法裁判所は、国家の国民の生活に対する保護義務を確認した後、「94生計保護基準」が憲法に違反しないとして請求人らの審判請求を棄却した。

資本主義の発展過程で貧困の問題が国家の課題として認識されるに伴い、わが憲法もすべての国民は人間らしい生活をする権利をもち(憲法34条1項)、国は社会保障・社会福祉の増進に努力する義務を負う (同条2項) と規定している。そして種々の社会的基本権を幅広く規定することでもって、社会国家の原理を憲法的に受け入れている。特に憲法第34条第5項には、老齢その他の事由で生活能力のない国民に対する国の保護義務を明示している。そしてこの義務の履行のために、立法者が制定した生活保護法 (1982.12.31. 法律3623号) によって国は国民の生活を保護すべき義務がある。

国が生計保護に関する立法を全くしなかったり、その内容が著しく不合理で、憲法上容認できる裁量の範囲を明白に逸脱した場合には、立法者が人間らしい生活をする権利と生活の無能力者に対する国の保護義務を明示した憲法規範に違反したと言えよう。ところで、行政府の定めた生活保護の基準が違憲であるかどうかは、生活保護法による生計保護の給付だけをもって判断すべきではなくて、その他の法令によって国が生計保護のために支給する各種の給付や各種の負担の減免等を総括した水準をもって判断しなければならない。

1994年を基準として見ると、国が生活保護の対象者のうち、在宅保護の対象者に与えた給付の範囲と関連して、毎月1人当たり金65,000ウォン程度の生計保護以外にも、越冬の対策費として1人当り1年に61,000ウォン、老人福祉法によって生活保護の対象者のうち70歳以上の老人に支給される老齢手当が1人当り月15,000ウォン、65歳の老人のすべてに支給される毎月一人当り3,600ウォン相当のバス切符、各地方自治団体の給水条例および下水道条例によって生活保護の対象者に対して減免される上下水道の使用料(ソウル特別市の場合毎月基本使用料2,500ウォン免除)、韓国放送公社法施行令によって免除される月2,500ウォンのテレビ受信料、韓国通信公社の利用約款に基づいて免除される電話の使用料月6,000ウォン(基本料金＋通話150回)などが与えられる。

第 5 節　家族・労働等社会関係に関する決定

　このように給付を総合的に考慮する場合、たとえその給付の水準が請求人らのように 2 人が 1 世帯を構成する場合の 1994 年度の最低の生計費（1 人当たり毎月大都市においては 190,000 ウォン、中小都市においては 178,000 ウォン、農漁村においては 154,000 ウォン程度）に及ばないとしても、その事実だけをもって、ただちに「94 年生計保護基準」が請求人らの人間らしい生活を保障するために国が実現すべき客観的内容の最小限度の保障にも至らないとか、または憲法上認められている裁量の範囲を明白に逸脱したものと見るのは困難であり、したがって憲法に違反するとか、請求人らの幸福追求権または人間らしい生活をする権利が侵害されたと見ることはできない。

(3)　事 後 経 過

　請求人らが教授と弁護士の助力を受けて提起したこの事件の憲法訴願は、3 年あまりで憲法裁判所の棄却決定でもって決着がついたが、福祉の政策に対して大きな社会的反響を惹き起こした。

　憲法裁判所の上の決定は、人間らしい生活をする権利が生活能力のない者に対する国の保護水準に関する政策的決定をどの程度まで拘束できるのかという問題に関して方向を提示したという意味をもっている。

　しかし憲法裁判所は、給付の領域における国の積極的な介入が国の財政・経済の政策にもたらす影響を意識しすぎて、生活無能力者の保護水準に関する国の政策的裁量の余地を過度に幅広く認めたという批判が提起された（鄭泰浩「原理としての社会的基本権」『法と人間の尊厳―青巌鄭京植裁判官還暦記念論叢―』1997）。

4　同姓同本禁婚事件

〈憲裁 1997.7.7.16.　95 憲カ 6 等　民法第 809 条第 1 項違憲提請、判例集 9 － 2、1〉

(1)　事件の背景

　この事件は、個人の幸福追求権から派生する性的な自己決定権、特に、婚姻の相手方の決定権を幅広く制限する民法第 809 条第 1 項の同姓同本の禁婚規定に対して憲法不合致の決定をした事件である。

　民法第 809 条第 1 項は、姓も祖先発祥の地も同じである同姓同本の血族の間

325

第3章　憲法裁判所の決定

では婚姻ができないと規定している。

　上の法律条項と関連して、同姓同本の制度がわが民族の伝統文化の一つであることを強調する儒林側と、上の法律条項が明白な遺伝学的な根拠もないのに、あまりにも幅広く禁婚の範囲を設定しているばかりでなく、男性優位の家父長制度の遺産であることを浮き彫りにしながら、その廃止ないし改正を主張してきた女性界などの間に、長い間葛藤を醸してきた。国会はその間、3回にわたって「婚姻に関する特例法」を施行して、この法律条項によって婚姻生活および子女教育において苦痛を受けてきた同姓同本の血族間の事実婚を救済したことがあったが、根本的な解決のための決断を下してこなかった状態で、結局上の法律条項が憲法裁判所の審判を受けることになったのである。

　同姓同本の者と婚姻しようとした提請申請人らは婚姻の届出を受理しなかった処分に対して、ソウル家庭法院にその取消しを求める訴えを提起しながら、違憲法律審判の提請を申請し、同法院がこれを認めて1995年5月17日に憲法裁判所に違憲法律審判を提請した。

　この事件が憲法裁判所に係属した後、儒林は裁判官らに嘆願書攻勢を展開するなど、上の法律条項に対する違憲決定を防ぐために相当の努力を傾注した。

(2)　決定の主要内容

　憲法裁判所は次のように、同姓同本の禁婚制を規定した民法第809条第1項と関連した時代的な背景について言及しながら、上の条項に対して憲法不合致の決定をした。

　わが民法は第809条第1項以外にも、他の法律条項によって禁止される近親婚の範囲自体が他国の立法例に比べて非常に幅広く存在するにもかかわらず、民法第809条第1項が同姓同本の血族間の婚姻をその親等の遠近を問わず、すべて取消事由と定めているばかりでなく、初めから婚姻の届出自体の受理ができないように規定している。

　わが国の現代社会は同姓同本の禁婚制が形成され定着した時代とは異なって、激しく変化し同姓同本の制度的な土台が大きく揺れている。すなわち第1に、現代社会は自由と平等を根本理念として身分的な階級制度と男尊女卑の思想を排斥した自由民主主義の社会であり、したがって憲法も第36条第1項で個人の尊厳と両性の平等に基づいて婚姻と家族生活が成立され、維持されるべ

第5節　家族・労働等社会関係に関する決定

きであることを明らかにしているばかりでなく、これに対する国の保障義務まで規定している。第2に、これにあわせて国民の大多数の婚姻観が主として家と家の間の結合であるという観念から、婚姻の当事者の自由意思を尊重した人格対人格の結合という観念に変わっているし、家族の観念や形態も、おおよそ家父長的な大家族から分化された核家族に変わっているし、また、建国以来のたゆまなき女性教育の拡大によって男女平等観念が定着してきた。第3に、封建的・閉鎖的な農耕中心ないし自給自足原則の農耕社会が高度に発達した産業社会に変わっているし、特に人口の幾何級数的な増加のため、金海金氏、全州李氏、密陽朴氏のような大姓の場合、1985年の統計によっても、その人口がそれぞれ約3,892,342名、2,379,537名及び2,704,819名になって、もはや同姓同本というものが禁婚の基準として、その合理性が認められ難くなっており、特に人口の都市集中化と関連して家ないし祖先の出身地である本貫に対する観念が次第に薄くなっている。

　このような評価に基づいて判断するとき、民法第809条第1項は、禁婚の規定としての社会的な妥当性ないし合理性を失っているとともに、性的な自己決定権、特に、婚姻の自由と婚姻において相手方を決定する自由を含めている自己運命決定権の根拠である人間としての尊厳と価値および幸福追求権を規定した憲法の理念および規定（10条）と個人の尊厳と両性の平等に基づいた婚姻と家族生活の成立・維持という憲法の規定（36条1項）に正面から背馳している。そしてその禁婚の範囲を同姓同本の血族、すなわち男系の血族に限定して性別によって差別しているが、これを是認できるほどの合理的な理由を探し出すことができないため、憲法上の平等原則（11条）にも違反し、その立法の目的はもはや婚姻に関する国民の自由と権利を制限する社会秩序や公共の福祉に該当するといえない点で、憲法第37条第2項にも違反すると判断される。

　結局、上の法律条項が憲法に違反しているという点においては李在華、趙昇衡裁判官を除いた残りの裁判官全員の意見が一致したが、鄭京植、高重錫裁判官は国会の立法形成権を尊重する意味において、上の法律条項に対して、ただちに違憲決定をすべきではなく、憲法不合致の決定をすべきであると主張した。これによって、金容俊、金汶熙、黄道淵、申昌彦、李永模裁判官の5人の単純違憲意見が多数意見ではあるが、憲法第113条第1項に規定された法律の

第3章　憲法裁判所の決定

違憲決定をするのに必要な審判定足数に達しなかったために、結局、憲法裁判所は上の2つの意見の一致する最大の公約数である憲法不合致の決定を宣告して、同時に、上の法律条項に対する適用停止命令とともに、1998年12月31日を時限として、立法改善命令を立法者に賦課し、これを履行しない場合には、1999年1月1日からその効力が喪失するとの宣言をした。

これに対して、李在華、趙昇衡裁判官は、この法律条項によって国民の幸福追求権すなわち婚姻の自由と相手方を自由に選択する自由等が制限されているとしても、それが過剰禁止の原則に違反するものではなく、この法律条項が男系の血族だけを基準とする同姓同本の血族の間の婚姻を禁じているとしても、わが民法は家族法上、伝統慣習の法制化という立場からこの法律条項を置いたものであるため、これを合理性のない恣意的な男女差別ということはできないとして憲法に違反しないとした。

(3) 事後経過

憲法裁判所の上の決定で、同姓同本の禁婚条項が停止されることでもって、その規定のために、その間、事実婚の関係でとどまらざるを得なかった最高20万組と推定される男女が法的な夫婦としての地位を確保することになった。したがって彼らは憲法裁判所の決定以後、直ちに婚姻届けを出すことができるようになり、これらの子女も婚姻外の子といった束縛から脱することになったし、配偶者らは医療保険、家族手当、税金の控除など、これまで享受できなかった恵沢を受けることになった。そして、その間、足踏み状態であった関連家族法の改正のための突破口を提供した。

この決定に対して、儒林においては「売国の段階を飛び越えて恥辱的に下された売族の決定である」と非難した。その反面、女性界においては「静かな発表であったが、時代の変化の中で、悪習が崩壊される雷のような声であった」との歓迎の意が示された（『朝鮮日報』1997.7.17）。また、「実効性のない旧時代の遺物に終止符が打たれた」（『韓国日報』1997.7.17）とか、「男女の平等を浮き彫りにした進歩的な判断であり家父長的な観念を廃棄した」との報道があった（『ハンギョレ新聞』1997.7.17）。

一方、大法院は、憲法裁判所が「法院、その他の国の機関及び地方自治団体は立法者が改正するまでは上の法律条項の適用を中止しなければならない」と

第 5 節　家族・労働等社会関係に関する決定

宣言したことに従い、上の法律条項が改正されるときまで、同姓同本である血族間の婚姻届けがある場合に、それに対する戸籍事務の処理に関して必要な事項を新しく定めた。戸籍例規の一部を改正し同姓同本である者の間の婚姻の届出は子女を出生した場合であっても受理できないとした例規（大法院戸籍例規 172 号）と同姓同本である者の間の婚姻の届出が誤って受理された場合の効力に関する例規（大法院戸籍例規 176 号）をそれぞれ廃止した。

5　離婚分割財産贈与税事件

〈憲裁 1997.10.30. 96 憲バ 14　旧相続税第 29 条の 2 第 1 項第 1 号中、離婚した者の財産分割に対する贈与税規定部分違憲訴願、判例集 9 － 2、454〉

(1)　事件の背景

この事件は、離婚時の財産分割によって移転される部分に贈与税を賦課した旧相続税法の規定に対して租税平等の原則に違反したものとして違憲決定を下した事件である。

旧相続税法（1994.12.22. 法律 4805 号で改正される前のもの）第 29 条の 2 第 1 項第 1 号は、他人の贈与によって財産を取得した者で、贈与を受けた当時、国内に住所を置いた者は贈与税を納付しなければならないと規定するとともに、離婚した者の一方が民法第 839 条の 2 または同法第 843 条の規定によって他の一方から財産分割を請求し一定の金額を超過する財産を取得した場合にも、他人の贈与によって財産を取得したものとみなして贈与税を納付するように規定していた。

請求人は夫と協議離婚をし、夫の名義であった 1 部の不動産に対して財産分割を原因とする所有権の移転登記をすると同時に、自分の名義であった不動産を夫の名義に移転登記をした。これに対して管轄税務署長は贈与税の賦課処分をした。請求人は釜山高等法院に贈与税賦課処分の取消しの訴えを提起しながら、上の贈与税賦課処分の根拠になっている相続税法第 29 条の 2 第 1 項第 1 号中、離婚した者の財産分割に対する贈与税規定部分について違憲法律審判提請を申請したが、同法院がこれを棄却するや、憲法裁判所に上の法律規定に対して憲法訴願審判を請求した。

329

第3章 憲法裁判所の決定

(2) 決定の主要内容

憲法裁判所は離婚時の財産分割の本質に言及しながら、離婚するとき配偶者から分割して貰った財産に対して贈与税を賦課するよう規定する旧相続税法第29条の2第1項第1号の1部内容は違憲であると決定した。

離婚時の財産分割の本質は実質的な夫婦共同の財産清算であるから、財産分割によって分割される財産は、事実上財産取得者の所有にすぎないものであり、財産分割による財産移転は共有物の分割ないし潜在化されていた持分権の顕在化にすぎないものである。そして離婚の時、配偶者がもつ財産分割の請求権は財産を無償に取得する贈与となんらの関連がないだけでなく、扶養義務の履行の性格をもっているのであるから、贈与税の賦課の対象にならない。また民法上、扶養義務者相互間の治療費・生活費または教育費として通常必要であると認められる金品は、課税価格に算入されない点に照らして見ても財産分割請求権に対して贈与税が賦課される根拠はない。

租税政策と関連して見ても、離婚によって財産を分割することが租税捕脱の方法として利用される場合には、租税政策的な必要によって贈与とみなすことができるが、相続税を免れるために離婚することは一般的に考えられないものであり、何よりも、離婚による財産分割は贈与とはその本質が異なるものであり、社会経済的な効果も根本的に異なるものであるといわざるをえないし、ほかに贈与と同一に取り扱うべき租税政策的な必要性は認められないといえよう。したがって、上の法律条項はその内容が著しく不合理かつ恣意的であり、財産権保障の憲法的理念に符合しないのであるから、実質的租税法律主義に違背する。

また課税上の衡平という点から見ても、離婚と配偶者の死亡はその財産関係と身分関係の面において違いがあり、離婚時の財産分割は配偶者の死亡による相続の場合とは異なるとみるべきであるにもかかわらず、上の法律条項のように贈与税を賦課することは、「同じものは同じく、異なるものは異なるように取り扱う」という平等原則に反し、合理的な理由なしに差別するものであり、租税平等主義にも違背する。

これに対して、李永模裁判官は次のような内容の反対意見を提示した。今日の租税制度においてはどの程度の累進税率が最も適正な分配状態になるか、そ

第5節　家族・労働等社会関係に関する決定

して再分配をどのようにするのが適正であるかどうかを決定することは当時の政治的・社会的・倫理的な背景を考慮して決定される租税原則ないし租税政策の問題である。しかし、財産分割は、実質的な夫婦共有財産を清算するためのものであることが原則ではあるが、贈与税の課税対象でない離婚による慰謝料を含む場合などもありうるので、夫婦共有財産の形成や維持に関する配偶者の寄与の形態等を見るとき、離婚時の清算に伴う分割比率を客観的に算出し得る基準を法律でもって定めることは非常に困難な実情である。

一方、立法者は、離婚時に取得する財産に対する配偶者の人的控除額を高めて、分割財産が極めて多い一部階層の国民だけに制限的に課税ができるように規定しているし、上の法律条項は人的控除額の限度内においては課税上の問題なしに財産分割をすることができるのであり、また、この限度を超える部分は共有財産の形成に寄与した事実を特別の事情と見て、納税義務者側の主張・立証によって配偶者の人的控除額を超えた部分に対する贈与税の減免を受けることができると解釈される。したがって、上の法律条項は立法の目的と手段において正当性・合理性を備えているものであり、立法者の広範な裁量の範囲内にあるのである。

(3)　事後経過

離婚時の財産分割の請求権制度は、従来から立法論として主張されてきたが、1989年の民法の一部改正で、民法第839条の2に規定されたものであって、特に離婚した妻の保護のための制度である。憲法裁判所の上の事件の決定は、離婚した後、特別な職場がない女性達の経済的な安定に多くの助力を与えた点でその意義があり、女性界はこれを大きく歓迎した。

それにもかかわらず、1996年12月30日に全面改正された現行の相続税及び贈与税法（法律5193号）が旧法第29条の2第1項第1号とほぼ同一の内容を第31条第2項にそのまま盛っていて、問題点として指摘されている。

6　労働争議第三者介入禁止事件

〈憲裁1990.1.15. 89憲カ103　労働争議調整法第13条の2等に対する違憲審判1、判例集2、4〉

(1)　事件の背景

第3章　憲法裁判所の決定

　この事件は、労使関係の当事者でない第三者が労使間の争議行為に介入することを禁止する労働争議調整法の規定に対して合憲であると決定した事件である。

　労働争議調整法（1986.12.31. 法律3926号で改正されたもの）第13条の2は直接に労働関係を結んでいる労働組合または使用者その他法令によって正当な権限をもつ者を除いては、原則的に争議行為に関して関係当事者を操縦・扇動・妨害したり介入してはならないと規定し、同法第45条の2はこれに違反する者を5年以下の懲役または1千万ウォン以下の罰金に処すると規定していた。

　これに対して、勤労者らが憲法によって保障された労働3権を適切に行使することができるためには、労働問題の専門家・学者・法律家などの第三者の助言または助力を受ける必要があるにもかかわらず、上の規定はこれを制限しているから違憲であるとの主張が提起された。

　提請申請人は都市産業宣教会の牧師であり、タクシー会社の勤労者らの労働争議に影響を及ぼす目的で介入したとして、上の法律条項によって公訴が提起されたので、労働争議調整法第13条の2および同法第45条の2の違憲可否に対して違憲法律審判の提請を申請し、清州地方法院はその申請を認めて上の法律条項に対して憲法裁判所に違憲法律審判を提請した。

(2)　決定の主要内容

　憲法裁判所は、次のように第三者の介入禁止を規定した労働争議調整法第13条の2の立法趣旨に言及した後、上の法律条項が憲法に違反しないと決定した。

　上の法律条項は争議行為に第三者が介入した場合に憂慮される争議行為の本質の歪曲を防ぐためであるという点に照らして見るとき、労働3権を制限する規定ではない。すなわち、上の法律条項は、勤労者らが争議行為をするにおいて、総連合団体である労働組合または当該労働組合が加入した産業別の連合団体である労働組合からは助力を受けることができる道を与えている。そして同条項が禁止する操縦・煽動・妨害行為は、そのいずれも勤労者らを単純に助力するという範囲を超えたものであって、労働関係当事者の自主的な意思決定による労働争議の発議・計画・遂行及び解決を歪曲・阻害する行為であるばかりでなく、団体行動権の目的から導かれる許容の限界を逸脱するものであるた

第5節　家族・労働等社会関係に関する決定

め、そのような行為のみを禁止している上の法律条項は、憲法が認めている勤労三権の範囲を超えた行為を規制するための立法であるにすぎず、勤労者が単純な相談や助力を受けることを禁止しようとするものでないのであるから、勤労3権を制限するものであると見ることはできない。

　平等原則に関して見ると、第三者の介入禁止の条項は労働者側の介入ばかりでなく、使用者側の介入に対しても同じく規定しているし、労働者達が弁護士または公認労務士等の助力を受けることと同様、労働3権を行使するにおいて自主的な意思決定が侵害されない範囲内で必要な第三者に助力を受けることを禁止するものでないから、勤労者と使用者を実質的に差別する不合理な規定ではない。

　罪刑法定主義の明白性の原則に関して見ると、第三者の介入禁止の規定中「……その他これに影響を及ぼす目的で介入」した行為というのは、争議行為に介入した第三者の行為を全体的に評価して、労働関係当事者の自由かつ自主的な意思決定に対して影響を及ぼす目的のために行われた干渉行為を包括する行為と見るべきであって、上の行為に該当するかどうかは、だれもが予見できるものであるから、その構成要件が憲法第12条第1項の要求する明白性を欠くものでなく罪刑法定主義に違反するものではない。

　これに対して、金鎮佑、李時潤裁判官は、第三者介入禁止規定とその違反行為に対する処罰規定は、その適用範囲を縮小して、適法な争議行為過程に第三者が介入した場合には、上の法律条項が適用されないものと限定的に解釈することを条件として、その限度内において合憲であるという意見を提示した。金亮均裁判官は、正当な理由なく争議行為に介入する行為をして、争議行為を発生させた場合に適用されることを条件として憲法に違反しないという意見を提示した。卞禎洙裁判官は、第三者介入禁止規定はあまりにも曖昧であるために明確性の原則に反するなどの理由で、単純違憲を宣言すべきであるとした。

(3)　事後経過

　この決定に対しては、この法律条項が労働現実において善意の第三者の正当な行為までを封鎖し得る毒素条項として機能することができるにもかかわらず、憲法裁判所の多数意見が第三者介入禁止条項に対して限定合憲でもない、単純合憲を宣言したことは、労働問題に対する憲法裁判所の保守的な立場を表

333

すものであるという労働界と一部の言論の指摘があった(『ハンギョレ新聞』1990.1.18.)。

しかし、憲法裁判所は決定文で、この法律条項が勤労三権を行使するにおいて自主的な意思決定をするために必要な第三者の助力を受けることを禁ずるものではなく、争議行為に関して関係当事者を操縦・扇動・妨害する目的で介入する行為を禁止しているという前提を明白にしており、争議行為の歪曲の防止という価値を優先的に考慮したものである。

7　全国教職員労働組合事件

〈憲裁1991.7.22.　89憲カ106　私立学校法第55条、第58条第1項第4号に関する違憲審判、判例集3、387〉

(1) 事件の背景

この事件は、私立学校の教員に対して労働組合の構成、加入および活動を制限する私立学校法の規定について憲法に違反しないと決定した事件である。

私立学校法(1991.3.8. 法律4347号で改正されたもの)第55条は、教育公務員法第1条および第53条第4項の規定に従って私立学校の教員に国家公務員法第66条第1項の中の労働運動をしてはならないという法律条項を準用するように規定している。そして私立学校法第58条第1項第4号は、私立学校教員の労働運動を免職事由として規定していた。

1989年、全国教職員労働組合の結成とそれに対する政府の不認定方針および一連の教員懲戒事態は、果たして職務の特殊性を理由に、教員をして労働組合を結成し得ないようにすることが、教員の労働者としての現実的な状況に照らして妥当であるかどうかに関する根本的な問題を提起した。

提請申請人らは私立学校の教師であって、全国教職員労働組合の設立趣旨に賛同し、これに加入し活動することでもって、労働運動をしたことを理由に、学校法人から職位解除処分を受け、続いて免職処分された。提請申請人らはソウル地方法院西部支院に免職処分無効確認等の請求の訴えを提起して、職位解除処分および免職処分の根拠になった上の私立学校法の諸規定が憲法第33条第1項に違反して無効であると主張しながら、違憲法律審判の提請をしたところ、同法院はこれを認めて違憲法律審判を提請した。

第 5 節　家族・労働等社会関係に関する決定

(2)　決定の主要内容

　憲法裁判所は次のように教員の特殊性を検討した後、私立学校法第 55 条および第 58 条第 1 項第 4 号は憲法に違反しないと決定した。

　教員は勤労者であるが、教員の地位の特殊性によって公・私立を問わず、教員の勤労関係は、「勤労者対使用者」という 2 元的な対立構造を前提とした相互間の葛藤と妥協そして市場経済の原理による需給均衡と統制の下で形成発展してきた、伝統的な一般勤労関係法をそのまま適用するには適合しないものであるので、変形して受け入れざるを得ないのである。

　教員の地位の法定主義を闡明している憲法第 31 条第 6 項に基づいて制定される法律には、教員の身分保障、経済的・社会的地位保障など教員の権利に該当する事項ばかりでなく、国民の教育を受ける権利を阻害するおそれのある行為の禁止など教員の義務に関する事項も当然に規定することができるから、結果的に教員の基本権を制限する事項までも規定することができるのである。

　私立学校法第 55 条、第 58 条第 1 項第 4 号は、教育法及び教育公務員法と同じくまさに憲法第 31 条第 6 項に基づいたものであり、教育の本質に伴う教育制度の構造的特徴、教員の職務の公共性・専門性と自主性、教育に対するわが国の歴史的伝統と国民意識および教育現場の種々の事情などを併せて考慮して制定したものであるので、たとえ私立学校法の上の法律条項が教員の勤労基本権を制限しているとしても、それだけで、勤労基本権に関する憲法第 33 条第 1 項の規定を掲げて、直ちに憲法に違反すると断定することはできない。

　また、上の法律条項がたとえ私立学校教員の労働 3 権の行使を禁止しているとしても、私立学校の教員に対しては法律の規定で、直接に報酬と身分の保障をするとともに、教員という身分にふさわしい教職団体である教育会を通じて、彼らの経済的・社会的地位の向上を図ることができるように保障しているために、私立学校教員に対する憲法上保障された勤労基本権の本質的内容を侵害していない。また、その制限は立法者が先に述べた教員の地位の特殊性とわが歴史的現実を総合して、公共の利益である教育制度の本質を守るために決定したものとして、必要かつ適正な範囲内のものであるから、過剰禁止の原則にも反しない。

　私立学校の教員に対しては、勤労 3 権の行使において、一般の勤労者の場合

と区別して取り扱うべき合理的な理由があり、また、私立学校法の規定が公立学校の教員に適用される教育公務員法および国家公務員法の関係規定より必ずしも不利なものとも見ることができないから、上の法律条項は平等原則に違反するものではない。

これに対して、李時潤裁判官は、私立学校法第55条および第58条第1項で規定されている「労働運動」には、団結権の行使は含まれないものと縮小制限解釈すべきであるとの趣旨の反対意見を提示した。金亮均裁判官は、私立学校の教員は一般の勤労者と原則的に同一な労働3権が与えられるべきであるいう反対意見を提示した。卞禎洙裁判官は、労働3権を享有しない勤労者を公務員に限定した憲法第33条第2項の規定に照らして見ると、上の法律条項は違憲であるという反対意見を述べた。

(3) 事後経過

憲法裁判所の上の決定で、全国教員労働組合はその地位の合法性を確保し得なくなったことにより、これに加入して活動したとの理由で解雇された1,600名以上の教師が解雇無効訴訟によって救済される道は根本的に閉ざされることになった。この決定に対しては、労働問題に対する憲法裁判所の保守的立場が明らかになったといった指摘もあったが、労働運動の歴史が短いわが国の現実において、教育の現場にまで労働争議が急激に拡散することを食い止め、社会的安定を維持することに寄与したという肯定的な評価もあった。

8 現業職公務員争議禁止事件

〈憲裁1993.3.11. 88憲マ5 労働争議調整法に関する憲法訴願、判例集5－1、59〉

(1) 事件の背景

この事件は、労務職公務員の団体行動権を剥奪する労働争議調整法第12条第2項に対して憲法不合致の決定をした事件である。

労働争議調整法第12条第2項（1987.11.28. 法律3967号で改正されたもの）は、国家・地方自治団体及び防衛産業に関する特別措置法によって指定された防衛産業体に従事する勤労者は争議行為をしてはならないと規定していた。

請求人は逓信部所属の公務員として全国通信労働組合に所属した組合員であ

第5節　家族・労働等社会関係に関する決定

り、全国通信公務員組合協議会の議長職を勤めた者であったが、上の法律条項のため、現業公務員、すなわち事実上労務に従事する公務員である請求人自身の団体行動権が直接的に侵害されていると主張して、憲法訴願審判を請求した。

(2) 決定の主要な内容

憲法裁判所は次のように憲法上保障される公務員の労働三権を検討した後、労働争議調整法第12条第2項は憲法に合致しないと決定した。

憲法第33条第2項は旧憲法とは異なって、公務員の場合に全面的に団体行動権が制限されまたは否認されるものではなく、一定の範囲内の公務員である勤労者の場合には団結権・団体交渉権を含めて団体行動権を持つことを前提にしている。ただし、その具体的な範囲は法律で定めるように委任している。

労働争議調整法第12条第2項は文面の解釈上、すべての公務員に団体行動権、すなわち争議権を根本的かつ一律的に否認しているが、これは憲法第33条第2項によって争議権が認められた一定範囲の公務員まで争議権を制限・禁止しているため、過剰禁止の原則に違反するものであり、またその基本権の本質的内容まで侵害するものである。

上の法律条項が憲法第33条第2項の規定と不合致する状態をできる限り早く除去して、憲法規定通りに法秩序を定立することが立法者の義務であるが、立法者に与えられた立法の形成権を尊重して、1995年の末までに憲法が委任したところを立法化して憲法不合致の状態を除去することを促すとともに、同条項の効力はその時が経過して初めて喪失すると決定した。

これに対して、卞禎洙裁判官は、上の法律条項は労働三権の本質的な内容を侵害するものであって全部違憲であるとして、憲法裁判所が違憲宣言を留保して国会に対して立法を促すことのできる法的な根拠はないとの反対意見を提示した。

(3) 事後経過

憲法裁判所の上の決定で、現業職の公務員にも団体行動権行使の道が開かれることになった。

国会は労働関係法に対する大々的な改編作業の一環として、1997年3月13日法律第5310号として、労働組合及び労働関係調整法を公布・施行して、争

337

第3章 憲法裁判所の決定

議行為の禁止対象を次のように縮小することでもって、上の法律条項によって提起された問題を解消させた。「防衛産業に関する特別措置法によって指定された主要防衛産業体に従事する勤労者中、電力、用水および主に防衛産業物資を生産する業務に従事する者は争議行為をしてはならず、主に防衛産業物資を生産する業務に従事する者の範囲は大統領令で定める」(41条)。

9 1980年解職公務員救済事件

〈憲裁1993.5.13. 90憲バ22等 1980年解職公務員の補償等に関する特別措置法第2条及び第5条に対する憲法訴願、判例集5－1、253〉

(1) 事件の背景

この事件は、1980年当時、国家保衛非常対策委員会の浄化計画によって解職された公務員に対する補償および特別採用のために制定された、1980年解職公務員の補償等に関する特別措置法が政府傘下機関の役員と職員を補償の対象者に含めなかったことなどに対して、違憲決定の定足数に達しなかったために、憲法に違反すると宣言することができないとした事件である。

1980年解職公務員の補償等に関する特別措置法第2条は、1980年7月1日から同年9月30日までの期間中に浄化計画によって強制的に解職された公務員だけを補償の対象者として規定し、政府傘下機関の役員と職員を補償の対象者に含めなかった。そして同法第5条は、政府が政府傘下機関の職員の中で、浄化計画によって解職された者に対しては解職公務員に相応した措置が行われるように行政指導をすると規定していた。

請求人らは政府傘下機関の職員として勤務していたが、1980年7月頃、国家保衛非常対策委員会の浄化計画によって強制的に解職されたことを理由として、上の特別措置法第2条および第5条を根拠にして、従前に勤めていた政府傘下機関またはその権利義務を承継した商社法人などを相手にして、補償金の請求訴訟を提起するとともに、上の法律条項に関して違憲法律審判の提請を申請したが、法院がこれを棄却したので、憲法訴願審判を請求した。

この事件以外にも、当時の特別措置法と関連して憲法裁判所に違憲審判の提請や憲法訴願審判請求が多数提起され併合審理された（89憲マ189、89憲マ281、90憲マ17、90憲バ47乃至58、91憲カ2、92憲バ21、92憲バ44、93憲マ41、

第 5 節　家族・労働等社会関係に関する決定

93 憲マ 258 等)。

(2)　決定の主要内容

　憲法裁判所は、この決定で、5 人の裁判官は次のように請求の適法性を判断した後、1980 年解職公務員の補償等に関する特別措置法第 2 条、第 5 条が平等の原則に違反して違憲であるという意見であったが、4 人の裁判官がこの事件の審判請求は裁判の前提性などの適法要件を欠如しているとして却下意見を提示し、違憲決定定足数である 6 人に達しなかったので、憲法に違反すると宣言することができないと決定した。

　もし憲法裁判所が 1980 年解職公務員の補償等に関する特別措置法第 2 条に対する違憲決定をして、それに従って国会が同法の違憲の部分を改正するならば、政府傘下機関の職員らは直接に政府を相手どって補償を請求することが可能になるから、政府傘下機関の職員である請求人らが上のような結果を期待して、同法を根拠として政府を相手どって補償金の請求訴訟を提起して、同法第 2 条と第 5 条の違憲性を争うとともに、違憲可否の提請の申請をしたならば、上の法律条項の違憲の可否は請求人らが提起した補償金の請求訴訟の裁判の前提になるとみるべきである。この場合、法院としては、憲法裁判所から下される違憲可否審判の結果を待って裁判をしなければならないであろうし、もし違憲決定が下されると、それによる立法是正の結果を見て裁判をしなければならない。もし違憲宣言によって立法の是正が行われたならば、法院としては、原告らの請求を棄却する主文を出すことはできないであろうから、このような意味において、違憲可否の判断に従って、当該本案事件の裁判の主文が異ならざるを得ないとすれば、裁判の前提性を充たしたものと見るべきである。

　上の法律は、立法趣旨が国家保衛非常対策委員会の違法、不当な公権力によって被害を受けた公務員または政府傘下機関の職員らの名誉回復と被害補償のためのものであり、憲法第 34 条第 2 項の規定によって、国家の社会保障責任と公権力の不法行為による損害賠償責任のための特別法的な性格を持っているのであるから、同一の公権力の行使による被害者に対してその身分が公務員であるか政府傘下機関の職員であるかによって、国の補償または賠償責任に差別をおくことは憲法第 11 条第 1 項の平等の原則に反する。

　これに対して、曺圭光、崔光律、金汶熙、黄道淵裁判官の却下意見の要旨は

次のとおりである。上の法律は名称自体「1980年解職公務員の補償等に関する特別措置法」と名付けており、第1条でその法の適用の対象を解職公務員に限定すると明示している。そして第2条ないし第4条で解職公務員に限って一定の範囲内または条件の下で、補償または特別採用の恵沢を受けることができると規定している。そして第5条の規定の内容を見ると、その立法趣旨はあくまでも政府が政府傘下機関に対して浄化計画によって解職された政府傘下機関の職員に対しても、できる限り解職公務員に相応した措置が行われるように「行政指導」をせよという宣言的規定を置いたものにすぎない。行政指導とは、元来法的な拘束力のない、相手方の任意的な協力を期待して行われる勧告的性質の事実行為であり、その規定による行政指導の相手方は政府傘下機関自体であって、その職員でないから、その規定だけで解職された政府傘下機関の職員らに対する国家の何らかの法的な責任が生ずるとか、彼らに直接的に何らかの請求権が生ずるとは見ることはできない。しかれば、上の法律条項は初めから請求人らが提起した当該訴訟事件に適用すべき法律ではないから、その違憲の可否とは関係なく、したがって裁判の前提性が挙論される余地はない。

記録によると、請求人らは彼らが従前に勤めていた政府傘下機関またはその権利義務を承継した商事法人だけを相手どって、依願免職無効確認、報酬金、退職金または損害賠償の請求訴訟を提起しただけで、国または政府を相手どって、何ら訴訟を提起した事実はない。また、請求人の中の一人は、これとあわせて大韓民国を共同被告として、補償金の請求訴訟を提起したが、その請求原因としては、上の法律第5条の行政指導の規定によって直接に被告らの連帯債務である補償金の支給義務が発生したと主張しただけである。そうだとすると、上の法律条項に対して、仮に違憲決定が下されるとしても、現在の当事者と請求内容だけでは、法院が当該訴訟事件で何らかの国家責任を認める裁判をする余地はないから、上の法律条項は当該訴訟事件において裁判の前提性が否認されるほかない。

(3) 事後経過

憲法裁判所は、この事件の決定宣告前である1992年11月12日、1980年解職公務員の補償等に関する特別措置法第2条第2項第1号の「次官級相当以上の報酬を受けた者」に法官を含ませることは、憲法第106条第1項の法官の身分

第5節　家族・労働等社会関係に関する決定

保障規定および憲法第11条の平等権の保障規定に違反するとして違憲決定をした（憲裁1992.11.12. 91憲カ2）。

この事件の決定の後にも、上の法律と関連した憲法訴願事件に関して、多くの決定が下された。すなわち、上の法律第4条（特別採用の対象を6級以下の公務員に限定したこと）に対する憲法訴願（憲裁1993.9.27. 92憲バ21；1994.6.30. 92憲バ44）および上の法律第2条第5項（補償金算出のための期間算定において「移民」を補償制限事由として規定したこと）に対する憲法訴願（憲裁1993.12.23. 89憲マ189）の事件で、それぞれ合憲の決定をしたことがあり、上の法律第2条等に対する憲法訴願（憲裁1993.11.25. 90憲バ47；1993.11.25. 90憲マ17；憲裁1993.12.23. 89憲マ281；憲裁1996.3.28. 93憲バ41）および立法不作為に対する憲法訴願（憲裁1996.11.28. 93憲マ258）事件で、それぞれ却下の決定をした。

10　労働委員会救済命令違反事件

〈憲裁1995.3.23. 92憲カ14　労働組合法第46条違憲提請、判例集7－1、307〉

(1)　事件の背景

この事件は、確定していない労働委員会の救済命令に違反した者を刑事処罰する労働組合法の規定に対して違憲であると宣言した事件である。

労働組合法（1980.12.31. 法律3350号で改正されたもの）第42条第1項は、労働委員会が不当労働行為が成立すると判定した場合には使用者に救済命令を発しなければならないと規定し、同法第46条は、同法第42条の規定による救済命令に違反した者等を2年以下の懲役または3千万ウォン以下の罰金に処すると規定していた。

提請申請人は労働委員会から救済命令を受けたが、再審で取り消されたにもかかわらず、勤労基準法違反および労働組合法違反の罪で略式起訴され、済州地方法院から、罰金の略式命令の告知を受け、これを不服として正式裁判を請求するとともに、労働組合法第46条の、「第42条の規定による救済命令に違反する」との部分に対して違憲法律審判の提請を申請し、同法院はこれを認めて、違憲法律審判を提請した。

第3章 憲法裁判所の決定

(2) 決定の主要内容

　憲法裁判所は次のように救済命令の性格等に対して言及した後、労働組合法第46条の、「第42条の規定による救済命令に違反する」の部分は、適法手続の原理および過剰禁止の原則に違反して憲法に違反すると決定した。

　救済命令は労働委員会が不当労働行為が成立すると判定した場合に、使用者に発するものであるが、違法・不当として取り消されることもできる確定されていない救済命令と、その救済命令が違法・不当として再審または行政訴訟によって取り消された場合にまで、これを迅速に履行しなかったとして、その履行の確保ないし制裁の方法として、懲役刑を選んでその違反者である使用者を刑務所に長期間収監して物心両面の苦痛を加えたり、刑罰である罰金刑で処罰することは正義に反し、また、行政刑罰が行政命令の履行確保手段として、最後的・補充的でなければならない点に照らしても合理性と正当性がない。さらに、法院によって確定されていない労働委員会の救済命令の違反行為自体に対して刑罰を科する立法例はまれであり、しかも救済命令が確定される前に、違法または不当であるとして取り消された後にも、その違反行為に対して救済命令が確定された場合と全く同じ法定刑で自由刑まで規定した立法例は世界のどの国にもない。

　これらの点を考慮するとき、上の法律条項に規定された処罰は、上の法律条項によって達成される救済命令の履行確保の手段としても適切でなく、基本権の制限が必要な最小限度に止まったともいうことができないし、それによって保護しようとする法益とこの事件の規定によって制限される使用者の利益の間に均衡も保たれていないから、上の法律条項の中、「第42条の規定による救済命令に違反する」の部分は適法手続の原理に反し、過剰禁止の原則にも抵触するものである。

(3) 事後経過

　労働委員会の各種の救済命令を受けた事業主の中で、かなりの人がこれに従わなかったり、少額の罰金刑で代替してきた現実を勘案するとき、使用者の不法行為を幇助する可能性が相当にある点で、憲法裁判所の上の決定は、労働現実を無視したものとの評価があった（『ハンギョレ新聞』1995.3.25.社説）。しかし、憲法裁判所の決定の意義は、何よりも、不当労働行為の救済制度に適法手

第5節　家族・労働等社会関係に関する決定

続の原理を具現したという点に求めることができる。

国会は1997年3月13日に法律第5310号として公布・施行された労働組合及び労働関係調整法の改正法律において、第85条第5項を新設して「使用者が第2号の規定によって行政訴訟を提起した場合には、管轄法院は、中央労働委員会の申請による決定でもって、判決が確定される時まで中央労働委員会の救済命令の全部または一部を履行するように命じることができ、当事者の申請によってまたは職権で、その決定を取り消すことができる」と規定している。そして第95条において「第85条第5項の規定による法院の命令に違反した者は、500万ウォン以下の金額（当該命令が作為を命じる場合においては、その命令の不履行の日数一日あたりに50万ウォン以下の比率で算定した金額）の過料に処する」と規定して、上の法律条項が救済命令の違反者に対して罰金または懲役刑を賦課することができるように規定していたものを、秩序罰である過料の賦課に取って替えたばかりでなく、救済命令の履行強制と関連して法院が介入できるようにすることでもって、適法手続原理の精神に合わせる方向で立法的改善をした。

11　退職金優先弁済事件

〈憲裁1997.8.21.　97憲カ11等　勤労基準法第30条の2第2項違憲訴願、判例集9－2、243〉

(1)　事件の背景

この事件は、勤労者にその退職金の全額に対して質権者または抵当権者に優先して弁済受領権を認める旧勤労基準法の規定が憲法に合致しないと決定した事件である。

旧勤労基準法（1989.3.29. 法律4099号で改正された後、1997.3.13. 法律5305号で廃止されたもの）第30条の2は、第1項で賃金・退職金等の勤労関係による債権は使用者の総財産に対して質権または抵当権によって担保された債権を除いて、通常の租税・公課金および他の債権に優先するとし、第2項で最終の3月分の賃金と退職金等は質権または抵当権によって担保された債権等にも優先すると規定した。新たに制定された勤労基準法（1997.3.13. 法律5309号で改正されたもの）第37条第2項も同一の内容を規定している。

第 3 章　憲法裁判所の決定

担保権者である中小企業銀行は水原地方法院に退職金の受領者である退職勤労者らを相手に、配当異議の訴えを提起し、同法院は訴訟の係属中、職権で上の法律条項の中で「退職金」部分に対して違憲法律審判を提請した。

(2)　決定の主要内容

憲法裁判所は 8 人の多数意見で、次のように旧勤労基準法第 30 条の 2 および勤労基準法第 37 条第 2 項の中、それぞれ「退職金」の部分は憲法に合致しないと宣言しながら、その部分は立法者が 1997 年 12 月 31 日までに改正しなければ、1998 年 1 月 1 日からその効力を喪失し、法院その他の国家機関および地方自治団体は立法者が改正するまで、その各部分の適用を中止しなければならないと決定した。

上の法律条項が勤労者にその退職金の全額に対して質権者または抵当権者に優先して弁済受領権を認めることでもって、結果的に質権者または抵当権者がその権利の目的物から、殆どまたは全く弁済をもらえない場合には質権または抵当権の本質的な内容を成す優先弁済受領権が形骸化することになるから、上の法律条項の中「退職金」の部分は質権または抵当権の本質的な内容を侵害するおそれがある。

上の法律条項は、賃金とは異なり「退職金」に対して何らの制限なしに、質権または抵当権に優先してその弁済を受けると規定し、その結果、資金の必要な企業が、担保する目的物があっても資金の融通を受けられずに倒産するおそれがあって、勤労者の生活保障や福祉にも良くない結果をもたらすこともあり得る。そして勤労者の退職後の生活保障ないし社会保障のためには企業金融制度を毀損せず、新しい企業金融制度を創出できる従業員の退職保険制度の改善、企業年金制度の導入などの社会保険制度を導入・改善・活用することが適切であるにもかかわらず、上の法律条項は勤労者の生活保障という立法目的の正当性だけを掲げて、担保物権制度の根幹を揺がし、企業金融の道を閉ざすほどにまで、退職金の優先弁済を確保するものであって、不当である。したがって上の法律条項は、勤労者の生活保障ないし福祉増進という公共の福祉のために担保権者の担保権を制限するにおいて、その方法の適正性を誤ったものであり、侵害の最小性および法益の均衡性の要請にも抵触するものであるから、過剰禁止の原則に違背する。

第5節　家族・労働等社会関係に関する決定

　しかし退職金の全額ではなくて、勤労者の最低生活を保障し社会正義を実現する適正な範囲内での退職金債権を他の債権より優先弁済することは、退職金の後払い賃金の性格および社会保障的給付としての性格に照らして相当であるが、「適正な範囲」の決定はその性質上、立法者の立法政策的判断に委ねることが正しいと考えられる点と勤労者の退職金保障のための各種の社会保険制度の活用、その制度のための代替ないし補完、またはそれらの制度との調和などの諸般事情を勘案すべき立法者の社会政策的判断領域である点を総合して、上の法律条項の中「退職金」の部分に対して直ちに違憲宣言をすべきではなく、憲法不合致の宣言をした後、立法者に1997年12月31日までに担保物権制度の根幹を害しない範囲内で、質権または抵当権によって担保された債権に優先して弁済を受けることができる勤労者の退職金債権の適正な範囲を確定させるようにして、勤労者を保護する一方、その時までは、上で見た法律条項の中の「退職金」の部分の違憲性のために、その部分の適用を中止させることが相当である。

　これに対して趙昇衡裁判官は、上の法律条項の退職金のうち、1989年3月29日の同法の施行日から退職するまでの勤労期間の中で、最終勤労期間3年に該当する退職金の部分は肯定的かつ合憲的な部分であって、この部分だけは合憲であることを明らかにすべきであるとの反対意見を提示した。

(3) 事後経過

　この決定に対して財界と金融界は歓迎した反面、労働界はわが国のように社会保障制度は劣悪であり、勤労者の労働対価の支給が完璧には保障されていない状況において、退職金さえ満足に受けられなくなるおそれがあるという点で、勤労者は生存権の脅威を感じるほどに不安を抱いていると主張したし、上の決定の取消しを要求する示威集会もあった（『京郷新聞』1997.8.23、『世界日報』1997.8.23）。

　しかし、勤労者を助けるための無限大的な優先弁済がかえって企業倒産を促し、失職をもたらす逆効果も生じており、倒産の責任は勤労者にもあるから、優先弁済の恵沢は不当であるした憲法裁判所の指摘は筋が通っている（『ソウル新聞』1997.8.23）とか、企業は退職金の分だけ担保の余力が増えて資金調達が容易になり、金融機関も退職金の分だけ債権回収の負担を減らすことになるた

め、貸出が円滑になり業界の資金難の解消に役立つようになったという観点も提示された(『ソウル経済新聞』1997.8.23)。

憲法裁判所としては政策的考慮よりも当該法条項がもたらす比例性の抵触を問題にしたのであり、単純違憲でない憲法不合致を宣言したことは、将来国会でその条項を勤労者の権益保護に合致するように改正することを促す意味を有するものであって、一方的に勤労者に不利に決定したものではないと見ることができるから、労働界の主張は憲法裁判所の決定の趣旨を正しく理解していない側面がある。

憲法裁判所が上の決定を下した後、国会は1997年12月24日法律第5473号で勤労基準法第37条第2項を改正して、最終の3年間の退職金だけが、使用者の総財産に対して質権または抵当権によって担保された債権、租税、公課金及び他の債権に優先して弁済されるようにした。

12 団体協約違反事件

〈憲裁1998.3.26. 96憲カ20 労働組合法第46条の3違憲提請、判例集10-1、213〉

(1) 事件の背景

この事件は、犯罪構成要件の実質的な内容を法律で直接に規定せず、団体協約に全的に委任した後、これに違反した場合に処罰すると規定した旧労働組合法の規定に対して違憲決定をした事件である。

旧労働組合法(1996.12.31. 法律5244号で公布された労働組合及び労働関係調整法の施行によって廃止された法律)第46条の3は、使用者と労働組合が締結した団体協約に違反した者を1千万ウォン以下の罰金に処すると規定していた。

蔚山広域市にある会社に勤めていた勤労者が労働組合の組合員らを扇動、争議行為をし、その会社の団体協約に規定されている、いわゆる平和条項に背いて団体協約に違反したとの理由で、釜山地方法院蔚山支院に、上の労働組合法違反の罪で公訴が提示されるや、同法院は職権で、上の法律条項が罪刑法定主義に違反する疑いがあるとして、憲法裁判所に違憲法律審判を提請した。

(2) 決定の主要内容

憲法裁判所は、次のように罪刑法定主義の意味を確認しながら、旧労働組合

第5節　家族・労働等社会関係に関する決定

法第46条の3のうち、団体協約に違反した者は1千万ウォン以下の罰金に処すると規定した部分に対して罪刑法定主義の違反を理由として違憲決定をした。

　罪刑法定主義の原則上、犯罪の要件と刑罰は、立法府で制定された形式的意味の法律で定められるべきであり、処罰の法規を例外的に委任する場合にも、その要件と範囲はより厳格に制限的に適用されるべきである。そして可罰の行為とそれに対する処罰を誰もが予見できるように構成要件を明確に規定することが要求される。

　したがって団体協約の内容の中で、その違反に対する処罰を科する事項を最小限でも特定し、これを明確に規定すべきであったにもかかわらず、旧労働組合法第46条の3はそのような努力なしに、漠然と「団体協約に違反した者」とだけ規定し、犯罪構成要件の外皮だけを設定し、犯罪構成要件の実質的な中身である禁止の実質を団体協約の内容にすべて委ねているが、団体協約は根本的に勤労条件に関する労働組合と使用者または使用者団体の間に締結される契約にすぎないから、結局、処罰の内容を形成する権限を労使に譲り渡したものと異ならない。したがって上の法律条項は、刑罰の構成要件の実質的な内容を法律で直接に規定せず、すべて団体協約に委任して罪刑法定主義の基本的要請である法律主義に違背するというべきである。

　団体協約に違反するだけで構成要件が充足されることになるが、労使は個別的及び集団的労使関係のすべての事項に関して、自律的に特別な制約なしに団体協約を締結することができるから、団体協約に違反する行為とは特定が不可能な程度にその範囲が包括的かつ広範囲であるために、果たして処罰される行為が何であるかを予測するのが困難であって、罪刑法定主義の本質的要素である予測可能性を全く保障していない。したがって上の法律条項は、その構成要件があまりにも曖昧かつ広範囲であって、罪刑法定主義のもう1つの要請である明確性の原理にも違背するものであろう。

　団体協約には賃金、勤労時間などのように勤労者の勤労条件と直結した内容を始めとして、人事、労働争議などのように労使関係に関する基本的で重要な内容が含まれているばかりでなく、些少な手続規定または抽象的で不明瞭な内容はもちろん、甚だしくは社会常軌を逸する不当な内容まで含まれることがあ

り得るから、団体協約に違反する行為であっても、その性格や軽重、可罰性の程度が著しく異なることがあり得るにもかかわらず、これをより分けることなく一律に処罰することは、刑罰権の行使の正当性と衡平性を獲得することが困難であり、法執行機関をして、恣意的・選別的に法を執行し得る余地を提供するために、法執行上の公正性さえも害するおそれがあるといえよう。

(3) 事後経過

憲法裁判所は概ね草創期から、刑罰法規の委任に対しては厳格な審査基準を適用してきたが(憲裁 1991.7.8. 91憲カ4；1994.7.29. 93憲カ4等；1997.5.29. 94憲バ22等)、この決定は従来の判例と同一の流れから出たものと理解することができる。

この決定に対して言論では、使用者側がこの労働法条項を悪用して労働者らの争議行為を制約して来た慣行に歯止めをかけたものであって注目されるとの趣旨の評価があったし(『ソウル新聞』及び『ハンギョレ新聞』各1998.3.27.)、労働界の一角においては、この決定が経済的弱者である勤労者らに不利益をもたらすことをおそれて、反発もあった(『ハンギョレ新聞』1998.4.9.)。そして、団体協約の内容は定型化されたものであるから、少なくとも協約締結の当事者としては、処罰される行為が何であるかを予測ないし認識できるから、罪刑法定主義の明確性の原則に違背するとは言えないといった指摘もあった(趙成恵「団体協約の不履行に対する処罰条項の違憲性論議」『労働法律』1998.5.)。

現行の労働組合及び労働関係調整法第92条第1項の内容も違憲決定された旧法の条項と同一であるから、今回の決定の趣旨に従って改正されるものと展望される。

13 教員採用差別事件

〈憲裁1990.10.8. 89憲マ89　教育公務員法第11条第1項等に対する憲法訴願、判例集2、332〉

(1) 事件の背景

この事件は、教師採用において、国・公立師範学校の卒業生を私立師範学校の卒業生に比べて優待する教育公務員法上の規定が憲法に違反すると決定した事件である。

第 5 節 家族・労働等社会関係に関する決定

教育公務員法第 11 条第 1 項（1981.11.23. 法律 3458 号で全面改正されたもの）は、教師の新規採用において、国立または公立の教育大学、師範大学その他の教員養成機関の卒業生または修了者を優先して採用しなければならないと規定していた。

国・公立中等教員の新規採用において、国・公立師範大学の卒業生の優先採用制度は、授業料・入学金の免除などの施策とあわせて、教員の供給が不足していた時期に、優秀な人材を確保する趣旨から始まったものであり、1980 年代以降人口の増加率が低くなり、師範大学の卒業生の数が増えるにつれて、その卒業生らが教師の発令を受けられない教員積滞現象が深刻になるにつれて、上の制度は事実上、私立師範大学卒業者らの教職への進出を閉ざす悪法として認識され、全国の私立大学学生らが示威をするなど、社会的問題として台頭することになった。

私立師範大学卒業生または在学生である請求人らは教育公務員として採用されることを希望しているが、教員積滞が甚だしい昨今、教師の新規任用において国立または公立の教育大学や師範大学その他の教員養成機関の卒業生または修了者に優先権を与えた上の法律条項のため、事実上採用が不可能な状態にあると主張して、上の法律条項が違憲であるか否かに対して憲法訴願の審判を請求した。

(2) 決定の主要内容

憲法裁判所は次のように教育公務員法第 11 条第 1 項の立法目的が喪失したとして、同条項に対して違憲決定をした。

教育公務員法第 11 条第 1 項は優秀な教員を確保するという当初の立法目的に寄与していないばかりでなく、かえって教員の資質低下という結果をもたらす可能性があり、教職課程の履修者に対しては、その差別の程度が度を超して比例原則に反し、国・公立の師範大学生に対する服務義務制が廃止された現在では、国・公立の中等学校の教師を採用するにおいて、出身師範学校の設立主体によって教師資格者を差別することはその必要性と正当性がないことはもちろん、その差別が社会通念上容認しがたい程度に至っている。

上の法律条項は教師資格者個人の能力とは関係なしに、特定学校の出身であるという事由と国・公立師範大学の卒業者の過剰供給現象という事情のため

に、私立師範大学卒業者及び教職課程履修者らに教育公務員という職業を選択するにおいて、重大な制限を加えることになり、このような制限は比例原則に反するばかりでなく、そのような差別を正当化する根拠がないのであるから、憲法上保障された平等権および職業の自由を侵害するものである。

(3) 事後経過

この決定は時代の変化についていけずに、慣習的に施行されて来た国・公立師範大学生の教員優先任用制度に対して、憲法裁判所が違憲宣言をしたものであり、これによって国・公立師範大学生らも私立師範大学生ら及び教職課程履修者らと同等な立場で教職に対して競争するようになり、この決定で、当時の文教部が当初3年後から施行することを計画していた教員公開採用制度が繰り上げられるようになった。

一方、この決定の後、国・公立師範大学に在学する学生らが既得権を維持するための示威をするなどその社会的な余波が少なくなかったし、憲法裁判所の上の決定は、国・公立師範大学生の教員優先任用制度を信頼して国・公立師範大学に入学した学生らの信頼利益をどのように保護すべきであるかの問題を新たに提起するものであった。

憲法裁判所の決定の後、その宣告以前に既に国・公立師範大学を卒業した人または在学中の人が、教育部や国会は、旧教育公務員法上の国・公立中等教員優先任用権に対する請求人らの信頼利益または法的期待権を保護するための立法措置や行政措置をとっていないと主張して、1990年11月22日に憲法訴願審判を請求したが、請求期間の経過等の理由で却下された（憲裁1995.5.25. 90憲マ196）。

国会は1990年12月31日法律第4304号によって教育公務員法第11条第1号を「教師の新規採用は公開選考による」と改正する一方、附則第2号で「任用権者は、教師を新規に採用するにおいて、1993年度まで任用権者が定めるところに従い、採用予定人員の一定比率を1989年度以前に国立または公立の教育大学・師範大学その他の教員養成機関に入学した者で、所定の教育課程を履修して卒業または終了した者の中から、選抜・任用することができる」と規定して、国・公立師範大学の学生らの信頼利益を保護するための経過措置を施すことでもって、憲法裁判所の上の決定による葛藤を緩和した。

第5節 家族・労働等社会関係に関する決定

14 ソウル大学入試要綱事件

〈憲裁1992.10.1. 92憲マ68等 1994学年度の新入生選抜入試案に対する憲法訴願、判例集4、659〉

(1) 事件の背景

この事件は、国立大学であるソウル大学が2年の猶予期間を与えながら、入試要綱の変更を通じて日本語を外国語選択科目から除外したことは大学入学試験を準備していた受験生らの基本権を侵害するものではないと決定した事件である。

教育部は1994年度から適用される新しい大学入学試験制度を確定し、大学入学試験制度の改善案を作成して、1991年4月2日に各大学に通報した。これに従って、ソウル大学は1992年4月2日、2年間の準備期間をおいて「1994学年度大学入学考査主要要綱」を発表して、人文系列の選択科目の中から日本語を除外した。請求人らは高等学校1、2学年に在学中の学生らであり、それぞれ1995年度または1994年度の大学入学考査を受ける予定であったが、ソウル大学が大学別考査方法を定めるに当たって、上記のように日本語を除外したことを問題視して、憲法訴願審判を請求した。

(2) 決定の主要内容

憲法裁判所は次のように「1994学年度大学考査主要要綱」が憲法訴願の対象になる公権力の行使であると判断した後、上の要綱は請求人らの基本権を侵害しないとして請求を棄却した。

適法性要件と関連して、大学入学考査主要要綱が事実上、準備行為ないし事前案内であって、行政訴訟の対象になる公権力行使ではないが、その内容が国民の基本権に直接影響を及ぼす内容であり、今後の法令の整備によって、そのまま実施されることが確かなものとして予想されるので、それによって直接的に基本権を侵害される人にとっては、事実上の規範作用による危険性が既に現実的に発生したと見るべきであるから、これは憲法訴願の対象になる公権力の行使に該当するといえるであろう。

国立大学も学問の自由と大学の自律性という基本権の主体になることができるから、ソウル大学が公権力行使の主体であると同時に基本権の主体である点もあわせて考慮すべきであり、大学の入学試験制度に対する決定権は大学に保

351

障された自律権行使の枠内にある。すなわちソウル大学の入試要綱が日本語を外国語の選択科目から除外することで、日本語を外国語の選択科目として選んで入試準備をしてきた学生らに不利に作用するとしても、これはソウル大学が学問の自由と大学の自律権という基本権の主体として自身の主体的な学問的価値判断に従って、法律が許容する範囲内においての適法な自律権の行使の結果もたされた反射的不利益であるから、やむをえないことである。

ソウル大学が日本語を選択科目から除いた代わりに、高等学校の教育課程の必須科目として、すべての高等学校で教えている漢文を他の外国語とともに選択科目として採択しただけでなく、「1994学年度大学入学考査主要要綱」を、少なくとも2年間の準備期間をおいて発表することでもって、請求人等のように高等学校で日本語を学んでいた1・2学年生の学生らが、2年後または3年後にソウル大学の入試試験を受けるのにさほどの支障がないような配慮までしているのであるから、ソウル大学の上のような措置によって請求人らの信頼利益や教育の機会均等が侵害されたものということもできない。

これに対して曺圭光裁判官は、請求人と被請求人との関係を、基本権主体相互間の関係ではなく、基本権の主体と公権力担当者との関係であると見るべきであると主張して、高等学校2学年である請求人の場合には、それによってその平等権、均等に教育を受ける権利、信頼利益が侵害されたという趣旨の反対意見を提示した。金亮均裁判官は、上の大学入試考査主要要綱は充分な経過措置を備えていないために、違憲的な公権力の行使であるとの反対意見を提示した。

(3) 事後経過

この決定と関連して、国立大学の入試要綱決定行為を国民対国家の関係でなく、基本権の主体相互間の関係として把握したことに対しては批判も提起されたが、憲法訴願の適法要件の側面においては公権力行使の概念を広く認めることによって、国民の基本権侵害に対する救済の道を広く確保しようとする憲法裁判所の意思が盛られた決定として評価された。

15 私立大学教授再任用事件

〈憲裁1998.7.16. 96憲バ33等　私立学校法第53条の2第2項違憲訴願等、

公報 29、620〉

(1) 事件の背景

　この事件は、私立大学教員の期間任用制を規定していた旧私立学校法第53条の2第3項が憲法に違反しないと決定した事件である。

　旧私立学校法（1997.1.13. 法律第5274号で改正される前のもの）第53条の2第3項は、大学教育機関の教員は当該学校法人の定款の定めるところにより期間を定めて任免することができると規定していた。

　請求人らは大学で教授として在職する中、任用期間が満了した後、学校法人が自分らを再任用しないので、法院に教授再任用拒否処分に対する取消しまたは無効確認の訴えを提起して、大学教育機関の教員は当該学校法人の定款に定めるところによって期間を定めて任免することができると規定している旧私立学校法第53条の2第3項と法院の判決等が憲法に違反すると見て、違憲法律審判の提請を申請したが、法院によって棄却されるや、憲法裁判所に憲法訴願審判を請求した。

(2) 決定の主要内容

　憲法裁判所は次のように教員の地位法定主義の意味に言及した後、旧私立学校法第53条の2第3項は憲法に違反しないと決定した。

　憲法第31条第6項の規定した教員の地位法定主義は、単に教員の権益を保障するための規定であるとか、教員の地位を行政権力による不当な侵害から保護することだけを目的にした規定ではなく、国民の教育を受ける基本権を実効性のあるように保障する目的までを含めて、教員の地位を法律で定めることにしたのである。したがってこの憲法の条項に基づいて教員の地位を定める法律を制定するにおいては、教員の基本権保障ないし地位保障とともに、国民の教育を受ける権利をより効率的に保障するための規定も必ず一緒に含まれていなければならない。

　憲法第22条第1項で規定した学問の自由等の保護は、個人の人権としての学問の自由ばかりでなく、特に大学における学問研究の自由・研究活動の自由・教授の自由等も保障する趣旨であり、このような大学における学問の自由に対する保障を担保するためには、大学の自律性が保障されなければならない。

第 3 章　憲法裁判所の決定

そして憲法第 31 条第 4 項も「教育の自主性・専門性・政治的中立性および大学の自律性は、法律の定めるところにより保障される」と規定して、教育の自主性・大学の自律性を保障しているが、これは大学に対する公権力等の外部勢力の干渉を排除して、大学構成員自身が大学を自主的に運営することができるようにして、大学人が研究と教育を自由に行い、真理探究と指導的人格の陶冶という大学の機能を充分に発揮するためのものであり、教育の自主性や大学の自律性は憲法第 22 条第 1 項が保障している学問の自由の確実な保障手段として必要なものであり、これは大学に与えられた憲法上の基本権であるということができる。また、大学の自律は大学施設の管理・運営だけでなく、全般的なものでなければならないために、研究と教育の内容、その方法と対象、教科課程の編成、学生の選抜と選考および特に教員の任免に関する事項も自律の範囲に属するものであるといえよう。

ところで、大学教員の期間任用制を規定した旧私立学校法第 53 条 2 の第 3 項は専門性・研究実績等に問題がある教授の連任を排除して、合理的な教授人事をすることができるようにするためのものであって、その立法目的が正当であり、大学教育機関の教員に対する期間任用制と停年保障制は、国家が文化国家の実現のための学問振興の義務を履行するにおいて、あるいは国民の教育権の実現・方法の面において、それぞれ長所と短所があるので、その判断・選択は憲法裁判所においてこれを見分けるよりは、立法者の立法政策に委ねるのが適切であるから、上の条項は憲法第 31 条第 6 項に規定された教員の地位法定主義に違反するものではない。

そして、期間任用制は大学教育機関の教員を期間を定めて任免することができると規定するだけで、教員の学問に対する研究・活動の内容または方式を規律するものではなく、再任用される教員を決定するにおいても、任免権者である学校法人の教員人事に関する自律性を制限するものでもないから、旧私立学校法第 53 条の 2 第 3 項は、憲法第 31 条第 4 項が保障した教育の自主性・専門性・政治的中立性および大学の自律性と憲法第 22 条第 1 項が保障した学問の自由を侵害するとはいえない。

また、私立大学教育機関の教員が旧私立学校法第 53 条の 2 第 3 項の委任によって作られた学校法人の定款による期間任用制の適用を受けることでもって

第 5 節　家族・労働等社会関係に関する決定

他の私立教育機関の教員および国・公立大学教員と比べて差別を受けることは、すべて合理的で正当な事由があるから、平等権違反の問題は生じない。

これに対して、李在華、鄭京植、高重錫裁判官は、再任用の拒否事由と再任用を拒否された教員の救済手続を規定しないまま、旧私立学校法第 53 条の 2 第 3 項が教員の期間任用制を規定したことは、憲法第 31 条第 6 項に違反するとの反対意見を提示した。

(3)　**事 後 経 過**

憲法裁判所は、既に 1993 年 5 月 13 日の教授再任用の推薦拒否等に対する憲法訴願事件 (91 憲マ 190) において、税務大学の助教授の任期再任用制度は現行教育公務員法第 11 条第 3 項と教育公務員任用令第 5 条の 2 に基づいた合法的なものであり、その立法目的は妥当であるとして、公立大学教授の再任用制度に対してその合憲性を認めたことがある。今回の事件で、私立大学教授に対する再任用制度に関しても同様に合憲宣言をすることでもって、教授再任用制度に対する合憲的な立場を維持した。

参考として、1997 年 1 月 13 日に改正された私立学校法（法律 5274 号）は、第 53 条の 2 第 3 項に後段を新設して、大学教育機関の教員任免の場合、国公立大学の教員に適用される任用期間に関する規定を準用すると規定した。

第3章 憲法裁判所の決定

第6節　手続的基本権および刑事関係に関する決定

1　保護監護事件
〈憲裁1989.7.14. 88憲カ5　社会保護法第5条の違憲審判、判例集1、69〉
(1)　事件の背景

　この事件は、第5共和国当時、国家保衛立法会議によって制定された法律のなかの1つである旧社会保護法第5条が憲法に違反するかどうかが争われた事件である。また、この事件は、違憲法律審査における適法要件である裁判の前提性が審査された最初のものである。

　旧社会保護法（1989.3.25. 法律4089号で改正される前のもの）第5条は、保安処分の1つとして保護監護の構成要件を定めている。その内容は、同種もしくは類似の罪で刑罰または監護処分を宣告された者が一定の法定刑以上の同種もしくは類似の罪を再び犯したか（1項と2項）、または常習犯罪者もしくは特別に危険な犯罪者(犯罪団体の首脳および幹部)が一定の法定刑以上の罪を再び犯したとき（2項）に、当該罪に対する刑事処罰以外に別途の10年または7年の保護監護に処するというものである。ところで、同条第1項は、法定の要件に該当すれば、再犯の危険性の有無にかかわらず、法官に保護監護10年（50歳以上の者に7年）を必ず処することを定めており（強制保護監護）、同条第2項は、再犯の危険性があると認められるときに、保護監護7年に処することを定めている（任意保護監護）。

　保護監護請求事件の被監護請求人らは、第1審法院においてそれぞれ保護監護7年または10年の宣告を受け、控訴し、控訴が棄却されたために、再び大法院に上告した。大法院は、職権で社会保護法第5条に関する違憲法律審査を憲法裁判所に申請した。

　ところで、憲法裁判所が同法第5条に対する違憲法律審査を行うなかで、社会保護法第5条が一部改正（1989.3.25. 法律4089号）された。改正の主な内容は、旧法にあった強制保護監護をなくし、各号の定める法定要件に該当する場合にも、法官が再犯の危険性があると認められるときに保護監護に処する、というものであった。そのほか、第7条第3項の新設により、保護監護施設への

第6節　手続的基本権および刑事関係に関する決定

収容は7年を超過することができないようになった。さらに、附則第4条により、新法施行当時、裁判継続中の監護事件に対しては、新法を遡及して適用するようになった。

(2) 決定の主要内容

　裁判官の見解は分かれている。4人の裁判官は、第5条第1項を違憲、第2項を合憲とする。2人の裁判官は、裁判の前提性がないことを理由に、請求を却下すべきであるとする。ほかの2人の裁判官は、違憲法律審査対象である第5条第1項および第2項全部を違憲とする。そして最後の1人の裁判官は、第5条第1項第1号のみに対する請求を却下とし、残りの部分に対しては上記の4人の裁判官と同様の見解を示している。このため、憲法裁判所は上記の4人の意見を主文の内容として、旧社会保護法第5条第1項を違憲とし、第5条第2項を憲法に違反しないという決定をした。

　憲法裁判所は、法律の違憲可否が裁判の前提となる場合に限って、当該法律の違憲可否を審査することができる。本事件の審理中、旧社会保護法第5条第1項と第2項は被監護請求人にとって有利なものに改正・施行されており、新法の附則は、裁判の継続中の監護事件に対しては新法の遡及適用を定めている。しかし、新法が旧法施行当時に裁判が継続中であった事件に対してまで遡及適用されるのは、実体的な規定に関する限りむしろ旧法が合憲として有効であったということを前提として、新法がより被監護請求人にとって有利に変更された場合に限るものであるので、新法が遡及適用されるための前提として、旧法に対する違憲可否が問題とされるがゆえに、上記の法律条項に対する違憲法律審査は必要となる。

　保護監護処分と刑罰は、ともに人体の自由を剥奪する収容処分であるという点において執行上明らかな区別ができないとはいえ、その本質および追究する目的・機能の面において2つは全く異なる別個の制度である。このため、刑罰と保護監護を並行して課しても、これは憲法第13条第1項の定める二重処罰禁止の原則に反しない。

　保安処分は、罪を起こした者のなかで「再犯の危険性」がある者に限って課する特別予防的目的処分である。保安処分の核心は、再犯の危険性にあり、「何人も……法律と適法な手続によらずに、処罰・保安処分または強制労役を

357

第3章　憲法裁判所の決定

受けない」と定める憲法第12条第1項の罪刑法定主義は、再犯の危険性がなければ、保安処分を課しないということを意味するものである。再犯の危険性とは、保安処分による人体の自由剥奪という人権制限との比例原則から単なる再犯の可能性のみでは不充分であり、相当な蓋然性を要する。その判断は、前科以外に、犯行の意義および犯罪者の年齢、性格、家族関係、教育程度、環境、当該犯行以前の行跡、犯行の動機・手段、犯行後の状況、反省度などを総合的に評価して行われなければならない。

旧社会保護法第5条第1項についてみると、同条項の定める法定構成要件に該当するだけで、再犯の危険性が証明されたと見ることはできないので、上の法律条項は、憲法第12条第1項の後段で定める罪刑法定主義原則に反する。また、同法第20条第1項の但書規定を総合すれば、同条項は、再犯の危険性の有無にかかわらず、法定構成要件に該当するだけで必ず保護監護宣告を法官に義務づけることで法官の判断裁量を剥奪しているために、国民の正当な裁判を受ける権利を侵害するものであると解することができる。

旧社会保護法第5条第2項についてみると、同条項が保護対象者を「7年の保護監護に処する」と規定して、規定形式上たとえ7年の定期保護監護の形式となっているといっても、同法第5条の定める保護監護は、保安処分として本質上、再犯の危険性が消滅すれば、それ以上に継続することができないことは明白であり、また、同法第25条第1項の定める2年毎の仮出所審査を通じて、保護監護の不定期性を具現化しようとする立法者の意思が明白にあらわれているので、上の法律条項で定める7年の期間は、保護監護執行上の上限を規定するものと解さざるを得ない。したがって、上記の法律条項は、法官による裁判を受ける権利を侵害するものといわざるを得ない。

これに対し、韓柄寀・金亮均の両裁判官は、旧社会保護法第5条の規定が新法によって改正されて、従前よりも有利な新法の遡及適用が行われているとすれば、旧法に対する違憲審査の前提性はなくなった（韓裁判官）とし、あるいは違憲法律審査を提請した法院は、新法に従って保護監護請求事件を審理することができるために、旧法に対する違憲判断を行う必要がない（金裁判官）とし、本違憲法律審査請求は、却下すべきであるとする。

そして、卞禎洙・金鎮佑の両裁判官は、旧社会保護法第5条の保護監護が刑

358

第 6 節　手続的基本権および刑事関係に関する決定

罰と同様のものであるために、刑の宣告と同時に保護監護を宣告することは、憲法第 12 条第 1 項および第 13 条第 1 項に違反し、旧法同条第 2 項は、刑の執行の終了時点において再犯の危険性に比例して監護期間を選択しうる法官の裁量を排除している点において、憲法第 12 条第 1 項に違反するとの反対意見を述べた。

崔光律裁判官は、再犯の危険性要件を欠いていた旧法第 5 条第 1 項第 1 号が廃止された以上、同条項に対する違憲判断は不必要であるとして、それについてのみ却下すべきであるとする。

(3) 事後経過

憲法裁判所は、本事件において決定を下す前に学界などから多様な意見を聴取し、議論に費やされた時間も 100 時間を越えており、決定に多大な努力と重大な関心を傾けた。本事件における決定は、韓国における身体の自由の保護に関して一線を画する重大な決定として注目されている。とくに第 5 共和国の初期の「国家保衛立法会議」による非民主的な法制定に対する最初の制動であった点においても、その意味は大きい（『ハンギョレ新聞』1989.7.15；『中央日報』1989.7.14）。

2　気合い入れ事件

〈憲裁 1989.10.27. 89憲マ56　軍検察官の公訴権行使に関する憲法訴願、判例集 1、309〉

(1) 事件の背景

この事件は、犯罪の嫌疑のないことが明らかな事案であるにもかかわらず、軍検察官が無嫌疑処分を行わず、起訴猶予処分を行ったために、同起訴猶予処分が国民の平等権と幸福追求権を侵害したかどうかをめぐるものである。同事例は、国民の幸福追求権を具体的な権利として初めて認め、軍検察官の起訴猶予処分を取り消したものである。

兵長として勤めていた同事件の請求人は、銃剣術の訓練を受けているなかで、同訓練に忠実ではないことを理由に、請求人よりも軍部隊生活時間の短い銃剣術教官である下士官に気合い入れの一環として先着順の競歩を命じられたが、請求外の兵卒・甲とともにこれに応じなかった。この過程において、同請

第3章 憲法裁判所の決定

求人は、同下士官と喧嘩をし、目に負傷を負い、これによって除隊となった。軍司法警察官は、請求人のこのような先着順の競歩命令の拒否を抗命罪で立件捜査した。この事件に対して、軍検察官は、上官の正当な命令に服従しなかった事実は認められるとしつつも、諸般の事情を参酌し、同請求人に対する起訴をしないのを相当とし、起訴猶予処分を行った。一方で、軍検察官は、請求人と同様に、上の競歩命令を拒否した甲に対しては抗命罪で起訴したが、普通軍事法院と高等軍事法院は、これに対して無罪と宣告し、事件は確定した。

ここに請求人は、先着順競歩の不服従が抗命罪に該当しないことが明らかであるので、軍検察官は、当然、無嫌疑処分をしなければならないにもかかわらず、起訴猶予という実質的な有罪決定を下すことでもって、請求人の名誉を毀損し、また上の抗命事件によって請求人の受けた目の負傷も請求人の帰責事由によるものとされ公傷処理がなされず、請求人は、軍人年金法上の傷痍年金および障害補償などを受けられないだけでなく、さらに刑事裁判において請求人が無実であることを積極的に立証しうる機会をも喪失するなど、公権力の誤った行使によって請求人の基本権が侵害されたと主張して、憲法訴願審判を請求した。

(2) 決定の主要内容

憲法裁判所は、以下のように幸福追求権の具体的権利性を認め、軍検察官の起訴猶予処分を違憲であると確認した後に、これを取り消す決定をした。

検察官の起訴猶予処分は、起訴を行うのに十分な嫌疑があり、訴訟条件をも備えているにもかかわらず、検察官が諸般の事情を考慮して当該起訴を行わないという内容の処分であって、憲法裁判所法第68条第1項の公権力行使にあたる。犯罪の疑いがないにもかかわらず、検察官が恣意的、かつ妥協的に起訴猶予処分を行ったとすれば、これは憲法が禁ずる差別的な公権力の行使にあたり、当該処分を受けた者は、憲法第11条の定める平等権の侵害を理由に、憲法訴願審判の請求人適格を有するといえる。また、起訴猶予処分は、有罪判決に準ずるものとされており、法律的および事実的側面において起訴猶予処分を受けた者の社会生活に有形・無形の不利益と不便をもたらすものであれば、どの面から見ても犯罪の疑いがなく無実である事実に対して軍検察官の恣意によって行われた起訴猶予処分は、憲法第10条の定める幸福追求権を侵害する

第6節　手続的基本権および刑事関係に関する決定

ものと見るのが相当である。

　銃剣術教官である下士官の同事件請求人に対する先着順競歩命令は、委任されている銃剣術実施の範囲を越えるものである。また、懲戒規定に照らしてみても、適法手続を無視した命令であり、その内容においても懲戒規定が許容しないものである。このため、本件の命令は、正当な命令ではなく、苛酷行為にあたり、全体として本件の命令は、明らかに抗命罪の客体である上官の正当な命令にならないことは明らかである。

　したがって、本事件において、検察官が単に上官の命令に従わなかったという理由のみで抗命罪の成立を認めつつ（懲戒事由の該当可否は別論である）、起訴猶予処分を行ったことは、恣意禁止の原則に違反した処分であり、請求人の平等権を侵害し、かつ、これによって幸福追求権を不当に侵害するものといえる。

(3)　事後経過

　同決定は、従来、軍のなかで行われた兵に対する気合い入れについて、適正な法の手続によらない気合い入れは苛酷行為に変わらないものと明白に宣言するものであり、起訴猶予処分に対する憲法訴願事件として請求人の請求を初めて認容したものである。また、同決定は、憲法裁判所の創設以来初めて憲法第10条の幸福追求権の侵害を認容したものとして、幸福追求権の具体的権利性を確認するものといえよう。幸福追求権が1980年の憲法に盛り込まれてから、その性格と内容に関する論争は絶えず行われてきたし、学説上でも、幸福追求権の権利性に疑問をいだく者もあった。このため、同決定は、以上の論争を終結させるものである。

　しかし、同決定で憲法裁判所は、幸福追求権を認めつつ、その具体的な内容または憲法的意味などについては明白な言及を行っていない。同決定以降、1991年6月3日宣告89憲マ204事件と1992年4月14日宣告90憲バ23事件などにおいては、幸福追求権には一般的な行動の自由権と個性の自由な発現などが含まれており、一般的な行動の自由権から契約の自由が派生したとみることでもって、その内容は徐々に具体化しつつある。

361

3　交通事故申告義務事件

〈憲裁 1990.8.27. 89憲カ118　道路交通法第50条第2項等に対する違憲法律審査、判例集2、222〉

(1)　事件の背景

この事件は、交通事故を起こした者が事故内容を自ら警察に申告することを定めている道路交通法第50条第2項などに対して、同法が刑事責任を問う事故には適用されないと解する限り、同法は憲法に違反しないとするものである。

道路交通法（1984.8.4. 法律3744号で全面的に改正されたもの）第50条第2項は、交通事故を起こし、人にけがをさせ、物を損壊したときに、事故の場所、死傷者数および負傷程度、損壊された物とその程度その他の状況などを遅滞なく警察公務員または警察署に申告することを、その車を運転していた者などに義務づけている。また、同法第111条第3号は、同申告義務を怠る者に20万ウォン以下の罰金または拘留の刑を科することを規定している。

それまでの交通事故処理慣行は、交通事故が発生すれば、被害の程度にかかわらず、警察に申告をし、警察官が来るまで現場を保存しなければならなかった。そして、現場に出動した警察官は、容易に事故運転者に対する刑事訴追を行うための各種の陳述聴取、証拠収集などを行うことができた。

提請申請人は、運転中に交通事故を起こしたが、当該事故内容を警察に申告していなかったために、道路交通法第50条第2項、第111条第3号の罪に該当するとし、起訴された者である。このため、提請法院は提請申請人の申請に従い、上の法律条項に対して、憲法裁判所に違憲法律審判を提請した。

(2)　決定の主要内容

憲法裁判所は、つぎのように、自ら罪を認めるという意味における「自己負罪」拒絶の権利を確認しつつ、道路交通法第50条第2項および第111条第3号について限定合憲決定をした。

憲法第12条第2項が陳述拒否権を基本的権利として規定するのは、刑事訴訟の目的である実体的真実発見または具体的社会正義の実現という国家的利益よりも、刑事被疑者または被告人の人権を第一義的に保護し、これにより人間の尊厳性および生存の価値を保障し、さらに非人間的な自白の強要および拷問

第6節　手続的基本権および刑事関係に関する決定

を根絶するためである。また、こうした陳述拒否権は、刑事手続のみにおいて保障されるものではなく、行政手続や国会における質問などのいかなる場所においても、陳述が自己に不利なものとなる場合に陳述を強要されない黙秘権として保障される国民の基本権である。したがって、現在の刑事被告人または被告人として捜査および裁判手続継続中の者のみならず、交通事故を起こした運転者などの者も、将来刑事被疑者または被告人になる可能性を有しているために、これらの者は、その陳述内容が自己の刑事責任に関連するときには、その陳述を強要されない自己負罪拒絶の権利を保障される。また、陳述拒否権は、刑事上、自己に不利な内容の陳述を強要されないというものであるから、拷問などの暴行による強要はもちろん、法律でもって陳述を強制することもできないことを意味する。

　交通事故処理特例法上の業務上過失致死死傷または業務上過失財物損壊罪は、過失犯である。この過失犯の構成要件は、事故の日時、場所、当該事故の結果による死傷者の数および負傷程度、損壊した物および損壊の程度などの客観的事実のみによって充足されるのみならず、重要な量刑資料ともなるのにもかかわらず、道路交通法第50条第2項がこのような犯罪構成要件および量刑の要素を申告させることは、事実上、犯罪発覚の端緒を提供し、刑事上、自己負罪拒絶の権利を侵害する結果を招きかねない。

　また、上記の法律条項の立法趣旨は、被害者の救護および交通秩序の回復のための措置が必要である範囲内において交通事故の客観的内容のみを申告させるものである。しかし、実際の運用では、同法律条項は、拡大適用され、刑事責任に関連ある事項について質問を行い、陳述を聴取し、当該事故現場を土台に、証拠保存のための実況調書を作成するなど、運転者らの刑事立件を容易にし、犯罪捜査の便宜を図るための道具として活用されている。このため、上の法律条項は、運転者らに対して自己の刑事責任を追及される危険性を増加させるものである。したがって、上の法律条項は、憲法上保障される陳述拒否権を侵害するものである。

　ただし、統計資料によれば、交通秩序維持のための必要な諸般の要件が成熟していない状況の下で交通事故率が増加している点、そして第一次交通事故発生時に迅速な措置がとられないことによる新たな第二次の事故発生の可能性が

第3章　憲法裁判所の決定

非常に高い点などに照らしてみれば、交通事故時に迅速な措置をとることは必要であるといえる。こうした状況の下で、上の法律条項を違憲と宣言し、無効とすれば、現代社会の動脈ともいえる交通の麻痺をもたらし、国民生活の経済的社会的安定を害し、交通秩序を乱すおそれがある。したがって、上の法律条項は、被害者の救護や交通秩序の回復のための措置がとられる必要があるという状況においてのみ適用されるものであり、刑事責任に関連する事項に対しては適用されないと解する限り、憲法に反するものではない。

これに対して、卞禎洙裁判官は、上の法律条項が陳述拒否権の本質的な内容を侵害するものであるとして、単純違憲決定を宣告しなければならないとの反対意見を提示した。

(3) **事後経過**

この決定により、事故を起こした運転者は、従前と変わらず、事故発生事実を申告しなければならず、不申告時には刑事処罰を受けるようになる。しかし、申告した運転者は、現場に出かけた交通警察官に対して自己に不利な事実の陳述を拒否することができ現場に出動した交通警察官は、事故の客観的事実調査および被害者救護、交通秩序回復などの措置以外に申告者が望まない場合には刑事訴追のための証拠調査を行うことができなくなった。したがって、これからは、交通事故事件の捜査は、事故運転者の申告事実とは別途の証拠調査手続を経て行われることになった。

この事件において憲法裁判所が限定合憲の結論を下したことに対しては、純粋な司法的側面で憲法判断を行ったというよりも、むしろ現実的な法適用の問題により焦点を合わせて、合目的的に折衷判断を行った(『韓国日報』1990.8.28)とか、司法警察官は、捜査の権限と責任があるにもかかわらず、申告が刑事犯罪の申告ではないことを理由に、当該犯罪を現場で調査することができないということは、現実的に到底納得できない(『京郷新聞』1990.8.27)とか、あるいは、事故の責任所在を明らかにするためには、現場での初動捜査が何よりも重要であるという点を看過した非現実的な決定である(『韓国日報』1990.8.28)といった言論報道があった。しかし、この決定は、憲法裁判所が刑事上自己に不利な陳述を強要されないという憲法規定を、交通事故申告にも貫徹させようとしたところにその意義が大きいといえよう。

第6節　手続的基本権および刑事関係に関する決定

4　射倖行為処罰包括委任事件

〈憲裁 1991.7.8. 91憲カ4　宝くじ発行・懸賞その他射倖行為取締法第9条および第5条に対する違憲法律審判、判例集3、336〉

(1) 事件の背景

この事件は、委任立法の形式で犯罪要件構成を定める刑事処罰法規について包括委任禁止の原則に反するとして、違憲決定した最初の事件である。

宝くじ発行・懸賞その他射倖行為取締法 (1961.11.1. 法律762号) 第5条は、同法の定めるところにより許可を受けた者の当該行為実施に関する業務の範囲、処理手続、主催者と参加者の関係、その他実施上必要な規定および取締上必要な規定については、本法の定めるものを除いて、閣令でこれを定めると規定している。同法第9条は、第5条の規定による閣令の規定に違反する行為で、閣令において本条の罰則の適用を受けることを定めた条項に該当する者には、1年以下の懲役、15万ウォン以下の罰金、拘留または科料に処すると規定していた。

違憲提請申請人は、観光ホテルの娯楽室を経営するものであり、内務部令の定める特別懸賞金率に違反したとして上記の法律第9条および第5条の違反を理由に、第1審と控訴審で罰金15万ウォンの宣告を受け、上告をし、同法律条項に対して違憲法律審判の提請を申請した者である。これを受けて、大法院は、憲法裁判所に違憲法律審判を提請した。

(2) 決定の主要内容

憲法裁判所は、次のように宝くじ発行・懸賞その他射倖行為取締法第9条のなかの「第5条の規定により閣令に違反した行為で、閣令により本条の罰則を適用するものと定めた条項に該当する者」という部分は、罪刑法定主義に違反し、委任立法の憲法的限界を逸脱したとして違憲決定をした。

法律がなければ犯罪もなく、刑罰もないということを意味する罪刑法定主義は、すでに制定された正しき法律によらずには処罰されることはないという原則である。これは、処罰される行為が何であるかを国民が予測可能な形式で定め、個人の法的安定性を保護し、成文の刑罰法規による実定法秩序を確立し、国家刑罰権の恣意的行使から、個人の自由と権利を保障しようとする法治国家刑法の基本原理である。

第3章　憲法裁判所の決定

　法律の委任が一般的かつ包括的に行われるとすれば、これは、事実上、立法権を白紙委任することにほかならない。これは議会立法主義原則または法治主義を否認することになり、行政権の不当な行使、および基本権に対する無制限な侵害をもたらすおそれがある。このため、法律の委任は、具体的かつ個別的に限定された事項で行われなければならない。韓国憲法第75条も、「大統領は、法律により具体的に範囲を定め委任された事項……に関して大統領令を発することができる」と規定し、委任立法の根拠とともにその範囲と限界を示しているが、「法律により具体的に範囲を定め委任された事項」とは、すでに法律が大統領令で規定される内容および範囲の基本的事項が具体的に規定され、誰でも、当該法律から大統領令で規定される内容の概要を予測することができるということを意味するものである。

　とくに、処罰法規の委任においては、憲法上の罪刑法定主義と適法手続原則との関係から、緊急必要がある場合、または法律によって詳細に定めることができないなどのやむを得ない事情がある場合に限定されるべきであり、こうした場合にも、法律の定める犯罪の構成要件は、処罰の対象である行為がいかなるものであるかを予測できるように、具体的に定めなければならず、かつ刑罰の種類およびその上限と幅を明らかに規定しなければならない。

　したがって、宝くじ発行・懸賞金その他射倖行為取締法第5条のなかで「実施上必要な規定および取締上必要な規定」とだけ範囲を定めそれを閣令で定めるように委任した部分は、法律によって予め十分に定めることができる処罰の対象行為を法律によって定めておらず、予測可能な何らの基準も定めることなく、包括的に委任するものであるから、委任立法の限界を大きく逸脱したものであり、同時に罪刑法定主義にも反するものであるといわざるをえない。

　また、同法第9条（第7条の規定による処分に違反した者を処罰するという部分は除外、以下同様）は、以上の如く漠然とした包括的な委任法律によって制定された「閣令の規定に違反した行為」を犯罪の構成要件としているのみならず、閣令の規定に違反した行為のなかでもいかなるものを処罰の対象とするかについても全く閣令に委任しているが、これは、罰則規定でありながらも刑罰のみを規定し、犯罪の構成要件の設定についてはこれを完全に閣令に白紙委任していることにほかならない。

第6節　手続的基本権および刑事関係に関する決定

ただし、提請法院が罰則規定とともに、犯罪の構成要件に対しても違憲の可否を憲法裁判所に提請したとしても、犯罪の構成要件規定に刑事処罰規定以外の事項が含まれているのみならず、違憲提請された当該事件を裁判するのにおいて罰則規定に対する違憲宣告のみで十分である場合は、犯罪の構成要件規定に対する違憲宣告までを行う必要はないであろうから、同法第9条に対してのみ、委任立法の限界を規定した憲法第75条、罪刑法定主義を規定した憲法12条第1項、第13条第1項に違反する違憲法律であると決定する。

(3) 事後経過

この決定が宣告されるや、一部の報道機関は、今回の決定は国民の人身を拘束することもできる処罰法規に対する委任立法判断基準を最高の憲法解釈機関が初めて明確に打ち立てたことにその大きな意味があると論評し、あわせて、犯罪構成要件について閣令に委任している多くの法律を例示しながら、今回の決定に照らして見れば、行政府および立法府は、根本的に刑罰法規の委任をしていはいけないことを周知すべきであると指摘している（『法律新聞』1991.7.11、7.18）。

ところで、同法律の違憲可否審判が提請されるや、法務部は、この事件の法律条項の問題点を認識し、問題の施行令に規定されていた該当条文を法律に組み込むなどの改正作業を行い、1991年3月8日に法律第4339号として射倖行為等規制法へと法律の名称を変更して、改正・公布し、本事件の決定後である9月8日に施行した。

この事件の決定は、刑事処罰法規に対する委任立法の憲法上の許容限界の基準を最初に提示した先導的なものである。その後、憲法裁判所は、同基準を援用している。同決定における一般的な委任立法の憲法上の許容限界基準は、後日の予測可能性の有無判断と関連して、当該特定条項の1つのみをもって判断すべきではなく、関連法条項全体を有機的・体系的に総合判断しなければならず、また、各対象法律の性質に従って具体的・個別的に検討しなければならないと判示することでもって、具体的な審査基準を提示した（憲裁1991.2.11. 90憲カ27、1994.7.29. 93憲カ12；1995.7.21. 94憲マ125；1996.3.28. 94憲バ42；1997.10.30. 95憲バ7；1998.7.16. 96憲バ52など）。そして、同事件と同様の処罰法規（憲裁1994.6.30. 93憲カ15；1994.7.29. 93憲カ12；1995.9.28. 93憲バ

第3章　憲法裁判所の決定

50；1997.5.29. 94憲バ22；1997.9.25. 96憲カ16）と、租税法規（憲裁1994.7.29. 92憲バ49；1995.11.30. 91憲バ1；1995.11.30. 93憲バ32；1995.11.30. 94憲バ40；1997.2.20. 95憲バ27；1997.9.25. 96憲バ18；1998.4.30. 95憲バ55；1998.4.30. 96憲バ78）等、国民の基本権を直接に制限または侵害するおそれがある法規に関する委任立法の憲法上の許容限界は、一般的な許容限界よりも、その要件と範囲において厳格に適用するという判例が確立することになった。

さらに、憲法裁判所は、委任立法の憲法上の許容限界を判断するにおいて、委任立法の形式と関連して、法律が委任立法を行うときには、大統領令、総理令、部令等の法規命令に委任することがより望ましいのであり、「保健福祉部長官の定めるところにより」というような形式で委任立法することで、これが法規命令に委任したものか、あるいは行政規則に委任したものか分からないように委任してはならないし、そのように委任した場合には、当該法律の委任立法の限界の逸脱如何を判断するにおいてより厳格に審査しなければならないであろうとの決定を行うに至った（憲裁1998.5.28. 96憲カ1）。

5　弁護人接見妨害事件

〈憲裁1992.1.28. 91憲マ111　弁護人の助力を受ける権利に対する憲法訴願、判例集4、51〉

(1)　事件の背景

この事件は、身体の拘束をされている人が捜査官の介入を受けることなく、弁護人と自由に接見することは憲法上保障されていることを確認して、未決収容者の弁護人接見に矯導官を立ち会わせている行刑法の規定に対して違憲であると決定した事件である。

従来、韓国の捜査および行刑の慣行ならびに法令は、被疑者・被告人の弁護人の助力を受ける権利等の人身保護のための司法手続的基本権を規定した憲法の精神を十分に認識していなかった。大法院は、かつて1990年9月25日、弁護人との接見を禁止した状態において行われた被疑者尋問調書の証拠能力を否認する判決（90ト1586）を下し、捜査機関の不法的な弁護人接見不許可慣行に歯止めをかけた。これに従って弁護人接見は許容されたが、弁護人接見の方式をめぐる是非は依然として問われていた。拘束被疑者と弁護人が接見する席に

第6節　手続的基本権および刑事関係に関する決定

捜査官が立ち会って会話の内容を記録し、甚だしきは写真撮影までも行うなど自由な接見を妨害した。このため、こうした方式に対しては、在野法曹界から継続的にその是正が要求されてきたが、改善はみられなかった。

一方、こうした弁護人接見妨害の慣行は、法的根拠を有するものであった。この事件で問題となった行刑法（1980.12.22. 法律第3289号で改正されたもの）第18条第3項は、受刑者の弁護人接見と書信の発送に関して矯導官の参与または検閲を要すると規定しており、これに従って、矯導官事務規則（1986.12.10. 法務部令第291号）第51条は、受刑者の弁護人接見の際に矯導官が受刑者および接見者の行動・表情・会話内容などを厳密に観察しなければならないと規定していた。また、被疑者留置及び護送規則（1991.7.31. 警察庁訓令第62号）第34条は、留置人との接見において留置主務者は可視距離でこれらの者を監視すべき警察官を指定するように規定していた。

請求人は、国家保安法の違反などを理由に、国家安全企画部によって拘束され、警察署拘留場に収監されていたが、1991年6月14日17時から同日18時頃まで国家安全企画部の接見室で妻および弁護人との接見をすることになった。その際、国家安全企画部捜査官5名が当該接見に参与し、会話の内容を聞き、記録をとるとともに、接見している場面の写真撮影も行ったので、弁護人がこれに抗議し、弁護人と被疑者との接見は秘密が保障されなければならないとして、請求人と弁護人だけで会うことができるようにすること、対話内容の記録や写真撮影をしないことを要求したが、気にするなというだけで弁護人の要求を拒絶した。このため、請求人は国家安全企画部の捜査官らによる上記の行為は憲法第12条第2項が保障している身体の拘束を受けている人の弁護人の助力を受ける権利を侵害したものであると主張して、憲法訴願審判を請求したのである。

(2) 決定の主要内容

憲法裁判所は、次のように弁護人の助力を受ける権利の内容に言及しつつ、国家安全企画部捜査官らが請求人の弁護人接見に参与することが違憲であることを確認するとともに、行刑法第62条の準用規定のなかの同法第18条第3項を未決収容者の弁護人接見に準用させていることは憲法に違反すると決定した。

第3章　憲法裁判所の決定

憲法第12条第4項の保障する弁護人の助力を受ける権利とは、無罪の推定を受けている被疑者・被告人に対して身体拘束の状況において生じる様々な弊害を除去し、当該拘束がその目的の限度を超過しないようにするためのものである。このため、ここでの弁護人助力とは、弁護人の十分な助力を意味するものである。

弁護人の助力を受ける権利の必須的な内容は、身体の拘束を受けている者と弁護人との接見であり、その接見が十分に保障されるためには、拘束されている者と弁護人との会話内容の秘密を完全に保障し、いかなる制約、影響、圧力または不当な干渉も受けることなく、自由に会話することのできる接見を可能にしなければならないというものである。こうした自由な接見は、拘束されている者と弁護人の接見に矯導官や捜査官等の関係公務員の参与が存在しないことでもって、はじめて可能であるといえる。

ところで、弁護人との自由な接見とは、身体の拘束を受けている人に保障されている弁護人の助力を受ける権利のもっとも重要な内容であるために、国家安全保障、秩序維持および公共の福祉等のいかなる大義名分によっても制限されるような性質のものではない。

ただし、国家安全企画部捜査官らの違憲的な公権力の行使は、すでに終了しているために、これを取り消す代わりに、こうした違憲的な公権力の行使が繰り返し行われる危険性を除去し、弁護人の助力を受ける権利の内容を明らかにするために、同公権力の行使に対して宣言的な意味において違憲確認をし、さらに、当該違憲的な公権力の行使が違憲法律に起因したものであることが認められるので、憲法裁判所第75条第5項に依拠し、行刑法第62条の準用規定のなかの同法第18条第3項を未決収容者の弁護人接見にも準用するようにしている部分を違憲と決定する。

(3) **事後経過**

憲法裁判所は、この決定において自由な弁護人接見交通権を弁護人の助力を受ける権利の核心的な内容として、いかなる理由によってもその制限を正当化することができないと明らかにした。このため、捜査機関の弁護人接見不許可処分や弁護人接見への参与は、憲法上、容認することができなくなった。

同決定に対しては、人身保護のための憲法上の拘束原理に属する無罪推定原

第6節 手続的基本権および刑事関係に関する決定

則、ならびに人身保護のための司法手続的基本権としての自己に不利な陳述拒否権および弁護人の助力を受ける権利に関して、はじめて憲法規定の直接的な適用と国家作用に対する覊束力を明示的に認めた非常に画期的な憲法判例であるとして、韓国の人権保障の歴史に1つの重要な里程標を提示したという評価があった(許營「弁護人接見制限の違憲性」『判例月報』1992年4月号)。

この決定以後、国会は1995年1月5日法律第4936号で問題の行刑法規定を、「未決収容者と弁護人(弁護人になろうとする者を含む。)との接見には矯導官が参与し、またはその内容を聴取もしくは録取してはならない。ただし、見える距離で収容者を監視することはできる」と改正した。

6 重刑求刑時釈放制限事件

〈憲裁1992.12.24. 92憲カ8 刑事訴訟法第331条但書規定に対する違憲審査、判例集4、853〉

(1) 事件の背景

この事件は、憲法第12条第3項の令状主義と適法手続原則に照らして、拘束令状の効力如何は独立した裁判官の判断に委ねられる問題であり、検事の意見に左右されるものではないことを理由に、検事による重刑の求刑が行われた場合には、無罪の判決が出ても拘束令状の効力を持続すると定める刑事訴訟法第331条に対して違憲決定をした事件である。

刑事訴訟法(1954.9.23. 法律341号)第331条は、無罪、免訴、刑の免除、刑の宣告猶予、刑の執行猶予、公訴棄却または罰金もしくは科料を課する判決が宣告されたときには、拘束令状はその効力を失うと規定するとともに、同条の但書は、検事から死刑、無期懲役または10年以上の懲役もしくは禁固刑に該当するという趣旨の意見陳述があるときは、その例外とすると規定している。したがって、拘束された被告人が第1審、第2審の裁判で無罪の宣告を受けた場合でも、検事の求刑が死刑、無期懲役または10年以上の懲役もしくは禁固刑であるときには、大法院による無罪確定判決が出るまでは、拘束されている被告人は釈放されることはなかった。

この事件の被告人らは、強盗傷害および特殊強盗の罪で拘束され、1992年3月20日にソウル刑事地方法院に公訴が提起され、同法院の第1回公判で上

第3章 憲法裁判所の決定

記の公訴事実すべてを自白し、証拠調査などの公判手続を経て、検事から懲役長期10年、短期7年の刑に該当するという趣旨の求刑を受けた。ところで、同法院は、被告人に対して判決を下すにおいて、刑事訴訟法第331条但書の規定が憲法に違反すると見て、職権で憲法裁判所に違憲法律審判を提請した。

(2) 決定の主要内容

憲法裁判所は、次のように拘束に対する法官の地位を確認しつつ、刑事訴訟法第331条但書規定が憲法に違反すると決定した。

すべての国民は、憲法上身体の自由を保障されており（憲法12条1項前段）、法律に従って拘束などをすることによって身体の自由を制限される場合も、適法手続原則（憲法12条1項後段、同条3項）に基づき、必要最低限にとどまらなければならない。このため、法院または法官は、拘束令状の発布以後に、刑事手続においてこのような拘束の事由が当初から存在しなかったという事実が明らかになったり、または当初存在した拘束事由が後に消滅したと認められる場合には、刑事手続のいかなる段階においてでも、検事、被疑者、被告人もしくは弁護人らの申請により、または職権で拘束を取り消さなければならない。

憲法第12条第1項および第3項の定める適法手続の原則は、独自的な憲法原則としての性格を有するものであり、同原則と結びついている憲法第12条第3項の令状主義は、拘束の開始時点に限らず、拘束令状の効力を継続して維持すべきか、さもなくば取り消しもしくは失効させるべきかの可否についても、司法権独立の原則によって身分が保障されている法官の判断によって決定されなければならないということを意味するものである。したがって、拘束令状の失効如何を検事の意見に左右させる刑事訴訟法第331条但書は、憲法上の適法手続の原則に違反する。

被告事件が重大であるにも拘わらず、法官の誤判によって被告人が釈放されれば、身柄の確保が難しくなり、国家刑罰権の行使ができなくなるという上の法条項の立法趣旨をもとに、検事が重刑を求刑するときには、拘束令状の効力の維持は不可避的なものであるという意見もあるが、しかし、刑事訴訟法第93条などの拘束取消しとこれに対する検事の即時抗告手続などと比較し、かつ、上級審でも必要に応じて再拘束することが可能である刑事訴訟法上の関係規定などを総合検討すれば、本件の但書は、基本権制限立法の基本原則である

第6節　手続的基本権および刑事関係に関する決定

目的の正当性、方法の適切性、被害の最小性、法益の均衡性といった原則にも反するものであるので、憲法上の過剰立法禁止の原則に違反する。

(3) 事後経過

この決定に対しては、不合理な法条項を直して、基本権をより伸張させたという側面においてその意味は大きいとする評価があった（『国民日報』1992.12.25.）。この決定が下されることでもって、無罪または執行猶予の判決を受けても、大法院の最終的な確定判決まで、拘禁生活を続けなければならなかった多くの収監者が救済されることになった。

この決定以後、国会は、1995年12月29日法律第5054号で刑事訴訟法を改正し、第331条但書を削除した。

憲法裁判所は、この決定以後、継続してこの決定によって明らかにされた令状主義と適法手続原則の憲法的意義を再確認した。すなわち、刑事訴訟法第97条第3項に対する違憲提請事件（憲裁1993.12.23. 93憲カ2）において、法院の保釈許可決定に対して検事の即時抗告権を認めた刑事訴訟法第97条第3項は、被告人に対する法院の釈放決定があったにもかかわらず、即時抗告提起期間である三日の間、また検事が即時抗告を行う場合には、当該即時抗告に対する抗告審裁判が確定されるまで保釈許可決定の執行が無条件に停止されるために、被告人は釈放されることなく、身体の自由を剥奪されたまま拘束され続けるということを意味する規定である。これは、結果的に、検事の不服を、被告人に対する拘束執行が不当であるとする法官の判断に優先させることにほかならないし、また拘束および拘束継続の如何を独立性の保障されている法官の決定のみに委ねようとしている令状主義の原則に違反し、その内容において合理性や正当性がないにもかかわらず被告人の身体の自由を制限するものであるので、適法手続の原則に違反するとともに基本権制限立法の限界を定めている憲法第37条第2項の過剰禁止の原則にも違反すると判示した。

7　違憲決定の遡及効事件

〈憲裁1993.5.13. 92憲カ10等　憲法裁判所法47条第2項に対する違憲提請等、判例集5－1、226〉

(1) 事件の背景

第3章　憲法裁判所の決定

　この事件は、刑罰に関する事項を規律していない法律または法律の条項に対する憲法裁判所の違憲決定の将来効原則規定に対して合憲決定した事件である。

　憲法裁判所法（1988.8.5.法律第4017号）第47条第2項本文は、「違憲と決定された法律又は法律条項は、その決定があった日から効力を喪失する」と規定している。

　同条項と関連して、法院においては違憲決定の遡及効が及ぼす範囲に関して判例の変遷があった。すなわち、最初の判例では、「法院の提請または憲法訴願の請求などを通じて、憲法裁判所に法律の違憲決定を求める契機を付与した具体的な事件、すなわち当該事件」だけに憲法裁判所の違憲決定の将来効原則に対する例外として遡及効を認めていたが（大法院1991.6.22.宣告90タ5450判決；大法院1991.6.28.宣告90ヌ9346判決）、その後、遡及効の及ぼす範囲を拡大し、「違憲決定以後に、当該法律または法条項が裁判の前提となって法院に係属されたすべての一般事件」にもその遡及効が及ぶと判示するに至った（大法院1993.1.15.宣告92タ12377判決、大法院1993.1.15.宣告91ヌ5761判決、大法院1993.2.26.宣告92ヌ12247判決）。

　この事件は、憲法裁判所法第47条第2項本文に対する1件の違憲提請事件と3件の憲法訴願事件が併合したものであり、そのなかの一部の事件は、憲法裁判所の違憲決定後に、当該法律または法律条項が裁判の前提となることを理由に、法院に提訴された事件であり（92憲カ10、91憲バ7、92憲バ24）、その他の事件は、まだ憲法裁判所の違憲決定が行われていない法律条項に対する違憲を主張しつつ、当該法律条項に根拠した処分の取消しを主張して法院に提訴した事件であった（92憲バ50）。

(2)　決定の主要内容

　憲法裁判所は、憲法裁判所法第47条第2項本文の規定を、特別な例外を許容する原則規定と解する限り、憲法に違反しないとして合憲決定を行った。

　憲法裁判所によって違憲と決定された法律または法律条項が制定当時に遡及してその効力を喪失するのか、それとも将来に向かって効力を喪失するのかという問題は、憲法適合性の問題というよりも、むしろ立法者が法的安定性と個人の権利救済などの諸般の利益を比較衡量して決定すべき立法政策の問題であ

第6節 手続的基本権および刑事関係に関する決定

る。わが立法者は、同法第47条第2項本文の規定を通じて、刑罰法規を除いては、法的安定性をより高く評価する方案を選択したが、これにより、具体的な妥当性や平等の原則が必ずしも完璧に実現されないとしても、憲法上の法治主義の原則から派生する法的安定性ないし信頼保護の原則によって正当化されるとするものであって、特段の事情がない限り、これをもって憲法が侵害されるものではない。

憲法裁判所の法条項に対する違憲決定の効力に関して、憲法は直接に規定しておらず、憲法裁判所法第47条第2項がこれに関して規定しているが、同規定は第1共和国当時の憲法委員会法（1950.2.21. 法律第100号）第20条に由来するものであり、第2共和国当時の憲法裁判所法（1961.4.17. 法律第601号）第22条第2項と第4、5共和国当時の憲法委員会法（1973.2.16. 法律第2530号）第18条第1項に踏襲され、現行法に盛り込まれたものである。

また、ある法律が憲法に違反する場合、違反の態様は様々であり、憲法裁判制度の機能と本質をかんがみるとき、憲法裁判とは、法律の違憲決定によって旧法の秩序を根こそぎ抜き取り、過去を白紙に戻すという社会革命的な波を起こすものではなく、下位法規を国の最高法規である憲法価値秩序に合わせる転向的な法体系の形成が原則であって、ただし、正義と衡平上到底黙過してはならない場合に最小限度において既存の秩序を取り壊すものと解される。

そして、違憲決定に関する外国の立法例は、違憲決定に遡及効を原則として認めつつ、これを部分的に制限する例（ドイツ、スペインおよびポルトガルなど）、違憲決定に将来効（ex nunc）を原則としつつ、部分的に遡及効を認める例（オーストリア、トルコなど）、そして違憲決定に遡及効を認めるか否かについて具体的な事件毎に決定する例（アメリカ合衆国、ドイツの一部の州など）があるが、比較法的な考察によっても、法第47条第2項は、決して世界に例のない特殊な立法例ではなく、違憲決定に将来効のみを認めつつ、部分的に遡及効を認める例に属する立法例である。

しかし、効力が多様にならざるを得ない違憲決定の特殊性のために、例外的に部分的な遡及効を認めるのが相当であるが、その例外的な場合は、以下のとおりである。第1に、具体的規範統制の実効性を保障する見地から、法院の提請・憲法訴願の請求などを通じて、憲法裁判所に法律の違憲決定のための契機

を付与した当該事件、違憲決定がある前に同種の違憲如何に関して憲法裁判所に違憲提請を行ったか、または法院に違憲提請の申請を行った場合の当該事件、そして別途に違憲提請の申請をしなかったが、当該法律または法律の条項が裁判の前提となって、法院に係属中である事件に対しては、遡及効を認めなければならないであろう。第2に、当事者の権利救済のための具体的妥当性の要請が顕著である反面、遡及効を認めても法的安定性を害するおそれがなく、さらに旧法によって形成されている既得権者の利得が害される事案ではない場合で、遡及効の否認が、むしろ正義と平等などの憲法的理念に甚だしく背馳するときにも、遡及効を認めることができる。いかなる事案が後者の範疇に属するかに関しては、本来的に規範統制を行う憲法裁判所が違憲宣言を行いながら、直接に当該決定主文において明らかにしなければならないが、決定主文において明らかにされていなければ、そのような場合に該当するか否かは、一般法院が具体的な事件において該当法律の沿革・性質・保護法益等を検討し、かつ、諸般の利益を衡量して、合理的・合目的的に判断するほかない。

(3) 事 後 経 過

この決定に対して、一部の言論機関では、最近、大法院が一般民事・行政事件において違憲決定の遡及効を拡大・適用し、憲法裁判所法第47条第2項を事実上死文化させてきたが、憲法裁判所がこの決定で同条項の合憲性を宣言することでもって、大法院の越権行為に対して憲法機関としての明白な立場を高々と宣言したとの論評があった(『文化日報』1993.5.14.)。

8 未決収容者の書信検閲事件

〈憲裁 1995.7.21. 92憲マ144 書信検閲等の違憲確認、判例集7-2、94〉

(1) 事件の背景

この事件は、未決収容者の書信を受発信する際に矯導所長の検閲を規定した行刑法の規定が未決収容者の通信の秘密の自由(憲法18条)と弁護人の助力を受ける権利(憲法12条第4項)を侵害するものとして、同条項を限定違憲とした事件である。

旧行刑法(1995.1.5. 法律第4936号で改正される前のもの)第18条は、受刑者の書信の受発信について矯導官の検閲を要しており、同法第62条は、未決収

第6節　手続的基本権および刑事関係に関する決定

容者に対しても特別の規定がない限り受刑者に関する規定を準用すると規定していた。この規定により、未決収容者が外部と書信を交換する場合には、相手方が弁護人であるか否かを問わず、すべて検閲の対象とされていた。

請求人である甲は、教員として全国教職員労働組合副委員長でありながら、「全教組、合法性奪取および解職教員の原状回復のための決議大会」等を主導した嫌疑で、集会および示威に関する法律違反罪等で拘束起訴され、1審・2審で懲役刑の宣告を受けたが、これを不服として上告した後、晋州矯導所に収容されていた者である。請求人である乙は、弁護士であり、上の事件1審・2審の弁護人として選任され、上告審においても弁護人選任申告書を提出した。ところが、被請求人である晋州矯導所長は、請求人甲が全教組晋州支部所属の請求外丙に宛てて発送依頼した書信を検閲し、同書信の発送を拒否し、請求人乙が甲宛てに送った書信を検閲し、検閲した日から3日後に甲に渡したし、請求人甲が乙宛てに発送依頼した書信は、検閲した日から5日後に発送した。

このため、請求人らは、被請求人の上記のような書信検閲、発送拒否および遅延等によって請求人らの憲法上保障された基本権が侵害されたと主張して、憲法訴願審判を請求した。

(2)　決定の主要内容

憲法裁判所は、矯導所長の書信遅延発送および遅延交付行為が憲法に違反しないことを確認する一方、未決収容者の書信検閲を可能にした旧行刑法第62条を、刑罰法令に抵触する内容である疑いのない弁護人との書信にも準用することは違憲であるとの限定違憲決定をした。

書信の遅延発送・遅延交付行為に関してみると、発送と交付に数日が所要されたが、これは、矯導所内の業務処理過程において不可避的に要する期間であり、被請求人が故意に発送または交付を遅延させたとか、または業務を怠ったと見ることはできないのであるから、それによって請求人らの通信の秘密の自由および請求人甲の弁護人の助力を受ける権利が侵害されたということはできない。

書信検閲行為と憲法第18条の通信の秘密の自由とを関連してみると、拘束制度が憲法と法律によって容認されている以上、拘束の要件に該当し、拘禁されている未決収容者は、拘束制度の目的に照らして一定程度に通信の秘密の自

第3章　憲法裁判所の決定

由に制約を受けざるを得ない。すなわち、未決収容者が制約なしに外部に書信を発送することができれば、証拠隠滅の依頼、出所後の報復脅迫、矯導所にいる間の世話の強要など様々な脅迫書信をそのまま発送することもでき、このような事例が社会に伝播されるとき、多くの人が捜査および裁判過程において証言または陳述を忌避し、かつ報復を恐れて、各種の不法行為に対して知らないふりをし、公正な司法制度の運営が困難に陥るおそれがある。したがって、証拠隠滅や逃亡の可能性を予防し、矯導所内の秩序を維持し、未決拘禁制度を有効に利用し、一般社会の不安を防止するために、未決収容者の書信に対する検閲はその必要性が認められるといえよう。

そして、矯導官執務規則第78条および在所者戒護勤務準則第284条等が書信検閲の基準および検閲者の秘密遵守義務等を規定しているように、通信の秘密の自由の侵害を最小にとどめるための装置が用意されているのであるから、未決収容者に対する書信検閲は憲法違反ということはできない。

書信検閲行為と憲法第12条第4項の定める弁護人の助力を受ける権利とを関連してみると、未決収容者の弁護人の助力を受ける権利に照らして、未決収容者と弁護人との間における書信の秘密は、他の書信に比して特別に保護されなければならない。拘束されている被疑者・被告人の弁護人との自由な接見交通権は、弁護人の助力を受ける権利のなかでもっとも重要な内容のものであり、いかなる理由によっても制約することができず（憲裁1992.1.28. 91憲マ111）、弁護人の助力を受ける権利の基本的な趣旨は、接見のときのみならず、弁護人または弁護人になろうとする者と被疑者または被告人との間の書信の場合にも適用され、秘密が保障されなければならない。

ただし、弁護人との書信の秘密の自由は無制限的に保障されるものではなく、当該書信に麻薬などの所持禁止品が含まれているとか、あるいは当該書信に逃亡、証拠隠滅、収容施設の規律と秩序の破壊その他の刑罰法令に抵触する内容が記載されていると疑われる合理的な理由がある場合には、弁護人との書信の秘密の自由を制限することができるといえよう。したがって、本事件の場合には、弁護人との書信にこのような制限事由がないにもかかわらず、被請求人が書信を検閲したために、請求人である甲の弁護人の助力を受ける権利を侵害したのである。

第6節　手続的基本権および刑事関係に関する決定

旧行刑法第62条は、刑が確定された受刑者に対して書信検閲を定める同法第18条第3項および施行令第62条を未決収容者にも準用するように規定しており、被請求人の検閲行為も、上の規定によるものであるのであるから、上の検閲行為が違憲であることを確認するにおいて、上の旧行刑法第62条の規定のうち、先に見たような弁護人との間の書信検閲が許容される条件に該当しない場合にも検閲を行うことができるように準用する部分は、憲法に違反する。

(3) 事後経過

この決定は、弁護人接見妨害事件（憲裁1992.1.28. 91憲マ111）において確認された未決収容者の自由な弁護人接見権を再確認し、拘束されている者にとって弁護人の助力を受ける権利が如何に重要な基本権であるかを再度強調したものである。

この決定が宣告されるに先立ち、国会は1995年1月5日に法律第4936号で行刑法を改正し、この決定の趣旨と類似した立法措置を行った。すなわち、改正された行刑法第18条第3項は、「収容者の接見と書信交換には矯導官の参与と検閲を要する。ただし、第66条の未決収容者の弁護人接見の規定による弁護人接見の場合を除く」と規定した。

9　特許争訟手続事件

〈憲裁1995.9.28. 92憲カ11等　特許法第186条第1項等の違憲審判、判例集7－2、264〉

(1) 事件の背景

この事件は、特許紛争に関する第1審、第2審の事実審を法官によらず、行政庁によらしめている旧特許法および旧意匠法の規定に対して憲法不合致決定を行った事件である。

旧特許法（1995.1.5. 法律第4892号で改正される前のもの）は、特許紛争に対する審判と抗告審判を行政庁である特許庁に担当させており、抗告審判の審決に不服があるときには、その審決が法令に違反したことを理由とする場合に限って、大法院への上告を定めていた。旧意匠法（1995.1.5. 法律第4894号で改正される前のもの）は、意匠紛争の訴訟に関して上の特許法の規定の準用を定めていた。事実審である高等法院の裁判と法律審である大法院の裁判を経ること

第3章　憲法裁判所の決定

ができる一般の行政争訟手続と比較すれば、こうした特許争訟手続は特別な争訟手続であった。

この事件は、全部で4件の違憲提請事件が併合されたものであり、特許庁長を相手とする拒絶処分取消訴訟の審理が行われているソウル高等法院または大法院が提請申請人の申請を受け入れて、憲法裁判所に上の法律条項に対して違憲法律審判を提請したものである。

(2) 決定の主要内容

憲法裁判所は、次のように旧特許法第186条第1項が憲法に違反するとしつつ、同条項およびこれを準用する旧意匠法第75条に対して憲法不合致決定を行う一方、他方でこれらの法律条項は、特許法 (1995.1.5. 法律第4892号で改正されたもの) および意匠法 (1995.1.5. 法律第4892号で改正されたもの) が施行される1998年3月1日の前日までは違憲可否審判の提請をした各当該事件を含むすべての特許および意匠争訟事件に対してそのまま適用されると宣言した。

憲法第27条第1項が定める「法官による裁判を受ける権利」を保障するということは、法官が事実を確定し、法律を解釈・適用する裁判を受ける権利を保障するという意味であるので、法官による事実確定と法律の解釈適用の機会に接するのが困難となるような制約や障壁を作ってはならないということであり、万一そのような保障が満足になされないならば、憲法上保障された裁判を受ける権利の本質的な内容を侵害するものであり、これは憲法上許容されないものである。

ところで、旧特許法第186条第1項は、特許庁の抗告審決または補正却下決定に対して不服がある場合にも法官による事実確定および法律適用の機会を与えずに、その審決の法令違反を理由にする場合に限って、法律審である大法院への上告を規定している。特許庁の決定は、行政機関の公務員によるものであり、これは憲法と法律の定める法官による裁判と見ることはできないために、結局のところ、旧特許法第186条第1項は法官による事実確定および法律適用の機会を剥奪したものであって、憲法上保障されている「法官による」裁判を受ける権利の本質的な内容を侵害する違憲規定であるといわざるを得ない。

司法権を法院に帰属させている憲法第101条第1項と第2項および裁判の前

第 6 節　手続的基本権および刑事関係に関する決定

審手続として行政審判を認めている憲法第107条第3項が意味することは、一切の法律的争訟を審理・裁判する作用である司法作用は、憲法それ自体に特別の規定がない限り、大法院を最高法院とする法院のみが担当することができ、また行政審判はあくまでも法院による裁判の前審手続としてのみ行われるということを意味するところ、裁判の前審手続としてのみ行われるべきである特許庁の抗告審判を、事実確定に関する限り事実上、最終審とする上記の特許法の規定は、憲法第101条第1項と第107条第3項に違反するといわざるを得ない。

旧特許法第186条第1項は、特許抗告審判の対象となる特許紛争事件に対して高等法院による事実審理の機会を排除する。これは、法官による判断・審理の機会を与えない点で、特許紛争当事者を一般行政事件の当事者に比して差別するものである。確かに特許紛争事件の場合に、その審判対象物が高い専門性を要し、特許紛争における事実判断を迅速・正確に行い、特許紛争を適正かつ迅速に解決して、もって発明家の権利をより厚く保護しようとする立法趣旨は正当であるといえるが、旧特許法第186条第1項が事実関係の確定を特許庁の内部にある行政審判機関に一任し、法院による事実確定を排除したのは、立法目的達成とは必然的または実質的関連性が稀薄であり、またその程度も適正ではないが故に、合理的な根拠のない差別として平等の原則にも反する。

(3)　事 後 経 過

この決定は、1946年から本決定までの約半世紀にわたって持続的に施行されてきた変則的な特許審判制度を違憲として宣言したものであり、また、違憲として宣言された旧特許法第186条第1項は、旧意匠法（75条）以外にも旧商標法（86条2項）および旧実用新案法（35条）でも準用していたために、長期間存続されてきた知的財産権関係の争訟手続に対して全般的な一大変革をもたらすようになった決定であった。

ところで、この決定が宣告される前に、国会は自らこの事件において問題とされた特許争訟制度に関する関連法規定を憲法に合致するように改正した。国会は、1994年7月27日法律第4765号により、法院組織法を改正して特許法院を設置し、特許法院をして特許争訟の第1審を管轄させる一方、1995年1月5日法律第4892号で旧特許法を改正して、当時、特許庁内に設置されていた

審判所と抗告審判所を統合し、特許審判院を設置することでもって、行政部内における2段階審判を1段階に減らし、特許審判院の審決などに対する不服の訴えは、特許法院の専属管轄としたし、商標法、意匠法、実用新案法の各準用規定も全部改正した。ただし、国会は上の各改正法の施行日を1998年3月1日と定めていたために、憲法裁判所は、このような事情を考慮した末に、同規定の憲法不合致宣言を行いながら、異例的に主文で違憲宣言された法律規定の暫定的な適用を命じたのである。

10 反国家行為者特別措置法事件

〈憲裁1996.1.25. 95憲カ5　反国家行為者の処罰に関する特別措置法第2条第1項第2号等の違憲提請、判例集8－1、1〉

(1) 事件の背景

この事件は、維新憲法の下で制定された反国家行為者の処罰に関する特別措置法が憲法上の適法手続原則と裁判請求権を侵害するものとして違憲であると決定された事件である。

特別措置法第7条第5項は、被告人が正当な理由なしに裁判の日に法廷に出席しなければ、被告人の出席なしに開廷しなければならないと規定していたし、同条第6項、第7項の本文は、欠席した被告人のために弁護人または補助人が公判手続に出席することができない場合に、法院が最初の公判日に起訴事実の要旨と検事の意見のみを聴き、証拠調査なしに結審し、被告人に対する刑を宣告しなければならないと規定していた。また、同法第8条は、行為者が検事の召喚に2回以上応じなかったときには、それぞれの罪に定めた刑と行為者の財産の没収刑を併科するように規定していた。

上の法律は、一般的かつ抽象的な形式で規定されているものとはいえ、実質的には、当時アメリカ合衆国で公然と朴正熙大統領を非難する活動を行うなかで、1975年にパリで失踪した前中央情報部長・金炯旭氏に対する処罰ないし国内財産没収を目的として制定されたものであった。

金炯旭は、この法律により、1982年に欠席裁判を受け、ソウル地方刑事法院で懲役7年資格停止7年と全財産の没収刑の宣告を受けた。ここに、1990年5月16日に金炯旭の妻は、法院の判決に対する上訴権回復請求を行いつつ、

第6節　手続的基本権および刑事関係に関する決定

上訴を制限した同法第11条などに対する違憲法律審判提請を法院に申請したが、法院がこれを棄却したために、1990年11月9日に憲法裁判所に憲法訴願審判を請求した (90憲バ35)。憲法裁判所は、1993年7月29日に、被告人が逮捕されたとき、あるいは任意で検事に出頭したときに限って上訴することができると定めた上の法律第11条第1項と刑事訴訟法上の上訴回復請求を制限した同法第13条第1項の該当規定は適法手続の原則と裁判請求権を侵害するものとして違憲宣言をしたのである。

この宣言により、1993年11月に上訴が再開され、ソウル地方法院で控訴審の裁判が行われていたなかで、金炯旭の妻は金炯旭を提請申請人として、同法院に同法第7条第5項、第6項、第7項本文および第8条に対して違憲法律審査の提請を申請して、法院がその一部を受け入れ、憲法裁判所に違憲法律審判を提請した。

(2) 決定の主要内容

憲法裁判所は、反国家行為者の処罰に関する特別措置法第7条第5項、第6項、第7項本文および第8条を憲法に違反すると判断した後、各条項が違憲として失効される場合に、同法上の裁判手続に関する残りの規定の施行も不可能になることを理由に、憲法裁判所法第45条の但書により同法全体を違憲とした。

適法性の可否に関してみると、金炯旭がすでに死亡した蓋然性が高いが、死亡したとの証明もなく、この事件の審判提請の場合、裁判手続が中止され、まだ法院の終局裁判が行われていない状態であるため、違憲法律審判手続は、そのまま進行することができる。また、反国家行為者の処罰に関する特別措置法第7条第6項が代理人による刑事裁判手続への参与を禁止しているが、この規定は憲法裁判所法の適用を受ける憲法裁判にまで適用される規定ではないので、この部分は提請手続に違法があるということはできない。

上の法律第7条第5項は、検事の請求により、法院をして欠席裁判を義務づけており、裁判の延期を全然許容しておらず、重刑に該当する事件の場合にも、被告人の防御権が一切行使されない状態において裁判が進行するように規定しているため、同条項は、立法目的の達成に必要な最小限の範囲を超えて、被告人の公正な裁判を受ける権利を過度に侵害するものである。また、重刑に

383

第3章　憲法裁判所の決定

該当する事件において被告人に出席の機会をも与えずに、答弁、立証および反証等の攻撃・防御の機会を付与せずに、被告人に不出席に対する個人的責任を全く問うことができない場合までも欠席裁判を行い得るということは、手続の内容が甚だしく適正でなく、適法手続の原則にも反するものである。

　上の法律第7条第6項、第7項本文は、同法の定める罪の多くが死刑、無期または短期3年以上の懲役刑の重刑に該当するにもかかわらず、被告人が自己を防御するために弁護人も出席させることができず、証拠調査もなしに実刑宣告を受けるよう規定しているが、これは、攻撃・防御の機会を源泉的に封鎖するものであるので、適法手続の原則に反するものであり、同法の立法目的の達成に必要な最小限度の範囲以上に裁判請求権を侵害するものである。司法の本質は、法または権利に関する紛争がある場合に独立した法院が原則的に直接調査した証拠により、客観的な事実認定に基づいて、法を解釈・適用して有権的な判断を下すという作用である。韓国憲法は、権力相互間における牽制と均衡により、明示的に規定した例外を除いては、立法府に司法作用を行う権限を付与していない。ところが、上の法律第7条第7項本文は、法院に証拠調査もさせないで、刑を宣告するように規定しており、これは憲法が定めた立法権の限界を超えて、司法作用を侵害するものである。

　上の法律第8条に基づく没収対象の財産は、刑法その他刑事法上の場合と異なって同法上の犯罪構成要件と直接的または間接的な関連性がなく、また、被告人が裁判に出席することができない事由には、被告人本人が公判期日が公告されたことを知らない場合や、死亡・病気などのやむを得ない事由など、本人の責任に帰することができない場合もある。同条が反国家行為者の故意に召喚に応じないことを犯罪行為と規定している趣旨であると解しても、このような行為に対して全財産を没収するという刑罰は、行為の可罰性に比してあまりに重すぎるために、同刑罰は適正なものではなく、一般刑事法体系と調和をなしていない。結局のところ、同条項は行為責任の法理を越えて、恣意的かつ心情的な処罰の途を開くことでもって、刑罰体系上の正当性と均衡を崩すものであるので、適法手続および過剰禁止の原則にもとる。

　さらに、同法第8条は、同法第10条の規定と関連して、親族の財産をも検事が摘示さえすれば、証拠調査なしに没収刑が宣告されるようになっているの

で、これは連座制を禁ずる憲法第13条第3項に反する素地が大きいものである。

(3) 事後経過

　この決定は、いかなる反国家的行為をした被告人であっても、適法手続に従って裁判を受ける権利を保障しなければならないという憲法精神を明らかにしたところに意味がある。過去の権威主義的な軍事独裁政権の下で作られた反国家行為者の処罰に関する特別措置法は、特定人に狙いを絞って、その者を処罰し、かつ財産を没収するが故に、既存の刑事法体系に反し、法理論的にも無理な立法を制定したものであった。本事件の金炯旭以外には同法により起訴されたり処罰された者はなかった。

　この決定以後、再開された控訴審において、検察は公訴状を変更して、金炯旭の嫌疑に反共法第4条第1項（反国家団体の讃揚、鼓舞、同調の罪。現行の国家保安法第7条第1項に該当）のみを適用したが、これに対して1996年8月27日にソウル地方法院は金炯旭に対して無罪を宣告し、検察が上告を放棄したことで判決は確定された。そして、没収されていた財産に対しては、1997年2月15日に金炯旭側がソウル所在の敷地400坪につき、国と住民らを相手として行った訴訟で勝訴したし、その後1998年2月22日に国を相手にした他の訴訟でも勝訴したために、没収財産は戻された。

　一方、欠席裁判制度は、最近、訴訟促進等に関する特例法事件においても扱われたことがあった。訴訟促進等に関する特例法第23条は、「第1審公判手続において被告人に対する送達不能報告書が受理された時から6ヶ月が経過するまでに、被告人の所在を確認することができないときには、大法院規則の定めるところにより、被告人の陳述なしに、裁判を行うことができる。ただし、死刑、無期又は短期3年以上の懲役又は禁錮に該当する事件の場合は、その限りではない」と規定している。この規定は、97憲バ22違憲訴願事件において違憲性が問題視された。

　憲法裁判所は、1998年7月16日にこの規定に対して、被告人が出席しない状態においても、重刑が宣告される可能性があり、また適用の対象も広すぎ、被告人の不出席の事由を具体的に明らかにしないまま画一的に欠席裁判の可能性を残しているとして、たとえ同条項が正当な目的の下で制定された条項であ

るとしても、過剰禁止の原則に反し、公正な裁判を受ける権利を侵害するものであり、その手続の内容が甚だしく適正でなく適法手続にも反するものであるとして違憲決定を宣告した。

11 死刑制度事件
〈憲裁 1996.11.28. 95憲バ1　刑法第250条等違憲訴願、判例集8－2、537〉

(1) 事件の背景

この事件は、死刑制度が死刑囚の生命を剥奪するものであるために、憲法上保護される生命権の本質的な内容を侵害するものであり、基本権の本質的な内容の侵害を禁止している憲法第37条第2項の但書または人間の尊厳を規定している憲法第10条に違反するかどうかが問われた事案に対して、合憲であると決定した事件である。

韓国の社会では、その間、死刑制度の存廃をめぐって意見の対立があった。死刑制度廃止論者らは、死刑制度によって犯罪予防効果が立証されたことがなく、誤判の可能性や政治的悪用の可能性を排除することができないが故に、人道主義的な観点から、人間の尊厳を抹殺する制度である死刑制度の廃止を主張する。これに対し、死刑制度賛成論者らは、死刑制度が凶悪犯罪が絶えない現実の下で犯罪予防の強力な抑制力を有するとし、加害者である犯罪人の生命権より被害者の生命権が当然に重要視されるべきであるが故に、凶悪な殺人者を死刑に処しないことは、むしろ公平の原理と正義に反するものであると主張する。こうした論争は、憲法裁判所法の施行前にすでに大法院において死刑制度の合憲性を認める諸判決(大法院 1969.9.19. 宣告 69ト988判決；大法院 1987.9.8. 宣告 87ト1458判決など) があったにもかかわらず、続けられてきた。

死刑制度の合憲性を問う最初の憲法訴願審判請求は、1989年2月28日に行われた。強盗殺人罪で起訴され、大法院で死刑宣告が確定された請求人甲が死刑執行を待つなかで、憲法裁判所法の施行により、死刑判決の根拠となっている刑法第338条 (強盗殺人、致死) と行刑法第57条第1項 (死刑執行) が憲法に反すると主張し、憲法訴願審判 (89憲マ36) を請求した。また、強盗殺人罪で起訴され、水原地方法院で死刑宣告を受けた請求人乙は、大法院に上告してい

第6節　手続的基本権および刑事関係に関する決定

るなかで、死刑宣告の根拠法となっている刑法第338条等に対して違憲提請申請を行ったが、大法院がこれを棄却したために、1990年5月1日に憲法訴願審判（90憲バ13）を請求した。

　これらの審判請求を受けた憲法裁判所は、事案が重大であったために、結論を下すことができず、2年がすぎた1992年5月12日に最初の弁論を開いた。同弁論において、裁判部が職権で指定した刑法学者3名と憲法学者1名が参考人として出席し、参考人陳述を行ったが、意見が分かれた。2人は死刑制度の違憲論、1人は合憲論、最後の1人は死刑制度を一律的に違憲とはいえないが、法律が死刑判決に対する指針または手続に関して具体的に規定しない場合に違憲の素地が多いという部分的違憲論を主張した。同日の公判において、死刑廃止運動協議会の会員と死刑確定者の家族百名あまりが審判廷を埋めていて、とくに弁論途中、審判廷の外にいた死刑確定者の母が死刑廃止を訴えながら、血書を書く場面もあった。

　しかし、憲法裁判所は、上記2つの憲法訴願事件において死刑制度の合憲・違憲如何に関する本案判断に入らなかった。憲法裁判所は、甲の憲法訴願審判請求に対しては請求期間が過ぎたことを理由に却下決定を下し、乙の憲法訴願審判請求の場合は、審理継続期間中に死刑執行が行われたために、請求人の死亡を理由として、審判手続の終了を宣告した。これらの2つの決定に対しては、憲法裁判所が死刑執行を幇助しているとか、重要な憲法問題に対しては慎重すぎるほどに政策的考慮に重きを置いているとの指摘も受けた。

　その後、1994年10月6日に凶悪犯15人に対する死刑が執行され、当時42名が死刑宣告を受け、執行を待っているなかで、再び、1995年1月3日に死刑制度の違憲如何を問う憲法訴願審判が請求された。請求人甲は、殺人および特殊強姦などの嫌疑で起訴され、第1審、第2審で死刑の宣告を受け、大法院に上告しながら、同時に殺人罪に対して死刑を規定している刑法第250条第1項、死刑を刑の種類の1つとしている同法第41条第1号、死刑執行の方法を定める同法第66条、死刑執行の場所を定める行刑法第57条第1項に対する違憲法律審判提請を大法院に申請したが、大法院がこれを棄却したために、憲法訴願審判を請求した。

第3章 憲法裁判所の決定

(2) 決定の主要内容

憲法裁判所は、裁判官7人の多数意見で生命権について言及しつつ、死刑を規定している刑法第41条第1号および第250条第1項が憲法に違反しないと決定した。

生命権は、基本権のなかで最も重要なものであり、原則的に絶対的な基本権として法律留保の対象とならないが、現実的側面で見るときに生命権も法律留保の対象とならざるを得ない。すなわち、人間の生命に対しては安易に社会科学的あるいは法的評価が下されてはならないが、それが憲法上の基本権として法律上の意味を問われるときは、それ自体としてすべての規範を超越し、永久に妥当な権利として存在するものではない。現実的な側面において見るとき、正当な理由なしに他人の生命を否定したり、それに劣らない重大な公共の利益を侵害した場合に、国の法律は、その中で他人の生命や公共の利益を優先し、保護すべきであるかについての規準を提示せざるを得ず、こうした場合には、たとえ生命が理念的に絶対的な価値を有するものであっても、生命に対する法的評価が例外的に許容されるべきであるから、生命権もやはり、憲法第37条第2項による一般的法律留保の対象となる。

死刑による生命権の制限は、生命権の完全な剥奪を意味するので、死刑が比例の原則に従って、最小限同等な価値がある他の生命またはそれに劣らない公共の利益を保護するための不可避性が充足される例外的な場合にのみ適用される限り、それがたとえ生命を奪う刑罰であるとしても、憲法第37条第2項但書の禁止する生命権の本質的な内容を侵害するものといえない。

死刑制度は、人間の死に対する恐怖本能を利用した最も厳しい究極的な刑罰であり、その威嚇力が強いだけに、これを通じての犯罪予防効果も大きいと推測される。一部の見解は、死刑制度の犯罪抑制効果が無期懲役刑のそれよりも明白かつ顕著に高いとするが、これに対する合理的かつ実証的な根拠が乏しいと言うが、反対に、犯罪抑制効果において無期懲役刑が死刑制度と対等もしくはより大きいため、無期懲役刑のみでも死刑の一般防的効果に代替できるといった主張もまた現在のところ、仮説の水準を超えていない。

結局のところ、死刑制度の有する公益上の目的および社会的機能は否定することができず、死刑を現行憲法それ自体が刑罰の種類の1つとして予定してい

る点(憲法110条4項)を考慮すれば、死刑制度は、憲法第37条第2項の本文に反しないといえる。

しかし、死刑を刑罰として規定している個別刑事法条項が構成要件行為の不法と行為者の責任に比して著しく均衡を失い、死刑が人間の尊厳に反する残酷で異常な刑罰として評価されたり、刑罰の目的達成に必要な程度を超える過度なものとして評価されれば、これは韓国憲法の解釈上、比例原則の違反として違憲的な刑罰であるといわざるを得ない。ところで、刑法第250条第1項に殺人罪に対して、法定刑として死刑で処罰することができるように規定したのは、個別的に判断した結果、行為の不法と行為者の責任に比して、著しく均衡を失っているものと見ることはできないであろう。

これに対して、金鎮佑、趙昇衡裁判官は、死刑制度の違憲性を主張した。金鎮佑裁判官は、死刑制度が憲法第10条の定める人間の尊厳性に対する尊重および保護の要請に反するのみならず、良心に反して、死刑を宣告しなければならない法官、および死刑を執行しなければならない執行官の良心の自由と人間の尊厳を侵害する非人間的な刑罰であるという理由で違憲であると主張した。趙昇衡裁判官は、死刑制度の廃止がこの時代の要求する当然のものであることを強調しつつ、生命権は一般的法律留保の対象となることができないとし、死刑が生命権の本質的な内容を侵害するとの反対意見を提示した。

(3) 事後経過

憲法裁判所によって死刑制度は合憲であるとの有権的決定が下されたが、この問題に関する論争は終結されたとはいえず、むしろ死刑制度の存廃如何をより深く考察する契機を提供したといえる。この点につき、憲法裁判所は、死刑制度の犯罪予防効果と国民の法感情をその判断根拠として、死刑制度を直ちに廃止することは適切ではないとしつつ、「時代がかわり、生命を奪い取る死刑制度の威嚇作用による犯罪予防の必要性がほとんどなくなるとか、国民の法感情がそのように認識する時期に至れば、死刑制度は直ちに廃止されるべきである。それにもかかわらず、刑罰として死刑が存続しているとすれば、それは当然に憲法違反といわざるを得ない」とし、今の合憲決定が時代状況によって変更され得る暫定的なものであることを明らかにした。

この決定が下されると、韓国死刑制度廃止運動協議会は、憲法裁判所の決定

に対する反対声明文を出し、また、国際赦免委員会韓国支部も声明を出し、「国連を始め国際社会の死刑制度廃止の勧告に反するものであって非人道的な決定」として、遺憾の意を表した。一部の新聞も同様の社説を載せた。

ところで、本件の請求者は、憲法訴願審判の審理中に大法院において証拠不足を理由に、破棄差し戻され、死刑ではなく無期懲役の刑を宣告され、刑が確定された。そして、同決定の宣告直前である1996年11月18日に、政府が確定した刑法改正案第44条第3項には、「死刑の宣告は、とくに慎重を要する」とする「死刑宣告慎重宣言」が新設されたものの、1995年12月29日の法律第5057号で改正された刑法には盛り込まれなかった。

12　公判期日前の証人尋問制度事件

〈憲裁 1996.12.26. 94 憲バ1　刑事訴訟法第221条の2の違憲訴願、判例集 8－2、808〉

(1)　事件の背景

この事件は、第1回公判期日の前に、証人尋問手続を規定している刑事訴訟法第221条の2が被告人の攻撃・防御権を過度に制限することでもって、憲法に違反すると決定した事件である。

第1回公判期日の前の証人尋問手続とは、検察が捜査段階における嫌疑事実を立証し得る重要な証人を法官の前で陳述させ、その証人尋問調書を被告人の有罪証拠として法院に提出することを意味する。この手続を刑事訴訟法が設けている趣旨は、第三者の陳述が犯罪の証明に有力な証拠として捜査に欠かすことのできないものであるにもかかわらず、当該第三者が出席要求や陳述要求に応じない場合、あるいは第三者が捜査機関に任意に陳述したときであっても公判の際にこれと異なる陳述をするおそれがある場合に備えて、当該第三者の陳述を確保し、あるいは第三者が捜査機関で行った陳述の証明力や証拠能力を事前に確保するためである。 刑事訴訟法（1973.1.25. 法律第2450号で改正されたもの）第221条の2は、第1項において犯罪の捜査において欠かすことのできない事実を明らかに知っていると認められる者が検事または司法警察官の出席要求を拒否し、または陳述を拒否した場合に、検事は、第1回公判期日前に限って、判事に当該者に対する証人尋問を請求することができると規定してお

第6節　手続的基本権および刑事関係に関する決定

り、第2項において検事または司法警察官に任意陳述を行った者が公判期日前の陳述と異なる陳述をするおそれがあり、あるいは当該者の陳述が犯罪の証明において欠かすことのできないものとして認められるときは、検事は第1回公判期日前に限って、判事に対して当該者の証人尋問を請求することができると規定している。また、同条第5項は、判事が捜査に支障がないと認めるときには、被告人・被疑者または弁護人を当該証人尋問に参与させることができると規定しており、証人尋問に被告人などの参与権を部分的・制限的にのみ保障していた。それにもかかわらず、刑事訴訟法第311条の後段は、当該証人尋問手続においてで作成された調書に対して証拠能力を付与している。

　検察は、上の法律条項を根拠にして、主要事件の場合、具体的な物的証拠がない状況において関連者の陳述のみで被疑者を起訴するとき、当該公判期日前の証人尋問手続を活用した。検察がこの手続を活用してきた理由は、捜査当時に検察に有利な証言を行った者が被疑者との関係や報復を恐れるなどして以後の法廷で陳述を覆すことが時々あったからである。しかし、この手続に対しては、1972年の10月維新直後である1973年1月25日に新たに導入されて以来、被疑者の防御権を侵害するものとして長らく批判されてきた。

　本事件における請求人は、特殊公務妨害致死罪等で起訴されたが起訴の2日前に法院は、検事の請求により事件の目撃者に対する証人尋問を行った。検事はこの時に作成された調書を同刑事事件の証拠として提出し、法院がこれを証拠として採択した。これに対して、本事件の請求人は、刑事裁判中の目撃者に対する証人尋問の根拠とされた刑事訴訟法第221条の2第2項および第5項が被告人の反対尋問権を保障していないにもかかわらず、このときに作成された調書は刑事訴訟法第311条により証拠能力が認められるため、結果的に上の刑事訴訟法の規定は憲法上保障されている被告人の公正な裁判を受ける権利などの基本権を侵害したとして、法院に違憲法律審判提請を申請したが、棄却されたために、憲法訴願審判を請求した。

(2)　決定の主要内容

　憲法裁判所は、裁判官6人の多数意見で国民の公正な裁判を受ける権利について言及しつつ、刑事訴訟法第221条の2第2項および第5項のうち、第2項の部分に対して憲法に違反すると決定した。

第3章　憲法裁判所の決定

　憲法第27条が保障している公正な裁判を受ける権利のなかには、迅速でかつ公開された法廷において法官の前で、すべての証拠資料が調査・陳述され、これに対して被告人が攻撃・防御しうる機会を保障される裁判、すなわち原則的に当事者主義と口頭弁論主義が保障され、訴訟当事者に公訴事実に対する答弁と立証および反論等の攻撃・防御権が充分に保障される裁判を受ける権利が含まれる。

　刑事訴訟法第221条の2第5項の立法目的は、一定の場合に被告人等を証人尋問手続から排除すれば、証人としては楽な気持ちで自身が知っている事実をそのまま陳述することができるし、そのときに作成された証人尋問調書に証拠能力を付与すれば、公訴維持と刑事訴訟手続における積極的真実糾明に少なからず役に立つというものである。

　しかし、陳述証拠は、陳述者の記憶や表現に誤謬が入り込む可能性が大きく、また尋問者の尋問方式や技術によっては、陳述者の意思とは異なる内容が伝達される可能性も大きい。公訴事実に符合する陳述証拠は、それによって不利となる者の前で行われ、また反対尋問による弾劾を経ることでもって陳述内容の矛盾や不合理性が明らかになり、はじめて価値を有するものとなるのである。ところが、こうした検証を経ていなかったり、そうした機会を付与されていない陳述証拠に対して、証拠能力を付与することは、犯人必罰の機能にある程度役立つが、実体的な真実発見には重大な支障をもたらすことになる。したがって、被告人等の前で証人尋問をする場合、捜査機関において行われた陳述が覆されるおそれがあるということはむしろ被告人などに反対尋問権を保障しなければならない必要性が一層大きくなるだけで、このような事情が被告人等の手続参与を排除する理由にはならないというべきである。

　したがって、同条第5項の立法目的のみでは、被告人の参与権と反対尋問権を制限している同条項は正当化されない。同条項は、手段が立法目的に比して必要以上に過度に被告人の攻撃・防御権を制限しており、請求人の公正な裁判を受ける権利を侵害しているといえる。

　刑事訴訟法第221条の2第5項は、同条第2項の証人尋問手続の核心的な構成部分であるために、第5項を違憲宣言する場合に、第2項も一緒に違憲宣言することが妥当である。裁判の公正性の保障と公判中心主義の原則に従って、

第 6 節　手続的基本権および刑事関係に関する決定

判断機関である法官は、できる限り公判期日以前の捜査段階においては国民の基本権を保障する場合（拘束令状の発布等）やその他の不可避な事情（証拠保全等）がない限り、関与してはならないが、同条第 2 項の場合は、このように例外的に法官が捜査段階に参与することができる場合ではなく、同条項の要件上、証人尋問手続の請求権者が検事に限定されており、他の証拠保全手続のように緊急性をその要件としていない。この点をかんがみれば、同条項の目的は、本来の意味での証拠保全ではなく、捜査活動を円滑に進めるためのものと判断される。したがって、同条第 2 項の証人尋問手続による基本権の制限の効果は、こうした立法目的に比して過剰なものであると同時に、法官の公正な自由心証を妨害し、憲法上保障された法官の独立性を侵害するものとして違憲であるといえる。

これに対して、金鎮佑、申昌彦、金容俊の 3 人の裁判官は、次のような反対意見を提示した。まず、金鎮佑裁判官は、公判期日前の証人尋問手続の必要性を認めつつ、刑事訴訟法第 221 条の 2 第 5 項について、同条項が捜査に支障をもたらさない限りにおいて被告人等を証人尋問に参与させるものとして解することにより、裁量規定を強行規定として運営し得る余地が充分にあり、法官が中立的かつ専門的な立場で証言の真実性を確保するための証人尋問手続を主宰することができるために、それ自体が適法手続に反するとか、公正な裁判を受ける権利を侵害するものとはいえない。むしろ同手続によって作成された証人尋問調書の証拠能力を認める同法第 311 条の後段の違憲性が問われるのみであると指摘した。

申昌彦裁判官は、公判手続とは異なり捜査手続においては原則的に捜査の迅速性および秘密性が要請されるために、公判手続中心の弾劾主義や当事者主義の訴訟構造を厳格に適用することはできないと指摘しつつ、公判期日前の証人尋問制度の合憲性を認めたうえで、同条第 5 項を違憲宣告することにより、被疑者側の反対尋問権が保障される場合、これによって多数意見の主張する核心的な違憲性の要素が解消されるために、第 5 項のみに対して違憲を宣告すればよく、第 2 項までも違憲宣告しなければならないというのは論理の飛躍であるという反対意見を提示した。金容俊裁判官は、同条第 5 項に対しては違憲性を認めながらも、公判期日前の証人尋問制度自体を規定した同条第 2 項は合理的

かつ正当な理由と根拠を有しており、同条第2項の違憲性を否認する意見を提示した。

(3) 事後経過

この決定により、1973年以来、検察が公判期日前の証人尋問を、直接的な証拠のない収賄事件や物証が足りない微妙な事件において関連者の陳述のみで起訴するなどの捜査に便利に利用してきた慣行がなくなることでもって、被疑者の人権保障に少なからざる寄与をするという肯定的な評価とともに、これからの検察捜査には相当な変化が起こりうると予測されもした。

一方、この事件の審理中の1995年12月29日に国会は、法律第5054号で本事件の審判対象の1つであった刑事訴訟法第221条の2第5項を、「判事は、特別に捜査に支障があると認める場合を除き、被告人・被疑者または弁護人を第1項または第2項の請求による証人尋問に参与させなければならない」と改正することでもって、被告人等の参与・反対尋問権を保障し、例外的にこれを制限することができるようにして、違憲の素地をなくそうとしたが、そのような改正にもかかわらず、同条第2項の違憲性は未だ払拭されていないとの意見が提起されもした。

この決定が宣告された後、検察が証人尋問調書を有罪の唯一の決定的な証拠として法院に提出したが、法院は憲法裁判所の決定を援用し、違憲決定された刑事訴訟法の規定を基礎として作成された公判期日前の証人尋問調書を証拠として採択することを拒否し、無罪を宣告した判決を下したこともあった。

13 建築物用途変更事件

〈憲裁1997.5.29. 94憲バ22 建築法第78条第1項等違憲訴願、判例集9－1、529〉

(1) 事件の背景

この事件は、建築法第78条第1項の処罰対象のなかには、同法第14条によって建築物の用途を許可なしに変更した場合も含まれているが、その対象が大統領令に白紙委任されていることを理由に、違憲決定した事件である。

建築法(1991.5.31. 法律第4381号で全文改正されたもの)第14条第1項は、大統領令の定めるところにより建築物の用途を変更する行為を建築と見なすと規

第 6 節　手続的基本権および刑事関係に関する決定

定しており、同法第 78 条第 1 項は、都市計画区域内で同法第 8 条第 1 項による市長・郡守・区庁長の許可なしに建築物を建築する行為等に対しては 3 年以下の懲役または 5 千万ウォン以下の罰金に処すると規定していた。

　請求人は、請求人所有の建築物の用途を許可なしに変更したことを理由に、建築法第 14 条および第 78 条第 1 項により、ソウル刑事地方法院によって罰金 200 万ウォンの略式命令を受けたが、これを不服として正式な裁判を請求し、白紙委任された上法律条項によって処罰を受けたとして法院に違憲法律審判提請を申請したが、同法院がこれを棄却したために、憲法裁判所に憲法訴願審判を請求した。

(2)　決定の主要内容

　憲法裁判所は、建築法第 78 条第 1 項の中の第 14 条の規定による第 8 条第 1 項の部分が罪刑法定主義を規定している憲法第 12 条第 1 項の後段および第 13 条第 1 項前段、ならびに委任立法の限界を規定している憲法第 75 条に反すると決定した。

　犯罪と刑罰に関する事項においても、委任立法の根拠と限界に関する憲法第 75 条は適用されるが、罪刑法定主義や適法手続の下で法律による処罰を強調する基本権保障の観点からすれば、法律による処罰法規の委任は望ましいものではなく、委任にはその要件と範囲がより厳格に明らかにされる必要がある。したがって、処罰法規を委任するためには、第 1 に、とくに緊急性を要するとか、予め法律によって詳細に定めることのできないやむを得ない事情があり、第 2 に、以上の場合においても法律の定める犯罪の構成要件は処罰の対象行為がいかなるものであるかを予測できるような具体的なものでなければならないし、第 3 に、刑罰の種類ならびに上限および範囲が明らかに規定されなければならない。そして、委任立法の予測可能性の有無を判断するにおいて、当該特定条項の 1 つのみをもって、判断すべきではなく、関連法条項全体を有機的・体系的に総合して判断すべきである。

　ところで、建築法は、建築物の用途制限に関して何ら具体的な基準や範囲を定めることなく、これを下位法令である大統領令または条例に白紙委任しており、建築物の用途変更行為に関しても建築法第 14 条は、これを大統領令の定めるところによると規定しているのみであり、建築物の用途制限に関する事項

第3章　憲法裁判所の決定

もすべて下位法令に白紙委任している。このため、一般人の立場で見れば、建築法第14条だけでは実際に下位法令である大統領令の規定内容を予め予測して、自身の用途変更行為が建築にあたり、許可の対象であるか用途変更行為であるかどうかを識別することはできない。

したがって、建築法第14条は、具体的な内容を下位法令に白紙委任しているものであるために、このような委任立法は犯罪の構成要件の規定を委任した部分に関する限りにおいて、罪刑法定主義を規定している憲法第12条第1項後段および第13条第1項前段ならびに委任立法の限界を逸脱し、憲法に違反する。

(3) 事後経過

建築物用途変更に関する憲法裁判所の決定は、利害関係者が多かったために、その余波も大きかった。この決定以後、国会は1997年12月31日法律第5450号で建築法を改正し、同法第14条に用途変更の11種類の例を明示的に規定し、白紙委任の余地をなくした。同条項により、用途変更の施設群として分類されたのは、住居施設群、観覧集会施設群、営業・業務施設群、宿泊施設群、教育施設群、工場・産業施設群、危険物貯蔵および処理施設群、医療およびその施設群、販売流通施設群、旅客運送施設群、その他大統領令の定める施設群である。

14 準起訴請求対象制限事件

〈憲裁1997.8.21. 94憲バ2　刑事訴訟法第260条第1項違憲訴願、判例集9－2、223〉

(1) 事件の背景

この事件は、刑事訴訟法が準起訴請求の対象犯罪を、一部の捜査機関による人権侵害が予想される犯罪のみに限定しているとしても、これが立法権者の正当な立法権行使の範囲内に属するものであり、国民の平等権を侵害しないとして、合憲決定を下した事件である。

準起訴請求制度とは、検事の不当な不起訴処分を是正する目的で、起訴独占主義に対する例外として、また起訴便宜主義に対する規制制度として設けられた裁判上の手続である。刑事訴訟法の制定当時は、すべての告訴・告発事件に

第6節　手続的基本権および刑事関係に関する決定

対する準起訴請求を許容したが、1973年1月23日法律第2450号で刑事訴訟法第260条第1項の改正により、準起訴請求の対象犯罪は、捜査機関による人権侵害が予想される刑法第123条ないし第250条に該当する犯罪のみに限られることになった。

　国家保衛非常対策委員会は、各種の社会悪を短時日に一掃するとの名目で1981年1月から5月間に6万余名の者を検挙し、その多くを軍隊に送って「浄化教育」をなしたが、その過程で多くの犠牲者を出した、いわゆる「三清教育隊」事件の被害者の集りである三清被害者同志会の代表である請求人は、「三清計画」関連者（崔圭夏、全斗煥、李熺性、金マンキ）をソウル地方検察庁に、職権濫用、不法逮捕、監禁、暴行および苛酷行為、殺人および殺人教唆罪で告訴したが、検事は公訴権がないことを理由に、不起訴処分をした。これに対して、請求人は、ソウル高等法院に準起訴請求を行ったが、法院は、前掲犯罪のなかで職権濫用、不法逮捕、監禁、暴行および苛酷行為罪については公訴時効が満了しており、殺人および殺人教唆罪については刑事訴訟法第260条第1項の定める準起訴請求の対象ではないことを理由に、準起訴請求を棄却した。これに対して、請求人は再び大法院に再抗告しながら、準起訴請求の対象を限定する同法律条項が憲法に違反するとして、違憲法律審判提請を大法院に申請したが、大法院がこれを棄却したために、憲法裁判所に憲法訴願審判を請求した。

(2)　決定の主要内容

　憲法裁判所は、裁判官6人の多数意見で次のように刑事訴訟法第260条第1項の立法趣旨を説明しながら、同条のなかの「刑法第123条ないし第125条の罪に対して」という部分は憲法に違反しないと決定した。

　起訴独占主義と起訴便宜主義の濫用、すなわち検事の恣意的な不起訴処分に対する統制方法に関して、憲法に何らの規定も置いていないために、いかなる方法や範囲においてこれを制限し、その濫用を統制すべきであるかは、基本的に立法者の立法裁量に属する立法政策の問題であり、立法者が準起訴請求制度を設けていながらその範囲を制限する場合にも、その制限が著しく不合理であり、平等の原則に反する程度に至らない限りは憲法に違反するということはできない。

第3章　憲法裁判所の決定

　刑事訴訟法第260条第1項は、刑事訴訟法上の起訴独占主義と起訴便宜主義の骨格を維持しつつ、その濫用を抑制することとあわせて告訴・告発人の利益を調和させるために、立法者が例外を認めている制度といえよう。また、公務員の職務に関する罪のなかで主に人身拘束に関する職務を遂行する者などによって発生する人権侵害の犯罪類型に属する刑法第123条（職権濫用）、第124条（不法逮捕、不法監禁）、第125条（暴行、苛酷行為）の罪の場合には、起訴便宜主義が濫用される余地が大きく、検察自らの是正制度によっては、不当な不起訴処分に対する救済を期待することは難しい側面もなくはないので、同法第260条第1項は、これらの犯罪に対する起訴便宜主義を公正かつ客観的に統制するために設けられた条項である。反面、上記のような特別な事情がない他の犯罪に対しては、立法者は、通常の検察庁法上の抗告手続を通じて、不起訴処分を是正することができるとみて、別途に準起訴請求の対象としなかったといえよう。

　こうした立法趣旨からすれば、同法律条項が準起訴請求の対象を公務員の職務に関する罪のなかで主に人身拘束に関する職務を遂行する者等によって発生する、人権侵害類型の犯罪に限定していることは、根拠のある合理的な差別であるので、たとえ刑事訴訟法上、準起訴請求の対象ではない犯罪に対する、告訴・告発人が検事の起訴便宜主義の濫用に対する司法的救済を受けることができる道が閉ざされていたとしても立法裁量の範囲を逸脱したとはいえず、裁判請求権に対する憲法上の平等の原則に違背するものではない。

　以上の決定に対して、李在華、趙昇衡、李永模裁判官は、刑事訴訟法は国家訴追制度を採択しながらも、広範囲の起訴便宜主義を採択することによって恣意的な不起訴処分に対して犯罪の被害者は無防備状態に置かれることになり、これに対する補完装置として設けられた準起訴請求制度は恣意的な不起訴処分に対する救済装置を十分に保障すべきであったにもかかわらず、一部の犯罪の被害者および告発人にのみに準起訴請求を許容することでもって、告訴・告発人の裁判請求権と被害者の裁判陳述権を恣意的に差別して過度に制限していると主張するとともに、上の法律条項が公務員の職権濫用罪に限って準起訴請求を認める合理的な根拠を発見することは困難であり、公務員の職権濫用罪だけが検事の恣意的かつ不公正な不起訴処分の可能性が高く、殺人罪など他の犯罪

第6節　手続的基本権および刑事関係に関する決定

に対してはそのような可能性がないという事情もまた発見されないのであるから、検事の恣意的かつ不公正な不起訴処分の可能性に関する限り、犯罪被害者達においては同じ状況にあると見なければならないとして、反対意見を提示した。

(3) 事後経過

この決定があった後にも、準起訴請求の対象を拡大しなければならないとする世論があり、政府もこれに対する積極的な検討を行っており（『朝鮮日報』1998.4.17.）、立法的な整備が行われることが予想される。

ところで、憲法裁判所設立直後から、検事の不起訴処分に対する不服方法として憲法裁判所を通じた憲法訴願審判制度が認められてきたために（憲裁1989.7.14. 89憲マ10決定以来多数の決定がある）、この審判制度は、事実上、準起訴請求制度の不備かつ不足の面を補完して解決してきたと見ることができる。

15　捜査記録閲覧事件

〈憲裁1997.11.27. 94憲マ60　複写申請拒否処分取消、判例集9－2、675〉

(1) 事件の背景

この事件は、検察が弁護人の捜査記録閲覧・複写申請を拒否した事案に対して、この拒否を違憲と宣言した事件である。

請求人は、1994年3月21日に国家保安法違反罪で拘束・起訴されたが、弁護人が請求人の弁論を準備するために、同月22日に被請求人であるソウル地方検察庁に請求人の自白書および被疑者尋問調書、参考人らの陳述調書などが含まれている捜査記録一切を閲覧・複写したいとの申し出を行ったが、特段の理由もなく拒否された。請求人は、弁護人の閲覧・複写申請を拒否した被請求人の行為が憲法第12条の保障している弁護人の助力を受ける権利および憲法第27条第1項、第3項の保障している迅速でかつ公正な裁判を受ける権利等の憲法上保障されている請求人の基本権を侵害したとして、1994年4月16日に憲法裁判所に憲法訴願審判を請求した。

(2) 決定の主要内容

憲法裁判所は、裁判官7人の多数意見で、検事が弁護人の捜査記録一切の閲覧・複写申請に対して、国家秘密の漏洩または証拠隠滅、証人脅迫、私生活の

第3章 憲法裁判所の決定

侵害をもたらすおそれがあるなどの正当な事由を挙げることなく、閲覧・複写を拒否したことは被告人の迅速でかつ公正な裁判を受ける権利および弁護人の助力を受ける権利を侵害したとして違憲であると決定した。

検事による捜査記録の閲覧・複写拒否行為に対しては、刑事訴訟法上の準抗告が許されず、行政審判法や行政訴訟法上の行政争訟が認められるか否かも疑問である。かりに行政争訟が許されるとしても、行政争訟による権利救済の可能性はなく、請求人にこうした救済手続を経ることを要求することは、迂回的な救済手続を経ることを強要することにほかならない。このため、同閲覧・複写拒否行為は、補充性原則の例外に該当し、憲法訴願審判の請求人適格が認められる。

迅速かつ公正な裁判を受ける権利と関連してみると、検事の保管する捜査記録に対する弁護人の閲覧・複写は、実質的対等の当事者主義等を確保し、迅速でかつ公正な裁判を実現するために必要不可欠なものであり、これに対する過度な制限は被告人の迅速かつ公正な裁判を受ける権利を侵害するものである。

弁護人の助力を受ける権利と関連してみると、弁護人の助力とは、弁護人との自由な接見交通権にとどまらず、さらに被告人が弁護人を通じて捜査書類を含む訴訟関係の書類を閲覧・複写し、これに対する検討結果をもとに、攻撃と防御の準備をする権利も含まれるといえる。弁護人の捜査記録閲覧・複写に対する過度の制限は、被告人に保障されている弁護人の助力を受ける権利を侵害するものである。

しかし、こうした捜査記録に対する閲覧・複写権は、憲法上被告人に保障されている迅速かつ公正な裁判を受ける権利と弁護人の助力を受ける権利等によって保障される権利であるとしても、これらの権利は無制限に保障されるものではなく、憲法上保障されている他の権利との調和の下で保障されるべきである。すなわち、弁護人の捜査記録に対する閲覧・複写の権利も、基本権制限の一般的法律留保条項である国家安全保障・秩序維持または公共の福祉のために制限されるときがある。したがって、検事の保管する捜査記録に対する閲覧・複写は、当該事件の性質と状況、閲覧・複写を求める証拠の種類および内容等の諸般の事情を勘案し、当該閲覧・複写が被告人の防御のために重要であり、これによって国家機密の漏洩、証拠隠滅、証人脅迫、私生活侵害または捜

第6節　手続的基本権および刑事関係に関する決定

査の支障等のような弊害をもたらすおそれがないときに限って許容される。

　結論的に、弁護人が1994年3月22日に国家保安罪で拘束起訴された請求人の弁論のために被請求人である検事に捜査記録の一切に対する閲覧・複写を申請したが、これに対して、被請求人は国家機密の漏洩または証拠隠滅、証人脅迫、私生活侵害などの弊害をもたらすおそれがあるなどの正当な事由を明らかにせずに、請求人の申請を拒否したのは、請求人の迅速でかつ公正な裁判を受ける権利と弁護人の助力を受ける権利を侵害し、憲法に違反するものである。

　これに対して、金容俊裁判官は、刑事訴訟法が証拠調査の方式において控訴状一本主義および公判中心主義を採択しているので、検事の保管する捜査記録に対する弁護人の記録閲覧・複写請求権が憲法上当然に導き出されるとはいえないとして、公訴提起後には、法院の適切な訴訟指揮権の行使を通じて、検事の保管する捜査記録を弁護人に閲覧・複写させることができるという反対意見を述べている。申昌彦裁判官は、上記の反対意見と同様の意見を述べながら、ただし検事の保管する捜査記録に対する弁護人らの閲覧・複写請求権は、法院の訴訟指揮権を基に、公判の準備ないし証拠調査以後の段階においてはじめて許容される刑事訴訟手続上の権利であるとする。

(3)　事後経過

　この決定は、弁護人の助力を受ける権利の重要な内容を具体化するものであり、弁護人接見権について、国家安全保障、秩序維持、公共の福祉等のいかなる大義名分によっても制限されないものとして、弁護人接見権の絶対性を強調した決定（憲裁1992.1.28. 91憲マ111）に続くものであり、被告人が弁護人を通じて、捜査書類を含む訴訟関係の書類を閲覧・複写し、これに対する検討結果をもとに、攻撃と防御の準備をする権利も弁護人の助力を受ける権利に含まれるとして、基本権の保護領域をより強化した決定である。もっとも、知る権利を基に情報公開請求権を認めた林野調査書閲覧事件（憲裁1989.9.4. 88憲マ22）や確定された刑事訴訟記録の複写申請拒否事件（憲裁1991.5.13. 90憲マ133）とは異なり、この決定では知る権利について言及していない。

　憲法裁判所の今回の決定によって、今後は何らの理由も明らかにしないままに、捜査記録等に対する閲覧複写を拒否することはできなくなったが、国家機密の漏洩または証拠隠滅、証人脅迫、私生活侵害などの正当な事由がある場合

401

には捜査記録の閲覧・複写を拒否することができるために、弁護人の捜査記録などに対する閲覧・複写申請は無制限に認められるものではない。したがって、正当な事由をめぐって検察と弁護人が対立する可能性は依然として残るといった意見もあった(『文化日報』1997.11.28)。しかし、捜査記録の閲覧・複写権が事件に直接・間接的に関係している共同被疑者、共同被告人、告訴人または参考人、証人、鑑定人など他人の名誉または人格、私生活の秘密、生命・身体の安全と平穏等の基本権と衝突する場合には、こうした基本権との調和が求められるが、こうした調和の範囲内で同決定は、被告人の人権をより保障したものとして注目に値する。

16　裁判訴願許容事件

〈憲裁1997.12.24．96憲マ172等、憲法裁判所法第68条第1項違憲確認等、判例集9－2、842〉

(1)　事件の背景

　この事件は、憲法裁判所が法院の裁判を憲法訴願審判の対象から除外している憲法裁判所法第68条第1項に対して限定違憲宣言をして、憲法裁判所の違憲決定に従わない大法院の判決を取り消すとともに、原行政処分をも取り消した事件である。

　憲法裁判所法第68条第1項は、公権力の行使または不行使によって憲法上保障されている基本権を侵害された者は、法院の裁判を除いて、憲法裁判所に憲法訴願審判を請求することができると規定している。

　請求人が1992年6月16日に妻の名義で林野を取得し、譲渡したが、請求人が他人の名義で資産を有償で取得し、取得後1年以内に譲渡したとして、被請求人である銅雀税務署長は、旧所得税法第23条第4項の但書および第45条第1項第1号に基づき、取得価額と譲渡価額のすべてを実際の取引価額によって譲渡差益を算定し、請求人に譲渡所得税を賦課する処分を行った。

　請求人は、課税処分の取消しを求める訴訟をソウル高等法院に提起したが、請求が棄却されたために上告した(95ヌ11405)。上告審が係属中である1995年11月30日に憲法裁判所は、94憲バ40、95憲バ13（併合）事件において上の法律条項に対して限定違憲決定を下した。

第6節　手続的基本権および刑事関係に関する決定

　この決定において憲法裁判所は、納税義務の重要な事項に対しては租税法律主義の原則上、可能な限り法律により明確に規定されるべきであり、これらの事項を大統領令等の下位法規に委任するには一定の限界があり、そして、所得税法が採択している基準時価課税原則を例外なく適用する場合、制度本来の趣旨と異なり、不当に過重な租税を国民に負担させるなどの問題点が生ずるため、この旧所得税法条項等のこれらの問題点を解決するために、納税者に有利な場合には実際取引価額による譲渡所得を算定できるようにし、その具体的な事項を大統領令に委任したものであるため、上記の法律条項等を納税者に不利な場合、すなわち実際の取引価額による税額が基準時価による税額を超える場合までも含めて、大統領令に委任していると解釈することは租税法律主義および包括委任禁止の原則に反するとして違憲であると判断した。

　しかし以上の決定があったにもかかわらず、大法院は、1996年4月9日に95ヌ11405判決において上記の法律条項が合憲であるとし、実際の取引価額による税額が基準時価による税額を超過する場合にも、実際の取引価額によって算定した譲渡所得税を賦課した課税処分の取消しを求める請求人の上告を棄却する判決を宣告した。この判決において、大法院は、憲法裁判所の限定違憲決定は法律や法律条項の文言をそのままにして、その意味、内容と適用範囲を定める法律解釈にすぎないものであるため、法院に対して何らの影響力を及ぼしたり覊束力を有するものではなく、上記の法律条項等は基準時価による課税よりも実際取引価額による課税が納税者を有利にする場合のみに限定して大統領令に委任したと解釈することはできないし、かつ、上記の限定違憲決定によって短い期間に高い譲渡差益を得ている請求人に譲渡所得税を賦課することができないことこそが不当であるとし、上記の法律条項等は憲法に違反しない有効な規定と解釈してきたこれまでの見解を変更する必要がないと判示した。

　これに対して、請求人は、1996年5月6日に銅雀税務署長の課税処分と上記の大法院判決、および憲法訴願審判の対象から法院の裁判を除外している憲法裁判所法第68条第1項が自身の平等権と財産権を侵害するものであるとして、憲法訴願審判を請求した。

(2)　決定の主要内容

　憲法裁判所は、裁判官6人の多数意見で、憲法裁判所法第68条第1項本文

第3章 憲法裁判所の決定

の「法院の裁判」に、憲法裁判所が違憲と決定した法令を適用することによって、国民の基本権を侵害した裁判をも含ませると解する限りにおいて、同条項が憲法に違反するという限定違憲宣言をしつつ、大法院の1996年4月9日に宣告した95ヌ11405判決を取り消し、銅雀税務署長が1992年6月16日に課した譲渡所得税等の賦課処分をも取り消した。

憲法裁判所法第68条第1項の違憲如何についてみると、法院の裁判をも憲法訴願審判の対象とすることは国民の基本権保護に実効性を担保させるという点で望ましいものとはいえ、法院の裁判を憲法訴願審判の対象から除外する同条項が直ちに違憲であるとはいえない。しかし、憲法裁判所の違憲決定によって効力の全部または一部が喪失し、または違憲として確認された法律を、法院が適用し、これによって国民の基本権を侵害した場合にも、上記の法律条項によって当該法院の裁判が憲法訴願審判の対象とならず、憲法訴願審判請求が許容されないと解する限り、上記の法律条項はその範囲内において違憲であるといえる。

憲法裁判所の違憲決定には、単純違憲決定はもちろん、限定合憲決定、限定違憲決定および憲法不合致決定がある。これらのすべては、覊束力を有する。法律の違憲如何が審査の対象とされた場合に、裁判の前提とされた事件との関係において、法律の文言、意味、目的等からみて、一方では合憲、他方では違憲として判断されるなどの多義的な解釈が可能であるときに、憲法裁判所は、一般的な解釈適用が容認される範囲内で最終的にいずれの判断がもっとも憲法に合致するかを明らかにし、限定縮小的な解釈を通じて合憲的な一定の範囲内における意味内容を確定し、これこそが法律の本来的な意味であり、その意味の範囲内においては合憲と決定することもでき、また、上記のような合憲的な限定縮小解釈の妥当範囲外のものにまで法律の適用範囲を広げることは違憲であるという趣旨で、法律の文言自体はそのままにして置き、違憲の範囲を定めて限定違憲を宣告することもできる。この2つの方法は、互いに表裏の関係にあり、その実質においては差があるものではなく、合憲的な限定縮小解釈は、違憲的な解釈の可能性とその解釈による法適用を消極的に排除したものであり、適用範囲の縮小による限定的違憲宣言は、違憲的な法適用の領域とそれに相応する解釈の可能性を積極的に排除するという意味で差があるだけで2つの

第6節　手続的基本権および刑事関係に関する決定

方法はともに、本質的に同じく、部分違憲決定を宣告するものである。

したがって、上記の大法院の判決は、憲法裁判所が限定違憲決定した法律条項を適用したもので、違憲決定の覊束力に反するものであるため、これに対する憲法訴願審判請求は例外的に許容されるといえる。また、同判決によって請求人に憲法上保障されている基本権である財産権が侵害されたとすれば、上記の大法院判決は、憲法裁判所法第75条第3項によって取り消されるべきである。

最後に、法院の裁判と行政処分がともに憲法裁判所の違憲決定によりその効力を喪失した法律を適用することでもって、請求人の基本権を侵害した場合には、これらの処分の違憲性が明白であるが故に、原行政処分をも取り消して、より迅速でかつ効率的に国民の基本権を救済する一方、基本権侵害の違憲状態を一挙に除去することでもって合憲的秩序を明らかに回復することが法治主義の要請にも相応するものであるため、上記の各法律条項に基づく課税処分を憲法裁判所法第75条第3項によって取り消されるべきである。

以上の多数意見に対して、李在華、高重錫、韓大鉉裁判官の以下のような少数意見があった。すなわち、立法者が法院の裁判を憲法訴願審判の対象から除外した意図は、憲法が法院に付与した具体的な争訟に関する裁判や命令、規則、処分に対する違憲審査を除外しただけであり、法院が憲法に違反する法律に対する違憲審査をした場合をも除外したものではないため、この事件において法院が自ら法律に対する違憲審判を行ったという点において、同判決は、憲法裁判所法第68条第1項が憲法訴願審判の対象から除外した法院の裁判に含まれない。したがって、大法院の1996年4月9日付けの判決に対しては憲法訴願審判を請求することができる。しかし、大法院の判決を取り消すことは、憲法裁判所と法院との権限および相互の独立性を規定している憲法の趣旨に照らして適切ではなく、大法院の判決が取り消される場合の、後続手続に関する何らの規定もないので、その効力をめぐって、混乱がもたらされるおそれがあるために、法院が憲法裁判所によって違憲とされた法律を、合憲として適用した点は違憲として確認し、その後続手続は法院に任せるのが望ましい。一方、行政処分に対する違憲審査権を大法院に付与している憲法第107条第2項と憲法裁判所法第68条第1項の立法趣旨を考慮すれば、1992年6月16日の税務署

第3章　憲法裁判所の決定

長による租税賦課処分は、憲法訴願審判の対象にならないというべきである。

(3) 事後経過

この決定に対しては様々な意見があった。まず、憲法裁判所の決定があまりにも消極的であるという批判的な意見があった。すなわち、憲法裁判所法第68条第1項は、単に法院の裁判のみを憲法訴願審判の対象から除外したのではなく、法院の裁判の対象となる公権力の行使または不行使までをも憲法訴願審判の対象から除外した結果となるため、事実上、憲法訴願審判制度を無力化形骸化させるものであり、公権力の基本権の覊束性を通じての基本権保障の実効性確保という憲法訴願審判制度の趣旨をないがしろにするものである。このため、憲法裁判所の違憲決定に反する法院の裁判のみに限定して、憲法裁判所が違憲決定したのは、問題をあまりに縮小させるものであるとの批判があった。また、大法院が覊束力を否認している限定違憲決定を行うことでもって、論争の余地が依然として残されることになったといった見解もある（金文顕『法律新聞』1998.2.16.；鄭然宙「憲法裁判所法第68条第1項に対する限定違憲決定の問題点」『考試界』1998年2月号）。さらに、憲法裁判所は、憲法訴願審判が許容される裁判の範囲を判例でもって一層広げるべきであるとの意見もあった（李明雄「憲法訴願の審査基準：基本権以外に一般憲法規範までに拡大されうるか」『公法研究』26輯2号、1998年6月号）。

この決定に対する肯定的な意見としては、同決定は憲法の最高規範性を守護し、違憲決定の覊束力を確保することでもって憲法裁判制度の存立を維持するための最小限の決定であるとの意見があり（李石淵『韓国日報』1997.12.29.）、また国民の基本権保障と法秩序の統一性を確保するためには、法院の裁判に対しても限定的に憲法訴願審判の請求を認めざるを得ないとする見解がある（張永洙「憲法裁判所の変形決定の拘束力」高麗大学校法学研究所『判例研究』9輯1998年）。

この決定に対する批判的な意見としては以下のような意見があった。憲法裁判所が法律をあれこれ解釈することは、司法権の独立や大法院の最高法院性を宣言している憲法に全く違反するものであり、憲法が予想していない4審制を事実上採択する結果となるとしながら憲法裁判所法第68条が法院の裁判を憲法訴願審判の対象から除外したのは、こうした憲法上の権限配分を前提として

第 6 節　手続的基本権および刑事関係に関する決定

国会がこれを明文で明らかにしたものであるため、憲法裁判所が法院の判決を憲法訴願審判の対象としてこれを取り消したことは、権限のない機関によって行われた決定であるという批判を免れないとする見解があった（徐正宇『韓国日報』1998.1.5）。

ところで、この決定によって取り消された大法院の判決は、憲法裁判所による違憲決定の覊束力に正面から違反したという点の他にも、憲法裁判所が違憲と決定した法律条項を合憲として有効としたため、結果的に憲法が憲法裁判所に独占的に付与している違憲法律審査権を、法院が自ら行使したことになる。また、法院の判決は、不動産取引者に対する課税を徹底するという租税行政目的に重きを置き過ぎたあまり、租税法律主義と財産権を保障している憲法的価値を考慮しなかった点において、国民の基本権を侵害した違憲的な裁判であるとの非難を免れない。かつて、大法院がいくつかの事例において憲法裁判所の決定をないがしろにした点からすれば、今回の決定は、憲法裁判所の違憲決定の覊束力を確保し、憲法裁判制度の存立を維持するためのやむを得ない決定であったといえよう。

憲法裁判所は、この決定以後、憲法裁判所法第 68 条第 1 項の違憲を主張しつつ、大法院の判決の取消しを求めるいくつかの事例において法院の判決が憲法訴願審判の対象となる例外的な裁判に該当しない場合には、却下決定を行っている（憲裁 1998.2.27.　96 憲マ 371；1998.4.30.　92 憲マ 239 など）。

17　原行政処分取消請求事件

〈憲裁 1998.5.28.　91 憲マ 98 等　譲渡税等の賦課処分取消、判例集 10 － 1、660〉

(1)　事件の背景

この事件は、行政訴訟を経た後には元来の行政処分、すなわち原処分は原則的に憲法訴願審判の対象とならないとして、却下決定した事件である。

原処分自体に違憲性があるとして、憲法訴願審判の対象となるかどうかの問題は、憲法裁判所の設立以降、継続して論争の的であった。憲法裁判所法第 68 条第 1 項が法院の裁判を憲法訴願審判の対象から除外した結果、裁判を経た行政処分も憲法訴願審判の対象から除外すれば、国民の基本権保障のために

第3章　憲法裁判所の決定

用意された憲法訴願審判の範囲が非常に制約される一方、他方で、請求人が行政訴訟で棄却判決を受け、その判決が確定された以後に、憲法裁判所が原処分のみを取り消せば、大法院の判決との関係において効力の衝突が生じる。

請求人らは、自身に賦課された譲渡所得税等の賦課処分を争ったが、法院によって棄却確定判決を受けた。その後、請求人らは当該譲渡所得税賦課処分それ自体が租税法律主義などに反する違憲的な法令を根拠にしていることを理由に、当該処分に対して憲法訴願審判を請求した。

(2)　決定の主要内容

憲法裁判所は、裁判官4人の多数意見で、原処分に対する憲法訴願審判は特別な場合を除いて許されないとし、1人の裁判官と3人の裁判官もそれぞれ異なる理由をもって、請求人の憲法訴願審判を却下した。

憲法裁判所は、1997年12月24日に宣告した96憲マ172、173（併合）事件に関する決定で、違憲と決定した法令を適用することによって国民の基本権を侵害した法院の裁判が例外的に憲法訴願審判の対象となることを宣言しつつ、法院の裁判を取り消すとともに、同時に裁判の対象であった当該処分（原処分）に対しても憲法訴願審判請求を認め、原処分を取り消した。

しかし、上の決定にみるように、原行政処分に対する憲法訴願審判請求を認め、これを取り消すということは、原行政処分を審理の対象とした法院の裁判が例外的に取り消される場合に限り、国民の基本権を迅速かつ効率的に救済するために可能なものであり、これとは異なり、法院の裁判が取り消されない場合には、確定判決の既判力により原行政処分は、憲法訴願審判の対象とならないといえる。したがって、法院の裁判が上記の事件の如き例外的な場合に該当し、また同時に取り消されることを前提としない限り、原行政処分の取消しを求める憲法訴願審判請求は認められないというべきである。さらに、原行政処分に対する憲法訴願審判請求を許容するということは、憲法第107条第2項の「命令・規則または処分が憲法または法律に違反するか否かの可否が裁判の前提となっている場合には、大法院がこれを最終的に審査する権限を有する」という規定や、原則的に憲法訴願審判の対象から法院の裁判を除外している憲法裁判所法第68条第1項の趣旨にももとると解するべきである。

これに対して、李永模裁判官の少数意見、そして李在華・高重錫・韓大鉉裁

第6節　手続的基本権および刑事関係に関する決定

判官の別個の意見、趙昇衡裁判官の反対意見があった。

　李永模裁判官は、以下のように述べている。憲法裁判所法第68条第1項本文の「法院の裁判」に、違憲である法律（違憲として宣言された法律より広い概念）を適用することによって国民の基本権を侵害した裁判は含まれないと強調しながら、本事件課税処分の根拠となっている法律は旧所得税法（1978.12.5. 法律第3098号で改正されたもので1994.12.22. 法律第4803号で改正される前のもの）第60条であって、憲法裁判所が違憲として宣言したため、請求人は大法院の裁判に対してはその取消しを求める憲法訴願を提起することができるが、本事件においては課税処分の取消しのみを求める憲法訴願審判を請求したのであり、かつ請求趣旨を確定すべき申請期間もすでに過ぎており、同審判請求は、却下せざるを得ないという意見を提示した。

　李在華・高重錫・韓大鉉裁判官は、以下のように述べている。憲法裁判所法第68条第1項が憲法訴願審判の対象から「法院の裁判」を除外したのは、上記条項の但書の補充性原則と結合して、法院の裁判自体のみならず、裁判の対象であった原行政処分をも除外するものと見なければならない。なぜなら、原行政処分に対して憲法訴願審判を提起するということは、単なる行政作用に対する審査ではなく、司法作用および行政作用両方に対する審査を行うことであり、これは、結局のところ、憲法訴願審判の対象から除外されている司法作用に対する審査を許容することになり、結果として法院の裁判に対する審査を事実上許容することになるからであるという意見を提示した。

　以上の意見に対して、趙昇衡裁判官の反対意見は次のとおりである。憲法第111条第1項第5号で憲法訴願審判の対象と範囲を憲法裁判所法に委任した趣旨や憲法裁判所法第68条第1項但書の立法趣旨に照らしてみると、権利救済手続としての裁判を経た原公権力作用を憲法訴願審判の対象から除外したとはいえない。憲法第107条第2項の文言によっても、処分自体の違憲・違法性が裁判の前提となっている場合のみを規定しており、その場合を除いては、処分自体による基本権の侵害を争う憲法訴願審判はすべて可能であると見なければならない。憲法裁判所は、すでに命令・規則それ自体が直接に基本権を侵害する場合には、憲法訴願審判の対象となるという判例を確立しており、上記の憲法条項に列挙されている処分も命令・規則の場合と同様に憲法訴願審判の対象

第3章　憲法裁判所の決定

となる。

　裁判を憲法訴願審判の対象から原則的に除外していることをもって、裁判の原因となっている原行政処分それ自体に対する憲法訴願審判までも排除しているとはいえない。憲法裁判所法第75条第3、4、5項は、別途に憲法訴願審判請求を認容するときに、公権力の行使または不行使の原因となっている当該法律または法律条項が違憲であることを宣言することができると特別に規定している点から見ても、多数意見は不当であり、訴訟物も異なるといえる。法院判決の既判力は、原則的に直接憲法的な問題、すなわち憲法が保障している基本権の侵害の如何まで及ばないのに反し、原行政処分に対する憲法訴願審判手続では、憲法問題、何よりも基本権侵害問題それ自体が決定の既判力ないし覊束力の内容をなしており、憲法裁判所法第75条第1項は、「憲法訴願審判請求の認容決定は、すべての国家機関と地方自治団体を覊束する」と規定し、法院も覊束されていることを明らかにしており、憲法裁判所の原行政処分取消・公権力不行使違憲確認決定の覊束力は行政処分に対する法院の確定判決の既判力に優先される。

(3)　事後経過

　同決定は、言論の注目を受けていないものの、憲法訴願審判の対象性をめぐる訴訟法上の重要な示唆を含むものである。一部の公法学者は、かりに行政訴訟が確定されたとしても、憲法裁判所が原行政処分それ自体に対して違憲性の審査をすることは可能であり、憲法裁判所法の定める決定の効力は行政処分のみならず法院をも覊束するのであるから、法院の確定判決との衝突問題もあまり深刻なものではないとしながら、憲法裁判所があまりにも消極的に原行政処分の憲法訴願問題について結論づけたと指摘した。

　他の見解は、憲法裁判所が原行政処分に対する憲法訴願審判が憲法第107条第2項に反するとしたのは、命令・規則に対する憲法訴願審判請求が認められている憲法裁判所の確立された判例からすれば、正当性の根拠が疑わしいという。命令・規則の場合に補充性の例外を認めることは処分の場合よりも容易であるという点が両者間における差異点であるということができるが、処分であっても補充性の例外に該当し、憲法訴願審判請求が認められる例外的な場合もありうるため、憲法訴願の許容の可否を左右するほどの両者間の差異点を発

第 6 節　手続的基本権および刑事関係に関する決定

見することはできないという。この見解は、結局のところ、立法論的次元で裁判に対する憲法訴願審判請求を認める方向に行くことが憲法裁判制度を導入した本来の趣旨に合うものであるとする（金裕糭「憲法裁判と行政法の発展：憲法裁判所判例の分析」『韓国公法学会学術発表会第 77 回・憲法裁判 10 年：その評価と課題』1998.9.19）。

　この決定以後、憲法裁判所は、同決定を引用しながら、1998 年 6 月 25 日 93 憲マ 150 防衛税賦課処分取消事件を却下するなど、これまで 10 件あまりの他の原行政処分事件等を却下した。

附　錄

大韓民国憲法

〈公布〉1987・10・29
〈施行〉1988・2・25

〈目次〉
前文
第1章　総綱（1条～9条）
第2章　国民の権利及び義務（10条～39条）
第3章　国会（40条～65条）
第4章　政府
　第1節　大統領（66条～85条）
　第2節　行政府
　　第1款　国務総理及び国務委員（86条・87条）
　　第2款　国務会議（88条～93条）
　　第3款　行政各部（94条～96条）
　　第4款　監査院（97条～100条）
第5章　法院（101条～110条）
第6章　憲法裁判所（111条～113条）
第7章　選挙管理（114条～116条）
第8章　地方自治（117条・118条）
第9章　経済（119条～127条）
第10章　憲法改正（128条～130条）
　附則（1条～6条）

〈改正経緯〉

制憲憲法　1948.7.12

第1次改正　1952.7.7

第2次改正　1954.11.29

第3次改正　1960.6.15

第4次改正　1960.11.29

附　録

第5次改正　1962.12.26

第6次改正　1969.10.21

第7次改正　1972.12.27

第8次改正　1980.10.27

第9次改正　1987.10.29

前　文

　悠久の歴史と伝統に輝く我が大韓国民は、3・1運動によって建立された大韓民国臨時政府の法統と、不正に抵抗して立ち上がった4・19民主理念を継承し、祖国の民主改革と平和的統一の使命に立脚して、正義、人道及び同胞愛により民族の団結を強固にし、すべての社会的弊習と不正を打破し、自律と調和を基に自由民主的基本秩序を一層確固たるものとし、政治、経済、社会及び文化のすべての領域において各人の機会を均等にし、能力を最高度に発揮させ、自由と権利に伴う責任と義務を完遂させ、内においては国民生活の均等なる向上を期し、外においては恒久的な世界平和と人類共栄に貢献することによって、我々と我々の子孫の安全と自由と幸福を永遠に確保することを誓いながら、1948年7月12日に制定され、8次にわたって改正された憲法を、ここに国会の議決を経て、国民投票により改正する。

1987年10月29日

第1章　総　綱

第1条　①　大韓民国は、民主共和国である。

　　②　大韓民国の主権は、国民にあり、すべての権力は、国民から発する。

第2条　①　大韓民国の国民たる要件は、法律で定める。

　　②　国家は、法律の定めるところにより、在外国民を保護する義務を負う。

第3条　大韓民国の領土は、韓半島及びその附属島嶼とする。

第4条　大韓民国は、統一を指向し、自由民主的基本秩序に立脚した平和的統一政策を樹立し、これを推進する。

第5条　①　大韓民国は、国際平和の維持に努め、侵略的戦争を否認する。

　　②　国軍は、国の安全保障及び国土防衛の神聖なる義務を遂行することを使命とし、その政治的中立性は遵守される。

第6条　①　憲法に基づいて締結し、公布された条約及び一般的に承認された国際法規は、国内法と同等の効力を有する。

② 外国人は、国際法及び条約が定めるところにより、その地位が保障される。
第7条 ① 公務員は、国民全体に対する奉仕者であり、国民に対して責任を負う。
② 公務員の身分及び政治的中立性は、法律が定めるところにより、保障される。
第8条 ① 政党の設立は、自由であり、複数政党制は、保障される。
② 政党は、その目的、組織及び活動が民主的でなければならず、国民の政治的意思形成に参与するのに必要な組織を有しなければならない。
③ 政党は、法律の定めるところにより、国家の保護を受け、国家は、法律の定めるところにより、政党運営に必要な資金を補助することができる。
④ 政党の目的及び活動が、民主的基本秩序に違背するときは、政府は、憲法裁判所にその解散を提訴することができ、政党は、憲法裁判所の審判により解散される。
第9条 国家は、伝統文化の継承、発展及び民族文化の暢達に努めなければならない。

第2章　国民の権利及び義務

第10条 すべて国民は、人間としての尊厳及び価値を有し、幸福を追求する権利を有する。国家は、個人の有する不可侵の基本的人権を確認し、これを保障する義務を負う。
第11条 ① すべて国民は、法の下に平等である。何人も性別、宗教又は社会的身分によって、政治的、経済的、社会的及び文化的生活のすべての領域において差別されない。
② 社会的特殊階級の制度は、認められず、いかなる形態であれ、これを創設することはできない。
③ 勲章等の栄典は、これを受けた者に限りその効力を有し、いかなる特権もこれに伴わない。
第12条 ① すべて国民は、身体の自由を有する。何人も法律によらない限り、逮捕、拘束、押収、捜索又は審問を受けず、法律及び適法な手続によらない限り、処罰、保安処分又は強制労役を科せられない。
② すべて国民は、拷問を受けず、刑事上、自己に不利な陳述を強要されない。
③ 逮捕、拘束、押収又は捜索をする場合は、適法な手続にしたがい、検事の申請により法官が発付した令状を提示しなければならない。ただし、現行犯の場合及び長期3年以上の刑に該当する罪を犯し、逃避又は証拠隠滅のおそれがあるときは、事後に令状を請求することができる。
④ 何人も逮捕又は拘束を受けたときは、直ちに弁護人の助力を受ける権利を有

附　録

する。ただし、刑事被告人が自ら弁護人を求めることができないときは、法律の定めるところにより、国家が弁護人を付する。

⑤　何人も、逮捕又は拘束の理由及び弁護人の助力を受ける権利を有することを告知されない限り、逮捕又は拘束されない。逮捕又は拘束された者の家族等法律に定められた者には、その理由並びに日時及び場所が遅滞なく通知されなければならない。

⑥　何人も、逮捕又は拘束されたときは、適否の審査を法院に請求する権利を有する。

⑦　被告人の自白が、拷問、暴行、脅迫、拘束の不当な長期化又は欺罔その他の方法により、自己の意思に基づいて陳述されたものでないと認められるとき、又は正式裁判において被告人の自白が自己に不利な唯一の証拠であるときは、これを有罪の証拠にし、又はこれを理由にして処罰することができない。

第13条　①　すべて国民は、行為当時の法律により犯罪を構成することのない行為により訴追されることはなく、同一犯罪に対して重ねて処罰されない。

②　すべて国民は、遡及立法により参政権の制限を受け、又は財産権を剥奪されない。

③　すべて国民は、自己の行為でない親族の行為により、不利益な処遇を受けない。

第14条　すべて国民は、居住及び移転の自由を有する。

第15条　すべて国民は、職業選択の自由を有する。

第16条　すべて国民は、住居の自由を侵害されない。住居に対する押収又は捜索をするときは、検事の申請により法官が発付した令状を提示しなければならない。

第17条　すべて国民は、私生活の秘密及び自由を侵害されない。

第18条　すべて国民は、通信の秘密を侵害されない。

第19条　すべて国民は、良心の自由を有する。

第20条　①　すべて国民は、宗教の自由を有する。

②　国教は、認められず、宗教と政治は、分離される。

第21条　①　すべて国民は、言論及び出版の自由並びに集会及び結社の自由を有する。

②　言論及び出版に対する許可又は検閲並びに集会及び結社に対する許可は、認められない。

③　通信及び放送の施設基準並びに新聞の機能を保障するために必要な事項は、法律で定める。

④　言論及び出版は、他人の名誉若しくは権利又は公衆道徳若しくは社会倫理を侵害してはならない。言論及び出版が、他人の名誉又は権利を侵害したときは、

被害者は、これに対する被害の賠償を請求することができる。
第22条 ① すべて国民は、学問及び芸術の自由を有する。
② 著作者、発明家、科学技術者及び芸術家の権利は、法律によって保護する。
第23条 ① すべて国民の財産権は、保障される。その内容及び限界は、法律で定める。
② 財産権の行使は、公共の福祉に適合するようにしなければならない。
③ 公共の必要による財産権の収用、使用又は制限及びこれに対する補償は、法律によって定めるが、正当な補償を支給しなければならない。
第24条 すべて国民は、法律の定めるところにより、選挙権を有する。
第25条 すべて国民は、法律の定めるところにより、公務担任権を有する。
第26条 ① すべて国民は、法律の定めるところにより、国家機関に文書で請願する権利を有する。
② 国家は、請求に対して審査する義務を負う。
第27条 ① すべて国民は、憲法及び法律の定める法官により、法律による裁判を受ける権利を有する。
② 軍人又は軍務員以外の国民は、大韓民国の領域内においては、重大な軍事上の機密、哨兵、哨所、有毒飲食物供給、捕虜及び軍用物に関する罪のうち、法律が定めた場合及び非常戒厳が宣布された場合を除いては、軍事法院の裁判を受けない。
③ すべて国民は、迅速な裁判を受ける権利を有する。刑事被告人は、相当な理由がない限り、遅滞なく公開裁判を受ける権利を有する。
④ 刑事被告人は、有罪の判決が確定されるときまでは、無罪と推定される。
⑤ 刑事被害者は、法律の定めるところにより、当該事件の裁判手続において陳述することができる。
第28条 刑事被疑者又は刑事被告人として拘禁された者が、法律の定める不起訴処分又は無罪判決を受けたときは、法律の定めるところにより、国家に正当な補償を請求することができる。
第29条 ① 公務員の職務上の不法行為により、損害を被った国民は、法律の定めるところにより、国家又は公共団体に、正当な賠償を請求することができる。この場合、公務員自身の責任は、免除されない。
② 軍人、軍務員、警察公務員その他法律で定められた者が、戦闘、訓練等職務執行に関連して受けた損害に対しては、法律の定める報償のほかに、国家又は公共団体に対して、公務員の職務上の不法行為による賠償は請求することができない。
第30条 他人の犯罪行為により、生命又は身体に対する被害を受けた国民は、法律の定めるところにより、国家から救助を受けることができる。

附　　録

第31条　①　すべて国民は、能力に応じて等しく教育を受ける権利を有する。
　②　すべて国民は、その保護する子女に、少なくとも初等教育及び法律の定める教育を受けさせる義務を負う。
　③　義務教育は、無償とする。
　④　教育の自主性、専門性、政治的中立性及び大学の自律性は、法律の定めるところにより、保障される。
　⑤　国家は、生涯教育を振興しなければならない。
　⑥　学校教育及び生涯教育を含めた教育制度並びにその運営、教育財政及び教員の地位に関する基本的事項は、法律で定める。
第32条　①　すべて国民は、勤労の権利を有する。国家は、社会的及び経済的方法で、勤労者の雇用の増進及び適正賃金の保障に努めるとともに、法律の定めるところにより、最低賃金制を施行しなければならない。
　②　すべて国民は、勤労の義務を負う。国家は、勤労の義務の内容及び条件を、民主主義原則にそって、法律で定める。
　③　勤労条件の基準は、人間の尊厳性を保障するよう、法律で定める。
　④　女子の勤労は、特別の保護を受けるとともに、雇用、賃金及び勤労条件において、不当な差別を受けない。
　⑤　年少者の勤労は、特別な保護を受ける。
　⑥　国家功労者、傷痍した軍人及び警察公務員並びに戦没した軍人及び警察公務員の遺族は、法律の定めるところにより、優先的に勤労の機会を与えられる。
第33条　①　勤労者は、勤労条件の向上のために、自主的な団結権、団体交渉権及び団体行動権を有する。
　②　公務員である勤労者は、法律で定められた者に限り、団結権、団体交渉権及び団体行動権を有する。
　③　法律の定める主要防衛産業体に従事する勤労者の団体行動権は、法律の定めるところにより、これを制限し、又は認めないことができる。
第34条　①　すべて国民は、人間としてふさわしい生活をする権利を有する。
　②　国家は、社会保障及び社会福祉の増進に努める義務を負う。
　③　国家は、子女の福祉及び権益の向上に努めなければならない。
　④　国家は、老人及び青少年の福祉向上のための政策を実施する義務を負う。
　⑤　身体障害者及び疾病又は老齢その他の事由により、生活能力のない国民は、法律の定めるところにより、国家の保護を受ける。
　⑥　国家は、災害を予防し、その危険から国民を保護するよう努めなければならない。
第35条　①　すべて国民は、健康かつ快適な環境の下で生活する権利を有し、国家及び国民は、環境保全に努めなければならない。

② 環境権の内容及び行使に関しては、法律で定める。
③ 国家は、住宅開発政策等を通じて、すべての国民が快適な住居生活をすることができるように努めなければならない。
第36条 ① 婚姻及び家族生活は、個人の尊厳と両性の平等を基礎として成立し、維持されなければならず、国家は、これを保障する。
② 国家は、母性の保護の保護に努めなければならない。
③ すべて国民は、保健に関して、国家の保護を受ける。
第37条 ① 国民の自由及び権利は、憲法に列挙されていないという理由で軽視されることはない。
② 国民のすべての自由及び権利は、国家の安全保障、秩序の維持又は公共の福祉のために必要な場合に限り、法律によって制限することができるが、制限する場合においても、自由及び権利の本質的内容を侵害することはできない。
第38条 すべて国民は、法律の定めるところにより、納税の義務を負う。
第39条 ① すべて国民は、法律の定めるところにより、国防の義務を負う。
② 何人も、兵役義務の履行により、不利益な処遇を受けない。

第3章 国 会

第40条 立法権は、国会に属する。
第41条 ① 国会は、国民の普通、平等、直接及び秘密選挙により選出された国会議員で構成する。
② 国会議員の定数は、法律で定めるが、200人以上とする。
③ 国会議員の選挙区及び比例代表制その他の選挙に関する事項は、法律で定める。
第42条 国会議員の任期は、4年とする。
第43条 国会議員は、法律の定める職を兼ねることができない。
第44条 ① 国会議員は、現行犯人である場合を除いては、会期中、国会の同意なしに逮捕又は拘禁されない。
② 国会議員が、会期前に逮捕又は拘禁されたときは、現行犯人でない限り、国会の要求があれば、会期中釈放される。
第45条 国会議員は、国会において職務上行った発言及び表決に関して、国会外で責任を問われない。
第46条 ① 国会議員は、清廉の義務を有する。
② 国会議員は、国家利益を優先し、良心に従い職務を行う。
③ 国会議員は、その地位を濫用して、国家、公共団体又は企業体との契約又はその処分により、財産上の権利、利益若しくは職位を取得し、又は他人のためにその取得を斡旋することはできない。

附　録

第47条　①　国会の定期会は、法律の定めるところにより、毎年1回集会され、国会の臨時会は、大統領又は国会在籍議員の4分の1以上の要求により集会される。

②　定期会の会期は、100日を、臨時会の会期は、30日を超えることはできない。

③　大統領が臨時会の集会を要求するときは、期間及び集会要求の理由を明示しなければならない。

第48条　国会は、議長1及び副議長2人を選出する。

第49条　国会は、憲法又は法律に特別な規定がない限り、在籍議員の過半数が出席し、出席議員の過半数の賛成で議決する。可否が同数であるときは、否決されたものとみなす。

第50条　①　国会の会議は、公開する。ただし、出席議員の過半数の賛成があるとき、又は議長が国家の安全保障のために必要であると認めるときは、公開しないことができる。

②　公開しなかった会議内容の公表に関しては、法律の定めるところによる。

第51条　国会に提出された決律案その他の議案は、会期中に議決され得なかったという理由で廃棄されることはない。ただし、国会議員の任期が満了したときは、この限りでない。

第52条　国会議員及び政府は、法律案を提出することができる。

第53条　①　国会で議決された法律案は、政府に移送され、15日以内に大統領が公布する。

②　法律案に異議があるときは、大統領は、第1項の期間内に異議書を添えて国会に還付し、その再議を要求することができる。国会の閉会中もまた同様である。

③　大統領は、法律案の一部に対して、又は法律案を修正して、再議を要求することはできない。

④　再議の要求があるときは、国会は、再議に付し、在籍議員の過半数が出席し、出席議員の3分の2以上の賛成で前回と同様の議決を行えば、その法律案は、法律として確定される。

⑤　大統領が、第1項の期間内に公布又は再議の要求をしなかったときも、その法律案は、法律として確定される。

⑥　大統領は、第4項及び第5項の規定により確定された法律を、遅滞なく公布しなければならない。第5項の規定により法律が確定された後、又は第4項の規定による確定法律が政府に移送された後、5日以内に大統領が公布しないときは、国会議長が、これを公布する。

⑦　法律は、特別な規定がない限り、公布した日から20日を経過することに

よって、効力を発生する。
第54条　①　国会は、国家の予算案を審議し、確定する。

②　政府は、会計年度ごとに予算案を編成して、会計年度開始90日前までに国会に提出し、国会は、会計年度開始30日前までに、これを議決しなければならない。

③　新しい会計年度が開始されるときまでに予算案が議決され得なかった場合は、政府は、国会で予算案が議決されるときまで、次の目的のための経費は、前年度予算に準じて執行することができる。

　　1　憲法又は法律により設置された機関又は施設の維持及び運営
　　2　法律上の支出義務の履行
　　3　既に予算として承認された事業の継続

第55条　①　1会計年度を超えて継続して支出する必要があるときは、政府は、年限を定めて、継続費として国会の議決を得なければならない。

②　予備費は、総額で国会の議決を得なければならない。予備費の支出は、次期国会の承認を得なければならない。

第56条　政府は、予算に変更を加える必要があるときは、追加補正予算案を編成して、国会に提出することができる。

第57条　国会は、政府の同意なしに、政府が提出した支出予算各項の金額を増額し、又は新しい費目を設けることはできない。

第58条　国債を募集し、又は予算外に国家の負担になる契約を締結しようとするときは、政府は、あらかじめ国会の議決を得なければならない。

第59条　租税の種目及び税率は、法律で定める。

第60条　①　国会は、相互援助若しくは安全保障に関する条約、重要な国際組織に関する条約、友好通商航海条約、主権の制約に関する条約、講和条約、国家若しくは国民に重大な財政的負担を負わせる条約又は立法事項に関する条約の締結及び批准に対する同意権を有する。

②　国会は、宣戦布告、国軍の外国への派遣又は外国軍隊の大韓民国領域内における駐留に対する同意権を有する。

第61条　①　国会は、国政を監査し、又は特定の国政事案に対して調査することができ、これに必要な書類の提出又は証人の出席及び証言若しくは意見の陳述を要求することができる。

②　国政監査及び調査に関する手続その他の必要な事項は、法律で定める。

第62条　①　国務総理、国務委員又は政府委員は、国会又はその委員会に出席して、国政の処理状況を報告し、意見を陳述し、又は質問に応答することができる。

②　国会又はその委員会の要求があるときは、国務総理、国務委員又は政府委員

附　録

は、出席し、答弁しなければならず、国務総理又は国務委員が出席要求を受けたときは、国務委員又は政府委員を出席させ、答弁させることができる。

第63条　①　国会は、国務総理又は国務委員の解任を大統領に建議することができる。

②　第1項の解任の建議は、国会在籍議員の3分の1以上の発議に基づき、国会在籍議員の過半数の賛成がなければならない。

第64条　①　国会は、法律に抵触しない範囲内において、議事及び内部規律に関する規則を制定することができる。

②　国会は、議員の資格を審査し、議員を懲戒することができる。

③　議員を除名するには、国会在籍議員の3分の2以上の賛成がなければならない。

④　第2項及び第3項の規定による処分に対しては、法院に提訴することができない。

第65条　①　大統領、国務総理、国務委員、行政各部の長、憲法裁判所裁判官、法官、中央選挙管理委員会委員、監査院長、監査委員その他法律で定められた公務員が、その職務執行において、憲法又は法律に違背したときは、国会は、弾劾の訴追を議決することができる。

②　第1項の弾劾訴追は、国会在籍議員の3分の1以上の発議がなければならず、その議決は、国会在籍議員の過半数の賛成がなければならない。ただし、大統領に対する弾劾訴追は、国会在籍議員の過半数の発議に基づき、国会在籍議員の3分の2以上の賛成がなければならない。

③　弾劾訴追の議決を受けた者は、弾劾審判が終わるときまで、その権限の行使は停止される。

④　弾劾の決定は、公職から罷免されるにとどまる。ただし、これによって民事上又は刑事上の責任が免除されるものではない。

第4章　政　府

第1節　大統領

第66条　①　大統領は、国家の元首であり、外国に対して国家を代表する。

②　大統領は、国の独立、領土の保全、国家の継続性及び憲法を守護する責務を負う。

③　大統領は、祖国の平和的統一のための誠実な義務を負う。

④　行政権は、大統領を首班とする政府に属する。

第67条　①　大統領は、国民の普通、平等、直接及び秘密の選挙により選出する。

②　第1項の選挙において、最高得票者が2人以上のときは、国会の在籍議員の

過半数が出席した公開の会議において多数票を得た者を当選者とする。

③　大統領候補者が1人のときは、その得票数が選挙権者総数の3分の1以上でない限り、大統領として当選することはできない。

④　大統領として選挙されることのできる者は、国会議員の被選挙権を有し、選挙日現在40歳に達していなければならない。

⑤　大統領の選挙に関する事項は、法律で定める。

第68条　①　大統領の任期が満了するときは、任期満了70日ないし40日前に、後任者を選挙する。

②　大統領が欠位したとき又は大統領当選者が死亡し、若しくは判決その他の事由により、その資格を喪失したときは、60日以内に後任者を選挙する。

第69条　大統領は、就任に際して、次の宣誓を行う。

「私は、憲法を遵守し、国家を保衛するとともに、祖国の平和的統一並びに国民の自由及び福祉の増進並びに民族文化の暢達に努め、大統領としての職責を誠実に遂行することを、国民の前に厳粛に宣誓します。」

第70条　大統領の任期は、5年とし、重任することはできない。

第71条　大統領が欠位し、又は事故により職務を遂行することができないときは、国務総理、法律で定められた国務委員の順序で、その権限を代行する。

第72条　大統領は、必要であると認めるときは、外交、国防、統一その他国家の安危に関する重要政策を国民投票に付することができる。

第73条　大統領は、条約を締結し、批准し、外交使節を信任し、接受し、又は派遣するとともに、宣戦布告及び講和を行う。

第74条　①　大統領は、憲法及び法律の定めるところにより、国軍を統帥する。

②　国軍の組織及び編成は、法律で定める。

第75条　大統領は、法律で具体的に範囲を定めて委任された事項及び法律を執行するために必要な事項に関して、大統領令を発することができる。

第76条　①　大統領は、内憂、外患、天災、地変又は重大な財政上及び経済上の危機に際し、国家の安全保障又は公共の安寧秩序を維持するために緊急の措置が必要となり、かつ、国会の集会を待つ余裕がないときに限り、最小限に必要な財政上及び経済上の処分をなし、又はこれに関して法律の効力を有する命令を発することができる。

②　大統領は、国家の安危にかかわる重大な交戦状態に際し、国家を保衛するために緊急の措置が必要となり、かつ、国会の集会が不可能なときに限り、法律の効力を有する命令を発することができる。

③　大統領は、第1項及び第2項の処分又は命令をなしたときは、遅滞なく国会に報告し、その承認を得なければならない。

④　第3項の承認を得られなかったときは、その処分又は命令は、その時から効

附　　録

力を喪失する。この場合、その命令によって改正又は廃止された法律は、その命令が承認を得られなかった時から、当然に効力を回復する。

⑤　大統領は、第3項及び第4項の事由を、遅滞なく公布しなければならない。

第77条　①　大統領は、戦時、事変又はこれに準ずる国家非常事態に際し、兵力をもって軍事上の必要に応じ、又は公共の安寧秩序を維持する必要があるときは、法律の定めるところにより、戒厳を宣布することができる。

②　戒厳は、非常戒厳及び警備戒厳とする。

③　非常戒厳が宣布されたときは、法律の定めるところにより、令状制度並びに言論、出版、集会、結社の自由及び政府又は法院の権限に関して、特別の措置を講ずることができる。

④　戒厳を宜布したときは、大統領は、遅滞なく国会に通告しなければならない。

⑤　国会が、在籍議員の過半数の賛成により、戒厳の解除を要求したときは、大統領は、これを解除しなければならない。

第78条　大統領は、憲法及び法律の定めるところにより、公務員を任免する。

第79条　①　大統領は、法律の定めるところにより、赦免、減刑又は復権を命ずることができる。

②　一般赦免を命ずる場合は、国会の同意を得なければならない。

③　赦免、減刑及び復権に関する事項は、法律で定める。

第80条　大統領は、法律の定めるところにより、勲章その他の栄典を授与する。

第81条　大統領は、国会に出席して発言し、又は書簡で意見を表示することができる。

第82条　大統領の国法上の行為は、文書によって行い、この文書には、国務総理及び関係国務委員が副署する。軍事に関する行為も同様である。

第83条　大統領は、国務総理、国務委員、行政各部の長その他法律の定める公私の職を兼ねることはできない。

第84条　大統領は、内乱又は外患の罪を犯した場合を除いては、在職中、刑事上の訴追を受けない。

第85条　前職の大統領の身分及び礼遇に関しては、法律で定める。

第2節　行　政　府

第1款　国務総理及び国務委員

第86条　①　国務総理は、国会の同意を待て、大統領が任命する。

②　国務総理は、大統領を補佐し、行政に関して大統領の命を受けて行政各部を統轄する。

③ 軍人は、現役を免じた後でない限り、国務総理に任命されることはできない。

第87条 ① 国務委員は、国務総理の提請により、大統領が任命する。

② 国務委員は、国政に関して大統領を補佐し、国務会議の構成員として国政を審議する。

③ 国務総理は、国務委員の解任を大統領に建議することができる。

④ 軍人は、現役を免じた後でない限り、国務委員に任命されることはできない。

第2款 国務会議

第88条 ① 国務会議は、政府の権限に属する重要な政策を審議する。

② 国務会議は、大統領、国務総理及び15人以上30人以下の国務委員で構成する。

③ 大統領は、国務会議の議長になり、国務総理は、副議長になる。

第89条 次の事項は、国務会議の審議を経なければならない。

1 国政の基本計画及び政府の一般政策
2 宣戦、講和その他重要な対外政策
3 憲法改正案、国民投票案、条約案、法律案及び大統領令案
4 予算案、決算、国有財産処分の基本計画、国家の負担となる契約その他財政に関する重要事項
5 大統領の緊急命令、緊急財政経済処分及び命令又は戒厳及びその解除
6 軍事に関する重要事項
7 国会の臨時会集会の要求
8 栄典の授与
9 赦免、減刑及び復権
10 行政各部間の権限の画定
11 政府内の権限の委任又は配定に関する基本計画
12 国政処理状況の評価及び分析
13 行政各部の重要政策樹立及び調整
14 政党解散の提訴
15 政府に提出又は回付された政府の政策にかかる請願の審査
16 検察総長、合同参謀議長、各軍参謀総長、国立大学総長、大使その他法律で定められた公務員及び国営企業体管理者の任命
17 その他、大統領、国務総理又は国務委員が提出した事項

第90条 ① 国政の重要な事項に関する大統領の諮問に応ずるため、国家元老で構成される国家元老諮問会議を置くことができる。

附　録

　②　国家元老諮問会議の議長は、直前の大統領がなる。ただし、直前の大統領がいないときは、大統領が指名する。
　③　国家元老諮問会議の組織、職務範囲その他の必要な事項は、法律で定める。
第91条　①　国家安全保障にかかる対外政策、軍事政策及び国内政策の樹立に関して、国務会議の審議に先立って、大統領の諮問に応ずるため、国家安全保障会議を置く。
　②　国家安全保障会議は、大統領が主宰する。
　③　国家安全保障会議の組織、職務範囲その他の必要な事項は、法律で定める。
第92条　①　平和統一政策の樹立に関する大統領の諮問に応ずるため、民主平和統一諮問会議を置くことができる。
　②　民主平和統一諮問会議の組織、職務範囲その他の必要な事項は、法律で定める。
第93条　①　国民経済の発展のための重要政策の樹立に関して大統領の諮問に応ずるため、国民経済諮問会議を置くことができる。
　②　国民経済諮問会議の組織、職務範囲その他の必要な事項は、法律で定める。

第3款　行政各部

第94条　行政各部の長は、国務委員の中から国務総理の提請により、大統領が任命する。
第95条　国務総理又は行政各部の長は、所管事務に関して、法律若しくは大統領令の委任又は職権により、総理令又は部令を発することができる。
第96条　行政各部の設置並びに組織及び職務範囲は、法律で定める。

第4款　監査院

第97条　国家の歳入及び歳出の決算、国家及び法律で定められた団体の会計検査並びに行政機関及び公務員の職務に関する監察を行うため、大統領所属の下に監査院を置く。
第98条　①　監査院は、院長を含め5人以上11人以下の監査委員で構成する。
　②　院長は、国会の同意を得て大統領が任命し、その任期は、4年とし、1回に限り重任することができる。
　③　監査委員は、院長の提請により大統領が任命し、その任期は、4年とし、1回に限り重任することができる。
第99条　監査院は、歳入及び歳出の決算を毎年検査して、大統領及び次年度国会に、その結果を報告しなければならない。
第100条　監査院の組織、職務範囲、監査委員の資格、監査対象公務員の範囲その他必要な事項は、法律で定める。

第5章 法　　院

第101条　①　司法権は、法官で構成された法院に属する。
　②　法院は、最高法院である大法院及び各級法院で組織される。
　③　法官の資格は、法律で定める。
第102条　①　大法院に、部を置くことができる。
　②　大法院に、大法官を置く。ただし、法律の定めるところにより、大法官以外の法官を置くことができる。
　③　大法院及び各級法院の組織は、法律で定める。
第103条　法官は、憲法及び法律に基づき、その良心に従い、独立して審判する。
第104条　①　大法院長は、国会の同意を得て、大統領が任命する。
　②　大法官は、大法院長の提請により、国会の同意を得て、大統領が任命する。
　③　大法院長及び大法官以外の法官は、大法官会議の同意を得て、大法院長が任命する。
第105条　①　大法院長の任期は、6年とし、重任することはできない。
　②　大法官の任期は、6年とし、法律の定めるところにより、適任することができる。
　③　大法院長及び大法官以外の法官の任期は、10年とし、法律の定めるところにより、連任することができる。
　④　法官の定年は、法律で定める。
第106条　①　法官は、弾劾又は禁錮以上の刑の宣告によらない限り、罷免されず、懲戒処分によらない限り、停職、減俸その他の不利な処分を受けない。
　②　法官が、重大な心身上の障害により、職務を遂行することができないときは、法律の定めるところにより、退職させることができる。
第107条　①　法律が憲法に違反するか否かが裁判の前提になった場合には、法院は、憲法裁判所に提請して、その審判により裁判する。
　②　命令、規則又は処分が、憲法又は法律に違反するか否かが裁判の前提になった場合には、大法院は、これを最終的に審査する権限を有する。
　③　裁判の前審手続として、行政審判を行うことができる。行政審判の手続は、法律で定めるが、司法手続が準用されなければならない。
第108条　大法院は、法律に抵触しない範囲内において、訴訟に関する手続、法院の内部規律及び事務処理に関する規則を制定することができる。
第109条　裁判の審理及び判決は、公開する。ただし、審理は、国の安全保障若しくは安寧秩序を妨げ、又は善良な風俗を害するおそれがあるときは、法院の決定により、公開しないことができる。
第110条　①　軍事裁判を管轄するため、特別法院として軍事法院を置くことがで

附　　録

きる。
②　軍事法院の上告審は、大法院で管轄する。
③　軍事法院の組織、権限及び裁判官の資格は、法律で定める。
④　非常戒厳下の軍事裁判は、軍人及び軍務員の犯罪、軍事に関する間諜罪並びに哨兵、哨所、有毒飲食物供給及び捕虜に関する罪のうち法律が定められた場合に限り、単審で行うことができる。ただし、死刑を宣告する場合は、この限りでない。

第6章　憲法裁判所

第111条　①　憲法裁判所は、次の事項を管掌する。
　1　法院の提請による法律の違憲可否の審判
　2　弾劾の審判
　3　政党の解散の審判
　4　国家機関相互間、国家機関と地方自治団体間及び地方自治団体相互間の権限争議に関する審判
　5　法律の定める憲法訴願に関する審判
②　憲法裁判所は、法官の資格を有する9人の裁判官で構成し、裁判官は、大統領が任命する。
③　第2項の裁判官のうち、3人は、国会で選出する者を、3人は、大法院長が指名する者を任命する。
④　憲法裁判所の長は、国会の同意を得て、裁判官の中から大統領が任命する。
第112条　①　憲法裁判所裁判官の任期は、6年とし、法律の定めるところにより、連任することができる。
②　憲法裁判所裁判官は、政党に加入し、又は政治に関与することはできない。
③　憲法裁判所裁判官は、弾劾又は禁錮以上の刑の宣告によらない限り、罷免されない。
第113条　①　憲法裁判所において、法律の違憲決定、弾劾の決定、政党解散の決定又は憲法訴願に関する認容決定を行うときは、裁判官6人以上の賛成がなければならない。
②　憲法裁判所は、法律に抵触しない範囲内において、審判に関する手続、内部規律及び事務処理に関する規則を制定することができる。
③　憲法裁判所の組織、運営その他の必要な事項は、法律で定める。

第7章　選挙管理

第114条　①　選挙及び国民役票の公正な管理並びに政党に関する事務を処理するため、選挙管理委員会を置く。

②　中央選挙管理委員会は、大統領が任命する３人、国会で選出する３人及び大法院長が指名する３人の委員で構成する。委員長は、委員の中から互選する。
③　委員の任期は、６年とする。
④　委員は、政党に加入し、又は政治に関与することはできない。
⑤　委員は、弾劾又は禁錮以上の刑の宣告によらない限り、罷免されない。
⑥　中央選挙管理委員会は、法令の範囲内において、選挙管理、国民投票管理又は政党事務に関する規則を制定することができ、法律に抵触しない範囲内において、内部規律に関する規則を制定することができる。
⑦　各級選挙管理委員会の組織、職務範囲その他の必要な事項は、法律で定める。

第115条　①　各級選挙管理委員会は、選挙人名簿の作成等選挙事務及び国民投票事務に関して、関係行政機関に必要な指示を行うことができる。
②　第１項の指示を受けた当該行政機関は、これに応じなければならない。

第116条　①　選挙運動は、各級選挙管理委員会の管理の下に、法律の定める範囲内において行うが、均等な機会が保障されなければならない。
②選挙に関する経費は、法律の定める場合を除いては、政党又は候補者に負担させることはできない。

第８章　地方自治

第117条　①　地方自治団体は、住民の福祉に関する事務を処理し、財産を管理し、法令の範囲内において自治に関する規定を制定することができる。
②　地方自治団体の種類は、法律で定める。

第118条　①　地方自治団体に、議会を置く。
②　地方議会の組織、権限及び議員選挙並びに地方自治団体の長の選任方法、その他地方自治団体の組織及び運営に関する事項は、法律で定める。

第９章　経　　済

第119条　①　大韓民国の経済秩序は、個人及び企業の経済上の自由及び創意を尊重することを基本とする。
②　国家は、均衡ある国民経済の成長及び安定並びに適正な所得の分配を維持し、市場の支配及び経済力の濫用を防止するとともに、経済主体間の調和を通じた経済の民主化のため、経済に関する規制及び調整を行うことができる。

第120条　①　鉱物その他の重要な地下資源、水産資源及び水力並びに経済上利用することのできる自然力は、法律の定めるところにより、一定の期間、その採取、開発又は利用を特許することができる。
②　国土及び資源は、国家の保護を受け、国家は、その均衡ある開発及び利用の

附　録

ため、必要な計画を樹立する。
第121条　①　国家は、農地に関して、「耕す者が田畑を持つ」という原則が達成されることができるよう努めなければならず、農地の小作制度は、禁止される。
　②　農業生産性の向上及び農地の合理的な利用のため、又は不可避の事情により発生する、農地の賃貸借及び委託経営は、法律の定めるところにより、認められる。
第122条　国家は、国民すべての生産及び生活の基盤となる国土の効率的かつ均衡ある利用、開発及び保全のため、法律の定めるところにより、これに関する必要な制限及び義務を課することができる。
第123条　①　国家は、農業及び漁業を保護し、育成するため、農漁村総合開発及びその支援等必要な計画を樹立し、施行しなければならない。
　②　国家は、地域間の均衡ある発展のため、地域経済を育成しなければならない。
　③　国家は、中小企業を保護し、育成しなければならない。
　④　国家は、農水産物の需給均衡及び流通構造の改善に努め、価格安定を図ることによって、農民及び漁民の利益を保護する。
　⑤　国家は、農民及び漁民並びに中小企業の自助組織を育成しなければならず、その自律的活動及び発展を保障する。
第124条　国家は、健全な消費行為を啓導し、生産品の品質向上を促すための消費者保護運動を、法律の定めるところにより、保障する。
第125条　国家は、対外貿易を育成し、これを規制及び調整することができる。
第126条　国防上又は国民経済上の緊切な必要により法律の定める場合を除いては、私営企業を国有又は公有に移転し、又はその経営を統制若しくは管理することはできない。
第127条　①　国家は、科学技術の革新並びに情報及び人力の開発を通じて、国民経済の発展に努めなければならない。
　②　国家は、国家標準制度を確立する。
　③　大統領は、第1項の目的を達成するため、必要な諮問機構を置くことができる。

第10章　憲法改正

第128条　①　憲法改正は、国会在籍議員の過半数又は大統領の発議で提案される。
　②　大統領の任期延長又は重任変更のための憲法改正は、その憲法改正提案当時の大統領に対しては効力を有しない。
第129条　提案された憲法改正案は、大統領が20日以上の期間これを公告しなけれ

ばならない。

第130条　①　国会は、憲法改正案が公告された日から60日以内に議決しなければならず、国会の議決は、在籍議員の3分の2以上の賛成を得なければならない。

②　憲法改正案は、国会が議決した後、30日以内に国民投票に付し、国会議員選挙権者の過半数の投票及び投票者の過半数の賛成を得なければならない。

③　憲法改正が第2項の賛成を得たときは、憲法改正は、確定され、大統領は、直ちにこれを公布しなければならない。

附　則

第1条　この憲法は、1988年2月25日から施行する。ただし、この憲法を施行するために必要な法律の制定又は改正並びにこの憲法による大統領及び国会議員の選挙その他この憲法施行に関する準備は、この憲法施行前に行うことができる。

第2条　①　この憲法による最初の大統領選挙は、この憲法の施行日の40日前までに実施する。

②　この憲法による最初の大統領の任期は、この憲法の施行日から開始する。

第3条　①　この憲法による最初の国会議員選挙は、この憲法の公布日から6月以内に実施し、この憲法により選出された最初の国会議員の任期は、国会議員選挙後、この憲法による国会の最初の集会日から開始する。

②　この憲法公布当時の国会議員の任期は、第1項による集会の最初の集会日の前日までとする。

第4条　①　この憲法施行当時の公務員及び政府が任命した企業体役員は、この憲法により任命されたものとみなす。ただし、この憲法により選任方法又は任命権者が変更された公務員並びに大法院長及び監査院長は、この憲法により後任者が選任される時までその職務を行うものの、この場合、前任者である公務員の任期は、後任者が選任される前日までとする。

②　この憲法施行当時の大法院長及び大法院判事以外の法官は、第1項ただし書の規定にかかわらず、この憲法により任命されたものとみなす。

③　この憲法のうち、公務員の任期又は重任制限に関する規定は、この憲法によりその公務員が最初に選出又は任命された時から適用する。

第5条　この憲法施行当時の法令及び条約は、この憲法に違背しない限り、その効力を持続する。

第6条　この憲法施行当時に、この憲法により新たに設置される機関の権限に属する職務を行っている機関は、この憲法により新たな機関が設置される時まで存続し、その職務を行う。

憲法裁判所法

制定 1988.8.5 法律第 4017 号
一部改正 1991.11.30 法律第 4408 号
一部改正 1994.12.22 法律第 4815 号
一部改正 1995.8.4 法律第 4963 号
一部改正 1997.12.13 法律第 5454 号（政府部処名称等の変更に伴う建築法等の整備に関する法律）

第1章　総　則
第2章　組　織
第3章　一般審判手続
第4章　特別審判手続
　第1節　違憲法律審判
　第2節　弾劾審判
　第3節　政党解散審判
　第4節　権限争議審判
　第5節　憲法訴願審判
第5章　罰　則
附　則

第1章　総　則

第1条（目的）　この法律は、憲法裁判所の組織及び運営とその審判手続に関して必要な事項を定めることを目的とする。

第2条（管掌事項）　憲法裁判所は、次の事項を管掌する。
1. 裁判所の提請による法律の違憲審判
2. 弾劾の審判
3. 政党の解散審判
4. 国家機関相互間、国家機関と地方自治団体間及び地方自治団体相互間の権限争議に関する審判
5. 憲法訴願に関する審判

第3条（構成）　憲法裁判所は、9人の裁判官で構成する。

第4条（裁判官の独立）　裁判官は、憲法と法律によりその良心に従って独立して審判する。

第5条（裁判官の資格）　①　裁判官は、15年以上次の各号の1に該当する職にあった40歳以上の者の中から任命する。ただし、次の各号のうち2以上の職に

附　録

あった者の在職期間は、これを通算する。
1. 判事・検事・弁護士
2. 弁護士の資格がある者で国家機関、国・公営企業体、政府投資機関その他の法人で法律に関する事務に従事した者
3. 弁護士の資格がある者で公認された大学の法律学助教授以上の職にあった者

② 次の各号の1に該当する者は、裁判官に任命することができない。
1. 他の法令により公務員として任用することができない者
2. 禁錮以上の刑の宣告を受けた者
3. 弾劾により罷免された後5年を経過しない者

第6条（裁判官の任命）① 裁判官は、大統領が任命する。
② 第1項の裁判官のうち3人は、国会で選出する者を、3人は、大法院長が指名する者を任命する。
③ 裁判官の任期が満了し、又は任期中に裁判官が欠員となったときは、任期満了又は欠員となった日から30日以内に後任者を任命しなければならない。ただし、国会で選出した裁判官が国会の閉会又は休会中にその任期が満了し、又は欠員となったときは、国会は、次の集会が開始された後30日以内に後任者を選出しなければならない。

第7条（裁判官の任期）① 裁判官の任期は、6年とし、連任することができる。
② 裁判官の定年は、65歳とする。ただし、憲法裁判所長の裁判官の定年は、70歳とする。

第8条（裁判官の身分保障）裁判官は、次の各号の1に該当する場合でなければ、その意思に反して解任されない。
1. 弾劾決定された場合
2. 禁錮以上の刑の宣告を受けた場合

第9条（裁判官の政治関与の禁止）裁判官は、政党に加入し、又は政治に関与することができない。

第10条（規則制定権）① 憲法裁判所は、この法律及び他の法律に抵触しない範囲内において審判に関する手続、内部規律及び事務処理に関する規則を制定することができる。
② 憲法裁判所規則は、官報に掲載して、これを公布する。

第11条（経費）① 憲法裁判所の経費は、独立して国家の予算に計上しなければならない。
② 第1項の経費中には、予備金を置く。

第 2 章 組　　織

第 12 条（憲法裁判所長）　①　憲法裁判所に憲法裁判所長を置く。

②　憲法裁判所長は、国会の同意を得て裁判官の中から大統領が任命する。

③　憲法裁判所長は、憲法裁判所を代表し、憲法裁判所の事務を統理し、所属公務員を指揮監督する。

④　憲法裁判所長が欠けたとき、又は事故により職務を遂行することができないときは、他の裁判官が憲法裁判所規則の定める順序によりその権限を代行する。

第 13 条　削除

第 14 条（裁判官の兼職禁止）　裁判官は、次の各号の 1 に該当する職を兼ね、又は営利を目的とする事業を営むことができない。

1. 国会又は地方議会の議員の職
2. 国会、政府又は裁判所の公務員の職
3. 法人、団体等の顧問、役員又は職員の職

第 15 条（憲法裁判所長等の待遇）　①　憲法裁判所長の待遇及び報酬は、大法院長の例に、裁判官の待遇と報酬は、大法官の例による。

②　削除

第 16 条（裁判官会議）　①　裁判官会議は、裁判官全員で構成し、憲法裁判所長が議長となる。

②　裁判官会議は、裁判官 7 人以上の出席と出席人員過半数の賛成で議決する。

③　議長は、議決において表決権を持つ。

④　次の各号の事項は、裁判官会議の議決を経なければならない。

1. 憲法裁判所規則の制定及び改正等に関する事項
2. 予算要求、予備金支出及び決算に関する事項
3. 事務処長任免の提請並びに憲法研究官及び 3 級以上の公務員の任免に関する事項
4. 特に重要であると認められる事項で憲法裁判所長が附議する事項

⑤　裁判官会議の運営に関して必要な事項は、憲法裁判所規則で定める。

第 17 条（事務処）　①　憲法裁判所の行政事務を処理するために、憲法裁判所に事務処を置く。

②　事務処に事務処長及び事務次長を置く。

③　事務処長は、憲法裁判所長の指揮を受けて事務処の事務を管掌し、所属公務員を指揮監督する。

④　事務処長は、国会に出席し、憲法裁判所の行政に関して発言することができる。

⑤　憲法裁判所長が行った処分に対する行政訴訟の被告は、憲法裁判所事務処長

附　録

とする。
⑥　事務次長は、事務処長を補佐し、事務処長が事故により職務を遂行することができないときは、その職務を代行する。
⑦　事務処に室、局及び課を置く。
⑧　室には室長、局には局長、課には課長を置き、事務処長、次長、室長又は局長の下に、政策の企画又は計画の立案、研究調査、審査及び評価並びに広報業務を補佐する審議官又は担当官を置くことができる。
⑨　この法律に規定しない事項であって事務処の組織及び職務範囲並びに事務処に置く公務員の定員その他必要な事項は、憲法裁判所規則で定める。

第18条（事務処公務員）①　事務処長は、政務職とし、報酬は、国務委員の報酬と同額とする。
②　事務次長は、政務職とし、報酬は、次官の報酬と同額とする。
③　室長及び局長は、2級又は3級、審議官は、3級、課長及び担当官は、3級又は4級の一般職国家公務員で補する。
④　事務処公務員は、憲法裁判所長が任免する。ただし、3級以上の公務員の場合には、裁判官会議の議決を経なければならない。
⑤　憲法裁判所長は、他の国家機関に対してその所属公務員を事務処公務員として勤務させるために、憲法裁判所への派遣勤務を要請することができる。
⑥　事務処所属公務員に対してこの法律に特別の規定がある場合を除いては、国家公務員法中の一般職公務員に関する規定を適用する。

第19条（憲法研究官等）①　憲法裁判所に憲法裁判所規則で定める数の憲法研究官又は憲法研究官補を置く。
②　憲法研究官は、1級から3級までの一般職国家公務員又は1級から3級相当の別定職国家公務員で、憲法研究官補は、4級の一般職国家公務員又は4級相当の別定職国家公務員で補する。
③　憲法研究官又は憲法研究官補は、憲法裁判所長の命を受けて事件の審理及び審判に関する調査及び研究に従事する。
④　憲法研究官は、次の各号の1に該当する者の中から憲法裁判所長が裁判官会議の議決を経て任免する。
　1.　判事、検事又は弁護士の資格を有する者
　2.　公認された大学の法律学助教授以上の職にあった者
　3.　国会、政府又は裁判所等国家機関において4級以上の公務員として5年以上法律に関する事務に従事した者
　4.　憲法裁判所において憲法研究官補として5年以上勤めた者
⑤　憲法研究官補は、次の各号の1に該当する者の中から憲法裁判所長が裁判官会議の議決を経て任免する。

1. 判事、検事又は弁護士の資格を有する者
2. 公認された大学の法律学専任講師以上の職にあった者
3. 法律学に関する博士学位所持者であって公法学の専門的知識を有する者
4. 国会、政府又は裁判所等国家機関で5級以上の公務員として4年以上法律に関する事務に従事した者

⑥ 憲法裁判所長は、他の国家機関に対して、その所属公務員を憲法研究官又は憲法研究官補として勤務させるために憲法裁判所への派遣勤務を要請することができる。

第20条（憲法裁判所長秘書室等）① 憲法裁判所に憲法裁判所長秘書室を置く。
② 憲法裁判所長秘書室に秘書室長1人を置き、秘書室長は、1級相当の別定職国家公務員で補し、憲法裁判所長の命を受けて機密に関する事務を管掌する。
③ 第2項に規定しない事項で、憲法裁判所長秘書室の組織及び運営に関して必要な事項は、憲法裁判所規則で定める。
④ 憲法裁判所に裁判官秘書官を置く。
⑤ 裁判官秘書官は、4級の一般職国家公務員又は4級相当の別定職国家公務員で補し、裁判官の命を受けて機密に関する事務を管掌する。

第21条（書記及び廷吏）① 憲法裁判所に書記及び廷吏を置く。
② 憲法裁判所長は、事務処職員の中から書記及び廷吏を指名する。
③ 書記は、裁判長の命を受けて事件に関する書類の作成、保管又は送達に関する事務を担当する。
④ 廷吏は、審判廷における秩序維持及びその他裁判長が命ずる事務を執行する。

第3章　一般審判手続

第22条（裁判部）① この法律に特別の規定がある場合を除いては、憲法裁判所の審判は、裁判官全員で構成される裁判部において管掌する。
② 裁判部の裁判長は、憲法裁判所長となる。

第23条（審判定足数）① 裁判部は、裁判官7人以上の出席で事件を審理する。
② 裁判部は、終局審理に関して裁判官の過半数の賛成で事件に関する決定をする。ただし、次の各号の1に該当する場合には、裁判官6人以上の賛成がなければならない。
1. 法律の違憲決定、弾劾の決定、政党解散の決定又は憲法訴願に関する認容決定をする場合
2. 従前に憲法裁判所が判示した憲法又は法律の解釈適用に関する意見を変更する場合

第24条（除斥・忌避及び回避）① 裁判官が次の各号の1に該当する場合には、

附　録

その職務執行から除斥される。
1. 裁判官が当事者又は当事者の配偶者若しくは配偶者であった場合
2. 裁判官と当事者間に親族、戸主及び家族の関係があり、又はこのような関係があった場合
3. 裁判官が事件に関して証言又は鑑定をする場合
4. 裁判官が事件に関して当事者の代理人となり、又はなった場合
5. その他裁判官が憲法裁判所以外で職務上又は職業上の理由で事件に関与していた場合

② 裁判部は、職権又は当事者の申請により除斥の決定をする。
③ 裁判官に審判の公正を期待するのが困難な事情がある場合には、当事者は、忌避申請をすることができる。ただし、弁論期日に出席して本案に関する陳述をしたときは、この限りでない。
④ 当事者は、同じ事件に対して2人以上の裁判官を忌避することができない。
⑤ 裁判官は、第1項又は第3項の事由があるときは、裁判長の許可を得て回避することができる。
⑥ 当事者の除斥及び忌避申請に関する審判には、民事訴訟法第40条、第41条、第42条第1項及び第2項並びに第44条の規定を準用する。

第25条（代表者・代理人）　① 各種審判手続において政府が当事者（参加人を含む。以下同じ。）であるときは、法務部長官がこれを代表する。
② 各種審判手続において当事者である国家機関又は地方自治団体は、弁護士又は弁護士の資格がある所属職員を代理人に選任して審判を遂行することができる。
③ 各種審判手続において当事者である私人は、弁護士を代理人に選任しなければ、審判請求をし、又は審判遂行をすることができない。ただし、その者が弁護士の資格を有するときは、この限りでない。

第26条（審判請求の方式）　① 憲法裁判所への審判請求は、審判事項別に定められた請求書を憲法裁判所に提出することにより行う。ただし、違憲法律審判においては、裁判所の提請書、弾劾審判においては、国会の訴追議決書の正本でこれに代える。
② 請求書には、必要な証拠書類又は参考資料を添付することができる。

第27条（請求書の送達）　① 憲法裁判所が請求書を受理したときは、遅滞なく、その謄本を被請求機関又は被請求人（以下「被請求人」という。）に送達しなければならない。
② 違憲法律審判の提請があったときは、法務部長官及び当該訴訟事件の当事者に提請書の謄本を送達する。

第28条（審判請求の補正）　① 裁判長は、審判請求が不適法であり補正すること

ができると認める場合には、相当な期間を定めて補正を要求しなければならない。
② 第27条第1項の規定は、第1項の規定による補正書面に準用する。
③ 第1項の規定による補正があるときは、始めから適法な審判請求があったものとみなす。
④ 第1項の規定による補正期間は、第38条の規定による審判期間にこれを算入しない。

第29条（答弁書の提出）① 請求書又は補正書面の送達を受けた被請求人は、憲法裁判所に答弁書を提出することができる。
② 答弁書には、審判請求の趣旨及び理由に対応する答弁を記載する。

第30条（審理の方式）① 弾劾の審判、政党解散の審判及び権限争議の審判は、口頭弁論による。
② 違憲法律の審判及び憲法訴願に関する審判は、書面審理による。ただし、裁判部は、必要であると認める場合には、弁論を開いて当事者、利害関係人その他参考人の陳述を聞くことができる。
③ 裁判部が弁論を開いたときは、期日を定めて、当事者及び関係人を召喚しなければならない。

第31条（証拠調査）① 裁判部は、事件の審理のために必要であると認める場合には、当事者の申請又は職権により、次の証拠調査をすることができる。
　1. 当事者本人又は証人を尋問すること
　2. 当事者又は関係人が所持する文書、帳簿、物件その他証拠資料の提出を要求してこれを領置すること
　3. 特別な学識及び経験を有する者に鑑定を命ずること
　4. 必要な物件、人、場所その他事物の性状又は状況を検証すること
② 裁判長は、必要であると認める場合には、裁判官の中の1人を指定して第1項の証拠調査をさせることができる。

第32条（資料提出要求等） 裁判部は、決定により他の国家機関又は公共団体の機関に対して審判に必要な事実を照会したり、記録の送付又は資料の提出を要求することができる。ただし、裁判、訴追又は犯罪捜査が進行中の事件の記録に対しては、送付を要求することができない。

第33条（審判の場所） 審判の弁論と終局決定の宣告は、審判廷で行う。ただし、憲法裁判所長が必要であると認める場合には、審判廷以外の場所でこれをすることができる。

第34条（審判の公開）① 審判の弁論及び決定の宣告は、公開する。ただし、書面審理及び評議は、公開しない。
② 法院組織法第57条第1項但書、第2項及び第3項の規定は、憲法裁判所の

附　録

審判に関してこれを準用する。
第35条（審判の指揮と法廷警察権）　①　裁判長は、審判廷の秩序及び弁論の指揮並びに評議の整理を担当する。
②　憲法裁判所審判廷の秩序維持及び用語の使用に関しては、法院組織法第58条から第63条までの規定を準用する。
第36条（終局決定）　①　裁判部が審理を終えたときは、終局決定をする。
②　終局決定をするときは、次の事項を記載した決定書を作成して、審判に関与した裁判官全員がこれに署名・捺印しなければならない。
　　1.　事件番号及び事件名
　　2.　当事者と審判遂行者又は代理人の表示
　　3.　主文
　　4.　理由
　　5.　決定日時
③　法律の違憲審判、権限争議審判及び憲法訴願審判に関与した裁判官は、決定書に意見を表示しなければならない。
④　終局決定が宣告されれば、書記は、遅滞なく決定書正本を作成してこれを当事者に送達しなければならない。
⑤　終局決定は、官報に掲載することにより、これを公示する。
第37条（審判費用等）　①　憲法裁判所の審判費用は、国家負担とする。ただし、当事者の申請による証拠調査の費用は、憲法裁判所規則の定めるところにより、その申請人に負担させることができる。
②　憲法裁判所は、憲法訴願審判の請求人に対して、憲法裁判所規則で定める供託金の納付を命ずることができる。
③　憲法裁判所は、次の各号の1に該当する場合には、憲法裁判所規則の定めるところにより、供託金の全部又は一部の国庫帰属を命ずることができる。
　　1.　憲法訴願の審判請求を却下する場合
　　2.　憲法訴願の審判請求を棄却する場合に、その審判請求が権利の濫用であると認められるとき
第38条（審判期間）　憲法裁判所は、審判事件を受理した日から180日以内に終局決定の宣告をしなければならない。ただし、裁判官が欠けたために7人の出席が不可能なときは、その欠けた期間は、審判期間にこれを算入しない。
第39条（一事不再理）　憲法裁判所は、既に審判を経た同一事件に対しては、再び審判することができない。
第40条（準用規定）　①　憲法裁判所の審判手続に関しては、この法律に特別の規定がある場合を除いては、民事訴訟に関する法令の規定を準用する。この場合、弾劾審判においては、刑事訴訟に関する法令を、権限争議審判及び憲法訴願審

においては、行政訴訟法をあわせて準用する。

② 第1項後段の場合に、刑事訴訟に関する法令又は行政訴訟法が民事訴訟に関する法令と抵触するときは、民事訴訟に関する法令は、準用しない。

第4章 特別審判手続

第1節 違憲法律審判

第41条（違憲審判の提請） ① 法律が憲法に違反するか否かが裁判の前提となったときは、当該事件を担当する法院（軍事法院を含む。以下同じ。）は、職権又は当事者の申請による決定により、憲法裁判所に違憲であるか否かの審判を提請する。

② 第1項の当事者の申請は、第43条第2号から第4号までの事項を記載した書面によらなければならない。

③ 第2項の申請書面の審査に関しては、民事訴訟法第231条の規定を準用する。

④ 違憲可否の審判の提請に関する決定に対しては、抗告することができない。

⑤ 大法院以外の法院が第1項の提請をするときは、大法院を経由しなければならない。

第42条（裁判の停止等） ① 法院が法律の違憲可否の審判を憲法裁判所に提請したときは、当該訴訟事件の裁判は、憲法裁判所の違憲可否の決定がある時まで停止する。ただし、法院が緊急であると認める場合には、終局裁判以外の訴訟手続を進行させることができる。

② 第1項本文の規定による裁判停止期間は、刑事訴訟法第92条第1項及び第2項並びに軍事法院法第132条第1項及び第2項の拘束期間並びに民事訴訟法第184条の判決宣告期間にこれを算入しない。

第43条（提請書の記載事項） 法院が法律の違憲可否を憲法裁判所に提請するときは、提請書に次の事項を記載しなければならない。

1. 提請法院の表示
2. 事件及び当事者の表示
3. 違憲であると解釈される法律又は法律の条項
4. 違憲であると解釈される理由
5. その他必要な事項

第44条（訴訟事件当事者等の意見） 当該訴訟事件の当事者及び法務部長官は、憲法裁判所に法律の違憲可否に対する意見書を提出することができる。

第45条（違憲決定） 憲法裁判所は、提請された法律又は法律条項の違憲の可否だけを決定する。ただし、法律条項の違憲決定により、当該法律全部を施行することができないと認められるときは、その全部に対して違憲の決定をすることがで

附　　録

きる。
第46条（決定書の送達）　憲法裁判所は、決定日から14日以内に決定書正本を提請した法院に送達する。この場合、提請した法院が大法院でない場合には、大法院を経なければならない。
第47条（違憲決定の効力）　①　法律の違憲決定は、法院その他国家機関及び地方自治団体を覊束する。
　②　違憲と決定された法律又は法律の条項は、その決定がある日から効力を喪失する。ただし、刑罰に関する法律又は法律の条項は、遡及してその効力を喪失する。
　③　第2項ただし書の場合に、違憲と決定された法律又は法律の条項に基づいた有罪の確定判決に対しては、再審を請求することができる。
　④　第3項の再審に対しては、刑事訴訟法の規定を準用する。
　　　第2節　弾劾審判
第48条（弾劾訴追）　次の各号の1に該当する公務員がその職務執行において憲法又は法律に違背したときは、国会は、憲法及び国会法の規定により、弾劾の訴追を議決することができる。
　1.　大統領、国務総理、国務委員及び行政各部の長
　2.　憲法裁判所裁判官、法官及び中央選挙管理委員会委員
　3.　監査院長及び監査委員
　4.　その他法律が定めた公務員
第49条（訴追委員）　①　弾劾審判においては、国会法制司法委員会の委員長が訴追委員となる。
　②　訴追委員は、憲法裁判所に訴追議決書の正本を提出してその審判を請求し、審判の弁論において被請求人を尋問することができる。
第50条（権限行使の停止）　弾劾訴追の議決を受けた者は、憲法裁判所の審判がある時までその権限行使が停止される。
第51条（審判手続の停止）　被請求人に対する弾劾審判請求と同じ事由で刑事訴訟が進行しているときは、裁判部は、審判手続を停止することができる。
第52条（当事者の不出席）　①　当事者が弁論期日に出席しないときは、改めて期日を定めなければならない。
　②　改めて定めた期日にも当事者が出席しないときは、その出席なく審理することができる。
第53条（決定の内容）　①　弾劾審判請求が理由あるときは、憲法裁判所は、被請求人を当該公職から罷免する決定を宣告する。
　②　被請求人が決定宣告前に当該公職から罷免されたときは、憲法裁判所は、審判請求を棄却しなければならない。

第54条（決定の効力）　①　弾劾決定は、被請求人の民事上又は刑事上の責任を免除しない。
②　弾劾決定により罷免された者は、決定宣告があった日から5年を経過しなければ公務員となることができない。
　　　第3節　政党解散審判
第55条（政党解散審判の請求）　政党の目的又は活動が民主的基本秩序に違背するときは、政府は、国務会議の審議を経て、憲法裁判所に政党解散審判を請求することができる。
第56条（請求書の記載事項）　政党解散審判の請求書には、次の事項を記載しなければならない。
　1．解散を要求する政党の表示
　2．請求の理由
第57条（仮処分）　憲法裁判所は、政党解散審判の請求を受けたときは、請求人の申請又は職権で、終局決定の宣告時まで被請求人の活動を停止する決定をすることができる。
第58条（請求等の通知）　①　政党解散審判の請求があるとき、仮処分決定をしたとき及びその審判が終了したときは、憲法裁判所長は、その事実を国会及び中央選挙管理委員会に通知しなければならない。
②　政党解散を命ずる決定書は、被請求人のほか、国会、政府及び中央選挙管理委員会にも、これを送達しなければならない。
第59条（決定の効力）　政党の解散を命ずる決定が宣告されたときは、その政党は、解散される。
第60条（決定の執行）　政党の解散を命ずる憲法裁判所の決定は、中央選挙管理委員会が政党法の規定により、これを執行する。
　　　第4節　権限争議審判
第61条（請求事由）　①　国家機関相互間、国家機関と地方自治団体間及び地方自治団体相互間に権限の存否又は範囲に関して争いがあるときは、当該国家機関又は地方自治団体は、憲法裁判所に権限争議審判を請求することができる。
②　第1項の審判請求は、被請求人の処分又は不作為が憲法又は法律により賦与された請求人の権限を侵害し、又は侵害する顕著な危険があるときに限って、これをすることができる。
第62条（権限争議審判の種類）　①　権限争議審判の種類は、次のとおりである。
　1．国家機関相互間の権限争議審判
　　　国会、政府、法院及び中央選挙管理委員会相互間の権限争議審判
　2．国家機関と地方自治団体間の権限争議審判
　　イ　政府と特別市、広域市又は道間の権限争議審判

附　録

　　　　ロ　政府と市、郡又は地方自治団体である区（以下「自治区」という。）間の権限争議審判
　　3.　地方自治団体相互間の権限争議審判
　　　　イ　特別市、広域市又は道相互間の権限争議審判
　　　　ロ　市、郡又は自治区相互間の権限争議審判
　　　　ハ　特別市、広域市又は道と市、郡又は自治区間の権限争議審判
　②　権限争議が地方教育自治に関する法律第2条の規定による教育及び学芸に関する地方自治団体の事務に関するものであるときは、教育監が第1項第2号及び第3号の当事者となる。

第63条（請求期間）　①　権限争議の審判は、その理由があることを知った日から60日以内に、その理由があった日から180日以内に請求しなければならない。
　②　第1項の期間は、不変期間とする。

第64条（請求書の記載事項）　権限争議審判の請求書には、次の事項を記載しなければならない。
1.　請求人及び審判遂行者又は代理人の表示
2.　被請求機関の表示
3.　審判対象となる被請求機関の処分又は不作為
4.　請求の理由
5.　その他必要な事項

第65条（仮処分）　憲法裁判所が権限争議審判の請求を受けたときは、職権又は請求人の申請により、終局決定の宣告時まで審判対象になった被請求機関の処分の効力を停止する決定をすることができる。

第66条（決定の内容）　①　憲法裁判所は、審判の対象になった国家機関又は地方自治団体の権限の存否又は範囲に関して判断する。
　②　第1項の場合において、被請求機関の処分又は不作為が既に請求人の権限を侵害したときは、これを取り消し、又はその無効を確認することができる。

第67条（決定の効力）　①　憲法裁判所の権限争議審判の決定は、すべての国家機関及び地方自治団体を覊束する。
　②　国家機関又は地方自治団体の処分を取り消す決定は、その処分の相手方に対して既に生じた効力に影響を及ぼさない。

　　　　第5節　憲法訴願審判

第68条（請求事由）　①　公権力の行使又は不行使により憲法上保障された基本権を侵害された者は、法院の裁判を除いて、憲法裁判所に憲法訴願審判を請求することができる。ただし、他の法律に救済手続がある場合には、その手続をすべて経た後でなければ請求することはできない。
　②　第41条第1項の規定による法律の違憲可否の審判の提請申請が棄却された

ときは、その申請をした当事者は、憲法裁判所に憲法訴願審判を請求することができる。この場合、その当事者は、当該事件の訴訟手続において同じ事由を理由として再び違憲可否の審判の提請を申請することができない。

第69条（請求期間）　①　第68条第1項の規定による憲法訴願の審判は、その理由があることを知った日から60日以内に、その理由があった日から180日以内に請求しなければならない。ただし、他の法律による救済手続を経た憲法訴願の審判は、その最終決定の通知を受けた日から30日以内に請求しなければならない。

②　第68条第2項の規定による憲法訴願審判は、違憲法律審判の提請申請が棄却された日から14日以内に請求しなければならない。

第70条（国選代理人）　①　憲法訴願審判を請求しようとする者が弁護士を代理人として選任する資力がない場合には、憲法裁判所に国選代理人を選任するよう申請することができる。この場合、第69条の規定による請求期間は、国選代理人の選任申請がある日を基準として定める。

②　憲法裁判所は、第1項の申請があるときは、憲法裁判所規則の定めるところにより、弁護士の中から国選代理人を選定する。

③　憲法裁判所が国選代理人を選定しないという決定をしたときは、遅滞なく、その事実を申請人に通知しなければならない。この場合、申請人が選任申請をした日からその通知を受けた日までの期間は、第69条の規定による請求期間にこれを算入しない。

④　第2項の規定によって選定した国選代理人に対しては、憲法裁判所規則の定めるところにより、国庫からその報酬を支給する。

第71条（請求書の記載事項）　①　第68条第1項の規定による憲法訴願の審判請求書には、次の事項を記載しなければならない。

1. 請求人及び代理人の表示
2. 侵害された権利
3. 侵害の原因となる公権力の行使又は不行使
4. 請求理由
5. その他必要な事項

②　第68条第2項の規定による憲法訴願の審判請求書の記載事項に関しては、第43条の規定を準用する。この場合第43条第1号中の「提請法院の表示」は、「請求人及び代理人の表示」と読み替えるものとする。

③　憲法訴願の審判請求書には、代理人の選任を証明する書類又は国選代理人選任通知書を添付しなければならない。

第72条（事前審査）　①　憲法裁判所長は、憲法裁判所に裁判官3人で構成される指定裁判部を置き、憲法訴願審判の事前審査を担当させることができる。

②　削除

附　　録

　③　指定裁判部は、次の各号の1に該当する場合には、指定裁判部裁判官全員の一致した意見による決定により、憲法訴願の審判請求を却下する。
　　1.　他の法律による救済手続があるにもかかわらずその手続をすべて経ず、又は法院の裁判に対して憲法訴願の審判が請求された場合
　　2.　第69条の規定による請求期間が経過した後に憲法訴願審判が請求された場合
　　3.　第25条の規定による代理人の選任なく請求された場合
　　4.　その他憲法訴願審判の請求が不適法であり、かつ、その瑕疵を補正することができない場合
　④　指定裁判部は、全員の一致した意見で第3項の却下決定をしない場合には、決定により憲法訴願を裁判部の審判に回付しなければならない。憲法訴願審判の請求後30日が経過する時まで却下決定がないときは、審判に回付する決定(以下「審判回附決定」という。)があるものとみなす。
　⑤　第28条、第31条、第32条及び第35条の規定は、指定裁判部の審理にこれを準用する。
　⑥　指定裁判部の構成と運営に関して必要な事項は、憲法裁判所規則で定める。
第73条(却下及び審判回付決定の通知)　①　指定裁判部は、憲法訴願を却下し、又は審判回付決定をしたときは、その決定日から14日以内に請求人又はその代理人及び被請求人にその事実を通知しなければならない。第72条第4項後段の場合にもまた同じである。
　②　憲法裁判所長は、憲法訴願が第72条第4項の規定により、裁判部の審判に回付されたときは、次の各号に列挙された者に対して、遅滞なく、その事実を通知しなければならない。
　　1.　法務部長官
　　2.　第68条第2項の規定による憲法訴願審判においては、請求人でない当該事件の当事者
第74条(利害関係機関等の意見提出)　①　憲法訴願の審判に利害関係のある国家機関又は公共団体及び法務部長官は、憲法裁判所にその審判に関する意見書を提出することができる。
　②　第68条第2項の規定による憲法訴願が裁判部に審判回付されたときは、第27条第2項及び第44条の規定を準用する。
第75条(認容決定)　①　憲法訴願の認容決定は、すべての国家機関及び地方自治団体を覊束する。
　②　第68条第1項の規定による憲法訴願を認容するときは、認容決定書の主文において、侵害された基本権及び侵害の原因となった公権力の行使又は不行使を特定しなければならない。

③　第2項の場合に、憲法裁判所は、基本権侵害の原因となった公権力の行使を取り消し、又はその不行使が違憲であることを確認することができる。
④　憲法裁判所が公権力の不行使に対する憲法訴願を認容する決定をしたときは、被請求人は、決定の趣旨に従い新たな処分をしなければならない。
⑤　第2項の場合に、憲法裁判所は、公権力の行使又は不行使が違憲の法律又は法律の条項に起因したものと認められるときは、認容決定により、当該法律又は法律の条項が違憲であることを宣告することができる。
⑥　第5項の場合及び第68条第2項の規定による憲法訴願を認容する場合には、第45条及び第47条の規定を準用する。
⑦　第68条第2項の規定による憲法訴願が認容された場合に、当該憲法訴願に関連した訴訟事件が既に確定したときは、当事者は、再審を請求することができる。
⑧　第7項の規定による再審において、刑事事件については、刑事訴訟法の規定を、その他の事件については、民事訴訟法の規定を準用する。

第5章　罰　則

第76条（罰則）　次の各号の1に該当する者は、1年以下の懲役又は100万ウォン以下の罰金に処する。
1. 憲法裁判所から証人、鑑定人、通訳人又は翻訳人として召喚又は委嘱を受けて、正当な事由なく、出席しない者
2. 憲法裁判所から証拠物の提出要求又は提出命令を受けて、正当な事由なく、これを提出しない者
3. 憲法裁判所の調査又は検査を正当な事由なく拒否若しくは妨害又は忌避した者

附則（抄）

第1条（施行日）　この法律は、1988年9月1日から施行する。ただし、この法律による憲法裁判所長・常任裁判官及び裁判官の任命その他この法律の施行に関する準備は、この法律の施行前にすることができる。
第2条（廃止法律）　法律第2530号憲法委員会法は、これを廃止する。
第3条（係属事件に対する経過措置）　この施行当時憲法委員会に係属中である事件は、憲法裁判所に移管する。この場合、既に行われた審判行為の効力に対しては、影響を及ぼさない。
第4条（従前の事項に関する経過措置）　この法律は、この法律の施行前に生じた事項に関しても適用する。ただし、この法律の施行前に憲法委員会法によって既に生じた効力には、影響を及ぼさない。

附　録

第5条（従前の職員に関する経過措置）　この法律の施行当時の憲法委員会事務局公務員は、憲法裁判所事務処所属の公務員として任用されたものとみなす。

第6条（予算に関する経過措置）　この法律の施行当時の憲法委員会の所管予算は、憲法裁判所の所管予算とみなす。

第7条（権利義務の承継）　この法律の施行当時に憲法委員会が有する権利及び義務は、憲法裁判所がこれを承継する。

　　　　　　　　　　　　　　　（改正附則省略）

法院組織法

全文改正 1987.12. 4 法律第 3992 号
改正 1988. 8．5 法律第 4017 号（憲法裁判所法）
改正 1990.12.31 法律第 4300 号（家事訴訟法）
改正 1994. 7．27 法律第 4765 号
改正 1995. 3．30 法律第 4945 号
改正 1995.12. 6 法律第 5002 号（執行官法）
改正 1996.12.12 法律第 5181 号
改正 1998. 9．23 法律第 5577 号
改正 1999. 1．21 法律第 5681 号
改正 1999.12.31 法律第 6084 号

第1編　総　則
第2編　大 法 院
第3編　各級法院
　第1章　高等法院
　第2章　特許法院
　第3章　地方法院
　第4章　家庭法院
　第5章　行政法院
第4編　法　官
第5編　法院職員等
第6編　裁　判
　第1章　法　廷
　第2章　合　議
第7編　大法院の機関
　第1章　法院行政処
　第2章　司法研修院
　第3章　法院公務員教育院
　第4章　法院図書館
第8編　法院の経費
附　則

第1編　総　則

第1条（目的）　この法律は、憲法によって司法権を行う法院の組織を定めること

附　録

を目的とする。

第2条（法院の権限）　①　法院は、憲法に特別の規定がある場合を除き、一切の法律上の争訟を審判し、この法律及び他の法律により法院に属する権限を有する。

②　第1項の規定は、行政機関による前審としての審判を妨げない。

③　法院は、登記・戸籍・供託・執行官・法務士に関する事務を管掌し、又は監督する。

第3条（法院の種類）　①　法院は、次の6種とする。

　1．　大法院
　2．　高等法院
　3．　特許法院
　4．　地方法院
　5．　家庭法院
　6．　行政法院

②　地方法院及び家庭法院の事務の一部を処理させるために、その管轄区域内に支院及び少年部支院、市法院又は郡法院（以下「市・郡法院」という。）及び登記所を置くことができる。ただし、地方法院及び家庭法院の支院は、2個を合せて1個の支院とすることができる。

③　高等法院、特許法院、地方法院、家庭法院及び行政法院並びに地方法院及び家庭法院の支院及び少年部支院並びに市・郡法院の設置及び廃止並びに管轄区域は、別に法律で定め、登記所の設置及び廃止並びに管轄区域は、大法院規則で定める。

第4条（大法官）　①　大法院に大法官を置く。

②　大法官の数は、大法院長を含めて14人とする。

第5条（判事）　①　大法院長及び大法官でない法官を判事とする。

②　高等法院、特許法院、地方法院、家庭法院及び行政法院に判事を置く。

③　判事の数は、別に法律で定める。ただし、第2項の各級法院に配置する判事の数は、大法院規則で定める。

第6条（職務代理）　①　大法院長は、判事をして他の高等法院、特許法院、地方法院、家庭法院又は行政法院の判事の職務を代理させることができる。

②　高等法院長又は地方法院長は、その管轄区域内に限り第1項の規定による職務代理をさせることができる。ただし、代理期間が6月を超過する場合には、大法院長の許可を受けなければならない。

第7条（審判権の行便）　①　大法院の審判権は、大法官全員の3分の2以上の合議体でこれを行い、大法院長が裁判長となる。ただし、大法官3人以上で構成された部においてまず事件を審理し、意見が一致したときに限り、次の場合を除

き、その部において裁判することができる。
1. 命令又は規則が憲法に違反していることを認める場合
2. 命令又は規則が法律に違反していることを認める場合
3. 従前に大法院で判示した憲法、法律、命令又は規則の解釈適用に関する意見を変更する必要があることを認める場合
4. 削除
5. 部で裁判することが適当でないことを認める場合

② 大法院長は、必要と認める場合には、特定の部をして行政、租税、労働、軍事、特許等の事件を専担して審判させることができる。

③ 高等法院、特許法院及び行政法院の審判権は、判事3人で構成された合議部でこれを行う。

④ 地方法院及び家庭法院並びにその支院、少年部支院及び市・郡法院の審判権は、単独判事がこれを行う。

⑤ 地方法院及び家庭法院並びにその支院で合議審判を要する場合には、判事3人で構成された合議部でこれを行う。

第8条（上級審裁判の拘束力） 上級法院の裁判における判断は、当該事件に関して下級審を拘束する。

第9条（司法行政事務） ① 大法院長は、司法行政事務を総括し、司法行政事務に関して関係公務員を指揮監督する。

② 大法院長は、司法行政事務の指揮監督権の一部を法律若しくは大法院規則が定めるところにより又は大法院長の命により法院行政処長、各級法院の長、司法研修院長、法院公務員教育院長又は法院図書館長に委任することができる。

③ 大法院長は、法院の組織、人事、運営、裁判手続、登記、戸籍その他法院業務に関連した法律の制定又は改正が必要であると認める場合には、国会に書面でその意見を提出することができる。

第9条の2（判事会議） ① 高等法院、特許法院、地方法院、家庭法院及び行政法院並びに大法院規則が定める支院に司法行政に関する諮問機関として判事会議を置く。

② 判事会議は、判事で構成し、その組織及び運営に関して必要な事項は、大法院規則で定める。

第10条（各級法院等の事務局） ① 高等法院、特許法院、地方法院、家庭法院及び行政法院並びに大法院規則が定める支院に事務局を置き、大法院規則が定める高等法院及び地方法院に事務局以外の局を置くことができる。

② 第1項の事務局及び局並びに事務局を置かない支院及び少年部支院に課を置き、その設置及び分掌事務は、大法院規則で定める。

③ 高等法院及び特許法院の事務局長並びに第1項後段に規定された地方法院の

附　　録

事務局長は、法院理事官又は法院副理事官で、高等法院局長、地方法院事務局長及び局長、家庭法院事務局長及び行政法院事務局長並びに大法院規則が定める支院の事務局長は、法院副理事官又は法院書記官で、課長は、法院副理事官、法院書記官又は法院事務官で補する。

④　事務局長、局長及び課長は、上司の命を受けて局又は課の事務を管掌し、所属職員を指揮監督する。

第2編　大法院

第11条（最高法院）　大法院は、最高法院である。

第12条（所在地）　大法院は、ソウル特別市に置く。

第13条（大法院長）　①　大法院に大法院長を置く。

②　大法院長は、大法院の一般事務を管掌し、大法院の職員並びに各級法院及びその所属機関の司法行政事務に関して職員を指揮監督する。

③　大法院長が欠けたとき、又は事故により職務を遂行することができないときは、先任大法官がその権限を代行する。

第14条（審判権）　大法院は、次の事件を終審として審判する。

1. 高等法院又は抗訴法院若しくは特許法院の判決に対する上告事件
2. 抗告法院、高等法院又は抗訴法院若しくは特許法院の決定及び命令に対する再抗告事件
3. 他の法律により大法院の権限に属する事件

第15条（大法官の意思表示）　大法院裁判書には、合議に関与したすべての大法官の意見を表示しなければならない。

第16条（大法官会議の構成及び議決方法）　①　大法官会議は、大法官で構成され、大法院長がその議長となる。

②　大法官会議は、大法官全員の3分の2以上の出席及び出席人員過半数の賛成で議決する。

③　議長は、議決において表決権を有し、可否同数のときは、決定権を有する。

第17条（大法官会議の議決事項）　次の各号の事項は、大法官会議の議決を経る。

1. 判事の任命に対する同意
2. 大法院規則の制定及び改正等に関する事項
3. 判例の蒐集及び刊行に関する事項
4. 予算要求、予備金支出及び決算に関する事項
5. 他の法令により大法官会議の権限に属する事項
6. 特に重要であると認められる事項であって大法院長が付議した事項

第18条（委任事項）　大法官会議の運営に関して必要な事項は、大法院規則で定める。

第19条（法院行政処）　①　司法行政事務を管掌するために、大法院に法院行政処を置く。

②　法院行政処は、法院の人事、予算、会計、施設、統計、訟務、登記、戸籍、供託、執行官、法務士、法令調査及び司法制度研究に関する事務を管掌する。

第20条（司法研修院）　判事及び予備判事の研修並びに司法研修生の修習に関する事務を管掌するために、大法院に司法研修院を置く。

第21条（法院公務員教育院）　法院職員、執行官等の研修及び養成に関する事務を管掌するために、大法院に法院公務員教育院を置く。

第22条（法院図書館）　裁判事務の支援及び法律文化の暢達のための判例、法令、文献、史料等情報を調査、蒐集、編纂し、これを管理及び提供するために、大法院に法院図書館を置く。

第23条（大法院長秘書室等）　①　大法院に大法院長秘書室を置く。

②　大法院長秘書室に室長を置き、室長は、判事で補し、又は政務職とし、大法院長の命を受けて秘書室の事務を管掌し、所属公務員を指揮監督する。

③　大法院長秘書室の組織及び運営に関して必要な事項は、大法院規則で定める。

④　大法院に大法官秘書官を置く。

⑤　大法官秘書官は、4級相当の別定職公務員で補する。

第24条（裁判研究官）　①　大法院に裁判研究官を置く。

②　裁判研究官は、大法院長の命を受けて大法院で事件の審理及び裁判に関する調査及び研究業務を担当する。

③　裁判研究官は、判事で補する。

第25条（司法政策諮問委員会）　①　大法院長は、必要であると認める場合には、大法院長の諮問機関として司法政策諮問委員会を置くことができる。

②　司法政策諮問委員会は、司法政策に関して学識と徳望が高い者の中から大法院長が委嘱する7人以内の委員で構成して、その組織及び運営に関して必要な事項は、大法院規則で定める。

第25条の2（法官人事委員会）　①　法官の人事に関する基本計画の樹立及び人事運営のために、大法院長の諮問機関として法官人事委員会を置く。

②　法官人事委員会は、法官の中から大法院長が任命する委員で構成して、その組織及び運営に関して必要な事項は、大法院規則で定める。

第3編　各級法院

第1章　高等法院

第26条（高等法院長）　①　高等法院に高等法院長を置く。

附　　録

　② 高等法院長は、判事で補する。
　③ 高等法院長は、その法院の司法行政事務を管掌し、所属公務員を指揮監督する。
　④ 高等法院長が欠けたとき、又は事故により職務を遂行することができないときは、首席部長判事、先任部長判事の順序でその権限を代行する。
　⑤ 高等法院に高等法院長秘書官を置く。
　⑥ 高等法院長秘書官は、法院事務官又は5級相当の別定職公務員で補する。

第27条（部）　① 高等法院に部を置く。
　② 部に部長判事を置く。
　③ 部長判事は、その部の裁判において裁判長となり、高等法院長の指揮によりその部の事務を監督する。
　④ 大法院長は、裁判業務遂行上の必要により高等法院の部をしてその管轄区域内の地方法院所在地において事務を処理させることができる。

第28条（審判権）　高等法院は、次の事件を審判する。
　1. 地方法院合議部、家庭法院合議部又は行政法院の第1審判決に対する控訴事件
　2. 地方法院合議部、家庭法院合議部又は行政法院の第1審審判、決定及び命令に対する抗告事件
　3. 他の法律により高等法院の権限に属する事件

第2章　特許法院

第28条の2（特許法院長）　① 特許法院に特許法院長を置く。
　② 特許法院長は、判事で補する。
　③ 特許法院長は、その法院の司法行政事務を管掌し、所属公務員を指揮監督する。
　④ 第26条第4項から第6項までの規定は、特許法院にこれを準用する。

第28条の3（部）　① 特許法院に部を置く。
　② 第27条第2項及び第3項の規定は、特許法院にこれを準用する。

第28条の4（審判権）　特許法院は、次の事件を審判する。
　1. 特許法第186条第1項、実用新案法第55条、意匠法第75条及び商標法第86条第2項が定める第1審事件
　2. 他の法律により特許法院の権限に属する事件

第3章　地方法院

第29条（地方法院長）　① 地方法院に地方法院長を置く。
　② 地方法院長は、判事で補する。

③　地方法院長は、その法院並びに所属支院、市・郡法院及び登記所の司法行政事務を管掌し、所属公務員を指揮監督する。
④　第26条第4項から第6項までの規定は、地方法院にこれを準用する。

第30条（部）　①　地方法院に部を置く。
②　第27条第2項及び第3項の規定は、地方法院にこれを準用する。

第31条（支院）　①　地方法院の支院及び少年部支院に支院長を置く。
②　支院長は、判事で補する。
③　支院長は、所属地方法院長の指揮を受けてその支院及び管轄区域内に位置した市・郡法院の司法行政事務を管掌し、所属公務員を指揮監督する。
④　事務局を置いた支院の支院長は、所属地方法院長の指揮を受けて管轄区域内に位置した登記所の事務を管掌し、所属公務員を指揮監督する。
⑤　地方法院支院に部を置くことができる。
⑥　第27条第2項及び第3項の規定は、第5項の規定により部を置く地方法院の支院にこれを準用する。

第32条（合議部の審判権）　①　地方法院及びその支院の合議部は、次の事件を第1審として審判する。
　1.　合議部で審判することと合議部が決定した事件
　2.　民事事件に関しては、大法院規則で定める事件
　3.　死刑、無期若しくは短期1年以上の懲役又は禁錮に該当する事件。ただし、下に列挙する事件を除く。
　　　イ　削除
　　　ロ　刑法第331条、第332条（第331条の常習犯に限る。）及びその各未遂罪に該当する事件
　　　ハ　暴力行為等処罰に関する法律第2条第1項及び第3項、第3条第1項及び第2項、第6条（第2条第1項及び第3項、第3条第1項及び第2項の未遂罪に限る。）、第9条に該当する事件
　　　ニ　兵役法違反事件
　　　ホ　特定犯罪加重処罰等に関する法律第5条の3第1項、第5条の4第1項、第4項及び第5項（第1項及び第4項に該当する罪に限る。）に該当する事件
　　　ヘ　保健犯罪取締に関する特別措置法第5条に該当する事件
　　　ト　不正小切手取締法第5条に該当する事件
　4.　第3号の事件と同時に審判する共犯事件
　5.　地方法院判事に対する除斥及び忌避事件
　6.　他の法律により地方法院合議部の権限に属する事件
②　地方法院本院合議部は、次の事件を第2審として審判する。

附　録

1. 地方法院単独判事の判決に対する控訴事件
2. 地方法院単独判事の決定及び命令に対する抗告事件

第33条（市・郡法院）　①　大法院長は、地方法院又はその支院所属判事の中からその管轄区域内に位置した市・郡法院の判事を指名して、市・郡法院の管轄事件を審判させる。この場合1人の判事を2以上の市・郡法院の判事として指名することができる。

②　市・郡法院の判事は、所属地方法院長又は支院長の指揮を受けて、市・郡法院の司法行政事務を管掌し、その所属職員を指揮監督する。ただし、家事事件に関しては、その地域を管轄する家庭法院長又はその支院長の指揮を受ける。

第34条（市・郡法院の管轄）　①　市・郡法院は、次の事件を管轄する。

1. 少額事件審判法の適用を受ける民事事件
2. 和解、督促及び調停に関する事件
3. 20万ウォン以下の罰金、拘留又は科料に処すべき犯罪事件
4. 戸籍法第79条の2による協議上の離婚の確認

②　第1項第2号及び第3号の事件が不服申立てにより第1審法院に係属することとなった場合には、その地域を管轄する地方法院又はその支院が管轄する。ただし、少額事件審判法の適用を受ける事件は、その市・郡法院で管轄する。

③　第1項第3号に該当する犯罪事件に対しては、これを即決審判する。

第35条（即決審判に対する正式裁判の請求）　第34条の即決審判に対して被告人は、告知を受けた日から7日以内に正式裁判を請求することができる。

第36条（登記所）　①　登記所に所長を置く。

②　所長は、法院書記官又は法院事務官で補する。

③　所長は、所属地方法院長又は事務局を置いた支院の支院長の指揮を受けて登記所の事務を管掌し、その所属職員を指揮監督する。

第4章　家庭法院

第37条（家庭法院長）　①　家庭法院に家庭法院長を置く。

②　家庭法院長は、判事で補する。

③　家庭法院長は、その法院及び所属支院の司法行政事務を管掌し、所属公務員を指揮監督する。ただし、第3条第2項ただし書の規定により1個の支院を置く場合には、家庭法院長は、その支院の家事事件、少年保護及び戸籍に関する事務を指揮監督する。

④　第26条第4項から第6項までの規定は、家庭法院にこれを準用する。

第38条（部）　①　家庭法院に部を置く。

②　第27条第2項及び第3項の規定は、家庭法院にこれを準用する。

第39条（支院）　①　家庭法院支院に支院長を置く。

② 支院長は、所属家庭法院長の指揮を受けて支院の司法行政事務を管掌し、所属公務員を指揮監督する。
③ 第31条第2項及び第5項並びに第27条第2項及び第3項の規定は、家庭法院の支院にこれを準用する。
第40条（合議部の審判権） ① 家庭法院及び家庭法院支院の合議部は、次の事件を第1審として審判する。
  1. 家事訴訟法で定めた家事訴訟及びホ類家事非訟事件のうち大法院規則で定める事件
  2. 家庭法院判事に対する除斥及び忌避事件
  3. 他の法律により家庭法院合議部の権限に属する事件
② 家庭法院本院合議部は、家庭法院単独判事の判決、審判、決定及び命令に対する控訴又は抗告事件を第2審として審判する。

第5章 行政法院

第40条の2（行政法院長） ① 行政法院に行政法院長を置く。
② 行政法院長は、判事で補する。
③ 行政法院長は、その法院の司法行政事務を管掌し、所属公務員を指揮監督する。
④ 第26条第4項から第6項までの規定は、行政法院にこれを準用する。
第40条の3（部） ① 行政法院に部を置く。
② 第27条第2項及び第3項の規定は、行政法院にこれを準用する。
第40条の4（審判権） 行政法院は、行政訴訟法で定めた行政事件及び他の法律により行政法院の権限に属する事件を第1審として審判する。

第4編 法　官

第41条（法官の任命） ① 大法院長は、国会の同意を得て大統領が任命する。
② 大法官は、大法院長の提請により国会の同意を得て大統領が任命する。
③ 判事は、大法官会議の同意を得て大法院長が任命する。
第42条（任用資格） ① 大法院長及び大法官は、15年以上次の各号の職にあった40歳以上の者の中から任用する。
  1. 判事、検事又は弁護士
  2. 弁護士の資格がある者であって、国家機関、地方自治団体、国・公営企業体、政府投資機関その他の法人で法律に関する事務に従事した者
  3. 弁護士の資格がある者で公認された大学の法律学助教授以上の職にあった者
② 判事は、次の各号の1に該当する者の中から任用する。

附　録

　　1.　司法試験に合格して司法研修院の所定の課程を終えた者
　　2.　弁護士の資格がある者
　③　第1項各号に規定した2以上の職に在職した者に対しては、その年数を通算する。

第42条の2（予備判事）　①　判事を新規任用する場合には、2年の期間、予備判事として任用して勤務させた後、その勤務成績を参酌して判事として任用する。ただし、第42条第1項各号の1に2年以上在職した者に対しては、大法院規則が定めるところにより、予備判事任用を免除し、又はその期間を短縮することができる。
　②　予備判事は、大法院長が任命し、その数は、別に法律で定める。
　③　予備判事は、各級法院で事件の審理及び裁判に関する調査及び研究業務を担当する。
　④　予備判事は、別定職公務員として、その報酬は、別に法律で定め、判事に準ずる。
　⑤　予備判事が勤務成績不良な場合には、免職させることができる。
　⑥　予備判事の勤務期間は、この法律及び他の法令に規定された判事の在職期間に算入する。

第42条の3（職務権限の制限）　①　第42条第1項各号の在職期間を通算して7年未満の判事は、弁論を開いて判決する事件に関しては、単独で裁判することができない。ただし、第34条第1項第1号及び第3号に規定された事件及び他の法律に特別の規定がある場合には、この限りでない。
　②　第1項の判事は、合議部の裁判長となることができない。
　③　大法院長は、各級法院の業務処理上必要な場合には、その所属判事をして第1項の制限を受けずに単独で裁判することを許可することができる。

第42条の4　（権限の委任）　削除

第43条（欠格事由）　次の各号の1に該当する者は、法官として任用することができない。
　1.　他の法令により公務員として任用することができない者
　2.　禁錮以上の刑の宣告を受けた者
　3.　弾劾により罷免された後、5年が経過しない者

第44条（補職）　①　判事及び予備判事の補職は、大法院長が行う。
　②　司法研修院長、高等法院長、特許法院長、法院行政処次長、地方法院長、家庭法院長、行政法院長並びに高等法院及び特許法院の部長判事は、10年以上、第42条第1項各号の職にあった者の中から補する。
　③　第42条第3項は、第2項の在職期間の算定にこれを準用する。

第44条の2（勤務成績の評定）　①　大法院長は、判事及び予備判事に対する勤務

成績を評定して、その結果を人事管理に反映させることができる。
　② 第1項の勤務成績評定に関する事項は、大法院規則で定める。
第45条（任期・連任・停年）　① 大法院長の任期は、6年とし、重任することができない。
　② 大法官の任期は、6年とし、連任することができる。
　③ 判事の任期は、10年とし、連任することができる。
　④ 大法院長の停年は、70歳、大法官の停年は、65歳、判事の停年は、63歳とする。
第46条（法官の身分保障）　① 法官は、弾劾決定又は禁錮以上の刑の宣告によらなければ、罷免されず、法官懲戒委員会の懲戒処分によらなければ、停職、減俸又は不利な処分を受けない。
　② 法官の報酬は、職務と品位に相応するように別に法律で定める。
第47条（心身上の障害による退職）　法官が重大な心身上の障害により職務を遂行することができないときは、大法官の場合には、大法院長の提請により大統領が、判事の場合には、大法院長が退職を命ずることができる。
第48条（懲戒）　① 大法院に法官懲戒委員会を置く。
　② 法官の懲戒に関する事項は、別に法律で定める。
第49条（禁止事項）　法官は、在職中、次の行為をすることができない。
　1. 国会又は地方議会の議員となること
　2. 行政部署の公務員となること
　3. 政治運動に関与すること
　4. 大法院長の許可なく報酬ある職務に従事すること
　5. 金銭上の利益を目的とする業務に従事すること
　6. 大法院長の許可なく報酬の有無を問わず国家機関外の法人、団体等の顧問、役員、職員等の職位に就任すること
　7. その他大法院規則で定めること
第50条（派遣勤務）　大法院長は、他の国家機関から法官の派遣勤務要請がある場合に、業務の性質上法官を派遣することが妥当であると認められ、かつ、当該法官がこれに同意するときには、その期間を定めてこれを許可することができる。
第51条（休職）　① 大法院長は、法官が兵役法による兵役服務のために徴集若しくは召集されたとき、又は国内外法律研究機関、大学等における法律研修又は本人の疾病療養等のために休職を請願する場合に、その請願内容が十分な理由があると認められるときは、2年以内の範囲内において期間を定めて（兵役法による徴集又は召集の場合は、その服務期間の満了時まで）、これを許可することができる。
　② 第1項の場合に、休職期間中の報酬支給に関する事項は、大法院規則で定め

附　　録

る。
第52条（兼任等）　①　大法院長は、法官を事件の審判以外の職（裁判研究官を含む。）に補し、又はその職を兼任させることができる。
②　第1項の法官は、事件の審判に参与することができず、第5条第3項の規定による判事の数に算入しない。
③　第1項の法官の数は、大法院規則で定め、報酬は、そのうちの高額のものを支給する。

第5編　法院職員等

第53条（法院職員）　法官以外の法院公務員は、大法院長が任命し、その数は、大法院規則で定める。
第54条（司法補佐官）　①　大法院及び各級法院に司法補佐官を置くことができる。
②　司法補佐官は、次の各号の業務を行う。
　1.　他の法律で司法補佐官の事務と規定した事務
　2.　審判に必要な資料の蒐集、その他事件の処理に必要な調査業務
　3.　家事訴訟法、少年法及び家庭暴力犯罪の処罰等に関する特例法に従う調査業務
③　大法院長は、他の国家機関に対してその所属公務員を司法補佐官として勤務させるために、派遣勤務を要請することができる。
④　司法補佐官の資格、職制及びその数その他必要な事項は、大法院規則で定める。
第54条の2（技術審理官）　①　特許法院に技術審理官を置く。
②　法院は、必要であると認める場合、決定により技術審理官を特許法第186条第1項、実用新案法第55条及び意匠法第75条の規定による訴訟の審理に立ち会わせることができる。
③　第2項の規定により訴訟の審理に立ち会う技術審理官は、裁判長の許可を得て技術的な事項に関して訴訟関係人に質問をすることができ、かつ、裁判の合議で意見を陳述することができる。
④　大法院長は、特許等に関連する国家機関に対して、その所属公務員を技術審理官として勤務させるために派遣勤務を要請することができる。
⑤　技術審理官の資格、職制及びその数その他必要な事項は、大法院規則で定める。
第55条（執行官）　①　地方法院及びその支院に執行官を置く。執行官は、法律が定めるところにより所属地方法院長が任免する。
②　執行官は、法令が定めるところにより、裁判の執行、書類の送達その他の事

務に従事する。
③　執行官は、その職務を誠実に遂行することを保証するために、所属地方法院に保証金を納付しなければならない。
④　第3項の保証金及び執行官の手数料に関する事項は、大法院規則で定める。

第6編　裁　　判

第1章　法　廷

第56条（開廷の場所）　①　公判は、法廷でこれを行う。
②　法院長は、必要により法院以外の場所で開廷させることができる。
第57条（裁判の公開）　①　裁判の審理及び判決は、公開する。ただし、審理は、国家の安全保障、安寧秩序又は善良な風俗を害するおそれがあるときは、決定でこれを公開しないことができる。
②　第1項ただし書の決定は、理由を開示して宣告する。
③　第1項ただし書の決定をした場合でも、裁判長は、適当であると認められる者の在廷を許可することができる。
第58条（法廷の秩序維持）　①　法廷の秩序維持は、裁判長がこれを行う。
②　裁判長は、法廷の尊厳と秩序を害するおそれがある者の入廷禁止若しくは退廷を命じ、又はその他法廷の秩序維持に必要な命令を発することができる。
第59条（録画等の禁止）　何人も法廷内においては、裁判長の許可なく録画、撮影、中継放送等の行為をすることができない。
第60条（警察官の派遣要求）　①　裁判長は、法廷における秩序維持のために必要であると認めるときは、開廷の前後を問わず、管轄警察署長に警察官の派遣を要求することができる。
②　第1項の要求により派遣された警察官は、法廷内外の秩序維持に関して裁判長の指揮を受ける。
第61条（監置等）　①　法院は、職権により、法廷内外において第58条第2項の命令若しくは第59条に違背する行為をし、又は暴言、騒乱等の行為により法院の審理を妨害し、若しくは裁判の威信を顕著に毀損した者に対し、決定で20日以内の監置若しくは100万ウォン以下の過料に処し、又はこれを併科することができる。
②　法院は、第1項の監置のために、法院職員、矯導官又は警察官をして直ちに行為者を拘束させることができ、拘束した時から24時間以内に監置に処する裁判をしなければならず、これをしなければ直ちに釈放を命じなければならない。
③　監置は、警察署留置場、矯導所又は拘置所に留置することにより執行する。
④　監置は、被監置人に対する他の事件による拘束及び刑に優先して執行し、監

附　録

置の執行中には、被監置人に対する他の事件による拘束及び刑の執行が停止され、被監置人が当事者となっている本来の審判事件の訴訟手続は、停止する。ただし、法院は、相当な理由があるときは、訴訟手続の続行を命ずることができる。
　⑤　第1項の裁判に対しては、抗告又は特別抗告をすることができる。
　⑥　第1項の裁判に関する手続その他必要な事項は、大法院規則で定める。
第62条（法廷の用語）　①　法廷では、国語を使用する。
　②　訴訟関係人が国語に通ずることができない場合には、通訳による。
第63条（準用規定）　第57条から第62条までの規定は、法官が法廷以外の場所で職務を行う場合にこれを準用する。
第64条（法廷警衛）　①　大法院及び各級法院に法廷警衛を置く。
　②　法廷警衛は、法廷において法官が命ずる事務その他大法院長が定める事務を執行する。
　③　法院は、執行官を使用するのが困難な事情があると認められるときは、法廷警衛をして訴訟書類を送達させることができる。

第2章　合　議

第65条（合議の非公開）　審判の合議は、公開しない。
第66条（合議の方法）　①　合議審判は、憲法及び法律に他の規定がなければ過半数で決定する。
　②　合議に関する意見が3説以上分立して、各々過半数に達することができないときは、次の意見による。
　　1．数額においては、過半数に達するまで最多額の意見の数に順次少額の意見の数を足して、そのうちで最少額の意見
　　2．刑事においては、過半数に達するまで被告人に最も不利な意見の数に順次有利な意見の数を足して、そのうち最も有利な意見
　③　第7条第1項の規定による過半数決定事項に関して2説が分立して、各説が過半数に達することができないときは、原審裁判を変更することができない。

第7編　大法院の機関

第1章　法院行政処

第67条（法院行政処長等）　①　法院行政処に処長及び次長を置く。
　②　処長は、大法院長の指揮を受けて法院行政処の事務を管掌し、所属職員を指揮監督するとともに、法院の司法行政事務及びその職員を監督する。
　③　次長は、処長を補佐して法院行政処の事務を処理して、処長が欠けたとき、

又は事故により職務を遂行することができないときは、その権限を代行する。
④　処長は、大法院規則が定めるところにより又は大法院長の命で、その所管事務の一部を次長、室長又は局長に委任することができる。
⑤　法院行政処に法院行政処長秘書官及び法院行政処次長秘書官を置く。
⑥　法院行政処長秘書官は、法院書記官又は4級相当の別定職公務員で、法院行政処次長秘書官は、法院事務官又は5級相当の別定職公務員で補する。

第68条（任命）　法院行政処長は、大法官の中から、次長は、判事の中から、大法院長が補する。

第69条（国会出席権等）　法院行政処長及び次長は、司法行政に関して、国会又は国務会議に出席して発言することができる。

第70条（行政訴訟の被告）　大法院長が行った処分に対する行政訴訟の被告は、法院行政処長とする。

第71条（組織）　①　法院行政処に室、局及び課を置き、その設置及び分掌事務は、大法院規則で定める。
②　室には室長、局には局長、課には課長を置く。
③　法院行政処長、次長、室長又は局長の下に、政策の企画、計画の立案、研究調査、審査評価及び弘報業務等を補佐する審議官又は担当官を置くことができ、その職名及び事務分掌は、大法院規則で定める。
④　室長は、判事又は法院管理官で、局長は、判事、法院理事官、施設理事官又は工業理事官で、審議官及び担当官は、判事、法院理事官、法院副理事官、法院書記官、施設理事官、施設副理事官、施設書記官、工業理事官、工業副理事官又は工業書記官で、課長は、法院副理事官、法院書記官、施設副理事官、施設書記官、工業副理事官又は工業書記官で補する。
⑤　室長、局長及び課長は、上司の命を受けて、室、局又は課の事務を処理して、所属職員を指揮監督する。

第2章　司法研修院

第72条（司法研修生）　①　司法研修生は、司法試験に合格した者の中から大法院長が任命し、別定職公務員とする。
②　司法研修生の修習期間は、2年とする。ただし、必要なときは、大法院規則が定めるところにより、修習期間を変更することができる。
③　司法研修生が次の各号の1に該当する場合には、免職することができる。
　1．国家公務員法第33条第1項各号の1に該当する場合
　2．品位を損う行為をした場合
　3．修習の態度がはなはだしく不誠実で修習成績が不良である場合
　4．疾病により修習が不可能な場合

附　録

④　法院は、職権で司法研修生を弁護人として選定することができる。

第72条の2（司法研修生修習の目的）　司法研修生の修習は、法律専門家としての理論及び実務を研究・習得して、高い倫理意識及び国民に対する奉仕精神を涵養することにより、法治主義の確立及び民主主義の発展に尽くすことができる法曹人を養成することを目的とする。

第73条（組織）　①　司法研修院に院長1人、副院長1人、教授及び講師を置く。
②　院長は、大法院長の指揮を受けて司法研修院の事務を管掌し、所属職員を指揮監督する。
③　副院長は、院長を補佐して司法研修院の事務を処理し、院長が欠けたとき、又は事故により職務を遂行することができないときには、副院長がその権限を代行する。
④　司法研修院に司法研修院長秘書官及び司法研修院副院長秘書官を置く。
⑤　司法研修院長秘書官及び司法研修院副院長秘書官は、法院事務官又は5級相当の別定職公務員で補する。

第74条（司法研修院長等）　①　司法研修院長は、判事の中から、副院長は、検事の中から大法院長が補する。
②　司法研修院教授は、次の各号の1に該当する者の中から大法院長が補し、又は司法研修院長の提請を受けて大法院長が任命する。
　1．判事
　2．検事
　3．弁護士
　4．学士又は碩士学位を取得した者であって大法院規則が定める実績又は経歴がある者
　5．博士学位を取得した者
③　講師は、相当な学識及び経験がある者の中から司法研修院長が委嘱する。
④　司法研修院で専任で勤務する判事及び検事は、第5条第3項の規定による判事の数又は検事定員法による検事の数に算入しない。

第74条の2（教授の地位等）　①　判事又は検事ではない司法研修院教授（以下「専任教授」という。）は、特定職公務員とする。
②　専任教授の任期は、10年とし、連任することができる。ただし、新規採用される教授は、3年の範囲内で1回に限り大法院規則が定めるところにより期間を定めて任用することができる。
③　専任教授の停年は、判事に準じ、懲戒に関しては、法官懲戒法を準用する。この場合、同法（第5条を除く。）中「法官」は、「専任教授」と読み替えるものとする。
④専任教授の職名及び任用等に関して必要な事項は、大法院規則で定める。

第74条の3（招聘教授） ① 弁護士資格（外国の弁護士資格を含む。）がある者又は特殊な分野に関して専門知識及び経験があると認められる者は、招聘教授として任用することができる。
② 第1項の規定による招聘教授の任用手続、任用条件及び服務に関して必要な事項は、大法院規則で定める。
第74条の4（教授要員の派遣） ① 法院行政処長は、司法研修院長が要請する場合には、他の国家機関、公共団体、教育機関、研究機関その他必要な機関に対して教授要員の派遣を要請することができる。
② 第1項の規定により司法研修院に派遣された教授要員に対しては、大法院規則が定める手当を支給することができる。
第74条の5（司法研修院運営委員会） ① 司法研修院に教育の基本方向、教育課程その他大法院規則が定める司法研修院の運営及び教育に関する重要事項を審議するために、運営委員会を置く。
② 運営委員会は、大法院長が委嘱する10人以上15人以下の委員により構成し、その任期は、2年とし、連任することができる。
③ 運営委員会の組織及び運営に関して必要な事項は、大法院規則で定める。
第75条（事務局） ① 司法研修院に事務局を置き、事務局には課を置き、その設置及び分掌事務は、大法院規則で定める。
② 局には局長、課には課長を置く。
③ 局長は、法院理事官又は法院副理事官で、課長は、法院副理事官、法院書記官又は法院事務官で補する。
④ 局長及び課長は、上司の命を受けて局又は課の事務を管掌し、所属職員を指揮監督する。
第76条（委任事項） 司法研修生の任命、修習及び報酬その他司法研修院の運営に関して必要な事項は、大法院規則で定めるが、司法研修院教育の自律性及び運営の中立性を最大限保障しなければならない。

第3章　法院公務員教育院

第77条（組織） ① 法院公務員教育院に院長1人、教授及び講師を置く。
② 院長は、大法院長の指揮を受けて法院公務員教育院の事務を管掌し、所属職員を指揮監督する。
第78条（院長等） ① 法院公務員教育院長は、判事又は法院管理官で補する。
② 教授は、法院副理事官、法院書記官又は3級相当若しくは4級相当の別定職公務員で補する。
③ 講師は、相当な学識及び経験がある者の中から法院公務員教育院長が委嘱する。

附　録

第79条（準用規定）　第75条の規定は、法院公務員教育院に、これを準用する。
第80条（委任事項）　法院公務員教育院の運営等に関して必要な事項は、大法院規則で定める。

第4章　法院図書館

第81条（組織）　①　法院図書館に館長を置く。
　②　館長は、判事、法院理事官又は法院副理事官で補する。
　③　館長は、大法院長の指揮を受けて法院図書館の事務を管掌し、所属職員を指揮監督する。
　④　法院図書館の組織、運営等に関して必要な事項は、大法院規則で定める。

第8編　法院の経費

第82条（法院の経費）　①　法院の経費は、独立して国家の予算に計上しなければならない。
　②　法院の予算を編成する場合においては、司法府の独立性及び自律性を尊重しなければならない。
　③　第1項の経費の中には、予備金を置く。

　　　　　　　　　　　　　附則（省略）

事件受理・処理現況

1. 事件受理処理総括表

(1988.9.1.－1998.8.31)

受理・処理区分	受理計	処理合計	決定計	違憲	憲法不合致	一部違憲	限定違憲	限定合憲	認容	合憲	棄却	却下	その他	取下	未済
合計	4,193	3,771	3,523	109	39	10	19	16	68	380	1,021	(1,334)1,859	2	248	(36)422
違憲法律	351	337	241	47	20	4	3	7	143			17		96	14
弾劾															
政党解散															
権限争議	9	8	7						1		1	5		1	1
憲法訴願 計	3,833	3,426	3,275	62	19	6	16	9	67	237	1,020	(1,334)1,837	2	151	(36)407
憲法訴願 §68①	3,247	3,007	2,872	14	2	4	1		67		1,020	(1,303)1,763	1	135	(35)240
憲法訴願 §68②	586	419	403	48	17	2	15	9		237		(31)74	1	16	(1)167

注：憲法訴願審判請求中、指定裁判部の処理および未済件数は（ ）の中に記載し、本欄の数字に合算表示した。

憲法訴願（§68①）：公権力の行使または不行使によって憲法上保障された基本権が侵害された場合。

憲法訴願（§68②）：法院の裁判進行中、その裁判の前提となる法律に対して違憲審判提請申請が棄却された場合。

2. 主文別審判事件処理現況

主文区分	計	違憲	憲法不合致	一部違憲	限定違憲	限定合憲	罷免	解散	権限侵害	無効確認	違憲確認	取り消し	合憲	棄却	却下	その他
合計	(245)3,523	(1)109	39	10	(2)19	(1)16		1		7		(1)60	(14)380	(12)1,021	(214)1,859	2
違憲法律	(8)241	47	20	4	(1)3	(1)7							(4)143		(2)17	
弾劾																

附　　録

区分＼主文	計	違憲	憲法不合致	一部違憲	限定違憲	限定合憲	罷免	解散	権限侵害	無効確認	違憲確認	取り消し	合憲	棄却	却下	その他
政党解散																
権限争議	(1)7								1					(1)1	5	
憲法訴願　計	(236)3,275	(1)62	19	(1)16	9						7		(1)60	(10)237	(11)1,020	(212)1,837	2
憲法訴願　§68①	(186)2,872	(1)14	2	(1)1							7		(1)60		(11)1,020	(172)1,763	1
憲法訴願　§68②	(50)403	48	17	15	9									(10)237		(40)74	1

注：1つの決定に2つ以上の主文がある場合には、主なる主文を本欄に記載し、その以外主文は（　）の中に記載したが、本欄の数字に合算しなかった。

3．違憲法律審判提請現況

| 区分 | 受理 | 処理 | | | | | | | | 未済 |
		計	違憲	憲法不合致	一部違憲	限定違憲	限定合憲	合意	却下	取下	
計	351	337	47	20	4	3	7	143	17	96	14
法院の職権による提請	128	121	12	1				14	14	80	7
当事者申請による提請	223	216	35	19	4	3	7	129	3	16	7

4．憲法訴願事件現況

(1) 請求事由別現況　　　　　　　　　　　　　　　　　　(1988.9.1.－1998.8.31)

| 区分 | 受理 | 処理 | | | | | | | | | | | 未済 |
		計	違憲	認容	憲法不合致	一部違憲	限定違憲	限定合憲	合意	棄却	却下	その他	取下	
計	3,833	3,246	62	67	19	6	9	9	237	1,020	1,837	2	151	407
憲法訴願（§68①）	3,247	3,007	14	67	2	4	1			1,020	1,763	1	135	240
憲法訴願（§68②）	586	419	48		17	2	15	9	237		74	1	16	167

(2) 憲法訴願（§68①）請求內容別現況　　　　　　　　　（1988.9.1.－1998.8.31）

內容 \ 處理	受理	處理			未濟	決定					注文			
		計	決定	取下		計	違憲	憲法不合致	一部違憲	限定違憲	限定合憲	認容	棄却	却下	その他
計	3,247	3,007	2,872	135	240	2,872	14	2	4	1		67	1,020	1,763	1
立法權	法律	431	381	347	34	50	347	11	2	4	1			71	258	
	不作爲	21	20	19	1	1	19						1		18	
	決議・手續等	4	3	3		1	3								3	
行政權	行政處分等	313	288	262	26	25	262						5	11	246	
	不作爲	50	46	38	8	4	38						3	3	32	
	不起訴處分等	1,960	1,820	1,777	43	140	1,777						58	919	799	1
	行政立法	98	89	81	8	9	81	1						8	72	
	自治立法	13	10	6	4	3	6							3	3	
司法權	裁判	219	212	212		7	212							1	211	
	不作爲	17	17	16	1		16	1							15	
	裁判以外の處分	19	19	17	2		17								17	
	司法立法	12	12	10	2		10	1						4	5	
その他	90	90	84	6		84								84	

5. 申請事件現況

（1988.9.1.－1998.8.31）

區分 \ 處理	受理	處理					未濟
		計	認容	棄却	却下	取下	
計	1,390	1,368	505	831	6	26	22
國選代理人選任	1,360	1,341	505	811	2	23	19
除斥							
忌避	9	9		4	3	2	
假處分	15	12		11		1	3
執行停止	2	2		2			

附　録

区分＼処理	受理	計	認容	棄却	却下	取下	未済
執行停止取り消し							
決　定　更　正	3	3		3			
証　拠　保　全							
異　議　申　請	1	1			1		
そ　の　他							

6. 事件処理期間現況

(1988.9.1.－1998.8.31)

区分＼期間	受理	処理					未済				
		計	処理期間				計	審理期間			
			法廷期間以内	1年以内	2年以内	2年経過		法廷期間以内	1年以内	2年以内	2年経過
合　　計	4,193	3,771	1866	741	711	453	422	189	83	90	60
違憲法律	351	337	52	103	139	43	14	9	3	2	
弾　劾											
政党解散											
権限争議	9	8	3	1		4	1	1			
憲法訴願　計	3,833	3,426	1,811	637	572	406	407	179	80	88	60
憲法訴願　§68①	3,247	3,007	1,747	579	421	260	240	138	44	41	17
憲法訴願　§68②	586	419	64	58	151	146	167	41	36	47	43

事件受理・処理現況

7. 年度別審判事件受理および処理現況

(1988.9.1.－1998.8.31)

区分		受理	処理												未済
			計	違憲	憲法不合致	一部違憲	限定違憲	限定合憲	認容	合憲	棄却	却下	審判手続終了宣言	取下	
累計	合計	4,193	3,771	109	39	10	19	16	68	380	1,021	1,859	2	248	422
	違憲法律	351	337	47	20	4	3	7		143		17		96	14
	権限争議	9	8						1		1	5		1	1
	憲法訴願 計	3,833	3,426	62	19	6	16	9	67	237	1,020	1,837	2	151	407
	§68①	3,247	3,007	14	2	4	1		67		1,020	1,763	1	135	240
	§68②	586	419	48	17	2	15	9		237		74	1	16	167
1988	合計	39	13									8		5	26
	違憲法律	13													13
	権限争議														
	憲法訴願 計	26	13									8		5	13
	§68①	25	13									8		5	12
	§68②	1													1
1989	合計	425	307	8	1			1	3	4	17	181		92	144
	違憲法律	142	108	6	1					3		15		83	47
	権限争議														
	憲法訴願 計	283	199	2				1	3	1	17	166		9	97
	§68①	268	193						3		17	164		9	87
	§68②	15	6	2				1		1		2			10
1990	合計	362	197	9		3			4	3	50	116		12	309
	違憲法律	71	11	7		3				1					107
	権限争議	1													1
	憲法訴願 計	290	186	2					4	2	50	116		12	201
	§68①	230	181	2					4		50	114		11	136
	§68②	60	5							2		2		1	65

473

附　　録

区分	受理	処理											未済
		計	違憲	憲法不合致	一部違憲	限定違憲	限定合憲	認容	合憲	棄却	却下	審判手続終了宣言	取下	
1991 合計	264	304	3	1	3			4	109	46	125		13	269
1991 違憲法律	9	104	2		1				96				5	12
1991 権限争議														1
1991 憲法訴願 計	255	200	1	1	2			4	13	46	125		8	256
1991 §68①	233	183	1	1				4		46	123		8	186
1991 §68②	22	17			2				13		2			70
1992 合計	392	326	10		5	1	3	6	23	100	150	1	27	335
1992 違憲法律	24	13	3		3	1	2		2				2	23
1992 権限争議	1													2
1992 憲法訴願 計	367	313	7		2		1	6	21	100	150	1	25	310
1992 §68①	313	274	1		2			6		100	144	1	20	225
1992 §68②	54	39	6				1		21		6		5	85
1993 合計	385	333	7	1		1		8	14	89	189		24	387
1993 違憲法律	17	6	3						2				1	34
1993 権限争議														2
1993 憲法訴願 計	368	327	4	1		1		8	12	89	189		23	351
1993 §68①	301	291	1	1				8		89	171		21	235
1993 §68②	67	36	3			1			12		18		2	116
1994 合計	347	292	5	2		4	1	3	24	83	146	1	23	442
1994 違憲法律	10	21	5			2	1		13					23
1994 権限争議	1	1											1	2
1994 憲法訴願 計	336	270		2		2		3	11	83	146	1	22	417
1994 §68①	286	243						3		83	139		18	278
1994 §68②	50	27		2		2			11		7	1	4	139

事件受理・処理現況

	区分	受理	処理 計	違憲	憲法不合致	一部違憲	限定違憲	限定合憲	認容	合憲	棄却	却下	審判手続終了宣言	取下	未済
1995	合　計	476	503	12	14	2	7		7	60	161	217		23	415
	違憲法律	17	18	5	4					5				4	22
	権限争議		1									1			1
	憲法訴願 計	459	484	7	10	2	7		7	55	161	216		19	392
	§68①	395	399	4		2			7		161	207		18	274
	§68②	64	85	3	10		7			55		9		1	118
1996	合　計	552	475	8				1	12	51	160	230		13	492
	違憲法律	23	18	5				1	11					1	27
	権限争議	2													3
	憲法訴願 計	527	457	3					12	40	160	230		12	462
	§68①	431	401						12		160	218		11	304
	§68②	96	56	3						40		12		1	158
1997	合　計	538	508	26	13		6	6	17	46	179	207		8	522
	違憲法律	15	23	4	11				6		2				19
	権限争議		1					1							2
	憲法訴願 計	523	484	22	2		6	6	16	40	179	205		8	501
	§68①	433	407	5			1		16		179	199		7	330
	§68②	90	77	17	2		5	5		40		6		1	171
1998.8.31	合　計	413	513	21	7				1	4	46	136	290	8	422
	違憲法律	10	15	7	4				4						14
	権限争議	4	5						1	4					1
	憲法訴願 計	399	493	14	3			1	4	42	135	286		8	407
	§68①	332	422						4		135	276		7	240
	§68②	67	71	14	3			1		42		10		1	167

475

決 定 索 引
(事件番号順)

＊ （ ）内は、宣告日及び重要事件名

88憲カ1	社会保護法第5条の違憲審判（1989.7.24）………………………	*99, 100*
88憲カ2	社会保護法第5条の違憲審判（1989.7.26）………………………	*100*
88憲カ5等	社会保護法第5条の違憲審判（1989.7.14, 保護監護事件）	
	……………………………………………… *100, 159, 170, 188, 356*	
88憲カ6	国会議員選挙法第33条、第34条の違憲審判	
	（1989.9.8, 国会議員立候補者寄託金事件）… *106, 113, 157, 174, 201, 251*	
88憲カ7	訴訟促進等に関する特例法第6条の違憲審判	
	（1989.1.25, 訴訟特例法事件）……………………… *114, 174, 267, 269*	
88憲カ13	国土利用管理法第21条の3第1項、第31条の2の違憲審判	
	（1989.12.22, 土地取引許可制事件）………… *106, 118, 156, 177, 272*	
88憲マ1	司法書士法施行規則に関する憲法訴願（1989.3.17）………… *98, 146, 165*	
88憲マ2	検事の公訴権行使に関する憲法訴願（1989.11.1）…………………… *98*	
88憲マ3	検事の公訴権行使に関する憲法訴願（1989.4.17）………… *154, 163*	
88憲マ4	社会保護法の違憲可否に関する憲法訴願（1989.4.7）……… *101, 106, 107*	
88憲マ5	労働争議調整法に関する憲法訴願	
	（1993.3.11, 労務職公務員の争議禁止事件）………… *158, 179, 336*	
88憲マ10	司法書士施行規則に関する憲法訴願（1988.11.28）……………… *98*	
88憲マ22	公権力による財産権侵害に対する憲法訴願	
	（1989.9.4, 林野調査書閲覧申請事件）……………… *173, 194, 205, 401*	
89憲カ37等	金融機関の延滞貸出金に関する特別措置法第5条の2の	
	違憲審判（1989.5.24）………………………………… *113, 174, 181*	
89憲カ95	国税基本法第35条第1項第3号の違憲審判（1990.9.3）……… *175*	
89憲カ97	国有財産法第5条第2項の違憲審判	
	（1991.5.13, 国有雑種財産時効取得事件）……… *149, 175, 279*	
89憲カ102	弁護士法第10条第2項に対する違憲審判（1989.11.20）……… *176*	
89憲カ103	労働争議調整法第13条の2等に対する違憲審判	
	（1990.1.15, 労働争議第3者介入禁止事件）……………… *178, 331*	
89憲カ104	軍事機密保護法第6条等に対する違憲審判	
	（1992.2.25, 軍事機密漏洩事件）……………………… *149, 160, 216*	
89憲カ106	私立学校法第55条、第58条第1項第4号に関する違憲審判	
	（1991.7.22, 全教組職員労働組合事件）………………… *178, 334*	
89憲カ113	国家保安法第7条に対する違憲審判	

決定索引（事件番号順）

	（1990.4.2，国家保安法の讃揚・鼓舞罪事件）	*171, 207*
89憲カ118	道路交通法第50条第2項に関する違憲審判	
	（1990.8.27，交通事故申告義務事件）	*149, 362*
89憲マ1	司法書士施行規則に対する憲法訴願（1989.7.28）	*167*
89憲マ2	朝鮮鉄道（株）株式の補償金請求に関する憲法訴願	
	（1994.12.29，朝鮮鉄道株式事件）	*166, 298*
89憲マ5	検事の公訴権行使に関する憲法訴願（1989.7.14）	*107*
89憲マ10	検事の公訴権行使に関する憲法訴願（1989.7.14）	*399*
89憲マ26	告訴事件の陳情処理に関する憲法訴願（1989.3.22）	*107*
89憲マ31	公権力行使による財産権侵害に対する憲法訴願	
	（1993.7.29，国際クラブ解体事件）	*107, 154, 165, 176, 286*
89憲マ32等	国家保衛立法会議等の違憲可否に関する憲法訴願（1989.12.18）	
		183
89憲マ36	農地改良組合による財産権侵害に対する憲法訴願（1989.3.31）	
		386
89憲マ38	相続税法第32条の違憲可否に関する憲法訴願	
	（1989.7.21，名義信託贈与みなし事件）	*116, 148, 159, 160, 200*
89憲マ53	暴力行為等処罰に関する憲法訴願（1989.9.29）	*183*
89憲マ56	軍検察官の公訴権行使に関する憲法訴願	
	（1989.10.27，気合い入れ事件）	*193, 359*
89憲マ61	国家賠償法第2条に関する憲法訴願（1989.7.28）	*107*
89憲マ79	医療法施行規則に関する憲法訴願（1993.3.11）	*167*
89憲マ82	刑法第241条の違憲可否に関する憲法訴願	
	（1990.9.10，姦通罪事件）	*182, 319*
89憲マ89	教育公務員法第11条第1項に対する憲法訴願	
	（1990.10.8，教員採用差別事件）	*182, 348*
89憲マ107	土地収用法第46条第2項の違憲可否に関する憲法訴願	
	（1990.6.25）	*183*
89憲マ120等	憲法裁判所法第25条第3項に関する憲法訴願（1990.9.3）	*179*
89憲マ160	民法第764条の違憲可否に関する憲法訴願	
	（1991.4.1，謝罪広告事件）	*149, 160, 211*
89憲マ163	薬事管理制度不法運用と漢薬業事業権侵害に関する憲法訴願	
	（1991.9.16）	*167*
89憲マ165	定期刊行物の登録等に関する法律第16条第3項、第19条	
	第3項の違憲可否に関する憲法訴願	
	（1991.9.16，訂正報道請求事件）	*213*
89憲マ178	法務士法施行規則に対する憲法訴願	
	（1990.10.15，法務士法施行規則事件）	*148, 163, 276*
89憲マ181	捜査機関の基本権侵害に対する憲法訴願（1991.7.8）	*167, 237*

決定索引（事件番号順）

89憲マ189	1980年解職公務員の補償に関する特別措置法に対する憲法訴願（1993.12.23）	338, 341
89憲マ204	火災による災害補償及び保険加入に関する法律第5条第1項の違憲可否に関する憲法訴願（1991.6.3，火災保険加入強制事件）	193, 281, 361
89憲マ221	政府組織法第14条第1項等の違憲可否に関する憲法訴願（1994.4.28）	151
89憲マ248	鍼灸士資格取得に関する憲法訴願（1993.9.27）	167
89憲マ281	1980年解職公務員の補償等に関する特別措置法に対する憲法訴願（1993.12.23）	338, 341
90憲カ23	定期刊行物登録に関する法律第7条第1項の違憲審判（1992.6.26，定期刊行物登録制事件）	149, 153, 160, 219
90憲カ27	教育法第8条の2に関する違憲審判（1991.2.11）	199, 367
90憲カ48	弁護士法第15条に対する違憲審判（1990.11.19）	176, 201
90憲カ70	刑法第241条に関する違憲審判（1993.3.11）	320
90憲ラ1	国会議員と国会議長間の権限争議（1995.2.23）	106, 108, 169, 185, 259, 260
90憲マ17	1980年解職公務員の補償等に関する特別措置法等に対する憲法訴願（1993.11.25）	338, 341
90憲マ56	映画法第12条等に対する憲法訴願（1991.6.3）	173
90憲マ82	国家保安法第19条に対する憲法訴願（1992.4.14）	171
90憲マ110等	交通事故処理特例法第4条等に対する憲法訴願（1997.1.16）	146
90憲マ125	立法権侵害等に対する憲法訴願（1995.2.23）	108
90憲マ133	記録謄写申請に対する憲法訴願（1991.5.13）	154, 173, 194, 207, 401
90憲マ196	国公立中等教員優先任用の法的期待権等に対する憲法訴願（1995.5.25）	350
90憲マ209	漢方医療制度運用と鍼灸事業権に対する憲法訴願（1993.11.25）	167
90憲バ1	訴訟促進等に関する特例法第11条及び第12条の違憲可否に関する憲法訴願（1995.1.20）	186
90憲バ2等	国税基本法第56条第1項等に対する憲法訴願（1992.7.23）	181
90憲バ13	刑法第338条等に対する憲法訴願（1994.12.29）	387
90憲バ16等	都市計画法第21条に対する憲法訴願（1998.12.24）	106
90憲バ19等	労働争議調整法第4条，第30条第3号，第31条，第47条に対する憲法訴願（1996.12.26）	156
90憲バ22等	1980年解職公務員の補償等に関する特別措置法第2条および第5条に対する憲法訴願（1993.5.13，1980年解職公務員救済事件）	156, 338
90憲バ23	国家保安法第9条第2項に対する憲法訴願（1992.4.14）	193, 361

479

決定索引（事件番号順）

90憲バ24	特定犯罪加重処罰等に関する法律第10条の3第2項に対する憲法訴願（1992.4.28）	151, 172, 187
90憲バ25	少額事件審判法第3条に対する憲法訴願（1992.6.26）	180
90憲バ26	定期刊行物の登録等に関する法律第10条第1項等に対する憲法訴願（1992.6.26）	177
90憲バ27等	国家公務員法第66条に対する憲法訴願（1992.4.28）	178
90憲バ35	反国家行為者の処罰に関する特別措置法第5条等および憲法裁判所法第41条等に対する憲法訴願（1993.7.29）	262, 383
90憲バ47等	1980年解職公務員の補償等に関する特別措置法第2条に対する憲法訴願（1993.11.25）	338, 341
91憲カ2	1980年解職公務員の補償等に関する特別措置法第2条に対する違憲審判（1992.11.12）	338, 340
91憲カ3	印紙添附及び供託提供に関する特別措置法第2条に対する違憲審判（1994.2.24）	308, 309
91憲カ4	宝くじ発行・懸賞、その他射倖行為取締法第9条および第5条に関する違憲審判（1991.7.8, 射倖行為処罰包括委任事件）	199, 348, 365
91憲カ6	地方税法第31条に対する違憲審判（1991.11.25）	175, 200
91憲マ21	地方議会議員選挙法第36条第1項に対する憲法訴願（1991.3.11）	157, 174
91憲マ98等	譲渡税等賦課処分取消（1998.5.28, 原行政処分取消請求事件）	154, 407
91憲マ111	弁護人の助力を受ける権利に対する憲法訴願（1992.1.28, 弁護人接見妨害事件）	154, 171, 368, 378, 379, 401
91憲マ137	法律質疑回答に対する憲法訴願（1994.7.29）	237
91憲マ190	教授再任用推薦拒否等に対する憲法訴願（1993.5.13）	98, 107, 355
91憲バ1等	所得税法第60条、旧所得税法第23条第4項等に対する憲法訴願（1995.11.30, 基準時価譲渡所得税事件）	148, 159, 302, 368
91憲バ7	憲法裁判所法第47条第2項違憲提請等（1993.5.13）	374
91憲バ8	民事訴訟法第473条第3項等に対する憲法訴願（1993.11.25）	180
91憲バ10	映画法第12条等に対する違憲提請（1996.10.4）	227
92憲カ2	特許法第186条第1項および商標法第86条第2項に関する違憲審判（1992.7.13）	99
92憲カ3	報勲基金法附則第5条および韓国報勲福祉公団法附則第4条第2項後段に関する違憲審判（1994.4.28）	160
92憲カ6等	地方財政法第74条第2項に対する違憲審判（1992.10.1）	149, 175
92憲カ8	刑事訴訟法第331条但書規定に対する違憲審判（1992.12.24, 重刑求刑時の釈放制限事件）	172, 202, 262, 371
92憲カ10等	憲法裁判所法第47条第2項違憲提請等	

決 定 索 引（事件番号順）

	（1993.5.13，違憲決定の遡及効事件）	373, 374
92憲カ11等	特許法第186条第1項等違憲提請	
	（1995.9.28，特許争訟手続事件）	114, 158, 186, 379
92憲カ14	労働組合法第46条違憲提請	
	（1995.3.23，労働委員会救済命令違反事件）	341
92憲カ15等	公共用地の取得及び損失補償に関する特例法第9条第1項	
	違憲提請（1994.2.24，買戻し期間制限事件）	289
92憲カ18	国家保衛に関する特別措置法第5条第4項違憲提請（1994.6.30）	
		118, 152
92憲マ37等	国会議員選挙法第55条の3等に対する憲法訴願	
	（1992.3.13，国会議員選挙法事件）	109
92憲マ68等	1994年度新入生選抜入試案に対する憲法訴願	
	（1992.10.1，ソウル大学入試要綱事件）	154, 165, 350
92憲マ80	体育施設の設置・利用に関する法律施行規則第5条に対する	
	憲法訴願（1993.5.13，ビリヤード場立ち入り禁止表示事件）	284
92憲マ98	記録複写拒否事件等に対する憲法訴願（1993.3.11）	237
92憲マ111	手錠解除拒否事件（1992.6.27）	164
92憲マ122	地方自治団体長の選挙延期等違憲確認（1992.9.21）	104, 237
92憲マ126	地方自治団体長の選挙日不公告違憲確認	
	（1994.8.31，自治団体長の選挙延期事件）	236
92憲マ144	手紙検閲等違憲確認（1995.7.21，未決囚手紙検閲事件）	154, 376
92憲マ152	地方自治団体長の選挙日不公告違憲確認（1992.9.21）	104, 237
92憲マ153	全国区国会議員議席承継未決定違憲確認	
	（1994.4.28，全国区議員議席承継事件）	253
92憲マ174	地方自治団体長の選挙日不公告違憲確認（1994.8.31）	237
92憲マ184	地方自治団体長の選挙日不公告違憲確認（1994.8.31）	237
92憲マ239	憲法裁判所法第68条第1項等違憲確認（1998.4.30）	407
92憲マ256等	徴発財産整理に関する特別措置法第20条の2第1項違憲確認	
	（1995.2.23）	291
92憲マ264等	富川市タバコ自動販売機設置禁止条例第4条に対する	
	憲法訴願（1995.4.20）	164
92憲バ6等	国家保安法違憲訴願（1997.1.16）	211
92憲バ21	1980年解職公務員の補償等に関する特別措置法第4条に対	
	する憲法訴願（1993.9.27）	338, 341
92憲バ23	旧国税基本法第42条第1項但書に対する憲法訴願（1994.6.30）	
		118
92憲バ24	憲法裁判所法第47条第2項違憲提請等（1993.5.13）	374
92憲バ30	民事訴訟法第47条第2項等違憲訴願（1996.4.25）	186
92憲バ44	1980年解職公務員の補償等に関する特別措置法第4条	

481

決定索引（事件番号順）

	違憲訴願（1994.6.30）	338
92憲バ45	旧軍刑法第75条第1項第1号違憲訴願（1995.10.26）	186
92憲バ49	土地超過利得税法第10条等違憲訴願（1994.7.29, 土地超過利得税事件）	158, 177, 292, 368
92憲バ50	憲法裁判所法第47条第2項違憲提請等（1993.5.13）	374
92憲ア3	国家有功者礼遇等に関する法律施行令第17条第1項違憲訴願（1992.12.8）	119
93憲カ1	建築士法第28条第1項第2号違憲提請（1995.2.23）	189
93憲カ2	刑事訴訟法第97条第3項違憲提請（1993.12.23）	172, 373
93憲カ3等	私立学校法第58条の2第1項但書および第3号違憲提請（1994.7.29）	188
93憲カ4等	旧大統領選挙法第36条第1項等違憲提請（1994.7.29, 選挙運動主体制限事件）	222, 348
93憲カ12	都市計画法第92条第1号等違憲提請（1994.7.29）	199, 367
93憲カ13等	映画法第12条等に対する違憲提請等（1996.10.4, 映画検閲事件）	190, 226, 227
93憲カ15	水産業法第52条第2項等違憲提請（1994.6.30）	367
93憲マ26	不起訴処分取消（1993.2.24）	262
93憲マ41	不起訴処分取消（1993.3.28）	338
93憲マ150	法人税賦課処分取消（1998.6.25）	411
93憲マ186	緊急財政経済命令等違憲確認（1996.2.29）	152, 153, 165
93憲マ258	立法不作為違憲確認（1996.11.28）	146, 167, 338, 341
93憲バ1等	土地超過利得税法第8条等違憲訴願（1995.7.27）	158, 298
93憲バ10	民事訴訟等印紙法第3条違憲訴願（1994.2.24）	181, 308
93憲バ32	法人税法第32条第5項違憲訴願（1995.11.30）	368
93憲バ41	1980年解職公務員の補償等に関する特別措置法第2条等違憲訴願（1996.3.28）	341
93憲バ50	特定犯罪加重処罰等に関する法律第4条違憲訴願（1995.9.28）	367
93憲バ57	民事訴訟等印紙法第1条等違憲訴願（1996.8.29, 印紙添附義務事件）	186, 308
93憲サ81	訴訟手続停止仮処分申請（1993.12.20, 仮処分申請事件）	120
94憲カ3	音盤及びビデオ物に関する法律第25条第2項違憲提請（1995.11.30）	189
94憲カ6	公共資金管理基金法第5条第1項等違憲提請（1996.10.31）	228
94憲ラ1	迎日郡と政府間の権限争議（1998.6.25）	153
94憲マ13	風俗営業の規制に関する法律第3条第5号等違憲確認（1996.2.29）	286
94憲マ33	1994年生計保護基準違憲確認（1997.5.29, 生計保護基準事件）	

決 定 索 引（事件番号順）

		··· 145, 192, 323
94 憲マ 60	謄写申請拒否処分取消（1997.11.27，捜査記録閲覧事件）········· 194, 399
94 憲マ 68 等	射倖行為等規制法施行令第 7 条等違憲確認（1996.10.4） ·········· 148
94 憲マ 97	公職選挙及び選挙不正防止法第 59 条等違憲確認（1995.11.30）
	··· 225
94 憲マ 108	立法不作為違憲確認（1996.6.30）··· 166
94 憲マ 125	映画法第 26 条等違憲確認（1995.7.21）··· 367
94 憲マ 129	医療技師法第 1 条等違憲訴願（1996.4.25）··································· 167
94 憲マ 246	不起訴処分取消（1995.1.20，12・12 不起訴事件） ················ 187, 239
94 憲バ 1	刑事訴訟法第 221 条の 2 違憲訴願
	（1996.12.26，公判期日前証人尋問制度事件）····················· 390
94 憲バ 2	刑事訴訟法第 260 条第 1 項違憲訴願
	（1997.8.21，準起訴請求対象制限事件）····················· 195, 396
94 憲バ 12	租税減免規制法附則第 13 条等違憲訴願（1995.10.26） ················ 190
94 憲バ 22 等	建築法第 78 条第 1 項等違憲訴願
	（1997.5.29，建築物用途変更事件）···················· 348, 368, 394
94 憲バ 40 等	所得税法第 23 条第 2 項、第 23 条第 4 項第 1 号但書等違憲訴願
	（1995.11.30，実取引価格譲渡所得税事件）··· 149, 153, 161, 305, 368, 402
94 憲バ 42	地方税法第 138 条第 1 項第 3 号違憲訴願（1996.3.28） ·············· 367
95 憲カ 1 等	民事訴訟等印紙法第 2 条第 1 項等違憲提請（1996.10.4）············ 310
95 憲カ 2	国家保安法第 7 条第 1 項等違憲提請（1996.10.4）······················· 211
95 憲カ 5	反国家行為者の処罰に関する特別措置法第 2 条第 1 項
	第 2 号等違憲提請（1996.1.25，反国家行為者特措法事件）········ 382
95 憲カ 6 等	民法第 809 条第 1 項違憲提請（1997.7.16，同姓同本禁婚事件）
	·· 106, 193, 325
95 憲カ 14 等	民法第 847 条第 1 項違憲提請等
	（1997.3.27，嫡出否認の訴えの提訴期間制限事件）············· 321
95 憲カ 16	出版社及び印刷所の登録に関する法律第 5 条の 2 第 5 号等
	違憲提請（1998.4.30，淫乱物出版社登録取消事件）··········· 229
95 憲マ 105	公職選挙及び選挙不正防止法第 87 条等違憲確認（1995.5.25）······ 225
95 憲マ 172	公職選挙及び選挙不正防止法第 53 条第 1 項第 4 号中の
	「政府投資機関職員」部分違憲確認（1995.6.12）··················· 109
95 憲マ 221 等	不起訴処分取消（1995.12.15，5・18 不起訴事件）········· 187, 242, 243
95 憲マ 224 等	公職選挙及び選挙不正防止法［別表 1］の「国会議員地域
	選挙区区域表」違憲確認
	（1995.12.27，選挙区間過度人口偏差事件）··············· 190, 255
95 憲マ 233	不起訴処分取消（1995.12.14）·· 243
95 憲マ 297	不起訴処分取消（1995.12.14）·· 243
95 憲バ 1	刑法第 250 条等違憲訴願（1996.11.28，死刑制度事件）········ 191, 386

483

決定索引（事件番号順）

事件番号	事件名	頁
95憲バ7	都市公園法第2条第2号等違憲訴願（1997.10.30）	367
95憲バ10	労働争議調整法第12条第2項等違憲訴願（1998.2.27，防衛産業体勤労者の団体行動権制限問題）	106
93憲バ13等	所得税法第23条第2項、第23条第4項第1号但書等違憲訴願（1995.11.30，実地取引価格譲渡所得税事件）	402
95憲バ27	所得税法第5条第6号ケの違憲訴願（1997.2.20）	368
95憲バ55	旧相続税法第34条の4違憲訴願（1998.4.30）	368
95憲バ58	自動車損害賠償法第3条但書第2号違憲提請、自動車損害賠償保障法第3条但書第2号違憲訴願（1998.5.28）	313
96憲カ1	始興市と政府間の権限争議（1998.8.27）	368
96憲カ2等	5・18民主化運動等に関する特別法第2条違憲提請（1996.2.16，5・18特別法事件）	156, 188, 201, 246, 247
96憲カ4等	自動車損害賠償保障法第3条但書第2号違憲提請（1998.5.28，自動車運行者無過失責任事件）	313
96憲カ5	寄付金品募集禁止法第3条等違憲提請（1998.5.28，寄付金品募集禁止事件）	232
96憲カ16	建築法第79条第4号中の「第26条の規定に違反した者」部分違憲提請（1997.9.25）	368
96憲カ18	酒税法第38条の7等に対する違憲提請（1996.12.26，地焼酒購入制度事件）	192, 197, 310
96憲カ20	労働組合法第46条の3違憲提請（1998.3.26，団体協約違反事件）	346
96憲カ22等	民法第1026条第2号違憲提請（1998.8.27，相続承認みなし事件）	315
96憲ラ1	始興市と政府間の権限争議（1998.8.27）	153
96憲ラ2	国会議員と国会議長間の権限争議（1997.7.16，法律案変則処理事件）	112, 169, 185, 258
96憲マ9等	公職選挙及び選挙不正防止法第150条第3項等違憲確認（1996.3.28）	225
96憲マ18等	公職選挙及び選挙不正防止法第111条等違憲確認（1996.3.28）	225
96憲マ172等	憲法裁判所法第68条第1項違憲確認等（1997.12.24，裁判訴願許容事件）	106, 149, 160, 194, 308, 402, 408
96憲マ246	専門医資格試験不実施違憲確認等（1998.7.16）	301
96憲マ371	憲法裁判所法第68条第1項違憲確認等（1998.2.27）	407
96憲バ7	5・18民主化運動等に関する特別法第2条違憲提請（1996.1.30）	247
96憲バ13	5・18民主化運動等に関する特別法第2条違憲提請（1996.1.30）	247

決 定 索 引（事件番号順）

事件番号	内容
96憲バ14	旧相続税法第29条の2第1項第1号中の離婚した者の財産分割に対する贈与税規定部分違憲訴願（1997.10.30，離婚分割財産贈与税事件）··············329
96憲バ18	地方税法第234条の15第2項第3号違憲訴願（1997.9.25）········368
96憲バ33等	私立学校法第53条の2第2項違憲訴願（1998.7.16，私立大学教授再任用事件）······························352
96憲バ36	旧法人税法第16条第5号違憲訴願（1997.7.16）·······················202
96憲バ52等	旧地方税法第112条第2項違憲訴願、地方税法第112条の第1項等違憲訴願、地方税法第112条第2項後段違憲訴願（1998.7.16）·································367
96憲バ60	公職選挙及び選挙不正防止法第230条第1項第1号違憲訴願等（1997.11.27）······························225
96憲バ78	相続税法第9条第4項違憲訴願（1998.4.30）························368
97憲カ6等	自動車損害賠償保障法第3条但書第2号違憲提請、自動車損害賠償保障法第3条但書第2号違憲訴願（1998.5.28）··················314
97憲カ11等	勤労基準法第30条の2第2項違憲訴願、勤労基準法第30条の2第2項違憲提請（1997.8.21，退職金優先弁済事件）··················343
97憲バ22	訴訟促進等に関する特例法第23条違憲訴願（1998.7.16）··············385
97憲バ37	上告審手続に関する特例法第4条違憲訴願等（1997.10.30）········186
98憲ラ1	大統領と国会議員間の権限争議（1998.7.13，金鍾泌総理代理任命事件）·······················153, 263

事項索引

あ 行

アジア的憲法裁判 …………………… 84
アメリカ型司法審査制度 …………… 4, 11
アメリカ軍政期 ……………………… 5
違憲決定の羈束力 …………………… 404
違憲決定の遡及効 …………… 118, 373
違憲決定の定足数 …………………… 112
意見書 ………………………………… 102
違憲審査基準 ………………………… 193
違憲審査権 …………………………… 50
違憲政党解散の審判権 ……………… 76
違憲提請 ……………………………… 17
違憲不宣言決定 ……………………… 156
違憲法律審査 …………………… 12, 27
違憲法律審判権 ……………………… 75
違憲法律提請 ………………………… 79
維新憲法 ………………………… 55, 60
維新反対デモ ………………………… 56
依託研究報告集 ……………………… 125
一般的な行動の自由権 …… 233, 282, 361
一夫一婦主義の婚姻制度 …………… 319
委任立法 …………………………278, 395
委任立法の限界 ………………… 303, 395
依用民法規定 ………………………… 7
印紙添付及び供託提供に関する特例
　法 ……………………………………308
淫　乱 ………………………………… 230
淫乱刊行物 …………………………… 230
映画検閲 ………………………… 184, 226
映画振興法 …………………………… 226
映画法 ………………………………… 226
閲　覧 ………………………………… 205
乙支路庁舎 …………………………… 131
親子関係 ………………………… 321, 322
音盤及びビデオ物に関する法律 …… 189,
　228

か 行

改憲請願運動 ………………………… 56
戒厳宣布権 …………………………… 9
戒厳布告違反事件 …………………… 65
戒厳法 ………………………………… 52
下位法令 ……………………………… 278
買戻し期間 …………………………… 289
確定判決の既判力 …………………… 408
学問研究の自由 ……………………… 353
学問の自由 …………………………… 351
閣　令 ………………………………… 45
火災による災害補償と保険加入に関
　する法律 …………………………… 281
火災保険加入強制 …………………… 281
過剰禁止の原則 …… 52, 191, 195, 335, 337
過小保護禁止原則 …………………… 146
家族法的な身分関係 ………………… 321
過半数決定の原則 …………………… 51
家父長制度 …………………………… 326
仮執行 …………………………… 174, 267
仮処分手続 …………………………… 120
過　料 ………………………………… 343
簡易訴請手続による帰属解除決定の
　確認に関する法律 ………………… 21
環境権 ………………………………… 62
韓国通信公社の利用約款 …………… 324
韓国的民主主義 ……………………… 56
韓国放送公社法施行令 ……………… 324
完全等級制 …………………………… 229
姦通罪 …………………………… 181, 319
韓日協定反対デモ …………………… 39
関連法の準用 ………………………… 119
気合入れ ……………………………… 361
機会均等の原則 ……………………… 225

487

事 項 索 引

機関利己主義 …………………… 80
危機政府 ………………………… 61
企業活動の自由 ………………… 286
危険責任の原理 ………………… 314
擬似秘密 ………………………… 218
基準時価 ………………………… 161
基準時価課税原則 ……………… 402
基準時価譲渡所得税事件 ……… 302
基準地価 ………………………… 293
議政活動報告 …………………… 225
議席承継決定 …………………… 253
帰属解除決定 …………………… 21
帰属財産処理法 ………………… 16
帰属財産処理法施行令 ………… 15
羈束力 …………………… 403, 410
起訴独占主義 …………………… 396
起訴便宜主義 …………………… 396
起訴猶予処分 …………………… 359
規制統制型憲法訴願 …………… 77
規範統制権 ……………………… 75
寄託金 …………………… 173, 251
寄託金の国庫帰属要件 ………… 252
寄附金品募集規制法 …………… 234
寄附金品募集禁止法 …………… 232
基本権行使の方法 ……………… 234
基本権の主体 …………………… 351
基本権保護 ……………………… 54
　　──の実効性確保 ………… 73
基本権保障 ……………………… 406
客観的な憲法秩序の保障機能 … 167
客観的保障機能 ………………… 77
救済命令 ………………………… 341
給水条例 ………………………… 324
休眠機関化 ……………………… 78
教育会 …………………………… 335
教育公務員法 …………… 335, 348
教育自治制 ……………………… 69
教育法 …………………………… 335
教育を受ける権利 ……………… 335

教員公開採用制度 ……………… 350
教員地位法定主義 ……………… 335
教員優先採用制度 ……………… 181
教員優先任用制度 ……………… 350
京郷新聞廃刊・停刊処分事件 … 22
教授再任用 ……………………… 352
教授の自由 ……………………… 353
行政刑罰 ………………………… 342
強制執行権限 …………………… 15
強制執行停止申請 ……………… 180
行政指導 ………………………… 340
行政訴訟 ………………… 164, 278
行政府との関係 ………………… 150
強制保護監護 …………………… 356
行政立法 ………………………… 147
供託金制度 ……………………… 100
郷土予備軍 ……………………… 52
緊急拘束要件 …………………… 56
緊急財政経済命令 ……… 152, 165
緊急措置 ………………………… 57
緊急措置違反事件 ……………… 68
緊急措置第1号 ………………… 60, 66
緊急措置第4号 ………………… 61
緊急措置第5号 ………………… 61
緊急措置第9号 ………………… 57, 61
緊急命令権 ……………………… 9
欽定憲法 ………………………… 5
金融機関延滞貸出金法事件 …… 113
金融機関の延滞貸出金に関する特別
　措置法 ………………… 174, 181
金融実名制度 …………………… 165
勤労3権 → 労働3権
具体的規範統制 ……… 12, 97, 147, 375
国の保護水準 …………………… 325
軍刑法 …………………………… 41
軍事援護補償給与金法 ……… 48, 50
軍事革命委員会 ………………… 32
軍事機密公開要請権 …………… 219
軍事機密保護法 ………… 216, 219

事項索引

軍事裁判 …………………………41	牽制と均衡 ………………………384
軍事上の機密 ……………………216	建築士法 …………………………188
軍事反乱罪 ………………………240	建築物用途変更 …………………394
軍政裁判所 …………………………6	建築法 ……………………………395
軍政法令 ……………………23, 300	限定違憲 ……………………80, 159
軍法会議 ……………………35, 39	限定違憲決定 ……80, 117, 118, 404
軍法会議裁判権 …………………52	限定合憲 ……………………80, 159
軍法会議の管轄権 ………………52	限定承認 …………………………315
軍法会議の裁判権 ………………65	憲　法
軍法会議法 ……………………40, 41	──に関する最終的解釈 ………29
経過規定 ……………………167, 318	──の根本規範 …………………61
経済成長至上主義 ………………33	──の最高規範性 ……………406
経済秩序 ……………………283, 295	──の優位説 …………………301
刑事裁判記録 ……………………207	憲法委員 ……………………………13
刑事処罰規定 ……………………365	憲法委員会 ………11, 13, 24, 57, 70
刑事訴訟記録の複写申請拒否 ……401	──の決定書 ……………………60
刑事被告人の無罪推定 …………62	──の終局決定 …………………59
刑罰不遡及の原則 ……42, 247, 250	憲法委員会委員の資格 ………58, 64
契約自由の原則 …………………282	憲法委員会制度 …………………78
下水道条例 ………………………324	憲法委員会法 ………………12, 59, 64
欠席裁判 ……………………382, 385	憲法解釈 ……………………………34
決定の羈束力 ……………………150	憲法解釈権 ………………………27
決定の実効性 ……………………82	憲法改正起草委員会 ……………26
決定類型と効力 …………………114	憲法改正審議特別委員会 ………62
ゲリマンダリング ………………257	憲法改正審議特別委員会案 ……63
検　閲 ……………………………191	憲法合致的解釈の原則 …………80
検閲禁止の原則 …………………226	憲法合致的法律解釈 ……………82
研究活動の自由 …………………353	憲法規定の欠陥 …………………265
研究部長 …………………………94	憲法研究員 ………………………94
研究報告書 ………………………112	憲法研究官 ………………………93
現業職公務員 ……………………336	──の職級別任命資格基準に関す
原行政処分 …………………403, 407	る内規 …………………………93
権限争議審判 …………76, 153, 168	──の任用等に関する規則 ……93
権限配分 …………………………406	憲法研究官補 ……………………93
検察庁法上の抗告手続 …………398	──の制度 ……………………93
検事の即時抗告権 ………………373	憲法裁判 ……………………………1
憲　章 ………………………………5	──の意義 ………………………1
原子力損害賠償法 ………………315	──の可能性 ……………………58
憲政史 ………………………………1	──の起源と類型 ………………2

489

事項索引

——の独立性……………………77
——を活性化……………………84
憲法裁判官………………………86
憲法裁判機関 ……………… 35, 57
憲法裁判所公務員規則…………90
憲法裁判実務撮要 ……………125
憲法裁判所 ………………… 26, 30
　　——のインターネット・ホーム
　　　ページ ……………………114
　　——の決定の実効性…………83
　　——の権限 …………………75
　　——の憲法裁判官……………87
憲法裁判所規則…………………77
　　——の制定権…………………77
憲法裁判所決定書方式に関する内規…90
憲法裁判所公職者倫理委員会……95
憲法裁判所公報 ……………114, 123
憲法裁判所裁判官会議の規則…………78
憲法裁判所事務処行政審判委員会規
　則…………………………………90
憲法裁判所諮問委員会……………95
憲法裁判所情報公開規則…………90
憲法裁判所審判廷設置に関する規則…90
憲法裁判所制度 ……………26, 31, 72
　　西ドイツの—— ………………72
　　未完の—— ……………………78
憲法裁判所組織……………………84
憲法裁判所長………………………84
憲法裁判所長公館 ………………136
憲法裁判所長の権限代行に関する規
　則…………………………………85
憲法裁判所電算化推進委員会内規……90
憲法裁判所図書及び判例審議委員会…95
憲法裁判所図書館 ………………120
憲法裁判所法廃止に関する法律………30
憲法裁判所判例集 ………………122
憲法裁判所法 …………………28, 72
　　——第68条第1項 ………147, 402, 409
憲法裁判所法規審議委員会……………95

憲法裁判所補助機構に関する規則 …90, 91
憲法裁判資料電子文書管理に関する
　内規………………………………90
憲法裁判請求書 …………………100
憲法裁判制度 ………………………3
憲法史 ……………………………10
憲法訴願の補充性…………………80
憲法守護 …………………………54
憲法上解明 ………………………245
憲法上の法治主義 ………………301
憲法上の立法義務 ………………254
憲法審議委員会 ……………… 32, 33
憲法起草委員会 ……………… 8, 11
憲法訴願 ……………………… 52, 73
　　——の審判権 ………………77
　　——の対象 ……………… 74, 82
憲法訴願審判請求書 ……………98
憲法訴願制度 ……………………71
憲法訴訟 ……………………… 34, 55
憲法訴訟手続法 …………………97
憲政秩序破壊犯罪の公訴時効に関す
　る特例法 ………………………246
憲法的価値 ………………………84
憲法的正義 ………………………83
憲法評議会制度 ……………………3
憲法不合致 ……………80, 321, 325, 326
憲法不合致決定 …………… 157, 317
憲法論叢 …………………………124
権利救済型憲法訴願………………77
権利保護の利益 ………236, 237, 241, 265
権力的事実行為 …………………286
権力分立原則 …………………143, 159
言論自由守護運動…………………57
言論・出版の自由 ………… 205, 221
行為規範 …………………………145
合意審判 …………………………36
行為責任の法理 …………………384
強姦罪……………………………42

490

事項索引

合議定足数……………………51
公共機関の情報公開に関する法律 …207
公共の福利の原則 ………………48
公共用地の取得及び損失補償に関す
　る特例法 ……………………289
合憲的法律解釈 …………………159
公権力行為 ……………………164
公権力担当者 …………………352
抗告保証金 ……………………186
甲午更張 …………………………4
耕者有田の原則 …………………9
光州民主化運動 ………………242
公職選挙及び選挙不正防止法 …225, 256
公正な裁判を受ける権利 ………391
拘束適否審査制 …………………56
拘束令状 …………………………19
公訴時効 ………………242, 247
　　──の停止 ……………240
口頭弁論 ………………………105
公認労務士 ……………………333
公判期日前の証人訊問制度 ……390
幸福追求権 …62, 282, 283, 319, 325, 359, 361
光武新聞紙法 ……………………7
候補者記号 ……………………225
公務員年金法 …………………49
公務員の団体行動権 …………178
公務担任権 ……………………251
抗命罪 …………………………361
公用収用 ………………………290
5・18事件 ……………187, 242, 246
5・18不起訴事件 ……………242
5・18不起訴処分事件 ………110
5・18民主化運動 ……………62
5・18民主化運動等 …………246
5・16軍事クーデター …………32
国　家
　　──に対する仮執行宣告 ……47
　　──の立法義務 ……………300
国際クループ解体 ………286, 287

国際平和主義 ……………………9
国事裁判 …………………………2
国　是 …………………………33
国政監査権 ……………………56
国選代理人制度 ………………35
国選弁護士 ……………………98
国土利用管理法 …………176, 272
国防警備法 ……………………53
国民運動本部 …………………71
国民主権主義 …………………245
　　実質的な── ……………254
国民主権の原理 …………34, 57
国民投票 ………………………56
国民投票法 …………………32, 39
国民投票法違反事件 ……………39
国民の正当な裁判を受ける権利 …358
国務総理職務代行体制 ………265
国務総理代理 ……………263, 264
国務総理任命同意権限 ………264
国有財産法 ………………175, 279
国有雑種財産 ……………175, 279
個人の尊厳 ……………………327
戸籍例規 ………………………329
国家安全保障 …………………56
国　会
　　──との関係 ……………142
　　──の自律権 ……………262
　　──の国政調査権 …………62
国会改憲特別委員会 …………70
国会解散権 ……………………56
国会議員選挙区区域表 ………255
国会議員と国会議長間の権限争議 …258
国会議員の法律案の審議・票決権 …259
国会時局対策委員会 …………25
国会優越主義 …………………12
国家緊急権 ……………………66
国家再建最高会議 …………32, 37
国家再建非常措置法 …………32
国家賠償決定前置主義 ………46

491

事項索引

国家賠償法 ……………………39, 46, 48, 55
国家非常事態 …………………………………6
国家保安法 ……………………………171, 207
国家保衛に関する特別措置法 ……55, 152
国家保衛非常対策委員会 …………62, 338
国家保衛立法会議 …………………63, 65, 170
国家優越主義 …………………………………281
国庫作用 ………………………………………267
個別事件法律禁止の原則 ………………247
婚　姻
　　──に関する特例法 ………………326
　　──の相手方の決定権 ……………325

さ　行

災害補償金 ……………………………………49
罪刑法定主義 ……42, 43, 44, 171, 221, 223,
　　　　　　　　　　333, 346, 365, 395
財産権 ……………………………………290, 315
　　──の社会的拘束性 ………………176
　　──の本質的な内容 …………………52
財産権補償条件 ……………………………300
財産分割請求権 ……………………………330
再　審 ………………………………………………119
在宅保護 ………………………………………324
在朝鮮アメリカ陸軍司令官 ………………20
在朝鮮美国陸軍司令部軍政庁法令 …299
裁定申請 ……………………………52, 194, 397
最低生計費 ……………………………192, 324
斎洞庁舎 ………………………………………133
裁　判
　　──に対する憲法訴願 ……………410
　　──の根本原則 ………………………51
　　──の前提性 ……………………99, 339
　　──を受ける権利 ……………………179
裁判官会議 ……………………………………90
裁判官の資格 …………………………………87
裁判権争議 ……………………………………52
裁判資料集 ……………………………………125
裁判請求権 ……………………41, 179, 185, 214

裁判官選任方式 ………………………………83
裁判訴願 ………………………………………182
裁判陳述権 ……………………………………395
裁判停止期間 …………………………………29
再犯の危険性 ………………………………356
裁判補助業務 ………………………………120
在野勢力の改憲運動 ………………………57
先改憲、後総選挙論 ………………………25
先総選挙、後改憲論 ………………………25
3・15不正選挙 ………………………………25
三権分立制度 …………………………………51
参考人 …………………………………………106
参政権 …………………………223, 224, 251
三清教育隊事件被害者 …………………397
3選改憲 …………………………………33, 39
シアルの声 ……………………………………39
恣意禁止の原則 ……………………195, 287
歯科専門医資格試験制度 ………………302
4・13護憲措置 ………………………………69
時局収拾に関する大統領特別談話 ……69
死刑制度 ……………………40, 41, 184, 191, 386
事件の受理と配当 …………………………101
時効取得 ………………………………279, 280
自己運命の決定権 …………………………319
自己関連性 ……………………………………301
事実婚 ……………………………………193, 326
事実上の規範作用 …………………………351
事実的権力行為 ……………………………175
四捨五入 ………………………………………10
市場経済の原理 ……………………………335
私生活の秘密と自由 ………………………62
私生活をみだりに公開されない権利
　………………………………………………320
事前審議 ………………………………………226
事前的・事後的緊急措置権 ………………56
思想界 …………………………………………40
思想の競争メカニズム …………………231
質　権 …………………………………………343
実現しなかった憲法裁判所 ………………30

事項索引

執行停止中の軍法会議判決の効力喪
　失に関する法律………………………53
実際取引価額……………………………403
実際の取引価額…………………………161
実質課税の原則…………………………296
実質的な国民主権主義…………………254
実質的な平等……………………………295
実取引価額…………………………305, 306
指定裁判部…………………………102, 111
私的自治権………………………………316
自動車損害賠償保障法…………………313
自道焼酎購入制度事件…………………310
自道焼酎購入命令制度…………………192
師範大学…………………………………348
司法および法務政策………………………37
司法型憲法裁判制度……………33, 63, 78
　──の限界………………………………55
司法型の違憲審査制度……………………71
司法権の独立………………………… 34, 54
司法消極主義……………………………203
司法書士会…………………………………40
司法波動…………………………………… 40
事務次長……………………………………91
事務処長……………………………………91
社会参与のための学生運動………………39
社会団体の自律性保障……………………69
社会的基本権………………… 9, 184, 192, 324
社会福祉…………………………………323
社会保障…………………………… 49、324
謝罪広告…………………………………212
自由委任…………………………………254
私有財産権保障…………………………294
自由市場経済体制…………………………10
自由司法国家………………………………34
集中型憲法裁判制度………………………4
12・12事件……………………184, 239, 246
12・12不起訴事件………………………239
自由民主的基本秩序………171, 207, 245
主観的保障機能……………………………77

主権的な意思……………………………245
主審裁判官制……………………………102
酒税法…………………………… 184、310
出版社及び印刷所の登録に関する法
　律………………………………………230
首都警備司令部戒厳普通軍法会議………53
少額事件審判法…………………………179
情報公開請求権……………205, 207, 401
上告審手続に関する特例法の規定…186
上告審に対する裁判請求権……………18
少数意見制度……………………………113
小地域主義………………………………256
譲渡差益…………………………………403
譲渡所得税…………………………297, 403
常任憲法裁判官……………………………88
職業選択の自由………………276, 278, 284
職業の自由………………………………349
書信検閲…………………………………377
除斥期間……………………………321, 322
職権審理主義……………………………107
書面審理…………………………………106
白地刑法……………………………………44
私立学校の教員…………………………178
私立学校法………………………………178
自律権………………………………………39
私立師範大学校…………………………349
知る権利……………………………173, 205
人格権……………………………………319
審級構造…………………………………279
新軍部……………………………………239
新軍部勢力…………………………………62
人口比例の原則…………………………257
人口偏差事件……………………………255
人口偏差の許容限界………190, 256, 257
申告義務…………………………………362
人身拘束…………………………………398
真正遡及効力……………………………249
真正遡及立法……………………………249
迅速でかつ公正な裁判を受ける権利

493

事項索引

…………………………399	成文憲法 …………………………5
身体の自由 ………………170, 372	生命権 …………………………386
人体の自由剥奪 ………………357	租税法律主義 …………199, 270, 305
新入生選抜入試案 ……………164	接見交通権 ……………………171
審判委員 …………………………37	1980年解職公務員の補償等に関する
審判官資格 ………………………28	特別措置法 …………………338
審判権限 …………………………75	選挙運動の自由 …………223, 225
審判請求手続 ……………………97	選挙区確定 ……………………184
審判請求要件 ……………………82	選挙区画定 ……………………256
審判手続 …………………………96	選挙区区域 ……………………255
── の終了宣言 ……………244	選挙区の区画設定 ……………190
審判の終了 ……………………112	選挙権者 ………………………224
審判利益 ………………………167	選挙の公正性 ……………223, 225
信頼保護の原則 …………200, 375	全国教職員労働組合 ……178, 334
信頼保護利益 ……………166, 249	全国区国会議員 ………………253
信頼利益の保護 ………………350	戦時軍国主義 ……………………5
審理手続 ………………………105	争議行為 ………………………332
侵略主義 …………………………23	捜査記録閲覧 ……………194, 399
スイス民法 ……………………322	操縦・煽動・妨害行為 ………332
数的平等 ………………………256	相続税及び贈与税法 …………331
生活規範 …………………………86	相続税法 …………………159、269
生活の無能力者 ………………324	遡及処罰禁止 ……………………61
生活保護の給付 ………………323	遡及特別法 ………………………26
請求の取下げ …………………119	即時抗告権 ……………………172
生計保護基準 …………………323	訴訟促進等に関する特例法 ……174, 267,
生計保護給付 …………………192	385
制憲憲法 ……………………7, 301	租税減免規制法 ………………189
制憲憲法の制定 …………………8	租税平等主義 ……………199, 271
成功した内乱 …………………245	訴追委員 …………………………37
政治活動浄化法 …………………58	損害賠償審判権 …………………46
政治的表現の自由 ……………224	損害賠償請求権 …………………49
政治犯釈放 ………………………69	損害賠償制度 ……………………49
性的な自己決定権 …………319, 325	損害賠償責任 ……………………48
性的な誠実義務 ………………319	損失補償金 ……………………299
性的表現物 ……………………330	
政党解散の決定権 ………………76	た 行
政党推薦立候補者 ……………252	
正・副統領直選制改憲案 ………10	体育施設の設置・利用に関する法律
政府傘下機関 …………………338	施行規則 ……………………284
	第1共和国 ………………………8

494

事項索引

第1共和国憲法 …………………… 12
第1次改憲 ………………………… 10
第1期憲法裁判所 …………… 88, 169
大学教員の期間任用制 ………… 352
大学の自律性 ………… 351, 352, 353
大韓国国制 …………………………… 5
大韓弁護士協会 ……………… 39, 85
大韓弁護士協会案 ………………… 63
大韓民国政府樹立宣布式 ………… 9
大韓民国臨時政府 ………………… 5
代議制度 …………………………… 253
代議制民主主義 …………………… 56
第9次憲法改正 …………………… 69
第5共和国憲法 …………………… 61
第3共和国 ………………………… 32
第3共和国憲法 ………………… 32, 33
第三者介入禁止 …………… 331, 333
第三者介入の禁止 ……………… 178
大統領
　——の緊急措置 ………………… 60
　——の法官任命権 ……………… 55
　——の優越的地位 ……………… 62
大統領緊急措置 …………………… 66
大統領緊急命令 ……………… 18, 45
大統領権限代行 …………………… 62
大統領選挙人団 …………………… 63
大統領選挙法 ……………… 54, 222, 224
大統領直接選挙制 ………………… 70
第2期の憲法裁判所 ………… 86, 183
第2共和国 ………………………… 25
第2共和国憲法 …………………… 25
第2次改憲 ………………………… 10
大法院
　——の不送付決定 ……………… 60
　——の違憲提請権 ……………… 64
　——の規則制定権 …………… 278
　——の判決 …………………… 407
大法院全員合議体 ……………… 36, 61
大法院判事 ………………………… 38

大法院判事会議 …………………… 36
大法官 ……………………………… 37
第4共和国 ………………………… 55
第4共和国の憲法 ………………… 55
第4審の裁判機関 ………………… 73
宝くじ発行・懸賞金その他射倖行為
　取締法 ………………………… 366
多義的な解釈可能性 …………… 404
単記無記名投票 ………………… 14
男系の血族 ……………………… 327
団結権 …………………………… 337
弾劾裁判所 ……………………… 13
　——の審判官 ………………… 14
弾劾裁判所法 …………………… 13
弾劾審判委員会 ……………… 33, 35
弾劾審判権 ……………………… 76
弾劾審判法 ……………………… 36
弾劾制度 ………………………… 13
弾劾訴追 ………………………… 35
弾劾訴追権 ……………………… 76
男女平等観念 …………………… 327
男尊女卑の思想 ………………… 326
団体協約 ………………………… 346
団体協約違反 …………………… 346
団体行動権 …………………… 332, 336
担保物権 ………………………… 175
地域経済の育成 ………………… 312
地域区議席比例の全国区議員の選出
　制度 …………………………… 254
地域主義 ………………………… 255
地方自治制 ……………………… 69
地方自治団体の長 ……………… 236
中央労働委員会 ………………… 343
中小企業の保護 ………………… 312
懲役刑 …………………………… 320
超過累進率体系 ………………… 297
長期執権の防止 ………………… 62
超憲法の憲法侵害行為 ………… 55
超実定法 ………………………… 61

495

事項索引

朝鮮過度立法議院 …………………… 6
朝鮮鉄道株式会社 …………… 298, 299
朝鮮臨時約憲 ………………………… 7
徴発財産補償 ………………………… 44
徴発に関する特別措置令 …………… 45
徴発法 …………………………… 45, 55
徴発補償審議会 ……………………… 45
徴発木材返還事件 …………………… 45
沈黙の自由 ………………………… 212
通信秘密の自由 …………………… 375
停刊処分の取消請求 ………………… 23
定期刊行物の登録等に関する法律 … 160,
177, 214, 219
—— 施行令 …………………… 222
抵抗権 ……………………………… 61
帝国主義 …………………………… 23
提請審査決定 ……………………… 59
訂正報道請求権 …………………… 214
低俗な刊行物 ……………………… 230
抵当権 ……………………………… 343
貞洞庁舎 …………………………… 131
嫡出推定 …………………………… 321
嫡出性 ……………………………… 321
嫡出否認権 ………………………… 322
嫡出否認の訴え …………………… 321
適用停止命令 ……………………… 328
適法手続原則 …………… 201, 343, 341
東亜放送内乱煽動事件 ……………… 39
統一主体国民会議 ……………… 56, 62
当該事件 …………………………… 118
統治基盤の正当性 …………………… 63
統治行為 …………………………… 165
統制規範 …………………………… 145
同姓同本禁婚条項 ………………… 193
同姓同本結婚禁止制度 …………… 184
同姓同本の禁婚規定 ……………… 326
当選無効訴訟 ………………………… 53
闘争的民主主義 ……………………… 76
登録制 ……………………………… 221

独寡占規制 ………………………… 311
独裁的権力行使 ……………………… 66
特殊犯罪処罰に関する特別法 ……… 58
毒素条項 …………………………… 333
特別裁判所 ………………………… 15
特別裁判所および特別検察部組織法… 26
特別赦免 …………………………… 251
都市計画法上のグリーン・ベルト関
連事件 …………………………… 110
土地公概念 …………………… 176, 274
土地所有権の行使に伴う社会的義務
性 ………………………………… 273
土地所有権の相対性 ……………… 273
土地超過利得税 …………………… 292
土地超過利得税法 ………………… 177
土地取引許可制 ……………… 177, 272
特許審判制度 ……………………… 381
特許争訟手続 ……………………… 379
特許庁の抗告審判 ………………… 185
特許法院 …………………………… 381

な 行

内在的限界 ………………………… 319
内乱罪 ………………………… 240, 242
南北共同声明 ………………………… 55
西ドイツの憲法裁判制度 …………… 72
二重処罰禁止の原則 ……………… 357
日帝の植民統治 ……………………… 14
人間の尊厳性 ………………………… 33
人間の尊厳と価値 ……………… 41, 84
人間らしい生活をする権利 ……… 324
抜き打ち …………………………… 259
根保証 ……………………………… 316
納税者 ……………………………… 403
農地改革 ……………………………… 9
農地改革法 ……………………… 17, 24
農地改革法違憲決定 ………………… 16
納本制度 …………………………… 177

事項索引

は 行

賠償基準 …………………………………… 46
賠償決定前置主義 ………………………… 47
白紙投票 …………………………………… 263
8人政治会談 ……………………………… 70
抜粋改憲 …………………………………… 10
反共法 ………………………………… 42, 385
判決宣告期間 ……………………………… 29
反国家行為者の処罰に関する特別措
　置法 ……………………………………… 382
反射的不利益 ……………………………… 352
反民主行為者公民権制限法 ……………… 26
反乱罪 ……………………………………… 240
反論権 ……………………………………… 214
反論報道請求権 …………………………… 216
被告人の防禦権 …………………………… 384
非集中型憲法裁判制度 ………………… 3, 33
非常戒厳 …………………………………… 62
非常戒厳宣布 ……………………………… 39
非常戒厳の宣布 …………………………… 53
非常軍法会議 ……………………………… 56
非常国務会議 ……………………………… 55
非常事態下の犯罪処罰に関する特別
　措置令 ………………………………… 18, 24
　——措置令違憲決定 …………………… 17
非常戦力委員会 …………………………… 20
非常任憲法裁判官 ………………………… 88
必要的保護監護制度 ……………………… 170
飛躍上告 …………………………………… 18
評議 ………………………………………… 108
評議での表決方式 ………………………… 112
評決定足数 ………………………………… 51
評決方法 …………………………………… 51
表現の自由 ……………………… 172, 205, 224
平等権 …………………………… 286, 312, 349, 359
平等選挙の原則 …………………………… 256
平　等
　実質的な—— ………………………… 295

平等の原則 ……………… 145, 310, 335, 339, 381
比例原則 …………………………… 196, 349
夫婦共同の財産 …………………………… 330
不起訴処分 ……………………………… 154, 163
複写申請 …………………………………… 205
複数投票制 ………………………………… 256
副統領 ……………………………………… 13
不真正な立法不作為 ……………………… 166
不正選挙関連者処罰法 ……………… 26, 58
不正蓄財処理法 …………………………… 58
不正蓄財特別処理法 ……………………… 26
不動産実権利者名義登記に関する法
　律 ………………………………………… 272
不当労働行為 ……………………………… 341
部分違憲決定 ……………………………… 404
不変期間 …………………………………… 181
分散型（司法型）司法審査制度 ……… 11
兵役法 ……………………………………… 42
米国型大統領制 …………………………… 63
平和条項 …………………………………… 346
平和的政権交替 …………………………… 62
変形決定 ………………………………… 148, 156
　——の形式 ……………………………… 80
変更決定 …………………………………… 252
弁護士 ……………………………………… 333
弁護士強制主義 ………………… 82, 104, 179
弁護人接見 ……………………………… 369, 379
弁護人と接見 ……………………………… 171
弁護人の助力を受ける権利 …… 369, 376,
　　　　　　　　　　　　　　　　　 400
弁　論 ……………………………………… 106
保安処分 …………………………………… 356
法院行政処長 ……………………………… 276
法院組織法 ………………………… 35, 38, 39, 50
法院組織法違憲判決 ……………………… 48
法院との関係 ……………………………… 147
法院の裁判（判決） …………… 150, 404, 409
防衛産業に関する特別措置法 ………… 337
防衛税賦課処分取消事件 ……………… 411

497

事項索引

法廷侮辱事件 ……………………… 65
包括委任禁止原則 …………… 306, 365
包括的委任立法の禁止の原則 ……… 198
法官推薦会議 ………………………… 33, 38
法官推薦会議制 ……………………… 58
法官による裁判を受ける権利 ……… 380
法官の任命権 ………………………… 58
封建的国家制度 ……………………… 23
封建的専制国家 ……………………… 245
法制司法委員会 ……………………… 28
法治主義 ……………………………… 84
法秩序の統一性 ……………………… 406
法的期待権 …………………………… 350
法的空白 ……………………………… 322
法の空白 ……………………………… 252
法務士資格 …………………………… 278
法務士試験 …………………………… 275
法務士法施行規則 …………………… 276
法律案提出権 ………………………… 9
法律案の可決宣布行為 ……………… 261
法律案変則処理事件 ………………… 258
法律違憲決定 ………………………… 60
法律の明確性原則 …………………… 197
朴正熙大統領殺害事件 ……………… 61
保護監護 ……………………………… 356
保釈許可決定 …………………… 172, 373
補充性
　──の原則 ……………………… 278, 409
　──の例外 ……………………… 410
補償責任 ……………………………… 48
本質的な内容 ………………… 337, 380, 386

ま 行

マーベリ事件（Marbury v. Madison）… 2
未完の憲法裁判所制度 ……………… 78
未実現利得 …………………………… 293
南朝鮮過渡政府 ……………………… 6
南朝鮮過渡政府行政命令 …………… 20
南朝鮮過渡政府中央管財処 ………… 21

身分的な階級制度 …………………… 326
民事訴訟に関する臨時措置法 ……… 47
民事訴訟等印紙法 ………… 181, 186, 308
民主化運動 …………………………… 69
民主共和国 …………………………… 9
民主憲法 ………………………… 61, 62
民主憲法獲得国民運動本部 ………… 69
民主主義 ……………………… 84, 144
民主的基本秩序 ……………………… 76
民主的正当性 ………………………… 83
無過失責任事件 ……………………… 313
無罪推定 ……………………………… 370
無所属立候補者 ……………………… 252
明確性原則 ………… 197, 223, 274, 333, 347
名義信託 ……………………………… 269
名誉毀損 ……………………………… 212
命令違反罪合憲判決 ………………… 43
命令・規則・条例 ………… 163, 278, 279
命令・規則の違憲審査権 ……… 148, 278

や 行

約憲 …………………………………… 5
優先採用制度 ………………………… 349
ヨーロッパ型モデル ………………… 3
兪鎮午 ………………………………… 11
与小野大 ……………………………… 70
予算 …………………………………… 127
予測可能性 …………………………… 347
与村野都 ……………………………… 255
予備委員 ……………………………… 13
予備委員制度 ………………………… 13
予備審判委員 ………………………… 37
4審制 ………………………………… 406

ら 行

陸軍占領裁判所 ……………………… 6
履行確保手段 ………………………… 342
離婚分割財産 ………………………… 329
立憲主義憲法 ………………………… 1

事項索引

立憲民主国家 …………………9	令状制度…………………………20
立法裁量 ……………………300, 322	レキシス(LEXIS) ………………126
立法者の形成権 …………80, 143, 159	歴史を正しく立って直す …………244
立法改善命令 …………………328	連坐型………………………………384
立法の形成権 …………………337	連坐制廃止…………………………62
立法不作為 …………………165, 299	老人福祉法…………………………324
両院合同会議………………………14	労働委員会…………………………341
糧穀管理法…………………………43	労働組合……………………………332
良心の自由 …………………212	労働組合法………………………341, 346
臨時政府の憲法 …………………5	労働3権…………………………332
林野調査書 …………………205, 401	労働争議調整法 …………178, 331, 336
累進税率 ……………………330	6・29宣言 ………………………69
令状主義 ……………………171、371	論証の説得力………………………83

499

あとがき

　日本国憲法制定50周年にあたる平成8年10月の第61回日本公法学会の総会は東京大学の安田講堂で「日本国憲法50年——回顧と展望」をテーマとして行われた。第1日に芦部信喜会員の「人権論50年を回想して」と伊藤正己会員の「憲法学と憲法裁判」と題する記念講演があり、第2日は2セッション6分科会に分かれて分野別の報告と討論が行われた。第2日の第3分科会は「司法国家制」に関する報告として大沢秀介会員による「最高裁判所と憲法裁判所——アメリカでの議論を参考に」と大貫裕之会員による「行政訴訟による国民の"権利保護"」という報告がなされた。大沢会員の報告に対するコメントを通して中村睦男会員は「大沢報告の中で韓国の憲法裁判所についての言及があったが、……私自身は韓国の立憲主義が憲法裁判所によって貫徹されてきているのではないかと考えている」という見解を示しながら、韓国の憲法裁判所についての筆者の意見を求められたのに対して司会者の指示に応じて、筆者は当時全斗煥・盧泰愚前大統領逮捕に関する事件の憲法裁判に象徴されるように、韓国は政治の激動期にありながらも長期間にわたる軍事政権の下で強圧・拙速的に作られ違憲の疑いが高い数多くの法律に対して憲法裁判所への提訴がなされている一方、憲法訴願を通じて憲法上の基本的人権の救済が極めて活発に実現されているという現実の中で韓国の憲法裁判が非常に活性化しているという趣旨の発言をしたことがあった（公法研究59号224頁）。日本公法学会での当日の記念講演、総合報告、研究報告を通じて、終戦後半世紀にわたる日本国憲法の運用を背景にいろいろな側面での憲法制度の再照明に関する論議が最高潮に達しているのではないかといった印象を強く感じたが、最近の憲法改正論議や司法制度改革論議を契機にこのような状況はより顕著な傾向にあるようである（紙谷雅子編著『日本国憲法を読み直す』日本経済新聞社、2000年参照）。韓国においても、従来いわゆるアメリカ式の違憲審査制度の下で最高裁判所にあたる大法院法官の過重負担、裁判の政治化、司法消極主義、司法裁判所の民主的正当性問題等、日本における論議の内容と大同小異な問題点が指摘される一方、大陸的及びアジア的法文化の伝統の中でのアメリカ式司法審査制度の実態がいかな

あとがき

る意味をもつかに対しては夙に批判の対象となってきたのが事実であった。そして1987年6月29日の歴史的な民主化宣言に基づき、それなりに成熟した国民の民主主義への念願を反映し、韓国憲法史上初めての与野党の合意で誕生した民主的憲法と評価されている現行憲法の制定によって採択された憲法裁判制度については当初から公法学者をはじめ法曹実務者の間で激論が交されており、例えば憲法裁判所制度の導入に対しては法官達はそれが司法府の地位低下につながるとか、憲法裁判所が屋上屋となる機関として4審制になるといった批判があった一方、与党も憲法裁判の活性化を望まなかったし、国民も一般に無関心であり、過去の経験に照し、あまりその役割に期待していなかったのが事実であった。しかし1988年9月に発足して満12年を迎える現在に至る憲法裁判所の活動とそれに対する位相は現在のところ韓国の統治機構に関する制度の中で最も国民の期待にかなったものとして高く評価され、韓国の立憲主義発展の要としてこれからの役割に対しても大きな期待をよせているのである。すべての制度がそうであるように、当然現行の韓国憲法裁判所の制度および運用については、いろいろな点での欠点や物たりなさがあり、改善の余地も少なくないのは事実であり、現行憲法裁判所法の改正が眞摯に取沙汰されているところである。しかしながら、憲法が国家の最高規範である以上、憲法・行政法等公法関係者はいうまでもなく、憲法規範の具体化にたずさわるすべての法分野の関係者にこれまでの韓国の憲法裁判所の諸決定が与えたインパクトは絶大なものであったことは決して自画自賛でなく、また格外の誇張でもない。特に外国の人達には憲法裁判所の諸決定の内容が韓国の政治・法・行政・社会・経済等すべての分野のダイナミックスを理解するのに格好の資料を提供しているといわざるを得ないのである。

　本書は1988年9月1日憲法裁判所が発足してから10年目にあたる1998年12月31日に憲法裁判所によって刊行された『憲法裁判所10年史』の全訳である。同書には附録として、本文の外に憲法裁判所10年史年表、憲法・憲法裁判所法、歴代憲法裁判関連法律、憲法裁判所規則一覧表、統計、違憲決定法令目録、人事、歴代憲法裁判機関構成、憲法裁判所主要刊行物目録と決定索引、事項索引等が約200余頁にわたって収録されているが、本書ではいろいろな都合で憲法、憲法裁判所法、法院組織法と統計の一部、決定索引のみを収録する

あとがき

ことにした。

　韓国の憲法裁判所に関する日本語の文献は、その間、断片的にはいろいろな形で紹介されているが（金哲洙著『韓国憲法の50年——分断の現実と統一への展望』（敬文堂、1998年）；高翔龍著『現代韓国法入門』（信山社、1998年）；申平「韓国の憲法裁判所」ジュリスト954号（1990年）；趙柄倫「韓国の憲法裁判の意義と構造」、黄祐呂「韓国憲法裁判所の運営と実状」法律時報776号（1991年）；関炳老「憲法訴訟と機関訴訟——機関訴訟の拡大への試論」早稲田法学第74巻第2号（1999年）；徐元宇「韓国における憲法裁判と行政訴訟の関係」独協法学第50号（2000年）等参照）、本書のような整った形での内容のものは、日本では初めてである。韓国における憲法裁判制度の沿革とともに憲法裁判所発足以来、1998年末現在の重要決定内容を5分野に分けて、それぞれ事件の背景、決定の主要内容、事後経過別に比較的詳しく、しかも分かりやすく整理紹介されているので、この種の法律書によくありがちな退屈感をあまり感じない内容のものになっている。

　翻訳に当っては、筆者自身が一部を担当する他、日本の有名大学法学部の大学院博士課程で10年近い研究の経歴をもつ若手の研究者と日本の大学で法律博士号をとった韓国の現職の大学教授、合計10名で章・節別に分担して翻訳に着手したのが1999年8月頃であった。各自が翻訳した原稿を全体的統一性と調整を保つため筆者が全体にひととおり目を通し、再校と三校は在日コリアンである創価大学の尹龍澤教授にも校正をお願いした。韓国語の日本語訳にあたっては、例えば固有の人名、場所名等についていわゆるハングルで表記されているため漢字での表記が不明なものが少なくなかった。憲法裁判所の事務局と連絡をとって、できる限りの検索を試みたが、一部韓国語の発音をそのままカタカナで表記せざるをえなかったものもある。ソウル大学を定年退官したあと、1997年7月以来約3ヶ年にかけて日本の大学で客員教授生活にたずさわっていて、韓国から離れており、随時、憲法裁判所と接することが困難であったため、本書の翻訳過程においてもそれなりの不便があったが、翻訳担当者達の大変熱心な協力により漸く刊行される運びとなったことは韓日の学術交流の活性化のためにもその意義が、実に大きく同慶の至りである。心からその間の労苦に対し深く謝意を表したい。

あとがき

　刊行にあたって特に銘記すべきことは、本書のため貴重な序文を送って下さった園部逸夫元最高裁判所判事に関してである。以前、京城帝国大学の教授を勤められたことがある故園部敏先生の御子息である園部判事は終戦前の中学生時代の一時期をソウルで過したことがあり、韓国の法発展に対して平素格別な関心を持っておられる方である。去る1997年筆者が第2期の東アジア行政法学会の会長として学会の総会・学術大会をソウルで開催した時には、塩野宏、室井力、近藤昭三、藤田宙靖の諸先生らと一緒に直接来韓されるかたわら、日本の最高裁判所の判事として初めて韓国の大法院、憲法裁判所を公式訪問されており、今般の本書の企画にも積極的な賛意を示して下さったことに対し、この場をかりて心から感謝する次第である。

　次に本書の刊行にあたり、「日本語版に寄せて」と題する祝辞を送って下さった金容俊憲法裁判所所長に、その間の御協力に対して謝意を表するとともに韓国憲法裁判所の発展のため尽したその間の労苦に心から敬意を払いたい。そして事務的連絡と関連して、日本という外地からの筆者のいろいろな身勝手な注文にもかかわらず積極的な支援を惜しまなかった朴容相憲法裁判所事務次長に対しても心からお礼を申し上げる次第である。

　最後になったが、本書の刊行にあたっては筆者が独協大学法学部の客員教授の期間中、公私にわたって親密な助言と激励を与えて下さった独協大学の元法学部長小関彰一教授と右崎正博教授に感謝するとともに、同大学博士課程在学中の申先雨君の労苦に対して、また信山社の袖山貴氏の御尽力に改めて深く感謝申し上げたい。

2000年8月

ソウル大学校名誉教授
北九州大学法学部客員教授
徐　元　宇

［訳者代表略歴］

徐　元　宇（Soh, Won Woo　ソゥウォンウ）

1931年生、1953年 ソウル大学校法科大学卒、1958年 米ミネソタ州立大学大学院修了、1974年 ソウル大学校法学博士、1960〜1996年 ソウル大学校教授（1996年8月定年退官、現在ソウル大学校名誉教授）、1990〜1997年 韓国憲法裁判所諮問委員、韓国公法学会、韓国環境法学会、東アジア行政法学会会長歴任、1972年 英ロンドン大学客員研究員、1980年 米スタンフォード・ロースクール客員研究員、1987年 東京大学法学部客員研究員、1997年7月以後、名古屋大学国際開発大学院客員研究員、1998年 広島修道大学、1999年 独協大学客員教授を経て、

現在、北九州大学法学部客員教授（専攻：行政法、東アジア法文化論等）。

〔主要著書〕現代行政法論（博英社、1979年）、転換期の行政法理論（博英社、1996年）、〔共訳〕塩野宏著・日本行政法論（法文社、1995年）。

―――― SHINZAN BOOKS ――――
hensyu @shinzansha. co. jp
order @shinzansha. co. jp
http://www. shinzansha. co. jp

韓国憲法裁判所10年史

2000年（平成12年）12月20日　第1版第1刷発行

著　作　者　　韓国憲法裁判所
訳者代表　　徐　　元　　宇
発　行　者　　今　井　　　貴
発　行　所　　信山社出版株式会社
〒113-0033 東京都文京区本郷 6-2-9-102
電　話　03（3818）1019
ＦＡＸ　03（3818）0344

Printed in Japan

©韓国憲法裁判所・訳者，2000.
印刷・製本／松澤印刷・大三製本
ISBN 4-7972-1931-9 C3332
1931-012-050-010　NDC分類 323.241

書名	著者	所属	価格
１９世紀ドイツ憲法理論の研究	栗城壽夫著	名城大学法学部教授	15,000円
憲法叢説（全3巻）　1 憲法と憲法学　2 人権と統治　3 憲政評論 芦部信喜 著　元東京大学名誉教授　元学習院大学教授			各2,816円
社会的法治国の構成	高田 敏著	大阪大学名誉教授　大阪学院大学教授	14,000円
基本権の理論（著作集1）	田口精一 著	慶應大学名誉教授　清和大学教授	15,534円
法治国原理の展開（著作集2）	田口精一 著	慶應大学名誉教授　清和大学教授	14,800円
議院法［明治22年］	大石 眞 編著	京都大学教授　日本立法資料全集 3	40,777円
日本財政制度の比較法史的研究	小嶋和司 著	元東北大学教授	12,000円
憲法社会体系Ⅰ 憲法過程論	池田政章 著	立教大学名誉教授	10,000円
憲法社会体系Ⅱ 憲法政策論	池田政章 著	立教大学名誉教授	12,000円
憲法社会体系Ⅲ 制度・運動・文化	池田政章 著	立教大学名誉教授	13,000円
憲法訴訟要件論	渋谷秀樹 著	立教大学法学部教授	12,000円
実効的基本権保障論	笹田栄司 著	金沢大学法学部教授	8,738円
議会特権の憲法的考察	原田一明 著	國學院大学法学部教授	13,200円
日本国憲法制定資料全集（全15巻予定）　芦部信喜 編集代表　高橋和之・高見勝利・日比野勤 編集 元東京大学教授　東京大学教授　北海道大学教授　東京大学教授			
人権論の新構成	棟居快行 著	成城大学法学部教授	8,800円
憲法学の発想1	棟居快行 著	成城大学法学部教授	2,000円　2 近刊
障害差別禁止の法理論	小石原尉郎 著		9,709円
皇室典範	芦部信喜・高見勝利 編著	日本立法資料全集 第1巻	36,893円
皇室経済法	芦部信喜・髙見勝利 編著	日本立法資料全集 第7巻	45,544円
法典質疑録 上巻（憲法他）	法典質疑会 編［会長・梅謙次郎］		12,039円
続法典質疑録（憲法・行政法他）	法典質疑会 編［会長・梅謙次郎］		24,272円
明治軍制	藤田嗣雄 著	元上智大学教授	48,000円
欧米の軍制に関する研究	藤田嗣雄 著	元上智大学教授	48,000円
ドイツ憲法集［第2版］	髙田 敏・初宿正典 編訳	大阪大学名誉教授京都大学法学部教授	3,000円
現代日本の立法過程	谷 勝弘 著		10,000円
東欧革命と宗教	清水 望 著	早稲田大学名誉教授	8,600円
近代日本における国家と宗教	酒井文夫 著	元聖学院大学教授	12,000円
生存権論の史的展開	清野幾久子 著	明治大学法学部助教授	続刊
国制史における天皇論	稲田陽一 著		7,282円
続・立憲理論の主要問題	堀内健志 著	弘前大学教授	8,155円
わが国市町村議会の起源	上野裕久 著	元岡山大学法学部教授	12,980円
憲法裁判権の理論	宇都宮純一 著	愛媛大学教授	10,000円
憲法史の面白さ	大石 眞・髙見勝利・長尾龍一 編	京都大　北大　日大教授	2,900円
憲法史と憲法解釈　大石眞著 2,600　大法学者イェーリングの学問と生活　山口廸彦編訳 3,500円			
憲法訴訟の手続理論	林屋礼二 著	東北大学名誉教授	3,400円
憲法入門	清水 陸 編	中央大学法学部教授	2,500円
憲法判断回避の理論	髙野幹久 著［英文］	関東学院大学法学部教授	5,000円
アメリカ憲法―その構造と原理	田島 裕 著	筑波大学教授　著作集1	近刊
英米法判例の法理　田島裕 著 著作集8 近刊　イギリス人権法典　田島裕訳・解説 近刊			
フランス憲法関係史料選	塙 浩 著	西洋法史研究	60,000円
ドイツの憲法忠誠	山岸喜久治 著	宮城学院女子大学学芸学部教授	8,000円
ドイツの憲法判例（第2版）	ドイツ憲法判例研究会　栗城壽夫・戸波江二・松森健 編		予6,000円
ドイツの最新憲法判例	ドイツ憲法判例研究会　栗城壽夫・戸波江二・石村 修 編		6,000円
人間・科学技術・環境	ドイツ憲法判例研究会　栗城壽夫・戸波江二・青柳幸一 編		12,000円

信山社　ご注文はFAXまたはEメールで　FAX 03-3818-0344　Email order@shinzansha.co.jp
〒113-0033東京都文京区本郷6-2-9-102　TEL 03-3818-1019

行政裁量とその統制密度	宮田三郎 著	元専修大学・千葉大学／朝日大学教授	6,000 円
行政法教科書	宮田三郎 著	元専修大学・千葉大学 朝日大学教授	3,600 円
行政法総論	宮田三郎 著	元専修大学・千葉大学 朝日大学教授	4,600 円
行政訴訟法	宮田三郎 著	元専修大学・千葉大学 朝日大学教授	5,500 円
行政手続法	宮田三郎 著	元専修大学・千葉大学 朝日大学教授	4,600 円
行政事件訴訟法（全7巻）	塩野 宏 編著	東京大学名誉教授 成溪大学教授	セット 250,485 円
行政法の実現（著作集3）	田口精一 著	慶應義塾大学名誉教授 清和大学教授	近刊
租税徴収法（全20巻予定）	加藤一郎・三ケ月章 監修 青山善充 塩野宏 編集 佐藤英明 奥 博司 解説	東京大学名誉教授 神戸大学教授 西南学院大学法学部助教授	
近代日本の行政改革と裁判所	前山亮吉 著	静岡県立大学教授	7,184 円
行政行為の存在構造	菊井康郎 著	上智大学名誉教授	8,200 円
フランス行政法研究	近藤昭三 著	九州大学名誉教授 札幌大学法学部教授	9,515 円
行政法の解釈	阿部泰隆 著	神戸大学法学部教授	9,709 円
政策法学と自治条例	阿部泰隆 著	神戸大学法学部教授	2,200 円
法政策学の試み 第1集	阿部泰隆・根岸 哲 編	神戸大学法学部教授	4,700 円
情報公開条例集	秋吉健次 編		
個人情報保護条例集（全3巻）			セット 26,160 円
（上）東京都23区 項目別条文集と全文			8,000 円 （上）-1, -2 都道府県 5760 6480 円
（中）東京都27市 項目別条文集と全文			9,800 円 （中）政令指定都市 5760 円
（下）政令指定都市・都道府県 項目別条文集と全文			12,000 円 （下）東京23区 8160 円
情報公開条例の理論と実務	自由人権協会編		
内田力蔵著作集（全10巻）			近刊
上巻〈増補版〉 5,000 円 下巻〈新版〉 6,000 円 陪審制の復興	佐伯千仭他編		3,000 円
日本をめぐる国際租税環境	明治学院大学立法研究会 編		7,000 円
ドイツ環境行政法と欧州	山田 洋 著	一橋大学法学部教授	5,000 円
中国行政法の生成と展開	張 勇 著	元名古屋大学大学院	8,000 円
土地利用の公共性	奈良次郎・吉牟田薫・田島 裕 編集代表		14,000 円
日韓土地行政法制の比較研究	荒 秀 著	筑波大学名誉教授・獨協大学教授	12,000 円
行政計画の法的統制	見上 崇 著	龍谷大学法学部教授	10,000 円
情報公開条例の解釈	平松 毅 著	関西学院大学法学部教授	2,900 円
行政裁判の理論	田中舘照橘 著	元明治大学法学部教授	15,534 円
詳解アメリカ移民法	川原謙一 著	元法務省入管局長・駒沢大学教授・弁護士	28,000 円
税法講義	山田二郎 著		4,000 円
市民のための行政訴訟改革	山村恒年編		2,400 円
都市計画法規概説	荒 秀・小高 剛・安本典夫 著		3,600 円
放送の自由			9,000 円
行政過程と行政訴訟	山村恒年著		7,379 円
政策決定過程	村川一郎著		4,800 円
地方自治の世界的潮流（上・下）	J.ヨアヒム・ヘッセ 著 木佐茂男 訳		上下：各 7,000 円
スウェーデン行政手続・訴訟法概説	萩原金美 著		4,500 円
独逸行政法（全4巻）	O.マイヤー 著 美濃部達吉 訳		全4巻セット：143,689 円
韓国憲法裁判所10年史			近刊
大学教育行政の理論	田中舘照橘著		16,800 円

信山社　ご注文はFAXまたはEメールで
FAX 03-3818-0344　Email order@shinzansha.co.jp
〒113-0033 東京都文京区本郷 6-2-9-102　TEL 03-3818-1019　ホームページは http://www.shinzansha.co.jp

労働基準法 [昭和22年]　渡辺 章 編著　編集代表　筑波大学企業法学専攻教授
　　日本立法資料全集　(1)43,689円　(2)55,000円　(3)上35,000円　(3)下34,000円　続刊
　　研究会員　土田道夫（獨協大）中窪裕也（千葉大）野川忍（学芸大）野田進（九大）和田肇（名大）

国際労働関係の法理　山川隆一 著　筑波大学企業法学専攻教授　7,000円
労働法律関係の当事者　高島良一 著　元獨協大学法学部教授　12,000円
労働契約の変更と解雇　野田 進 著　九州大学法学部教授　15,000円
労務指揮権の現代的展開　土田道夫 著　獨協大学法学部教授　18,000円　新刊
労働関係法の国際的潮流　花見忠先生古稀記念　山口浩一郎　渡辺章　菅野和夫　中嶋士元也 編　15,000円
外尾健一著作集（全8巻）　東北大学名誉教授　東北学院大学教授
団結権保障の法理Ⅰ・Ⅱ　各5,700円　外尾健一著作集1・2
労働権保障の法理Ⅰ・Ⅱ　Ⅰ 5,700円　Ⅱ 続刊　外尾健一著作集3・4
日本の労使関係と法　続刊　外尾健一著作集5
フランスの労働協約　続刊　外尾健一著作集6
フランスの労働組合と法　続刊　外尾健一著作集7
アメリカの労働法の諸問題　続刊　外尾健一著作集8
蓼沼謙一著作集（全8巻・予定）編集中　一橋大学名誉教授・秀明大学教授　近刊
フーゴ・ジンツハイマーとドイツ労働法　久保敬治 著　神戸大学名誉教授 3,000円
世界の労使関係──民主主義と社会的安定──
　　ILO著　ILO東京支局訳　菅野和夫 監訳　東京大学法学部教授　4,000円
英米解雇法制の研究　小宮文人 著　北海学園大学法学部教授　13,592円
雇用形態の多様化と労働法　伊藤博義 著　山形大学法学部教授　11,000円
就業規則論　宮島尚史 著　元学習院大学教授　6,000円
不当労働行為争訟法の研究　山川隆一 著　筑波大学企業法学専攻教授　6,602円
不当労働行為の行政救済法理　道幸哲也 著　北海道大学法学部教授　10,000円
雇用社会の道しるべ　野川 忍 著　東京学芸大学教授　2,800円　四六版
組織強制の法理　鈴木芳明 著　大分大学経済学部教授　3,800円
労働関係法の解釈基準　中嶋士元也 著　上智大学法学部教授　(上)9,709円　(下)12,621円
労働基準法解説　寺本廣作 著　元労働省　25,000円　＊旧労基法の制定担当者による解説　別巻46
労働保護法関係旧法令集（戦前）
　──付・戦前労働保護法関係法令年表──　渡辺 章 編　筑波大学企業法学専攻教授　2,000円
オーストリア労使関係法　下井隆史 訳　神戸大学名誉教授　5,825円
ドイツ労働法　ハナウ著　手塚和彰・阿久澤利明 訳　千葉大学法経学部教授　12,000円
マレーシア労働関係法論　香川孝三 著　神戸大学大学院国際協力研究科教授　6,500円
イギリス労働法入門　小宮文人 著　北海学園大学法学部教授　2,500円
アメリカ労使関係法　ダグラス・レスリー 著　岸井貞男・辻 秀典 監訳　10,000円
　　ヴァージニア大学教授　関西大学法学部教授　広島大学法学部教授
アジアにおける日本企業の直面する法的諸問題　明治学院大学立法研究会編 3,600円
労働安全衛生法論序説　三柴丈典著　近畿大学法学部専任教師　12,000円　新刊
アジアの労働と法　香川孝三 著　神戸大学大学院国際協力研究科教授　6,800円　新刊

信山社　ご注文はFAXまたはEメール
　　FAX 03-3818-0344　Email：order@shinzansha.co.jp
　　〒113-0033東京都文京区本郷6-2-9-102　TEL 03-3818-1019　ホームページはhttp://www.shinzansha.co.jp